两头不到岸

二十世纪初年
中国的社会、政治和文化

杨国强 著

生活·讀書·新知 三联书店

Copyright ⓒ 2023 by SDX Joint Publishing Company.
All Rights Reserved.
本作品版权由生活·读书·新知三联书店所有。
未经许可，不得翻印。

图书在版编目（CIP）数据

两头不到岸：二十世纪初年中国的社会、政治和文化／杨国强著．— 北京：生活·读书·新知三联书店，2023.10（2024.3 重印）
（文史新论）
ISBN 978-7-108-07458-4

Ⅰ．①两… Ⅱ．①杨… Ⅲ．①社会史－研究－中国－民国 Ⅳ．① K258.07

中国国家版本馆 CIP 数据核字 (2023) 第 164681 号

特邀编辑	孙晓林
责任编辑	杨　乐
装帧设计	何　浩
责任校对	曹秋月　陈　明
责任印制	董　欢

出版发行　生活·讀書·新知 三联书店
　　　　　（北京市东城区美术馆东街 22 号 100010）
网　　址　www.sdxjpc.com
经　　销　新华书店
印　　刷　河北鹏润印刷有限公司
版　　次　2023 年 10 月北京第 1 版
　　　　　2024 年 3 月北京第 4 次印刷
开　　本　635 毫米 × 965 毫米　1/16　印张 47
字　　数　653 千字
印　　数　15,001－21,000 册
定　　价　128.00 元

（印装查询：01064002715；邮购查询：01084010542）

中国自数千年来，常立于一定不易之域，寸地不进，跬步不移，未尝知过渡之为何状也。虽然，为五大洋惊涛骇浪之所冲激，为十九世纪狂飙飞沙之所驱突，于是穷古以来，祖宗遗传、深顽厚锢之根据地，遂渐渐摧落失陷，而全国民族，亦遂不得不经营惨澹，跋涉苦辛，相率而就于过渡之道。故今日中国之现状，实如驾一扁舟，初离海岸线而放于中流，即俗语所谓两头不到岸之时也。

梁启超《过渡时代论》（1901）

目　录

自　序 *1*

　　一　19 世纪与 20 世纪之交：从守旧的一边倒到开新的一边倒 *1* /
　　二　"尽去旧法"与一个没有本体与本位的中国 *8* /　三　扶摇飘荡的过渡时代 *14*

第一编　科举停置与后科举时代的知识人

第一章　天下有事功名多途和晚清科举入仕的逼仄 *3*

　　一　内忧外患交迫和晚清的保举捐纳 *3* /　二　正途和异途：由各分一路到漫漶莫辨 *14* /　三　异途淹没正途和科举入仕的逼仄 *26*

第二章　千年历史的一朝终结：科举造就士人和士议倾覆科举 *39*

　　一　科举制度的内在偏失及其延续千年的历史理由 *39* /　二　变法与科举 *58* /　三　"世局原随士议迁"：人才出自学堂和学堂推倒科举 *74*

第三章　学堂与社会之间：晚清末期的兴学和毁学 *94*

　　一　诏旨兴办学堂与民间社会的罗掘俱尽 *94* /　二　兴学与毁学 *102* /　三　公平的失落：学堂与贫富之界的衍化和固化 *105* /　四　阻隔深重：学堂中人与大众之间的俯视和嫉视 *111*

第四章　无从归聚：清末民初知识人的社会形象 *118*

　　一　裨贩而来的新知识与中国社会的扞格 *118* / 二　学潮起落和师生伦理的蜕变 *122* / 三　共生与纷争之中的社会相 *128* / 四　无从聚合：士人社会的变迁 *132*

第五章　从声光炎炎到前途失路：
**　　　　后科举时代知识人的生成和困蹇** *136*

　　一　晚清的学堂崇拜和新学生之不足以崇拜 *136* / 二　停科举与旧式士人的合流于新知识人 *142* / 三　学堂的"整批生产"和社会之无从"消纳" *147* / 四　民初中国新学生的声光消褪与旧科举在人心中的余辉未熄 *157* / 五　知识人的城市化和知识人的前途失路 *165*

第二编　科举停置与后科举时代的政治和文化

第一章　科举与民治 *179*

　　一　科举制度与政府（国家权力）的开放 *179* / 二　社会之各分等序和个体在等序之间的上下流动 *186* / 三　起自民间的自下而上与士人的社会代表性 *195* / 四　"选贤与能"：科举取士的"出于其类，拔乎其萃"和历史中国的安民治国 *199*

第二章　士人政治：科举制度下的权力与文化 *206*

　　一　文化与君权 *206* / 二　文官政治的历史内涵 *214* / 三　搢绅和乡里：礼俗与地方之治 *225* / 四　科举制度：由文化统一而政治统一 *235*

第三章　从合一到断裂：科举停置之后的政治和文化 *241*

　　一　停科举与文化和政治权力的脱裂 *241* / 二　"向恃人才以为用者，

今惟人才之为患 *255* / 三 "报馆鼓吹之功"：辛亥革命中的文化与政治 *263* / 四 舆论与政治权力 *272* / 五 舆论与知识人 *280*

第四章 世无规矱：停科举与清末民初的朝野否隔和仕途失序 *294*

一 科举停置之后社会流动之路的断绝和民意上达之路的断绝 *294* / 二 麻木不仁：清末民初的国家权力和民间社会 *305* / 三 选官没有制度而后仕路没有公意 *314* / 四 世事悖惑：不开放的政府与无从限勒的"人尽可官"在20世纪初年互相共存和彼此映照 *325*

第五章 清末停科举与民初的反思停科举 *338*

一 世路困顿下的回首返视：清末停科举与民初反思停科举 *338* / 二 梁启超：反科举和复科举的否定之否定 *346* / 三 孙中山：在潮来潮去之间推重科举而恒定不变 *356*

第三编 清末筹备立宪和民初的共和困局

第一章 共和与一个分裂的中国 *365*

一 地方主义盛涨和旧王朝的土崩瓦解 *367* / 二 共和与一个分裂的中国 *378* / 三 用武力表达政治的时代 *389* / 四 国体的断裂和历史的延续：晚清留给民国的困厄 *399*

第二章 共和与一个社会解体的中国 *408*

一 清末新政与中国政治主体的丕变 *408* / 二 自上而下的搅动：地方自治与地方溷乱 *415* / 三 "旧政轮廓虽存"与"新政日益支离"之间：历史变迁中的社会脱散 *426* / 四 "公共信条"的倾塌和精神世界的秩序解体 *432* / 五 民初中国：共和国体与反共和的政治 *441*

第三章　移入的代议制度走到山穷水尽　*461*

一　晚清七十年之间中国人对代议制度的长久远望和心向慕之　*461* /
二　议会与政府相敌：民初代议政治的内在矛盾和外在困局　*474* /
三　人以群分：代议政治中的政派和政争　*487* /　四　愿望与现实之间：二次革命的倏起倏落和大众社会的淡然视之　*497* /　五　立宪政治在实际中走到尽头和立宪之理在人心中的影响未歇　*510*

第四章　代议政治和中国人的困而后知　*516*

一　"洪宪帝制"和"丁巳复辟"：历史惯性和民初中国重重困蹶的交相感应　*516* /　二　纵不成系统，横不相连贯：移来的共和与人世间的权力在各自作恶中化为碎片　*530* /　三　共和国体与"一片散沙"而不识共和的多数人口　*538* /　四　由大信而大疑：国情对于学理的反诘　*547* /
五　历经代议政治之后走出代议政治：先创共和的孙中山留下的重造共和之想　*560*

第四编　新文化运动中的个人主义

引　论　*579*

第一章　个人主义和新文化运动　*584*

一　陈独秀：个人与国家　*584* /　二　胡适：个人与社会　*593* /
三　鲁迅：个人与大众　*601*

第二章　个人主义的内在矛盾和外在矛盾　*612*

一　各成流派和自相抵牾：个人主义与反传统　*612* /　二　个人主义之悬空推演和个人的失真：人的抽象化与人的至上化　*624* /　三　科学主义与个人主义的相克："宇宙观"反照下人的渺小和人生的"没有意义"　*637*

第三章　思潮嬗蜕：个人与社会之间的此消彼长　650

一　"五四运动"：个人主义同国家意识和社会意识的相逢与交冲　650 /
二　迂回曲折的思想路径：由个人主义引渡而来的"多数人的主义"　664 / 三　社会进入思想视野和中国人思想走向的深度变迁　680

附录　蔡元培的文化品格和民初中国的新文化　691

一　在文化飘零的时代重筑承载文化的学术中心：蔡元培和北京大学　692 / 二　兼容中西：新文化的护法和儒学造就的君子人格　705

后　记　718

自 序

一 19世纪与20世纪之交：
从守旧的一边倒到开新的一边倒

庚子之变后，恽毓鼎撰述19世纪末期的时事和政潮，以"甲午之丧师，戊戌之变政，己亥之建储，庚子之义和团，名虽四事，实一贯相生，必知此而后可论十年之朝局"[1]为总论。说的是因"甲午之丧师"而有"戊戌之变政"成为这个过程的起端，之后一事与一事的"一贯相生"，便演为顺康以来两百五十多年间从未有过的"晚清朝政之乱"。[2]当日身在东南的甘鹏云所见略同，而言之更加具体和连贯：

> 戊戌八月以前，一维新之局也；戊戌八月以后，一守旧之局也。维新之极不恤，举祖宗法度，一切纷更之。新进持权，忽弃老成，老成侧目，于是新旧两党界画鸿沟，如冰炭之不可复合矣。忌太后持重，颇碍新法进行，谋胁太后以兵事，未成而谋泄。太后垂帘训政，六君子授首，康、梁远遁，而维新之局终，守旧之局自此

---

[1] 恽毓鼎：《崇陵传信录》，载章伯锋、顾亚主编：《近代稗海》第13辑，成都：四川人民出版社，1989年，第494—495页。

[2] 《张謇全集》第5卷（上），南京：江苏古籍出版社，1994年，第450页。

始矣。人则守旧之人也，思想则守旧之思想也，政策则守旧之政策也。守旧之极，遂至恃邪匪以卫中国，仗妖术以敌列强。

其间以主事者的"固执一己顽固之见"主导一时，而成当日朝局之"群昏当轴，不达时变"。[1]就恽毓鼎所说的"一贯相生"而言，则这个过程由"维新"一面的进攻性开始，而一旦事势翻转，则变为"守旧"一面的戾悍。之后是中外开衅，外来的暴力恣肆横行以入，打破了这种"顽固"和"群昏"。秋瑾直白地谓之"闯成大祸难收拾，外洋的八国联军进北京"。[2]冲击自外而来，起于戊戌八月的这一段"守旧之局"遂在庚子与辛丑之交分崩离析。于是19世纪终止于这种分崩离析，20世纪开始于这种分崩离析。

从戊戌到庚子一路动荡剧烈。张謇后来统括而言，指述这一段历史"始于宫廷一二人离异之心，成于朝列大小臣向背之口，因异生误，因误生猜，因猜生嫌，因嫌生恶，因恶生仇，因仇生杀。恶而仇，故有戊戌之变；仇而杀，故有庚子之变。戊戌仇帝，仇小臣，卒仇清议；庚子杀大臣，杀外人，卒杀无辜之民"。[3]而就这个过程起端于"守旧之局"推倒"维新之局"，并以"新旧两党"之势如"冰炭"为既定之势来说，则由戊戌的"恶而仇"走到庚子的"仇而杀"，实际造成的已是守旧压平了开新，而以放手扫荡之势形成了一边倒。当时刑部郎中左绍佐致书大学士徐桐说，"佐生五十有四年，目睹洋务之坏，幽忧愤郁，以迄今日。幸得逢圣武天断"，一扫埃氛，"豁然如沉疴之得苏也"，并且主张"既廓清腥秽，则凡电杆、铁路、商务、矿务，一切可以引致洋人之端，皆当禁而止之"。[4]其言之断然正映照了这种守旧的一边倒之下，既不能容忍变法维新，也不能容忍此前三十年以洋务为中心的借法自强。这个过程随"圣武天断"而走向极

---

[1] 中国社会科学院近代史研究所《近代史资料》编辑组编：《义和团史料》下册，北京：中国社会科学出版社，1982年，第846页。
[2] 郭延礼、郭蓁编：《秋瑾集·徐自华集》，北京：中华书局，2015年，第171页。
[3] 《张謇全集》第5卷（上），第450页。
[4] 《义和团史料》上册，第230页。

端,但当外来的暴力逼入中国,并与之直面相逢,又在极短的时间里直接打断和碾平了这种极端。之后是作为暴力的延伸,庚子与辛丑之交的八国联军挟战胜之余威指索"祸首"与惩办"祸首",则此前居有权势而主导了这个过程的人物都已圈入了被指索、被惩办的范围之内,随其各自跌扑而霎时消失于权力所在的朝局之中。以历史内容而论,辛丑之于庚子,正成了一种全盘倒转。与之相伴而来的,已是另一种动荡剧烈。

叙述这一段历史的《庚子记事》按闻见作实录,叙述京城的时事,其中"辛丑正月"的一则说:

> 初八日,今日菜市口斩理藩院尚书启秀、刑部左侍郎徐承煜。护送囚车,弹压法场,皆是各国洋兵,约数百人。去年杀立山诸公时乃数千义和团护决,今则数百洋兵护决,世界变迁令人浩叹。[1]

叶昌炽的《缘督庐日记》在同一天记录了菜市口的同一个场面,然后引申而论,言之慨然:

> 戊戌所杀者,除杨侍御〔杨深秀〕外,皆南人也,今皆北人。戊戌皆汉人,今除天水尚书〔赵舒翘〕外,皆旗人也。戊戌皆少年新进,今则皆老成旧辅,反手覆手,顷刻间耳。[2]

前者以辛丑年间的法场比庚子年间的法场,尤着意于由义和团"护决"到洋兵"护决"的"世界变迁"之天翻地覆,并从这种"变迁"中明白地看到了外力在中国的极度伸张而居高临下,及其极度伸张和居高临下的无可阻遏。后者以辛丑年间的杀人比戊戌年间的杀人,并由"南人"与"北人"、"汉人"与"旗人"、"少年新进"与"老成旧辅"的对举和对照,以抉示南北、汉旗和少年老成之各成对待,背后则都是四年之间开新与卫旧的争斗激烈和戾气弥漫,而其间起落无

---

〔1〕 中国社会科学院近代史研究所《近代史资料》编辑室编:《庚子记事》,北京:中华书局,1978年,第71页。
〔2〕 中国新史学研究会主编:《义和团》第2册,上海:神州国光社,1951年,第477页。引文中方括号内的文字为本书作者所注,下同。

定，杀人者最后又成了被杀者。前者的记述和后者的记述各从一个方面省视这段历史，又彼此对应地说明：当初着力压平了开新一方的"守旧之局"，此日在外来暴力的横扫之下一经掊击，便已声光俱熄，荡然无存。梁启超描摹其时的人心与世相，说是"辛丑、壬寅之后，无一人敢自命守旧"。[1]与之因果相及的，则是曾被压平的开新一方勃勃然重起于辛丑、壬寅之后，化其新学新知为时论、策论、呈文、奏议，之后又影响庙堂，进入了诏书之中。由此形成的独步一时和无可匹敌，便实际造就了开新的一边倒。

就其立意而言，守旧旨在维系中国之固有，以期存本根；开新旨在以西法变中国之固有，以期应世变。两者各有自己的理由。但就实际的历史过程而言，则由戊戌到庚子守旧的一边倒，在辛丑、壬寅之后亟变而为开新的一边倒，又是在外力揳入新旧之争的冲击下实现的。因此，自一方面而论，新与旧之间的这种此长彼消并不是中国社会自然发生、自然演化的结果；自另一方面而论，与外力冲击相伴而来的独步一时和无可匹敌，同时又在使开新的一边倒一经生成，其引为大法的西学西政犹在知其然而不知其所以然之中，便已居有强势。当此甫受重创而"国势日蹙"，致"政府棼瞀于上，列强束胁于外，国民怨讟于下"[2]之日，遂能以其弘彰西法震荡四方，牵引朝野，摄动人心。随之是时人所见的"今之见晓识时之士，谋所以救中夏之道，莫不同声而出于一途，曰欧化也"。[3]

以"欧化"说西学、西政、西法、西艺之于"中夏"，则对应的显然已是一种西学、西政、西法、西艺的当头笼罩了。而"莫不同声"和"出于一途"，又说明了时人之识时务者相信"欧化"为理所当然者的广泛和众多。与这种由开新到"欧化"的思想走向同在一个过程

---

[1] 梁启超：《饮冰室合集》第3册，北京：中华书局，1989年，《文集》之二十五（上），第145页。
[2] 张枬、王忍之：《辛亥革命前十年间时论选集》第2卷，下册，北京：生活·读书·新知三联书店，1963年，第1055页；故宫博物院明清档案部汇编：《清末筹备立宪档案史料》上册，北京：中华书局，1979年，第149页。
[3] 张枬、王忍之：《辛亥革命前十年间时论选集》第2卷，上册，第52页。

之中的，是"辛丑、壬寅之后"，在新政名目之下延接戊戌年间维新变法被截断了的理路，直接促成停科举、兴学堂、练新军，其除旧布新之际，一以"东西洋"所已经有为应当有，以"东西洋"所未尝有为不可有。之后又越过了当初戊戌变法所筹想的范围，行之更远地变官制、立咨议局、设资政院、力行城乡地方自治，以自上而下的"改弦更张"节节铺展，统名之为"筹备立宪"和"咸与维新"。[1] 由此促成的既是一种剧变，又是一种急变。就程度而论，两者俱为19世纪中叶以来的中西交冲所未曾有。而后是自60年代以来的三十年以洋务为中心的借法自强过去之后，剧变和急变交作之下，清末最后十年开始了近代中国社会变迁的另一个历史阶段。

三十年借法自强以制器、练兵、铁路、开矿、航运、电报等为重心，移来的西人之"长技"大半都在形而下一面。虽说其间已经有清流与洋务的纷争和颉颃，但与形而上者谓之道相比，这种由形而下的器所带来的今时不同往昔，仍然脱不出中国的伦常名教和文物制度而能别开一局和另成一路，于是而有三十年之间中体西用提调借法自强的可能和事实。迨"甲午之丧师"，而后戊戌"维新之局"起于时移势迁之际。"维新"而以"变法"立宗旨，本在于对比此前三十年的借法（自强）之改变中国的程度有限，以表达对于这种有限程度的否定和超迈。而辛丑、壬寅之后的清末新政既以延接戊戌变法的理路为起点，则其"采列邦之良规"以"维新更始"[2]的大幅度改制和易法，便一定会从形而下延伸到形而上。与上一代人的制器、练兵、铁路、开矿、航运、电报等移彼邦之器为中国之器，而西用犹在中体提调之下相比，科举、学堂、官制、咨议局、资政院、地方自治和立宪政治之举"中国之法度"以"比照各国之法度"，而"欲尽去旧法"[3]的急迫兴革，则都会以变制不同于变器的冲击之弥广和冲击之弥深，使久在一脉相延之中的中国社会被置于西法的分解组合之下失掉了本原。

---

[1] 《清末筹备立宪档案史料》上册，第169页。
[2] 同上书，第67、96页。
[3] 同上书，第140页。

因此，当日直观这个过程而眼界不为新政所囿的人已明白地看到：被称作"旧法"的东西既生成于牵汇万端之中，又存在于牵汇万端之中，是以一旦摧折，同样会牵汇万端而引来四面倾塌。其时的一则论说于此尤其言之明了：

> 窃维一代之兴，其官法制度皆非一时所能定也。自其初累世经营，皆身历而手订之，以积久而驯至于大备。虽后间有变革，而要不过进退损益于其间，故自秦、汉以讫于今，上下二千余年，设官分职，相循不易，故语所谓其或继周，百世可知也。

"累世经营"和"进退损益"，都说明既存的制度和法度之所以能够长久地延续和稳定地维系社会，是制度和法度自身皆曾历经漫长的过程，在既以社会为对象，又以社会为内容的不断校正和深度应和中形成的。因此制度与法度虽外观地出自"累朝圣君贤相经画之宏"，而其本原和根脉则系于中国人的社会、历史和文化之中。相比于这种本原和根脉，权力和意愿都不足以匹比和匹敌：

> 及至世变多故，祸难繁兴，亦时有自奋私智以投时宜者，然其为政终不可行，即行之亦终不可久，苟强为之，亦未有不大败者。如唐之兵制，自张说而改，宋之新法，自王安石而行。其人皆学问深博，通晓古今，又值积弊之后，与可为之时，故专行不顾，欲改成法，以邀一切之功，而军弱民弊，卒以酿异日藩镇擅兵，宗社倾覆之祸。此其尤大彰明较著者也。

张说和王安石都曾为纠弊而"改成法"，又都未见及成法内里的牵汇万端，而致旧弊未除，变法招来的新弊已不可收拾。这是中国人熟知的历史旧事，然而以唐宋比此日，则"唐与宋之所改，不过数端而已，其为祸之烈已如是，若如今立宪之议，则是举历世相承之官法制度，尽取而纷更之，其造端之大，固十百于唐宋也"。[1] 其着力表达的都是此日推想后来的一派忧患。

---

[1]《清末筹备立宪档案史料》上册，第113、151—152页。

时当"论者皆谓宪政一行,可以强国"[1]之日,这些论说关注的并不是未经实证而犹在向往之中的"强国"之愿景,而是正在"维新更始"名义下施行"如今立宪之议"的实际过程,以及这个过程所造成的现实中国与历史中国的断裂。就"历世相承之官法制度"由"累世经营"而"大备",由"进退损益"而经久,遂成其"相循不易"和"百世可知"而言,则"经营"与"损益"的过程之自然而然和不得不然都说明:历史中的"制"与"法"前后之间常能一脉相通,既在于其同以中国人的社会、历史和文化为最直接的依傍,也在于其同以中国人的社会、历史和文化为最稳定的内核。由此构成的确定性与具体性,便成为制度与法度"相承"和"相循"的实际内容,而牵汇万端的本义即在于此。因此制度和法度不是悬空的东西,其中含结于深处的稳定内核和根本依傍尤其无从自为愿想地切割分解。然则以千年历史的"相循不易"对比十年新政的"尽取而纷更之",显然是时至晚清末期,"历世相承之官法制度"被牵入"立宪之议"而置于"各国之法度"比照之下的过程,同时又是一个"官法制度"之中由"累世经营"与"进退损益"沉积而成的内核、依傍、确定性、具体性,从而社会、历史、文化与"官法制度"的联结,都被东西洋学理消解掉和过滤掉了的过程。而后是曾经延接千年的制度和法度,在当轴的眼中全成了抽象的东西和没有确定内容的东西。

当时人记述说:"此次编定官制",实际"主其事者不过一二人,而主笔起草亦只凭新进日本留学生十数人"。其间的汪荣宝"清末以留学生为显官,共曹汝霖等见称四大金刚",曾"一年间擢民部参议",并"兼宪政馆、法律馆、资政院事。一时所谓新政条教,出荣宝手者十九"[2]为尤其显目。而比借助于"留学生"取法东西洋更加直截了当的,还有筹备立宪之日,"新定法律草案出自日本律师冈田

---

[1]《清末筹备立宪档案史料》上册,第227页。
[2] 同上书,第443页;徐凌霄、徐一士:《凌霄一士随笔》第3册,太原:山西古籍出版社,1997年,第1068页。

之手"[1]的记述。"新政条教"之"出荣宝手者十九"和"法律草案"之出"日本律师冈田之手",都说明其时新制度和新法度径情直遂地取代已被抽象化与空洞化了的旧制度和旧法度之轻易简捷。这个过程急速地改变了中国社会被称为上层建筑的那个部分,然而与之相对而见的,则是作为中国主体的民间社会,以及生存和延续于其间的万千苍生仍在"四千年旧习"[2]之中,并没有随东西洋学理而变。两头之间形成的不仅是分明的差异,而且是直接的相抵相格。后来的时论评议这种矛盾,说是欧人"所谓文明者,欧人之文明而非他族之文明;其所谓政治者,欧人之政治而非他族之政治"。[3]明言中国与东西洋学理和制度的不相对等,以及中国对于东西洋学理和制度的难以匆匆吞咽而消受自如。但辛丑之后自上而下的"采列邦之良规"挟开新的一边倒而来,由于无人"敢自命守旧",这个过程便因没有了与之力能相抗的对手,遂无须深究中西之间的学理、事理和人情物理,随后是没有理的制约,其时的开新、维新、变法、变制、筹备立宪都已很容易地成为一种既不识章法,又不知忌惮的驭势而行了。主其事者的专注所及,并不在欧人的文明和政治与中国的不相对等,而全在欧人的文明和政治与富强对等,并因其与富强对等,而亟迫地移入了种种与中国不相对等和无从消受的学理和制度。作为一种历史结果,清末的最后十年遂因之而成了晚清七十年里以西法变中国声势最亟迫和震动最剧烈的时代。

二 "尽去旧法"与一个没有本体与本位的中国

西法与中国的不相对等,是因为和二千年中国的文物制度相比,

---

[1] 胡思敬:《国闻备乘》,载荣孟源、章伯锋主编:《近代稗海》第1辑,1985年,第292页。
[2] 《清末筹备立宪档案史料》上册,第223页。
[3] 上海经世文社辑:《民国经世文编》第1册,北京图书馆出版社,2006年,第617页。

西法之于中国是一种没有历史的东西。所以，用西法变中国而能行之亟迫剧烈，与之相为表里的一定会是历史意识在这个过程中的节节式微和泯灭。于式枚说：

> 当光绪初年，故侍郎郭嵩焘尝言西法，人所骇怪，知为中国所固有，则无可惊疑。今则不然，告以尧、舜、禹、汤、文、武、周、孔之道，汉、唐、宋、明贤君哲相之治，则皆以为不足法，或竟不知有其人。近日南中刊布立宪颂词，至有四千年史扫空之语，惟告以英、德、法、美之制度，拿破仑、华盛顿所创造，鲁索、边沁、孟德斯鸠之论说，而日本之所模仿，伊藤、青木诸人访求而后得者也，则心悦诚服，以为当行。前后二十余年，风气之殊如此。[1]

从光绪初年的以西法比附"中国所固有"，到此日的"不知"历史和"扫空"历史，具见"前后二十余年"的"风气之殊如此"，正反映了以洋务为中心的三十年借法自强之日，一世之人心中仍然积存的历史意识，在继之而起的后一个时代里已被漠漠然置于度外，日去日远。就辛丑之后的中国而言，这是一种引人注目又牵动极深的社会思想丕变。而由此一路迤延，至民国初年黄炎培以"实用主义"为教育立宗旨，主张历史一科的教与学，"除近世大事择要授之外，全不取系统的"，只须"授以职业界之名人故事等"[2]为理所当然，显然是其意中已全无数千年中国的历史。作为对比，是同时的章太炎深恶自居于开新的人物一面"狂吠乱骂"中国"过去的事都没有用"，一面又在读"西洋史，记得希腊罗马的事，记得一二百年前英、俄、德、法、奥、美的事"，视之为颠倒本末和逆乎常理。并通观当时，尤以"今人之病即在不读史"为一世大患。[3] 两者立论不同，又以其立论不同的自为陈说格外真实地写照了20世纪初年，历史中国在人心中远去

---

[1]《清末筹备立宪档案史料》上册，第306页。
[2]《民国经世文编》第7册，第4171页。
[3] 章念驰编订：《章太炎演讲集》，上海人民出版社，2011年，第75、433页。

的速度和程度。对于二千多年间历史意识与政治意识常在一体相连之中的中国人来说，这种因"无一人敢自命守旧"而致布新走向极端、除旧走向极端的古今之争已争无可争，带来的其实是一个没有历史的中国。

于式枚以"骇怪"为词写照光绪初年中国人眼中的西法，说明了没有历史的西法进入自有漫长历史的中国曾经窒碍重重。因此，产出于后洋务时代的这种没有了历史的中国，其接纳没有历史的西法已经了无窒碍而正相对等。有此对等，随后才可能有维新、除旧、变法、变制以所向披靡之势急剧地改变中国。然而就中国之为中国而言，其本体和本位都是在历史迁延中形成，由文化累积所化育的。所以，一个没有历史的中国，同时又成了一个没有本体和本位的中国。与之对应，便是此前三十年借法自强恃为通则的中体西用，在辛丑之后的历史变迁里已面对潮流所归的"一变旧制"而无从颉颃，日甚一日地淹没于"尊西人若帝天，视西籍如神圣"[1]的另一种世情世相之中了。

当此没有了本体和本位之日力行变法，则以西法改变中国便很容易成为"举一事革一弊"，皆远望外洋而"靡不惟东西之学说是依"[2]的澎湃腾达和漫无边际。与之相随而来的，是"靡不惟东西之学说是依"一定会引入各种各样的西法，而西法之各种各样，又一定会演化为西法之各是其是。于是一种因果促成另一种因果，作为当日真实的历史过程，在开新的一边倒已使新旧之争争无可争之后，又见各奉一种西法和各成一种流派的新与新之争接踵而起，以其各自独尊发为各自恢张。比之新旧之争，其互斗互克的声势又常常更加宏大。而后是同在立宪主张之下，朝野之间相争相斗；同在开新一脉之中，革命与立宪相争相斗；同以西学为源头和归旨，无政府主义与民族主义相争相斗。此外还有国家主义、世界主义、军国主义、集权主义、分权主义，以及由此派生而出的文明、公理、尚武、排满、非圣、万国新语

---

[1] 转引自丁守和编：《辛亥革命时期期刊介绍》第1集，北京：人民出版社，1982年，第315页；第3集，1983年，第59页。
[2] 转引自丁守和编：《辛亥革命时期期刊介绍》第5集，1987年，第432页。

和"无君无父无法无天"等各立旨义,各自倡说,演化出彼此之间既不相勾连又无从勾连的种种新道理。然而以西法改变中国的过程仓促而起,既和此西法与彼西法的各式各样一路相伴,又和此西法与彼西法的扞格争斗一路相伴,对于被改变的中国来说,这个过程便不能不是一种无序冲击下的震荡。光绪末年朝廷展布筹备立宪,张之洞电告"军机处厘定官制大臣",陈述变法所到之处的地方一片乱象:

> 方今天灾迭乘,民穷财匮,乱匪四起,士气浮嚣,外省之学堂无不思干预公事,攘取利权,海外之学生尤为狂妄,动辄上书政府,干预朝政,凌辱监督横索钱财,电致本省督抚,抵斥地方官,及加查核,十无一真,其悖谬情形罄牍难书。而待举之新政甚多,州县外受督责,内忧赔累,疲于奔命,无米为炊。督抚支左绌右,救过不遑,但能抚绥镇遏,平静无事,已自不易。若改变太骤,全翻成局,需费太多,课虚责有,不惟官吏耳目眩惑,无从措手,权力改变,呼应不灵,窃恐民心惶惑,以为今日即是官民平权,刁民、地棍借端鼓众,抗粮不完,厘税不纳,缉盗匪则抗匪不服,筹赔款则抗欠不交,传讯不到,断案不遵,一切纪纲法度立致散乱逾越。国纪一失而难收,民气一纵而难靖,恐眉睫之祸有不忍言者矣。

在清末最后十年,他曾是达官中的"于各种新政提倡甚力"[1]者,而"提倡"一旦移入实际的社会过程,则眼中所见的,是朝廷预备立宪所恃之新法与"外省之学堂"和"海外之学生"手里的新法不同;"州县"与"督抚"奉旨而行的新法又会与"刁民地棍"引之以抗上抗粮的新法不同。新政招来的变化未见富强而先见学界乱、官场乱和民间乱,与其当初之"提倡甚力"相比,显然都在意料之外。

若由此连类而及当时人记述中所说的"清末号为预备立宪,而政治污浊,一切设施举措,多以促亡。盖亲贵之攘利权,巧宦之猎膴仕,均借宪政为大好题目也。各督抚以风会所趋,亦争言宪政以投时

---

[1] 苑书义等主编:《张之洞全集》第11册,石家庄:河北人民出版社,1998年,第9562页。

尚，政客、游士麇集幕府，藻采纷披之电牍连翩竞起，皆所谓持之有故、言之成理者，而不顾政局如斯，病在根本"，[1]以写照当时更加多见的"宪政"被用为"题目"的各利其利，则其间所持的新法之歧义纷杂又越益不可名状和越益等而下之。就本原而言，被称作"亲贵""督抚""州县""政客""游士""学生""刁民地棍"的社会群类都产生于中国社会，存在于中国社会，并因之而原本都同在一种社会架构的绾连之中，又同在一种社会秩序的制束之下。有此绾连和制束，则个体、群体、整体的区分和合一，都因其身在范围人人的公共性之中，而能够确定地形成相互维系的稳定关系。而后确定和稳定扶持了社会的安定，从而有众生的安宁和安贴。然而这两段文字以各色人等在新法名义下的各逞手段，互相分争所促成的个体脱出了群体，群体脱出了整体的无从绾连和无可制束为事实，说明了西法之急剧改变中国，最先发生，并牵及人人的，是旧日各分等序而聚合人际，被张之洞称为"国纪"的社会秩序和精神秩序，在"一变旧制"和"尽去旧法"的群起搅动之下纷然解体。由此造成的四分五裂，与各逞手段，互相分争相为表里的，又是人在其中的"后顾无依，前趋无宿"，[2]四望纷然，又四望茫然。

与三十年以洋务为中心的历史过程相比，辛丑之后的中国人一面因"上年京畿之变，大局几危。其为我中国之忧患者可谓巨矣"[3]的外力逼扼，而常在变法图存之"急起直追，已患不遑"[4]的窘迫之中。一面又因外力以强暴制胜而铲除守旧化为思想震荡，已一变其"昔所视为夷狄者"，而为"今则帝天之矣"。因此，与"辛丑、壬寅之后，无一人敢自命守旧"相映而见的，是"庚子以还，国人由惧外而谄外"成为一种与欧化相伴而来的社会现象而格外引人注目。[5]其

---

[1] 徐凌霄、徐一士：《凌霄一士随笔》第2册，第515页。
[2] 《民国经世文编》第1册，第457页。
[3] 朱寿朋编：《光绪朝东华录》第4册，北京：中华书局，1958年，第（总）4727页。
[4] 《清末筹备立宪档案史料》上册，第258页。
[5] 《民国经世文编》第8册，第5192页。

间被世人目为"新学之士"的群类,尤"以欧美一日之强也,则溺惑之,以中国今兹之弱也,则鄙夷之,溺惑之甚,则于欧美弊俗秕政,欧人之所弃余者,摹仿之惟恐其不肖也;鄙夷之极,则虽中国至德要道,数千年所尊信者,蹂躏之惟恐少有存也"。[1]时至20世纪初年,正是前一种意识与后一种意识交相迭合,而致变法的亟迫与这种"溺惑"和"鄙夷"难分难解地主导了名为"新政"的过程。之后是起于变法图存的这个过程随西法一路疾走,而又并无定轨可循,与其"摹仿"和"蹂躏"的一派盲目相为因果的,便只能是现实中国与历史中国的断裂,出自上层的变制度和变法度与民间社会的脱节,以及个体和群体在无从绾连和无可制束中的四分五裂。所以,外观地看,这个过程在追蹑西洋和东洋的朝野共鸣中单面亢进,以前所未有的广泛程度为中国造就了一种速成的近代化。然而与之共生的断裂、脱节和四分五裂所带来的社会深处的强烈震荡,以及同样与之共生的因惶急而亟迫,由惧外而诣外的一时俱来和互相交缠,又在使当日中国的中外之争和新旧之争错综纠结,而致后一面常常淹没了前一面,遂成其两面之间的内涵漫漶模糊,外延也漫漶模糊。

以19世纪中叶以来外力俯视之下的逼扼困苦反衬此日的惧外而诣外,则比之社会深处正在发生的震荡,本来由中外冲突而生的创巨痛深,以及由此形成的中外之争和中外之界,在取西法以改变中国的单面亢进中淹没于其时的"尊西人若帝天,视西籍如神圣",已不能不算是中西交冲六十多年来人心深处的倒错和异变。与速成的近代化之直观可见构成了对照的,是社会深处的震荡与人心之中的异变都发生在内里,对于那个时候的中国人来说,其直接的结果,都成了这一段历史变迁中更多的摧折和更多的迷离。而一代人所经历的这种世局动荡,则又明白地映照出速成近代化的反面。作为那个时候的事实,内里和外观的这种相互矛盾,同时又一定会成为互相制约,而致速成的近代化移西法于中国,不能不与重挫和跌蹉常相伴随,而常在一路倾

---

[1]《民国经世文编》第8册,第5073页。

力奔走，却欲速而不能达之中。然而同样作为那个时候的事实，是西法的各成流派和各是其是，又自能以一种西法与另一种西法的此落彼起，促成了这个过程的一挫再挫而又前后相逐，不止不息。时人从清末看到民初，熟视既久，举其间的人物和情状，概而言之曰："悚夫欧美革新之隆，谬欲规摹仿效，谓彼一法一制一俗一惯一条一文，若移而殖之我，将旦暮可以强吾国。及为之而不效，则流血拼命以蕲之，革无效再革之，再革无效更革之。"[1]而后是现实中国与历史中国的断裂更深，出自上层的变制度和变法度与民间社会的脱节更甚，个体和群体的四分五裂更剧烈，人心中的倒错和异变更明显，从而当日的社会与速成近代化之间的矛盾和悖反也更加积困积重。

三 扶摇飘荡的过渡时代

这是一个社会、政治、文化都在层层分解中走向支离破碎的时代；是一个旧学衰落、新学纷争的时代；是一个无从以体用、本末贯串连接的时代和社会没有了中坚的时代。因此，这个时代既不同于两千多年来的传统中国，也不同于此前三十年以洋务为中心而着力借法自强的中国。1901年，梁启超作《过渡时代论》，在庚子与辛丑之后的大幅度变法刚刚开始之际，言之明了地称"今日之中国，过渡时代之中国也"。其意中的"过渡时代"，既是"希望之涌泉也"，又是常在"危险"之中而没有归路的过程，而下笔申说，于后一面尤其言之谆谆：

> 抑过渡时代，又恐怖时代也。青黄不接，则或受之饥；却曲难行，则惟兹狼狈；风利不得泊，得毋灭顶灭鼻之惧。马逸不能止，实维踬山踬垤之忧。摩西之彷徨于广漠，阁龙之漂泛于泰洋，赌万

---

[1] 转引自丁守和编:《辛亥革命时期期刊介绍》第5集，1987年，第432页。

死以博一生,断后路以临前敌,天下险象,宁复过之?且国民全体之过渡,以视个人身世之过渡,其利害之关系,有更重且剧者。所向之鹄若误,或投网以自戕;所导之路若差,或迷途而靡届。故过渡时代,又国民可生可死,可剥可复,可奴可主,可瘠可肥之界线,而所争间不容发者也。

因此,以"过渡时代"说"庚子国变"之后中国的大变,重心俱在"过渡时代"的"两头不到岸"。[1]他在20世纪开端之日预言后来,所以,章士钊称他为"知更之鸟"。而十年以后黄远生论世相,以民初比清末说:

> 晚清时代,国之现象,亦惫甚矣,然人心勃勃,犹有莫大之希望。立宪党曰:吾国立宪,则盛强可立致;革命党曰:吾国革命而易共和,则法、美不足言。今以革命既成,立宪政体,亦既确定,而种种败象,莫不与往日所祈向者相左,于是全国之人,丧心失图,皇皇然不知所归,犹以短筏孤舟驾于绝潢断流之中,粮糈俱绝,风雨四至,惟日待大命之至。[2]

同样的意思,李大钊谓之"百制抢攘"而"国运"衰痿,"未意其扶摇飘荡,如敝舟深泛溟洋,上有风雨之摧淋,下有狂涛之荡激,尺移寸度,原望其有彼岸之可达",而举目四顾,"固犹在惶恐滩中也"。[3]他们都身历了这个过程里的以变应变和一变再变,而眼中之所见,显然是从清末到民初,中国人仍未走出过渡时代而依旧在两头不到岸之中。但梁启超预想的"希望之涌泉",则都已汨没于"往日所祈向者"一一破灭之后的"丧心失图"里了。

民初犹未走出清末开始的"过渡时代",说明了两者虽因国体不同而各成一段,而就社会变迁的历史内容而言,则都同出于一个源头而同属一个过程。清末的变法与发生在社会深处的断裂、脱节、四分

---

[1] 梁启超:《饮冰室合集》第1册,《文集》之六,第28—29页。
[2] 黄远庸:《远生遗著》上册,卷一,北京:商务印书馆,1984年,第88—89页。
[3] 《李大钊全集》第1卷,北京:人民出版社,2006年,第1页。

五裂和发生在人心深处的倒错、异变相为因果,并在君权倒塌之后都留给了民国。但清末能使"人心勃勃"的立宪和革命,在民初俱成了不可收拾的"种种败象",而致人在其中"不知所归",之后是曾经深信变法的人不再相信变法。戊戌年间怀抱急切之心作《拟上皇帝书》,力倡变法的严复,这个时候追本溯源,从头说起,在一封信里深论因果始末,痛诟本是同道的康有为、梁启超:

> 嗟嗟! 吾国自甲午、戊戌以来,变故为不少矣。而海内所奉为导师,以为趋向标准者,首屈康、梁师弟。顾众人视之,则以为福首,而自仆视之,则以为祸魁。何则? 政治变革之事,蕃变至多,往往见其是矣,而其效或非;群谓善矣,而收果转恶,是故深识远览之士,愀然恒以为难,不敢轻心掉之,而无予智之习,而彼康、梁则何如,于道徒见其一偏,而由言甚易。

遂成其"狂谬妄发,自许太过,祸人家国而不自知非"。尤其指梁启超纯持"理想"鼓荡天下,"欲以无过律一切之政法,而一往不回,常行于最险直线者也。故其立言多可悔,迨悔而天下之灾已不可救矣"。[1]这些话不能不算是言之锐利。然而以被议的康有为民初作"国会叹",自劾"追思戊戌时,鄙人创议立宪,实鄙人不察国情之巨谬也",[2]被议的梁启超民初已变其"一往无回"而常在"忏悔"[3]之中为对照,则其自己否定自己,又更具典型性和更富深刻性地表现了其时的曾经深信者变为不再相信。后来梅光迪说:"我国严复氏,不明欧人学术源流,辄以其一时流行者,介绍国人。如所译之《社会通诠》中,分社会进化阶级,为图腾、宗法、军国,其影响吾国当时思想者至大。吾国人之自甘居于文化落后民族者,实此书作之俑也。"[4]于是痛诟康梁的严复也成被痛诟者。

---

[1] 王栻编:《严复集》第3册,北京:中华书局,1986年,第631—633页。
[2] 汤志钧编:《康有为政论集》下册,北京:中华书局,1981年,第882页。
[3] 丁文江等:《梁启超年谱长编》,上海人民出版社,1983年,第874页。
[4] 罗岗、陈春艳编:《梅光迪文录》,沈阳:辽宁教育出版社,2001年,第63页。

比之辛丑之后的变法维新挟一边倒之势径情直遂地前后相逐，这种先倡变法的人物此日之被人否定和自我否定，正明显地说明，时至民初，曾在清末十年主导朝野而歆动人心的急变剧变，已被这一代人中的由希望而失望者置于事后省视之中，成了追而论之的究诘对象。康有为所说的"不察国情"，后知后觉地看到了与历史中国断裂的变法，因其脱空而起，文不对题，给现实中国带来的其实是更多的搅动和淆乱。梅光迪指"自甘居于文化落后民族者"为大弊，尤其注目的是"欧化"淹没了中体西用之后，一个没有了本体和本位的中国，在浸灌而来的西潮面前只能跟着走的失其自我。严复深憾当日力倡移西法变中国的"康、梁师弟"之"于道徒见其一偏，而由言甚易"，则意在说明，十多年来以西学西法为一世开风气的人物实际上并不真懂西学西法，从而并不真懂中国与西洋之间的异同。因此其"立言多可悔"，而风气一旦演为万窍怒号于天下，则已悔无可悔。与"辛丑、壬寅之后，无一人敢自命守旧"相比较，这些由辛丑、壬寅以来大变旧法，而所得"莫不与往日所祈向者相左"引发的深度质疑，正明显地是在回归于重新认识中国的本来和中国之固有。然则同属过渡时代，其此一时和彼一时之间的观念也在前后殊异的变迁之中。从曾经的"人心勃勃"到这个时候的质疑和回归，是当初以"泰西变法三百年而强，日本变法三十年而强，我中国之地大民众，若能大变法，三年而立"为预想的言之断然，以及"能变则存，不变则亡，全变则强，小变仍亡"的危言警世，[1] 由其简捷明了的单面立论，衍化为清末最后十年一往无回的单面亢进之后，本与这个过程相为因果，从而被单面立论和单面亢进所遮蔽和回避掉了的种种矛盾、逆反、冲击、倾覆、动荡、瓦解、无序，以及随这种掀簸而来的世路动乱，都在这个时候撤去了遮蔽，成为人人可见的事实而又直接殃及人人。因此，十多年来断裂、脱节、摧折、四分五裂与人心的失措和异变步步累积

---

[1]《康有为政论集》上册，第311—312页；梁启超：《饮冰室合集》第6册，《专集》之一，第11页。

而又不止不息，时至此日，时论已概括谓之曰"内变之烈，尤甚于外患"。[1]

就近代中国社会变迁的历史过程而言，戊戌之前历时三十年的借法自强起端于"万不得已之苦心"和"内外臣工各有卧薪尝胆之志"，[2]那一代人以"万不得已"和"卧薪尝胆"自述怀抱，既说明时至19世纪中叶，为回应西人的冲击，中国已不得不变；又说明借法自强自始即立脚于体用本末之分，不得不向欧西借法的中国仍然是守定自我本位而不同于欧西的中国。以此为比照，则因甲午丧师而有戊戌年间的"大变""全变"；因庚子国难而有辛丑之后的"比照各国之法度"而"尽去旧法"，并由"大变"、"全变"和"尽去旧法"，引申而有"欧化"之说，虽然都是沿此前三十年中国的不得不变而来，但其重心已随时势逼挦化为人心危殆，由人心危殆化为四望迷离，全然不同地移到了中国的东洋化和西洋化一面。因此，后洋务时代的中国之不得不变，其理路遂以"旧之亡也勃焉，新之兴也勃焉。支那欲立新国乎，则必自亡旧始"[3]为当然。这个过程使得合"各国之法度"为总称的"新"，因其大而化之而越来越抽象，又使中国之为中国的"旧"，因其近在眼前而越来越具体，之后是危殆和迷离之下的除旧布新便只见旧的一面节节坍塌，而未见新的一面实随名至。两头之间的矛盾无可化解，正说明一个"旧之亡也勃焉"的中国，因其没有了立足的本体和本位，实际上又成了一个无从嫁接和消纳"各国之法度"，以实现其蓬蓬然而新的中国。黄远生笔下的"短筏孤舟驾于绝潢断流之中"，李大钊笔下的"扶摇飘荡，如敝舟深泛溟洋"，写照的都是这个起于开新的过程在"亡旧"之后的两无所依而不知归宿。而作为曾经身在除旧布新的局中，而以文字动天下的人，严复、康有为、梁启超的否定和自我否定，是其立论的要旨，已由深信中国与东西洋之

---

[1]《民国经世文编》第8册，第5193页。
[2] 中国史学会主编:《洋务运动》第5册，上海人民出版社，1961年，第51页;《曾国藩全集·奏稿》卷十二，长沙：岳麓书社，1987年，第7032页。
[3] 张枬、王忍之:《辛亥革命前十年间时论选集》第1卷，上册，第92页。

间能够互通和共通了无窒碍,从而深信移东西洋之成法可以强中国的盲目一朝抉破之后,已变大信为大疑地反转到由"立国自有本末"说中国与东西洋之殊异和隔阂,而以"妄师"东西洋成法只能乱中国为论断:

> 瑞士不师罗马,美不师瑞,法不师美,葡不师法,各鉴其弊而损益之,但取其合于本国之情,而为至善之止耳。今吾国何师乎?即采择欧、美,岂能尽从?况于远隔绝海数万里之域,有亘古历史民俗政教之殊,乃欲强移用之,削趾适屦,顾盼自喜,而不顾其流血也,岂不大慎哉![1]

论其事实,他们都曾是"妄师"的开先者,因此,以此评说民初时事,其得自于跌挫起落的阅历之知,又切近事理地为黄远生和李大钊笔下的两无所依而不知归宿解说了由来和因果。

本被置于度外的"亘古历史民俗政教之殊"此日被引到论述的重心之中,并由此省思,对比而见地直言"妄师"西国西法为大患,对于他们来说,由今时反观往昔,已是历经岁月沧桑和世路颠簸之后走出了曾经的盲目。然而以民初比清末,是时势的逼搪仍在,则中西之对比仍在;中西之对比仍在,则危殆和急迫仍在;危殆和急迫仍在,则人心中的迷离仍在。在中体西用已经坍塌,而剧烈变迁之中的中国犹未能找到一种不同的理路和轨路,以越出清末以来的"稍稍窥窃于异国之学说"而"动以援引先例自豪"[2]之日,则欧西之声势仍然在以其广罩四方而掀动一世,使人望而生畏,望而生羡。因此,当上一代人正由"今吾国何师乎?即采择欧、美,岂能尽从"发为深度疑异的时候,继起的后来人又在以法兰西"文明"和"美国思想"为导引,阐说"变古之道,而使人心社会划然一新"[3]的畅想和悬想。法

---

[1]《康有为政论集》下册,第706页。
[2]《孟森政论文集刊》中册,北京:中华书局,2008年,第816页。
[3]《陈独秀文章选编》上册,北京:生活·读书·新知三联书店,1984年,第79页;中央档案馆编:《中共党史报告选编》,北京:中共中央党校出版社,1982年,第8页。

兰西文明和美国思想，主旨仍然在大变中国，而其时的要义则已移到了文化一面。与"亘古历史民俗政教之殊"相比，其远看欧西的眼光显然犹在辛丑、壬寅以来的惯性之中，而并没有脱出一边倒的单面亢进。这种一代人与一代人之间的嬗递起于彼此各立宗旨，而又归于前后周而复始，因此，同在两头不到岸之中，就古今中西之争的内涵而言，是嬗递有如循环。

作为一个过程，被梁启超称为"过渡时代"的这一段历史，以戊戌年间维新变法的震慑和张厉为思想起点，又以庚子之变后"举凡朝章国故，吏治民生，学校科举，军政财政"的"大加兴革"以"挽回厄运"[1]为实际起点。两者合汇，既决定了这个过程内在的急切，也决定了这个过程纵深和广延的一意远伸和不断远伸。而与之相为表里的，则是急切没有定则，远伸没有止境。这个过程期望用西方人的办法来解决中国人的问题，而后是秦汉以来的二千年历史中国在西法的冲击下新旧蝉蜕，失其本相。但过渡时代之"两头不到岸"，又说明西方人的办法没有解决中国人的问题，而解决问题的过程，却又为中国人带来了更多的问题。时人谓之"旧宅第已毁而不能复建之，则惟有露宿"。[2]所以，对于身在其间的中国人来说，由变法开始的过渡时代，实际上成了最亢激的时代、最不安定的时代、最茫无端绪的时代和最趑趄徊徨的时代。由此显现的是新陈代谢中的撩乱一面和危悬一面。

然而置这个过程于近代中国的历史变迁之中而通观前后，是过渡时代的断裂、脱节、摧折和四分五裂，既以其一变再变的一路仓促，展示了传统中国变为现代中国所经历的逼迫之下以变应变的身不由己，又以其一变再变的一路仓促，展示了逼迫之下以变应变的惶遽和懵然。而以中国社会的历史转型立论，则与亢激、不安定、茫无端绪和趑趄徊徨对应的，是产生和形成于漫长岁月之中而被统称为传统的

---

[1] 朱寿朋编：《光绪朝东华录》第4册，第（总）2771、4727页。
[2] 《康有为政论集》下册，第714页。

种种结构、秩序、关系、守则以及伦理和思想，在这个过程中由脱榫而脱裂，由脱裂而倾塌。同一代人的亢激、不安定、茫无端绪和趑趄徊徨相比，传统的脱榫、脱裂、倾塌都留给了后来的中国，并会长久地影响后来的中国。而后是贞下起元，作为另一个过程，后过渡时代的社会变迁，其深处的历史走向和历史内容，便是为上下俱在瓦解之中的中国重造一种直立于古今中西之间，以拢聚和维系苍生的社会结构与人间秩序。直立于古今中西之间，则重造的过程，是本被置于两端而互相对立的时代内容与千年历史，历经千回百转的重重变迁，在外来之物的中国化和历史中国的现代化中而归于合一。而后是时代内容不再陌生，千年历史不再陈旧。因此，重造社会结构和人间秩序，同时又是在变盲目为自觉中重造中国的本体和本位。而过渡时代看不到结果的连年颠沛跌扑，也因之而在历史的前后连续之中有了可以理解和认知的意义。

本书以"两头不到岸"为名，意在循其本来的源流相承和前后相沿，置晚清末期和民国初年于同一个历史过程之中，由社会、政治和文化在这个过程里发生的激变和剧变，寻究这种激变和剧变挟前所未有的烈度和深度造成断裂、脱节、摧折和四分五裂的由来、内涵和结果。并以此说明过渡时代之后，以国民革命为起点的另一个时代继之而起的原因和理由。就这一段历史的矛盾、错杂、人物之多变和世事的纷乱而言，我历时五年的写作，只能算是以有限的视野表达有限的读史所得。

本书的出版，得到孙晓林老师、甘琦社长、毛升先生、陈甜女士、余敏聪先生和我的学生裘陈江君、王婧娅君的关照和帮助，在此向他们深致谢意。

杨国强

2021 年 11 月

第一编

科举停置与后科举时代的知识人

第一章

天下有事功名多途和晚清科举入仕的逼仄

一 内忧外患交迫和晚清的保举捐纳

隋唐到明清的一千多年里,科举制度起于"以试为选",又立定于"以试为选"。[1]则一千多年里朝廷选官和士人入仕,便常态地和主要地实现于读书应试之中。然而时至清代后期,这种前后相承而历时久远的定规和常态已变其旧日局面。光绪年间吴汝纶论世事人事,直言"天下有事,功名多途"。[2]说明"以试为选"的科举制度以外,当时又另有自上而下取用职官和自下而上进入仕途的别样路径。以科举为来路的功名遂因此而渐变本义。而"多途"之为多途,又尤以"捐纳、军功两途入官者众",[3]造成了咸同以来的官场之不同于此前的大观。溯其始末因果,则两者都是由19世纪中期那一场延续了十多年的内战促成的。

就此前两百多年的清代历史而言,经捐纳而得官职、因军功获保举都属本来自有先例。但在两百多年里,前者因河工、赈济、营

---

[1] 陈大齐:《陈序》,载邓嗣禹:《中国考试制度史》,长春:吉林出版集团,2011年,第1页。
[2] 徐寿凯、施培毅点校:《吴汝纶尺牍》,合肥:黄山书社,1990年,第14页。
[3] 陈弢辑:《同治中兴京外奏议约编》第1卷,上海书店出版社影印,1985年,第37页。

田、军需各由"事例"而起，并不构成连续性；后者因战争中的克敌制胜、攻城掠地而起，并不构成普遍性。同治末期毛祥麟说："自道光辛丑、壬寅间，海疆用兵，始大开捐例。咸丰初，粤匪继起，蔓延十五六省，军饷浩繁，例遂久开不闭。"又说"至军功一途"，则"每克复一州一县，纷纷保举，在营文武员弁之亲戚故旧，皆得列名"。[1] 前者说的是捐纳从有限度变为没有限度；后者说的是保举从有规矩变为没有规矩。两头的变化都起于太平天国引发的十多年内战。此后的数十年里，内战带来的大规模兵事虽已停息，但中外之间的民族战争逼迫而来，同时是此起彼伏于内忧外患交迫之下的海防、塞防、河工、赈济、洋务、筹饷等，皆各成要务而各立名目，都在使这种没有限度的捐纳和没有规矩的保举沿此铺展，了无底止地一路延续，又在一路延续里层层扩张，为那个时候的中国造出了越来越多的官。而由此形成数量上的大幅度累积，在数十年之间，已使一千二百多年以来"以试为选"的科举制度一步步腾出空间，不得不与"捐列频开，流品几不可问"[2]和"近世保举之弊，十倍于捐纳"[3]下的"仕途于是乎杂矣"[4]直面相对，共处于同一个时代的社会之中，并合为同一个官僚群体。以"近世"的数十年比往昔的一千二百多年，这是一种前所未有的丕变。

捐纳大半缘起于筹度支的户部，保举大半缘起于管地方的疆吏。前一面的目的在于开饷源，后一面的理由在于酬劳绩。就本意而言，两者都不是为了选官，但开饷源和酬劳绩能够行之有效，则两者都是在科举以外别开一重直入官场的门径中实现的。而比之三年一次的乡试和会试在法度束之下的既有时间限定，又有名额限定，这种另开的门径因其不立法度而尤多自由，又因其尤多自由而更容易漫无边

---

[1] 毛祥麟：《墨余录》，上海古籍出版社，1985年，第212—213页。
[2] 王延熙、王树敏辑：《皇朝道咸同光奏议·法治·通论》卷一，第15页，转引自许大龄：《明清史论集》，北京大学出版社，2000年，第157页。
[3] 荣孟源、章伯锋主编：《近代稗海》第1辑，第256页。
[4] 毛祥麟：《墨余录》，第212页。

际,不辨良莠。其时的奏折说"捐输原为筹饷计",而利源所在,则筹饷促成招徕,招徕促成广揽,遂有各省自行其是的"捐输减成章程",以期多销多得:

> 直东两省离京不远,报捐章程与铜局相等;豫省以饷票折收加一成现银,约居十成之二;湖、广、川、浙约居十成之三;江西、两广约不及十成之三;云、贵约居十成之二;安徽全收饷票,约居十成之一,其余各省均无过于三成者。计由俊秀捐纳州县至指省分发,不过千金。[1]

这种"十成之一""十成之二""十成之三",说的都是"捐输"得官用来交易的银子,其实际数目常常是在一减再减之中。各省"减成",初旨都是广为招徕,而直接的结果则是得官太过容易和造官太过放滥:

> 从前捐纳州县,一官不下万金。非家道殷实,及自度才器尚堪任使者必不敢冒昧呈捐,其父兄亦不令其子弟躁进。即任官后经手钱粮,思欲染指,自揣身家甚重,不肯尝试为非。所以我朝屡开事例权济一时,均无大弊。独至今日不然者,实因捐一州县,所费无多,有力者子弟相沿争为垄断,无力者借贷,而至易于取偿。[2]

而后是"众志纷然,群趋于利"。[3]若以翁同龢日记中所说"新放四川道玉铭,曾充库兵,开木厂",又报捐道员的记述相比照,[4]则具见其时得官的随心所欲和造官的百无禁忌,以及由此催生出来而不同于科场面目的人物和情状。与之同出一源而同存于一个时间里的,还有"军兴以来保举渐滥"[5]而致"保举打仗之员甚多,而接仗之地

---

[1] 阎敬铭:《请道府州县四项无庸减成疏》,《皇朝经世文续编》卷十七,吏政二,载沈云龙编:《近代中国史料丛刊》第75辑,台北:文海出版社,1966年,第495—496页。
[2] 同上注。
[3] 同上注。
[4] 《翁同龢日记》第5册,北京:中华书局,1989年,第2689页。
[5] 陈弢辑:《同治中兴京外奏议约编》第2卷,第16页。

人皆不知"[1]的杜撰军功,以及此后沿其轨辙纷至沓来的"使馆随员有保""出洋肄业有保""海防有保""劝捐有保""招垦有保""救护商船有保""督销缉私有保""厘金溢额有保""筹办电报、铁路有保""机器局、船政局、洋务局、水师学堂、武备学堂莫不有保"等,而自世人看去,正成其"一岁保数十百案,一案保数十百员。刁绅、劣幕、纨绔皆窜名其中"[2]的成群结队进入官场。

与一路辛苦地从"以试为选"里走出来的科举士人相比,这种沿捐纳、保举而进入官场的人因其别有来路,便在整体上另成一类。道光一朝朝廷开捐,而道光帝于召对之际与翰林问答,曾直言"我最不放心者是捐班,他们素不读书,将本求利,廉之一字,诚有难言"。[3]捐纳入仕者之不可信,全在于其"素不读书"而不能明理。他所用为对比的,显然是读书出仕而更能明理的科举中人。之后,同治朝御史周恒祺的一道奏折说:

> 科甲人员,虽未必尽属廉洁,而自念读书考试历数十年之辛苦,偶得一官,一旦因贪去职,则所得不若所失之大。即不肖偶萌贪念,亦有所顾忌而不敢为。若捐纳州县,不过费一二千金,得之原易,一旦出膺民社,无不施其掊克之谋,以为取偿之计。迨宦囊既饱,即以其余捐升府道大员。较之为循吏而以卓异待升,不更捷乎?纵令发觉严参,而彼已为富家翁矣。[4]

这段论说言之明晰,同样在把"科甲人员"和起于"捐纳"的做官人分成两路,而以前者总体上的犹有是非之辨来对比后者总体上的没有是非之辨。就是非之辨为义理之大辨而言,则这种把科举中人与捐纳中人置于两头,互相丈量而深作褒贬,着眼点显然不仅仅是其读书入仕和纳资入仕的不同,而是入仕途径不同所造成的两者之间品类的高

---

[1] 张集馨:《道咸宦海见闻录》,北京:中华书局,1981年,第350页。
[2] 荣孟源、章伯锋主编:《近代稗海》第1辑,第256页。
[3] 张集馨:《道咸宦海见闻录》,第119—120页。
[4] 陈弢辑:《同治中兴京外奏议约编》第2卷,第5页。

低和德性的优劣。因此,"捐班"虽已列于官界之中,但君主举而论之,表达的是怀疑和蔑视,言路举而论之,表达的也是怀疑和蔑视。而君主引为深忧的"将本求利"和言路引为深忧的"取偿之计"都说明,怀疑和蔑视,其共有的原因和理由,皆在于这些由市道而得官的人,很容易把商贾逐利的市道移来当成临民的做官之道。所以,在朝廷的功令里,以科举为正途,这些人只能算是异途。与之相对应的,是科举犹自居有重心之日,国家法度对异途入仕者的更多督管辨察:

> 捐纳及各项人员非由正途出身者,向于铨选分发到省时,由督抚面加考试,别为一二三等。一二等照例委用。三等实任开缺,候补者停委道府州县等官,以左贰杂职降补。不列等第者咨回原籍学习。诚以职守所在必读书明理,始可望其为守兼优,否则假以冠戴之荣,未便畀以事权之重,立法本极周详。[1]

这种"立法本极周详",反映的是异途入仕与科举入仕在朝廷意中本来的不相对等。因此久宦京师,曾做过刑部员外郎的陈康祺后来作《郎潜纪闻》,其中一节因事发议,说是:"我辈承乏秋官,本当神明法外,依古义以求平,若事事按律科断,则一刀笔吏足以了之,何以睿皇帝煌煌圣谕,非甲科人员不得与闻秋谳乎?"[2] 秋谳责在复审各地报来的死刑案,面对的是人命关天。而"神明法外,依古义以求平",则尤重合天理国法人情为一体,从"按律科断"的定案里审出错案和疑案。因此,帝王以"非甲科人员不得与闻秋谳"立家法,既是以此慎重民命,也是以此歧视异途。在这种慎重民命与歧视异途的重合里,"非甲科人员"之"不得与闻",直接反映的正是"非甲科人员"之不足与闻的整体预设,其中既包括捐纳,也包括保举。而以此为当然,则这种异途"不得与闻"的官缺和差使,在那个时候的中国其实并不仅止于刑部和秋谳。

这些事实说明,捐纳、保举虽因19世纪中期以来内忧外患的催化

---

[1] 朱寿朋编:《光绪朝东华录》第1册,北京:中华书局,1958年,第(总)708页。
[2] 陈康祺:《郎潜纪闻初笔 二笔 三笔》上册,北京:中华书局,1984年,第182页。

而成为官场常开的门洞,但与之俱来的,则是出自其间的群类自始即与科举士人构成了一种实际上的对立和分别。同光间欧阳昱作《见闻琐录》,曾记述过这种对立分别之一路上达九重之上:

> 宣宗时,夷务孔亟,国用颇不足,户部尚书孙瑞珍请开捐举人例,准其一体会试,每人银十万两。当时捐者二人,一为广东潘仕诚家,一为吾省黄宗模家。后御史某参曰:"自开捐以来,凡贩夫贱子与目不识丁者,皆可佩印绶,居民上,士人无不丧气。所恃者,科甲一途,尚堪鼓励人才耳。今举人复可捐,则寒窗攻苦之士,其气愈馁矣。孙瑞珍世代科第,不应忘其本来而献此谋,以失天下士心也。"宣宗阅之,立命停止。[1]

清代的捐纳入仕,京官至郎中为止,外官至道员为止。前者正五品,后者正四品,若以进士及第为起点做官,则都须升转多年,换过几次顶戴才能够达到。而与爬完了登天之梯的进士相比,则举人尚在沿科举之路登天的半途之中,依当日的准尺衡量,其官格并不能算是已经充分齐备。因此,在报捐道员纳银万余、报捐州县纳银不过数千之日,[2]这一段记载举开捐举人的"每人银十万两",以见其轻重倒置而不相对称;又举庙堂之内的论争及帝王对于论争的裁断,以见罗掘俱穷于"国用"不足之下,捐纳做官犹可,捐纳举人则不可。倒置和论争,都说明了本来一体相连的科举功名和仕途官职,其时已被分成属性不同的两种东西,后一种能够折算成银子,所以是有价的;前一种不可以折算成银子,所以是无价的。有价与无价出于帝王的判定,正是以此划出纳银授官的界限和范围,为产出于科举制度的功名保留了"以试为选"的本色。就科举制度孵育了万千士人,万千士人又依傍于科举制度所形成的滔滔然天下皆是而言,其间最能打动君心的,无疑是奏议中以"失天下士心"为戒,提醒帝王立国之不能失天下士心。因此,在捐纳、保举已使官场门户洞开之后,筹饷的计臣沿此引

---

[1] 欧阳昱:《见闻琐录》,长沙:岳麓书社,1986年,第103页。
[2] 参见许大龄:《明清史论集》,第42页。

申,把科举所造就的功名引入廷议,期于别立捐纳名目,以补国计之不足,但在帝王心中,出自科举的名器却始终是一种不可移动的东西。时当四海穷困,孙瑞珍之后,又有过同属一类的主张和同属一类的碰壁:

> [咸丰三年]礼部侍郎陶梁,请仿照康熙年间例,报捐生员,文生每名壹佰两,武生减半。四年,户部侍郎罗文恪公惇衍奏议称:粤东大姓,往往聚族而居,积有公产,请令一姓捐银至万两者,将该族子弟每遇岁试,永远取进文、武学额各一名。侍郎何彤云,请开各省举人、进士捐免停科之例。皆奉旨反驳。[1]

比之"立命停止","奉旨反驳"显然又更多一重叱责的意思。而回声起于士林,则以"圣明独断,杜绝权宜,二百年取士之大经,不容市井贩夫得操进退"[2]为天下之大幸。

这种官职可以捐纳、保举,而功名不可以捐纳、保举的限定和区分,同时是在对比之中,把后者的身价之贵放到了前者之上。因此,虽然19世纪中期以后科举、捐纳、保举三者都已越来越固化地成为常态的入仕途径,但从咸丰朝、同治朝到光绪朝中期,多数士人所自觉选择和倾力以求的仍然是由科举进身。光绪初年"秦晋豫大祲",翰林吴观礼"以办赈染疫死",并因此进入时人的记述之中。而溯其仕途履历,则"观礼以举人刑部外员郎居[左]宗棠幕,保至陕西道员,后注销道员官阶应试,中辛未进士,入翰林"[3]。他由从五品的员外郎得保举而成正四品的道员,之后弃去道员重回科举,经"以试为选"而成进士,入翰林,但以品级而论,道员变为翰林,已是四品落到了七品。这个过程曲折迂回,却以一种自愿的选择说明了那个时候的士人心中之所贵。与之同归一类而守定取向的,还有屡试屡挫而久困于科举之途的张謇。他曾赴朝鲜为吴长庆佐幕助成"定乱之功",

---

[1] 陈康祺:《郎潜纪闻初笔 二笔 三笔》上册,第232页。
[2] 同上注。
[3] 徐凌霄、徐一士:《凌霄一士随笔》第3册,第855页。

而不愿受保举,[1]宁可身经屡试屡挫,仍然不改旧辙,之后历时十一年之久始成正果。他们的人生路迹都说明,虽然此日正途之外,又有了异途,但就士心之所归而言,则积一千二百多年之久,科举制度的价值和声光并未因此横来之变而立时脱落。所以咸丰年间因顺天乡试而兴大狱,致大学士柏葰以下多人"斩决",多人"杖""流",一时天下震动。出自帝王的诏旨谓之"此次执法严惩,为士林维持风气",明显地表达了一种守护科举制度的自觉意识。于是而有记述中的"乾纲一震,士气皆伸"。[2]前一面和后一面,显然都交集于科举制度和士人群体的相为依存。而时当捐纳、保举駸駸乎而起之日,这种牵动了朝廷和民间的一世关注之所在,却全在捐纳、保举之外,并反照了捐纳、保举在人心中的无足轻重。

然而比之科举的"以试为选"既有法度,又有限度,捐纳、保举则因章法宽弛而能了无制束。同治三年(1864),翁同龢在日记中说"曾国藩以肃清皖北保举各员文武千人",然后非常诧异地谓之"自来所未睹"。[3]他所指的应是当年十一月曾国藩所奏《水陆各军肃清皖北江北出力员弁四案并保折》,其间附呈的名单之长,委实使人看了目眩。然而在相近的时间里,出自曾国藩奏议而性属同类的"保举",至少还有《克复宁国府城并请奖恤出力员弁折》《遵保救援颍州克复霍邱出力文武员弁折》《湖南东征局筹饷官绅请予奖叙折》《雨花台解围出力员弁请奖折》《江西肃清及青阳解围汇案请奖折》《今夏攻克九洑洲水师员弁请奖折》[4]等,与之相应和的都是一串一串名单。其间《官军迭复江岸各城隘出力员弁六案请奖折》,则一折而保举了"各员文武"近三千人。[5]这些"请奖"的奏折,以及由此累积的"奖叙"数目都出自同治朝的头两年,因此,由纵向做比较,曾国藩带兵十多

---

[1]《张謇全集》第6卷,第205页。
[2] 毛祥麟:《墨余录》,第201—202、207页。
[3]《翁同龢日记》第1册,1989年,第365页。
[4]《曾国藩全集》第5册,1988年,第2533、2934、2976页;第6册,1989年,第3280、3711、3743页。
[5]《曾国藩全集》第4册,1988年,第2259—2329页。

年而历经百战艰难,以军功造官的规模一定会远远超出这个数目;由横向做比较,同一段时间里还有左宗棠奏报的《请将随营出力各文员先行甄叙片》《遵保迭次打仗出力员弁兵勇折》《遵保克复严郡出力弁兵绅勇折》[1]等,以及李鸿章奏报的《汇保淮扬水师会克太平芜湖等处出力员弁折》《保举克复南汇在事人员片》《克复嘉定等城三案出力员弁并保折》[2]等,他们的"遵保"和"汇保",同样都在以军功造官。而且湘军、淮军之外,当日中国的其他兵队既在接仗,则必有军功;既叙军功,则必有保举,由此汇积而成的则是一个更大的数目。

这种因军功而起的大规模保举得官开启于内战之中,但在内战止息以后的数十年里,军功虽已减少,但以各种名目继起的"劳绩"则越来越多。以此请"奖叙",保举得官便多了种种五花八门的由头和名目,而种种五花八门,最终又都会成为越积越多的数量。与之一路相伴的,遂常见言路综贯前后而"痛论""自军兴以后,保举太滥"。[3]

> 夫从军以摧锋敢死为上,而叙劳乃属文员;治水以负薪捷竹为功,而请奖不必工次。甚或一案累百人,少亦数十人,连名比牒,作福市恩,此何异于斜封墨敕哉?[4]

核其名实,"则凡保案中任劳者十之二三,徇情者十之七八";论其情伪,则"下吏生事以邀功,大臣植私以滥举"。[5]比之内战中的以军功得保举,两者都使后来的"奖叙"更多私意,又更多任意,则"保举"之"太滥"也随之而后来居上。光绪二十年(1894)的一道奏折以当时比从前说"永定河合龙保案,嘉庆、道光年间,每次不过一二十员,乃近来迭保至二三百员";另一道奏折引常识论事理说

---

[1]《左宗棠全集》第1册,长沙:岳麓书社,1987年,第29、95、193页。
[2] 顾廷龙、戴逸主编:《李鸿章全集》第1册,合肥:安徽教育出版社,2008年,第89、105、211页。
[3] 朱寿朋编:《光绪朝东华录》第1册,第(总)999页。
[4] 朱寿朋编:《光绪朝东华录》第3册,第(总)3340、3425页。
[5] 朱寿朋编:《光绪朝东华录》第2册,第(总)1474页。

"山东河工保案,近年多至五六百人。推原其故,由于吏部曾定以每决口门一处,准保异常寻常者六员,以为虽甚盛涨,至多不过十余处耳。孰意所报决口之多寡,概以所保之人数为衡,如拟保六百人,则称决口一百处",遂至"一二十里之内竟至百处有余"。然后追问说:"不知此六七百人何所托足?"[1]前者的"一二十员"变为"二三百员",和后者的五六十人变为"五六百人",都说明了那个时候的保案迭开,因其滥而成其多的实际程度。而在这种有旧例可以沿用的河工之类以外,还有前代所未有的"或夤缘出洋,或挂名海运,一保两保,已道员而红顶矣"[2]那样别开一路而别成一类的劳绩和保举。而"夤缘"与"挂名"又说明由此产生出来的,大半也是因其滥而成其多。

与保举犹以酬功酬劳为名义相比,因"国用"不足而起的捐纳,则立足于上之所求在筹饷,下之所应以白银,自始便不能为朝野的清议所容,从而自始便与义利之争一路伴随。两头之间形成的既是一种真实的矛盾,又是一种人在其中无从化解的矛盾。因此,捐纳之绵延不绝,又会与这个过程里的翻覆和起伏交错而见。道光一朝以"宣宗文皇帝御极之初,首停捐例,当时以为美谈"[3]开头,但时当国计所入不能敷所出,则同是"宣宗文皇帝",也仍然只能重开捐例以济时艰。迨继起的咸同两朝十多年内战过去之后,光绪四年(1878)的上谕曾经追述"军务未平"之日"开捐纳职"的"不得已",并明示"自应及时停止,以肃政体"。[4]然而帝王意志并不能绕出这种"不得已"。过了六年,朝旨以"军饷紧要",令廷议"豫为筹划之处",之后又沿此"筹划"依旧回到了"开捐"一途。其间户部的奏议特别引七十年前嘉庆帝既知"捐例本非善政",而不得不"暂开豫东事例"之日,当时诏旨里备述两难以明示"诸臣"的一段话,以说明七十年之后的同此困境和同此心境:

---

[1] 朱寿朋编:《光绪朝东华录》第3册,第(总)3340、3425页。
[2] 同上书,第(总)3194页。
[3] 朱寿朋编:《光绪朝东华录》第1册,第(总)60页。
[4] 同上书,第(总)680—681页。

如确有把握，立能济军需河工之用，奏上时朕采取施行，即将捐例停止。若止言捐例之弊而别无良谋，其言皆朕所稔知，毋容虚陈奏牍也。[1]

帝王和臣下都知道捐纳不是好事，但时处"各省地丁钱粮未能复额"，而"出款倍增"的四面无路之中，欲"求其不病商累民，而于财用即可稍裨者"，则"惟有开捐一事"。[2] 在数十年开捐之后停捐、停捐之后再开捐的否定和否定之否定里，陈说道理的"止言捐例之弊"之空言无补不逮开捐纳职的"立能济军需河工之用"，正反映了内忧外患交困之下，与利害的急迫相比，是非之论辩已不足以成为一种说服力了。所以，翻覆和起伏，结果都挡不住一个一个应时而起，又后来比照从前为理由而生的"捐例"。

但在这种被利害所牵引的过程里，一头的"财用即可稍裨"，已在另一头化为官场里一茬茬茁长的"捐班"，遂使户部的困境经此转移，实际上变成了吏治和治吏的难题。当日的时论指保举之大弊，在上下之间的"徇情"和"植私"。然而"情"和"私"都附着于个体对个体的关系之中，并非人尽可求而人皆能得。与之相对比，则捐纳显然更多公共性，也更多公开性，又因这种公共性和公开性而更直观地发生于众目睽睽之下，从而更直接地成为朝野訾议之交集。所以捐纳入仕的人物和故事常常被引入当时的记述和论说，而记述和论说最容易注目的，则大半都在"流品日杂""因缘为利""肆其掊克""廉耻之道衰"[3] 一面，以着力抉示其质地上的德性之恶。但在这一面以外，捐纳与保举相比而见的公共性和公开性，同时又在以人尽可求和人皆可得为招徕，累积地化为无分上智下愚的兼收广纳。由此产出的数量，是一种比质地更滞重地影响了当日中国的东西。光绪三年（1877），山西巡抚曾国荃奏告"晋省历年灾歉"，已成"赤地千

---

[1] 朱寿朋编：《光绪朝东华录》第2册，第（总）1869页。
[2] 同上注。
[3] 朱寿朋编：《光绪朝东华录》第4册，第（总）3911页。

里"而苦束手无策。然后引"天津上年赈饥成案,请旨饬部颁发虚衔实职空白实收执照二千张",用为"办理捐输,以资接济"。[1]至光绪二十六年,陕西、山西重灾。陕抚岑春煊、晋抚锡良又援二十多年前的"晋省成案,请发实职空白部照"以办"抚恤"。[2]这种一个成案引出一个成案的过程,不仅沿袭,而且扩展。以光绪三年一个省须以"二千张"捐纳"执照"之所得用为"接济"相比类,则二十多年之后两个省的"抚恤"显然需要更多的"部照"。然则比之翁同龢昔日以保举"文武千人"为诧异,这一类由"执照"和"部照"造就的"虚衔""实职"数目都远远过之。而两者之外,在光绪三年之后的二十多年里,被称为"大捐"的,又有"台防经费事例""海防事例""郑工事例""新海防事例""江南筹办防务例""江宁筹饷事例""顺直善后实官捐"[3]等,其间的每一个"事例"都旨在筹措大堆银子,以应对国家面临的大事。

与这种大堆银子相对应的,便是大批白丁通过捐纳获得翎顶补服。而以晚期的数十年比此前的二百年,则后来的捐纳又尤以"虚衔"不断地减少而"实职"不断地增多为定向的走势,由此生生不息,结果是19世纪70年代末期之后的中国,初入仕途的地方官里,捐纳已经多于正途了。[4]

二 正途和异途:由各分一路到漫漶莫辨

数十年之间,保举入仕汇积为巨大的数量,捐纳入仕也汇积为巨大的数量。而在同一个时间里,朝廷与士林又共以正途、异途分清浊

---

[1] 朱寿朋编:《光绪朝东华录》第1册,第(总)454页。
[2] 朱寿朋编:《光绪朝东华录》第4册,第(总)4586页。
[3] 许大龄:《明清史论集》,第69页。
[4] 何炳棣:《明清社会史论》,台北:联经出版公司,2013年,第56页。

上下,自觉地为读书入仕的科甲一途保留一种独有的尊严和优越。后一面沿一千二百多年科举制度的历史惯性而来,本属那个时候的人心所共认和事理之当然。这种由历史惯性演化为共认和当然,着眼的是人以群分的面目不同和类别不同,其间并不涉及数量与数量的对比。然而当久被置于异途的保举和捐纳在其随时势而变迁的过程里一路膨胀,不断地为官场造出源源涌入的做官人,其间生成的数目,便因其越来越多而成其越来越大。随之形成的矛盾在于:比之科举制度由历史惯性所造成的社会心理,这种科举之外产生的数目之多和数目之大,已是另一种实际存在的力量。而后是两头之间的一路倾斜无从维持两头之间原有的平衡,一方与另一方太过悬殊的数量对比,不会以其实际发生的一步一步地淹没掉清浊上下之间的界限,使正途和异途同在一个变了形的官场之中,而不复再能分得清清楚楚。

保举和捐纳造成了一个多官的时代,相伴而来的便是"处处有官多之患"。[1]光绪八年(1882),闽浙总督何璟说:福建一省的"候补试用府厅州县佐杂盐务各班",已有"一千二百余员"。[2]同一年山西巡抚张之洞说:同治以后,晋省"候补人员"数年之间已"骤增三百余人,盖多于旧日者,十之七矣";[3]光绪十四年,云贵总督岑毓英说:"云南地居边荒,素称瘠苦,候补人员向本无多",而时至此日,则"捐保各案与正途并进",遂使"滇省候补同通州县至一百五十余员,尚有已据禀到,留省未经考验者又百余员"。[4]每一个地方都在层积累进地接收分发而来的官员,但每一个地方又都无从安置这些越来越多的官员。一则后来的记述言之凿凿地说:

> 候补文官之多,莫如江宁。宣统末年,在江宁之候补道三百余员,府、直隶州三百余员,州、县一千四五百员,其他佐贰杂职约二千余员,冠盖荟萃,备极一时之盛。顾此三数千候补人员与江宁

---

[1] 朱寿朋编:《光绪朝东华录》第2册,第(总)1760页。
[2] 同上书,第(总)1299页。
[3] 苑书义等主编:《张之洞全集》第1册,第136页。
[4] 朱寿朋编:《光绪朝东华录》第3册,第(总)2467页。

所设差缺数目相较，仅能得三十与一之比例。盖宁、苏两属，仅辖道缺七，府缺八，直隶州三，厅三，县六十七，若专以江宁而论，合道、府、厅、州、县计之，不满五十缺也。[1]

宣统末年地方官场里的这种看不到出路的拥挤和淤塞，是在数十年历史的前后相承中形成的，所以拥挤和淤塞，正写照了数十年之间官员总量的大幅剧增，都在转化为官僚制度自身运转和自我维系的大患。

地方官场拥挤淤塞，同在多官之世，京中的官场也拥挤淤塞。光绪初年言路论时务，已对比今时之不同于往昔，为人君说京曹"人才抑塞"的情状，"朝廷取士，首重甲科。多士幸入词垣，重以散馆考试，高等则授职编检，次则分用部属，次则铨选知县，求才实用，内外分司，法至善也。乃近日各部候补司官，多者数百，少亦不下百数十员；加以保举捐输，插补插选"，遂致"求补一缺，动需一二十年"。[2]以当日"工部满缺九十余，汉缺仅十八"[3]为例，对比"候补"之中的"数百"和"百数十"之尤多汉缺，则后者远望前者的遥不可及是非常明显的。而相隔十年之后，出自庙堂的议论申说天下之大利大害，笔下仍然要常常牵入同一个题目：

> 曩时[六部]员缺既通，人得及时自效，故历练久而成就多。比年部曹皆苦淹滞，但举候补者言之，自吏部而外，员数之浮于额缺，不啻落第。循资平进，正途或十余年不得叙补，捐班或二十余年不得序补。[4]

而后是"拥挤滋甚，澄叙靡由"之下，旧日"六部为储才之地，名臣循吏半出其中"，而今但见"登进之途"宽，"杰出之才"少。[5]众多的京官构成了前所未有的庞大数量，同时是众多的京官又淹没于这种

---

[1] 徐珂编：《清稗类钞》第3册，北京：中华书局，1984年，第1360—1361页。
[2] 朱寿朋编：《光绪朝东华录》第1册，第（总）507页。
[3] 徐凌霄、徐一士：《凌霄一士随笔》第1册，第222页。
[4] 朱寿朋编：《光绪朝东华录》第3册，第（总）2528页。
[5] 同上注。

前所未有的庞大数量之中，大半都成了一种面目模糊的存在。

科举制度下的乡试和会试以三年一度，各有定额为常态，所以能够从以试为选中露出头来获得功名的人，始终是一个有限的常数。[1] 与之相绾接，则清代官制中的"缺额"和铨叙中的章法，都是以这种常态为前提和常数为对象的。由此提调上下，科举入仕之大体上能够井然有序正在于此，科举入仕的规矩森严也正在于此。然而数十年之间保举、捐纳在科举制度以外累积地造出的成百上千，以及合成百上千而为成千上万，对于官制和铨叙来说，便成为一种持久的冲刷和累积的倒灌，遂使冲刷倒灌所至，数十年之间，官制越来越罩不住官界，铨叙越来越守不住章法。与之相为因果的，则是随科举入仕的井然有序和规矩森严不复再能成为墙垣和界限，出自"以试为选"的士人既已不再能自守一类，遂不得不移入成百上千和成千上万之中；既已移入成百上千和成千上万之中，遂不得不与保举入仕和捐纳入仕的各色人等同在一个宦海里起伏沉浮。以一千二百多年以来的科举历史相比照，这是一种显然的沦落。一则奏议说："国家以科目取士，虽不能尽得有用之才，而明体达用足膺艰巨者，多由此出。至捐纳一途，原属权宜之计，正途八九，捐班一二，于吏治尚未大害也。即如六部之郎中、员外、主事，是登甲第后所擢用者也；外省之道、府、州、县，是有司方面亲民者也，而今则由捐纳者比比皆是。"[2] 与"国家以科目取士"相比，"捐纳一途"本属异常。因此，以异常对照正常，这段话的主旨是在申述，由科目选出来的人比"捐纳者"切近义理，从而更靠得住。对比两者是为了区别两者，然而其末了所举的"捐纳者比比皆是"，则又说明，科目与捐纳之间的界限实际上已在日趋湮灭之中。

这种界限湮灭的过程，使本以清浊分高低的正途与异途越来越相对等，但对于正途来说，这种对等所带来的却常常是仕路上的不平

---

[1] 晚清多恩科，已越出常态。
[2] 朱寿朋编：《光绪朝东华录》第1册，第（总）41页。

等。当时人说直观之所见曰:

> 近来仕途日杂,相率以迎媚为能。一遇优差,夤缘钻刺,无所不至,各部院大臣,点派差使,既不考其贤否,校其资序,甚至各存意见,互相龃龉,于是捐纳未久者可得优差,而正途资深稍知自重者视若赘瘤。又或以优差而得优奖,遂可越次升补,名曰抢缺。夫抢之一事,岂可形诸仕途?[1]

这种以京官为对象的观察所引发的深度不平,是正途得差补缺之不如捐纳。而在同一个时间里,京城以外的地方官场里更多异途入仕者,遂又有更多异途驾正途而上之的各色路数:

> 读书通籍多半寒畯之士。其以归班知县铨选,以即用知县分发者,类皆中年以后之人,正宜使之及时自劾,俾得早展百里之才。从前选轮只数十人一周,到班甚易。近因各项插班甚多,一轮须一二百人一周,到班甚难。而捐纳人员,一经上兑便可得官。甚有未及岁者先行纳资,豫为服官地步。劳绩人员,一二年投劾,一两次保奖,即成正印一官。而归班知县,即用知县,计其得官年岁,较之庶吉士部属等官,固已有伤老大,又复选补无期,欲归银捐则苦于寒素,仅归即用则苦于压班,徒使晚成之器,几成废弃之材。[2]

当保举、捐纳以其不断造出的成百上千汇为累积成千上万之后,出自科举取士的有限常数便已被淹没于其中了。与之一同被淹没的,还有读书人在寒窗孤灯之下日复一日付出的千辛万苦。然而前一段说京官的文字以"捐纳未久者可得优差",反衬"正途资深"者之被"视若赘瘤";后一段说州县官的文字举"捐纳人员"和"劳绩人员"之易于得官,反衬"读书通籍"者的"到班甚难"与"选补无期",则又非常明白地说明,在保案、捐例之层出不穷化为异途入仕的了无止境

---

[1] 朱寿朋编:《光绪朝东华录》第1册,第(总)506页。
[2] 同上书,第(总)881页。

之日,了无止境同时又在化数量为冲击和声势。对比之下,则科目取士已不仅是被淹没的,而且是被压抑的。所以,光绪朝言路曾由吏治论及科目与军功、捐纳,尤其非议"各督抚喜用军功、捐纳,以致升迁调署,异途捷足先登,而正途少与焉"的以好恶为偏斜。然后说:"夫以正途之悃愊无华,其趋跄应对诚不若异途之工",而"身膺民社,凡所以培养民气者,必自读书稽古中来"。[1] 这些论说起于庙堂,深度反映了作为一种选官制度曾长久笼罩天下的科举取士,此日已光华黯去而困处于层层蜷缩之中。而"各省督抚"之能够以好恶为偏斜,且行之无窒无碍,正以大吏惯于轻忽正途和有意轻忽正途的事实,具体地说明了其时行使权力的人物,在这个过程里心中之观念变和眼前之尺度变。数十年之间,奏议和时论常常以"捐例开而仕途杂,保举滥而名器轻"[2]来概括这个时代"政体"的悖乎常理,而写照的则是科举制度在晚清官场的由盛而衰,以及科举制度由盛而衰与保举、捐纳节节膨胀的相为因果。数十年之间官僚产出的历史,也因之而在这个过程里成了一种制度敌不过异途膨胀的此消彼长。

制度敌不过异途膨胀,是因为造就了异途膨胀的东西,能够改变制度并且正在改变制度。光绪初年,御史梅启熙举过去所未曾有过而此日常常可以见到的"在任候选",以说明捐纳带来的出格颠倒和出格颠倒带来的无常和无序:

> 有州县而捐知府在任候选者,与本管知府迹似平行;直隶州而捐道员在任候选者,其本管知府他日将为属吏。职分相抗,安能表率?且大计群吏,以廉为本。乃各州县清廉自守,累年不得升,即升亦不过一阶,而贪吏剥取民财,加捐班次,且越级捐升,仍在本任恣其贪黩,是贪吏不可为而可为矣。[3]

---

[1] 朱寿朋编:《光绪朝东华录》第1册,第(总)916页。
[2] 朱寿朋编:《光绪朝东华录》第2册,第(总)1760页。
[3] 朱寿朋编:《光绪朝东华录》第1册,第(总)153页。

然后统括而谓之"官声不问优劣,有钱即可自升"。[1] 科举制度的以试为选,立意在于把富与贵分开来;但捐纳之由输财得官,则不仅富与贵可以相连,而且富与贵可以对等。因此,"有钱即可自升"虽于理大谬,却正是从这种相连和对等里自然衍生出来的。而以"国家设官,大小相维,各有体制"[2] 为当然,则作为歧出的东西,"自升"和"越级捐升"之成为当日的事实,只能是以一种名分的矛盾、伦理的矛盾为冲击,而实现于倾翻纲纪的过程之中,而后是旧日的官场等序和权力秩序失其常轨与常度,不复再能维持整体上的笼罩力和管制力。

名分、伦理、纲纪、等序、秩序,以及笼罩力和管制力的变化,都是深处发生的制度变化。一千二百多年来,官常与官制本与科举制度连体而生,因此,虽然朝廷把正途和异途分为两路,并归后者于"权宜之计",但当笼罩官僚和管制官僚的官常、官制因异途的冲击而失其轨度之日,这种曾被另分一路而当作"权宜之计"的东西,又一定会更进一层地侵及科举选才的制度和过程。当时人记述见闻,遂常常言及这种保举、捐纳侵及科举之内的事实,引为讶异。其中一则说:

> 曹益三以山东历城县令阍人起家,入赘为知县,分发江苏,权吴令。某岁县试,索题于幕宾,为书莫、春、者三字与之。曹点名毕,提笔写题纸,乃误书者字为在,众大哗,几至罢考。[3]

科举制度下的功名始于进学以成生员,与之相对应的,是科举制度下的考试始于以童生为对象的县试、府试、院试。曾在其中走过一遭的人说:"所谓县试,便是先从县里考试,主试的便是县官。县试毕后,便是府试,主试的便是知府。县试、府试考过以后,便是学台来考试了,名曰院试(俗称道考)。这一次考取了,方算是一名秀才,

---

[1] 朱寿朋编:《光绪朝东华录》第1册,第(总)153页。
[2] 张集馨:《道咸宦海见闻录》,第294页。
[3] 徐珂编:《清稗类钞》第2册,1981年,第603页。

然后才可以去乡试。"[1]县试、府试、院试考的都是诗书,从而都是文化。以此相对照,则本以看门为业的曹益三由捐纳而得官,又由"权吴令"而得主持文风素盛之地的县试,遂成了不读书的人在考读书的人;成了没有文化的人可以操弄以试为选,并因之而可以裁定文化的高低。比之"有钱即可自升"的直接伤及官制而间接伤及科举,这种出自捐纳的人物由异途而入,在其一手提调考试的过程里,实际上已由外而入,使自己成了科举制度畸生的一部分。而对于科举制度来说,则从这种由异途而入的异类身临场屋而俯视多士,已不能不是一种头脚颠倒,面目全非。数十年之间,捐纳产生了大批本非士人的州县官,便是同时在产生大批能考读书人而自己并不读书的人。因此,后来又有包天笑笔下"米店老板"出身的苏南知县马海曙,以及他主持县试的场面:

> 在一般考生的目中,因为他是捐班出身,便有些瞧不起他,常常的戏弄他。在点名的时候,都挤在他案桌左右,七张八嘴,胡说白道,甚而至于用一根稻草,做了圈儿,套在他的顶珠上,以为笑谑,也是有过的。[2]

其时已近晚清末期,与"阍人"起家的曹益三因出错试题而致"众大哗,几至罢考"的群情愤激相比,"戏弄"、"笑谑"和"七张八嘴,胡说白道",则已是熟视已久之后的见怪不怪。头脚颠倒而能见怪不怪,既可以见到这一类前代做不出来的事在数十年间已成为一种普遍的事实;又可以见到后起的数十年改造了漫长的一千二百多年,而使此日的科举制度已显然不同于之前的科举制度。两者构成的都是那个时候的世变。

县试被称作"小试"或"童试",所指犹是登天之梯的起端一段。[3]而相比于"小试",科举的变化之所以成为那个时候的世变,程

---

[1] 包天笑:《钏影楼回忆录》,香港:大华出版社,1971年,第86页。
[2] 同上书,第93页。
[3] 同上书,第86页。

度更深的一面,还在于由科举制度所维持,而久被中国社会当作天经地义的以功名分贵贱,在这个过程里已常被置于世人与世情的比较之中,并且越来越经不起比较。当时人曾以一段对话为白描,以写照官场众生相:

> 有欧阳某者,以道员入都引见。一日,某贵人招饮。欧阳至,主人迎客,甫一揖,仆白内有事,主人送茶即去。时盛暑免褂,旁一客金顶纱袍,欧阳因与揖坐。良久,欧阳忽问曰:"观汝相法,读书应可得志。"客谨对曰:"向亦曾读书。"又问曰:"已入泮否?"客曰:"曾蒙某大宗师取入学矣。"曰:"然则乡试如何?"客曰:"已于戊子科侥幸。"又亟问:"会试几次?"曰:"庚寅幸成进士。"欧阳至是甚觳觫,犹问曰:"朝考后点用何职?"曰:"翰林院庶吉士。"欧阳复问:"留官否?曾得差否?"客曰:"前年蒙派充湖南乡试副主考。"欧阳大愧失辞,不复有语。俄而客转询曰:"公以道员在外,当是由翰林截取?"欧阳惶悚言非是。曰:"然则应是部曹改捐?"言亦未尝得进士。客又请问乡试何科,彼此当有年谊。欧阳复悚言未曾中举。曰:"如此应是由廪贡报捐?"欧阳惭言少时未尝应童试,即报捐今职。客正色曰:"吾闻捐一道员不过万金,而外省当佳差,往往岁得数万。牟利之道,洵为最工。"欧阳大惭。[1]

这个故事由捐纳一方的洋洋自得而轻率发问开始,又以其自取其辱和自惭形秽为了结,意在说明科目与捐职在人心中的高低之分和轻重之分。然而问答所涉及的"部曹改捐"、举人报捐和"廪贡报捐"等等,又说明了已经从科举考试里获得了不同功名等第的士林中人,也常常要借道于捐纳,并常常在借道于捐纳。《见闻琐录》说:

> 湖北范鸣和,尝为吾省〔江苏〕副主考,后又捐吾省候补道。

---

[1] 徐凌霄、徐一士:《凌霄一士随笔》第4册,第1256页。其中两处错讹,据铢庵:《人物风俗制度丛谈》,上海书店出版社,1988年,第126页改定。

> 初入翰林时，名鸣琼，散馆列一等第八，在鄂省则第一，向未有不留馆者。而显庙［咸丰帝］改为主事，人莫测其故。[1]

这种由翰林散馆而改主事，则身份已属部曹，之后再捐候补道，在当日便是"部曹改捐"。《凌霄一士随笔》说：

> 客谈吕海寰轶事：原籍山东掖县，游京师，遂入大兴籍，补博士弟子，领同治六年丁卯乡荐。会试屡不第，以舌耕为业，设帐于户部经承樊某家。时咸丰间政府所发钞票，已等废纸，惟捐官上兑尚可用。樊家所存甚多，一日樊与海寰谈及，曰："先生何不捐一部曹，此间所存之钞票可作上兑也。"海寰唯唯。樊遂代为上兑，捐一员外郎，签分兵部。[2]

比之范鸣和在仕途之内借捐纳而自己移动自己，吕海寰以举人报捐起家，是由仕途之外走入仕途之内。两者都有得自于科举的功名，但使他们由低向高而更上一程的却又都是捐纳。数十年之间正途与异途各分界限，然而以吴观礼注销保举而得的道员，重回科场以取进士、翰林，以及张謇宁肯久困场屋屡试屡挫，而不愿由保举进身的执着为对照，则范鸣和与吕海寰显然以其另成一路的选择，显示了正途与异途共存之日，士人世界中的不变之外还有可变。而比之前者的面目清晰和可以归类，后者之捐纳得官和捐纳升官，已在正途和异途之间显得面目模糊和不可归类了。

一千二百多年来，以功名分贵贱曾是一种公认的尺度和唯一的尺度。由此形成的历史惯性，曾使朝廷一面不得不由军功而行保举，因国用而开捐例；一面又用心把保举、捐纳与科目划分开来，以力为维持功名的独尊。与之对应而见，便是这个过程里的读书人，犹能有执着于功名的守此不变者。但保举、捐纳既能造官，其实已在致人以贵。丁柔克的《柳弧》一书多记身历的见闻，其中一则说：

---

［1］ 欧阳昱：《见闻琐录》，第172页。
［2］ 徐凌霄、徐一士：《凌霄一士随笔》第4册，第1546页。

予在如皋时，忽来一唐观察奉拜，云本地人，予疑之。傍有吴观察仆笑曰："此事有故。唐大人即唐先生也。唐为某大银号伙，银号有玉图章一，以为凭信，可以各省一呼十万。唐窃其图章，已用不赀，号怒，欲讼之。唐亦怒，遂日夜捐一道员与之相抗，而捐道之钱亦号中钱。现索图章甚急，不知此事如何了结也。"予笑领之。[1]

而后"[银号]大费周折，请出多人，情愿将唐已用之钱作为欠项，号中复借银三千两与唐，到省进京之用，俟为官后再行统还。而银号此次又用钱不赀，其事始结"。[2]一个侵蚀了大笔银子的伙计"捐一道员"便能白日升天，使东家不得不后退屈服，具见世人眼中所看到的，是捐纳之致人以贵，其身价并不异于科举的功名。但在两者之间这种直观上的无从分辨背后，则是一千二百年间科举以功名分贵贱，其立意和取义所养成的内在价值，以及这种内在价值在人心和世情中的长久声光，其时已淹没于世人与世情直观而见的功名多途和功名因多途而生的变异和错杂。因此，当日时论前后相继，纷纷陈说"名器滥"和"名器甚滥"[3]为大患，既是在指保举、捐纳产出的名器之多，尤其又是在以内涵和价值做对比，指正途与异途并存之下的名器已经名实相歧，全然不同于本来意义的科举制度赋予名器的十丈灵光。而引这种陈说对比此日出现于士人世界中起家正途，之后复取道异途更进一程的人物和现象，则同时又可以看到，当时的议论犹着力于要分清的东西，在实际的社会存在中常常不再界限分明而不可渡越。由此形成的是应然与实然、道理与事实之间的矛盾，而反照的则是应然改变不了实然和道理改变不了事实。因此，即使是记述了这一场银号里的风波，以描画小人之善用捐纳及捐纳之助成了小人的丁

---

[1] 丁柔克：《柳弧》，北京：中华书局，2002年，第152页。
[2] 同上注。
[3] 朱寿朋编：《光绪朝东华录》第1册，第（总）66页；毛祥麟：《墨余录》，第214页；刘大鹏著，乔志强注：《退想斋日记》，太原：山西人民出版社，1990年，第69页。

柔克，其自身也曾在"科场失意"之后捐过候补道员。[1]由后来回头看从前，显然是初心已变。与之相仿佛的，还有以翰林起家，之后做了三十多年地方官的张集馨。他因久历仕途而见惯世情，又因见惯世情而深恶捐纳，并在自编年谱里于此痛诟至再至三，然而其同治三年（1864）岁末的日记，则又列有一段文字，专门陈述自己刚刚经手的捐纳：

> 托荩臣为二全捐员外分部行走。大全已捐，遇缺即选同知，得缺后，可奉其母并挟其妇同莅任所。二全可携其媳来京供职，其家薄田租入，可贴补在京当差，计甚善也。伊兄弟俱年已四十，毫无成立，再复优游乡里，识见行为必且日就卑鄙；今各给一官，则来往者皆系官场，目耳涵濡，似可稍为阔大，将来子孙长大结亲，亦省得在三家村中做来做去，无一发旺人家。[2]

记述中的"大全"和"二全"都是他的侄子。若以"年已四十，毫无成立"，且惯于"优游"相推度，两者显然都不是有出息的人。当张集馨深恶捐纳而施以痛诟之际，其笔锋所向，都是直指捐纳之下不配当官的人在当官，[3]但此日为"毫无成立"的侄子捐员外、捐同知，他所一手经营，而以为"计甚善也"的筹划，无疑同样是在把不配做官的人送到官场里去。两面之间形成的是一种不仅明显，而且尖锐的矛盾，而这种见之于一人一身的矛盾，又以其对同一种东西的一面痛诟一面融入，具体而清晰地演示了在一个应然改变不了实然，道理改变不了事实的时代里，科举人物的心头壁垒在自相抵牾中一步一步脱散，以及正途与异途之间的界限在这个过程中的由分明而模糊，由模糊而澌灭。因此咸丰八年（1858）岁在戊午，朝廷因科场舞弊而兴大狱，曾使天下震动。而时至光绪一朝，京中士议追说戊午旧事，已由今视昔，概乎言之曰："惟近三年来，两宫吉地，先帝陵工，以及

---

[1] 丁柔克：《柳弧》，《前言》，第1页。
[2] 张集馨：《道咸宦海见闻录》，第404页。
[3] 同上书，第126、214、275、290、317、354页。

实录、玉牒馆，偶效微劳，每邀殊宠。若辈多捐纳阁、部官，洊保显秩，并不必区区甲乙科矣。"[1]天下重科目，而后科场有舞弊。这一段文字持过去未久的历史为事实，以反照眼前所见的科举，而归之于"区区"，直言其实际上的无足轻重，以说明一路过来世相的变迁。而科举之成了"区区"，则是"捐纳"和"洊保"与之互相匹比而更加易取易得的结果，两头之间遂构成了时人眼中的因果显然。因此，在一千二百多年独尊之后以"区区"指称科举，写照的正是社会取向和社会心理中出自深处的逆转。

在这个应时而起，又伸展无定的过程里，功名多途造成的功名分解和功名错杂，以及曾经独尊的科举在这个过程中日趋而日益失重，都已层层消融了朝廷功令在"读书明理"与"素不读书"之间所设定的分类和分界，随后是得自于科举的功名无以自立，不能不一步一步地消泯于正途和异途的舛错骈杂之中。

三 异途淹没正途和科举入仕的逼仄

当保举、捐纳产出的成百上千和成千上万涌入官场，又经分发而流向各省、各部的时候，这些人所到之处，便是拥挤和堵塞所到之处。而后是京师和地方都苦于官多缺少，入仕造成的矛盾已变成了铨选面对的矛盾。铨选讲资格，在科举制度下，这种资格是与科举连在一起的。曾在晚清久仕京曹，之后又出任地方的何刚德民初追忆春明旧事，说是"从前京曹循资按格，毫无假借；人人各守本分，安之若素。境虽清苦，而心实太平也"。[2]因"循资按格"而前后有序，因前后有序而人人都能找到自己的位置，于是而有"安之若素"的静气。

---

[1] 陈康祺：《郎潜纪闻初笔 二笔 三笔》上册，第10页。
[2] 何刚德：《春明梦录 客座偶谈》，上海古籍出版社，1983年，《春明梦录》下，第33页。

他以"从前"一词作界定,实际上对应的是清代二百数十年相沿而来的规矩。时至光绪一朝,则"资"与"格"都脱出了科举制度,并因之而既不能"循",也不能"按"。一则奏议说:"部臣为鼓励捐输起见,捐纳一途多立插班名目,内选外补,占缺独多,以致正途人员均被积压。"[1]另一则奏议说"近来督抚臣每有保荐他省候补候选人员送部引见之请",而"一经奉旨发往,便压各班"。[2]官多缺少,所以有候补候选以及由此构成的先后之序。但前者说的是捐纳一途可以后来先到;后者说的是保举一途可以后来先到。与这种"插班"和压班形成对比而异常醒目的,是本应位在前端的正途被推到后面,成了让路的一方:

> 进士榜下知县曰即用,俗有"一日可补,百年可补"之语,言补缺迟速视大吏之意也。而以捐班拥挤,即用知县往往久不获补,故又有"即用者不用也"之语。曾有某即用知县,分发江西,到省多年,除授终虚,家将断炊矣。因以大字署门联曰:"即用终不用,皇恩伏宪恩。"意谓天子许以即用,而大吏故靳之也。[3]

这一类意不能平的事不曾发生在清代的前期,而日多一日地出现于清代后期,正说明保举、捐纳与科举并存之日仕路的难以"循资按格"之后,官界的铨法之乱。

在这个仕途因拥挤而戳破了旧有的章法,从有序变为无序的过程里,出自"督抚"的"保荐"常常是无定的,而出自"部臣"为"鼓励捐输"多立的"插班名目",则一经产生,便成定章,而且"捐输"随国用之需求而走,需求之促迫,遂演为一种"插班"之后又有另一种"插班",一种"名目"之外又有另一种名目的了无止境。光绪十一年(1885)言路论"海防开捐"与铨法的扞格说:"新例海防先用、即用两项,系一个月截数一次;海防三班尽先各项,系两个月

---

[1] 朱寿朋编:《光绪朝东华录》第1册,第(总)708页。
[2] 朱寿朋编:《光绪朝东华录》第3册,第(总)3370页。
[3] 徐凌霄、徐一士:《凌霄一士随笔》第1册,第84页。

截卯一次,在户部但期迅速,可免流弊,而吏部铨选班次,则各归各项,迥然不同。"[1] 显见得"先用、即用"和"三班尽先",都是户部为招揽捐输而创立的"插班名目",而对吏部来说,则这种不断生成的东西又是自相抵牾和首尾不能相顾的东西。但在数十年间的各种捐例已为官场造出了弥望皆是的候补官之后,继起的捐例能够用为"鼓励"以召唤来者的办法,又只能是这种不断生成的新的"插班名目"。因此言路的指陈余音犹在,而光绪十三年户部议开"郑工新例",复于各色名目以外,已再立"班次较优",名之为"遇缺先"的"花样一项"。[2] 数十年之间,一次一次"捐例"既在累积地产生"班次",也在累积地产生"花样",两者同出于一源,而比之面目犹可辨识的"班次",被称为"花样"的那一类物事名目更多并且笼罩更广,以至一派纷杂。后来的历史著述曾约而举之,计有:

> 捐纳应补先、捐纳开复先、捐纳分缺先、捐纳分缺间、捐纳双单先、劳绩捐班先、捐纳双单、劳绩捐班后、捐纳进士先、捐纳翻译进士先、捐纳举班先、捐纳俸满教职先、捐纳恩荫先、捐纳难荫先、捐纳进士教习先、捐纳贡生教习先、捐纳咸安宫教习先、捐纳优贡先、捐纳孝廉方正先、捐纳满举先等。[3]

由此编连而成的五花八门罩定官场,遂使人在其中,已无所逃于天地之间。

"花样"由捐班衍生,以时序而论,是一种后起的东西。然而与捐纳得官相比,"花样"之为用,则在于得官之后候补候选,须经此一途始能争先得缺。因此,当日所谓"捐纳一途多立插班名目"说的本是同一种东西。但时当保举入仕须候补,捐纳入仕须候补,科举入仕也须候补,而且班次各立名目,前后相逐,又常以新例压旧例,新班压旧班为当然,则新班既立,无分保举、捐纳、科举,既在候补候

---

〔1〕 朱寿朋编:《光绪朝东华录》第 2 册,第(总)1916 页。
〔2〕 同上书,第(总)2354 页。
〔3〕 许大龄:《明清史论集》,第 139 页。

选之中，便都只能"加银过班"[1]以俟补选。与之相随而来的，是衍生于捐纳的"花样"已在这个过程中越出了"捐纳一途"，成了铨选中的通则和常法，既罩定了异途，也罩定了正途。而后是捐输倒灌而入科举，"即由科甲出身者，亦由捐纳花样而得缺"。[2]光绪末期，一则应诏陈言说：

> 正途、劳绩两项，其归部候选，而选缺无期者甚多，各项人员不甘沉滞，呈请分发，尚须缴分发银两，或候选原有三班，仍须捐分发三班，加以京官印结，所费不赀。有志寒儒选缺则无望，分发则无资，虚耗壮岁，几致废弃。[3]

然后权其利害曰："户部得各项捐款，岁不过数十万金，而亏政体，重官累，贻害已多。正途人员既已选举于前，仍须捐款于后，以负累之身，出而临民，其能砥砺廉隅者几何矣。"[4]这些话叙述了捐纳伸入铨政之后，化为仕路中的既不合情，又不合理，表达的都是读书人的一派痛切。相比于范鸣和以翰林捐道员，吕海寰以举人捐员外郎，以及张集馨为"大全""二全"捐"同知"、捐"员外"皆出于各自的自愿选择，从而表现为一种个体的行为，则"科甲出身者"亦皆须"捐纳花样"才能"得缺"，已显然不是选择，而是无可选择。由此形成的整体性变化，以"正途人员既已选举于前，仍须捐款于后"的矛盾，说明了咸同以来的半个多世纪里，捐纳以其节节伸展演为无度扩张，一路冲击科举，影响科举，压挤科举，积久嬗蜕，已在实际上改造了科举和同化了科举。而对于科举制度来说，被改造和被同化，则只能是历时一千数百年之后的高处跌落和前途渺茫。

此前的二百多年里，朝廷屡开捐例而不肯沽卖出自科举的功名。然而数十年之间异途与正途此长彼消，从冲击、影响、压挤到改造和

---

[1] 许大龄：《明清史论集》，第139页。
[2] 庄建平编：《近代史资料文库》第6卷，上海书店出版社，2009年，第266—267页。
[3] 《清末筹备立宪档案史料》上册，第250页。
[4] 同上注。

同化，身背功名的科举中人其实已越来越深地困处于逼仄之中而光华层层剥落。明清五百余年的科举以翰林为顶端，因此翰林群体在这个过程里挟下的升降起落和不得不变，尤能典型地映照科举制度和科举人物在同一种时势里的变异程度。

  翰林之成为科举的顶端，本在于"回翔政府，储才养望"。[1] 而既期之以大，处之以贵，则大和贵都会化作宦途优势。《道咸以来朝野杂记》说："道、咸间，士人多以点翰林为仕官快捷方式，编修、检讨十年可至侍郎，虽未必尽然，亦差不多。咸丰初元，升途尤速，以坊缺疏通也。"其间的"崇文勤公〔实，见亭河督公子〕，由道光庚戌翰林，至咸丰四年，已升至工部侍郎，才五年耳"。[2] 侍郎正二品，与正七品的编修相隔十级；与从七品的检讨相隔十一级，以官阶而论，两头之间足够遥远。因此翰林院中的多数人十年之内能够走完这一段自下而上的长路，不能不算是腾达跃进。而与宦途之内的这种优势相为表里的，是宦途之外的声势和光焰。当时人说："道光以前，翰林出游者少。偶乞假归，士大夫邀迎恐后，大商、富氓、诸后辈张宴歌舞，求翰林一过其家不得。车骑所过，道路瞻望，啧啧称论，或夸旧时相识以为荣，乡塾师常举姓名以劝子弟。"[3] 由此形成的一派热闹，以起自民间的"邀迎""瞻望""称论"，都显示了翰林在当日之歆动人心。人心所歆动的显然不是此日的官阶，而是后来的远大前程。

  这是一种五百年来久积的尊严和荣显，因此，当"事例既开"之后，因"六部司员，皆可入资行走"，曾使翰林院里的人睥睨相向，"几视部郎为哙等"，[4] 以见其固结而来的傲岸。然而时逢"事例既开"，则翰林与部曹其实都已在同一个过程之中，当"事例即开"演化为捐纳对于科举的冲击、影响、压挤，以及改造和同化，并四面合围而来的时候，"仕官快捷方式"和"道路瞻望"都随翰林自身的变

---

[1] 钱穆：《国史新论》，北京：九州出版社，2011年，第247页。
[2] 崇彝：《道咸以来朝野杂记》，北京古籍出版社，1982年，第23页。
[3] 朱克敬：《暝庵杂识 暝庵二识》，长沙：岳麓书社，1983年，第122页。
[4] 陈康祺：《郎潜纪闻初笔 二笔 三笔》上册，第308页。

迁而日去日远。时人概述数十年之间的后来不同于之前,说:

> 翰林为清要官,得之者,莫不美为神仙中人。每榜用庶吉士者,率不过二三十人。多四五十人,六七十人,自开国以来,仅三、四次,不可觏也。近因捐官者多,恐以即用[知]县,拥塞捐途,故自咸丰以来,每榜三百人内外,约三分用翰林,七分用主事、中书、知县。一榜翰林,或至八十余人,九十余人,可谓多矣。[1]

庶吉士被称为"新翰林"而以"观政"和"进学"为本分,[2] "三年必散馆"。之后"或留馆职,或改主事、中书,或改知县"。其间的分等,旧日久以"翰林留馆"为"清贵已极";而"散馆时用主事、中书、知县,则尤为终身恨事"。留馆之所以"清贵",是因为"仕官快捷方式"和"升途尤速"皆在于此。但翰林之"清要"和"清贵",本以翰林在数量上的有限为大前提,迨科举为避让"捐途"而改其常规,致一榜所出的庶吉士由"二三十人"变为"八十余人"和"九十余人",则前榜与后榜在相接相继中叠加而累积,时至光绪一朝,翰林院里已是举目所见,满眼挤挤插插,既看不到清要,也看不到清贵了:

> 翰林多有二三十年不得开坊转职者。有妙年入馆,至白首尚未进一阶者。加之贫士在京供职,艰苦万状。于是有以得翰林为畏途者矣。故于散馆时,留馆者,则父母妻子皆怨叹穷苦无已时,仆隶下人,则皆扬去。若散主事、中书,则非二三十年不能得一官。若散知县,则举家庆贺,而仆隶下人,亦洋洋有喜色,谓主人得外官,从此不患贫也。盖翰林散知县,谓之老虎班,不半年,即可选实缺出京。[3]

---

[1] 欧阳昱:《见闻琐录》,第54页。
[2] 钱穆:《国史新论》,第247页。
[3] 欧阳昱:《见闻琐录》,第55页。

当日的"疏通京员之法除京察记名简放外,只有保送铨选两途。而翰林无保送之例,又无铨选之班",[1]曾经的"神仙中人"遂一变而为相互拥挤的涸辙之鲋。置身于这种翰林、部曹、州县之间的"昔以为高,今以为苦;昔以为辱,今以为贵"的颠倒里,便常见"散馆考时"有意"错误一二字",以此求外放而不愿意留馆的人和事。然则由昔而今,清要和清贵消失的地方,留下的已只有"捐官之滥,宦途之拥"和"士人之穷,世风之变"的相为因果。[2]而"储才养望"的翰林院则在这个过程中成了"怨气所积"之府,以至于身历其间者后来评说这段历史,径直把甲申、甲午"两次推翻军机之事"归之于翰林群体的"怨气所积",并视为"亦实相迫而成"[3]的理所固然。这种推论说明,捐纳对科举的冲击和压挤所造成的影响和引发的响应,有时候会走得很远。

从"咸丰初元"的"升途尤速",到光绪一朝的"二三十年不得开坊转职",是一个产生于科举制度的"仕官快捷方式"在功名多途中走向灭寂的过程。但此落彼起,与之相互映衬而构成了直接对比的,是同一个时间里又有另一种仕官之快捷方式正沛然而起,茁长于科举制度之外。光绪中叶,王韬追说自己"二十七八年之前"已先论洋务而"不敢质之于人",然后以此日的"其局大变"为讶异:

> 今则几于人人皆知洋务矣。凡属洋务人员,例可获优缺,擢高官,而每为上游所器重,侧席咨求;其在同僚中,亦以识洋务为荣,嚣嚣然自鸣得意,于是钻营奔竞,几以洋务为终南快捷方式。其能识英国语言文字者,俯视一切,无不自命为治国之能员、救时之良相,一若中国事事无足当意者,而附声吠影者流,从而嘘其焰,自惜不能置身在洋务中,而得躬逢其盛也。噫嘻!是何一变至是也。[4]

---

[1] 朱寿朋编:《光绪朝东华录》第3册,第(总)3395页。
[2] 欧阳昱:《见闻琐录》,第55页。
[3] 何刚德:《春明梦录 客座偶谈》,《客座偶谈》卷二,第3、5页。
[4] 王韬:《弢园文录外编》,上海书店出版社,2002年,第26页。

他是晚清中国先识洋务的人物之一，但这段话说的则是其意中的洋务其时已变作富贵之途，并骎骎乎正在成为仕路里的"终南快捷方式"。与他的观察匹配而见的，又有张之洞抚晋之日广作告示，"延访习知西事通达体用诸人，举凡天文、算学、水法、地舆、格物、制器、公法、条约、语言、文字、兵械、船炮、矿学、电汽诸端，但有涉于洋务，一律广募。或则众美兼备，或则一艺名家，果肯闻风而来，无不量材委用"。[1] 相比于王韬的放言以论世相，张之洞所表达的是那个时候自上而下以洋务为要务的收揽。而同时的士人旁观这种自上，曾发为异议说："今当国诸公，求才太切，至欲狗屠马贩中储边材、使节之选，何如因时改制，仍与儒冠儒服者议天下事也。"[2] 然则举"狗屠马贩"为比方以极言其滥，用来与彼时之"一律广募"和"无不量材委用"相对应，显见得"一律广募"和"量材委用"以求材，其着眼点自始即已不在科举制度的程序之内。

因此，彼时被当作"众美兼备"或"一艺名家"的应时而起者，大半都是借道于保举、捐纳走入"终南快捷方式"之中。其间的代表性人物，有"以诸生纳官"[3] 入李鸿章幕府的盛宣怀，其宦途起于"议叙主事，改候选直隶州"，复"渐保知府、道员，并赏花翎二品顶戴"。而后任津海关道，迁宗人府府丞，再迁工部侍郎，又入邮传部任侍郎、尚书。"每为上游所器重"，当道谓之"才识宏通，于中外交涉机密，能见其大。其所经办各事，皆国家富强要政，心精力果，措置裕如"。[4] 因此，他既以捐纳和保举得官，又以洋务而扶摇直上，三者在他身上汇为一体，构成的是一种与科举入仕显然不同的官场通途。与之路径相仿佛的，还有以举人捐员外郎的吕海寰曾"资郎行走"京师有年，之后入总理衙门充章京，"洊历总办暨同文馆提调等差，迭膺优保，迨甲午，遂由兵部［郎］中外简常镇通海道。丁酉开

---

[1] 《张之洞全集》第4册，第2399页。
[2] 陈康祺：《郎潜纪闻初笔 二笔 三笔》上册，第233页。
[3] 费行简：《近代名人小传》，《官吏》，北京：中国书店出版社影印，1988年，第143页。
[4] 中国史学会主编：《洋务运动》第8册，第43—77页。

缺,以四品京堂候补,充出使德国大臣。值庚子之变,以周旋坛坫,累得升擢。壬寅回国,已简任左都御史,留沪办理商约,旋又升兵部尚书"。[1]他由捐纳起家又得荐保,而仕路快捷方式则也在洋务。在他们之后,又有"幼游美,通英语"的唐绍仪,袁世凯充"朝鲜商务委员"之日"隶其下为翻译官",之后"以县丞屡擢至同知,嗣从世凯于北洋,荐升道员,授津海关道",又"开缺擢京堂"授邮传部侍郎,任"奉天巡抚";以及由举人"留学日本速成法政,归纳资为郎中",历经"宪政编查馆"提调、"政务处"参议而"擢授四品京堂"的陆宗舆;"留美农业大学",归国"授农科进士",寻"晋四品衔"的陈振先;"幼从事方言同文馆,通英国语言文字,参使事北美",之后"以外吏受知袁世凯,援之入外务部,擢至右丞"的周自齐;等等。[2]与19世纪中叶因内战而造成的"天下有事,功名多途"相比,这些出现于19世纪后期到20世纪初年的人物皆属世人眼中的"洋务人员",他们所体现的显然已是另一种"天下有事,功名多途"了。

一千二百多年来朝廷取官以科举入仕为常态,因此一千二百多年来功名都出自于科举,肇始于科举和连着于科举。以此为比较,则咸同以后的因"有事"而"多途"虽起于不得不然,从而不得不以"异途"立名目别作标示,但数十年之间,这种"多途"已既为"有事"所推助而廓然张大,又随"有事"成为时务的重心而进入了仕途的中心。这个过程改变了功名的出处和路数,也改变了千年科举制度养育出来的社会心理。因此,庚子之变后一年,梁启超作时论,引为注目的是"吾闻数月以来,京师及各省都会,其翻译通事之人,声价骤增,势力极盛。于是都人士咸歆而慕之,昔之想望科第者,今皆改而从事于此途矣"。[3]若以王韬的评说对照梁启超的议论,则"翻译通事"一类之能够"声价骤增,势力极盛",显然是被统称为洋务的物事因居有官场的快捷方式而倾动八方,在世路中泛化和人心里放大的

---

[1] 徐凌霄、徐一士:《凌霄一士随笔》第4册,第1546页。
[2] 费行简:《现代名人小传》,《官吏》,第41、53页;《帝制党》,第163页。
[3] 梁启超:《饮冰室合集》第1册,《文集》之六,第47页。

结果。而作为一种对比而见的事实,"昔之想望科第"在这个时候的幡然转向,又直观地显现了同一个过程里,科举制度前所未有的"声价"低落和不复再能感召一世。

科举久与士人相依为命,因此,由科举制度的这种积久而来,又前所未有的声价低落和奄奄无气,正可以见到光绪后期的中国,科举制度已经是内在的质地大不相同,外在的形象大不相同,以及随之而来的,其植根于一世人心之中的价值大不相同。起家翰林,而又亲历了这种变迁的胡思敬曾通贯前后而综述之曰:

> 本朝最重科目,咸、同时俗尚未变,士由异途进者,乡里耻之。左宗棠以举人参楚南戎幕,叙功至郎中,加卿衔。曾国藩、胡林翼、宗稷辰交章论荐,竖不就官,乃欲请咨会试。文宗谓郭嵩焘曰:"左某年且五十,可劝令早出,何以改进士为荣耶。"奉新许振祎从曾国藩游最久,屡次军营保奖,皆辞谢不受,卒入翰林,擢道员,官至广东巡抚。江西人嫁女,必予秀才。吉安土俗,非士族妇人不敢蹑红绣丝履,否则哗然讪笑,以为越礼。新翰林乞假南归,所至鼓吹欢迎,敛财帛相眙,千里不赍粮。庐陵周氏、泰和萧氏由淮醝起家,拥资各数百万。新法初行,巡抚柯逢时劝令输财市义,为奏奖京堂,两家子弟皆不屑。周维藩选拔萧敷德、敷政兄弟,先后领乡荐,极力营求,一举掷数万金不惜。[1]

以左宗棠和许振祎为实例,说的是从军的士人虽然以事功得保举,而心之所愿,则在由科举进身。以庐陵周氏与泰和萧氏为实例,说的是商人之家的读书子弟对捐输得来的京堂蔑乎视之,而"极力营求"的是"领乡荐",中举人。虽说咸同以后,保举、捐纳对科举取士的冲击、影响和压挤已经在改变官场和仕途了,但这些人物各自所做的选择,以及存在于同一个时间而更富广度的"俗尚"和"土俗",都说明历时一千数百年之后,科举制度养育出来的价值尺度和社会取向,

---

[1] 荣孟源、章伯锋主编:《近代稗海》第 1 辑,第 252 页。

在一段不算很短的岁月里仍然积留于人心之中。但"功名多途"既因"天下有事"而生，又因天下多事而长，由此形成的此起彼伏和相互对照，是一个不断地以个体实例摧折旧时价值尺度和社会取向的过程。因此，至光绪末期，则胡思敬眼中所见，已是昔之"遗俗，今不然矣。诸生焚弃笔砚，展转谋食四方，多槁死。翰林回籍措资，俗名'张罗'，商贾皆避匿不见"。[1] 他以"本朝最重科目"起讲的大段文字作反衬，意在说明前后变化的深刻程度。而与"今不然矣"同时俱见，并成为直接对比的，是他笔下所列的一长串名单，以及由此映照的另一种事实：

> 是时事例大减，由俊秀径捐道员只二千余金，中外显官大半因之以起。段芝贵由试用道得巡抚，赵秉钧由试用道得侍郎，刘式训、胡惟德、黄诰由试用道得出使大臣，卢靖、方旭由试用道得提学使，刘世珩、施肇基由试用道得参议，陈昭常、姚锡光由试用道得左右丞，张德彝由试用道得都统，吴煦由试用道得提法使，朱启钤、荣勋由试用道得厅丞，刘永庆、李准由试用道得提督，黄忠浩、徐绍桢由试用道得总兵。[2]

这些人物之间虽然品类不同，质地不齐，而其间之共性，则是没有一个人由甲科入仕以成"显宦"的。科举与"显宦"之间的这种反比大变成法，从而大变了附着于成法的种种人生经验和人生选择。自远离官场的下层士人看去，便但见四顾茫然。光绪二十七年（1901），一个山西的在籍绅士说："读书之士困，由于捐纳之例开。现在进士举人且不能得一官，终身坐困闾阎者十有八九，何况生员贡生乎。有子弟之家，所以弃读书而就他业者，职此故也。"而后"读书者甚少"，直接造成"应童生考试者"的"寥寥无几"：

> 太原府属十余处，不足额数者，徐沟为最，祁县次之，阳曲、

---

[1] 荣孟源、章伯锋主编：《近代稗海》第1辑，第252页。
[2] 同上书，第226页。

榆次二县仅可足额。太原、太谷、文水人数虽多,亦不及百人,不过倍于额数而已。交城、清源亦有余额。苛岚州、岚县、兴县地瘠民贫,而应试者尚较胜于府南等处。世道之坏于此可见。噫。

徐沟一邑,每案考取童生十六名入泮,而每案应童生试者,多则八九十人,或五六人,或三四人。今春县试才一人而已。往往搜罗他邑之人,以足其额。[1]

他用具体的数字描述了斯文一脉的奄奄无气。以中国之广袤与南北之差异而言,这种七零八落的童试场面应当不会程度同等地一时于俱现于普天之下。但以同一年梁启超泛而论之的"昔之想望科第者"改而从事他途;以及起家进士而文名甚藉吴汝纶直白地称科举"已是弩末"[2]为其时的人同此心,与这种七零八落合为比类通观,则很容易看到,本与科举制度深相依连的中国人,这个时候正越来越多地与科举制度日去日远。由此反观道光年间湖南湘潭县"头场报名者二千余人",[3]安徽泸州"应府县试者常三千余人",[4]同治初年江南乡试收"试卷一万八千本",四川"应乡试者万五千人",光绪初年顺天乡试"实到人数一万七百九十六名",[5]与清代县试所取之额不过十数人至数十人、乡试所取之额不过数十人至百余人相比较,则前者的一县汇集成千和后者一省汇集的上万,都显示了以求取科名为志业的人口曾经达到的规模,而这种规模所代表的正是曾经有过的一世之趋向。然则以今视昔,从道光朝到光绪朝末期,相隔七十余年之后,由科举制度聚合起来,并源源不绝的万千人口已在"弃读书而就他业"中无以凝集,从而失掉了互相黏合的共性,并正自下而上地逐层脱落,四面散去。脱落和散去的历史内容,是一千三百年漫长岁月中养育而成的

---

[1] 庄建平编:《近代史资料文库》第6卷,第277—278页。
[2] 《吴汝纶尺牍》,第313页。
[3] 欧阳兆熊、金安清:《水窗春呓》,北京:中华书局,1984年,第11页。
[4] 刘体智:《异辞录》,北京:中华书局,1988年,第3页。
[5] 《翁同龢日记》第1册,第351、409页;第3册,1989年,第1149页。

科举主体，正在20世纪初年走向四分五裂。光绪二十九年（1903），《游学译编》作书"劝同乡父老遣子弟航洋游学"，说是"向之极可慕恋之科举，今已为蕉梦矣。而出洋学成，量与出身，已见明谕，宦达之路，利禄之路，学问之路，名誉之路胥于是乎在"。[1] 其间沿用的路数仍然是由"功名多途"引申而来的，而指述的则是作为一种制度的科举当日虽然犹未停止，而作为一种历久而存的功名之途，科举在人心里和世路中其实已如尸居余气，不废而废了。

---

[1] 张枬、王忍之：《辛亥革命前十年间时论选集》第1卷，北京：生活·读书·新知三联书店，1960年，上册，第386页。

第二章

千年历史的一朝终结：
科举造就士人和士议倾覆科举

一 科举制度的内在偏失及其延续千年的历史理由

光绪三十一年（1905），朝旨以"方今时局多艰，储才为急"对比"东西洋各国富强之效"的"无不本于学堂"，明示彼邦兴盛的因果昭然和中国人的取法所在。而后是科举既被置于这种简捷明了的推论之中，已不能不为"推广学堂"让路，于是而有"着即自丙午科为始，所有乡会试一律停止，各省岁科考试，亦即停止"[1]的一朝了断。历时一千三百余年的科举制度遂因一纸诏书而止。然而在诏书之前已经发生，并直接催生了诏书的，则是中西交冲下的数十年世局剧变和士议横恣，及其交相震荡冲击制艺和科举的历史过程。若由此朝前追溯，则还有更加长远的一段历史过程。

科举制度起于隋唐，之后穿越一个一个王朝的盛衰起落而成为一种恒定的存在，从而恒定地为中国人筑成了一个以此选官取士的漫长时代。但在这个漫长的时代里，作为制度的科举又常常要面对朝野之间的疑议、异议和非议，其自身也因此而在一代一代士人中成了久被关注又久被论说的题目。生当咸同之间的福格留心掌故，曾作《听雨

---

[1] 朱寿朋编：《光绪朝东华录》第 5 册，第（总）5392 页。

丛谈》一书，在一千二百多年之后概述"科目"之由来和是非说：

> 若付主司凭文取人，命之曰进士，则始于隋唐之世也。然其科目甚多，非必新新一局，犹存吾党四科之意。才气肆赡者，有身言书判科；野处岩栖者，有乐道不仕科。其专主于章句者，惟进士一科耳。进士之科，始于隋炀帝大业二年，至唐之时，已有浮靡无用之论。宋世因之。司马光复有请设十科取士之法，亦未专重于章句。其专重进士，专以王氏之八比文取人材者，实自胜国成化之世为始。数百年来，士夫非科目不能进身，非八股文不能科目。苟有班马之才，孙吴之略，不由八股之学，则群相诋讪，斥为粗官，转成终身之辱。是以士自束发讫于成名，只须习熟讲章，摹拟墨套，此外不须一涉。且防误入子史一词，致成疵累。虽有世家大族，芸编插架，只供作陈设，与鼎彝瓷石，同为美观，相戒毋敢寓目。一旦得志成名，以为读书之事毕矣。王应麟为宋末大儒，尝言："习举业者，苟沽名誉，得则一切委弃，漫不省。非国家之所望于儒生也。"在宋末举业已如此，况后之以八比为举业者也。黄南雷曰："流俗之伦，虽穿穴经传，形灰心死至于君尽者矣。苟不策名，皆谓之无成。岂知场屋之外，乃大有事。"卓哉斯言，可以深慨也。[1]

之后由隋唐宋明论及有清一代，叙述其间的前后变迁说："本朝初年，用人不次，故八旗科目，时举时停，深恐习染虚浮，不崇实学。虽翰林学士，不必尽由科目陟阶。而其时人材蔚然，实有伟器，即汉籍中高士奇、朱彝尊辈，亦何愧于八比之士。且文物之盛，盛于制科，制科之盛，盛于数布衣、例监而已。乾嘉以来，士风渐以科目相尚，翰林史职亦不能更以他途进身。斯所以八股之学益专，博涉之志益替。"[2] 其概述之中同时又表达了明显的褒贬。虽说这种评议科举的概述未必具有十足的历史准确性，但却大体真实地写照了科举制度自身历经的演变，以及不同时代的人物从反面着眼对于科举制度的思考

---

[1] 福格：《听雨丛谈》，北京：中华书局，1984年，第77—78页。
[2] 同上注。

和质疑。由这一面所派生的论争，形成了与科举制度同样漫长的一种历史。

科举起于隋唐，而对于科举的指摘，也在同一个时候与之相随而起。出自其间而富有代表性的，是唐人贾至所作的《条议科举状》，以为"今试学者，以贴字为精通，而不纠旨意；校文者以声病为是非，而但择浮艳。上采其教，下承其流，依风波荡，不知底止。忠信陵替，耻尚失所，末学驰骋，儒道不举，凡此四者，皆由取士之失"。[1] 由"不纠旨意"和"但择浮艳"而致"忠信陵替，耻尚失所"，陈述的是唐代试士重诗赋，遂使文辞与义理之间的轻重因科举而被倒置。之后由隋唐至宋代，已是取士的制度屡经增益而章法大备，并且"圣朝广开科举之门"，而后"人人皆有觊觎之心"，[2] 规模尤比前代更广。然而与之同时出现的，则又是时人以心中的理想和理想中的人才做对照，申论科举之弊端的各见所见。蔡襄说：

> 择官在于取士。今之取士，所谓制科者，博学强记者也；进士者，能诗赋，有文词者也；明经者，诵史经而对题义者也。[3]

司马光说：

> 窃以为取士之道，当以德行为先，其次经术，其次政事，其次艺能。近世以来，专尚文辞。夫文辞者，乃艺能之一端耳，未足以尽天下之士也。国家虽设贤良方正等科，其实皆取文辞而已。[4]

朱熹说：

> 如今时文，取者不问其能，应者亦不必其能，只是盈纸便可得。推而上之，如除擢皆然。礼官不识礼，乐官不识乐，皆是吏人

---

[1] 姚铉:《唐文粹》卷二八，转引自陈登原:《国史旧闻》第2册，北京：中华书局，2000年，第125页。
[2] 王铚:《默记 燕翼诒谋录》，北京：中华书局，1981年，第1页。
[3] 蔡襄:《端明集》卷十四,《国论要目》。
[4] 李之亮:《司马温公集编年笺注》第3册，成都：巴蜀书社，2009年，第87页。

做上去。学官只是备员考试而已,初不是有德行道艺可为表率,仁义礼智从头不识到尾。国家元初取人如此,为之奈何。[1]

他们说的都是取士之本义在于造人,但科举既凭文字定取去,则自一面而言,是具体的人和真实的人都已为文字所遮蔽;自另一面而言,是本属一艺的文字,又因此而在世人眼中已移为重心和要目。与隋唐科举并不提防主试与被试之间的往来相比,宋代科举章法峻密,则尤以"无情如造化,至公如权衡",[2]在主试的考官与应试的士人之间严立隔绝为要端。随之是隔绝之下,"皆取文辞"和"不问其能"都成了不得不然。蔡襄、司马光、朱熹之先后而起,对应的正是这种不得不然。而同为宋人的叶适则总括而谓之曰"用科举之常法不足以得天下之才"。[3]其各自论说,要旨都归于科举取士的文与人之间不相对等和法与人之间深重隔阂。迨时移势迁之后,明人别开一局,立八股为文体而定四书为范围,之后清承明制而一脉相沿。由此带来的是明清五百余年里科举取士之法再变,士议之评说科举也再变。

由于清人在明代二百数十年之后,又在隋唐宋元一千年之后,以眼光而论,便更多了一种纵观审视的深度和宽度,因此清人以一千年积留的利弊说科举,以二百数十年积留的利弊说八股,由此产出的异议和非议都远多于前代。其中尤其引人注目的,是历经明清之交的天崩地坼之后,从天崩地坼中走出来的一代士人各自省思,对于科举制度的深究鞫诘。黄宗羲说"取士之弊,至今日制科而极矣":

> 古之取士也宽,其用士也严;今之取士也严,其用士也宽。古者乡举里选,士之有贤能者,不患于不知。降而唐宋,其为科目不一,士不得与于此,尚可转而从事于彼,是其取之之宽也。[4]

---

[1] 朱杰人、严佐之、刘永翔编:《朱子全书》第17册,上海古籍出版社、合肥:安徽教育出版社,2002年,第3531页。
[2] 《欧阳修全集》第4册,北京:中华书局,2001年,第1716页。
[3] 马端临:《文献通考》上册,北京:中华书局,1986年,第316页。
[4] 沈善洪、吴光编校:《黄宗羲全集》第1册,杭州:浙江古籍出版社,2005年,第14、16页。

然后详论之曰:"王制论秀士,升之司徒曰选士;司徒论选士之秀者,升之学曰俊士;大乐正论造士之秀者,升之司马曰进士;司马论进士之贤者,以告于王而定其论。论定然后官之,任官然后爵之,位定然后禄之。一人之身,未入仕之先凡经四转,已入仕之后凡经三转,总七转,始与之以禄。唐之士,及第者未便解褐,入仕吏部,又复试之。韩退之三试于吏部无成,则十年犹布衣也。宋虽登第入仕,然亦止是簿尉令录,榜首才得丞判,是其用之之严也。"他归结此中之要义为"宽于取则无枉才,严于用则少幸进",以对比他身在其中而熟视已久的"今也不然":

> 其所以程士者,止有科举之一途,虽使古豪杰之士若屈原、司马迁、相如、董仲舒、扬雄之徒,舍是亦无由而进取之,不谓严乎哉!一旦苟得,上之列于侍从,下亦置之郡县。即其黜落而为乡贡者,终身不复取解,授之以官,用之又何其宽也。严于取,则豪杰之老死丘壑者多矣;宽于用,此在位者多不得其人也。[1]

"豪杰之老死丘壑者多矣"是一种推想,"在位者多不得其人"是一种判断。这些话出自《明夷待访录》,而《明夷待访录》的立意在于"思复三代之治"。[2] 所以,比之唐人议唐代科举和宋人议宋代科举,黄宗羲对明代"制科"的訾议,其匹比的尺度更迂远,也更多儒学的理想主义。以此论明代的科举和明代的学术,便但见"三百年人士之精神,专注于场屋之业",遂成其"举业盛而圣学亡"的一派颠倒。[3] 与他同属一个时代的顾炎武同样訾议科举,并且论说越富广度,下笔也越见锐利。但就个人的识知和关注而言,其痛楚又尤在立八股为文体、定四书为范围的时文,其深诋也尤在科举以时文取士和以时文造士:

> 国家之所以取生员,而考之以经义、论策、表判者,欲其明六

---

[1]《黄宗羲全集》第1册,第14、16页。
[2] 同上书,第192页。
[3]《黄宗羲全集》第10册,第4、19页。

经之旨,通当世之务也。今以书坊所刻之义谓之时文,舍圣人之经典、先儒之注疏与前代之史不读,而读其所谓时文。时文之出,每科一变,五尺童子能诵数十篇,而小变其文,即可以取功名。而钝者至白首而不得遇。老成之士既以有用之岁月销磨于场屋之中,而少年捷得之者又易视天下国家之事,以为人生之所以为功名者惟此而已。故败坏天下之人才,而至于士不成士,官不成官,兵不成兵,将不成将,夫然后寇贼奸宄得而乘之,敌国外侮得而胜之。[1]

这段文字着力抉发时文之害,并以此为前朝亡于"敌国外侮得而胜之"的结局说因果,其理路同黄宗羲由制科之弊演绎出"豪杰"之士的"老死丘壑",并以此与"在位者多不得其人"相对举一样,都是一种跨度太大而无从实证的推导。但身在明清嬗递之际而由今时返视往昔,那一代人抱身世家国情怀论时论世,其思想视野便很容易以着眼于大处为共有的普遍性,并因此而多能擅用广申博引,把选定的问题推导到大处和深处。所以,同在这种思想视野之中,当日颜元评说时文与顾炎武理路相似,其推导之既深且远也与顾炎武相似:

法弊涤弊,则法常行;弊生变法,则法即弊。如弃选举取八股,将率天下贤愚而八股矣。天下尽八股,中何用乎? 故八股行而天下无学术,无学术则无政事,无政事则无治功,无治功则无升平矣。故八股之害,甚于焚坑。[2]

与一朝之兴亡相比,"焚坑"已是举秦皇为比方,极言其摧锄斯文而使天下无学,显然罪过更深而且祸害更大。与前代人的疑议和异议相比,见之于此日的这些言之滔滔说明:在科举制度历时一千多年之后,清初的士人看明代的取士之法,显然是"专尚文辞"以取人的旧弊之外又多了一重以八股为制艺的新弊。

清代承接了一千多年的科举制度,也承接了明代二百数十年的以

---

[1] 顾炎武:《日知录集释》中册,上海古籍出版社,2006年,第967页。
[2] 《颜元集》下册,北京:中华书局,1987年,第691页。

八股为制艺。因此,清初那一代人注目的问题和留下的思考,便同样成了此后二百六十多年里士林中人的省视之所在和议论之所在。颜元之后八十年,生当乾隆一朝的袁枚说:

> 自时文兴,制科立,《大全》颁,遵之者贵,悖之者贱,然后束缚天下之耳目聪明,使如僧诵经、伶度曲而后止。此非宋儒过,尊宋儒者之过也。今天下有二病焉,庸庸者习常隶旧,犹且不暇,何能别有发明?其长才秀民,又多苟且涉猎,而不肯冒不韪以深造。凡此者,皆非尊宋儒也,尊功令也。功令之与宋儒,则亦有分矣。[1]

他由时文而牵及宋儒和"尊宋儒者",则其意中所不能消受的,大端尤不在时文立八股为文体,而在时文定四书为范围,并以《四书大全》为法式;遂使四书和宋儒都化作"功令",成了"束缚天下之耳目聪明"的东西。这一套道理因非议时文而能与前人相印和,但非议时文而专以"尊宋儒者"为对手,又明白地反映了其时正在发生的汉学骎骎乎而起和宋学在久盛之后的趋于落势,以及盛衰影响之下,士林取向的转变与朝廷"功令"之间的不相对称。清人之评说科举,也因之而多了一重随学术变迁而来的理据和准尺。至道光初年,龚自珍作《拟厘正五事书》,说:"今世科场之文,万喙相因,词可猎而取,貌可拟而肖,坊间刻本,如山如海。四书文禄士,五百年矣;士禄于四书文,数万辈矣。"而"五百年"和"数万辈"积为"既穷既极",此日已不能不"改功令,以收真才"。[2] 他所引为大病的,是八股文体悬罩之下,取士造士的良莠难分,一片混沌。此后三十多年,曾国藩作《武昌张府君墓表》说:"自制科以四书文取士,强天下不齐之人,一切就琐琐者之绳尺,其道固已隘矣。近世有司,乃并无所谓绳,无所谓尺。若闭目以探庾中之豆,白黑大小,惟其所值。"而

---

〔1〕 袁枚:《小仓山房诗文集》下册,上海古籍出版社,1988年,第1560—1561页。
〔2〕 《龚自珍全集》,上海人民出版社,1975年,第344页。

"士之蓄德而不苟于文者,将焉往而不黜哉"?[1]他是一个做过理学工夫的人,但以"四书文"称时文而深加指摘,其意中所不满的,又尤在于四书与时文的合为一体。四书尚义理,以此为对比,则"琐琐者之绳尺"和"其道固已隘矣",说的都是义理之不复成为义理。与他们立意相近的,还有生于嘉庆中叶,之后历经道、咸、同、光四朝的陈澧。他曾作《科场议》三篇,以"文章之弊,至时文而极;时文之弊,至今日而极"作统而论之,然后解说其所以为"极"曰:"时文之弊有二:代古人语气,不能引秦汉以后之书,不能引秦汉以后之事,于是为时文者,皆不读书。凡诸经先儒之注疏,诸史治乱兴亡之事迹,茫然不知,而可以取科名得官职,此一弊也。破题、承题、起讲、提比、中比、后比,从古文章无此体格,而妄立名目,私相沿袭,心思耳目,束缚既久,锢蔽既深,凡骈散文字诗赋,皆不能为,此又一弊也。"两者之中,又是"前之弊大,后之弊小"。[2]相比于"后之弊"犹是一种文章之弊,则"前之弊大"由"代古人语气"而来,指的是时文试士,题目取自四书而程序则在代圣贤立言。但以时序而论,四书范围之内的圣贤皆属秦汉以前的人物,因此取士的时文同时又像是在划定一种知识界限,使跟着走的士人无须用工夫于秦汉之后二千多年里义理所托的诸经注疏、民生所系的治乱兴亡,由此形成的矛盾是:科举制度用考试选官,其间立为准尺以区分高低优劣的,应当是文化和知识的程度。然而"为时文者,皆不读书",又说明时文取士之所选,以及因其所选而化为所造,实际上更容易催生和助长的,却是既不通经又不知史、知识偏枯不全的人物。所以,他以此为时文之大弊,着眼处显然在天下士人的造就和被造就。

从17世纪到19世纪,这一类出自士林的评说、论断、疵议、诘问连为前后相继,一路贯穿于清代二百多年之间。而论其指向,二百多年之间的士议反思科举,大半都集矢于时文。以此为对比,则乾

---

[1]《曾国藩全集·诗文》,1986年,第261页。
[2] 陈澧:《科场议》,载盛康辑:《皇朝经世文续编》卷六十六,礼政六贡举。

隆年间舒赫德奏疏议科举,则不仅诋斥时文,而且由此直入,深而论之,推及科举制度本身:

> 科举之制,凭文而取,按格而官,已非良法,况积弊日深,侥幸日众。古人询事考言,其所言者,即其居官所当为之职事也。今之时文,徒空言而不适于用,此其不足以得人者一。墨卷房行,辗转抄袭,肤词诡说,蔓衍支离,以为苟可以取科第而止,其不足以得人者二。士子各占一经,每经拟题,多者百余,少者不过数十,古人毕生治之而不足,今则数月为之而有余,其不足以得人者三。表判可以预拟而得,答策随题敷衍,无所发明,其不足以得人者四。且人才之盛衰,由于心术之邪正,今之侥幸求售者,弊端百出,探本清源,应将考试条款改移而更张之,别思所以遴拔真才实学之道。[1]

他说的都是"凭文而取"的不足以识人和得人,就其所持的理路而言,显然更接近于唐人议科举和宋人议科举。而"改移而更张之,别思所以遴拔真才实学之道",则又以其更加彻底的推导,把这种理路引入了庙堂的廷议之中。与起自庙堂以外的士人各作议论相比,便尤其引人注目。清人指抉科举之弊,多由"八股""时文""科场之文""四书文"起讲,反映的是明清五百年科举的因别立制艺而致偏失,他们注目的时病不尽全同于前代,他们笔下的论旨也不尽全同于前代。因此,同在这个过程之中,舒赫德以"科举之制"为"已非良法",由此起讲而重"制"重"法",则横扫的范围便自始即已越出时文而意在科举制度本身,虽说其持之有故、言之成理并未越出唐人与宋人的旧辙,但有此亢扬一鸣,又俱见清人看明清五百年科举制度,也会有前此一千多年里曾经出现过的对于这个制度的反面立论和全盘否定,并因此而与前代的评说构成了一种思想上的连贯。

明清之间非议八股试士,对比而起的主张常常是以"勒之以论

---

[1]《议时文取士疏》,载贺长龄、魏源:《皇朝经世文编》卷五十七,礼政四学校。

策"[1]为当然;唐宋以来非议科举制度,对比而起的主张常常是以"辟举之法"[2]为当然。从唐宋到明清,非议科举制度和非议八股试士,立意都是倾力在为当世指陈病象,所以其各自立论而所见略同,常常能因真实而见深刻。

但就"论策"和"辟举"在隋唐之前久已有之而言,其舍此取彼之际其实是在回归;然而就历史中的来龙去脉而言,是科举本自起于为辟举纠弊,并在其一路演变中自然淘汰了策论而言,则回归所指向的犹是回到旧日老路,其中的利与害仍然无从确定而不可测度。因此,当日张廷玉奉旨"议覆"舒赫德的奏疏,正是追溯古今之法的前一种弊端与后一种弊端之消长起伏,以及由此产生的因时而变和不得不变,以说明今世之弊难于用古法了事:

> 取士之法,三代以上出于学,汉以后出于郡县吏,魏、晋以来出于九品中正,隋、唐至今出于科举。科举之法,每代不同,而自明至今,则皆出于时艺。三代尚矣,汉法近古,而终不能复古。自汉以后,累代变法不一,而及其既也,莫不有弊。九品中正之弊,毁誉出于一人之口,至于贤愚不辨,阀阅相高。刘毅所云"下品无高门,上品无寒士"者是也。科举之弊,诗赋则只尚浮华,而全无实用。明经则专事记诵,而文义不通。唐赵匡举所谓习非所用,所用非所习,当官少称职之吏者是也。时艺之弊,则今舒赫德陈奏是也。圣人不能使立法之无弊,在乎因时而补救之。[3]

"自汉以后,累代变法不一,而及其既也,莫不有弊",说的是二千多年来,时当旧法成弊,则不得不别立新法,而后是除弊的新法一经展布,其自身又会为这个世界带来另一种弊。在这种历史留下的事实里,没有一种"取士之法"是"无弊"的。因此,"苏轼有言,得人

---

[1] 魏禧:《制科策上》,载贺长龄、魏源:《皇朝经世文编》卷五十七,礼政四学校。
[2] 顾炎武:《顾亭林诗文集》,北京:中华书局,1959年,第24页。
[3] 江小角、杨怀志点校:《张廷玉全集》上册,合肥:安徽大学出版社,2015年,第98—100页。

之道在于知人，知人之道在于责实。盖能责实，则虽由今之道而振作鼓舞，人材自可奋兴。若谓务循名，则虽高言复古，而法立弊生，于造士终无裨益"。他和舒赫德一样看到了其时的科举之弊，但与舒赫德不同的是，其意中的科举之弊既不全是因法而生弊，也不都能用变法来消弭。是以"时艺取士，自明至今殆四百年，人知其弊而守之不变者，非不欲变，诚以变之，而未有良法美意以善其后"。其间的矛盾在于：

> 必若变今之法，行古之制，则将治宫室、养游士，百里之内置官立师，狱讼听于是，军旅谋于是；又将简不率教者，屏之远方，终身不齿，其无乃徒为纷扰而不可行，又况人心不古，上以实求，下以名应。兴孝，则必有割股、庐墓，以邀美名矣；兴廉，则必有恶衣菲食、弊车羸马，以饰节者矣，相率为伪，其弊尤繁。甚至借此虚名以干进取，及乎莅官以后，尽反所为，至庸人之不若。
>
> 若乃无大更改，而仍不过求之语言文字之间，则策论、今所现行表者、赋颂之流，是诗赋亦未尝尽废；至于口问经义，背诵疏文，如古所谓帖括者，则又仅可以资诵习，而于文义多致面墙。其余若三传科、史科之法、书学、算学，崇文、宏文生等，或驳杂放纷，或偏长曲技，尤不足以崇圣学而励真才矣。

然则就前一种变法之不可以行和后一种变法的更加纷乱而言，相为权度，"则莫若惩循名之失，求责实之效，由今之道，振作补救之为得也"。他相信"责实"比变法更能起此日的科举之衰，"然此亦特就文学而言耳，至于人之贤愚能否，有非文字所能决定者。故立法取士不过如是，而衡品论人，初不由此"。[1]

舒赫德的"陈奏"，重心在于"科举之制"的"弊端百出"，张廷玉则言之更深地说明：作为取士之法，科举取士所能够做到的其实是有限的。这是制度的设定和制度的限定。因此，"立法取士不过如是，

---

[1]《张廷玉全集》上册，第98—100页。

而衡品论人，初不由此"，又说明：一千年来的訾议科举和四百年里的訾议时文，其间最终归结于"贤愚能否"的各色弊相，背后的原因实际上常常在立法取士所能达到的限度之外。"不过如是"写出了科举的本来面目，从而在指为弊端那一面之外，还维护了科举制度本有的合理一面。这种对于科举制度合理一面的阐述，曾是清代士议中同样引人注目的一面。是以在张廷玉之前，侯方域已取义于同样的道理论说养士和取士之要，"尤在勿以文艺为浮华，而以德行为借口，盖其所可饰者行也，而其所不可饰者文也"。以此"可饰"和"不可饰"分人物之等类，则"舍文而论其行者，奔竞之端也；既论文而后察其行者，齐一之术也"。在他所看到的真实的士人世界里，是"天下固有文学而无德行者，未闻不文不学而有德行者"。所以，"道德发闻之谓德，百行卓越之谓行，是文学之所不及也，非谓其遗文学也。且有人于此，策之以经而不对，考之以文而不能，问之以字而不识，无论其实不长者，即果然矣，亦不过市井之愿，耰锄之老耳"。[1]其言之明了，主旨都是申述"凭文而取"的事之必有和理所当然。在张廷玉之后，又有朱克敬说："今世学者多以时艺为小道，夫时艺之视古文，诚有莛楹之别，然在高人名士言之则可，有政教之责者不当言也。有明以来，以此取士，一代之公卿大夫，名臣循吏，皆由此出，乌可目为小道而不讲乎？且朝廷所以悬此取士者，非真谓时艺能得人，而工时艺者即可以治平天下也。任事者必有专精之志，强固之气，又明于圣人之理，详于先王之制度文为，然后充之以阅历，施展其才能，而后能泛应不穷也。"而"应科目者，其志气期于必得，而又求理于四子，考名物于六经，苟如是矣，授之以官，使之阅历而施展焉，虽不中不远矣"。[2]其言之明了，主旨都是申述时文取士的命意并不止乎选官，而尤其在于用儒学的义理化育"应科目者"。侯方域着重说"凭文而取"的理由，朱克敬着重说时文试士的理由。两者之所论都

---

〔1〕侯方域：《重学校》，载贺长龄、魏源：《皇朝经世文编》卷五十七，礼政四学校。
〔2〕朱克敬：《儒林琐记　雨窗消意录》，长沙：岳麓书社，1983年，第100页。

在张廷玉统括而言之的"不过如是"之中,但两者都以各自的见理通达,为"不过如是"说明了道理之所在,即价值之所在。

作为取士之法,科举选人的准确程度是有限的。然而在一路延续的漫长过程之中,科举制度又以笼罩之广和揳入之深而成为一种牵汇万端的社会存在,实际上已不仅仅是一种取士之法了。时至明清两代的五百余年里尤其如此。道咸之间,邵懿辰曾由取士之法的前后变迁而论及儒学的入于世道人心,言之尤为详明:

> 三代下道义功利,离而为二,而犹幸道义得附功利而存,何也?自孔子雅言诗书礼,翼赞周易,因鲁史成春秋,其后群弟子相与撰次其言辞行迹为论语,而又各以意推衍为大学中庸七篇之书,经火于秦,论语伏于屋壁,大学中庸泊于戴记,而七篇夷于诸子。岂经书之藏显固有时,何尊慕而信用之者少也?[1]

孔子之教形成文字著述之后,曾经在很长的一段时间里并不彰显。而使儒学从"夷于诸子"里走出来,并历久弥新地四布天下的,是一代一代的取士之法。就其事实而论,这又是一个以功利成就道义的过程:

> 汉武帝始以英杰之才崇向儒术,用孔子六经收召当世贤良俊茂之士,其后遂为成格。而史迁读功令乃至废书而叹;班固继讥之,以谓儒道所由,广禄利之途然耳。明太祖既一海内,与其佐刘基以四子书章义试士,行之五百年不改,以至于今。议者又谓以排偶之文汨传疏之体,束发小生哆口执笔代圣人立言,为侮圣伤道之大者。[2]

由于取之以道义而奖之以利禄,出自道义一面的讥议便始终与这个过程相伴随,而明清五百年之间的"议者"又越见后来居上的高亢。但邵懿辰更多历史主义的平情说理,因此能够以另一种眼光看待其"不

---

[1] 邵懿辰:《仪宋堂后记》,载《半岩庐遗集》,光绪三十四年刊本,第21—22页。
[2] 同上注。

得已而为此制,盖亦厄于世变"的因果相随,并进而越出选官取士的范围,更富广度地论述这种"道义得附功利而存"的取士之法,以见"其为效亦有以荫福天下后世而人不知"的实际影响和深层意义:

> 秦汉迄元明至今二千余年之久,田不井,学不兴,圣君贤宰不间出。苟无孔子之六经,与夫有宋程朱所考定四子之书在天壤之间,与饮食衣服常留而不敝,则夫乾坤几何而不毁坏,人类几何而不绝灭耶?徒以功令之所在,爵赏之所趋,故虽遐陬僻壤,妇人小子,皆能知孔子之为圣,程朱子之为贤;名言于其口而允出于其心,猝不知其纳于义理之域。是其为效固已奢而泽天下后世固已博矣。[1]

显见得选官的取士之法对于历史中国更大的造就,是把儒学义理撒到了"遐陬僻壤"之间和"妇人小子"之中。由此反问,则"向使汉不以经术进人,明不以制义试士,天下之士,不见可欲。忽忘敝弃之久,虽圣贤精神与天地相凭依,必不至归于泯灭无有,然亦安能家喻户晓,焯然如今之盛邪"?[2] 当大半"议者"都在就科举而论科举的时候,他以汉代经术与明清制义之间的一以贯之串联古今,非常明白地说明,科举不仅是一种"凭文而取"的制度,而且是一种维持教化的制度。从"经术进人"到"制义试士",其间的"进人"与"试士"都是功利,而"经术"和"制义"则都是道义。两者之合而为一,便是"道义得附功利而存"。由此施为一朝一朝的"功令",遂使选官取士的过程以儒术歆动天下,并在播染人心中深入人心。而后的"家喻户晓"和人人"纳于义理之域",已是选官取士的过程,同时又成了因利禄之途而成就一世之教化的过程。教化以浸润唤起自觉,造就了南北东西之人的同在"皆能知孔子之为圣,程朱子之为贤;名言于其口而允出于其心"之中,于是而有上下共认的是非、共奉的价值,以及同一种规范自我的精神秩序,同一种善处人己的伦理秩序。

---

[1] 邵懿辰:《仪宋堂后记》,载《半岩庐遗集》,第21—22页。
[2] 同上注。

由教化所生成的这一面维系了世道人心，却并不在科举制度的本义之内，但这一面自始即与科举制度因果相承而且深度依连，以更广的视野做观照，其周延所及和牵动所及，实际上已经远远大过了科举制度的本义。是以在他之后，光绪初年沈葆桢作奏议，言之深切的也是这一层道理："八比代圣贤立言，今虽渐失初意，然国家所以统天下之智愚贤不肖，不敢弃圣经贤传如弁髦者，未尝不赖乎此；而士民亲上死长之义，亦隐隐藉以护持。"[1]显见得八比取士之是非得失是可议的，然而是非得失之外，与八比取士内相绾结的，一头是"国家所以统天下之智愚贤不肖"，一头是"士民亲上死长之义"的由此得以"护持"。两头都为当日世局的本根所寄，从而皆属议无可议。他们的陈述都在响应同一个时代里贬斥科举和排抵时文的论说，而作为制度的科举与时文以其生生不息的派生和演化，实际影响了中国历史与中国社会的程度也因此而见。

这种由同一个对象引发的各是其是和各非其非，既真实地反映了科举制度之弊，也真实地反映了科举制度之利。而身在利与弊的相互对照之间，便常常会使从反面评说科举的人物立论不能一以贯之。所以曾明言"今科举之弊极矣"的朱熹，同时又明言"也废他不得"，并直白地说："居今之世，使孔子复生，也不免应举。"[2]而曾作《答尹似村书》，痛诋时文"束缚天下之耳目聪明"的袁枚，于《胡勿厓时文序》中已一变口吻，亟言时文对于个体士人的深刻造就：

> 古文者，自言其言；时文者，学人之言而为言。自言其言，以人所不能言而己能言为贵；学人之言，亦以人所不能言而己能言为贵。夫至于学人之言而为言，似乎传声搏影而言人人同矣。不知所学者何人也，圣人也。圣人之言，圣人之心也。能得圣人之心，而后能学圣人之言。得之浅者，皮傅于所言之中而不足；得之深者，发明于所言之外而有余。

---

[1] 中国史学会主编：《洋务运动》第1册，第181—182页。
[2] 《朱子全书》第17册，第3536页；第14册，第415页。

> 孔子学周公者也,孔子所言,周公未尝言。孟子学孔子者也,孟子所言,孔子未尝言。周、程、张、朱学孔、孟者也,周、程、张、朱所言,孔、孟未尝言。时文者,依周、程、张、朱之言,以学孔、孟之言,而实孔、孟与周、程、张、朱皆未尝言。然明诸大家,学其言而言之矣;本朝诸大家,又学其言而言之矣。言之肖与否,虽不能起数圣贤于九原而问之,而天下之人,皆以为肖,皆以为圣人复起,不易其言,此四百年来,时文之所以至今存也。

"能得圣人之心,而后能学圣人之言",则时文的本旨正是儒学在人心中的内化。由这种内化申而论之,则"或谓时文小道,不足以取士。不知天下事莫不有名焉,有实焉。如务其名乎,则古之乡举、里选,即今之时文也;古之策论、诗赋,即今之时文也。其无人焉一也。如按其实乎,则于时文观心术,即古之乡举、里选也;于时文征学识,即古之策论诗赋也。其有人焉一也"。[1]以《答尹似村书》对比《胡勿厓时文序》具见真实的袁枚,既是一个逆反于时文的人,同时又是一个真懂时文和推崇时文的人。与之相仿佛,咸丰后期曾下笔非议四书文"强天下不齐之人,一切就琐琐者之绳尺"的曾国藩,同治初年作家书《谕纪瑞侄》,而言之谆谆的已是"侄此际专心读书,宜以八股试帖为要,不可专恃荫生为甚,总以乡试会试能到榜前,益为门户之光"。稍后,又因"纪瑞侄得取县案首"而"喜慰无已"。在另一封家书中说:"吾不望代代得富贵,但愿代代有秀才。秀才者,读书之种子也,世家之招牌也,礼义之旗帜也。"[2]他看重的是科举可以养成"读书之种子"。有此种子,而后成己成人,始能有"门户之光"。因此,与得自父辈军功的"荫生"相比,"八股试帖"虽然可议,犹是子弟成就读书种子的入户之门径。他在咸丰后期非议时文,说的是真话,在同治初年以"八股试帖为要",说的也是真话。而同一个时段之内两种真话之间形成的扞格抵牾则与袁枚略同。因此,比之从正面说科

---

[1] 袁枚:《小仓山房诗文集》下册,第 1771—1772 页。
[2] 《曾国藩全集·家书》卷二,1994 年,第 1067、1193 页。

举的那些人物和言论,这些出自同一个人说科举和时文的前后相异,其不同的评论正以明显的矛盾以及这种矛盾的自相缠绕,更具体而且更深刻地映照了科举制度自身的矛盾和难于以一面而做论断。

科举因矛盾而有利弊,然而科举的利和弊又常常出自一个源头。苏轼说:

> 一之以考试,奄之以仓卒,所以为无私也,然而才行之士,无由而深知。委之以察举,要之以久长,所以为无失也,然而请托之风,或因之而滋盛,此隋唐进士之所以有弊,而魏晋中正之所以多奸。[1]

他对比而论科举和察举,说明两者都有毛病,而两者的毛病又都是从正面的立意中衍生出来的,从而都是有理由的。与之同属一个时代的苏颂说:"夫弥封誊录,本欲示至公于天下。然而徒置疑于士大夫,而未必尽至公之道,又因而失士者亦有之。"[2] 前者以宋人说隋唐科举,后者以宋人说宋代科举。从隋唐的"一之以考试",到宋代"弥封誊录",是一个制度的重心越来越自觉地移向"至公"的过程,而由此所截断的主试一方与被试一方之间除文字以外的一切往来,又使"考官但校文词,何由知其行实",以致"士之贤否,而进退之间系乎幸与不幸",[3] 成为科举取士被当时和后来长久指目的大弊。这种大弊与"无私"和"至公"同出一个源头而共造一重因果,就科举制度而言,便成了利之所在即弊之所在。此后八百多年,已时至晚清,官文说"历代取士之法不外选举考试两途,军兴以来,论者多患科举之弊,请变通之法",然后主张以"访求人才"[4] 为纠弊之计。主张变"考试"为"求访",显见得其意中的"科举之弊"仍然是"考官但校文词"之下的"才行之士,无由而深知"。而作为对比,则是与他年

---

[1] 吕祖谦:《宋文鉴》卷一二二,转引自陈登原:《国史旧闻》第2册,第128页。
[2] 苏颂:《苏魏公文集》上册,北京:中华书局,1988年,第213页。
[3] 同上注。
[4] 《请擢用优贡疏》,载陈弢辑:《同治中兴京外奏议约编》第5卷,第17页。

辈相近的魏源论选官取士,深以为科举制度"虽所以教之未尽其道,而其用人之制,则三代私而后世公也"。[1]他尤其看重的,是朝廷和天下士人之间这种自上而下的"至公"。以当日因科场案而兴大狱所引发的士人群起共鸣汇成的回响做对照,[2]则魏源的话无疑比官文更能代表多数读书人的心声。两者所说互不相同,而从这种由科举制度引发的各立一端深入科举制度的内里,则分立的两端其实又最终结穴于同一个地方。因此,八百年历史变迁之后,晚清人所面对的科举之利弊依旧是宋代人所面对的科举利弊。

科举取士以"凭文"与知人之间的脱节为弊,而弊端之存在与"无私"和"至公"相因依;时文试士以"束缚"而且"锢蔽"耳目聪明为弊,而弊端之存在与天下之教化相缠连。由于这种因依和缠连,科举的弊病虽因其易知易见而一代一代屡被非难,但非难之无从转化为"变通"和"变法"以去其弊,全在于铲除科举之弊的过程,不能不由一面而倾翻另一面,同时又摧锄了科举之利。科举制度形成于历史之中,其利弊的同出一源和相为因果也形成于历史之中。而后是利弊之共存,又历史地形成了一种难以单面"变通"的"常例之法"。明人袁中道说:"古今之法,无全利无全害者。夫大利大害之法,久不见其利,而见其害,率不数传而止。惟有一种常例之法,无论巧拙,皆能用之,持之也若无心,而究竟归于无毁无誉,故久而可不变。"然后比较古今而论之曰:

> 盖古用人取人之法,有乡举,有辟署等法,而今皆不能行,所存者止科目耳。有九品官人等法,而今皆不能行,所存者止资格耳。夫古之法皆格而不能行,而独科举资格存者,岂法久弊生,而此独无弊欤?非也。科举之法,乃宋学究科也,士为帖括,糊名易字,任有司甲乙之。即有高才博古通今之儒,而不及格,终身不得沾升斗之禄。又时文尔雅,不投有司,好尚相歙,总归沉滞。及其

---

[1]《魏源集》上册,北京:中华书局,1976年,第61页。
[2] 毛祥麟:《墨余录》,第200页。

隽者，出官登朝，与文字分为二途。[1]

这些话说明：就个体的才识和遇合而言，"科举之法"的普遍尺度常常会失其准头，从而取舍之间把人放错位置。因此，立足于个体，其为弊之害是非常明显的。然而与"乡举""辟署""九品官人等法"相比，"科举之法"又在以自己整体上的"至公"，为一个最需要恒定和稳定的常态社会，维持了一种整体上恒定和稳定的上下流动。而并不圆满的"科举之法"历经了隋唐以来的一个一个王朝始终无可替代，其原因盖在于此。他说：

> 然吾以谓天下之才，诚非科举之所能收，士之有奇伟者，诚不宜以资格拘之。顾此皆非常之事，而世无非常之人，则相安于额例而已矣。今使离科举而行聘荐，彼主聘荐之人，果具只眼者耶？铨选者破格用人，又果能辨之于未事之先否耶？徒滋纷纭无益也。且天下无事，常时也；书生主衡，常人也。以常人处常时，而行常事，亦可矣。设有贤者于此稍通融之，而亦不必出于例之外也。如斯而已矣，如斯而已矣。[2]

"乡举""辟置""九品官人"之法都由个体的人和具体的人主持，从而都会因人而转移，因人而变化，其本性决定了这些旧日的制度皆不能形成"无论巧拙，皆能用之"的"常例之法"，遂都成了"而今皆不能行"的东西。科举制度的不同，在其所求为"至公"，是以所重在客观。而客观之易于化为"常例"而成一定之规和不易之规，便使国家用人能够"以常人处常时，而行常事"。因此，科举制度虽累被抨击，而又能与抨击相伴随，一路逶迤地带着弊病走过了一千多年。其间曾有过宋代元祐一朝"仿古创立经明行修科，主德行而略文艺"；之后又以孝、悌、睦、姻、任、恤、忠、和八种德行立"八行科"取士。后来马端临总评之曰：

---

[1] 袁中道：《珂雪斋集》中册，上海古籍出版社，1989年，第848—849页。
[2] 同上注。

> 八行科立，专以八行全偏为三舍高下，不间内外，皆不试而补，则往往设为形迹，以求入于八行，固已可厌；至于请托徇私，尤难防禁。大抵两科相望，几数十年，乃无一人卓然能自着见，与名格相应者。[1]

之后又有过"洪武中尝停科目十年"，而行之未久又重回科举取士的反复，[2]以及与之相隔三百余年的清初康熙一朝"停止八股文"五年，而后又重新以时文试士的反复。[3]停科目和停八股都是为了纠弊，而最后终以重归科目和八股的反复为结局，则以其否定之否定说明，纠一面之弊，往往又会造成更大的弊。在此之后，复有"乾隆盛时，钱竹汀已议变科举，道光间冯林一又议之"，而皆属"空谈策论，漫无章程，实令人罔知所从"[4]的言之成理而无从施行。相比之下，袁中道所说的"如斯而已"和张廷玉所说的"不过如是"，则更能无涉褒贬地表述历史的本相和人在其中的取舍之难。

二 变法与科举

一千年里的疵议科举和五百年里的疵议时文，虽然各自阐说，而前者之共性，都在于指责科举之法不能真得"明六经之旨，通当世之务"的儒学"俊乂"；[5]后者之共性，都在于指责以八股为程序，则影响所及，天下的读书人皆不能真"明圣贤之书"。[6]两者的立场都在儒学，两者的准则也都在儒学。但从19世纪70年代开始，疵议犹在

---

[1] 马端临：《文献通考》上册，卷三十一，第296页。
[2] 冯桂芬：《校邠庐抗议》，上海书店出版社，2002年，第37页。
[3] 《清实录》第4册，北京：中华书局，1996年，第2758页。
[4] 转引自许全胜：《沈曾植年谱长编》，北京：中华书局，2007年，第214页。
[5] 顾炎武：《顾亭林诗文集》，第22～23页。
[6] 陈澧：《读书议》，载盛康辑：《皇朝经世文续编》卷六十五，礼政五学校下。

不止不息之中，而历经数十年中西交冲之后，中国人面对的时势已幡然大变；遂使蒿目时艰的经世济时之论随之而幡然大变；最终又使科举制度面对的讨问和究诘也幡然大变。

科举取士的缘起和归旨都在于"得人"。[1]然而时当西人借通商、传教"入中国"，而"以兵胁我，殆无虚岁"[2]之日，冲击所至，已是"天地自然之运会至于今而一变其局"：[3]

> 自开辟以来，神圣之所缔造，文物之所弥纶，莫如中国，一旦欧洲强国四面环逼，此巢、燧、羲、轩之所不及料，尧、舜、周、孔之所不及防者也。今欲以柔道应之，则启侮而意有难厌；以刚道应之，则召衅而力有难支；以旧法应之，则违时而势有所穷；以新法应之，则异地而俗有所隔。[4]

当此古今之变而"急图富强以为自立之道"，则"方今所急者莫如洋务"。[5]而后是由这一路派生的"用人最是急务"和"储才尤为远图"，[6]已不能不使"洋务"之"用人"和科举的"得人"各成一路而彼此相悖。薛福成说：

> 所谓才者何常？时方无事，则以黼黻隆平为贵；时方多事，则以宏济艰难为先。夫道德之蕴，忠孝之怀，诗书之味，此其体也。而论致用于今日，则必求洞达时势之英才，研精器数之通才，练习水陆之将才，联络中外之译才。体用兼该，上也；体少用多，次也。当风气初开之际，必有妙术以鼓舞之，则人自濯磨矣。[7]

虽说他仍然以"体"为尊，但着力推重的则显然是"用"。因此，在"风气初开"而实际上无从征召"体用兼该"之日，他特别又把"体

---

[1] 顾炎武：《顾亭林诗文集》，第22页。
[2] 《洋务运动》第1册，第52—53页。
[3] 同上书，第170页。
[4] 同上书，第259页。
[5] 同上书，第170页。
[6] 同上书，第52页。
[7] 同上书，第259页。

少用多"列为"次也"。由于少与多之间的无可界定,其一片模糊,实际上便在以"体"的收缩为"致用于今日"的伸展让出空间。在那个时候的中国,这种不同于旧日的度量才与非才之绳尺,在切近时务而同此困境的士大夫群体里很容易心同理同。于是而有见之于奏折、信函和论说之中的"惟有破格用人";[1]"一孔之儒,逞其目论",而"率皆不切之务";[2]"今日人材,如练兵、筹饷、造船、简器、出使衔命,皆无资格可守,亦非资格之人所能为力",[3]以及"延访通才"[4]"拔取其才"[5]和"得人尤为最难";[6]"目今解事人少,办事人尤少";[7]等等。而以这一类按洋务面目塑造出来的"洞达时势之英才,研精器数之通才,练习水陆之将才,联络中外之译才"为理想人物,对比"逞其目论"而"率皆不切之务"的"一孔之儒",则"急图富强以为自立之道"的过程,从一开始便已不能不牵及科举取士和时文试士。

同治末年,李鸿章奉旨"筹议海防",已由人才消乏推及"不学之过",又由"不学之过"推及"下不学由于上不教也":

> 军务肃清以后,文武两途,仍舍章句弓马未由进身,而以章句弓马施于洋务,隔膜太甚,是以沈葆桢前有请设算学科之奏,丁日昌前有武试改枪炮之奏,皆格于部议不行。而所用非所学,人才何由而出?近时拘谨之儒,多以交涉洋务为浼人之具,取巧之士又以引避洋务为自便之图。若非朝廷力开风气,破拘挛之故习,求制胜之实济,天下危局,终不可支。日后乏才,且有甚于今日者。以中国之大,而无自强自立之时,非惟可忧,抑亦可耻。[8]

---

[1]《洋务运动》第1册,第55页。
[2] 同上书,第222页。
[3] 同上书,第336页。
[4] 同上书,第231页。
[5] 同上书,第232页。
[6] 同上书,第99页。
[7]《洋务运动》第6册,第293页。
[8]《洋务运动》第1册,第53页。

然后总归其旨曰:"臣愚以为科目即不能骤变,时文即不能遽废,而小楷试帖,太蹈虚饰,甚非作养人才之道。拟应于考试功令稍加变通,另开洋务进取一格。"[1]他以"章句弓马"通论"文武两途"的不识时务和不合时宜,而落脚点则全在系乎万千士人的"科目"和"时文"。作为主持洋务的人物,李鸿章由"筹议海防"而引申出来的这些论说,富有代表性地说明,曾经长久遭受非议的科举和时文,从此又被洋务席卷而入中西交冲的旋涡之中。因此,李鸿章之后,又有罗应旒上书论洋务,而以"今日之时文、诗赋、小楷"为"人皆知其无用",[2]有朱采上书论洋务,而以"小楷、试贴"为"此二者无用于世,无关于人,尽人知之",[3]以及王韬在时论中所说的当此"通今为先"之世,"中国之士"因"时文之累"而知古"不知今",[4]等等,都是在用同一种眼光和同一种理由评判时文,以及时文背后的"科目"。

与长久以来持儒学"俊义"为理想,以批评科举之不能"得人",持"圣贤之书"为准尺,以批评时文之不能明真义相比,像这样引"施于洋务,隔膜太深"为大谬,以指责"科目"与"时文"之"无用"的论断,显然是一种前所未有和全然不同的路数。前后之间的这种不同,其本源在于洋务以效西法图自强为宗旨,因此,科举既被卷入中西交冲的旋涡之中,则取士之法所应对的已不仅是圣贤,而且是西人。张树声说:"学以致用为贵,本无中西之殊。欧洲界在海西,地气晚开,其人秉性坚毅,不空谈道德性命之学,格物致知,尺寸皆本心得。"而后能"跨海东来,无不雄视中土"。[5]薛福成说:"夫泰西百工之开物成务,所以可富可强、可大可久者,以朝野上下敬之、慕之、扶之、翼之,有以激励之之故也。若是则谓与今之中国相反。"

---

[1]《洋务运动》第1册,第53页。
[2] 同上书,第174页。
[3] 同上书,第337页。
[4] 王韬:《弢园文录外编》,第68页。
[5]《洋务运动》第2册,第124页。

因此"中国果欲发愤自强",则"必先破去千年以来科举之畦畛,朝野上下皆渐化其贱工贵士之心"。[1]前者由"致用为贵"说西人,把"格物致知"移到了"道德性命之学"的前面;又以"本无中西之殊"为当然,使其笔下所举的西人之已然,实际上变成了中国人的不得不然。对于正在以四书五经,从而以"道德性命之学"试士的科举制度来说,这种起于欧西而演化为中国论说的理路,无疑已是直面而来的颠覆。后者由泰西的"开物成务"而言其"百工"之尊,然后以彼邦之所以能"可富可强,可大可久"反比"今之中国",而归咎于"千年以来科举之畦畛"。然则以西法相推度,是"百工"的可尊和应尊犹在科举士人之上。对于久为天下取士和造士的科举制度来说,这种引西国比中土的侃侃而言,同样是直面而来的颠覆。

张树声的话出自奏疏,薛福成的话出自策论,而以"致用为贵"说"格物致知",以"开物成务"说"可富可强,可大可久",则都共同反映了起于"制器""练兵"的洋务事业,其效西法回应西人冲击的重心,自始便在于技术。而当技术成为时务里的重心之后,人才的选择为之转移,人才之造就也为之转移。则不尚技术的取士之法,便不能不被置于应当改变和必须改变之列:

> 泰西各国创造利器,未及百年,而成就如此之精,自非举国人矢恒心争思自奋,乌能如此。中国若不稍变成法,于洋务开用人之途,使人人皆能通晓,将来虽有防海万全之法,十年、二十年后主持乏人,亦必渐归堕废,或名存实亡,未其能持久也。[2]

这段话的主旨显然是在"稍变成法,于洋务开用人之途"一面。而比"稍变成法"说得更加直白,并因之而更能达意的,还有"功名之路开,奇杰之才出矣"。[3]《易经》说"形而上者谓之道,形而下者谓之器",而后有中国人心目中的本末之分。朱熹称之为"道器之间分际

---

[1]《洋务运动》第1册,第395页。
[2] 同上书,第377页。
[3] 同上书,第157页。

甚明，不可乱也"。[1]所以，举数千年来儒学的传承和展开皆以"道"为源头和归宿相对比，则此日以洋务为立场论"科举之畦畛"和时文的"无用"，虽然与此前千余年里诋议科举的士论同属对于这种取士之法的立异和否定，但千余年里的非议科举，归根结底都集矢于科举的不能全合圣人之道；而此日把无从对接"开物成务"和"创造利器"看作科举的大病，显见得已是倒置本末。而既以"器"为经世之要务，又以"器"为事理之要目，与之相表里的，则是"形而上者谓之道"被放到了他们的视野之外。然则把这种没有"道"的"器"当作一世之要务，以排抵当日的科举制度，其别开一路的技术主义实际上不仅否定了科举，而且否定了此前一千多年里的士林人物对于科举的否定。这种变化发生于身当西人的冲击，并正在汲汲乎响应西人冲击的那一代中国人之中，其直接反映的时代内容已全然不同于前代非科举的士议，其持有的理据和宗旨也已全然不同于前代非科举的士议。因此，就唐宋以来评说科举制度的思想历史而言，这种变化正是以前后之间的断裂另立一局，开启了一个由古今之变所主导，并随古今之变的激化而越走越远的过程。

效西法以图自强的洋务改变了中国人审视科举的眼光。与之前的士林议论因疵议科举而常常怀念荐举、因疵议时文而常常怀念策论相比，则此日由另一种眼光所派生的"稍加变通"和"稍变成法"之归于"另开洋务进取一格"，显然已经绕出了大部分士人熟识已久，并因之而能共同判别利弊的尺度和范围。所以，即使是同属洋务一脉的左宗棠，虽然也着力于造船造炮回应西人，而其意中的理路则不同于李鸿章的理路，而尤不能信以"器"为大，即可以成为取士之法。当其经营西陲之日，曾在一封信里说：

> 窃以为近时人心之蔽，每因此关未能勘破，遂尔见异思迁，夺其素志，浸欲崇般倕之社而废泽宫，精考工之言而弃官礼，慎孰甚焉。今试以艺事言之：聚儒者于一堂而课以金工、木工之事，固问

---

[1] 朱熹:《朱子全书》第23册，第2755页。

十不能答一，盖以非所习也。与华之百工校且然，况泰西师匠乎？治天下自有匠，明匠事者自有其人，中不如西，学西可也，匠之事也。然奚必胥天下之人而匠之，又并治天下之匠而薄之哉。一事之成败利钝，非所能知，因成败利钝而丧其心之所明，以求有成无败，有利无钝，必不可得也。况所谓成者利者，乃天下所谓败与钝乎？范文正有言"吾知在我者当如是而已"。近时自负深知洋务者，殊未之思耳。[1]

稍后又在另一封信里说："人见西士技巧，卓绝古今，以为华人学制，必须聪颖俊达之士。不知彼中均由匠人推择，并非于士类求之。况中华学制，本执柯伐柯，较之天工开物，又自有别，使三千七十之徒，执贽般倕，不亦偾乎？"[2]他与李鸿章同以军功起家而名位相埒，并同是世运丕变之日为中国先开洋务的人物。因此，"中不如西，学西可也"，在这一点上，他与"近时自负深知洋务者"并无歧异。但"学西可也"的同时，他又非常明白地把"泽宫"与"般倕之社"分开，把"官礼"与"考工之言"分开，把"儒者"之事与"匠之事"分开，要端都是在把道与器分开，并明示两头之间的以道为本。就其眼中所见，是自负深知洋务者都重器，然而"自负深知洋务者"又常常"夺其素志"和"丧其心之所明"。以前一面的外有所牵比后一面的内无所立，则其间缺失的显然是"形而上者谓之道"。而举孔门三千弟子七十二贤人为譬，以总称士人，又意在说明道的传承须有主体。然则"胥天下之人而匠之"的颠倒错乱，是变士为匠，遂使以器为大，而且以器独大之下，世间不复再有论道之人。其立论之旨，显然与薛福成所倡的破"科举之畦畛"，以"渐化"朝野上下"贱工贵士之心"的说法不仅相互扞格，而且截然悖反。所以，虽然左宗棠由事功致高位而成达官，却并不喜欢用"学以致用为贵"那一套道理轻议科举，他在家书中教子说：

---

[1]《左宗棠全集》第14册，上海书店出版社影印，1986年，第12160—12161页。
[2]《左宗棠全集》第15册，第12847页。

> 今之论者动谓人才之不及古昔由于八股误之，至以八股人才相诟病。我现在想寻几个八股人才与之讲求军政、学习吏事亦不可得。间有一二曾由八股得科名者，其心思较之他人尚易入理，与之说几句四书，说几句大注，即目前事物随时指点，是较未读书之人容易开悟许多。可见真作八股者必体玩书理，时有几句圣贤话头留在口边，究是不同也。[1]

他所重的不仅在有用，尤其在明理，从而尤其在人的"素志"和"心之所明"。相比于李鸿章所说的"小楷试帖，太蹈虚饰"，显然是各成一路。

与左宗棠持论相近的，还有同时的沈葆桢。作为福州船政局的开此一局者和先期主持者，沈葆桢也是那个时候着力办洋务的人，因此也是一个深知"中不如西，学西可也"的人。由于"中不如西"，他曾请"设算学科"[2]以资造就，虽为部议所格，其仿西法的用意则是明白可见的。然而他并不尽归科举、时文为无用，也并不以"破格"和"另开洋务进取一格"为事理之应然。当日答朝廷咨问，他在奏议中说：

> 今之仕途有四：曰科甲、曰军功、曰吏员、曰捐纳。因材器使，何地无贤？偏重一途，或有时不能自坚其说。臣以为自古无久而不弊之政，随时补救，则视乎其人。为部堂、为疆吏者，诚能仰体朝廷所宝维贤之意，不执成见，但严别其人之贤否，可者用之，不可者去之，泾渭分则人知自励，观感兴起，岂有甘以不肖终者哉？[3]

他引当日的功名多途说明，其时朝廷用人，除了"科甲"之外，还有其他三种路径。就"军功"和"捐纳"的尤易登堂入室、一路全无约束而言，由此"进身"，本已全无窒碍。因此，以事实论事理，则当

---

[1]《左宗棠全集》第13册，长沙：岳麓书社，1987年，第67—68页。
[2]《洋务运动》第1册，第52页。
[3] 同上书，第182页。

时的科举制度其实并没有构成堵塞"洋务进取"的壁障。与之相比对而成佐证的，是时人记闻中所描述的"尝见中朝士大夫相聚而谈曰：'今日仕途孰为终南之快捷方式乎？'曰'莫如通商各国事务衙门。其为利也，则有薪水之添；其为名也，则有升迁之速；其优叙也，几如军营之克城擒渠；其超擢也，几如翰詹大考一等；其按期保举也，实同于军机章京；其逾格录用也，实过于京察卓异'"。[1]总理衙门为当时朝廷经营洋务的总汇所在，而这些话说的都是一入其中，便能腾达。在一个仕路拥塞的时代里，这是一种鲜明的反差。其间曾有过张荫桓起家于"以资为县官"，一路累受保举，先任出使大臣，后任总理衙门大臣，[2]《清史稿》称他"骤跻巍官"，又称他"务揽权，为同列所忌"，[3]正以其锋芒毕露的意态展示了彼时由科举之外"进取"洋务，自能成其声势煊赫的事实，而这种事实的存在，同时也显示了以洋务为立场非议科举之堵塞人才之路，其实过度衍化而并不十分切题。但伸张洋务的议论既已置科举于对立一面，则其中的"自负深知洋务者"又很容易以过度衍化为当然。所以，那个时候的策论曾沿此过度衍化而言之极端地说"今之世，若以御夷灭寇危疑大事另责之一流人，而富贵爵禄则以备甲科诸途，以资格而得之者享用位置之具，夫是以人才不出而时事日坏"，[4]其立意显然与"于洋务开用人之途"和"功名之路开"则"奇杰之才出矣"同归一途。这些话以纸面上的道理为道理，因此能够言之界限分明。然而这些道理由纸面移到真实的历史之中，便同样成了不能切题的东西。以19世纪50年代崛起于内战，之后又立足东南造船造炮，以力图自强回应西人，从而为"所急者莫如洋务"筑成了实际开端的湘淮军功人物群而言，则身当世变而面对"危疑大事"，这些最先自觉地以担当世运为己任的人物，其实大半都是从科举制度里走出来的士大夫。然则以历史对照议论，显见

---

〔1〕《洋务运动》第1册，第593页。
〔2〕费行简：《近代名人小传》，《官吏》，第108页。
〔3〕《清史稿》第41册，北京：中华书局，1976年，第12436页。
〔4〕《洋务运动》第1册，第335页。

得其意中的"另责之一流人",俱是下笔了无际涯而常常会走到历史事实之外的臆想。

在一千多年里,儒学中人用儒学的道理批评科举之弊以后,19世纪70年代,因中西交冲而生的洋务又用另一种道理批评科举之弊。然而同在洋务之中,左宗棠、沈葆桢与李鸿章、张树声、薛福成之间的各是其是,又说明了这种后起的道理虽然别开一路并常常过度衍化,但在那个时候的中国却还并不足以自成一统而推倒旧日的道理。因此,其呼请朝廷"力开风气",立论的分寸也多半仅止乎"稍加变通"和"稍变成法"。后来何刚德在《春明梦录》一书中记前朝旧事,曾追叙说:"薛叔耘副宪(福成)出使外洋,甚着声望。当时之熟悉洋务者无出其右,余欲从而学焉。渠曰:洋务究属偏才,政治家宜求其全者,何必见异思迁。且此事非二十年经验不办,非仅懂西文、娴西语遂可称职也。"[1]则观照前后,显见得即使是推崇"译才"为今日"必求"之人才,并力主"破去千年以来科举之畦畛"的薛福成,其心中之所重也一时与另一时之间并不能一以贯之。这种不同人物自为表达的各是其是,以及同一个人物的前后自相歧异,都反映了因中西交冲而催生的新道理,实际上犹是一种单面立论的道理,从而犹是一种并不圆满的道理。所以,在洋务为中心的三十年漫长历史里,这套道理一经生成,便作为一种思想存在而一路起伏一路延伸,既没有成为一种入人之心的强音,也没有实际地促成过取士之法的"稍加变通"。

然而作为一个迫来的历史过程,中西交冲始终是因外力的冲击而延续,以及在对于这种冲击的响应之中实现的,因此,这套道理既由中西交冲所催生,又一定会随外力冲击和拶迫的激化而发生变化。在这种历史因果里,发生于甲午年间的中日战争,以前所未有的剧烈创痛前所未有地打碎了中国人心中的自我形象,从而大幅度地改变了中国人的自我认知,震荡所及,遂使起于洋务的这一套非科举之说,被

---

[1] 何刚德:《春明梦录 客座偶谈》,《春明梦录》上,第33页。

后起的时论引为要务所在的大题目,当初见之于奏议和策论的那些道理因之而化为那个时候言之滔滔的报章文字,以掀动时潮而影响人心和改变人心。时至戊戌年间,则以除旧布新为名目,在百日之间已经把这一套新道理对于旧科举的否定,移到了大变成法之中,并且演化出一套牵拽更加广泛,又推断更加岌迫的论说。

甲午后二年,梁启超主《时务报》,作《变法通议》,深论科举之弊,明言"欲兴学校,养人才,以强中国,惟变科举为第一义。大变则大效,小变则小效"。之后二年,他又聚汇群集于京师的各地举人,作《公车上书请变通科举折》,挟一腔急切申论:"顷者强敌交侵,割地削权,危亡岌岌,人不自保。皇上临轩发叹,天下扼腕殷忧,皆人才乏绝无以御侮之故。然尝推求本原,皆由科第不变致之也。"[1]同一个时间里,又有严复说:"夫科举之事,为国求才也,劝人为学也。求才为学二者,皆必以有用为宗。而有用之效,征之富强;富强之基,本诸格致。不本格致,将无所往而不荒虚。"因此此日救时,必"痛除八股而大讲西学"。[2]伸张的也是这一套道理。这种由"强敌交侵"推演到"人才乏绝",又由"人才乏绝"推演到"科第"之不能不变,虽然下笔更多意态之促迫和立论的独断,而其间的路数则与李鸿章那一代人的陈说大致略同。由此明白显示的是两者之间的前后承接,以及两者所共有的同一种时代内容。然而就强敌环伺之下的时势与国运而言,则90年代后期已显然不同于70年代初期。

由于这种不同,梁启超上书皇帝,用之以否定科举的,已不仅是器,以及附着于器的技术,更是以"西学"为总称的西方世界的知识体系。他对比而论说:中国的"考官及多士",能够"通达中外,博达政教之故,及有专门之学者"少之又少,以此"至愚极陋"之人而"当官任政",来应对"泰西四十六之强国,万亿之新学新艺,其为所凌弱宰割拱手受缚,乃其固然也"。之后统而论之,指泰西的"新学

---

[1] 梁启超:《饮冰室合集》第1册,《文集》之一,第27页;《文集》之三,第21页。
[2] 《严复集》第1册,第43页。

新艺"为今世之"智"所在,而以中国之科举为今世之"愚"所在,并把这种愚智之分的影响由读书应试的"多士"推及中国人的整体:

> 科举之法,非徒愚士大夫无用已也,又并愚其农工商兵妇女而皆愚而弃之。夫欲富国,必自智其农工商始;欲强其兵,必自智其兵始。泰西民六、七岁必皆入学识字学算,粗解天文舆地,故其农工商兵妇女皆知学,皆能阅报。吾之生童固农工商兵妇女之师也,吾生童无专门之学,故农不知植物,工不知制物,商不知万国物产,兵不知测绘算数,妇女无以助其夫。是皇上抚有四万万有用之民,而弃之无用之地,至兵不能御敌,而农工商不能裕国,岂不大可痛哉。
>
> 今科举之法岂惟愚其民,又将上愚王公。自非皇上天亶圣明,不能不假于师学。近支王公皆学于上师房之师傅,师傅皆出自楷法八股之学,不通古今中外之故,政治专门之业,近支王公又何从而开其学识,以为议政之地乎?故科举为法之害,莫有重大于兹者矣。
>
> 夫当诸国竞智之时,吾独愚其士人,愚其民,愚其王公,以与敌智,是自掩闭其耳目,断刖其手足,以与乌弋、离娄搏,岂非自求败亡哉。[1]

他所列举的"植物""制物""万国物产""天文舆地""测绘算数"以及"古今中外之故"和"政治专门之业"都是知识。而科举以经义试士,立意本在纳士子于"义理之域",从而纳天下于"义理之域"。所以"雍正中,有议变取士法,废制义者,上问张文和,对曰:'若非制义,恐无人读四子书,讲求义理者矣。'遂罢其议"。[2] 由这段君臣之间的对话,可以看到的正是科举制度守定的主次之分和轻重之分。就人类认知的分类而言,知识和价值无从匹比,因此知识和义理也无从匹比。虽说在实际的思维过程中知识与义理之间能够形成关联,但通

---

[1] 梁启超:《饮冰室合集》第1册,《文集》之三,第22—23页。
[2] 陈康祺:《郎潜纪闻初笔 二笔 三笔》下册,第602页。

观梁启超所罗举的连串名目，则这种来自"新学新艺"的知识，大半都是与义理界分清晰而各成一脉的东西。因此，以泰西"万亿之新学新艺"为是，来说明中国科举之非，则其言之滔滔的层层演绎，实际上是在两种不可模拟的对象之间作以此律彼而辨愚辨智。

引"新学新艺"立说，背后是一套以有用反无用的道理。但同时人不信这种以此律彼者，则列举出自"义理之域"而由科举进身的中兴名臣，指陈其应时而起之日，"一时艺学、译学无不络绎奔赴以供大才之用"，而成经世济时之事功的实例，以说明有"用人之才"和"用于人之才"之分。并说明"国家宜求用人之才，不宜求用于人之才"。这也是一种有用无用、大用小用的道理。而以这种道理相度重，"新学新艺"不过是"一身一家之用，一材一艺之能，一手一足之效，何足任天下事哉"。[1] 两者各成一种理路而无从交集，但时势亟迫之下，以"智"比"愚"和化"愚"为"智"的非科举之说更容易成为一种动人之心的逻辑，而后是义理便成了应被知识打倒的东西。然则归科举为愚，同时是其意中之智已全萃集于西学之中了。相比于上一代以"器"为大的洋务人物置"道"于视野之外，这种逻辑沿前者留下的那一套道理而来，又创为程度更深，而且更具整体性的搅动。所以，相比于上一代洋务人物的论说，这种在"强敌交侵"映衬之下的用知识挞伐义理，又使那个时候的科举制度被更加急迫地拖入了无从应对的困境之中。

梁启超后来回溯晚清废止科举的历史过程，说是继"郭嵩焘、冯桂芬等"之非议科举，"到戊戌维新前后，当时所谓新党如康有为梁启超一派，可以说是用全副精力对于科举制度施行总攻击"。[2] 以其时康有为作《请废八股试帖楷法试士改用策论折》，说"巍科进士、翰苑清才"而不知"亚非之舆地，欧、美之政学"；谭嗣同作《报贝元征》，说"惟变学校变科举，因之以变官制，下以实献，上以实求"

---

[1]《清末筹备立宪档案史料》下册，第994页；梁启超：《饮冰室合集》第1册，《文集》之三，第42页。
[2] 梁启超：《饮冰室合集》第5册，《文集》之三十九，第43页。

始可救时；徐勤作《中国除害议》，说"故谓覆中国，亡中国，必自科举愚民不学始也。不除科举搭截枯窘之题，不开后世书后世事之禁，不去大卷白折之楷，八股之体，试帖之诗，定额之限，场期之促，试官之少，累试之繁，而求变法自强，犹却行而求及前也"[1]等等，无疑都是在以同一种宗旨表达同一种主张。"施行总攻击"，说的正是其一时俱起。然而以当日留下的文字，以及由此引发的反响做比照，则更能以"全副精力"发为论说，并前所未有地以其声光远播造成社会思想大幅度震荡的，是梁启超的"妙才下笔，不能自休"和"笔端又有魔力，足以动人"。[2]是以当时郑孝胥由《时务报》说到梁启超，谓之"梁君下笔，排山倒海，尤有举大事，动大众之概。目下各省闻风兴起者，山鸣谷应"。[3]因此，与前一代洋务人物非科举的议论既出自个体，又常在此起彼落之中相比较，此日的"对于科举制度施行总攻击"，则能够借助于"去塞求通"[4]的《时务报》以文字"动大众"，并在"闻风兴起"的同声相应和回声四起中汇为那个时候的舆论。

严复说"八股锢智慧，坏心术，滋游手"，并推而论之曰，自科目"创为经义"，其害在于"破坏人才"，使"天下后世"久"被其愚"；[5]章起祥说"时文积弊太深，愚我震旦，抑我士气，为患靡穷"。[6]这些话共指时文、八股之大弊为"愚"士人和"愚"天下，显然与梁启超引为大法，用之以力辟科举的那一派以知识抑义理的论说心相近而理相同。张元济说："今之自强之道，自以兴学为先，科举不改，转移难望。吾辈不操尺寸，惟有以身先之，逢人说法，能醒悟

---

[1] 《康有为政论集》上册，第269页；《谭嗣同全集》上册，北京：中华书局，1981年，第210页；舒新城：《中国近代教育史资料》下册，北京：人民教育出版社，1961年，第961页。
[2] 《严复集》第3册，第632页。
[3] 上海图书馆编：《汪康年师友书札》第3册，上海古籍出版社，1986年，第2971页。
[4] 梁启超：《饮冰室合集》第1册，《文集》之一，第100页。
[5] 《严复集》第1册，第41、43、45页。
[6] 上海图书馆编：《汪康年师友书札》第3册，第1958页。

一人,即能救一人。"[1] 梁庆桂说:"当今急务,以储才为第一义,而人才之所以振兴,则开学校,变科举,其亟亟也。"[2] 这些话共以人才出于学校为当然,所以学校重于科举而成为图自强的要义和要务,显然与梁启超倡为变法,而以"强中国"与"养人才"为因果,又以"养人才"与"兴学校"为因果,再以"兴学校"与"变科举"相因果的层层推论心相近而理相同。在这种对应和呼应之外,更广泛地合成了一时群鸣的,还有其时高梦旦自述"凤谦生二十又八年矣,六岁就傅读圣贤之书十余年,以为治国之道,无有外此者。及出而观当世之政,则大悖先王之所为,心窃惑焉。既而涉猎译书,又从出洋局学生游,略闻泰西建官、设学、理财、明刑、训农、制兵、通商、劝工诸大政,喟然叹曰,唐虞三代之盛,其在泰西乎";[3] 夏曾佑自述"屏绝尘氛",立意致力西学,"拟尽通其义,然后追想成书";[4] 以及裘吉生自述此后"当尽弃虚文而读时务矣";[5] 杨之培自述"甲午事起,觉所学无甚益于世,乃尽抛故业,留心于经世之学,暇则肆习西国语言文字,以通天下之务";[6] 等等。虽说这些人物的各自表述,说的都是身处古今中西之间个人在学问取向上的转变,其中并没有直接涉入科目与时文的内容,但时当"对于科举制度施行总攻击"之日,学校和科举的对立,知识和义理的对立,智与愚的对立,其内里与深处都是泰西"万亿之新学新艺"和中国以"经义"为主干的文化之间的对立。所以,对科举制度的"总攻击",同时又一定会是一个中学与西学,旧学与新学相互比较和此消彼长的过程。对于这些人来说,其仰慕西学之心未必全是在这个过程中生成的,但这个过程的铺展,却助长了西学的声势,从而助长了对西学的个体的仰慕演化为合群共趋。

而就另一面言之,则发生在士人群体里的这种显然的取向转变,

---

[1] 上海图书馆编:《汪康年师友书札》第3册,第1676页。
[2] 同上书,第1882页。
[3] 同上书,第1608页。
[4] 同上书,第1325页。
[5] 上海图书馆编:《汪康年师友书札》第4册,第3490页。
[6] 上海图书馆编:《汪康年师友书札》第3册,第2362页。

又会使"惟变科举为第一义,大变则大效,小变则小效"那一套道理非常容易由入耳而入脑入心,从而非常容易成为那个时候耸动天下的强音。因此,当其在甲午之后节节恢张而掀动舆论之日,这一套起自士林的道理同时又在一路上达地走向高处,以前所未有的深度影响政局。而后是非科举实际地成了变法的一部分。在这种议论转化为政治的过程里,身在其间者以"科举一变,则海内洗心"为设定的预想,曾促成过"拟联合同志,共集义款,以百金为一分,总集三千金,分馈台官,乞为入告。其封事则请同志中文笔优长者拟定,或主详尽,或主简明,各明一义,各举一法,其宗旨不离科举一事。务使一月之内,十折上闻,天高听卑,必蒙垂鉴"[1]的筹划。遂使自下而上的急迫促成自上而下的急迫,并在戊戌年间达到顶点,于是而有朝廷下诏,"自下科为始,乡会试及生、童岁科各试向用四书文者,一律改试策论"。[2]虽说梁启超意犹未足,以为"不惟八股当废,即科举亦当全废,而一切学级,悉自学校出",[3]但"科举一变"而"海内洗心"的预想刚刚触及八股,实际上已经与冲击和震动同时俱见于远离京城的地方。当时一则出自湖北的记述说"上谕废八股时文,改试策论"之后,"县中生童亦皆起而谋之,尽去昔之敲门砖,求所以作策论之法"。[4]这是一种明显的变化,也是一种被动的变化。

然而以其由来说其了局,则戊戌年间的中国对于科举制度的这一场"总攻击",既以附着于变法为其因果而达到了顶点,此后又因同一种因果,而不能不随变法的失败而碎裂脱散,在极短的时间里被一朝摧折。作为一个与政潮同起同落的过程,其起落之间可谓兴也勃焉,亡也忽焉,但原本以评说为表达方式的非议科举,则从此汇入了近代中国的变法维新之中,并越来越与实际政治深相交缠。而作为一个思想制造舆论和舆论传播思想的过程,这种以前所未有的力度促

---

[1] 梁启超:《〈饮冰室合集〉集外文》上册,北京大学出版社,2005年,第4页。
[2] 朱寿朋编:《光绪朝东华录》第4册,第(总)4102页。
[3] 梁启超:《饮冰室合集》第6册,《专集》之一,第34页。
[4] 上海图书馆编:《汪康年师友书札》第3册,第2320页。

成的前所未有的广度,已使知识与义理的对立、学校与科举的对立、智与愚的对立漫溢泛滥,浸灌于中国士人的思想之中,极大地改变了他们的视野和理路。之后的由此累积和累积中的发酵,则都不会随政潮的起落而澌灭。因此政潮起落之后,当日的士人议论犹以来日方长相期望,深信"现在新机已发,非朝政所能遏抑"。[1]

三 "世局原随士议迁":
人才出自学堂和学堂推倒科举

戊戌后二年庚子之变起于华北,又以其结局逆转了戊戌年间的政潮起落。而后是曾经在扑杀下失败的变法主张蓬蓬然重起,非科举和变科举的论说也蓬蓬然重起。庚子年岁末,严复说:

> 今夫学之无用,至于吾制科之所求,可谓极矣,而犹以为必不可变。今年五六月间,北土攘夷之举,虽有仪秦之舌,无以自解于天下后世。而推其祸之所由来,舍八股诗赋,吾不知其所属。何则?民之聪明,梏亡于功令,虽至浅之理,至明之事,其智亦不足以与之也。嗟夫!持十年以前之中国,以与今日者较,将见往昔虽不足云强,而但安静为治,犹可以自存,无论改弦更张者矣!至于今,未然之事不可知,就令幡然改之,欲为斯宾塞尔之所谓体合者,岂有及耶?[2]

他仍然在沿用愚智之辨说科举之弊,而以刚刚过去的庚子之变为实例辨愚辨智,则其所注目,又尤在于群起一哄地卷入"北土攘夷之举"的下层民众,以及他们在八国联军用枪炮作表达的暴力面前的一触即溃。他以外国人的霸蛮对比中国人的蒙昧,而统括地归于"民之聪

---

〔1〕 上海图书馆编:《汪康年师友书札》第3册,第2766页。
〔2〕 《严复集》第4册,第906页。

明，梏亡于功令"。这种解说舍去了庚子之变深处的历史因果，但在那个时候的中国，却能以戊戌年间灌入人心的那一套道理为烘托，言之成理地把取士的科举制度同这一场国难直接连到了一起。

严复的话以其言之愤然真实地说明，对于亲身经历了甲午年间的中国由"变局"而入"危局"，之后又亲身经历了庚子年间的中国由"危局"而入"残局"的一代知识人来说，从戊戌到庚子，其间的一以贯之，是危局和残局都在为中国人重新诠释科举制度，使这种原本熟识的东西脱出了本义的范围而周延越来越大，并在置之于倒推历史以说因果之中，所须负担的责任也越来越大。由此编连而成的是一种深度否定。但在智与愚相对立，知识与义理相对立，学校与科举相对立的理路里，否定同时已成为一种反证和反比，由此促成和与之对应的，便是另一头的"吾国自经甲午之难，教育之论，始萌蘖焉"。至"庚子再创"，则"教育之声，遂遍满于朝野上下"，[1] 这是一个起于戊戌而在庚子之后大幅度恢张的过程。这个过程因辟科举而兴，却同样在使承当了"教育"的学校脱出了本义而周延越来越大，并因之而在筹划来日"幡然之变"的先期预想中，对这种没有根蒂，而且非常陌生的东西寄托的憧憬和执信也越来越大。

庚子后一年，刘坤一和张之洞以三万余言作联衔会奏，回复朝廷"欲求振作，当议更张"的诏书咨问。而其间被置于首位，并最先"详悉条议"的，则正是在"变通政治，人才为先"的名目下的非科举和崇学堂：

> 现行科举章程，本是沿袭前明旧制，承平之世，其人才尚足以佐治安民。今日国瘼患深，才乏文弊，若非改弦易辙，何以拯此艰危。然而中国见闻素狭，讲求无素，即有考求时务者，不过粗知大略，于西国政治未能详举其章；西国学术未能身习其事。现虽举行经济特科，不过招贤自隗始之意，只可为开风气之资，而未必遽有

---

[1] 梁启超：《饮冰室合集》第2册，《文集》之十，第53页。

因应不穷之具。[1]

与出自个体而汇为舆论的士议常以亢激脱跳为特色相比,这些见之于章奏体裁的文字评论科举,无疑更多一点说理的圆到。但其论"人才为先"而以"西国政治"和"西国学术"为要目,两者之所指,显然与之前梁启超称为泰西"万亿之新学新艺"的东西本身同属一物。而循此以论,则不能不由"拯此艰危"与"兴学育才"的合而为一立论,并把中国人的"拯此艰危"和"兴学育才"与彼邦相等类以作比拟,而直接到了"泰西各国学校之法"的"犹有三代遗意",遂能成"其人才日多,国势日盛"的因果明了,以及"日本兴最骤,而学校之数在东方之国为最多"所展示的"兴学之功,此其明证"。而后是上以"欲求振作,当议更张"相求,下以"非育才不能图存,非兴学不能育才"相应,外国人的"学校之法"和"兴学之功",便直截化作了中国人以"学校之法"变科举,和中国人对"兴学之功"的期望。刘坤一和张之洞于联衔会奏中说其大旨曰:

> 窃惟今日育才要指,自宜多设学堂,分门讲求实学,考取有据,体用兼该,方为有裨世用。惟数年之内,各省学堂不能多设,而人才不能一日不用。即使学堂大兴,而旧日生员年岁已长,资性较钝,不能入学堂者亦必须为之筹一出路。是故渐改科举之章程,以待学堂之成就。似此办法,策论乃诸生所能,史学、政治、时务乃三场策题所有,考生断不致因改章而阁笔,科场更可因改章而省费。而去取渐精,学业渐实,所得人才固已较胜于前矣。兹拟将科举略改旧章,令与学堂并行不悖,以期两无偏废,俟学堂人才渐多,即按科递减科举取士之额,为学堂取士之额。[2]

并预想以"十年三科之后,旧额减尽,生员、举人、进士皆出于学堂"为这个过程的了局。

---

[1]《张之洞全集》第2册,第1393—1430页。
[2] 同上注。

在他们的"条议"里,"酌改文科科举"与"酌拟今日设学堂办法"是相表里的。而这种进入了奏议的"条议"之能够具体地生成,其背后又有着"半年以来咨访官绅人士,众论佥同"的群议和"两广督臣陶模、山东抚臣袁世凯咨来奏稿"[1]的合议。因此,就其用"按科递减"的办法谋想十年之内消灭科举以盛兴学校而言,宗旨本与戊戌年间梁启超力倡"朝廷大变科举"和"州县遍设学堂"相同,都寄意于两者之间的此消彼长。但这种在群议和合议之后形成的会奏,又说明相隔不过三年,同样的主张已由并不当权的士人群体快速地移入了当权的官僚之中。是以在会奏之外,又为会奏提供了一种背景更加广袤的官场社会相,其间格外引人注目的,是当日被王文韶称作"苗性尚未退净"[2]的岑春煊虽被目为不入斯文之列,却也能自觉进入时趋,在同一个时间里正以"欲雪此耻,要在自强,自强之道,首需培植人材。学校者,人材所由出也。故必自广兴教育始"的新道理响应西太后"此耻如何可雪"[3]之问。而以练兵起家的袁世凯,此日对西人所说的是"当前只有两件事重要,即学校和军队"。[4]与刘坤一和张之洞相比,岑春煊和袁世凯都不能算是士林中人,因此他们对于教育和学校的一派神往与极度热心,显然大半都来自耳食之得和臆度之知,但也正是借助于他们的合力拱抬,这种原本存在于舆论鼓荡之中的主张,才得以在庚子以后源源不断地涌入庙堂,形成朝野之间以变法相呼应的共鸣。而后是出自诏旨的兴学堂和变科举,便化为由国家权力导引和推动的自上而下层层铺展。历时一千三百多年的科举制度遂因此而被置于一种前所未有的大变之中。

在同一个时间出自疆吏应诏群议"更张"的奏疏里,粤督陶模的

---

[1]《张之洞全集》第2册,第1393—1430页;朱寿朋编:《光绪朝东华录》第4册,第(总)4727—4735页。
[2] 吴永口述,刘治襄笔录:《庚子西狩丛谈》,长沙:岳麓书社,1985年,第64页。岑氏家世渊源于广西土司。
[3] 荣孟源、章伯锋主编:《近代稗海》第1辑,第88页。
[4] 莫理循著,骆惠敏编,刘桂梁等译:《清末民初政情内幕》上册,北京:知识出版社,1986年,第311页。

《图存四策折》同样以兴学育才为立论的大题目,而汲汲乎以求的急迫则远过于刘坤一和张之洞:

> 自甲午以后,诏设学堂者屡矣,而人才不出,何也?则以利禄之途仍在科目,欲其舍诗赋、八股、小楷之惯技,弃举人、进士之荣途,而孜孜致力于此,此必不可得之数也。是故变法必自设学堂始,设学堂必自废科目始。[1]

因此,"今宜明降谕旨,立罢制艺、大卷、白折等考试,饬下直省督抚通行所属各州县,限一年内建立小学堂一区",而"未能建立者,革职永不叙用"。[2]他要的是一种了断,而不是一个过程,其立意显然更接近于三年之前梁启超在《变法通议》中非科举、倡学校,而以"大变则大效,小变则小效"为论断所显示的一派斩绝。而时当20世纪初年,以前者的一手了断对比实际上构成了一个过程的"十年三科之后,旧额减尽",则显见得了断关注的是科目之弊,因此可以不留余地;而过程也关注科举之弊,但同时进入视野之中的,还有万千与科举之弊深度牵结的读书人,[3]由此筹想的"十年三科"为度,便多了一点以人为对象的稍留余地。然则当此大变成法之初,同时又面对千年历史积留的沉重惯性,就其本愿而论,朝廷更容易接受的一定不会是一种了断,而只能是一个过程。因此,光绪二十九年(1903)上谕昭告的"自丙午科为始,将乡、会试中额,及各省学额"俱"逐科递减,俟各省学堂一律办齐,确有成效,再将科举学额分别停止,以后均归学堂考取"[4]的先后次第,正是在相隔两年之后,把先倡于刘坤一和张之洞的同一种主张移到了诏书之中。

两年之后直接促成了这一道诏书的"各折片"里,居于重心的一折依旧出自张之洞。但其主旨虽然仍在以"递减科举"为请,而身在

---

[1] 陶模:《图存四策折》,载甘韩辑:《皇朝经世文新编续集》卷一中。
[2] 陶模:《图存四策折》。
[3] 刘坤一、张之洞会奏之际电文往来,多以"科举变法"与"定士心"之间的两头兼顾为要。见《张之洞全集》第10册,第8586页。
[4] 朱寿朋编:《光绪朝东华录》第5册,第(总)5129页。

世变亟迫之中,则理随势走,论说的主干已是由"奉旨兴办学堂已及两年有余,而至今各省学堂仍未能多设",讲到"科举未停,天下士林谓朝廷之意并未专重学堂",再讲到"人情不免观望",以致"入学堂者恃有科举一途为退步,既不肯专心向学,且不肯恪守学规"。然后举"当此时势阽危,非人莫济,除兴学堂外,更无养才济时之术,若长此因循,坐糜岁月,国事急矣,何以支持"为设问,又以"是则取材于科举,不如取材于学堂"为回答。[1]与辛丑年他和刘坤一在联衔会奏中所说的"将科举略改旧章,令与学堂并行不悖"相对比,则此日指学堂"未能多设"由于"科举未停"的反推因果,显然更近于陶模"设学堂必自废科目始"的两者不能"并存"和科举之没有了余地。同一种意思,在他与袁世凯的联名合奏里,已尤为直白地谓之"其患之深切着明,足以为学校之而阻碍之者,实莫深于科举",以及"科举一日不废,即学校一日不能大兴"。是以综贯而论,虽说他一再吁请的"递减科举"仍然是一个"分三科减尽"[2]的过程,但由"科举一日不废,即学校一日不能大兴"的言之断然,又非常明显地可以看出他心中正在更快茁长的其实也正是一种了断之想。而与此相伴的汲汲乎以求,同样是一种更近于陶模的急迫。作为当日变科举的代表人物,他以自己在两年之中的后来不同于以前,说明了庚子之后的变科举,自始即仓促地起于国难的扼迫,同时又仓促地接入了戊戌以来智与愚相对立、知识与义理相对立、学校与科举相对立的思维定向之中。由于前一面,这个过程便不能不长在"时势阽危"的牵引之下,从而不能不随之一路翻动;由于后一面,这个过程便不能不以学校为中心和主导,从而不能不日炽一日地寄望于学校,同时又把这种日炽一日的寄望当成理由,施为日深一日地痛恶科举和痛挞科举。而后的两面交汇,则都会使这个过程里的人物常在前后腾跃和章法无定之中。

洋务人物的非科举,其议论大半以"另开洋务进取一格"为主张。

---

[1]《张之洞全集》第3册,第1597页;朱寿朋编:《光绪朝东华录》第5册,第5127页。
[2] 舒新城:《近代中国教育史资料》,北京:中国人民大学出版社,2012年,第553—554页。

与之相比较,自戊戌年间的舆论鼓荡到庚子之后的庙堂群议,是学校已被当成了重造乾坤的神器。时人谓之"当今之世,万事都无济,惟学堂、报馆为救黄种之根本"。[1]其斩钉截铁的不容讨论,显然说理少而独断多,更像是在表达一种信仰。但就历史事实而言,则以洋务为中心的三十年历史过程里,次第出现的京师同文馆、上海广方言馆、福建船政学堂、江南制造局附设操炮学堂和工艺学堂,以及布列于南北的电报学堂、铁路学堂、矿务学堂、医学堂和水师学堂、武备学堂等等,都说明戊戌之前的中国,其实已经移来了种种取法于泰西"新学新艺"的学校。而同样作为一种历史事实,是留心时务的人直观所见,大半并没有看到这种已有的"兴学育才"里,其已有的人物和情节之全然可信和全然可取。郑观应说:"今中国既设同文、方言各馆,水师、武备各堂,历有年所,而诸学尚未深通,制造率仗西匠,未闻有别出心裁创一奇器者。"[2]陈其璋说:同文馆"自开馆以来,已历三十余年,问有造诣精纯,洞悉时务,卓为有用之才乎?"陈耀卿说:泰西各枪炮火药皆"从格致中出",中国"事事效法之,不惜重价聘请西人,于是南北洋均设立机器局,同文、武备先后并举,电线、兵轮次第添设。所有同文、武备考取肄业各生,数年后技艺娴熟,即令出洋。阅历既深,熏陶既久,复加考试,授以官职,遂为洋务出身以为干城之寄,法至善也";而国家竭数十载之经营,"乃一旦与倭人对敌",但见"所谓洋务出身者或逃避伏法,或战败降倭,或潜亡内地,前功尽弃,莫可挽回"。何熙年说:"今学生之于洋人,尊之若神明,奉之若徒隶。羡其服食之精,则见猎心喜;夸其器械之利,则谈虎色变。"[3]盛宣怀说:"同文馆、广方言馆出洋学生,糜费不少而得人不多。"盖"孔孟义理之学未植其本,中外政法之故未通其

---

[1] 上海图书馆编:《汪康年师友书札》第3册,第2685页。
[2] 夏东元编:《郑观应集》上册,上海人民出版社,1982年,第248页。
[3] 朱有瓛主编:《中国近代学制史料》第1辑,上册,上海:华东师范大学出版社,1983年,第589—590、595页。

大,虽娴熟其语言文字,仅同于小道可观,而不足以致远也"。[1]

这些评说出自戊戌之前的五六年之间以及甲午之后的一二年之间,就其各自的积年审视观察而言,显见得这些"事事效法之"的学校和学校里产出的人物,都不能算是构成"救黄种之根本"。因此,以这些既有的事实,以及同时代人对于这些事实的观感为对照,则戊戌年间被用来痛詈科举,并深信有此一物便可以"大变则大效"的学校,其实自始已是一种以观念推演观念和由理想催生理想的东西。与此前三十年以洋务为中心的那段历史相比,戊戌之后的这一面更多依托于思想的自信和盲信,所以这一面更脱空。迨庚子之后变法再起,朝廷以兴学为要务,遂使庚子之后学校的种类益多,数量也益多。但其间仍然看不到朝野两头期望中的"一兴学",则"一切良法乃可次第讲明而举行"[2]的一派通泰。当日"出使各国考察政治大臣"奏议"各国学务",而先以"我国自兴学以来"的"纷然"无序为对比,总论之曰:

> 兴校既多,需材弥众,监督、教习、管理诸事,悬席待人。校员之贤否,督抚既不能周知,而所谓学务处者,自总办之司道以迄员绅,大抵皆不谙学务。校员中即有略知时务,亦或剿袭书报浮诞之说,自命开通,官长既信为学界之人才,而新奇偏激之谈,又往往为无识之生徒所慑服,实则钞撮译籍,以为讲义,而尚不能尽通,迁就众见以为管理,而犹不免冲突。盖以未受教育之人,强之行教育之事,支离蔓衍,谬种流传,其弊殆不能悉数。[3]

这些话说的是兴学一方虽然居高临下,其实既没有可以施教的"校员",也没有可以授人的真知。而后由"钞撮译籍"的"尚不能尽通"到"支离蔓衍,谬种流传",便成了那个时候学校里普遍可见的景象。其间所指述的"殆不能悉数"显然已非一朝一夕。与之两相对比而相

---

[1] 朱寿朋编:《光绪朝东华录》第4册,第3880—3881页。
[2] 上海图书馆编:《汪康年师友书札》第3册,第3142页。
[3] 《清末筹备立宪档案史料》上册,第964页。

互映照的,是同一个时期奉派管"高等实业学堂"学务的翰林院编修作呈文,陈说受教一方的"种种谬戾":

> 光绪三十年[1904]由农工商部奏立高等实业学堂,并蒙奏派职充该堂教务长,是年六月招考,九月开学,年假前考试诸生尚称安靖。及至三十一年正月,即行聚众滋事,倡首者十余人,而四川之贺昌运为最,当即斥革,余则记过示惩。而少年聚处,易动难静,自此气渐骄,心渐肆,已非初到学堂之象。其中立品勤学者,不过数人,下此谨饬之士,冀得出身,尚知守分,而好事者流,素日既不勤学,临考则钞袭传递,乱号枪替,百弊成备。其尤者挟制教习,订题目于考前,争分数于考后,逮数人得计,遂群相效尤,久则群请优加分数,教习、管理员并代言之,以分数加多,为学堂之光荣。[1]

这种"徒骛虚名"和"但求粉饰于外"已是兴学之"成效难期待"。比之更"谬戾"的还有动辄"聚众反抗","结党立会",并径能以此"劫制同学,皆令无敢自脱"。而自京城里的"实业学堂举目四望",则"各省交通,沾染风气",遂又有"近者如云南学生一堂滋事,而省城四五学堂,结联同党,助以暴动"[2]的读书人面目的大幅度异化。由此形成的,又是那个时候的学校另一种普遍可见的景象。

就时间而论,当朝廷以"递减科举"助成兴学之日,这两种随诏书推广学校而发生于学校之中的普遍景象,都已在世人注目之中。所以,作为因兴学而见的弊端,后一面的弊端对于前一面的兴学,正构成了一种明显的矛盾,从而后者对于前者又是一种事实对于理想的质疑。然而在那个时候的中国,与"递减科举"以助成兴学相为表里的观念推演观念,以及理想催生理想,自始便不是自内而生的,而是在西洋之欧美和东洋之日本对照之下的以彼量此和舍此取彼。以此为来路和定向,则这种观念推演观念的过程,便自始已不为实际社会所制

---

[1]《清末筹备立宪档案史料》下册,第989—990页。
[2] 同上注。

约,而能自成一派随时势而走的逻辑。因此,虽然出自学校的"支离蔓衍,谬种流传"和"聚众滋事""百弊咸备"都近在咫尺,但光绪三十一年(1905),由袁世凯主稿,并合集疆吏当中的强有力者赵尔巽、张之洞、周馥、岑春煊、端方联名而进的会奏,已在吁请"宸衷独断,雷厉风行,立沛纶音,停罢科举。庶几广学育才,化民成俗"了。以时日计,上距光绪二十九年朝旨定为"作新之基"的"递减科举"中额,期以"三科减尽,十年之后,取士概归学堂"之想不过仅仅隔了两年:

> 臣等默观大局,熟察时趋,觉现在危迫情形,更甚曩日,竭力振作实同一刻千金,而科举一日不停,士人皆有侥幸得第之心,以分其砥砺实修之志。民间更相率观望,私立学堂者绝少,又断非公家财力所能普及,学堂决无大兴之望。就目前而论,纵使科举立停,学堂遍设,亦必须十数年后,人才始盛。如再迟十年,甫停科举,学堂有迁延之势,人才非急切可成,又必须二十余年后,始得多士之用。强邻环伺,岂能我待。[1]

这些话说明:当年促成朝廷以"十年三科"减尽科举中额,理由是"时势阽危";此日推翻十年之期,转以"立沛纶音,停罢科举"为应然和必然,理由同样是"时势阽危"。而其"更甚曩日",已使此日的人心急迫更甚曩日,所以由"更甚曩日"引申更广,遂又有"科举夙为外人诟病,学堂最为新政大端,一旦毅然决然,舍其旧而新是谋,则风声所树,观听一倾,群且刮目相看,推诚相与"的一番以外人之好恶为中国说是非的道理。

以同一个时间里因兴学而生的弊象作比照,这种从"危迫情形"起讲,一路连到"科举夙为外人诟病"与"学堂最为新政大端"的直接对举,则由其间的振振有词而不涉当日学堂里的众生相,正可以看到那个时候的观念推演观念,动力和引力其实都是自外而来的。因

---

[1] 朱有瓛主编:《中国近代学制史料》第2辑,上册,第110—111页。

此,其自成逻辑的一以贯之中派生出来的,大半都只能算是无从附着于20世纪初年中国社会的愿想和臆想:

> 且设立学堂者,并非专为储才,乃以开通民智为主。使人人获有普及之教育,且有普通之知能,上知效忠于国,下得自谋其生。其才高者,固足以佐治理,次者亦不失为合格之国民,兵农工商,各完其义务而分任其事业。妇人孺子,亦不使逸处而兴教于家庭。无地无学,无人不学,以此致富奚不富,以此图强奚不强。[1]

由停科举兴学堂以改变士人,到停科举兴学堂以改变国人,虽然展示了一种前所未有的宏大,但就其脱空而起的一派思想描画思想而言,这种宏大的本相,不过是远望彼邦,以得自稗贩的东洋知识和西洋知识表达不着边际的期望。[2]所以,其间用之以动帝王之心的"无地无学,无人不学",在奏议里被当作既设学堂便可以召之即来的东西,其实与中国人的精神世界和生存状态都隔得非常遥远。然而原本"十年三科"的期限因此而终止于乙巳,则又清楚地说明,这种观念推演观念和理想催生理想在此日中国居有的强势和独大,以及由此独大所造成的所向披靡而无可抵挡。亲历过这段历史的姚叔节后来作诗咏叹清末十年,说是"世局原随士议迁,眼前推倒三千年。但使西邻无责言,皋则利用国本坚"。[3]虽说末了一句未必能当人人之意,但他以"西邻"之"责言"观照彼时的"士议",却非常明白地使人看到,这种出自观念的理想和悬想之所以不立根基而能一时独大,靠的并不是其内含的真理性,而是以大变中国自身以回应"西邻"之"责言"的愿想。"停罢科举"的奏议集中体现了这种愿想,但此日奏议既以士议为来路,又随士议而起伏,因此与之一路相伴的始终是发自士林的呼应。当时章梫致书汪康年说:

---

[1] 朱有瓛主编:《中国近代学制史料》第2辑,上册,第110—111页。
[2] 甲午之后严复、梁启超由中西之比先说开民智,之后又经舆论的各作诠释而一面远播八方,一面大而化之。至民国初年,则严复尽变其旧说,梁启超也尽变其旧说。前后之比,正见其无从附着的悬空立论。
[3] 张寅彭编:《民国诗话丛编》第1册,上海书店出版社,2002年,第108页。

项闻得内廷一极好消息,为废科举。端午帅到京,亦持此议甚力。果废科举,乃救亡第一政策。拟请令弟颂谷同年,从速于报端发一大论以鼓动之,可言废后有百利而无一害。各国无科举,如此之强,成效具在。可一提醒,至要至感![1]

以"鼓动之"为呼应,以"各国无科举,如此之强"为"成效具在",表达的正是大变中国自身响应"西邻"之"责言"的共鸣。这些话出于个人,但代表的显然不仅是一种个人意识。所以,此前又有《湖北学报》说:"科举一日不废,即学校一日不能大兴,士子永无实在之学问,国家永无救时之人才,中国永远不能进于富强。"[2]在这种庙堂与士林的呼应和共鸣里,起于戊戌年间的变科举以兴学堂之说,最终演化为庚子之后学堂推倒科举的事实。其间先倡非科举和力倡非科举者,多半都是从科举制度里孵化出来,或者曾向科举制度讨取过功名的读书人。[3]这是一种异乎常情常理的社会现象,又是一种在历史变迁的逼扼下形成的真实社会现象。

以科举制度一千三百多年的历史比戊戌到乙巳的七年之间,又以"十年三科"比"立沛纶音,停罢科举",则清末的废置科举不能不算是在仓猝中实现的过程。那一代士人的切入于时务者促成了这种仓猝,但在一千三百余年之后废置科举,由此带来的对于中国历史和文化的深层翻搅既牵动当下,又牵动后来,遂成了"时势阽危"之外,中国人同时面对的另一重进退失据,从而使促成了仓猝的人物因之而不能不左顾右盼。所以,自戊戌以来曾力诋科举的严复,至庚子后二年,其论说的重心已由一头移到了另一头,变为:"然则今之教育,将尽去吾国之旧,以谋西人之新欤?曰:'是又不然。'英人摩利之言曰:'变法之难,在去其旧染矣,而能择其所善者而存之。'方其汹汹,往往俱去,不知是乃经百世圣哲所创垂,累朝变动所淘汰,设其去之,

---

[1] 上海图书馆编:《汪康年师友书札》第2册,第1962页。
[2] 丁守和主编:《辛亥革命时期期刊介绍》第2集,1982年,第159页。
[3] 即使是没有科名的严复,也曾"中年慕科第,应乡试者数,治八比文尤劬甚",见钱基博:《后东塾读书杂志》,武汉:华中师范大学出版社,2014年,第259页。

则其民之特性亡,而所谓新者从以不固。"至停罢科举之后一年,他又倒叙七年之间的一程急于一程,而归之以怀疑论和不可知论:

> 逮甲午东方事起,以北洋精兵而见败于素所轻蔑之日本,于是天下愕眙,群起而求所以然之故,乃恍然于前此教育之无当,而集矢于数百千年通用取士之经义。由是不及数年,而八股遂变为策论,诏天下遍立学堂。虽然,学堂立矣,办之数年,又未见其效也,则哗然谓科举犹在,以此为梗。故策论之用,不及五年,而自唐末以来之制科又废,意欲上之取人,下之进身,一切皆由学堂。[1]

然后说此后之结果如何,实非斯世斯时所能测度。[2] 前一段话表述的是对中国的历史文化由漠视而转为正视;后一段话表述的是从非科举的局中鼓吹者变为废科举的局外旁观者。然则自戊戌至乙巳,七年的过程他走了一半便已止步,其个体的认知和取向遂因此而被截为两段。这种一人一身的明显变化,既写照了仓促之下的意向多歧,也写照了仓促之下的人心无定。与之相类似,而又更多两头徊徨和自我扞格的,还有曾以文章受知于曾国藩的吴汝纶。他在戊戌变法之日说:"窃谓废去时文,直应废去科举,不复以文字取士。举世大兴西学,专用西人为师,即由学校考取高才,举而用之。"一个月后,又变其说为"中西之学,终须分途。其由学堂荐举者,止可由西师试西学;为中国之学,仍以考场糊名易书之法为之耳";并以"时文废后,后生应科举,欲求外国时务,舍阅报无从问津",而阅报不能遍及,则"此举本为兴西学而设,窃恐西学未兴,而中学先废,亦中国之奇变"。然后深以"诸公轻率献议,全不计其利弊,国无转移风气为物望所归之人,愈变必且愈坏"为不以为然。但时至庚子以后再论同一个题目,其说复一变之后再变,以为"朝廷已废时文,但用策论取士,亦难得真才。近时竟无考官。愚意当径废科举,专由学堂造

---

[1] 《严复集》第3册,560页;第1册,第166页。
[2] 同上注。

士,用外国考校之法,较有实际",不能不算是言之断然。而与此相抵牾的,是相近的时间里其意中"又有愚虑,见今患不讲西学,西学既行,又患吾国文学废绝"。盖"后生才力有限,势难中西并进,中文非专心致志,得有途辙,则不能通其微妙。而见谓无足重轻,西学畅行,谁复留心经史旧业,立见吾周、孔遗教,与希腊、巴比伦文学等量而同归澌灭,尤可痛也"。[1]虽说吴汝纶谢世于"停罢科举"之前,但其暮年心之所系,则一直与这个过程相牵结。而与严复的半途而止,从局内走到局外相比,他显然更多地游移于这个过程的两端之间,并因其内在的徊徨和扞格而承受了更多的"尤可痛也"。

在19世纪与20世纪之交,他们都曾是学堂推倒科举的时潮中人,并因此而都相信学堂和科举的不能两立。但严复的前后截为两段和吴汝纶的徊徨扞格又说明:同在时潮之中,他们又比"致治必赖乎人才,人才必出于学校,古今中外,莫不皆然"[2]的单面立说和无端涯之崇拜,更多地看到了科举制度内连着历史文化,而学校则未必尽是一片光华;[3]并因之而比别人更切入地面对着以势而论,"欲学校成材,则科举宜废",[4]以理而论,则"中国之旧,岂宜一概抹杀"[5]的深刻矛盾。这种矛盾又说明仓促实现的"停罢科举",实际上只能是一个还没有想清楚就已经在倾力推行的过程,从而只能是一个只顾一头和一厢情愿的过程。其间居于主流的大半都属严复所说的"未尝有人为数十年、百年计者"。[6]而后是形成于仓促之中的矛盾,便成了留给后来历史的矛盾。

---

[1] 《吴汝纶尺牍》,第132、139、142、249、260页。
[2] 朱寿朋编:《光绪朝东华录》第5册,第(总)4998页。
[3] 严复说:"至于学堂,又何取乎?瞶瞶者以为必洋人乃知办此,不知教中国少年以西学,其门径与西人从事西学霄壤迥殊。故近日所成之才,其病有二,为西人培羽翼,一也;否则学非所用,知者屠龙之技,而当务之急反茫然。"见《严复集》第3册,第539页。吴汝纶说:"南洋公学,闻弊端百出,金陵格致书院,疑亦非驴非马。"见《吴汝纶尺牍》,第260页。
[4] 《吴汝纶尺牍》,第266页。
[5] 《严复集》第3册,第539页。
[6] 同上书,第573页。

自戊戌到乙巳，七年之间，由非科举而变科举，由变科举而停科举，前后相接地连为一个越趋越急的过程。这是一个重心从报章移向奏议，并以奏议催促而成的诏书终此一局的过程。因此在当时人的心目中，与"停罢科举"直接对应的，便是用奏议断送了这个制度的那些人。罗惇曧作《记废科举》曰：

> 王文韶在政府，恒以聋自晦，为人透亮圆到，有琉璃球之目，遇事不持己见，独于废科举一事，极坚持。张文襄自鄂督展觐，留京师，力谋废科举，结袁项城以助力。其时荣禄当国，文襄与荣禄言，荣禄亦颇赞之，惟自以非出身科目，不敢力主废。文韶谓："老夫一日在朝，必以死争之。"文襄浩叹而已。及文韶出枢垣，端方以江督入觐，过天津，项城与商废科举，乃约文襄联请诸朝，遂得请。朝士方颂文韶，乃集矢袁项城。丙午，项城入都议官制，朝士攻之尤力，项城乃几败矣。请废科举之奏，为北洋主稿，电商鄂督连衔，文襄来电，乃加入考优、拔与举、贡考职两段，科举依然未绝也。
>
> 文襄方力倡废科举，而甲辰会试，其侄婿林世焘以候补道员中进士，欲请归原班，文襄乃一日五电，责其必取馆选。留学生殿试授官，亦文襄在枢府时力主行之。[1]

其中的细节间有未谛，而一个一个人头则数得很清楚。在20世纪初期的中国，从庚子后一年刘坤一、张之洞的会奏，袁世凯的疏奏，陶模的疏奏，以及此后张之洞与袁世凯的合奏，张之洞与张百熙、荣庆的合奏，一直到袁世凯、赵尔巽、张之洞、周馥、岑春煊、端方的会奏，这些前后相接地以古今中西之比论科举与学堂的人物引类相聚。他们既是达官中的居有重势者，又是达官中的先人而变者。而合两面于一身，遂使本来由舆论主导的时潮之所趋，最终变成了权力主导下的变法过程。而前后相比，成为一种显目对照的，则是19世纪末期

---

[1] 罗惇曧：《罗瘿公笔记选》，太原：山西古籍出版社，1997年，第222页。此节舒新城选入《近代中国教育史料》，北京：中国人民大学出版社，2012年，第559页。后者标点较准确。

挟"排山倒海"之势对科举作"总攻击"的梁启超，进入20世纪之后已绝少重新回到这个题目再作滔滔论说，就其居言论界之重镇而言，这是一种异乎寻常。而七年以前犹在恪守中体西用的张之洞，却在这个过程里既为当时注目，又为当时侧目，并被评点描画，成了时论讥诋的"过河拆桥者"。一则事后的记述叙此一段情节说：

> 张之洞探花及第，以翰林累迁至内阁学士，外简山西巡抚，遂致大用，可谓科举中得意者，后乃偕袁世凯力持废科举之议。袁本以异途致通显，主保留科举者，责备尚不甚严，对张则极诋为"过河拆桥"。

盖"元顺帝时，平章政事哲尔特穆尔建议罢科举，太师右丞相巴延以为然，遂定议。参政许有壬争之力。翌日宣诏，特命许为班首以折辱之。许惧祸不敢辞。治书御史布哈诮之曰：'参政可谓过河拆桥者矣。'许以为大耻，移疾不出"。然后比较而论之，以为"其受讥与张之洞同，可谓张之前辈。然许为反对罢科举者，徒以畏祸不敢辞宣诏班首耳，若张则为罢科举之主动人物，过河拆桥，当之无愧，许犹非其伦也"。[1]这两段文字都把张之洞和袁世凯看作清末涉入变科举和停科举的大吏中居于中心的人和提调全局的人。而相比于罗惇曧之说尤偏重于陈述事状和始末，则后者以"科举中得意者"与"异途致通显"的大不相同，分别对应张之洞和袁世凯，显然是意在说明，本由科举所造就的张之洞，一变而为"罢科举之主动人物"的逆乎人情物理。

对于起家清流，而被辜鸿铭称作"儒臣"[2]的张之洞来说，这是一种在世人眼中的失其本相。但作为另一面的事实，就"甲辰会试"不过在乙巳停罢科举的前头一年，而事关侄婿，则"一日五电，责其必取馆选"即必入翰林而言，又具见被目为"罢科举之主动人物"的张之洞，其意中之所重仍然以科举为根深蒂固，并尤其以翰林为一世之

---

[1] 徐凌霄、徐一士：《凌霄一士随笔》下册，北京：中华书局，2018年，第1611—1612页。
[2] 辜鸿铭：《张文襄幕府纪闻》上，载雷瑨辑：《清人说荟》，上海文艺出版社，1990年，第4页。

荣途。因此"必取馆选"的张之洞和"停罢科举"的张之洞之间便构成了别人看了奇异而自己无从疏解的矛盾。作为比较,袁世凯的女儿后来说:

> 我父亲先后应过两次"童子试",都没有考中。他盛怒之下,就把过去所做的诗文完全烧毁。后来,他在直隶总督任上,曾联合湖广总督张之洞、两广总督岑春煊、两江总督周馥会衔奏请停止科举。这个害人的科举制度,也就由此而被废除。我父亲以后经常谈论这件事,他认为这是他一生中最为得意的事情。他说,他是从小就痛恨这种科举制度的。[1]

袁世凯两应童子试而不能得秀才,遂以科举的失败者成为科举制度的局外人。而从"盛怒"到"痛恨",又写照了其个人对于这个制度的积怨之深和其来有自。因此由他主稿的吁请"立沛纶音,停罢科举"一折虽然意在言之成理,但这种积怨一定会羼入其间而成为别样的动力。有此一段因果,则以失败者和局外人反科举,对于袁世凯来说,反科举的过程自能径情直遂而不会有瞻此顾彼的矛盾。以此作对照,显见得和他合力推倒了科举的张之洞,同时又以其在这个过程中的矛盾自成一副面目,并因此而与没有矛盾的袁世凯区别开来。前者和后者之间,遂隔了一段积久而来的盘陀心路。

曾为张之洞佐幕的辜鸿铭后来引"小人重势,故常以势灭理,君子重理,而能以理制势。欲以理制势,要必知所以用理,权也者,知所以用理之谓也"为道理,并区分"用理得其正为权,不得其正为术"的全不相同,然后总论之曰:"甲申一役,清流党诸贤"因"知有理,而不知用理以制势"成其挫跌,随之是本属清流一脉的张之洞由此而变:

> 甲申以后,文襄有鉴于此,遂欲舍理而言势。然舍理而言势,则入于小人之道,文襄又患之。于是踌躇满志,而得一两全之策,

---

[1] 吴长翼:《八十三天皇帝梦》,北京:文史资料出版社,1983年,第4页。

> 曰为国则舍理而言势，为人则舍势而言理。故有公利私利之说。吾故曰文襄不知权，文襄之所谓权者，乃术也，非权也。[1]

辜鸿铭以局外旁观作一己之评，虽未必能尽中肯綮，却明了地看到了张之洞在理与势之间的四顾彷徨而失其定力，并以这种甲申以后的变化，为张之洞推倒科举之日仍不能忘情于"必取馆选"的矛盾，提供了一种由来和诠释。但"舍理而言势"同时又不肯全脱"舍势而言理"，则两头之间的矛盾便一定会演化为两头之间的翻覆。所以乙巳年诏旨停科举，而两年后张之洞电覆学部论"学政权限"，已由"言势"岌岌乎转向了"言理"：

> 学政拟请专用翰林院衙门官员。近时恶习，无论官私何种文字，率喜袭用外国名词，文体大乖。文既不存，道将安附？惟翰林官于旧日文学较有根柢，识解纯正者居多，遇各学堂监督、教员、学生有宗旨悖乱，文体谬劣，附和乱党邪说者，必能随时咨明督抚惩罚纠正，以端学风。

显见得理势一经易位，则其意中的翰林院便比学堂更靠得住。之后复由此引申，而立意更远：

> 此次奏停科举，声明优拔贡考试三科后即行停止，思虑尚未周密。应请奏明将优拔贡考试永远留存，专取经明，行修，文学优长之寒畯。则中国文学于学堂外留此一线生机，实保存国粹之一道。[2]

在停置科举之后，优贡、拔贡只能算是科举制度仅剩的一点残余。而奏停科举的张之洞此日又欲奏明"永远留存"科举的这点残余。正是一种明显的翻覆，而与这种前后翻覆相对应的，是其心中之深忧，已经由"广学育才"移到"方今中国文教日微，孔教将绝。若并此科亦

---

[1] 辜鸿铭：《张文襄幕府纪闻》上，第8—9页。
[2] 许同莘编：《张文襄公年谱》，台北：商务印书馆，1969年，第197页。

停,习国文者更无生路,此后无人再读儒书,将来小学、中学、师范、高等各学堂更无人可为中国经史、国文教习之人。不及十年,天下将并无一识字者矣"。[1]

这些话与严复说的"百世圣哲所垂创,累朝变动所淘汰"一朝俱去,则"民之特性亡",以及吴汝纶说的"立见吾周、孔遗教,与希腊、巴比伦文学等量而同归澌灭,尤可痛也",皆旨义略同。然而作为一个直接用学堂推倒了科举,从而间接地促成了他眼中的"中国文教日微"的人,这些话以"此后无人再读儒书"为来日之大患,则在其力谋"中国文学于学堂外留此一线生机"的申述里,不会没有一点内省之后的惆怅与追悔。因此"优拔贡考试"之外,同一年张之洞又别立名目,"奏设存古学堂",[2]以"多致心力于中国经史词章之学"为宗旨,期望能够用之以维持"国文永存不废,以补救各学堂之所不足"。[3]就当日的时趋而言,"存古学堂"是一种学堂之外的学堂,并且是一种与学堂立异的学堂,而在张之洞暮年的心怀里,则是"关系紧要,区区最所关心,万不可令其废坠"[4]的东西。而其间的"补救"一词,无疑正是在说自我纠错。然则以乙巳年"停罢科举"为分界,显见得相隔不过两年,曾经呕呕乎趋进的张之洞又一变而在转身回归之中。这种前后之间的扞格太过昭彰,以至于时人旁观,曾总括而谓之"先人而新,后人而旧"。[5]与袁世凯把"废科举"当作其"一生中最为得意"之事的一派肤浅单纯、无窒无碍相比,张之洞的趋进和回归都出自"舍理而言势"与"舍势而言理"的相制相扼与此落彼起之中,相制相扼和此落彼起都不会是"得意"的事。因此,以后来的回归反观之前的趋进,则张之洞的先奏停科举,之后又对"停置科举"力图"补救",正以其个人的徊徨趑趄,比袁世凯更深刻地反映

---

[1] 吴剑杰:《张之洞年谱长编》下卷,上海:交通大学出版社,2009年,第1018—1019页。
[2] 许同莘编:《张文襄公年谱》,第203页。
[3] 吴剑杰:《张之洞年谱长编》下卷,第968页。
[4] 《张之洞全集》第11册,第9672页。
[5] 佚名:《张文襄公事略》,载《清代野史》第6辑,成都:巴蜀书社,1988年,第125页。

了"废科举"过程中理与势的不能两得其平,以及促成了这个过程的先期预想与这个过程实际铺展之间的无从合拢。

历时一千三百余年的科举制度因士议而失其理由,因奏议而最终停置。就外观而言,这是一种自上而下的丕变,就性质而言,这是一种用思想改造社会的丕变。天下士人的人生、价值和入世之路都因此而地动山摇。然而主导了思想丕变的舆论和主导了社会丕变的权力同归一途,遂使隔绝于权力与舆论之外的万千读书人穷途末路之际,四顾茫然的一派苍凉只能自生之而自灭之,淹没于"大学、高等、师范、实业、速成永久"趁时而起的"纷然并陈"[1]之中。一场被严复目为"吾国数千年中莫大之举动"的历史震荡,便见不到激烈反应地成了一个了无震荡的过程。而与之相映而见的,却是旁观了这个过程的西人李提摩太(Timothy Richard)在19世纪末说"中国科目意美法良,不可废也。惟题目不广",应扩展而广延之。在20世纪初说当日的学制"没有把旧学校的学生作为新式学校的生源,这实际上等于放弃了帝国内最好的资源"。[2] 他既在同情地理解科举制度,又在同情地理解科举士人。作为一个久居中国的外国人,这些话便为戊戌以来那一段变科举和停科举的历史留下了一种别样的思想痕迹,并对奏议用之以说服皇帝的"科举夙为外人诟病"提供了一种具体的反证和直接的反证。

---

[1] 《清末筹备立宪档案史料》下册,第964、978页。
[2] 李天纲编校:《万国公报文选》,北京:生活·读书·新知三联书店,1998年,第359页;李提摩太:《亲历晚清四十五年》,天津人民出版社,2005年,第288页。

第三章

学堂与社会之间：
晚清末期的兴学和毁学

一 诏旨兴办学堂与民间社会的罗掘俱尽

光绪三十一年（1905）朝廷停科举，之后学堂便成为调度天下读书人的重心所在和人心所归。但就时序而论先后，则学堂时代的启端在此之前其实已经开始了。

光绪二十七年（1901），在八国联军的逼迫下仓皇西狩的皇帝和太后犹未回京，诏旨已在"人才为政事之本"的主题之下，着力于筹划"兴学"，以期"作育人才"：

> 近日士子，或空疏无用，或浮薄不实。如欲革除此弊，自非敬教劝学，无由感发兴起。除京师已设大学堂，应行切实整顿外，着各省所有书院，于省城均改设大学堂，各府及直隶州均改设中学堂，各州县均改设小学堂，并多设蒙养学堂。[1]

而后是"革除此弊"和"感发兴起"都委之于"各该督抚学政，切实通饬，认真兴办"。对于那个时候士人的养成来说，变"所有书院"为"学堂"，显然是一种跨度极大的改弦易辙。而沿此更作远伸，则

---

[1] 朱寿朋编：《光绪朝东华录》第4册，第（总）4719—4720页。

又有尤为要端的"出洋游学"。其间的"通谕知之"始末相贯而言之详备:

> 造就人才,实系当今急务。前据江南、湖北、四川等省选派学生出洋肄业,各省督抚一律仿照办理,务择心术端正、文理明通之士,遣往学习,将一切专门艺学,认真肄业,竭力讲求。学成领有凭照回华,即由该督抚学政,按其所学,分门考验。如果学有成效,即行出具切实考语,咨送外务部复加考验,据实奏请奖励。其游学经费,着各省妥筹发给,准其作正开销。如有自备旅资出洋游学者,着各该督抚咨明该出使大臣随时照料。如果学成得有优等凭照回华,准照派出学生一体考验奖励,候旨分别赏给进士、举人各项出身,以备任用,而资鼓舞。[1]

这种诏书与诏书的前后相接,以八方共举的急迫表达了期望之殷切。之后管学务的大臣次第作《进呈学堂章程折》《重订学堂章程折》《学务纲要》,以及《学部奏请宣示教育宗旨折》等,并经上谕颁布,遂为蓬蓬然而起的兴学育才划定了"人与法相维"[2]的学制、宗旨、程法。就一面而言,这个过程作始于停置科举之前,又直接促成了停置科举。就另一面而言,这个过程是在把出自单面愿想,并"从日本照搬"[3]而来的"章程"、"纲要"和"宗旨",移到既不合单面愿想,又不识外国成法的中国社会之中,与芸芸众生直面相对,而后是自上而下地推行兴学,最先引发的却是变动化为搅动,搅动激成震动。

作为一种既有的事实,19世纪中叶以来的数十年之间,中国人已经在效西法以图自强的一路追蹑中,先后置立了以洋务为归属的各种学校。同时,又由幼童赴美开先,随后有船政大臣派学生赴法国,北洋大臣派员弁赴德国,南、北洋大臣合力选派福建船厂生徒赴欧洲学习工艺和兵船,以及甲午之后官私两途赴日本的日多一日,等等。以

---

[1] 朱寿朋编:《光绪朝东华录》第4册,第(总)4719—4720页。
[2] 舒新城:《近代中国教育史料》,第190页。
[3] 李提摩太:《亲历晚清四十五年》,第288页。

此为前史,则被看作"当今急务"的学堂"作育人才"和游学"造就人才",其实已经在移外来而入内在的过程之中了。数十年之间的历史以洋务为中心,学堂和游学的从无到有,大半都与制器练兵及中外交涉直接相关和间接相关,从而大半都与民间社会隔得很远。因此官家关注的东西并未成为民间关注的东西。然而此日的"兴学"已成为新政中的"急务",并由诏书以君权的力量布达四方,催生助长。则由此造成的已是一种自上而下的提摄和广罩。提摄广罩都是重心下移,而后是之前数十年里与民间社会了不相涉的学堂和游学,已在极短的时间里节节铺展,呼风唤雨,促成了南北俱起的遍地兴作,使这个发端于育才的过程直接伸到了底层民众之中,随之而来的是地方社会与这个过程之间的纠结重重,扞格重重。

兴学意在育才。但"立一学堂,则开办有费,常年又有费;派一游学,则川资有费,留学又有费",诏旨一旦移入事实,这个题目的重心实际上已转化到财力一面。[1]而时当兴学成为新政中的要务之日,环顾天下,目中所见的却是20世纪初年中国"物产虚耗,百物踊贵"之下,"官民交困"而"罗掘一空"的一派世景凋零。当日陈夔龙先巡抚河南,后巡抚江苏,从事的都是奉行诏旨,而一身支绌于两头之间,曾总论力不从心之苦说,"慨自甲午而后,继以庚子之役,偿款数巨期迫,财力竭于外输,其原因一也。内外亟图自强,百度同时并举。他不具论,即练兵、兴学两大端,岁支之款殆不可以数计,原因二也",[2]俱言所列两端之间的互相重叠又彼此相掎。其间的"岁支之款殆不可以数计",则尤其说明了耗之于兴学的银子数量之大。而以国计穷于"罗掘一空"为其时积久积重的困境,这种"岁支之款殆不可以数计"的来路,便不能不无序扩张,伸到旧日守定的章法之外。朝旨称之为"就地筹款"和"听由民间捐资筹设";[3]士议称之为"立

---

[1]《陈夔龙全集》下册,贵阳:贵州民族出版社,2014年,第154页。
[2]同上书,第209页;《清末筹备立宪档案史料》下册,第199页。
[3]《光绪二十八年三月七日俞廉三奏》,收入《谕折汇存》,转引自张朋园:《湖南现代化的早期进展(1860—1916)》,长沙:岳麓书社,2002年,第198页。

学之费取之农";[1]奏疏称之为"国家责之部臣,部臣摊派各省,不问其如何筹集",而概"以此法"亟求"展转取盈"。[2]因此,朝廷兴学层层推及地方,与这个过程一路相随而行的,又一定会是"就地筹款"和"取之于农"化为名目杂多的捐税和勒取。而后是其层层推及,便演化为言官论事引为警戒的"各州县兴办学堂,多于已经加抽各项之外",又常常"重复加抽"的了无止境。[3]其间更极端的,还有"民有讼者即罚款以充学堂"的全无道理和规矩可言。[4]诏书中的学堂和游学落到地面即已化为捐税,原本与兴学没有关系的底层人口,遂因承担捐税而被动地与兴学有了一种切近的关系。这是一种"刻剥"[5]之下攫取和被攫取的关系,从而是一种常在紧张之中的关系。

但兴学的过程之伸入民间社会而可以"展转取盈",其"就地筹款"的路数便不会仅止于这种"立学之费取之于农"。光绪二十八年(1902),四川学政吴郁生奏请"就地筹款,化私为公",以"集资斧",派送士子"就学东瀛":

> 查川省各州县多有绅富捐设学田,津贴应试文武生童。现在武科既停,岁有闲款,并为一用,聚则见多,约计每年可提数千金。又,中富之邑,津捐、宾兴等局,时有赢余;文昌宫各庙会,向多糜费,或酌提奇零,或量劝侨助,大县、中县,岁筹二三百金,当尚不难。此二项拟分饬各属,按年清解,名为游学经费。[6]

这一节奏议中所列举的"学田""津捐""宾兴"都是从科举制度里派生出来,本以读书应试的士人为对象的社会资助,时至清代已遍及南北。作为一种历史记述,同治年间的《武宁县志》说:

> 武邑宾兴会,起自道光壬寅岁,阖邑绅耆禀请前令王师道,得

---

[1] 《清末筹备立宪档案史料》上册,第229页。
[2] 同上书,第126页。
[3] 《辛亥革命前十年间民变档案史料》上册,北京:中华书局,1985年,第49页。
[4] 刘大鹏:《退想斋日记》,第172页。
[5] 《清末筹备立宪档案史料》上册,第207页。
[6] 朱寿朋编:《光绪朝东华录》第5册,(总)4937页。

> 捐输约数万金。首事洁己奉公，设立善后规条，至详至当。自岁科文武童试暨乡会试，资赠数目，轻重有差。比详各大宪立案。

同时的另一种记述说世间读书人贫苦者居多，"每届乡会之期，取之裕者，固不乏人，而牵萝补屋称贷以益者，恒十居七八，其甚者往往以设措维艰，因循中止"。[1]以"投措维艰，因循中止"写照士人因无处筹借川资，致不能赴乡试会试，并以此为当日常有的事，则前一段文字之撮叙"武邑宾兴会"的始末，正富有代表性地说明了作为社会资助的"宾兴"之由来和生成，及其以接济士子之贫为本义的公益性、地方性和合理性。"学田""津捐"等等，彼时皆与之同属一类。而其间的"禀请前令"和"比详各大宪立案"，并由此叙及"首事"的"洁己奉公"和"善后规条"的"至详至当"，又都说明，作为来源的"捐输"虽然出自私人，但既拢聚于"宾兴会"一类名目之下，其实已是一种归属于民间社会共有的地方公款了。因此四川学政的奏请，显然是在科举尚未停置之日，已经把这一类由科举派生的济贫之资当成了利薮，并力谋伸手而入，以兴学的名义提调支配这种本来不属官家所有，从而不在官家指掌之内的地方公款。然则以"学田""宾兴""津捐"的由来和历史相比较，这种地方官以权力推翻旧时成规的收公益为官有，其牵动之大，无疑又更过于"摊派"和捐税。

当此"就地筹款"之日朝廷因此一折而掘开了"不糜公家之费"[2]的法外之大洞，迨科举停置，则"酌提奇零"和"量劝欤助"已一变而为伸手提取的全无窒碍和了无边际，从而在天下共效中遍及于那个时候的南北东西之间，并且连类而及，层层兼并，又不断延展到其他具有公共属性的地方款项。而后是腾挪移易之间，累积多年和经营多年的这种地方公款轻易地改变了归属，同时连带地抹掉了寄托于其中的公共利益。清末最后一年杜亚泉概论"今日之教育行政"，言之明切地说：

---

〔1〕 转引自杨联陞：《中国语文札记》，北京：中国人民大学出版社，2006年，第110、112页。
〔2〕 朱寿朋编：《光绪朝东华录》第5册，第（总）4938页。

> 今日教育上最显著之弊害,在各地方多设立有名无实之学堂。此种学堂,其名义上无论为官公私立,实际则皆为一二私人,歆于创立学堂之名誉,且冀筹取地方之公款以恣其消费,凭借官厅之权力以张其声势。[1]

在十年兴学育才和腾挪移易交相为用之后,他眼中见到的都是"有名无实之学堂",而尤其引人注目的又是主其事的"一二私人"之兴风作浪,用心谋名、谋利、谋势,所图全在兴学育才之外。其间统括而言的"地方之公款"能够"筹取"而"恣其消费",被目为那个时候"最显著之弊害",正说明地方公款归于兴学的过程,同时是旧有的"善后规条,至详至当"在官立、公立、私立的各色名义下瓦解于一片混沌之中,被不立规矩和全无法度的自为挪移和伸手而取层层打破的过程。两者交叠,遂使九年之前奏折中预想的"就地筹款,化私为公"一经进入这个过程,则很容易一路反向而行,使一头以公家为名义的攫取,在另一头已演变为各自"筹取"之下的化公为私。而底层社会全程直观这种不立规矩和全无法度的攫取,以及攫取之化为私利,对于朝廷兴学的感受和感应,便不能不以兴学之利尚遥不可见,地方的公共利益却经此侵夺而一路流失为直接的目睹身受,并自然地唤出人心中的意不能平和排斥抵拒。其因果始末之间,具见朝旨催发兴学,而"就地筹款"和"不糜公家之费",却又一定会使兴学所起之处,最先触动而伤及的常常是民间一家一户的利益和地方社会共同据有的利益。这是一种内在于这个过程里的定势,则其节节伸展便往往又是无度地伸展。因此"学田""津捐""宾兴"一类"地方之公款"被腾挪移易而属性全变之日,与官家离得更远的寺庙及其附着的庙产,同时也在被当成以可用为兴学的利源。

光绪二十八年《钦定小学堂章程》列"一切建置"之目,明示"现在甫经创办,或借公所寺观等处为之";次年继起的《奏定初等小学堂章程》和《奏定高等小学堂章程》各列"屋场图书器具"之目,

---

[1] 田建业等选编:《杜亚泉文选》,上海:华东师范大学出版社,1993年,第25页。

同样都把"甫经创办,或借公所寺观等处为之"当作事理之应然。[1]兴学集聚生徒,则"建置"和"屋场"所对应的,都是"建造学堂需费甚巨"。[2]而相比于数量有限、分布也有限的公所,寺庙的既多且广显然更加一目了然,从而更易动人之心。因此,此前四年岁在戊戌,张之洞作《劝学篇》,以应和当日出自上层的"庙堂旰食,干惕震厉,方将改弦以调琴瑟"和起自下层的"学堂建,特科设,海内志士发愤扼掔"。而其中的"设学"一节,则已谋及于此而又思之烂熟:

> 或曰:"府、县书院经费甚薄,屋宇甚狭小,县尤陋,甚者无之,岂足以养师生、购书器?"曰:"一县可以善堂之地、赛会演戏之款改为之,一族可以祠堂之费改为之。""然数亦有限,奈何?"曰:"可以佛道寺观改为之。"今天下寺观何只数万,都会百余区,大县数十,小县十余,皆有田产。其物业皆由布施而来。若改作学堂,则屋宇、田产悉具,此亦权宜而简易之策也。[3]

之后又说得更远:"方今西教日炽,二氏日微,其势不能久存,佛教已际末法中半之途,道家亦有其鬼不神之忧,若得儒风振起,中华又安,则二氏固亦蒙其保护矣。大率每一县之寺观取十之七以改学堂,留什之三以处僧道;其改为学堂之田产,学堂用其七,僧道仍食其三。计其田产所值,奏明朝廷,旌奖僧道,不愿奖者,移奖其亲属以官职。如此,则万学可一朝而起也。"[4]这些筹划学堂的论说出自维新变法之日而未能施及当时,但"寺观何只数万"的能够"权宜而简易"地转化为"万学"的"一朝而起",却以一个疆吏的立场,真实地表述了地方官筹办学堂于"国步艰虞,百废待举,而库储一空如洗"[5]之际共有的权衡和取径。因此,相隔四年之后,朝廷以急迫之心兴学,这一套道理便很快移入地方社会,施于本属方外的佛道

---

〔1〕 舒新城:《中国近代教育史资料》中册,第410、437页。
〔2〕 朱有瓛主编:《中国近代学制史料》第1辑,下册,第809页。
〔3〕 《张之洞全集》第12册,第9704、9739—9740页。
〔4〕 同上注。
〔5〕 朱寿朋编:《光绪朝东华录》第5册,第(总)5117页。

世界之中。而后是"庙产办学"与"僧界骚然,阳拒阴抗"[1]相为因果。时人记述清末学堂流派,曾举"其尤可怪者,方外防侵夺,集其徒众,设计保丛林,遂立僧学堂"[2]为那个时候借兴学之名以拒兴学的出格路数,而反映的却正是列于钦定章程和奏定章程中的"借"用"公款寺观",一旦行之于地方,则会越出借用的范围而自为扩张,在地方官的手里变成张之洞所筹想的"屋宇、田产"一并收用。由"捐税"而"宾兴"、由"宾兴"而"庙产",其间的节节伸展,非常具体地说明了兴学育才以"就地筹款"为来源,则"就地筹款"实已等同于各逞长技的劫取。沿此同一种理路延伸,又曾有谋及"以恤无告堂、恤嫠、救婴诸款充办"学堂的逆违天理人情。[3]随之生成的"骚然"是一种广泛惊动,以至当日朝廷曾下诏"不准任蠹役借端滋扰"佛道世界里的"大小寺院"和"僧众产业",以及官府"不得勒捐庙僧,以端政体"。[4]以"政体"为说,是指相比于征取民间社会,这种掠夺鬼神世界的事趁时而起,则因其从来未有和太过极端,已直接伤到了朝廷的脸面。其中的"蠹役借端滋扰",正说明这个过程里的收用"庙产",同样是常常与私利和私欲相交杂的。而"滋扰"和"勒捐"之不得不由朝旨立禁,又反照了"滋扰"和"勒捐"在当日的普遍程度和不受管束的程度。然而"庙产办学"的"权宜而简易",又决定了"庙产办学"之容易为地方权力所用,以及由此已经形成的惯性,在时处"国家责之部臣,部臣摊派各省,不问其如何筹集"之日,并不是朝廷以其一纸诏书的概而言之所能限定的。因此直到民国初年,还常见地方政府办学务"不是要提倡教育,不过县署规定以庙款作地方教育经费,恐怕不办一个学堂来挡塞,县署就要提款,弄得财政旁落"而"影响祀神的大事"。[5]显然是政府之施行于地方犹在

---

[1] 章伯锋、顾亚主编:《近代稗海》第11辑,1988年,第484页。
[2] 荣孟源、章伯锋主编:《近代稗海》第1辑,第235页。
[3] 庄建平编:《近代史资料文库》第9卷,第494页。
[4] 《饬地方官保护寺产感言》,《申报》,1905年4月14日。
[5] 庄建平编:《近代史资料文库》第10卷,第76页。

相沿而来的惯性之中,因此地方之响应政府,也仍与此前以"僧学堂"防侵夺的老办法相似。

二　兴学与毁学

朝廷兴学推及地方,而由此一路派生的这种化为捐税的"立学之费取之于农"、本来的"地方之公款"在挪移中化为私利,以及"庙产办学"与"滋扰"、"勒捐"和"侵夺"交杂错综的同生共长,则同时又都在使兴学的过程不断地异化,成为一个自上而下为地方带来冲击和震荡的过程。因此,对于地方社会中的多数人来说,"兴学""办学"和由此生成的学堂,便不仅是一种自外而入的东西,而且是一种征敛无度而害及生计的东西。前者生成的是陌生,后者造成的是痛楚。而后是国家权力自上而下地力推兴学,陌生和痛楚自下而上地发为回应,抵拒扞格随之而起,遂使那个时候的兴学又常常要面对出自民间的反兴学。所以,清末最后十年,与朝廷在新政名义下的兴作更张对映而见的,常常是"民变之案接踵而起",连绵不绝。[1] 其间尤其多见"学堂经费,靡所底止"积为"民怨沸腾",[2] 致州县兴办学堂而动辄触发地方纠众"毁学"的一类情节。

光绪二十九年(1903),直隶总督袁世凯奏报沙河县"抽收煤厘"以助"学堂经费",引起"窑户土棍"的"聚众抗官";[3] 光绪三十二年,署贵州巡抚岑春蓂奏报都匀府因"派捐学堂经费",激为民众的"聚众滋事"和官府的派兵"弹压拿办";[4] 光绪三十三年,护理四川总督赵尔巽奏报邛州"因抽纸捐作学堂经费",促成"无知愚民,纠

---

[1] 刘大鹏:《退想斋日记》,第128页。
[2] 同上书,第162页。
[3] 《辛亥革命前十年间民变档案史料》上册,第49页。
[4] 《辛亥革命前十年间民变档案史料》下册,第706—707页。

众打毁收捐纸行";[1]以及宣统二年（1910）第二镇统制官向陆军部呈告易州城内"乱民因捐事焚毁学堂暨自治局情事";[2]等等。除了奏报和呈告之外，还有见之于光绪三十二年《时报》的陕西"民间多怨"，泄为"打毁厘局学堂";[3]见之于光绪三十七年《阁抄汇编》的江西乐平因"抽收靛捐兴办学堂"而致乡民"生变"，聚众"拆毁地方官署及其他一切之局所";[4]见之于宣统二年《国风报》的山东莱阳"因查提庙产，及抽收人口捐"而"激成公愤"围攻署衙，"境内教堂学堂，亦一律焚毁殆尽";[5]等等。以其性质而言，这些民变同归一类，皆属自发而起；论其地域之布列，又是南北东西一时俱起。自发说明了主动性和直接性，俱起说明了广泛性和普遍性。因此，其一时一地的聚众而争虽然此起彼落，实际形成的却已是一种总体上的大规模和大震荡。当日《东方杂志》曾以"毁学果竟成为风气耶"立题目，四顾天下说："自无锡毁学之事起，四川、江西，旋亦有毁学之事。今则广东毁学之事又见矣"，[6]指述的正是这种汇集的规模和远播的震荡。学堂推倒了科举，但取代了科举的学堂在中国的产生和形成，自始即已把发端于"作育人才"的事业实际地转化为"吾民长负"之苦累了。因此，作为一个真实的历史过程，这种自上而下地推行兴学，同时又在以其触发的社会矛盾，自下而上地打破了先期预设于这个过程之中的那一套道理和构想，而后是当日的兴学声势浩大，而意愿与结果之间全然不相对称。

由戊戌之前开其端绪，又在辛丑之后走向高潮的报章论述、奏疏陈说和诏旨布告，曾以种种新学理直接促成了学堂与科举的此长彼消。但对于其时多数底层民众来说，学堂被报章、奏疏、诏旨急迫地

---

[1] 《辛亥革命前十年间民变档案史料》下册，第770页。
[2] 《辛亥革命前十年间民变档案史料》上册，第63页。
[3] 李文治编：《中国近代农业史资料》第1辑，北京：生活·读书·新知三联书店，1957年，第961页。
[4] 同上书，第963页。
[5] 同上书，第968页。
[6] 转引自丁守和编：《辛亥革命时期期刊介绍》第3集，1983年，第194页。

召唤而来，之后又挟着国家权力进入民间，是远看变成了近观，而由此获得的对于学堂的具体认知，则大半来自官府勒迫下的"加征加税"。[1]相比于朝廷托付给这个过程的"非育才不能图存，非兴学不能育才"，出自民间的这些感受和认知，则反映了力行兴学在清末中国曾经有过的另一重社会内容。而更直接，从而更明显地影响了那一段历史的，则正是后一重社会内容。这是一种不在朝廷筹算之内的社会内容，但生当斯世斯时，其更直接，又更明显地合为滔滔然天下皆是，已更真实地展示了因兴学而起的上下窒塞和人情向背。

上层的预想和下层的感受在这个过程中两不相接，出于上层的"兴学"遂不能不与起自下层的"毁学"迎面相撞。而兴学之直截地招来毁学，又以一种激烈的方式具体地说明：在近代中国的历史变迁里，教育的大变成法，自始便因其与大众的扞格而把教育牵到了与社会的相互矛盾之中；而推倒了科举的学堂在中国的产生和形成，也随之而成了一个既在多数人口之外，又与多数人口对立的过程。光绪末年王国维曾作条陈呈学部，由海宁一地的"[学校]之经费，往往人自为筹，地自为政，绅士主其事，而官受其成"说世情与学务，切言其间的深相抵牾：

> 夫地方绅士岂尽善良？凋劣之青衿，不学之贾竖，窥一时之大势，窃兴学之美名。官以办学之人而稍加敬礼，绅乃借官之势肆其恣睢。小民负戴之菽麦、屠宰之羊豕，几于入市无税无物不征。而其借以干预他事，武断乡曲者，更无论矣。长吏之于乡僻，既为耳目所不周；小民之疾学堂，殆视教会为尤甚。以教会不过习惯上之冲突，而学堂则关乎生计上之问题故也。一邑如此，天下可知矣。[2]

其眼中所见，显然是绅比官更邪恶。这种邪恶反映了绅士群体此日正

---

[1] 刘大鹏：《退想斋日记》，第162页。
[2] 谢维扬、房鑫亮主编：《王国维全集》第14卷，杭州：浙江教育出版社；广州：广东教育出版社，2009年，第88页。

在发生的劣质化,然而"借官之势肆其恣睢",又说明绅权之引入学务,其实是官府促成的。因此"人自为筹"和"地自为政"的既无旧的法度又无新的法度,正是由朝旨兴学,而官府各施其技的层层推衍里一路派生出来的实际结果。而举"小民之疾学堂,殆视教会为尤甚"做比较,则是以 19 世纪后数十年里,本以传播福音为职分的西教自外而入之后,曾一变其宗教的本来面目而成为地方之大患的事实,陈说民间社会的与之格格不入。其观察的重心,又更多地触及这个以兴学之名造学堂的过程,同时又在使出自这个过程的学堂还未成形就已经变为人心中的异端。新生的学堂因一身所附集了太多矛盾而淹没育才的本来面目,遂致所起之处常常以动荡不宁造为怨恨,被民间社会当成了同教会一样不能认同和不肯接纳的东西。动荡不宁造为怨恨,正说明这个过程以变科举和停科举为取法于东西洋的学堂让出路来,但相比于自然地生成于中国历史之中的科举制度,则移来的学堂刚刚进入中国,便已卷到了东西洋所没有过的兴学与民生相扭相抗、官绅与小民相扭相抗的旋涡里,不得不以其既在多数人口之外,又与多数人口对立,并以由此引发的动荡汇入当日的世路起伏之中。因此,学堂终结了科举,而以此为起点的别开生面,实际上又成了一千三百年科举历史反照下,教育与社会之间从前所未曾有过的阻隔重重和抵牾重重。

三 公平的失落:学堂与贫富之界的衍化和固化

19 世纪末期以来的士议曾盛赞学堂之美,并以学堂与科举不能两立发为群起鼓荡,促成了朝廷停科举。但当被召唤出来的学堂次第而起之后,与下层社会的"小民之疾学堂"同时发生而且遥相应和的,又是出自 20 世纪初年士议的深抵学堂。其间的前后转向太过明显,便成了那个时候引人注目的思想现象。光绪三十三年(1907)刘师培

论"新政病民",而言之痛切的,尤以学堂之弊为大端:

> 夫学堂之善于科举,夫[人]人而知。然按其实际,则学堂之制,便于绅士、富民,贫民鲜蒙其益,远不若科举之公。科举之世,虽有抢[枪]替、通关之弊,为富民者用以杜贫民进身之阶,然制举之文,至为浅陋,虽贫者亦可自修,学费丰绌,非所计也。及侥幸获选,则贫民与富民同升,未尝有阶级制度寓其间也。若学堂既兴,无论其为公立、为私立,入校肄业,莫不索费,购书阅报,所费滋多。彼乡野贫民,仰事俯蓄,尚虞缺乏,子弟虽有求学之心,亦以无资而中止。是则享学校出身之荣者,均富民子弟。多数贫民,因失学之苦,致绝进身之望。无阶级制度之名,具阶级制度之实。[1]

与下层民众因重征苛敛之苦而"毁学"相比,他更多地着眼于社会,而以公平为度量好坏优劣的尺度。所以他尤其不能漠然视之的,是对于中国社会来说,"学堂之制"已如同分类和分途,"由是而降,贫民永沦于奴隶,富者益智,贫者益愚",之后是"因智而贵,因愚而贱,可逆睹也"。[2] 此日上距学堂推倒科举不过两年,但这些话已经在力陈学堂之"不若科举"了。显见得当初被论说引来的东西一旦移入事实而越出初想,则论说又会随事实而走,从一面翻到另外一面。陶希圣后来回忆幼年在河南开封入"旅汴中学",说是"办学的经费在藩库里没有着落。于是布政使通令各州县官'捐廉'"。而"所谓'捐廉',就是由各州县田赋的'耗羡'中拨缴而已。州县官一律外省人,他们捐廉创办学校,他们的子弟优先入学,且无须缴纳学费。所以学校的名称是'客籍'和'旅汴'。本省的子弟们不过搭学而已"。[3] 在这种

---

[1] 刘师培著,万仕国辑校:《刘申叔遗书补遗》上册,扬州:广陵书社,2008年,第794—795页。
[2] 同上注。
[3] 陶希圣:《潮流与点滴》,北京:中国大百科全书出版社,2009年,第4—5页。

"田赋"虽出自本地,而入学以外省官僚子弟优先的办学过程里,"阶级"之分正显然可见。自孔夫子以"有教无类"聚徒授学之后,"有教无类"遂成为一种不移的道理,为后世留下了入人之心的教育平等观念,并一脉相延于二千多年之间。因此《清史稿·选举志》概说清代学制,于"国学""官学""府、州、县"之外,又列述"社学,乡置一区,择文行优者充社师,免其差徭,量给廪饩。凡近乡子弟十二岁以上令入学。义学,初由京师五城各立一所,后各省、府、州、县多设立,教孤寒生童,或苗、蛮、黎、瑶子弟秀异者",[1]以见施教和受教的未尝立一格以限天下。收录于《随园诗话》中的"嘲村学究"一节,说:"漆黑茅柴屋半间,猪屋牛圈浴锅连。牧童八九纵横坐,天地玄黄喊一年。"[2]这种以"牧童"为对象而以千字文为课业的教与学,显然立意并不在求取功名那一路。也正因为如此,其描画虽意在调侃,却又以描画的具体性写照了当日穷民与知识之间维持联系的可能。所以,时至20世纪初年,在"莫不索费"的学堂面前,这些曾经有过的事实便都成了直接的对比:昔"义学之制,随在而有,赤贫之家,其子弟均可入学,且可免费,所成就者甚多。今则非得学校卒业文凭,不克进身,而赤贫之民,永无得学校文凭之望矣"。[3]两头之间太过悬殊,因此同时的言官陈说于庙堂,引为不平的也是学堂"每入一人,岁需百余金,中国寒士居多,有力入学者,率皆大族富商,而寒畯子弟,转叹向隅"。[4]而后是朝野之间相互共鸣。在这种

---

[1]《清史稿》第12册,第3119页。
[2] 袁枚:《随园诗话》上,北京:人民文学出版社,1982年,第261页。
[3]《刘申叔遗书补遗》上册,第795页。
[4]《清末筹备立宪档案史料》下册,第995页。吴汝纶日记中说:"庚子后一年,法人樊国梁(Alphonse Favier)为中国议立小学堂章程,谓学生终年在学者岁出修金百金;在学午餐者岁出五十金,不在学寝食者岁出二十五金。"见《吴汝纶全集》第4册,合肥:黄山书社,2002年,第675页。合而计之,则一个小学堂学生之岁费大体在一百二十五金到一百五十金之间。而李宗仁说其时"一两银子至少可兑制钱一千四五百文,而一碗叉烧面不过制钱十文",见《李宗仁回忆录》下册,南宁:政协广西壮族自治区委员会文史资料研究委员会,1980年,第46页。虽然各地容有差异,而两相比较,犹可以大体知道,依清末的民生而言,学堂"岁需"的程度。

朝野共鸣的背后，还有更多由同一个题目引发的时论和奏论。

自戊戌以来，当国人之先知先觉者仰望"西国学校以教育为主义，无人不当教育，故无人不当入学"，并以此为比照，深信中国"学校不能大兴"，则因果相及，致"国家永无救时之人才，中国永远不能进于富强，即永远不能争衡于各国"[1]的时候，其憧憬全在学堂能够大变形质，使中国人能一蹴而就蹑欧追美。同当初的这种憧憬相比，则这个时候以"大族富商"与"寒畯子弟"相对举而深论"阶级之名"和"阶级之实"，其间的关注显然已经从"富强"移到了平等。比之犹在远处的富强，平等是一种更切近，从而更直接地以其实际结果牵动社会和关乎人人的东西；因此，比之"救时之人才"一类没有具体性和确定性的阐释推演，显然是"贫民"的"失学之苦"和"进身绝望"，以其常在耳闻目睹之中而更能直入地写照世相。

二千多年来中国贫富不齐，但从"有教无类"派生出来的种种人情物理融入制度和礼俗，曾在很大程度上成为实际上的屏障，把世间的贫富之分和贫富之界挡在了读书上进的门外。朝廷停科举之后一年，章太炎在东京作演讲，特举被他称作"最恶劣"的科举制度，而力言其内含的合理一面：

> 为甚隋、唐以后，只用科举，不用学校？因为隋唐以后，书籍渐多，必不能像两汉的简单。若要入学购置书籍，必得要无数金钱。又且功课繁多，那做工营农的事，只好阁[搁]起一边，不能像两汉的人，可以带经而锄的。惟有律赋诗文，只要花费一二两的纹银，就把程墨可以统统买到，随口咿唔，就像唱曲一般，这做工营农的事，也还可以并行不悖，必得如此，贫人才有做官的希望。若不如此，求学入官，不能不专让富人，贫民是沈沦海底，永无参预政权的日了。

这种"富人"与"贫人"彼此均等的读书上进之路，他称之为"带几

---

[1] 转引自《辛亥革命时期期刊介绍》第5集，1987年，第25页；第2集，1982年，第159页。

分社会主义的性质",[1]在那个时候,应该算是出格恭维了。而在"最恶劣"的科举制度已经停置之后犹着力论说其"必得如此"的合理和合情,正是深知失此屏障,则会是"求学入官,不能不专让富人",而致贫民"沉沦海底"的更加恶劣。以此与刘师培所指学堂带来的"富者益智,贫者益愚,因智而贵,因愚而贱"相比较,具见其思考和评说的大旨略同。而作为其时以言论醒世的代表人物,他们在学堂与科举代谢之日,全幅关注都交集于贫人失路和寒畯向隅一面,正折射了清末中国以变法除旧弊,常常会因其急迫匆促而同时又在以变法造新弊。学堂与科举的代谢因旧学不如新知而起,其奉为通则的理路在于以知识促成人民的由愚而智,即以知识造就国家的由弱而强。但承载了这种愿想的学堂之层层传播知识,又是在不平等地分配知识中实现的,其间的因果便成了一头的由富而智,由智而贵;另一头的由贫而愚,由愚而贱,一千三百多年来科举制度的"未尝有阶级制度寓其间",遂一朝倾覆而全然颠翻。而后是贫与富的两头对比和对立,已使这个引入新知以图富强的过程溢出了诏书和奏议为之设定的范围,从作育人才的教育问题演变为摧折平等的社会问题。

就时间的先后而论,社会问题是由教育问题衍生出来的,但教育的言之成理和社会的不合公道,以其内涵迥异而相互反照,构成的却是一种近在眼前,又无从弥合的矛盾。

在贫富不齐而"寒士居多"的中国,士人中的大部分都与贫更接近,并且更自觉于为"贫者"求公道。因此,作为知识分子的读书人能够接纳借学堂以"进于富强"的言之成理,但作为"寒士"代表的读书人,则面对教育问题演变为社会问题,一定不会容忍出自学堂的这种以贫富分配知识,从而由贫富决定贵贱的兴学育才之法的不合公道;尤不会容忍其颠倒原本由"有教无类"所维系的社会平等,而使贫富之分在学校主导的教育之下固结为阶级之界。清末最后十年里士林议论的半路转向和前后抵牾,正是由此而起,又与之共存的。其间

---

[1]《章太炎演讲集》,第7页。

尤其典型的，是此日痛诉学堂"无益于治，而转以病民"的刘师培，五年之前下笔论时事，曾深信"兵战不如商战，商战不如学战"，因此须亟立"大、中、小学校，以开全国人民之智识"，并以此发为自觉鼓吹。[1]就其个人来说，五年前后的不同，是一种后来的认识改变了从前的认识；但作为旨在济时的士议，这种半路转向和前后抵牾，又反映了当日取法于东西洋学理所导引的变迁，虽然自成其一面的道理，但实际上罩不住并不只有一面道理的中国社会，所以变迁的过程常常会激成一面的道理和其他道理、小道理和大道理、少数人的道理和多数人的道理之间的重重矛盾。当"进于富强"呼唤出来的学堂变成了"富室子弟恃为进身之路"之后，[2]其直接的结果化为普遍可见的事实，便是"各州县只立一两等小学，经费巨万，竭尽一方之力，学生多者百余人，少者数十人，此外则诵声几绝矣"，以至"瘠邑穷乡之间，反以学堂既设，而学者更鲜"。时人通论前后，谓之"明期教育之普及"，而贫富悬隔，"竟至学殖之就荒"，[3]兴学与育才之间，遂成为一种显然的反向而立和反向而行。反向而行，是一厢情愿之想以其一面的道理普罩天下，最终是一面的道理也不复成为道理。因此士议之转向、抵牾和自己推翻自己，都是起于预设的思想在这种大起大落之中的不得不变。而曾经在鼓荡的时论中被阐述得简单明了、易知易懂的学堂，则在思想趋近事实的观察省视之中一变简单明了，显出了其本来的复杂和矛盾，以及这种复杂和矛盾在中国社会所生成的正面和反面。生当其时，于是人促成了变迁，之后又随变迁而变。相比于此前诏书停科举的匆促急迫，思想随事实而变，以及因之而来的观察省视之由浅入深，都是一种不断的认知和后来的认知不断地对之前认知的纠正。已经推倒的科举便常常又会被重新引入思考和论说，以对比学堂施教兴学的成败得失。在这种过去和当下的纠结里，相比于历时一千三百余年的科举制度停置之日未曾见到的强烈反应，则观

---

[1] 刘师培:《刘申叔遗书补遗》上册，第8、17页。
[2] 同上书，第795页。
[3] 《清末筹备立宪档案史料》下册，第978、995、1040页。

察、认知、纠正、思考、论说便成了迟来的回响出现于这个后起的过程之中，并且由清末一路延伸到民国；又不断地从一个问题延伸到另一个问题。

四　阻隔深重：学堂中人与大众之间的俯视和嫉视

学堂授学的贫富不相对等，以"索费"为入门之券而筑成了一种隔离内外的墙界，限定了知识流播的社会范围。而与之同起于一种因果的，则是进入了学堂的读书人在墙界之内的天地里骎骎乎变化气质，以其自为聚合而别成一种不同于旧日士人的群类。宣统年间出自华北地方官的一则呈告说：

> ［时］值天气亢旱，有高陌社等处十八村民众，于六月二十日祈雨进城，由学堂门前经过，该堂学生在外聚观，私议愚民迷信。祈雨人闻之，即与辩论。斯时人多势重［众］，遂拥入学堂，将门窗器具均有砸毁。[1]

在这场无端而起的冲突里，学生刚刚学来的那一点新知识一旦致用，便化作了对于乡民的俯视和异视。俯视和异视都是一种鄙视。作为响应，是乡民祈雨的满腹愁苦变为一腔忿激，之后由动口到动手，城里的学生和乡间的农人便成了对立的双方。

在已经过去的二千多年里，中国社会以士农工商相分相维，而耕与读常相依连，所以士与农本在切近之中和亲近之中。同治六年（1867），孙毓汶简放四川乡试主考官，由京入蜀。其日记叙述沿途移步换景，多见的是"前数日有雨，地气稍润，秋禾大半布种"，"连日旱途焦烁，地几不毛"，"滦城十九、初三得雨两次，晚秋一律布种，弥望青葱，非复

---

[1]《辛亥革命前十年间民变档案史料》上册，第64页。

保阳以北枯焦景象也",以及"河以南,雨泽沾足,田禾茂密",[1]等等。虽说孙毓汶在晚清不被清议所许可,但其日记中留心物候的记述表现的犹是一个士人的悯农之心,并因此而更能写照其时士之为士的普遍意态。所以,以此为积久而有的世情,则此日这种由祈雨所触发的从纷争到"砸毁",正以学生一方只见"迷信",而对旱魃为虐之下的苍生之苦无知无觉,并以"祈雨"的农民为群相讥嘲的对象,说明了学堂初起之日,学堂中人看学堂以外的天下之众生,已如韩愈所说的"越人视秦人之肥瘠,忽焉不加喜戚于其心",两头各在一种精神世界之中而苦乐无以沟通。

而后是由清末至民初,民众仍然起伏生息于旧时的生产过程和生活状态里,而养成于学堂的学生却在思想上和空间上走向其心目中的高处和远处,并因其高和远而与多数人相分相离。黄炎培曾概言这种两头脱节说:

> 乃观今之学子,往往受学校教育之岁月愈深,其厌苦家庭、鄙薄社会之思想愈烈,扞格之情状亦愈著。而其在家庭、社会间,所谓道德、身体、技能、知识,所得于学校教育,堪以实地运用处,亦殊碌碌无以自见。即以知识论,惯作论说文字,而于通常之存问书函,意或弗能达也;能举拿破仑、华盛顿之名,而亲友间之互相称谓,弗能笔诸书也;习算术及诸等矣,权度在前,弗能用也;习理科略知植物名辞矣,而庭除之草,不辨其为何草也,家具之材,不辨其为何木也。[2]

"厌苦"、"鄙薄"和"扞格",说的都是自居于高处和远处的"学子"之自外于社会,而之后的种种"弗能",说的又是其据为高处和远处的东西实际上的并不足恃。前者反映了"学校教育"与中国社会的太过骛远,后者也反映了"学校教育"与中国社会的太过骛远。黄炎培自清末以来即勉力于兴学,是一个以教育为事功的人。因此与局外之

---

[1] 庄建平编:《近代史资料文库》第1卷,第189—190、193页。
[2] 《民国经世文编》第7册,第4167页。

议论相比,他的这些评说无疑在观察之外又更多地包含了累积的体验和思考。

"厌苦家庭,鄙薄社会",以及与之相为因果的"扞格之情状",都显示了那个时候的学堂既已自立一种墙界,之后是从墙界里走出来的"学子"进入墙界之外的那个世界,便不能不与多数人相对比而见其判然不同,并因之而成了自我异化的少数。所以,"学子"处人己之间的这种自我异化虽由对比而见,反映的则是人在墙界之内所获得的造就,以及由此生成的明显变化。

自学堂推倒了科举,其直接的结果是原本"子弟读书,家塾有父兄之督责,师长之教训"的个体存在和分散存在,一变而为进入学堂,即在"少年聚处"之中,成了群体存在和集中存在。有此一变,遂使过去在父兄和师长重重抑勒之下的"易动难静"得以各自释放,又在相互感染中层层放大。"聚处"于学堂的受学过程,便很容易同时成了不断累积和盲目伸展其少年性心中的自我意识,并化自我意识为"气渐骄"和"心渐肆"[1]的过程。与一千三百多年来科举制度下的士人养成相比,显然是学堂已把读书人的型塑置于一种完全不同的空间当中了。这是一种脱出了当日社会之寻常日行起居的空间。因此,传统士人转变为近代知识人的历史演化里,后来的历史叙述中引人注目的新人物与新气象,溯其原始,则在当时人的眼中却更多是与出格和崎龁连在一起的。光绪末期已是"天下竞言学矣",[2]一个在京师大学堂做教习的外国人叙述其直观所见的人物和气象,却称之为:"那里的学生是一帮很粗野的人,他们自称是'将来主人翁';校长是一个敢于向皇上检举庆亲王奕劻和载振不道德行为的人,但却可怜巴

---

[1] 《清末筹备立宪档案史料》下册,第989页。少年士子一旦群聚则易群哄,科举制度下已是如此。包天笑说:"苏州小考,童生们的吵闹是有名的,人们呼之为'童天王',那些书吏们办公事的,见了他们都头痛。后来各省设了学校,苏州学校的学生,也常常闹风潮,其实也不是新玩意儿,在我们旧式考试时代,已经很流行了。凡是少年们,都喜欢生出一点事来,那也是一种自然的趋势。"但那时候这种群聚不常有,所以哄闹也仅见之于"小考"之日。见包天笑:《钏影楼回忆录》,第93页。

[2] 《清末筹备立宪档案史料》下册,第978页。

巴地惧怕这些不守规则的年轻人。"[1]笔下流露的无疑是一派困惑和诧异。就清末的学堂本以东西洋学堂为眼中之榜样和心中之理想而言，则这种出自西人的困惑和诧异反照之下，可以见到的正是取法所得来的东西移入中国之后的水土不服和面目全变。其间的"主人翁"一词作为流行于新起一代之中的时髦话头和体面话头，在那个时候因其多义而常常可以各作引申。但"主人翁"与"很粗野"和"不守规则"相匹配，显然更多的是对应于一种个人本位的自我意识；而学堂里的"主人翁"整体地成了世人眼中的"一帮"，并能够使管事的一方"惧怕"，则这种个人本位的自我意识同时又正是其时正在形成中的知识人共有的群体意识。

若由京师大学堂而及京师大学堂以外的中国，当时人目睹学生一群一群随兴学而起，印象尤其深刻的，又常常是其"一切习为自由之说，万不复受约束"的合群而动，"横流滔滔"。[2]一则记载叙述"万不复受约束"之下的学堂场景说："上堂受课，虚心静听者，固不乏人，而嬉笑谩语，与昏睡无闻者，十有六七。逮课毕，则相率出门，逸游晏乐。此际听之不可，规之不从，而叩其所学，则茫然不知"的"轻躁浮动，泛驾跌蹞"。[3]其间的"嬉笑谩语"、"昏睡无闻"和"逸游晏乐"都写照了"习为自由之说"下的自在和自如。而"十有六七"，所对应的则正是学堂虽然由诏书派生出来，但学生的多数却自始即在没有规矩可以收管之中。更等而下之的，还有"何物恶少年，演而为眼悬金镜，嘴衔雪茄，一口'阿那大''密西斯'诸恶腔"[4]那样众目睽睽之下的异色异样。通观而论之，则由这种"一切习为自由之说"延伸而来的"横流滔滔"，以及时人触目生厌的别成异色异样虽然表现各不相同，但其共以一己一群驾乎群伦的自尊和

---

〔1〕 莫理循：《清末民初政情内幕》上册，第298页。
〔2〕 《清末筹备立宪档案史料》下册，第989页；舒芜等编选：《中国近代文论选》下册，北京：人民文学出版社，1959年，第524页。
〔3〕 《清末筹备立宪档案史料》下册，第989—990、996页。
〔4〕 舒芜等编选：《中国近代文论选》上册，第275页。

独尊,则皆与京师大学堂里的学生一样,源头显然都出自与"主人翁"同义的个人本位的自我意识。而这种不见于古来中国的个人本位意识,一经成为学生的群体意识,实际上又已使出自学堂的知识人自成一格,在那个时候的中国社会里越来越明显地变得无从沟通和非常陌生。

由于无从沟通,当他们日复一日地疏离于多数人的时候,同时又会是多数人对他们以疏离响应疏离,与之既不相亲,又不相识。时人谓之"民间最恶学堂"。[1]所以,兴学多年之后,鲁迅以小说描写世相,其笔下的农村社会专以"假洋鬼子"指称出自学堂的新知识人。[2]就其时中国农村人口的好恶之分而言,正是一种纪实。这种侧目相看的异视,与"勒捐""侵夺"触发的乡民打学堂一脉相沿,而由学堂推及出自学堂中的人,多了一重知识人对大众的隔阂和大众对知识人的隔阂,其内涵又比当日的"民变"一触即发更加深化和固化。所以,在他之后,毛泽东作《湖南农民运动考察报告》,说的也是"农民宁欢迎私塾(他们叫'汉学'),不欢迎学校(他们叫'洋学'),宁欢迎私塾老师,不欢迎小学教员"。[3]以中国历史中久有的崇尚文化和敬重读书人为传统的常态,像这样大众对于新知识人的嫉视显然同样是一种古所未有。

学堂中人的俯视大众和大众之嫉视学堂中人都随兴学而起,则两头之间的矛盾正反映了兴学的过程既在造就新知识人,又在造就新知识人的局囿。时至20世纪30年代,章太炎说:

> 吾观乡邑子弟,负笈城市,见其物质文明,远胜故乡,归则亲戚故旧,无一可以入目。又上之则入都出洋,视域既广,气矜愈隆,总觉以前所历,无足称道,以前所亲,无足爱慕,惟少数同学,可与往还,舍此,则举国皆如鸟兽,不可同群。[4]

---

[1] 刘大鹏:《退想斋日记》,第180页。
[2] 《鲁迅全集》第1卷,北京:人民文学出版社,1956年,第82页。
[3] 《毛泽东选集》第1卷,北京:人民出版社,1953年,第43页。
[4] 《章太炎演讲集》,第410页。

他称之为"别树阶级,拒人千里"。然后举"昔日士人"的"涵泳《诗》《书》,胸次宽博,从无此等现象"[1]相对照,以说明前一种读书人和后一种读书人的差别之大。从"乡邑"到"城市",之后又"入都出洋"的拾阶而上说明,与科举制度下的"家塾党庠"近在咫尺而可以"人自为课"[2]相比,则推倒了科举的学堂已不仅是墙界之内的另一重天地,而且是一个越走越远的过程。墙界使新学理和新知识化作了人世间的分野,而一路远走之际,留在身后的则不能不是曾经的熟识和亲近,在日积日久中退萎,变成了陌生和遥远。因此,作为两面交汇的结果,"惟少数同学,可与往还",说的是知识人相聚相群的范围之隘;"舍此,则举国皆如鸟兽,不可同群",说的是知识人与社会的悬隔之深。这是一种知识人在转向近代的演化过程中生成的小群与大群之分。此前的旧日读书人由小试(县试、府试、院试)而乡试,由乡试而会试以求进取,其中的每一步都需同乡的保结,因此士人的身份始终都是与自己籍贯所在的乡里连在一起的。其间生成的功名以小试产出的秀才和乡试产出的举人为大半,因此大半归于在籍绅士,在籍即长在乡里。而由会试中式走入仕途的士人,则常常会因守制而回乡,因开缺而回乡,并最后因致仕而回乡。他们虽然曾经远走,其人生的根脉却从来没有与自己所属的乡里断裂过。所以身在其中,旧日的士人虽间有君子小人之分,但君子小人都未曾脱出社会而自为悬浮。自科举停置之后,这种形成于历史之中的联系已随过去了的历史一时俱去。然而隋唐以来一千三百多年,尤其是明清五百多年漫长岁月留下的印记和印象则依然近在眼前,并直接构成了历史对于现实的映照。因此章太炎评说"乡邑子弟"的变化,其意中不会没有这种映照和比较。相近的时间里,潘光旦评说"新式的学校教育对于民族固有"的"环境"并"没有发生关系"。不但"没有发生新的关系,而且把原有的关系,原有的绵续性给打断了",表达的也是前后映照之下的思考:

---

[1]《章太炎演讲集》,第410页。
[2]《清末筹备立宪档案史料》下册,第978、995页。

就物质的环境而论,中国的教育早应该以农村做中心,凡所设施,往往是应该以百分之八十五以上的农民的安所遂生做目的的;但是二三十年来普及教育的成绩,似乎唯一的目的是在教他们脱离农村,而加入都市生活;这种教育所给他们的是:多识几个字,多提高些他们的经济的欲望,和消费的能力,一些一知半解的自然科学与社会科学的知识和臆说,尤以社会科学为多,尤以社会科学方面的臆说为多;至于怎样和土地以及动植物的环境,发生更不可须臾离的关系,使百分之八十五的人口更能够安其所遂其生,便在不闻不问之列。结果,这百分之八十五的人口便变做相传下来的越过了淮河的橘子,即使不成变种,终必归于渐灭。目前甚嚣尘上的农村破产,便是渐灭的一种表示。百分之八十五的人口原是在农村里长下很好的根了的,如今新式教育已经把他们连根拔了起来,试问这人口与农村,两方面安得不都归于衰败与灭亡?[1]

因此,作为一个历史过程,是"二三十年来中国的教育,有能力把农工子弟从乡村里吸引出来,却无方法把他们送回乡村里去,从而改造农村,重新奠定国家的经济与社会的基础"。[2]对于农村来说,教育便成了一种流失。在他们的评说里,章太炎着眼于学堂变化性气,说的是这个过程中学生之远离民众;潘光旦着眼于育才造为倾畸,说的是这个过程催化了农村的"破产"。当"二三十年"之前朝野共倡兴学育才的时候,这两种变化都不在那一班人的预想和预计之内,但二三十年以来,这两种变化却在累积地为中国人带来科举制度下未曾有过的知识人的错位和悬空。

清末的变法引来了新的教育制度,也使教育与社会之间的悬隔成为一种前所未有的问题。后来的岁月里,重造教育与社会的统一便成为中国历史变迁的要务之一。

---

[1]《潘光旦文集》第8卷,北京大学出版社,2000年,第556页。
[2]《潘光旦文集》第5卷,1997年,第14页。

第四章

无从归聚：
清末民初知识人的社会形象

一 裨贩而来的新知识与中国社会的扞格

20世纪初年学堂推翻了科举。而后是学堂和科举代谢，教育的中心便已移到了城市；与之同时，又是授学的重心急速地移到了时人心目中的新学新知一面。19世纪末期，自命维新的龙璋在一封信里说"今日之人才，究非钻研故纸者所能够陶冶"，他更相信的是"通英国语言文字者"和"通格致诸学者"之能够成为人才。[1] 与70年代薛福成列举的"英才""通才""将才""译才"[2] 相比，前后之间的要义大略相同，但先起的论说见之于个体献议，后来的论说大半发为一时群鸣，在20世纪初年的新派人物中，已是一种主导舆论的共知共识。之后舆论支配变法，"英国语言文字"和"格致诸学"之类都成了学堂里的主要课目。但时至民国初年，世人熟视之后统而言之的，已是"近来中国之青年半生精力大半消磨于外国文字之中。若言专门学问，转置诸第二位"，之后叹为"真可慨也"。[3] 曾经的期望所寄，一变而

---

[1] 上海图书馆编：《汪康年师友书札》第3册，第3037页。
[2] 《洋务运动》第1册，第259页。
[3] 庄建平编：《近代史资料文库》第4卷，第580页。

为"真可慨也",说明新学新知化为课目,直接得到的其实并不是期望中的人才。

与旧日士人和学问之间历久形成的关系相对比,以"半生消磨于外国文字之中",而致不能以"专门学问"自立的"近来中国之青年",显见得更像是一种学到一半,犹未长全的比无可比。然而就两者之各成一类,人以群分而言,则出自新知新学的一方又无须长全,并志不在长全。严复说:"科举既废"之后,士类"进身无阶",遂"出洋惟取于速成,返国悉趋于奔竞"。尝"亲见东游日本速成归国,持三四卒业文凭,昂然见官长,唾手月二三百金",而"人人歆动,以为是固可以从学凭得也"。[1]吴文祺说:中国人之求学于学堂,是"读英文的,想做洋行买办;学经济的,想做银行经理;学政治法律的想做官"。因此,"学术不过是手段,目的是别有所在。目的一达到,手段早已用不着了"。[2]他们说的都是新学新知之化为利禄,尤比科举试士的时文帖括直接可行,所以更能动人动心。由此更进一层,以中国文化的尤重学以成人,所以先重学以为己作对比,章太炎说:今日之"公私立学校,只知授学生以知识,而于做人一道,却少注意。学生缺乏道德修养,心灵锻炼,甚至只趋利禄之途,于气节德操少有顾及,安能望其成大才、肩大事"。学以为己,则能够自省,所以"科举时代底人,大概都晓得自己学问底不足,现在学校里底学生,差不多有自满的态度,这就是科举还出几个人才,学校不出人才的原因"。[3]康有为说:"昔者以经义试士",从之而学者"岂必尽行,然犹知之而怀耻也,今则举习经义之士,皆易而为学法律之人",遂"日以争权利为事,而未尝有道德之存其心"。[4]梁启超说:"我国学生,本亦寒素之士居多,惟近年来则纨绔之风大盛。衣食惟求精美,居处

---

[1]《严复集》第2册,第293页;《严复集补编》,福州:福建人民出版社,2004年,第92页。
[2] 刘东、文韬编:《审问与明辨:晚清民国的"国学"论争》下册,北京大学出版社,2012年,第626页。
[3]《章太炎演讲集》,第210、290页。
[4]《康有为政论集》下册,第905页。

惟求安适,其最堪痛心者,则莫如求学之青年,奢侈放纵,既伤其德性,复害其学业。"与这种随兴学而来的风气丕变相对称的,则是学堂内外"以新学自炫者遍国中,而忠于学问者无一人。学绝道丧一语,今日当之矣"。[1]他们所看到的,都是新学新知为一世所推重之日,直接受新学新知染化的学堂中人,则内里的进德意识和力学意识皆太过稀薄,以至于成学成人俱不能及旧日的读书人。这些文字以其各叙所见而又所见略同,大体地描画了学堂替代科举以后,新一代知识人初起之日的群体形象,其间的关注所及则由兴学育才的初旨移到了新一代知识人的人格一面。这些以新知识人为对象的评议说明:科举虽已停置,但一千三百余年里科举制度下形成的读书人形象,却依然是此日中国人心目中读书人应有的形象。因此新知识人虽然出于学堂而别成一类,而论人论事之际,则很容易被置于两相对照之中,以彼之长比之此之短。

与这种大体描画之侧重人格相比,新文化运动后期恽代英由"中国教育便再不发达,何致会如此的没有人才,乃至于一国许多事,都不能做?中国亦办了二三十年学校,多少总要成就几千几百人才,这些人才毕了业,便到哪里去了"发问,然后从"社会改造"说到"教育改造",观照的也是出自学校的新知识人,而视野显然更大:

> 许多"盲目的向上"的教育家,听见人家说教育是高尚、纯洁、根本改造社会的事业,便自命为他们是社会托命的人。然而他们的教育,除了糟蹋社会上的金钱,做房子、买仪器以外,低的只能给学生一些模糊影响的知识,高的亦只能为学生养成庸懦柔顺的品格。[2]

之后是这种"盲目向上"的"教育家"一批一批地化育出与之同类同种的学生:

---

[1] 梁启超:《饮冰室合集》第4册,《文集》之二十九,第43页;《文集》之二十五(下),第7页。
[2] 《恽代英全集》第4卷,北京:人民出版社,2014年,第467—468、472页。

>   我看见许多好学生卒业以后,不但对社会无有益的贡献,对自身亦无合式的啖饭地方。之所以如此的,只因他们在校的时候,全然不知社会情形,与某种职业实际的需要。一般当教师的,多直接或间接把外国的书本讲义裨贩传述下来,内容多少不合中国情形。这些教师,因为学问大了,地位高了,自己以为不必,而且亦不屑考察中国实际的情形。所以谬种相传,这种洋学堂的洋学生,卒业后只好在外国人以至少数中国人所办工厂银行中做奴仆。[1]

被清末中国人迎入学堂的新学新知,历经"二三十年"的施教与受学之后,其间的"裨贩传述"之异色异味和不易消化,已使这种来自外国"书本讲义"的东西在转辗授受中具现形相,而常常与"中国实际的情形"不能合拢。"教育家"之所以被看成"盲目向上",正在于其自立立人,皆以外国为上而以中国为下,以及由此造成的前者隔断了后者的"全然不知社会情形"。当时人曾作《轮回教育》一文,言之锐利地说:"这些教员所讲的内容多是些美国政治、美国经济、美国铁路、美国商业、美国……美国……他们赞赏美国和冬烘先生颂扬尧、舜、禹、汤一般。"而后是学生"毕业后也到美国去混个什么M、什么D。回来依样画葫芦,再哄后来的学生。后来的学生再出洋按方配药;这样循环下去,传之无穷,是一种高级的轮回"。[2]这种内在于教育过程中的矛盾说明,"乡邑子弟"之"负笈城市",而后"入都出洋"[3]在其从空间上一程一程地越走越远的同时,又在从深度上一层一层地缠绕于这种矛盾之中。人在其间进学受教,越走越远和层层缠绕便都成了"盲目向上"导引下的改变和重造。

通观而言,相比于对学堂中人的人格德性作评说褒贬,恽代英更着力于说明的是,作为一个由教育生成的社会群体,新知识人实际上并不关注中国社会和并不认识中国社会。与附着于新学新知的知识人

---

[1]《恽代英全集》第4卷,第467—468、472页。
[2] 转引自吕达、刘立德编:《舒新城教育论著选》上册,北京:人民教育出版社,2004年,第516—517页。
[3]《章太炎演讲集》,第410页。

第四章　无从归聚:清末民初知识人的社会形象　　*121*

因其自成一群而俯视大众，与社会中的多数与之自相疏离做比较，这种不知不识是外来的新学新知本身不能内化于中国社会的结果，从而是受学的新知识人在这种新学新知导引下，被卷入另属一种类别的文化系统而游离于既有的社会现状之外。然而这些游离于社会现状之外的人依然是一种实际的社会存在，从而是一种仍然在影响中国的社会存在，因此，在近代中国历史变迁中产生出来的知识分子与大众脱节，社会上层的政治、思想与社会下层的经济结构脱节，城市与乡村脱节，沿海与内地的脱节里，这种新起的知识人群体都与之直接关联或间接关联，成了内在于脱节过程之中的社会力量。1919年李大钊作《青年与农村》，以理想主义发为呼吁，力求填平这种脱节留下的空间：

> 在都市里漂泊的青年朋友们啊！你们要晓得：都市上有许多罪恶，乡村里有许多幸福；都市的生活黑暗一方面多，乡村的生活光明一方面多；都市上的生活几乎是鬼的生活，乡村中的活动全是人的活动；都市的空气污浊，乡村的空气清洁。你们为何不赶紧收拾行装，清结旅债，还归你们的乡土？[1]

并预言"只要知识阶级加入劳工团体，那劳工团体就有了光明；只要青年多多地还了农村，那农村的生活就有改进的希望"。[2]但以后来的事实对照这种期许，显然是"盲目向上"造就的游离既已汇入历史过程中，则"漂泊"于都市的"青年朋友"便不会被单纯的理想主义轻易地召回"乡土"。

二　学潮起落和师生伦理的蜕变

这些议论前后相接地出现于科举停置之后的三十年之间，一面写

---

[1]《李大钊全集》第2卷，第307页。
[2] 同上注。

照了新学新知在教育过程中的利禄化,一面写照了新学新知与中国社会的壅隔。两者的交相为用,都在使知识人日益分明地成为一种随兴学而生,又自为标格的社会群体。然而与一千三百年间的科举士人相比,世人直观而多见的,则是在"商业化的学校制度之下,与阶级化的学风之下,集合若干青年于一堂,不相关乃至于互相敌视地过生活",而且"教育法术总不外教以争权,教以吹法螺"。则已经同大众疏离而自成一群的知识人,自身又并没有足够的亲和程度和认同程度,以维系彼此聚集为整体意义上的"团体"。[1]而后是各自成群,又牵延而起的"闲然不靖"便先见于那个时候的学堂。[2]其间最易引发而常常耸动一时的,是新知识人的产生和形成时期一路相伴的各色各样的学潮。钱基博记述早年在江南陆师学堂读书的章士钊说:

> 时校律严,为士钊敬惮;然以此为躁妄者不便。时值上海南洋公学大罢学后,阳湖吴敬恒稚晖主《苏报》,特置"学界风潮"一栏,恣意鼓吹,士气骤动,风靡全国。中国学生之以罢学为当然,自敬恒之倡也。当时知名诸校,莫不有事,陆师亦不免焉。时士钊既以能文章,为校士魁领,则何甘于不罢课而以示弱诸校。一日,毅然率同学三十余人,买舟之上海,求与所谓爱国学社者合,并心一往,百不之恤。三十余人者,校之良也,此曹一去,菁华略尽。[3]

当其挥手东去之日,既对身为总办而"尤重士钊"的俞明震"函劝不顾",又对"主讲国文,兼授史地"的马晋羲"垂涕示阻,亦目笑存之也,自以为壮志毅魄,呼啸风云,吞长江而吹歇潮矣"。当这一场"风云"停息之后,则"三十余人,由此失学者过半,或卒以惰废不自振"。因此,"中年以后,士钊每为马晋羲道之,往往有刺骨之

---

[1] 《舒新城教育论著选》下册,第763页;徐凌霄、徐一士:《凌霄一士随笔》下册,2018年,第1688页。
[2] 《清末筹备立宪档案史料》下册,第967页。
[3] 钱基博:《现代中国文学史》,长沙:岳麓书社,1986年,第446页。

悔"。[1] 这个过程所见的"此曹一去,菁华略尽",正是学生群里的一种分化组合。而以当初"何甘于不罢课而以示弱诸校"的一呼而起,比后来的"刺骨之悔",则又说明了这种分化组合之容易发生,以及这个过程中意气与盲目的一路交相混杂。

在清末民初的中国,这种与学潮相为表里而小群脱出大群,之后自起自落于聚散无常之间的事,曾是许多新知识人共同经历过的人生阅历。民初报人黄远生后来作《忏悔录》,自叙清末在南浔公学的一段生涯说:

> 此时学生,正讲革命自由民权种种。余辈羡慕南洋公学学生闹学之风潮,为报纸所赞叹,既为电贺之,文曰:"南浔公学全体学生,恭贺南洋公学同学全体脱离专制学校之苦",大书特书,登之中外日报,其可笑如此。又以小故,与学校寻闹,全体罢学,以余为代表。迄今思之,余实此一大罪恶主动之人。罢学后,同学或赴海上而嬉,或即赴南洋公学投考。此时公学完全官办,余即投考之一人。昔日电贺他人之脱离专制,今乃自己脱去自由之校,而欲求入专制之校而不可得。无主义、无理想、无节操,自余少时盖已然矣。

然后总论那个时候学潮随兴学育才而起,说是"此时学生风气,以罢学为一大功名。自南洋公学发起后,穷乡僻壤,皆受影响,几举全国之学校而破坏之。蔓延及于海外,日本留学生之罢学者,年必数起,最后以留学生取缔风潮为归宿"。[2] 在他的叙述里,是因有"革命自由民权种种",而后罢学有了反"专制"的名义和道理,但同时因"报纸所赞叹"起"羡慕"之心,则由其时的"以罢学为一大功名",又可以看到,"革命自由民权种种",对于"此时学生"不过是一种肤泛空洞,既没有规定性,也没有具体性的东西。由于没有规定性,又没有具体性,这些自外引入而震荡一时的名词能够随意比附,自为解

---

[1] 钱基博:《现代中国文学史》,第446页。
[2] 黄远庸:《远生遗著》上册,卷一,第128—129页。

释,并用之以造出他们意中的万众注目。所以,当这一场南浔公学仿效南洋公学的"全体罢学"哄然群起,最终以各自四散为了局之际,本来犹未真知的"革命自由民权种种",便都不足以串联始终而收拾人心。虽说黄远生的事后追叙引此为疚而深自刻责,但时当"士气骤动,风靡全国"和"穷乡僻壤,皆受影响"之日,那一代形成之中的新知识人其实大半都曾与这种"风靡"和"影响"的裹挟离得很近。在后来的历史名人里,郭沫若小学时代因"罢课"而遭"斥退",中学时代因"风潮"而遭"斥退";[1]茅盾中学时代因"和学监捣乱"而遭"记过",后被"除名";[2]曹聚仁中学时代因怒骂舍监而遭"除名",并且连带而得"志趣卑下,行为恶劣"的八字"考语";[3]舒新城小学时代因"凭一时的意气,作快心之举",以"鼓动罢课"而遭"开除学籍";[4]胡适中学时代(中国公学)因参与"风潮"而"虽不在被开除之列,也在退学之中";马叙伦中学时代(养正书塾)因与学堂当局冲突而遭"开除"出校;[5]等等。

这些"风潮"大半起于师生之争,以及由此激成的学生与学校当局之争。其间不会没有是非之辨和贤与不肖之分,也不会全属是非之辨和贤与不肖之分。曾经卷入中国公学风潮的胡适二十多年之后追记这段旧事,而一经成稿,即先送呈当日主持校务,并因之而在"风潮"中先被"攻击",成了"主要目标"的王敬芳,请他"批评修改"。王敬芳在回信中追述始末,说自己留学日本的时候同样曾是"闹过风潮的人",比之胡适,本已先知此中滋味。然后说:

> 人类最容易犯的毛病,是主观的偏见。常有人因一时立脚点不同或观察点不同,往往终身视为仇敌。你当公学闹风潮的时候,何

---

[1] 郭沫若:《少年时代》,北京:人民文学出版社,1979年,第86、149页。
[2] 茅盾:《我走过的道路》上册,北京:人民文学出版社,1981年,第85页。
[3] 曹聚仁:《我与我的世界》上册,太原:北岳文艺出版社,2001年,第103页。
[4] 《三十五年教育生活史:舒新城自述》,杭州:浙江大学出版社,2018年,第54—55页。
[5] 胡适:《四十自述》,第62页;马叙伦:《我在六十岁以前》,第10—11页。两书均载胡适、马叙伦、陈鹤琴:《四十自述·我在六十岁以前·我的半生》,长沙:岳麓书社,1998年。

尝不视我为罪大恶极的人。如今你这篇文章，不但对于当时公学的当局有很多原谅话，并且很恳切的托我校正当时事实上有无错误。这种雅量，实在令人佩服。[1]

两头的对话是隔了二十多年之后对于往事的平情说理，而此日的彼此之间可以平情说理，正在于当年各争所争，尚能相争以理。但学潮之起端各异，学潮之情状也各异。作为反照和对比，则是清末办理高等实业学堂的主其事者呈文说学务，举为实例而言之愤然的另一种师生之争：

> 今年自正月开学至五月，未经期考，自应遵照奏定章程，于暑假前考试。乃诸生徒顾私谊，竟欲不考，以便数人之私。遂托辞天气炎热，有碍卫生，来请免考。因与酌拟每日卯时入考，巳刻散场，该生等以既无碍卫生，初皆遵诺。至五月初一日，诸生惑于异说，仍来坚请免考，而事在应考，再三未允，该生退后，即纠众罢课。自此连日聚众于礼堂，登台演说，喧嚣哄乱，并逼令监督撤去考试之谕，以至暑假亦竟不考，而即散学。[2]

其中之尤见"悖横"的，是"同学有不愿与闻者，倡首诸人，威逼万端，且更勒令入会"。并于会中分立"报告员、纠察员、干事员、书记员等"各色名目，以至"一堂之内，严防密探，俨成敌国"。[3]在这场因"数人之私"而起的风波里，学生一方纯用劫法，显然并不能算是相争以理。而学生一旦掀动风波，其发为"悖横"的程度则犹不止此。清末在湖北帮办学务的陈庆年日记中有一节说：

> 二更时，自强学堂学生管存元［江汉关道瞿延韶之婿］、王传铭［湖北臬司刑幕某之子］使酒掉市人、乱殴，与委员出言不逊，纠党寻闹，通班鄂人和之，竟敢毁管堂委员窗扇什物，声势汹汹，

---

[1] 庄建平编：《近代史资料文库》第9卷，第206、210—211页。
[2] 《清末筹备立宪档案史料》下册，第990页。
[3] 同上注。

人不能阻。[1]

次日又"诬谓管堂［委员］左祉铭［珽］平日屡骂湖北人，任意妄为，以挑众怒，遂致毁击房物，汹汹大哄。今日复不允各生上学，云欲得左而甘心焉。左匿于家，以避其凶锋"。而后是国法和情理皆莫能纠绳，教与管因此而俱穷。他由此发为感叹，慨而论之曰："中国各方学堂，学洋文外，上别无所教，下遂渐薄理义，以侮辱他人为能事。无论其学不成，即学成亦有何用？"[2]与身在风潮之中的学生一方常被"斥退"、被"开除"、被"除名"相对照，后面两个故事则更多显示了学校的当局一方在风潮面前的被动避让和束手无策。

以上海的中国公学、北京的实业学堂和湖北的自强学堂为可以对比的事实，显然是清末民初的风潮起于学堂，其因果各色各样，其理路也各色各样。但这种各色各样一经报章发为舆论的"恣意鼓吹"，便都成了一模一样的东西。曾是"恣意鼓吹"的始作俑者吴稚晖后来做里昂（中法）大学校长，而为"诸生哄而驱"之，且"布词丑诋"。学潮的鼓吹者因之而成了学潮驱逐的对象，则冲击之外又多了一重有如报应的羞辱。他"大愤绝去"，并在"归国以后，誓不更兴办学事。私居聚议，每严颜斥若辈青年无望，恨恨不已"。然而"持论大廷，建言新闻，则又大神圣而特神圣其新中国之新青年者，壹是有褒而无贬，有书而无但；且制为通律曰：'学生与教习斗者，学生必胜；犹之人民与政府战者，人民必胜。'借是长养天下学生暴动，曾不动色"。[3]作为那个时候的一个代表人物，这则记述以吴稚晖见之于"私居"和"大廷"全不相同的两种态度，说明了当日蓬蓬然而起的"恣意鼓吹"虽然以文字为学生造声光，而着眼点其实大半并不在学界风潮本身，而在以学界风潮鼓荡天下。但清末民初的大规模兴学与这一类"恣意鼓吹"相遇于既定的历史过程之中，则风潮与学校共生，遂不能不使"师生每成仇

---

[1] 庄建平编：《近代史资料文库》第1卷，第279—280页。
[2] 同上注。
[3] 钱基博：《现代中国文学史》，第465—466页。

第四章　无从归聚：清末民初知识人的社会形象

雠"成为引人注目的世相和时论中的题目。[1]而以此日比往昔,则身为西人而久在中国的丁韪良(W. A. P. Martin)描述其眼中所见的中国人之于老师,说的是"没有一个国家","如此尊崇教师的职位。不仅生活中的教师受到最深切的敬意,而且'教师'这一名称本身,从抽象的含义上说,就是崇拜的对象。在一些特定的情况下,'师'与'天、地、君、亲'联系在一起,被镌刻在碑铭中,成为五种主要的尊崇对象之一,用隆重的典礼加以奉祀"。[2]就知识人之为知识人而言,师生本在同一个群类之中。他记述了一种曾经有过的长远历史存在,因此,以这些给外国人留下了深刻印象的旧日景象说世路之变迁,则与中国既有的这种以伦理维系而被称为师道的关系相比,显然是这个时候因学校而形成的师生关系已别成一种模样,学生看老师和老师看学生,都已变得非常不同了。

三 共生与纷争之中的社会相

"师生每成仇雠"成为学界风潮中的一种社会现象,其深处的历史内容,是师生之间本以伦理为支撑的内在绾结,因无法重建于伦理已经变化了的学校之中,遂不能不互相脱裂,各成一方。而风潮起于学界,其一种场面与另一种场面的因果各色各样,理路各色各样,面目各色各样,以及其散布于南北之间,潮来潮去而各成群起一哄的众声喧哗,最终都归于兴尽意阑之后各自纷纷散去的横不能聚成团,竖不能连成线。所以,一面是从清末到民初,时论叹为"风潮"的"日多一日",[3]一面是"日多一日"的风潮大多数所共有的分散性、临时性、随意性、易变性、小群性,都在以其潮来潮去和各色各样立此存

---

[1]《舒新城教育论著选》下册,第673页。
[2] 转引自庄士敦著,陈实伟等译:《紫禁城的黄昏》,北京:求实出版社,1989年,第132页。
[3]《舒新城教育论著选》上册,第542页。

照,反映了身为风潮主体的学生既与教师互相脱散而各成一方,其自身同样也在相互脱散而各成一方之中。当日因南洋公学罢学,遂有爱国学社。而本在日本留学的邹容"偕张继等五人排闼入"陆军学生监督宅,"榜颊数十,持剪刀断其辫发",之后"潜归上海",栖于爱国学社,于理应属同类相聚。"是时,社生多习英吉利语,君调之曰:'诸君堪为贾人耳!'社生皆怒,欲殴之",[1] 则显然而见的是同在风潮之中的人,其共处之际也不能自然相洽,以至于殴人者几几乎被殴。因此,出自学堂的新知识人虽以章太炎所说的自相"往还"远离大众,而作为一个在历史变迁中产生的社会群类,却并没有形成能够以类相归的同一性、整体性和凝聚性。而后是"师生每成仇雠",同时师生又常在代谢之中,以上一代学生成为下一代老师而构成了一种不断的再生和重造,由此形成的传承,以及一面传承一面泛化,都会使新知识人的多争和互争成了那个时候的知识界的常态。沈尹默后来以"新旧之争"立标题,追溯新文化运动的前史说:"太炎先生的门下可分三派:一派是守旧派,代表人是嫡传弟子黄侃,这一派的特点是,凡旧皆以为然。第二派是开新派,代表人物是钱玄同、沈兼士,玄同自称疑古玄同,其意可知。第三派姑名之曰中间派,以马裕藻为代表,对其他二派依违两可,都以为然。"这是其各自原有的本来面目,"但当太炎门下大批涌进北大以后,对严复手下的旧人则采取一致立场,认为那些老朽应当让位,大学堂的阵地应当由我们来占领。我当时也是如此想的"。[2] 前一段文字说的是同门之间的新旧之分;后一段文字说的是以师门为墙界的内外之争。因此这些叙述虽以"新旧之争"立名,其笔下的次第而叙,写照的却是内外之争的涨起淹没了新旧之分的事实。以他所举的章太炎门下"三派"都有留学日本的经历为同属新知识人一类,来与"严复手下的旧人"作对举,则用"新旧之争"为统括,虽然名实不尽相合,[3] 而尚不能算是全无所本。与

---

[1] 汤志钧编:《章太炎政论选集》下册,北京:中华书局,1977年,第793页。
[2] 王世儒、闻迪编:《我与北大》,北京大学出版社,1998年,第71页。
[3] 以历史先后叙次第,严复之为新派其实比他们更早。

之相比，1924年舒新城评说当时的"教育界"，其中相分相争的一派支离破碎则已没有头绪而无可统括：

> 我国教育界的派系少以主张分，而多以地域分：北京的江浙派、两湖派，江苏之江南、江北，浙江之浙东、浙西，全国之东洋、西洋，东洋之某大、某高，西洋之英国、美国、德国、法国、比国、意国，美国之TC派与非TC派，国内之某大、某高等不一而足。考其内容，则大半为谋个人的利益，而有如斯不伦不类的派别。各派别除各为其本派的利益而外，对于国家无共同之教育方针，所以某国庚子赔款退还的消息一经传出，教育界的各派便发生许多内讧。[1]

之后，由"教育界"而及民初的中国社会与政治，尤其引为感慨的是，"自命为知识阶级之执牛耳者的教育界无组织、无团结如此，无怪乎政客与军阀之黠者，常利用之以为政争的工具。论知识与人数，政客、军阀都不及教育界，而教育界反为鱼肉，任人宰割者，其原因在无组织，更在于无大规模的组织"。[2]他深诋当日"教育界"的"无组织、无团结"，若就"教育界"之"自命为知识阶级之执牛耳者"，则其意中的"无组织、无团结"同时也在写照整个"知识阶级"。而就科举停置以后，学堂养成学生，之后学生走出学堂，以新知识人的身份从业于教育界之外的各入一行而言，他在论说中把"教育界"与"政客、军阀"划分开来的那一条设定的界限，实际上又不足以说明知识人的分布与流动并不为这种界限所囿的事实。

以"政客、军阀"统指权力所在的政界，则其时留下的更多文字记载由政界众生相评说新知识人，描述的都是科举选官的制度停置之后，后起的新知识人虽然自以为另成一路而不同于旧日士人，其实仍然在沿着一千三百余年留下的惯性群趋于名利所在的政界之中。刘成禺说："光、宣之际，张、袁联袂入京，分执朝政，人以为政权在汉

---

[1]《舒新城教育论著选》上册，第500页。
[2] 同上注。

人;实则载洵掌海军,肃王掌民政,载泽掌财政,载振掌农工商,伦贝子掌资政院。张之洞常对鄂中门生在其幕下者叹清室之将亡,谓亲贵掌权,违背祖训,迁流所及,人民涂炭,甚愿予不及见之耳。当时与其谓亲贵掌权,毋宁谓旗门掌权,满人敢于为此,实归国留学生之为朝官者有以教之耳。"然后举其大端,各作描绘:

> 自军咨府创立以来,涛、洵领海陆军,倚日本归国留学生为谋主,各省陆海军学堂出身者附之。虽革命健将中,亦多海陆学生,而其时据大位者,皆由奔走旗门而来也。奔竞之风,由京中遍及各省,上行下效,恬不为怪。其他文职朝士,谈新学者集于肃王、端方之门,作官者则入载洵、庆王父子之门,谈宪政者又趋于伦贝子之门;某也法律政治大家,某也财政科学大家,弹冠相庆,几不知人间有羞耻事。[1]

显见得这些出自留学生的新知识人甫出校门便归依于"旗门",既以"奔走"表现了对于权力的附着,又以"有以教之"表现了知识之化为手段和政潮的因之而起。由此开先而引导后来,至民国初年,当时人所见到的已是"青年子弟,高等游民,微论为学生、为教师、为新闻记者、为党人说客,凡国民中之稍优秀者,无不鼓吹政治主义,逗挑政治感情,为社会之蠹虫,营寄生之生活"。[2] 作为这个时候"国民中之稍优秀者"的"学生"中人、"教师"中人、"新闻记者"中人和"党人说客"中人之"无不鼓吹政治主义",而用意又在于"逗挑政治感情",这种前所未见的景象之成为民初中国熟视惯见的社会现象,既由清末"归国留学生"的"奔走旗门"和"有以教之"前后相沿而来,又以其后来居上的人数之多和范围之广说明:知识人之不同于旧日的科举士人,在于他们既已整体地失掉了考试入仕的径途,而其中

---

[1] 刘成禺:《世载堂杂忆》,北京:中华书局,1960年,第144—145页。同书另有一节说,"清振贝子赴日,首携留学生陆宗舆以归,后曹汝霖、张宗祥、金邦平亦相继来北京,均有大用。而元老学生戢元丞尚在上海,乃谋召其人京,此不经考试,大加擢用之留学生也"(第155页),则言之更为具体。
[2]《民国经世文编》第5册,第2923页。

的个体又犹以附着权力为各自逐利的捷径。因此,"无不鼓吹政治主义",就一方面而言,是"鼓吹"等同操弄,是以知识人以此为业,则不能不被目为"社会之蠹虱";就另一方面而言,是"政治主义"而以"逗挑政治感情"为秘技,则其涉入政治的过程,便只能是起于搅动而归于搅动,于是一面是"全国之高等流氓,乃等于插标入市之猪牛,小者卖其皮肉,甚者乃至毛骨不留",一面是"全国稍有才力聪明之士,各举旗帜,奋力相攻"。[1]在这些叙述里,"全国稍有才力聪明之士"和"全国之高等流氓",指的都是同一个从新知识人中蘖分出来,而借政治以"营寄生之生活"群类。而其间由"各据旗帜"的一派与一派相争,到"插标"自卖的个体与个体相争,都在显示从头到尾的四分五裂和从上到下的四分五裂。时当"无不鼓吹政治主义","旗帜"虽然可以集群,但以"插标入市"的自卖为趋附的路径,则一群一派易聚易散。人在聚散无常之中,便只有个体的存在,而没有作为社会群类的整体归属。与舒新城痛诋的"教育界"相比,这种附着政治而别成一路的"国民中之稍优秀者",同样是在"无组织、无团结"之中。

四 无从聚合:士人社会的变迁

从受学一方的易起学潮到授学一方的"无组织、无团结",再到"稍有才力聪明之士"的"无不鼓吹政治主义"而"各举旗帜,奋力相攻",都可以看到知识人养成过程中的相互离散,以及知识人走出学堂之后,其生存状态和活动状态的相互离散。因此,民初中国,知识人所在之处,最容易见到的都是个体与群体之间的无从认同,以及个体与个体之间的不相认同。而就事理以言因果,则"无组织、无团

---

[1] 黄远庸:《远生遗著》上册,卷一,第5、132页。

结"的分散,本质上是没有共信而见不到合群意识;"奔走"和"寄生"的各寻依傍,本质上是无从归属而见不到群类的独立意识。然则不相认同正是由无从认同衍生而来的。所以,就外观而言,自科举停置,产出于外国学校和中国学校的新知识人已经取代了旧日士人的地位,但其自身的内没有形成独立意识和外没有形成同类凝聚,又决定了他们并没有实际地据有这种地位。

钱穆说:"国史自中唐以下,为一大变局,一王孤立于上,不能如古之贵族世家相分峙;众民散处于下,不能如今欧西诸邦小国寡民,以舆论众意为治法。而后天下乃为举子士人之天下。"[1]中唐之下的"一大变局"是科举制度促成的,以天下士人为范围的科举同时是以天下士人为范围的凝合和集聚。因此,在"一王孤立于上"和"众民散处于下"之间的这种"举子士人之天下"里,士人之能够自为群体,并以其明显的群体特征而与其他人口相区别,正说明了科举制度不仅产出了士人,而且从整体上以一种群类的同一性组织了士人。有此自为群体,时当"一大变局"之下的上下俱无重心,举子士人便被实际地置于中国社会的重心,从而与国运和世运连到了一起。之后,又因其与国运和世运的相连相结,而不能不以梁启超所说的"与国休戚"为群体伦理。[2]即使时至清末,广东读书人简朝亮并未应试出仕,而身在士林之中便是身在这种伦理之中,其自述怀抱,犹以"仆维不才,无以报国,庶几读书申明大义,斯亦下士之责"[3]为理所当然。而"与国休戚"的"下士之责"出于一个没有功名的读书人,又实证地说明了这种伦理自觉在士人群体中的实际存在和自为延续。然而"与国休戚",则"休"归之,"戚"也归之,成归之,败也归之。因此,与国运和世运相连的士人又常常被置于国运和世运的起落之中,一面被责备,一面被期望。自谓身历"甲午、戊戌、庚子、辛亥四次

---

[1] 钱穆:《中国近三百年学术史》下册,北京:商务印书馆,1997年,第653页。
[2] 梁启超:《饮冰室合集》第4册,《文集》之三十,第40页。
[3] 转引自吴天任:《梁鼎芬年谱》,广州:广东人民出版社,2018年,第108页。

重要关头"的瞿兑之,"垂老"之日曾以晚清史事总论士人群体说:

> 中国自宋以后,是士大夫的政治。士大夫政治可以说误尽苍生。但是没有士大夫呢,更不知今日成何世界矣。即以光绪朝中而论,自相残害破坏的是士大夫,议论纷纭以致国是不定的也是士大夫。然而试想光绪初元清流的纠弹权贵,抨击阉竖,扶植纲纪,排斥佞谀,是何等义正词严,凛凛有生气。尽管动机不尽纯洁,尽管直言不被采纳,然而这种气概,是叫人有所忌惮的。国本所以不动摇,就靠在此。君主之威虽然无所不极,小人之倾害亦无所不至,终觉得士大夫的公论不能轻易抹杀,士大夫的身份不能轻易摧残。[1]

他言功言过,写出了自己直观所见的晚清士大夫,并以其言功言过明了地阐释了士人群体既已居一世之重心,则天下不宁,自不能不承担误苍生之责;又以其没有士大夫"更不知今日成何世界"的一言以断,说明朝野摇晃而时处倾危之际,这个群体犹能合力守护"国本"和维持"公论",从而使天下没有全然失其所归。因此,虽然瞿兑之眼中的晚清士大夫品相不齐而不尽可爱,但他的叙述又非常明白地使人看到:与"国本"之"所以不动摇"和"公论"之所以"不能轻易抹杀"直接对应的,仍然是当日士大夫的群体存在和整体意志。晚清与民国相去不过一间,但比较而见,被称作"国民中之稍优秀者"和"全国稍有才力聪明之士"的民初知识人,已常在时人的睚笑怒骂之中,而看不到一点"生气"和"气概"。他们已经自成一种社会群类,但又内不见独立意识,外不见同类凝聚。由于内没有形成独立意识,则其时的知识人不足以产生自觉的整体意志;由于外没有形成同类凝聚,则其时的知识人不足以自成其群体的存在。而后是以个体意识为本位,又化个体意识为散漫存在便成了这个群类在清末民初文字记述中的经常态状。

---

[1] 瞿兑之著,虞云国、罗袭校订:《铢庵文存》,沈阳:辽宁教育出版社,2001年,第121页。

相比于同一千三百多年历史相连接，并由一千三百多年历史化育的科举士人，产生于清末的知识人是朝廷用国家力量兴学育才催生出来的，其背后并没有一个自然养成的历史过程。因此不能同类相聚而自成群体，正是未经自然养成，而得自于催生而来的一种犹未认识自己的迷离。以这种迷离为起点，而后漫长地演化于中国历史的变迁之中，初生的知识人才能一步一步地在更完全的意义上成为后来的知识人。

第五章

从声光炎炎到前途失路：
后科举时代知识人的生成和困蹇

一 晚清的学堂崇拜和新学生之不足以崇拜

光绪三十一年（1905）朝廷停科举。之后新起的知识人与旧日士人的代谢，便成为那一段历史里的重要内容。作为一种前所未有的社会群类，知识人是以其出身于学堂和游学为标帜而别成面目，与旧日的士人相区别的。时当科举为兴学让路之日，这种区别分出的是两者之间的高低上下；时当清末筹备立宪以百度更张除旧布新之日，又是朝廷需要新学，而知识人出自新学。因此那个时候为朝野所共奉的人才出于学堂的一派道理，便成了直接把这个群类拱入权势之中的动力，而后是知识人甫自初生，便已身在四通八达的一路发皇之中。光绪朝末期，御史吴钫疏奏论"厘定"官制，而先以科举既停之后的"人才绝续之交"，说朝廷用人的无可选择：

> 此后新政日繁，需材日多，将于何途取之，势不能不取之学堂，而全国学堂甫有萌芽，尚无效果。臣窃虑三五年内，必难遽得学堂人才之用，忧时者求才无计，迫而索之东西洋留学生。而以臣所闻，留学情形则亦有未可恃者，盖外人专门之学颇极精微，决非十年以内所能研究，不特私费者无此财力，即官费者亦无此日力，

浅尝辄止,所在皆然。其贤者视影惜阴,望洋兴叹,二三浮薄之士,则略通文语,专事欺蒙,甚或敢为大言,甘溺邪说。而操荐举之柄者,又未必人尽公忠,滥保私人,援引亲故,一或不慎,流弊何穷。[1]

由"势不能不"到"迫而索之",说的都是之前演变而来的历史格局,已成为后来限定的历史格局。则时当科举停置之际,最先涌入官界的,大半都是"东西洋留学生",其中又以"二三浮薄之士"为尤善自显自见而容易出头。当时的宪政编查馆曾说其大略曰:"惟入官试验,一时尚无善法,而内外百司推行新政,需才孔殷,此项游学毕业人员,为数又属有限,争先罗致,亦理势之自然。"于是"往往负笈初归,而剡章已列"。在这种无须"试验",径由"私相延揽,以辟召而得官"[2]的过程里,"罗致"便是腾达,留学生不仅能因此进入仕途,而且能因此走到高处。[3]其影响所及,又一定会越出其"为数又属有限"的范围,化为声光炎炎的迫人气焰。曾在日本学过法政的易宗夔当时正身任资政院议员,而议事之际指斥"各省提学使",又指斥地方之"议长",动辄居高临下,统而言之,鄙称之为"科举时代的人"。[4]当此声光随权势而走之日,与这些海外归来的新人物一同与"科举时代的人"相对而立,并一同被当道倚重的,还有养成于中国学堂的土生土长的新人物。光宣之交盛宣怀奏议论矿务,而陈说之中尤其令人印象深刻的,则是涉入其间的"矿务学生张金生",一经

---

[1]《清末筹备立宪档案史料》上册,第416页。
[2] 朱寿朋编:《光绪朝东华录》第5册,第(总)5824—5825页。
[3] 曾是留美学童的蔡廷干后来说:"当光绪初年由美返国时,士大夫见识未开,对吾侪不无意存轻藐,甚且出于疑忌。独李文忠、刘公芗林、周公玉山二三有远识者,稍加颜色。追其后,张文襄、袁项城、端午帅诸先达,荐拔吾侪,不遗余力,视李文忠诸公有加。以故数十年间,吾同学之登仕版者,文武两途,类多通显。"见庄建平编:《近代史资料文库》第9卷,第82页。他自叙同一群人在光绪初年和光绪后期所感受的冷暖殊异,而张之洞、袁世凯和端方之大用这一群人,对应的则正是清末最后一段历史中的"新政日繁"而人才处"绝续之交"。
[4] 李启成校订:《资政院议场会议速记录——晚清预备国会论辩实录》,上海:三联书店,2011年,第549页。

奉派勘矿，便已与两名道员对等敌体，比肩共事，之后又直接接替其中的一名道员，出任主持地方矿务的"帮办"。[1] 显见得官场虽有等序，而学生自能一路直入，越级而上。与之相类，《汪穰卿笔记》中有一节，说的也是那个时候的学生：

> 京曹官有奉部命至湖南某州有所调查，一日偶与人家婚宴，座中有昂然气态出众者。问之，则以湖北寻常师范毕业生，在其州中办新政者也。一人忽前语曰："某家逼婚事，君何不过问欤？"其人曰："吾何暇为之，吾既办全州教育，而州官又浼吾办警察，岂暇为此？"请者又徐曰："君盍姑问之，某家固尚有三牛也。"此人闻言，即俯首沉思，不复言有暇否矣。[2]

一个"寻常师范毕业生"既已总绾"全州教育"，又将提调一州之警政，这种全无规则可言的权力集归同样打破了官场等序。出自学堂的"昂然气态出众者"因而轻易地进入了地方社会的上层，但作为汪康年实录彼时众生相的一种典型形象，则其太过直露的贪鄙，同时又说明与之俱入并影响后来的，将会是这种由知识人演化而来的新官僚大幅度劣质化。

这些各不相同的记述，都写照了20世纪初年中国社会曾经有过的学堂崇拜和游学崇拜，以及由此派生的学生崇拜和留学生崇拜所曾达到的程度。风会所趋，其时籍属桐城的吴汝纶致书桐城绅士，由当日的"乡试题名，中者甚多，殊以为喜"起讲，然后言之谆谆地说今日之时移势易，而归旨则是科举已不如学堂，"此次招考取入学堂之诸生，将来荣誉，不止过于科第，即一邑盛衰，基胎于此，无任殷盼"。[3] 他以此劝谕乡里，具见取向分明。同时又有《泰晤士报》(The Times)驻北京的记者莫理循(George Morrison)在一封信里说的，"圣人〔孔夫子〕的第七十六世后裔衍圣公"通知柔克义，"他打算把

---

[1] 朱寿朋编：《光绪朝东华录》第5册，第（总）5502页。
[2] 章伯锋、顾亚主编：《近代稗海》第11辑，第490页。
[3] 《吴汝纶尺牍》，第313页。

他的已往懂得很多英语的侄子送进这里的美以美会办的学校",[1]同样是取向分明。在那个时候,吴汝纶为乡里谋将来和衍圣公为侄子谋将来,都因其各自的文化身份而代表性地表现了人随风会而走的事实。而身在这种风会之中,其时的留学生则自以为真能高人一等。因此民初北京欧美同学会曾有提案说,"夫留学生为国民优秀知识阶级,不但谙熟东西洋最新学术,洞悉世界潮流,且曾亲历立宪先进各国有年,于法治精神,尤多心得,为国家计,自应特别设法"待遇之,"俾能贡献其学识经验"。还有人出洋留学之前,已在报纸刊登广告,自期"来日学成回国之时,适中华仰才之秋也"。[2]前者由彼邦而来,所以顾盼自雄;后者则还没有离开中国已在顾盼自雄。

然而与这种学生崇拜和留学生崇拜同时存在而成为对比的,则是当时人以其闻所闻和见所见发为评述,却并不相信学生的值得崇拜和留学生的值得崇拜。一则记载说:"自科举废倡言新学,凡留学日本三年毕业归国者,送部应廷试,或赏翰林,或进士,或举人,皆出于一榜焉。此从来科名未有之变局也。"然后举例说:"光绪末年,有粤人某廷试得翰林,呼何秋辇中丞为秋辈,读奸宄之宄为究。予初以为言者过甚耳,迨指其人而实之,始知不谬。吁!此亦国之妖异也,安得不亡哉!"[3]以"粤人某"为实例,则具见留学生识的中国字太少。另一种记载说:"闻绘图生某,痛言留东生徒之怪现象,举凡人生丑劣行,皆一一贡献之,发露之,不稍匿。犹自号于众曰:吾国民也,吾当为社会之主人也。噫!"由"留东生徒之怪现象",则具见留日学生的不易以人世间常情常理相度量。[4]其间刊于宣统年间《时事报》的《拟考试人员上唐宝锷书》,尤立意峭刻而行文了然直白,先以"公非所谓留学毕业生者耶?公非所谓毕业考取翰林耶?以如此之翰林,有

---

[1] 莫理循:《清末民初政情内幕》上册,第501页。信中提到的柔克义(William Woodville Rockhill)是当时的美国驻华公使。
[2] 转引自《舒新城教育论著选》上册,第569页。
[3] 章伯锋、顾亚主编:《近代稗海》第10辑,1989年,第316页。
[4] 孙宝瑄:《忘山庐日记》下册,上海古籍出版社,1983年,第1118页。

第五章　从声光炎炎到前途失路:后科举时代知识人的生成和困塞

如此之知识,此足见留学生之特色,令人崇拜不暇。生不敏,新学固有所未知,旧学亦非其所长"作彼己之分而自居于谦卑一方,然后笔锋倒转,出之以调侃讽刺说:

> 日前天津审判研究所考试正班新到人员,蒙命题为《唐明皇以诗书赐吐蕃论》,一班考试人员,几不知唐明皇为何人,吐蕃即今为何国,搜索枯肠,不得其解。若非公登坛讲题,谓唐明皇即鉴书内之唐太宗,吐蕃在中国,即今之俄罗斯,生等几乎要递白卷矣。而不识时务之优贡某,不知自谅,竟敢出而辩难,以吐蕃为西藏,以明皇为玄宗。此等无根据之谈,诚如公所云:"尔于中学则致力矣,历史地舆之学素未讲求,无庸争辩,致误正解。"

在其一派非常明显的挖苦里引入这一段"优贡某"与唐宝锷之间的论辩,实际上是在以具体的人物作对比,显示"科举时代的人"与留学生之间知识上的高低之分和差异程度,以及"留学生之特色"的傲慢和虚骄。因此一派挖苦之后,又"检阅《御批通鉴辑览》,为之说唐史,自"太宗以来,中间高宗、中宗、睿宗,而后至于明皇";并据历史指述地理,为之说唐代的吐蕃,"实为今日西藏之地"。末了言之锋利地讥嘲说:

> 想公另有一部鉴史,一幅舆图,得于留学之时,为人之所未及见。故毕业回国,博取翰林,有如拾芥。公之所谓素谙新学,素谙历史地舆之学,殆即以此。以是知留学之知识,可谓成矣。[1]

与当时人说当时事多见发抒感叹相比,这些文字首尾完整,留下的是一段历史情节和一种历史形象。而由此产生并与之相伴的以消薄表达轻蔑,正说明作为知识人的留学生本应以一己之学植自立,但"命题"之后又"登坛讲题"的留学生则以其太过明显的信口臆说与"优贡某"形成对比,证明了自己的不能以学植自立。因此,挖苦和讥嘲

---

[1] 刘声木:《苌楚斋随笔 续笔 三笔 四笔 五笔》下册,北京:中华书局,1998年,第765—766页。

表达的都是对于留学生之为知识人的蔑乎视之。在二千多年以敬崇文化为传统的中国里，这已是一种极度嗤鄙。而原本倚为光彩的"博取翰林，有如拾芥"则随之滋味全变，留下的只是一种供人指指点点的名实不相对等。

当新旧嬗递之际，留学生应时而起，并且先声夺人，因此，从"粤人某"到"留东生徒"，再到"如此之翰林"的唐宝锷，其间的记载所及，都是当时的留学生。而蓝公武在民国初年说，"即以今之新进俊髦高谈欧美者流而言，亦多思想卑野，知识浅薄"，而且"内乏信仰力"又"中心无主宰"，[1]显然同时总括了游学一路和学校一路。稍后孟森说"计自废科举、改学校以来"，多年之"所造就不过半通不通之人才"，[2]则其概而论之，对应的已全是本土所办的学校和本土所产的学生。从光宣之交到民国初年，是一个因新学崇拜而致学堂崇拜、学生崇拜和留学生崇拜从风而起，掀动朝野的时代，学生之腾跃而上，靠的应当是别人没有，而他们独有的"东西洋最新学术"。但在这些生成于同一个时间里的记述和评断中，学生和留学生之被比为"国之妖异""人生丑劣行""如此之知识"以及"思想卑野，知识浅薄"和"半通不通"等，其所以深被鄙薄，却大半正在于其"东西洋最新学术"的不足取，以及与之相随的性气蜕变。这种崇拜和鄙薄的彼此相逆又一时共存，便成了20世纪初年中国社会里与知识人相伴而生的真实矛盾。

知识人的历史起点与这种矛盾内在地交集，则以此为开端，构成了这种矛盾的两个方面都会长久地存在，并沿各自的因果深度影响后来的知识人与中国社会。

---

[1]《民国经世文编》第8册，第5028—5029页。
[2]《孟森政论文集刊》中册，第793页。

二 停科举与旧式士人的合流于新知识人

由于兴学育才与停置科举牵连而起，同时是两者之间的此长彼消，正在万众注目之下重造人世间的荣枯穷达，因此比较而言，在知识人产生和形成的过程中，学堂崇拜和学生崇拜便成了更能直接影响和最先直接影响中国社会的一面。影响所及，又尤其明显地见之于原本为科举所收拢，而此日已无所皈依的士人处进退失据之间，为这种此长彼消和荣枯穷达所牵引，纷纷然以变应变。所以，当那个时候的人正以"各国留学生考试，赏翰林、进士、举人有差"的"崇拜西欧，极力则效"[1]为见所未见而引为诧异之日，而与之相隔不过咫尺，已有经乡试、会试、殿试、朝考而得翰林者企求"游学"，比为"拔出"于"地狱而升之天堂"[2]的另一种见所未见。若以其时奏折中提及的山西在籍翰林院检讨梁善济"前在日本学习法政，于彼国法制，多有研究"、浙江"在籍翰林院编修陈敬第"曾"游学日本，于各国政法并能留心体察"，[3]以及直隶人刘春霖先中状元，后从"日本政法大学毕业"等这些到过"天堂"又回来的人物相推度，显然是和他们类似的翰林院中人其实不会太少。而同在以变应变之中，则翰林以下，见之于记载的进士、举人、秀才同样经由"游学"而一变其科举士人的本来面目者又会更多。[4]

这种由此入彼的转身实现于个体的自愿选择，与之相比，光绪后期朝廷既立"仕学馆"，又立"进士馆"，已是旨在群体地改造"科举时代的人"，朝旨谓之"加意陶成，用资器使"。其间由诏书指令"凡一甲之授职修撰、编修，二三甲之改庶吉士，用部属中书者，皆令入

---

[1] 刘声木：《苌楚斋随笔 续笔 三笔 四笔 五笔》下册，第779页。
[2] 上海图书馆编：《汪康年师友书札》第3册，第2948页。
[3] 《清末筹备立宪档案史料》下册，第685、688页。
[4] 李启成校订：《资政院议场会议速记录——晚清预备国会论辩实录》，《附录》。

京师大学堂,分门肄业",[1]自当时人看去,便是已经由科举出头的士类之优秀者又在"屈伏充生徒"。由此形成的一身兼有科举所得的功名和学堂所得的"卒业文凭",[2]则决定了这些奉旨进入京师大学堂重作"生徒"的一甲、二甲、三甲进士,与一千三百余年间产出的科举士人实际上已不会全然相同。曾是生徒之一员的满人金梁后来记此一段光景说:"癸卯、甲辰两科同年,朝夕聚处,常谈笑为乐。余自额其宿舍曰斗室,出入最盛,各为品题,若者宰辅,若者督抚,若者卿贰,若者监司。同人常笑指余室曰:'入斗室,如入小朝廷,百官公卿,人才无不备也。'汤同年[化龙],厚重不轻言笑。一日谓余曰:'君日指目同辈,而未闻自置何等,殆将以帝制自娱耶?'谭组庵则曰:'君霸才,当王海外耳,非中国所能容。'余笑斥之曰:'殆排满耶?'"[3]就其"谈笑为乐"的种种题目而言,显见得这些由科举而得功名者一入大学堂,互相影响的便都是不肯循规蹈矩,安分守己,遂使其中的不少人物经此造就,在民初都更容易与新知识人合为一流,以成其掀天揭地。辛亥年汤化龙助成湖北的革命和谭延闿助成湖南的革命,皆循此一路而来。而在仕学馆和进士馆之外,稍后出现的地方咨议局和北京资政院又别开生面,提供了一种以议事为名目,能同时容纳出身科举的士人、出自游学和学堂的学生,以及一身而兼此两重身份者的更大的空间。这些人各有来路,从而各成一类,但在资政院和咨议局引东西洋学理评说中国时事,并以公议和群议自立主张而表达政见的过程里,其间的公议和群议,又会使原本的各成一类,因其不断趋近而同化于时潮之中。所以,清末的报章以"咨议与督抚之争执"和"资政院与军机之冲突"[4]为特写,以描述当日政象之一派奇异。其中的"咨议局"与"资政院",显然都被看成一种集体的存在和拥有共同意态的存在。由此等而下之,又有汪康年笔下"寻常师范

---

[1]《清实录》第54册,2008年,第61668页。
[2] 荣孟源、章伯锋主编:《近代稗海》第1辑,第252页。
[3] 章伯锋、顾亚主编:《近代稗海》第11辑,第294页。
[4] 中国史学会主编:《辛亥革命》第4册,上海人民出版社,1957年,第71页。

毕业生"那样的新人物与旧日士人中本来还算"明白耐劳之士绅"[1]合为一途,在地方自治的名目下,共聚于地方社会各式应时而生的机构里。随之是同在一个无须恪守章法的历史过程之中,两种人之间的利益日益交集重合而界限日益漫漶模糊,漫漶模糊便是一种融化和同化。

这些现象出现于20世纪初年的科举士人之中,说明了科举停置之后,学堂和游学不仅直接产出一种与之不同的新知识人,而且又以这种新知识人的后来居上作示范,使科举士人中的个体纷纷然蹑而从之,并且积个体之多而合群地朝着新知识人那一面移动。而后的两头交汇和同化,便成了中国近代知识分子形成过程中的一重真实历史内容。因此,当清末民初的新知识人被置于评说之中,以其"别树阶级,拒人千里"、[2]"对社会无有益的贡献""不合中国情形"[3]以及"无组织、无团结"[4]等为陌生和异样;与之同时,又是本来熟识的旧日士人因无皈依而无拘束也在评说中普遍地变得陌生和异样。所以民国的前十多年间,当时人的见闻录入文字,便有指述浙江的"大荆土豪某,亦廪生也,一乡无不畏之。呼啸成群,四时所收礼物、食品堆积满屋,官亦仰其鼻息"。又有"张云雷等所建虹桥念佛社,借以敛钱,所入不资。大氐土豪所为,总不外此。瑞安士绅更坏";[5]有指述江苏的"江北各属地广而瘠,民众而贫",近年已至"游民失业十居八九",而"地方士夫或负社会之属望,或肩自治之重责,多以攫取金钱为唯一主义";[6]有指述湖北的"正人君子"等"对抗议会之策",及地方社会的"士绅暗斗甚烈";[7]有指述山西的"民国之绅士多系钻营奔竞之绅士,非是劣衿、土棍,即为败商、村蠢",皆"借势为恶,

---

[1]《清末筹备立宪档案史料》下册,第759页。
[2]《章太炎演讲集》,第410页。
[3]《恽代英全集》第4卷,第472页。
[4]《舒新城教育论著选》上册,第500页。
[5] 陈光熙点校:《符璋日记》下册,北京:中华书局,2018年,第892页。
[6] 周兴禄编:《黄秉义日记》第5册,南京:凤凰出版社,2017年,第2005页。
[7] 胡香生、严昌洪编:《朱峙三日记》,武汉:华中师范大学出版社,2011年,第354、501页。

婿官殃民,欺贫诌富";[1]等等。若以光绪后期一个以教读谋食的在籍绅士目睹"日来里中构衅者数家",在日记中自责"余德不修,莫能化及乡人也"[2]为其时犹能见到的乡绅维持地方的自觉意识,则以此做比较,显然是后来的乡里人说乡里事,记述的已是清代二百六十多年来以科举士人为主体的地方绅士,在这个时候整体地向着"坏"和"恶"一面演化。就其中一节把"劣衿"与"土棍""败商""村蠹"视同一类而言,又见此日绅士的构成已随社会的变迁而在变化之中。然而光绪末年朝廷议"直省官制",曾有条陈说其时"每州县中,廪、增、附生合计必有三四百人至七八百人"之多,并预计"三十年后",这些"胶庠秀士"才会"日即雕零"。[3]如果加上身份更高一点的举人和贡生,则科举制度留给后来中国的士人,在数量上一定还会更多。而与学堂中人的负笈城市相比,他们都是在其时被称作乡里的地方社会中养成,从而根脉犹在地方社会的群类。因此,依其既有的历史承袭和积留的历史总量而言,民初的十多年里被指为"士绅""地方士夫""绅士"者,其实仍应是各有功名的科举士人居多。

作为一种事实,绅士之中的间有"劣衿",本属自古已然。而此日的绅衿之"劣"所不同于自古已然者,又在于后来的绅士自身已随清末以来移入世路的新法而变。光宣之交,辜鸿铭呈文论新政,说是"近日各省督抚多有借西法新政之名目,以任其意之所为",由此上下应和而衍为事实,便是"好大喜功之督抚"与"遇事揽权之劣绅"同归于"借此以徼名利"[4]之途。他说出了这段历史中绅士之附着于"西法新政"的自为伸张;也说出了这段历史里绅士中最先据有声势的,常是其间品类不高的"劣"者。就西法新政本与新起的知识人同出一源而言,则出自科举的绅士人物之附着于西法新政已是一种自变形质。而其间尤以"劣绅"为引人注目,又说明这种自变形质的过程

---

[1] 刘大鹏:《退想斋日记》,第322、336页。
[2] 同上书,第69页。
[3] 《清末筹备立宪档案史料》上册,第515—516页。
[4] 同上书,第309页。

是在向下走去。而后是自清末至民初,西法新政更进一层,绅士的演变也更进一层。1912年,一则日记记述浙江平阳的地方政治说:

> 是冬国会选举,志濒本大有希望,而以平阳共和党组织不力。黄笃生入国民党,尚感其不能制胜,乃电召殷铸夫妇,为运动当选,志濒乃为大碍。余于选举前又不能善为布置,遂致着着落后。至选举时,永嘉徐象先(慕初)、林式言等运动百出,王志濒、刘祝群等思以计破之,遇有重复投票者,当场弋获,宣告作弊无效。于是徐、林等遂率众乱殴志濒,致起诉讼。[1]

这种由地方开始的"国会选举",腾跃于局中的无疑都是地方绅士。而由其各逞手段的"运动百出"论事实,正可以见"选举"的本义仍然是在"遇事揽权"。然而绅士之群争各依党派,施展为"运动百出"和"以计破之",则这种"遇事揽权",又以其与时俱进的名目之新和手法之新,已比辜鸿铭之所见更上了一层楼。在这个过程里,旧日的士人和出自学堂的新知识人已同在党派之中,自外观而言便是合为一体。但"选举""组织""运动""布置"之类大半为昔时的绅权所未曾有,而皆出自新知识人更接近和更内行的"西学新政"一路。就此而论,显然是旧日士人之与新知识人的合为一体,只能形成于被动地跟从和仿效之中。由于合为一体,所以当日舆论所指目的"全国稍有才力聪明之士"、"所谓上流社会者",以及"国民中之稍优秀者",[2]实际上对应的都应当是这种在合为一体中嬗变而成的近代知识人;而合为一体之实现于旧日士人随新知识人而变之中,则又决定了他们得自于科举的气质和面目不能不一路异化。因此,虽然就个体来说,这个时代仍会有科举士人的实际留存和自觉留存,但整体意义上的士大夫则正在新旧同化和共同演化的过程里一面分解,一面融入近代知识人之中。对于二千多年来以士农工商分群类,并置士于四民之首的中国社

---

〔1〕 温州市图书馆编:《刘绍宽日记》第2册,北京:中华书局,2018年,第549—550页。
〔2〕 《民国经世文编》第5册,第2923页;黄远庸:《远生遗著》上册,卷一,第5页;梁启超:《饮冰室合集》第4册,第40页。

会来说，士人自身随学堂崇拜和学生崇拜而变，不能不是一种明显的气质之变。

三 学堂的"整批生产"和社会之无从"消纳"

学堂崇拜和学生崇拜在极短的时间里掀动上下，改变了科举制度在一千三百多年里累积而成的社会格局，同时改变了养成于这种格局之中的读书人。然而与历时一千三百多年的科举制度比较，学堂崇拜和学生崇拜又是一种由利禄之途的转移而直接促成的骤然而起。骤然而起是背后没有历史筑成的依托和脚下没有自内而生的根基。因此，当转移而来的利禄之途由通达到仄隘，由仄隘到截断之后，这种起于骤然的学堂崇拜和学生崇拜不能不由其兴也易，一变而为其衰也易。至民国初年，当时人眼中所见，已是今昔显然不同："从前出洋毕业回国，当轴极意优待，年俸视大学士十倍且有不止，其次亦必五倍"，之后，"当民国元二年，机关林立，学生得事较易，而俸薪皆百数十元不等。今则事少人浮"，难以为继。[1]他说的是由盛转衰之间前后不到十年。与之相印证的，是1915年《申报》曾论"留学之用途"，说"中国费无数之金钱派遣留学生留学"，真能"学成而归"的其实并不算多。而于其当时的境况则尤多惋惜：

> 果学成归国矣，而或为他国用焉，或为地方用焉，或竟置之闲散焉，其为政府用者无几也。今政府思有以用之矣。思用之，于是乎，有考试之举。而或被摈于文字焉，或被摈于科学焉，或被摈于口试焉，其合于政府所悬之格者又无几也。此无几合格之学生，其必能尽其用矣乎？然而，据都人士推测，则谓此次考试学生因受减政裁员影响，即所取最优等之数人，恐亦不能尽用。呜呼！此果留

---

[1] 何刚德：《春明梦录 客座偶谈》，《客座偶谈》卷二，第8、10页。

学生一时之命运欤?[1]

比之清末京官所目睹的"出洋"回国者之备受"当轴极意优待"而无庸考试,这个时候留学生的归路已隔断于"被摈"和"不能尽用",选才的考试之法因其太过随意则反成了一种扼制。因此,时至民初,同一个群类已不再是"当轴"倚重和优待的对象了。而置身于"事少人浮"之间,这些曾经一派光焰的人既已光焰熄灭,实际上便成了多余的人。若又引"前清"以来已被当成"定例"的学生依"西洋一品,东洋二品,本国三品"[2]分等次,做等次之间的比较,则位列"三品"的本国学生,其"一时之命运"显然会困窘更深。至20年代中期,"据中华职业教育社统计,自民国六年至十五年十年间,江苏中小学生毕业生之不能升学,又无业可就者,其比例率常为百分之四五十",而"内地学生之不能升学而又无业可就者,其比例率当有过无不及"。至30年代初期,中央大学的毕业生"大半无事可做",同时的"留学生闲居上海一隅者已达二千"。[3]显见得"一品""二品""三品"虽因分等而高低不同,但同属兴学育才产出的新知识人,则"无事可做"和"闲居"一隅,都说明他们一旦走出学校的不知所归,其实同在伯仲之间。

"无事"和"闲居"都是读书与生计之间的断裂。所以,当时邓之诚由清末变科举言及民国"学校生徒",说是"二十年来",一面是"进用者不必试,试者不必得",一面是"生徒学成而无所职者日多";邓嗣禹以三十年前比三十年后,说是"自罢科举后,中大学毕业,无啖饭之所,于是纨绔子弟,终日逸游;贫困之士,有志莫逮"。[4]二千多年来,中国的多数读书人都长在清贫之中,但邓之诚和邓嗣禹的今昔比较,尤其重在指述这种读书人"无啖饭之所",及其数量之日增"日多"的了无止境为前代所未有,并溯其由来,共归于清末造

---

[1] 转引自《黄秉义日记》第4册,第1854页。
[2] 《舒新城教育论著选》上册,第569页。
[3] 《舒新城教育论著选》下册,第718、804页。
[4] 邓嗣禹:《中国考试制度史》,第7、267页。

其因而民国受其果。

就人才的育成和归宿而言,科举制度产出的是功名士人,功名便是出身;学校"有文凭学位,而无出身",遂"与众流并进"。[1]然而当清末兴学之初,主其事者用来动员读书人的,都是在把本属科举的功名利禄移到学堂之中。辜鸿铭在民国年间追记说:"犹忆昔年张文襄贽遣鄂省学生出洋留学,濒行诸生来谒,文襄临别赠言慰之曰'生等到西洋,宜努力求学,将来学成归国,代国家效力,戴红顶,作大官可操券而获,生等其勉之'云云。"之后评论说:盖"未脱于功利之念也"。[2]而由此"功利之念"造成的上以利禄召,下以利禄应,则一定会使科举既停之后,利禄之想转而浸灌于学校。[3]然而吴汝纶在清末眼见这种仕路移向学堂的翻江倒海,已看出其根本上的难以为继,并因之而远望来日,深忧"天下安得如许多官"。[4]时至民初,梁启超在教育部作演讲,已举"即西河沿一带客栈,求官者多至数万,遑论他处",以说明这个时候的教育正在不断产出官吏之候补者,以及这些官吏候补者在当下中国的没有出路,[5]吴汝纶所预见的矛盾便成了一种可见的事实。而后有何刚德以科举比学堂论说这种矛盾,而言之条理清晰:

> 今日学堂之弊,与学生无与也。而当时兴学者,急于观成,仓猝定制,人不一心,适蹈不知轻重之弊也:
> 一在毕业太易。科举时代,三年一会试,取进士三百余人焉;三年一乡试,各省统计,取举人约二千人,五贡并不及此数。进士固实时任用,而得意者尚不及半;举贡分途,消纳十不得一。日积月累,后来已拥挤不堪矣。今改科举为学堂,大学毕业视进士,中

---

[1] 邓嗣禹:《中国考试制度史》,第7页。
[2] 辜鸿铭:《张文襄公幕府纪闻》上,第7页。《凌霄一士随笔》又记山东巡抚胡廷干莅山东高等学堂致词:"勖诸生继续努力求学,谓将来可以做到司道哇!"见徐凌霄、徐一士:《凌霄一士随笔》第3册,第1077页。
[3] 梁启超:《〈饮冰室合集〉集外文》中册,第667页。
[4] 吴汝纶:《桐城吴先生日记》上册,石家庄:河北教育出版社,1999年,第373页。
[5] 梁启超:《〈饮冰室合集〉集外文》中册,第667页。

学毕业视举贡,而且无人不可毕业焉,今默揣其数,试问何以安置?

一备索学费。从前寒士读书,无所谓学费也。且书院膏伙,尚可略资以贴家用。今则举学中田产,悉数归入学堂,而学生无论贫富,一律取费。且膳宿有费,购书有费,其数且过于学费。其出洋之由于官费者,寥寥无几,其自费之费,即千金之家,亦必裹足焉。是出洋学生不得有寒士矣。

一不恤生计。学生之弃家产,负重债,以期毕业者,不过求出路以取偿耳。今对待学生者,则曰:学生之头角峥嵘者,不难自谋其生;历次考试,亦有任用。即不然,亦得有学位,则亦已矣。不观当日之秀才乎,秀才中举中进士,固有出路,若终于秀才,则亦有秀才顶戴荣身也。有何不可?不知当日秀才无资,本无产可破,今之秀才,则大半自破产来也。此二者视之太轻,势穷而变,不易通也。[1]

"仓猝定制"而"适蹈不知轻重之弊"的但顾目前未筹后来,使学堂推倒科举的过程虽由造就人才的愿想为起端,但其一路演化和派生,却实际地为20世纪前期的中国带来了一种前所未有的社会困境。

人才与社会相牵结,但就范围而论,则社会问题又显然大于人才问题。因此,维持于两者之间而力求其稳定和平衡便成为古今之同然。一千三百多年里,自隋唐的科举选官到宋以后的科举取士,其各立章法,前后不同,正是在不断地提调两端,以维持稳定和平衡。其间的一路演变,一方面,由选官而取士,是科举制度的立意,从原本只为政府补充官僚移向了兼为天下士人谋出路;一方面,又是这个过程由诗赋而经议、由帖经而八比的一变再变,以及与之相伴的一千三百年之间"科试之法,欲其难,不欲其易"[2]的施为实际演进,

---

[1] 何刚德:《春明梦录 客座偶谈》,《客座偶谈》卷二,第9—10页。
[2] 顾炎武:《顾亭林诗文集》,第21页。清代朝旨曾明令乡会试"断不可出熟习常拟之题"。见《清实录》第6册,2008年,第5523页。

都在化为上进之路中的步步艰难崎岖。前者谓之"广设科目以容之",旨在使每个士人都能进入科举取士的自我成全之中,后者谓之"苛持绳尺以扼之",[1]则旨在使每一个士人都能够明白地看到,科举取士的尊荣,其实是公平地实现于少数人淘汰多数人的"大比"之中的。因此,"广设科目以容之"与"苛持绳尺以扼之"的同一,对于朝廷来说,便是每一次从乡试和会试中获得功名的人都是有限的,从而始终都在指掌的笼罩之下;对于士子之失意者来说,又是每一次绳尺"扼之"以后,科举取士与自己的距离仍然近在咫尺,从而前头的那一条出路依旧是由科举取功名。曾国藩说他父亲"应小试者十七役",于四十三岁"始得补县学生员";[2]李慈铭说自己"十试而成举人,又四试之后五十二岁始成进士",[3]皆历经久"扼"而不肯自弃。若举宋人有七十二岁"中试"[4]者和清人有八十多岁中进士者[5]为实例,以通论科举制度下的众生相,正可以看到一千三百年间这样的人和事之常常而有。历经久扼是一种深深的困苦,因此旅店的破壁便多见来而又去的士人叙写苍凉的下第诗。但身受久扼而不肯自弃,又说明这是一种个体自觉选择,自愿承受并自为消化的困苦。所以,一千三百余年间无时没有士人之失意,而失意的士人却仍然都在科举制度之内。这种个人的苍凉并没有汇集为群体的愤怒,没有使常被制扼的士人与科举制度互相对立,演化为那个时候的社会矛盾。

由后来者看从前,显见得"广设科目以容之"和"苛持绳尺以扼之",正是以其相互之间的平衡,造就了成功与失败的平衡,个体与群体的平衡,士人与科举制度的平衡。而由从前比照后来,则清末兴学朝野皆深信"科举既改,将来必有才识之士,为中国转旋气运者",[6]从而深信悠悠万事,唯此为大。其期想在此,其眼界也在此。

---

[1] 何刚德:《春明梦录 客座偶谈》,《客座偶谈》卷二,第1页。
[2] 《曾国藩全集·诗文》,1986年,第331页。
[3] 金梁:《近世人物志》,北京图书馆出版社,2007年,第9—10页。
[4] 方濬师:《蕉轩随录 续录》,北京:中华书局,1995年,第162页。
[5] 陈康祺:《郎潜纪闻初笔 二笔 三笔》上册,第218页。
[6] 上海图书馆编:《汪康年师友书札》第3册,第2063页。

然而以因果而论，则学堂推倒了科举，同时是学堂也推倒了一千三百余年间由科举制度长久维持的种种平衡。之后，一面是取代了科举的学堂"将学校教育工厂化，而以整批生产的方法出之"；[1]一面是取代了士人的学生一经身入学堂，则"无人不可毕业"。因此，与科举制度下进士与举贡的产出既以时间立间隔，又以数量立限度相比较，这种"整批生产"和"无人不可毕业"已是既没有间隔，也没有限度。以梁启超所见"西河沿一带客栈"的"求官者多至数万"为事实，而由此一时一地汇聚的人物觇民国初年的世情，显见得成群结队的知识人都在以学校比科举，把今时的"学位"当作与昔日的功名相对等，从而可以凭此以入官界的物事。而原本被"苛持绳尺以扼之"限定了数量的入仕资格，经此代换，已在"整批生产"中变为时间上不相间断、数目上了无边际的东西了。而后是"默揣其数"以究诘"何以安置"，便成了一世共见的问题和没有人能回答的问题。

　　唐宋以来的一千三百余年里，从科举选官和科举取士中衍生出来，而被一代一代士议所指责的，是选官和取士的数量往往溢出官僚政治的实际需要，给官场留下了一茬一茬的冗员。[2]作为一种贯串千年的事实，其长久的存在既说明了"扼之"的不得不然，也说明了以"扼之"堵挡这种内生于科举制里的不断增长，其实犹不足以完全挡得住这种不平衡。因此，时至晚清，相比于当时人以国势阽危、"人才不出"批评科举的新议论，这种由历史沿袭而来的"日积月累"而"拥挤不堪"其实是一个更熟识的老问题，并因之而是当时人眼中更容易看到的科举之积弊。新议论旨在效西法以造别样的人才，而关注不及于此，然而当新议论促成了学堂推倒科举之后，推倒了科举的学堂却成了实际地延接，并且更剧烈地扩张科举制度这种千年积弊的一脉相承者。而比之科举造成的"日积月累"而致"拥挤不堪"犹在可以度

---

〔1〕《舒新城教育论著选》下册，第686页。
〔2〕《新唐书》第4册，北京：中华书局，1975年，第1175页；赵翼：《廿二史札记校证》下册，北京：中华书局，1984年，第38页；钱穆：《中国历代政治得失》，北京：生活·读书·新知三联书店，2001年，第57页。

量的范围之中,则"整批生产"所对应的,实际上已是不可度量和不可范围了。犹在范围之内,是科举的积弊表现为官场困局;不可范围,则是学堂产出的无限性与"何以安置"的有限性互相角抵,而后是原本以官场为界限的困局,便直接演化为20世纪初年中国的社会矛盾,以程度而论,已属更加困顿。其间并不在"当日兴学者"预想之内的是,此前的一千三百年里,"广设科目以容之"向士人提供的空间,本与"苛持绳尺以扼之"互相依存,前者是借助于后者而得以实际地维持的。因此,学堂的"整批生产"既已打破了"苛持绳尺",则不能不使脱出了"扼之"的学生,同时也成了没有相应的空间可以"容之"的群类。在近代中国的历史嬗蜕里,像这样变法的愿望在历史因果的牵引下进入天地玄黄之中,一路走到前临歧途、后无归路的事虽然所求与所得全然相悖,却又是常常而见的事。

就读书与生计而言,与民初的仕途"何以安置"相比,后来用得更多的"无事"、"闲居"、"无所职"和"无啖饭之所"所指陈的,显然已不全是当初"作大官可操券而获"之想的未遂所愿,而是谋食之切和谋食之难。科举制度下的读书人也有谋食之切和谋食之难。但那个时候,读书是一种个人自己筹划的事,谋食也是一种个人自己筹划的事。这种自己筹划,不过是个体的守贫和处约。《郎潜纪闻》一书留意收录清代的科举掌故,其中一则说,"吴江沈彤冠云,后鸿博科征士之表表者。少醇笃",而"家计甚贫,家无灶,以行灶炊爨"。曾"绝粮,其母采羊眼豆以供晚食,寒斋絮衣,纂述不倦"。另一则说:"侍讲学士江宁秦公大士,乾隆十七年殿试第一人也。精篆隶行草之学,未贵时,卖字以自给。"还有一则说:"兴县孙文定公家世清贫,少耕且读书,上山斧薪,值大风雪,斧落层崖间,缘迹手探之,几至僵仆,卒不挫其志,遂成硕儒荩臣。"[1]作者写出了这些人的贫苦,也写出了这些人身在贫苦之中的安宁和静气,就农业中国以物力不裕为人生之常态而言,这是一种为读书而牺牲了谋食。所以其叙事之间连带

---

[1] 陈康祺:《郎潜纪闻初笔 二笔 三笔》下册,第669、671、686页。

而见的，又有后人对于这种安宁和静气的敬意。这些事实具体地描画了科举制度下读书人的生计。对于其中的个体来说，守贫和处约既是一个自愿选择的过程，又是一个漫长的过程。一生经历了嘉道咸同四朝的陆以湉记其同时的一个读书人说：

> 海宁徐楚畹学博善迁，乡荐后，困于公车，家徒壁立，以星命之学游历江湖三十余年。尝寓吾里北宫，每为人论一命，无贵贱皆取百钱，题一诗简端云："若肯妄为些子事，何须更泛孝廉船？儿童莫向先生笑，强似人间造孽钱。"后官天台教谕，卒于任。[1]

他身背着举人功名而以"星命之学"觅食于江湖"三十余年"，不能不算是长在生计艰难之中。但以诗言志，又具见其三十余年里，始终自安于生计艰难而不作非分之想。这些见之于文字记述的人物行迹各不相同，未必能统括科举制度下的全部读书人，然而他们各不相同地表现出来的这种大体相同的心志，则明显反映了那个时候读书人中曾经有过的普遍性。因此，以一千三百余年间科举士人的谋食之切和生计之难，对比后科举时代知识人的谋食之切和生计之难，则前者的生计之难始终与个体的自我选择和自我筹划连在一起，而后来的"毕业生无业可就"，[2] 以及这种困境为一世注目而促成的论说四起，显然是他们的生计之难已越出了个体自我筹划之可能，成了个体与社会之间的难题。

在何刚德所说"学生之弃家产，负重债，以期毕业者，不过求出路以取偿"的前因后果里，由"从前寒士读书，无所谓学费也"到今则"一律取费"，是今时之不同于从前，本在学生缴费于学堂，学堂以产出的学生供社会成为人心中的设定。有此不同于"寒士读书"的一层套叠一层的新关系，学生以"求出路以取偿"为当然，便不能不使学生的希望和失望都系于社会。然而"无业可就"则说明社会并不能提供"出路"，所以其时的舆论曾举"毕业后，真是一件可怕的事"

---

[1] 陆以湉：《冷庐杂识》，北京：中华书局，1984年，第22页。
[2] 《舒新城教育论著选》下册，第718页。

以写照"一般学生的普遍心理",[1]着重说明的正是学生和社会之间的紧张。这种一头的"求出路"和一头的"无业可就"两相脱榫,造成了学生和社会的两不相合,但溯其由来,则此中之源头既不在学生,也不在社会。

章太炎说的"乡邑子弟,负笈城市",之后又"入都出洋";[2]潘光旦说的"二三十年来普及教育"其"成绩"和"目的",都在使农村子弟"脱离农村,而加入都市生活";[3]以及李大钊用"都市里漂泊"来形容他眼中所见的"青年朋友",[4]都指目于清末兴学以来的"中等以上学校集中都市,而使乡村青年不能不向都市求学"。[5]这个过程以其单面流动和单面积聚造成的"科举既绝,人士自弱冠出学后",皆"聚于京,或津沪,而不能散居于其乡",与"各省乡县,旷邈千里,寂然无士"[6]相互对照,使出自学堂的知识人很容易成了不被认可而广受訾议的对象。然而对出自学堂的知识人来说,这种以城市为归向的单面流动和单面积聚的教育之路,一面以"教人吃饭不种稻,穿衣不种棉,做房子不造林"[7]改变了他们内在的精神和取向,一面又把他们置于满坑满谷和越来越多之中:

> 现在的大学生,他们所得的知识更为统治的、消费的,更与民众生活无关,更与生产技术无关。所以他们毕业之后,除了挤到都市里过游手好闲的日子,在生活习惯上,他们固然不愿到民间去,在生活技能上,他们也不能到民间去。然而都市的出路有限,所谓人满之患,从前不过是一句形容语,现在则成为事实。而现在的所谓大学,还正在那里努力地大批生产。[8]

---

[1]《舒新城教育论著选》上册,第514页。
[2]《章太炎演讲集》,第410页。
[3]《潘光旦文集》第8卷,第556页。
[4]《李大钊全集》第2卷,第307页。
[5]《舒新城教育论著选》下册,第686页。
[6]《康有为政论集》下册,第1043页。
[7]《陶行知全集》第1卷,长沙:湖南教育出版社,1984年,第653页。
[8]《舒新城教育论著选》下册,第673、808页。

而后是"受过此种教育者之流为无业"的日多一日和不得不然,[1]身在其中,则由单面流动而单面积聚的知识人同时便成了生计没有着落的知识人。他们既广被訾议,又长在无可依傍而前途失路之中。

而广被訾议和前途失路之同生于一体,本在于两者同由教育重心移到城市,则"乡村青年不能不向都市"求学而来。就20世纪前期中国的人口总量而言,这数十年里从"中等以上学校"毕业的学生显然不能算多。但以"生活习惯上"的"不愿到民间去"和"生活技能上"的"不能到民间去"总括这些人整体的共同性,则说明他们"负笈城市"来求学,而作为结果,是他们受教之后已为城市所化,并附着于城市而已形质和精神俱变。这个过程使他们身后的归路在日复一日地远去,而城市的空间有限和"出路有限",则决定了多数出自学堂的人虽已为城市所化,却并不会被城市真正接纳。李大钊说:"吾国今日之学生问题,乃为社会最近所自造之阶级身份,而被造就之人人,一入此阶级、一得此身份之后,乃以此阶级身份之故,社会反与为冰炭之质,枘凿之势,所学无论其为何科,社会皆不能消纳之应用之。"[2] 显见得与前代士人的谋食可以躬耕伐薪和游历江湖相比,此日已是教育的重心移到城市,一面使这一代知识人的生存方式只能是"挤到都市里",一面又是这种出自教育"大批生产"的个体,因只能囿于都市而正变为都市里大批"无啖饭之所"的人。两面交集,都在把本来并不算多的新知识人变成这个社会里过剩的人。于是民初中国论时务的文字中便常常出现前代未曾有过的"高等游民"一词,以统称这些没有正当职业的知识人,并尤指"无职业"而"寻政治生活"[3]的知识人。游民一词之取譬,正与过剩等义。

---

[1]《舒新城教育论著选》下册,第673、808页。
[2]《李大钊全集》第2卷,第86页。
[3]《孟森政论文集刊》中册,第793页。

四　民初中国新学生的声光消褪
与旧科举在人心中的余辉未熄

当学堂的"整批生产"与学生的谋食之切和生计之难构成对比，演化为一种古所未有的社会问题之后，清末曾被当作"本原所在"的"教育为先"，[1]便连同它所派生的时弊，在民国年间被置于长久的省思和审视之中了。而已被推倒的科举制度，则以其造士和取士留下的漫长历史成了现成的反照。这种反照见之于科举停置以后，实际上又说明，科举制度在一千三百余年累积起来的影响，仍然是一种切近的存在和可以用来近看世事的存在。20年代中期，舒新城说："我国原是以农立国而且是小农制度的国家，平日的生活简单，团体的活动又无必然的需要，所以教育制度比较偏重于个人的；自宋以后，书院制与私塾制成为定型的教育制度，历史上植立了很厚的根基，一时要动摇它们本不容易。"而与这种"农业社会的生活习惯简单勤朴"相对称的是：

> 一般乡民最需要的教育，只是解决农村生活上之种种困难——种植、畜牧，以及家常文件——其次则为名所趋，使子弟得入庠序，夸耀乡里已足；至于生活问题则仍如农家故态，不以求学而骤变，亦不以求学为解决生活之工具。
>
> 其次，从前学校的组织亦极简单，普通一学校一教师，而此教师在校既须综理全校事务，对于其驻在之乡村，又须为各居民——最少学生之父兄——之顾问，乡间有事，教师可代为裁判解决，故教师与社会无隔膜，而且得乡民之信仰。此系教师对于社会实在所负的责任。
>
> 第三，科举制度取士以考试的结果为凭，不问学习之方式与时间，父兄得自由遣子弟入学——入学无定期，修业亦无一定

---

[1]《清末筹备立宪档案史料》下册，第961页。

期限——学生亦得按其个人学习能力努力进行；父兄无定期的负累，子弟有相当基础并可在家理家，于减轻父兄负担外，且可助理家务。[1]

这些都曾是中国历史里熟见的事实和被视为天经地义的事实，因此，"我们虽不能效复古派的声调，说它们是怎样好，但其为我国旧日教育上的特点，我们不可不注意，却是无疑义的。然而戊戌政变以后的新教育，却不注意于此，且有几分崇拜外人的迷信，不仅制度的大纲要仿照外国的，就是一切办法的节目也要仿照外国的"。之后是近三十年来的古今已经脱节和中西并不能合榫：

> 我国现行之教育制度与方法，完全是工商业社会生活的产物，而国内的生产制度，仍以小农为本位，社会生产制度未变，即欲绝尘而奔，完全采用工商业社会之教育制度，扞格不入，自系应有的结果。[2]

他比较今时和往昔，着力于说明的是：在"现行之教育制度"犹未随学校而来并笼罩天下以前，一、旧时的教育对于多数中国人来说并不是"解决生活之工具"；二、旧时承担教育的主体，其自身始终融入于大众社会，并因之而能为大众所亲近；三、科举制度与旧时的教育相依连而通向功名，但这种功名之路出于自择自谋而不致为生计造"负累"，所以天下的"父兄得自由遣子弟入学"。对照而言，三者皆不同于"现行之教育制度"，但三者都是从中国人的历史文化中产生和演进地形成的，从而都曾长久地与人情物理相印合，而植立"很厚的根基"于中国人的生活之中。"根基"之能够节节伸展和生生不息，正说明历史中国的教育与历史中国的社会，曾因其相互对应而长在相互对接之中。所以，在学堂推倒科举的过程里"仿照外国"而"完全采用工商业社会之教育制度"，直接带来的结果便是教育与社会

---

[1]《舒新城教育论著选》上册，第436—437页。
[2] 同上注。

之间的这种对应和对接一时断截。随之是社会并未变化，而教育先已大变。他所列为要端，并分而论之的三个方面，都在对应和对接的断截里走向了反面。承担教育的主体及其产出的人物，既因此变得无从融入大众社会；而已被当作"解决生活之工具"的教育，则又以"负累"入学为起点，换来学成之后的"出路有限"。在这种今时与往昔的对比里，议论的重心并不在区分中国旧日的教育与"现行之教育制度"之间的此劣彼优和落后先进，而是写实地说明"工商业社会之教育制度"与"小农制度的国家"的窒碍重重而"扞格不入"。因此，虽然他非常自觉地把自己与"复古派的声调"隔离开来，但以他评说"现行之教育"的"崇拜外人"，并跟着"迷信"一路盲从的"绝尘而奔"相比拟，则反衬而见的，正是已经日去日远的"书院制"、"私塾制"和"科举取士"犹不能使人忘怀。

此后十年，潘光旦说："就眼前而论"，人才不仅有"培植问题"，而且有"出路问题"，两相权衡，后者尤其迫切。这种尤其迫切同样出自今时与往昔的对比，"在以前的中国，栽培问题与出路问题有一个一并解决的方法，就是科举制度。一个科举出身的人在社会上可以取得一个优越的地位，在政治上也大率可以取得一个相当的位置。这种方法，在原则上是很不错的"，缺点是"适用的范围过于狭窄"。而"今日学校教育的结果，所暗示或明指的出路固然远不止一二条，但实地取得出路的把握与保障反而不及从前。大学毕业的一纸文凭固然算不了什么，高等文官考试及格的证书又何尝真能够换取为社会国家效力的机会呢"？[1]清末学堂取代科举，起因于人才"培植问题"的改弦易辙，但20年代人眼中所见，已是"出路问题"成为教育的困境，30年代人眼中所见，仍然是"出路问题"成为教育的困境。以科举制度能合"栽培问题与出路问题"作"一并解决"为"从前"，则论其因果，"今日"的"不及从前"，是后来的"出路问题"皆因当初由"培植问题"而大变成法，为中国教育另开一局，而又只计前路不

---

[1]《潘光旦文集》第9卷，第307—308页。

及后尾地单面独进衍化而来。因此，当后尾越出了前路的先期筹想，从这种大变成法的另开一局里派生出社会所不能承受的重累之后，30年代的潘光旦、20年代的舒新城，以及比他们更早的何刚德都面对着同样的问题，便都会在其评说教育的各自论述中同样引入和诠释科举制度。就人物而言，何刚德是旧朝的进士，舒新城出自学堂，潘光旦既出自学堂又曾经游学。因此，以其来路的各不相同为事实，则他们论事论理的相近与相同便不能不算是那个时候曾经有过的一种共识。对于久受掊击而已经停置的科举制度来说，则出现在民国年间的这些评说和诠释正像是一种后来的重估。

从晚清中国的崇拜学堂和崇拜学生，到民初中国的不知"何以安置"学堂里"整批生产"出来的学生，前后不过二十年时间，同一群人被时势催生出来，之后由朝廷意中的富强之所寄托，变成了世人眼中的"游手闲荡者"。[1]其开头的一时光焰炎炎到后来长久的光焰熄灭，映照的都是后科举时代知识人的社会地位在历史变迁中的从升到降和从浮到沉。

学堂和学生产出于急迫的变法，与历史长久的科举制度相比本属无中生有和从无到有。当时"急于观成"的"兴学者"顾盼于两头之间，指为明显差异的是"夫学堂虽立，无进身之阶，人不乐为也"。[2]因此，诏旨兴学之日，朝廷特为立"各学堂奖励章程"各依等次，分别授"通儒院""大学堂""分科大学""各省高等学堂""高等实业学堂""中学堂""中等实业学堂""高等小学堂"以及各类"师范学堂"的毕业生以翰林、进士、举人、拔贡、优贡、岁贡、廪生、增生、附生等等，并按格选补，用为"京官外官"。[3]本"无进身之阶"的学堂因此而成了仕途中的通衢。朝廷用国家权力为学堂造出与科举相对等的功名，旨在移动重心，以成就学堂与科举的此长彼消。所以，从"无进身之阶"到利禄所归，是一种由外接入的一时速成。之后应之

---

[1]《孟森政论文集刊》中册，第793页。
[2]《张之洞全集》第12册，第9749页。
[3] 朱有瓛主编：《中国近代学制史料》第2辑，上册，第118—124页。

而起的，则是志在功名的读书人自觉自愿地入学堂。出自俞曲园门下的陈汉章清末已是名儒，"京师大学（北大前身）时代聘请他为教授，但他因为当时京师大学的章程有毕业后钦赐翰林一条，他宁愿做学生，期望得个翰林"。这是国家权力导引下的个人选择。然而借国家权力而用速成之法立"奖励章程"，造就的只是一种外在地附贴于学堂的表皮，从而是没有根蒂的东西。因此，当天下鼎革，后起的国家权力推翻了旧时的国家权力之后，原本的"奖励章程"犹未层层施行，便已戛然而止。曾经"期望得个翰林"的陈汉章经此天翻地覆，"愿望被辛亥革命打破了"，[1] 从1909年入学到1913年毕业，遂在做了四年学生之后仍旧由北京大学聘为教授。而这一段曲折所留下的故事，便代表性地写照了本"无进身之阶"的学堂，在一度恢张之后重回没有进身之阶的过程。

学堂因得奖励翰林、进士、举人、拔贡、优贡、岁贡、廪生、增生、附生而别增一重身价，正说明了这种身价的源头都出自科举制度，而清末的学堂虽然推倒了科举，却又和科举共享一种功名，并因这种移接的社会地位而与科举制度犹能一脉相沿。所以，当民初的学堂脱出了这种同一个源头的一脉相沿，则曾经有过的学堂崇拜和学生崇拜，以及科举士人仰望新知识人的趋而归之，便因此而不能不渐次消散于另一个时代之中。而后是民初的学堂既已不同于清末的学堂，与之相为因果的，便是新知识人虽然和科举士人同属斯文一脉，但在以功名为尊和以功名为贵久已深入人心世情的中国，同科举士人的拥有功名相比，新知识人的只有文凭而没有功名，已既不属尊，又不属贵。其社会地位遂无从以四民之首为比方，而不得不向下移去。20年代中期的时论曾举安徽教育界和湖南教育界为例，说其间之从业者的"待遇太薄"，了无生趣，然后总而言之曰：

> 费数千金十余年培植子弟，即能在大学毕业，在社会上谋得相当的职业，每月收入亦不过三五十元，且在乡无赫赫之名，在外因

---

[1] 茅盾：《我走过的道路》上册，第93页。

欠薪、"撤差"等种种事实，生活尚有困难。而军人不须教育费，一旦遇变，便可乘机攫取高官厚禄，故吾县——溆浦——有"读书十年，当兵一时"的童谣。意思是说读书十年在社会上的地位，还不及当兵一时侥幸得来的好。[1]

因此，"吾县小学教师改为讼师与投军者甚多"。[2]

学堂"培植"出来的知识人"在社会上的地位"之低落，与其生计上的"出路有限"同生于一个过程之中并相互牵连，所以这种社会地位的低落中不会没有经济内容。但社会地位所反映的又是那个时候人心中的价值之轻重，因此，这种社会地位的低落并不会全然都以经济为原因。民初的记载说山东人王寿彭为癸卯一榜状元，任湖北提学使。"辛亥事起，仓皇离鄂。袁世凯以其为状元也，使充总统府秘书"，后虽"总统屡易，而王以状元头衔，迄未更动。迨张宗昌督鲁，曰此山东之文曲星也，宜延致之，因询幕僚曰：'王状元在前清为何官？'曰：'湖北提学使。'复询提学使可方今日何官，对以差类今之教育厅长，遂以山东教育厅长请简"。之后"山东大学开办，张曰'校长须令学问好者为之'。学问最好莫过状元，即令王兼长山东大学"。[3]作为一个军阀，张宗昌本在文化的边界之外。但也正因为如此，这一段情节又能够以一个军阀的着力连通天上人间，比状元为文曲星的既敬且重，共性地表达多数同在文化界域之外的中国人惯常的社会心理。因此，与这种军阀的既敬且重心同理同，又有民间的既敬且重。张伯驹说："入民国后，以上海犹太人哈同之丧礼题主为最阔绰：鸿题为状元刘春霖，襄题为榜眼朱汝珍、探花商衍鎏，敬仪鸿题为一万金，襄题各五千金，一时称为绝后之盛事。又，京剧名武生杨小楼逝世，其婿刘砚芳欲得科甲题主以为荣，就商于余。余因为请傅沅叔年伯题主。傅为翰林，光宣时官直隶提学使，入民国为任教育总

---

[1]《舒新城教育论著选》上册，第445、495页。
[2] 同上注。
[3] 徐凌霄、徐一士：《凌霄一士随笔》上册，2018年，第7—8页。

长，最为相宜。襄题则请陈莼衷、陆彤士两公。陈为某科进士，陆则为戊戌会元。"[1] 前一则故事发生于20年代中期，后两则故事发生于30年代初期和后期，若以学堂造就的知识人"读书十年在社会上的地位，还不及当兵一时侥幸得来的好"相对照，则这些事实都说明，在学堂推倒科举二十年和三十年之后，科举制度留下的功名虽已没有了对等的实体，却依然与人世间悬在高处的价值对应，而成为其时的一种社会身份和社会地位。所以就资历而论，是前一场丧礼里的刘春霖当日既中状元，之后又曾随时趋而走，赴日本习政法，并因此而多了一重游学的身价。但此日之能够多得"敬仪"五千金，却全在于他曾经是一个状元。而后一场丧礼里的傅增湘之被请来"题主"为人增"荣"，其一身灵光大半并不在于做过民国的教育部长，而在于曾是前清的翰林。由此反视晚清的科举制度在捐纳、保举挤压之下日趋逼仄的一段历史，以及随后因学堂崇拜的冲击而面目暗淡的一段历史，具见数十年之间世情的多变和无常，以及多变和无常背后仍然存在的不变和有常。

梅光迪说："儒家所称之圣王，实际上寥寥无几，然由科举以进之名卿贤相，历代多有。"[2] 由此形成千年之间的流传积为一代一代的久知熟识，则在捐纳、保举的挤压和学堂崇拜的冲击已经远去之后，这种科举停置多年，而由科举派生的声光仍然长久存在于人心之中的事实，又说明科举派生的声光是在漫长的岁月里养成的，而构成了这种声光之内涵和价值，其实是由一代一代被称作"名卿贤相"的具体人格所表达和诠释的。[3] 对于个体的中国人和群体的中国人来说，岁月所养成和人格所诠释都是一种历久而成的内化，比之外在的冲击，内化所形成的取向具有更深的固性。因此学堂推倒科举，终结了一种历

---

[1] 张伯驹：《春游社琐谈 素月楼联语》，北京出版社，1998年，第31页。
[2] 罗岗、陈春艳编：《梅光迪文录》，第81页。
[3] 《南屋述闻》说："张晴岚阁学廷对卷，初列第五，世宗拔置一甲第三，遣内侍告文和曰：'尔子中探花矣。'文和惊惧，请见，固辞，至于泣下，上不得已为二甲第一。"见庄建平编：《近代史资料文库》第1卷，第163页。张廷玉官居大学士而泣求抑儿子功名，正以其尊功名以养功名之价值也。

时千年的制度，却并没有终结这种制度衍生和维系的价值内容和价值观念。徐懋庸在回忆录中说："我在高小上学的时候很用功，国文成绩较好。有一个邻居的长辈曾对我说：'可惜啊，你要是在光绪、宣统的时候，也是一块举人、进士的材料呢。'"[1] 他生于1910年，则高小时代大体上已是20年代之初了。其间的"可惜"，正是一种仍然存在于大众之中的价值判断。而以"邻居的长辈"深抱惋惜为下层社会追说科举，与之同时发生的，还有上层社会的追说科举。蒋梦麟在回忆录中说："我和陈独秀常讲笑话。我是一个秀才，陈独秀也是一个秀才。秀才有两种：一种是考八股时进的秀才，称为八股秀才。后来八股废掉了，改考策论，称为策论秀才。这种策论秀才已经有几分洋气了，没有八股秀才值钱。"两者的这种区别曾引出一段对话：

> 有一次陈独秀问我："咳！你这个秀才是什么秀才？"
> "我这个秀才是策论秀才。"
> 他说："那你这个秀才不值钱，我是考八股时进的八股秀才。"
> 我就向他作了一个揖，说："失敬，失敬。你是先辈老先生，的确你这个八股秀才比我这个策论秀才值钱。"[2]

其时两人都立在新文化的潮头之上，而为万千新知识人所仰望，但私下里相互辨析的却是旧日功名的上下高低之分，正在倡科学民主以反传统的陈独秀尤其认真。因此，与蒋梦麟笔下的"值钱"和"不值钱"相对应的显然不是银子，而是功名在人心中的轻重。在那个时候的中国，这种新人物犹不能忘情于旧功名的情结，比张宗昌称状元为文曲星，哈同和杨小楼题主以延请科甲为荣，包含了更耐久想的人情物理；又比"小学教师改为讼师与投军者甚多"更内在，从而更深一层地说明了，出自学堂的新知识人虽然已是一种实际的社会存在，并且与时人近在咫尺，但以读书人造就的社会高度和亮度而论，则一世之人心所偏重的，却大半仍然是远去的科举留下的久知熟识的形象。

---

[1]《徐懋庸回忆录》，北京：人民文学出版社，1982年，第13页。
[2] 蒋梦麟：《西潮·新潮》，长沙：岳麓书社，2000年，第340—341页。

五　知识人的城市化和知识人的前途失路

科举造就的社会地位以其养成于漫长岁月中的人文价值为内涵，于是而有"世运文运，息息相通"[1]之说。然而社会地位一经形成，其外延又会越出人文价值。顾炎武说：一得为生员，"则免于编氓之役，不受侵于里胥，齿于衣冠，得于礼见官长，而无笞、捶之辱。故今之愿为生员者，非必其慕功名也，保身家而已。以十分之七计，而保身家之生员，殆有三十五万人"[2]。这种被称作"青衿优免"的规矩，本意是在"培养士气"[3]。他说的是明代，但功名之能够成为一种护持则是科举社会里的常态。所以前后相接，时至清代的光绪年间，曾有过崇文门税吏对入京的士人"拦车讹索"并"百端恐吓"，致"士论汹汹，咸怀不平"而惊动庙堂，引出上谕严词切责的事。[4]具见侵及士人之激动公愤。而由这种功名的护持再作比类而推，又周延更广，还有陈独秀所说的：

> [贫困农民的儿子]如果能够跟着先生进城过一次考试，胡乱写几百字交了卷，哪怕第一场就榜上无名，回家去也算得出人头地，穷凶极恶的地主们，对这一家佃户，便另眼看待，所以当时乡间有这样两句流行的谚语："去到考场放个屁，也替祖宗争口气。"[5]

"去到考场放个屁"不过是考生员而犹不能得，但在乡里社会已"也算得出人头地"而被"另眼看待"，正具体地说明了科举取士的时代里，功名化为庇佑，实际上曾经达到过的笼罩之广。

功名之能够"保身家"，是直接衍生于科举制度，并只能附在于科举制度的。因此，在科举造就的社会地位中，相比于其人文价值一面

---

[1] 徐珂编：《清稗类钞》第8册，1984年，第3897页。
[2] 顾炎武：《顾亭林诗文集》，第21页。
[3] 孙承泽：《春明梦余录》中册，北京出版社，2018年，第632—633页。
[4] 朱寿朋编：《光绪朝东华录》第2册，第（总）1514—1516页。
[5] 《陈独秀文章选编》下册，第556—557页。

的可以长久留存于人心之中,这种功名对于士人的庇佑,则自科举停置之后即已不再是一种能够免"侵"免"辱"的屏障。后起的知识人遂成了易侵易辱的个体。1912年"三月十九之夜,常州军政分府赵乐群,挟卫兵往围常州中学堂,逮捕监学陈士辛以归。翌日即坐以侵吞军饷之罪枪毙之,以电闻于都督庄思成,而法律上之手续遂了"。一个中学堂的监学被拽入"侵吞军饷之罪",其离奇之中不会没有触动人心的疑虑。然而疑虑未释,陈士辛之头已经落地。章士钊评论说:军律用于军人,军法用于战时,"今之战事,果安在者?南部战争既已告终,民国统一复又宣布。二月十九号中央临时政府陆军部已通电各省裁撤军政分府及遣散军队,此距今已月余,今又何战事之可言?是吾今日中华民国之人民,乃受治于普通法而非受治于军法可断言也",而后申论说:

> 如记者所述不谬,请据以断赵乐群枪毙陈士辛之事。陈士辛,中学教员也,非军人也,自不受治于军律,非军律裁判所所得逮捕。今日非战时也,常州非战地也,陈士辛亦不受治于军法,非军法裁判所所得逮捕。易词明之,陈士辛之所受治者,乃普通法也,有权捕陈士辛者,普通裁判所也。常州之有军法裁判所与否,赵乐群枪毙陈士辛胡乃未经军法裁判所审问,今暂不问。今所先问者,则惟赵乐群胡敢于平时擅用军法惨戮平民一语而已。[1]

与功名"保身家"的旧规矩相对照,他以法治为新道理说这种武人弄权,率尔捕杀中学教员的无法无天,而反映的则正是新道理的脱空漂浮而不能保身家之安全。因此,后一年,"有《爱国报》主笔丁某作'时评'言'军人为国家卖命,非为个人卖命。若为个人,可谋生计之处甚多,何必从军',云云。当事判以迹近通匪,煽惑军心,枪毙"。[2] 而在他们之后,一次一次搅动舆论而为天下人所共见的,又

---

[1]《章士钊全集》第3卷,上海:文汇出版社,2000年,第115—116页。
[2]《章太炎政论选集》下册,第675页。

有教员周刚直被杀,[1]报人胡信之被杀,[2]邵飘萍被杀,林白水被杀,等等。作为一种对比,则是曾经奉状元为文曲星的张宗昌,对付没有了功名的文人往往杀心更重。十多年之间,这种以刚刚形成的知识人为对象的随意"惨戮"之一见再见,构成了民初中国触目的社会政治现象,与科举制度下的一入"青衿"之列,便能"免于编氓之役,不受侵于里胥,齿于衣冠,得于礼见官长,而无笞、捶之辱"相比照,则后科举时代的知识人已是本无身价,所以无从"保身家"。

知识人与科举士人相比而见的这种社会地位的下移,外在地说明了今昔之间的判然不同。与之同时存在的,则又是知识人与科举士人相比而见的更多内在的愤懑和不平。

旧日重士人,其常理在于"孝弟兴乎庠序,达乎州巷,行乎道路,其士君子入事父兄,出事公卿",而后"其庶氓明贵贱,顺少长,辨等威,尊尊亲亲",则"吏治有不成焉者乎"?[3]以"士君子"和"庶氓"之间的这种因共生共存而能相互应和而言,显然是士人之可重和应重,都本自于士人既在大众社会之中,又为大众社会信从。因此,在以四民分人口的中国,他们能够实际地成为社会的中心。以此为本来面目,则后科举时代的知识人由"负笈城市"入学堂,又由学堂"整批生产"而出,之后积潴于城市,这个过程既使他们与那个时候中国的多数人越来越远,也使他们与士人曾经居有的社会中心越来越远。然而以学堂为源头和由学堂所化育的民初知识人,又从一开始即大半都把"将来主人翁"和"吾当为社会之主人也"当作群体的自期与自负,并常常俯视天下而自信能够"矫正这散漫无聊的社会"。[4]自期、自负和自信都是内在于精神世界之中的东西,从而是一种虽有起伏而不容易消解的东西。因此,当他们出学堂入社会,便不能不在

---

[1] 周作人:《谈虎集》,北京十月文艺出版社,2011年,第200页。
[2] 曹芥初等编:《死虎余腥录》,上海书店出版社,2000年,第16页。
[3] 查揆:《论安徽吏治四》,载盛康辑:《皇朝经世文续编》卷十九,吏政二吏论下。
[4] 周月峰:《少年中国通信集》,福州:福建教育出版社,2015年,第122页。这种自期与自负一半来自学堂崇拜,一半来自20世纪初年舆论造就的青年崇拜。后者衍生于天演进化之说,而以梁启超的《少年中国说》为范本。

实际上的无足轻重和内心里的"主人翁"之间前后颠蹶，找不到自己的位置。

康有为说当日"人士"皆"聚于京，或津沪"，与之相应，则这种知识人的颠蹶也多见于这些地方。在名人说旧日往事的记述里，又尤多见于那个时候文人丛聚的上海。谢冰莹20年代在"上海艺大"求学，同时又谋食于社会。后来难忘的是这个过程里的"穷困时，就一个人跑去马路上喝西北风，躲在亭子间里喝自来水，或者索性蒙在被窝里睡两天"：

> 说出来，有谁相信呢？我已经四天没有吃饭了。
>
> 起初是一天吃四个烧饼，或者两个小面包；后来由四个减成两个，再由两个减成一个，最后简直穷得连买开水的一个铜板也没有了。口渴时就张开嘴来，站在自来水管的龙头下，一扭开来，就让水灌进嘴里，喝到肚子胀得饱饱的，又冷又痛，那滋味真有说不出的难受。[1]

在这种为穷所困而常常饥不得食的境地之中，知识人的生存状态与城市底层贫民的生存状态其实已是同属一类，彼此之间并无高低可分。她以此叙述个体的感受，而以彼时上海汇聚的知识人之多为事实，则其背后应是一种群体感受。相近的时间里，徐懋庸也在上海求学。当他在30年代初期离开上海之日，曾以《南行》为名作留言，说是：

> 要是我的性格再强些，我可以在上海住下去；虽然无拳无勇，就拚一个天灵盖去抵挡狼牙棒。要是我的性格再弱些，我会在目前的涛声凄厉的深夜跳下海去：在这样的世界活不下去的人，不止我一个。
>
> 不幸的是，我的性格却介于强与弱之间，我不能拚命战斗，我又不能拚命自尽。那末，我只好走了。[2]

---

[1] 倪墨炎编：《浪淘沙：名人笔下的老上海》，北京出版社，1999年，第151、148页。
[2] 《徐懋庸回忆录》，第50—55页；倪墨炎编：《浪淘沙》，第236页。

学堂替代科举直接促成了知识人的城市化,但既"不能拚命战斗"又"不能拚命自尽"的相为交撑之下"只好走了",又说明他们虽已进入了城市空间,却无从进入城市社会,只能以外来和寄泊为自己的存在状态而常在身不由己之中。与其初生之日已经产生的自期、自负和自信相对比,两头之间显然太过悬殊。这是一种历史生成的矛盾,人在其间,便常常心长力绌和心力俱绌。郭沫若后来追忆20年代初期,他和郁达夫从日本回上海办《创造季刊》,一面在文艺界以思想兴波作浪,一面与"哀感"和"寂寞"相伴,"感觉着同情我们的人真是少,在那电光辉煌的肩摩踵接的上海市上就好像只有他和我两孤零零的人一样"。然后具体描述两个人"在四马路上一连吃了三家酒店",又酒入愁肠,化为心声,"我连说'我们是孤竹君之二子呀!我们是孤竹君之二子呀!结果是只有在首阳山上饿死'",并因此而唤出了心中的激昂和贲张:

> 两人都喝醉了,彼此挽扶着踉踉跄跄地由四马路走回民厚南里。走到哈同花园附近,静安寺路上照例是有许多西洋人坐着汽车兜风的。因为街道僻静、平坦,而又宽敞,那连续不断的汽车就像是在赛跑一样。那个情景触动了我们的民族性,同时也好像触动了一些流痞性,我们便骂起西洋人来,骂起资本家来。达夫突然从侧道上跑到街心去,对着从前面跑来的汽车,把手举起来叫道:"我要用手枪对待!"我连忙去把他挽着,汽车从我们的身旁取了一个抛物线形跑过去了。[1]

比之谢冰莹的饿得"难受"和徐懋庸的"我只好走了",其时的郭沫若与郁达夫已在头角显露之中,而并非困于一筹莫展的苦人。因此,其自比"孤竹君之二子"的"哀感"、"寂寞"和"孤零零",以及骂"西洋人"、骂"资本家"和"用手枪对待"的心火宣泄,更直接、更自觉和更典型地表达的,大半应是知识人的自期、自负和自信与知识

---

[1] 郭沫若:《学生时代》,北京:人民文学出版社,1982年,第127—128页。

人的社会地位在实际上移向边缘所形成的矛盾,以及由此催生的孤独、忿郁和沮然的重叠交集。这些人物以其各自陈说为实例,各从一面写照了20世纪前期知识人的生存状态和精神状态。其间共有的都是眼前的困塞、来日的茫然和心头的意不能平。

与时人旁观"自废科举,改学校以来"的世情丕变,以"无组织、无团结"和"钻营权贵,凭借党人"刻画知识人,又举"京、沪各要地"之"占据要津者,游手闲荡者"[1]合为一体,以总而言之地统括知识人相比,则谢冰莹、徐懋庸和郭沫若的各自陈说,正以他们已经经历和正在经历的颠沛起落,显示了同一个群类的内在一面。对于知识人来说,这一面更真切,从而更能写照其普遍和共同。因此,20年代和30年代的新文学以小说写人生,便有鲁迅所作《在酒楼上》里的吕纬甫、《孤独者》里的魏连殳,郁达夫所作《春风沉醉的晚上》里的"我",柔石所作《二月》里的萧涧秋,茅盾所作《幻灭》里的静女士,叶圣陶所作《倪焕之》里的倪焕之,老舍所作《赵子曰》里的赵子曰,张天翼所作《荆野先生》中的荆野等,被当作主角和列为主题的,都是各色各样后科举时代的知识人。而其间用形象思维串联情节,着力表现的,又都是知识人的希望、失望、矛盾、彷徨、苦闷、孤独、抗争、跌扑、失败、迷惘、沉沦,以及重重挫折和坎坷里常常见到的人性失其常度。由此形成的是一种世路历程和心路历程的相为因果与相为表里,所以,世路历程之无序、无定、无本、无常,又决定了和心路之中很难生成可以内化的守定和恒常。而由此返视刚刚过去的科举时代,则可以看见的是今时的读书人与往昔的读书人之间精神一面的明显不同。半个多世纪之前,左宗棠自叙早年生活说:

> 日有粗粝两盂,夜有灯油一盏,即思无负此光景。今年垂耳顺,一知半解,都从此时得来。筋骨体肤,都从此时练就。无奇书可借,惟就四书五经及传注,昼夜潜心咀嚼,便一生受用不尽。[2]

---

[1] 《康有为政论集》下册,第1043页;《孟森政论文集刊》中册,第793页。
[2] 转引自钱基博:《精忠柏石室教育文选》,武汉:华中师范大学出版社,2014年,第188页。

在他之后，吴庆坻作《蕉廊脞录》记清代人物史事，其中一节说和他同时而年辈稍前的夏同善：

> 夏子松侍郎事继母孝，其女兄弟之同母异母者凡九人，友爱之如一。其已嫁而家贫乏者，皆招使同居，并其姊妹之夫与其戚属皆与焉。家屡空，而食指恒数十人。戚友有就谋者，无少却，急人之急，或辗转称贷以周之。官屡迁而清贫如寒士，往往日止一饭。[1]

左宗棠说的是仕途之外的读书人以"无负此光景"为本分，吴庆坻说的是仕途之内的读书人久处于"家屡空，而食指恒数十人"之中的安静淡如。由常理相度，这种"日止一饭"的事实际上不会多见。然而以康熙年间见之于上谕的皇帝说翰林院中人，直言其"极贫者，衣服乘骑皆不能备"，[2]以及同治朝倭仁官居大学士，而"一生寒素，至无余资乘轿"[3]为事实，显见得那个时候的功名社会中人常在局促之中。若又以邓廷桢应试屡挫，之后以"满盘打算，绝无半点生机，饿死不如读死；仔细思量，仍有一条出路，文通即是运通"[4]作自策自警为例，以体会读书人上进之日的一路困顿，则使人印象深刻的正是他们共有的身在困顿之中反求诸己的无怨无悔。因此就其身在一挫再挫之中，又常与"清贫""屡空"相伴而言，科举时代的士人与后科举时代的知识人相去其实并不太远。真正把两种读书人区别开来的，是前者居处于苦境和穷境之中犹能维持安苦安贫的那一片静气，在后者以"天灵盖去抵挡狼牙棒"与"哀感"、"寂寞"和"孤零零"交集的世界里都已消失尽净。与此同时，则是知识人与这个世界之间的紧张和抵斥成为一种常态。

然而从"负笈城市"入学堂开始，到出学堂之后又在"都市里漂泊"，其间的年复一年既使知识人成为附着于城市的社会群类，也使

---

[1] 吴庆坻：《蕉廊脞录》，北京：中华书局，1990年，第105页。
[2] 《清实录》第6册，第4978页。
[3] 方浚师：《蕉轩随录 续录》，第394页。
[4] 徐珂编：《清稗类钞》第2册，1981年，第600—601页。

知识人的世界实际上被圈囿于城市和限定于城市。随后是知识人与这个世界之间的紧张和抵斥,便奇异地表现为城市化了的知识人对于城市的深度对立和否定。而十里洋场的上海同时又是文坛所在的上海,便成了那个时候最容易招徕知识人的地方,又因之而在那个时候最容易集聚抵斥,被知识人当成代表性对象施以口诛笔伐。

五四后一年,陈独秀论"上海这种龌龊社会",说的是:"什么觉悟、爱国、利群、共和、解放、强国、卫生、改造、自由、新思潮、新文化等一切新流行的名词,一到上海便仅仅做了香烟公司、药房、书贾、彩票行的利器。呜呼!上海社会!"[1]在后来的二十多年里,又有鲁迅说"上海实在不是好地方",但平实而论,"上海本地人"其实"倒并不坏的,只是各处坏种,多跑到上海来作恶,所以上海便成为下流之地了"。[2]周作人说:"上海滩本来是一片洋人的殖民地;那里的(姑且说)文化是买办流氓与妓女的文化,压根儿没有一点理性与风致。这个上海精神便成为一种上海气,流布到各处去,造出许多可厌的上海气的东西。"[3]蒋梦麟说:"在上海,无论中国文化或西洋文明都是糟糕透顶。中国人误解西方文明,西洋人也误解中国文化;中国人仇恨外国人,外国人也瞧中国人不起,谁都不能说谁没有理由。但是他们有一个共通之点——同样地没有文化;也有一个共同的谅解——敛财。"[4]梁遇春说:"上海是一条狗,当你站在黄浦滩闭目一想,你也许会觉得横在面前是一条恶狗。狗可以代表现实的黑暗,在上海这现实的黑暗使你步步惊心,真仿佛一条疯狗跟在背后一样。"[5]林语堂说:"上海是可怕的,非常可怕。上海的可怕,在它那东西方的下流的奇怪混合,在它那浮面的虚饰,在它那赤裸裸而无遮盖的金钱崇拜,在它那虚空,平凡,与低级趣味。上海的可怕,在它那不自然的女人,

---

[1] 《陈独秀文章选编》中册,第15、24页。
[2] 《鲁迅书信集》下卷,北京:人民文学出版社,1976年,第660、706页。
[3] 周作人:《谈龙集》,北京十月文艺出版社,2011年,第102页。
[4] 蒋梦麟:《西潮·新潮》,第183页。
[5] 倪墨炎编:《浪淘沙》,第324页。

非人的劳力，乏生气的报纸，没资本的银行，以及无国家观念的人。"[1]比这些评说更加言之独断而且一言以蔽之的，还有石评梅说的上海"繁华嚣乱，简直一片闹声的沙漠罢了"，郑振铎说的"不幸我们生存在上海，更不幸上海是一个大都市"，黎烈文说的"我厌恶上海"，缪崇群说的"这繁华罪恶的上海"，徐懋庸说的"这魔鬼蟠踞着的上海"，平襟亚说的"黑漆漆的上海"，胡风说的上海"是一个污秽的海"，等等。[2]在他们之外，同一段时间里的胡适、茅盾、方志敏、叶圣陶、朱自清、潘汉年、梁实秋、廖沫沙、谢六逸、萧乾、靳以说及上海，笔下同样是种种光怪陆离和异色异样，以及对于光怪陆离和异色异样的憎恶。

  这些人物当日的取向各不相同，在后来的历史叙述中归类也各不相同，因此，他们在二十多年里各自表达所形成的这种彼此同一和前后同一，正从整体上反映了其时的知识群类在这一方面自内而生的共同性。然而以"敛财""没有文化""金钱崇拜""非人的劳力""繁华嚣乱"，以及"冷酷无情""自私自利"[3]和"曼彻斯特的臭味""纽约的臭味"[4]说上海的"可怕"和"污秽"，其着力描画的实际上都是近代城市形成过程中的面目。虽说那个时候常常京、沪并称或者京、津、沪并称，但相比于曾是历朝故都的北京和本属北洋重镇的天津，上海以通商开埠，之后是19世纪中叶到20世纪前期的积数十年之久，既成为当日中国最大的都市，也以其更加明显的泛商业化，成为最直观最具体地展示天理人情异化为利益计算的地方。因此，二十多年里群聚于上海的知识人最多，二十多年里知识群类又彼此同一、前后同一地排诋上海也最明显。就其历史内容而言，由此表现出来的深度异己和直接对立，折射的正是知识群类与城市社会之间整体的格格不入。所以梁启超曾通论中国社会的变迁并由此言及当日的城市，说是"现

---

[1]《林语堂名著全集》第15卷，长春：东北师范大学出版社，1994年，第56页。
[2]倪墨炎编：《浪淘沙》，第59、126、140、172、237、394、475页。
[3]同上书，第99页。
[4]《陈独秀文章选编》中册，第43页。

在都会的生活,和从前堡聚的村落生活截然两途,聚了无数素不相识的人在一个市场或一个工厂内共同生活,除了物质的利害关系外,绝无感情之可言"。[1] 他笔下的"都会"并不特指上海,但其总括而论城市,又更具广度地表达了知识人对城市的异己感。

  在20世纪前期的思想历史里,这些文字表达的都是对于城市的逆反,然而作成了这些文字的各色人物自身都已久在城市之中,并且衣食住行都脱不出这种圈定的空间范围。两相对照,其内里一面与外在一面遂构成了自相抵牾。就历史过程而言,知识人的形成是在其自身城市化的过程中实现的。他们因此而区别于旧日的士人,也因此而随其产生和形成,实际上已经成了城市世界中的一部分。但以"曼彻斯特的臭味"和"纽约的臭味"对这个世界作比拟,则说明历时二千多年的士为四民之首以后,城市带来的社会等序已是"商人在四民之首"。[2] 郭沫若言中的"资本家"、蒋梦麟言中的"敛财"、林语堂言中的"金钱崇拜",映照的便都是这种等序之下主导城市的人物群和社会相。"士为四民之首"是以读书分贵贱,"商人在四民之首"则是以财产分贫富。因此,二千多年里居四民之首的士人犹可守贫守苦而意态从容,但20世纪的知识人置身于城市社会之中,其拥有的知识和文化已是既在另一种社会等序的罩定之下,又不能与这种社会等序对应和匹配,遂不得不在前颠后踬之中,成了城市社会里的本来无可恃,从而无可守者。无可恃和无可守,是既无从立身,又无以伸展。所以,对于这个群类的多数人来说,李大钊笔下的"漂泊"一词,不仅是一种生存状态的写照,而且是一种精神状态的写照。他们虽已成为城市世界一部分,但与城市等序的这种不能对应和不相匹配,又决定了他们的实际存在既远离城市社会中心,而精神取向又正同城市社会相互对立。城市的"淫巧""机变""鬼蜮""黑暗""罪恶",皆与"没有文化"、"金钱崇拜"和"冷酷无情"相为表里,因此,在他们

---

[1] 梁启超:《饮冰室合集》第7册,《专集》之二十三,第10页。
[2] 倪墨炎编:《浪淘沙》,第440页。

对于城市的排拒里，引为支撑的犹是义利之辨。而就其内含的这种义利之辨而言，显然是 20 世纪前期的知识人与已被他们取代的旧日士人之间，又仍然维持着一种前后悬连。

兼有曼彻斯特臭味和纽约臭味的城市形成于中国历史的近代化变迁之中；脱离乡村，而以城市为集聚空间的知识人群也形成于中国历史的近代化变迁之中。因此，知识人的城市化和城市化了的知识人对城市社会的深刻歧异和不肯认同，正以这种知识人的矛盾，真实地反映了造就变迁的历史过程同时造就的历史矛盾。而以"负笈城市"为起点，通观知识人的生成和困蹇，则变迁和矛盾的两相交织，既塑造了知识人的面目，也塑造了知识人的立命之难。

第二编

科举停置与后科举时代的政治和文化

第一章

科举与民治

一 科举制度与政府（国家权力）的开放

光绪三十一年（1905）朝廷停科举，终结了一段漫长的历史。然而当时人与后人对科举制度的思考、审视、解说和评判，却不会随之而止。一方面，由于科举停置，后科举时代的社会和政治便成为一种过去所没有的别样映衬，反照出这个制度在一千三百年里虽被熟视已久，而以选官取士为眼界，则犹有视野所未能及的社会内容。另一方面，积数十年中西交冲之所得，20世纪前期的中国人诠释这个制度，已经在引彼邦的学理、治体和得失做比较，并因之而有了一种用现代尺度重估旧时传统的新眼光。两者都在一千三百年间的见闻和思虑之外。所以，作为历史认识的延续，两者又都决定了科举停置之后的这种对于科举制度的思考和审视，常常会比前人看得更广一些和想得更深一些。

1917年，在国体政体俱变之后，杜亚泉说"吾侪昔者以厌弃科举之故，斥辱不遗余力，以为亡国由于斯，灭种由于斯"，同时一意"信仰选举"，视之为西洋"至公普之法则也，立宪国家之流行品也"。然而时至此日，科举与选举都已见过，遂知"选举与考试，实为至相类似之物"：

> 选举与考试,皆国民行使参政权时,保障其公普之方法。参与立法,为国民参政权之一。国民不能全数列席于议会,则行选举,以信仰之多寡为标准。信仰多者被选,此公普之法也。国民得为国家官吏,亦为国民参政权之一。国民不能全数任命为官吏,则行考试,以学力之优绌为标准,学力优者得第,亦公普之法也。[1]

"昔者"的挞伐科举和停置科举,其时的上下呼应和朝野共鸣,重心是在科举的接不上新知和科举的不能出人才。但七年以后人随时变,民国的世局和时论,重心已经移到了"国民行使参政权"的循名责实。由此比类而及,则科举选官的政治权利一面便对应地成了更被关注的内容。而后是当初因旧学不能逮新知而被"厌弃"的科举制度,这个时候却以其内含的"公普之法"而能与西国的"选举"相对举,并被看成"至相类似之物"。在这种前抑后扬里,原本被上下呼应和朝野共鸣定义为选才,又归结于育才的科举,因民初中国人面对国体与政体的嬗蜕,以及与之相随而来的关注转移和眼光转移而视角大变,在西国输入的"国民参政"观念那一派光芒的照射之下和比较之下,显示了其一千三百年间与政治深度交集的本相。比之用选才和育才定义科举,这种本相更加真实地反映了作为历史存在和历史影响的科举制度。从清末到民初的二十年之间,同是以西法观照科举,而由先抑转为后扬,正表现了那一代人论时务常常一腔热诚而识时务常常后知后觉。

产生和形成于中国历史之中的科举制度是中国人熟识已久的东西。以这种熟识为比较,杜亚泉用"国民参政权"阐说科举制度的内涵和意义,显然已经越出了唐宋以来一千三百年里前人的关注范围。然而以前人意识中所未曾有的"国民参政权"阐说科举,又使一千三百年间的历史存在,有了一种可以与现代政治的法则和观念相印合的意义。所以,科举停置之后,20世纪的中国人对于科举的追论评说,其

---

[1] 周月峰编:《杜亚泉卷》(中国近代思想家文库),北京:中国人民大学出版社,2014年,第345—346页。

注目处和着力处，常常会与一千三百年间的论说不同，也与反科举和停科举之日的论说不同。这个过程改变了竖看历史的视角，而后是起于选官的科举制度便在政治、社会、文化的互为因果和层层贯连里超出了选官的本来范围，被置于另一种更富广度的诠释之中，而广度所至，常常自能形成深度。

作为一种选官制度，科举取士开始于隋、唐而演化于宋、明；作为一种政治学理，"国民参政"之说产自欧西而传入中国。两者在20世纪中国人的眼中之能够互相匹比而且彼此交集，其重合处在于前者和后者都以政权的开放为本义。杜亚泉之前，严复已说，中国古来"设庶职资选举，以招天下之人才，即以此为与民公治之具，其法制本为至密"。[1]在杜亚泉之后，张耀翔又说，以"前清科举制"相比于"今之学校制度，选举制度，尤为民治"。[2]前一段话里的"与民公治"和后一段话里的"尤为民治"，说的都是科举制度下人民介入政治的实际可能。虽说以名而论，"公治"和"民治"都是由西方的现代政体派生而来的道理，然而以实而论，同西方相比，中国人的这种"公治"和"民治"又是从自己的历史与文化中产生和形成的。严复以"设庶职资选举"为"与民公治"，是合察举和科举为一体而概说历史上的政权开放，后来沈兼士通论"选士与科举"，则尤重于分疏其间的前后嬗蜕，以说明从察举到科举，与这种转变相为因果而造成的，是政权开放在程度上的大幅度扩展：

> 前代对于人才的选拔，在两汉为"乡举里选制"，在魏晋南北朝为"九品中正制"，都是由有司（如刺史、太守、中正等官）的荐举，凡属有志仕进的人都莫由自进；在科举制度下，所谓"士子怀牒自进"，则有类于现在的考生带着报名履历表和证件亲自去报

---

[1] 《严复集》第2册，第245页。严复说"选举"，取的是"选举"一词的历史含义，对应的是察举和科举。
[2] 张耀翔：《清代进士之地理的分布》，《心理》第4卷第1期，1926年，见刘海峰编：《二十世纪科举研究论文选编》，武汉大学出版社，2009年，第2页。张耀翔说"选举"，取的是"选举"一词的现代含义，对应的是代议政治下的票选。

名一样，考试的机会，至此乃获得一律平等。[1]

因此，与"有司"荐举而"莫由自进"的察举相比，"怀牒自进"的科举制度造就的这种"自由竞争和考试权独立行使"，已前所未有地广罩天下读书人，从而"使有志之士开始获得自动而普通的参政权或服官职的机会"。以此为起点，随后而来的另一个历史阶段，他称之为"中国民权发展史上崭新的一页"。[2]

就自下而上的选官而言，察举所体现的已是政权的开放。但这个过程以人选人，其间作为对象的个体始终是择定的和被动的，所以其间的开放始终是有限的。而以"怀牒自进"为法度，则原本的对象已变为主体，从而"有司"主导已变为士人的自立和自主。人在社会之中，便因家业而异，因权势而异，因年齿而异，因秉性不同而异。这些差异决定了人与人之间的不相对等。"怀牒自进"之不同于"乡举里选"和"九品中正"，正在于其"自进"之可能，全在于以国家力量剥除了人与人之间的种种不同，使进入了科举过程的每一个士人都还原为大致对等的个体。而后是每一个个体都能用相同的尺度来衡量。对于主持科举的朝廷来说，以此施行的是一种普遍的平等；对于身在民间的士人来说，由此获得的则是一种进取的主动。前者以平等求，后者以主动应，平等成为科举制度的一种要义，则此后一千三百多年的科举取士里，便常常会见到对于弱者更多的关切成为上下同奉的公共意识。其间曾有宋代的太祖皇帝以"向者登科名级，多为势家所取，致塞孤寒之路"为选官取士之大弊；[3]又有清初昆山徐乾学、徐秉义、徐元文母教极严，"三徐既贵，每奉命握文柄，太夫人必以矢慎矢公、甄擢寒畯为勖"。[4]七百年前的开国皇帝所重在"孤寒"，七百年后的"太夫人"关切在"寒畯"，这种出自不同身份的心同此理穿越了漫长岁月的前后相沿，不断不绝，既反映了科举制度中

---

[1] 沈兼士：《选士与科举：中国考试制度史》，桂林：漓江出版社，2017年，第90页。
[2] 沈兼士：《选士与科举》，第90页。
[3] 李焘编：《续资治通鉴长编》第1册，北京：中华书局，1992年，第336页。
[4] 陈康祺：《郎潜纪闻初笔 二笔 三笔》上册，第195页。

恒定的取向，也对应了科举历史里牵动人人的社会内容。因此，从宋代科举限制官僚子弟、宗室子弟，[1]到清代乡试分官卷、民卷，并限官卷生员不能中魁，[2]以及会试以后殿试，道光朝皇帝为"寒士"让路而不许宗室子弟入一甲，[3]都是显然地压抑居有优势的群类，以期在一个并不平等的社会里用自上而下权力为科举造出一种平等。而后是"势家"与"孤寒"同入场屋，凭文以定取去，遂既有督抚之子"五上公交车"而不能得一第，也有少年孤贫而成相国的名臣；[4]既有十六岁已入翰林的早达，也有七十二岁始成进士、举人的迟发；[5]既有囚官之子犹能以"一甲三名进士通籍"，也有孙廷铨官至大学士，"公子宝侗有高才，侍公京邸，每乡试不许入京闱。尝曰：'吾为大臣，汝又薄有文誉，使或以一第相溷，为结纳之资，平生廉隅扫地矣。'宝侗卒为诸生"[6]的大官子弟自为避让。

在这些见之于记述的各色情节里，家业、权势、贫富、年齿、亲缘、秉性的差异都已被同一种尺度夷平，由此形成的平等是可见的，所以是真实的。而当这种可见的平等与功名连为一体，并且在宋代一变唐人"岁上第仅一二十人"之狭，而"广开科举之门"，致"进士入第十倍旧数，多至二十倍"[7]之后，则这种平等，又会与读书入仕数量的大幅增加因果相映，而成为示范和催化，使天下读书应试的人越来越多。19世纪末年梁启超说"邑聚千数百童生而擢十数人为生员；省聚万数千生员而拔百数十人为举人；天下聚数千举人而拔百数人为进士，复于百数进士而拔数十人为翰林"，统谓之"相率为无用

---

[1] 马端临：《文献通考》上册，第284页；孔凡礼点校：《苏轼文集》第3册，北京：中华书局，1986年，第956页。
[2] 徐凌霄：《古城返照记》上册，北京：同心出版社，2002年，第358页。
[3] 吴庆坻：《蕉廊脞录》，第63页。
[4] 梁章钜：《浪迹丛谈 续谈 三谈》，北京：中华书局，1981年，第34页；陈康祺：《郎潜纪闻初笔 二笔 三笔》下册，第541页。
[5] 陈康祺：《郎潜纪闻初笔 二笔 三笔》下册，第716页；方浚师：《蕉轩随录 续录》，第162页。
[6] 陈康祺：《郎潜纪闻初笔 二笔 三笔》下册，第860页。
[7] 王铚：《默记 燕翼诒谋录》，第1—2页。

之才"。[1]20世纪初年康有为说:"昔有科举之时,一县之中,童生岁岁就试,得青其衿者,百仅一焉;诸生三岁一试,得举于乡者,百仅一焉;举子三岁一试,得登第者,数十仅一焉。中非无遗才之憾也,而当其岁月就试,不忍舍去之时,县常有千数百之人士,读书谈道者焉;省常有数万之诸生,读书谈道者焉;国常有数千之举子,读书谈道者焉。"[2]前一段话立足于变旧法,后一段话立足于追怀旧法,因此观感不同,褒贬也不同。但作为一种纪实,两者又大体相同地说明了时至清末,读书应试的人群所达到的数量规模和分布广度。虽说其间的"百仅一焉"和"数十仅一焉",对于个体来说是一种悲欢苦乐的不可知和不可测,然而着眼于隋唐以来的政治变迁,则显然正是有了这个因科举替代察举而产生的读书应试群体,以及他们在宋代以后与"广开科举之门"相为因果的积渐积多,才使国家政权面对这种积渐积多地造就了的数量规模和分布广度,其开放的内涵和外延,遂能随之而增其深度和广度,获得了"乡举里选"所未曾有过的公众性和普遍性。

从"怀牒自进"到"甄擢寒畯",科举制度为不相对等的个体造出了一种应试入仕的机会平等。同一个历史过程里,科举制度的空间铺展,又在为人口、经济和文风不相对等的地域之间造出了一种人才养成与人才出头的机会平等。比之个体之不相对等的直观可见,地域与地域的不相对等,则是在应试入仕的整体数量大幅增长之后,由对比而显出来的。是以宋代"广开科举之门",其时"东南之士"入仕人数与"西北之士"入仕人数之间的比例失衡,便因此而为人注目,并直接触发了司马光和欧阳修一方"主于均额"一方"主于核实"的争论。[3]虽说这种争论当日并没有结果,但对于科举制度来说,由此显示的事实则已是一种不能漠然置之的倾斜。之后,历经前后不满百年,而又并不倚重文章选官的元朝之后,这种地域之间的失衡便以其积久积重,促成了明代以"南卷十六,北卷十四,〔各〕退五为中

---

〔1〕 梁启超:《饮冰室合集》第1册,《文集》之三,第22页。
〔2〕 《康有为政论集》下册,第1042页。
〔3〕 马端临:《文献通考》上册,第291—292页。

数"立定额,分南、北、中卷取士。分卷取士,是意在变"长才大器,多出北方,第朴钝少文,难与南人并校"的不相对等,用先期分配的办法造出"北方"和"南人"应试入仕的大体平等。[1]当年司马光的以"均额"为主张因之而成为这个时候的一种定章。然而北人以其"朴钝少文"而"难与南人并校"又说明,南北之间仕进的不能平等,本自于南北之间文化累积的厚度不相对等。因此,如同不相对等的个体是在压抑"势家"本有的优越里造就出平等的,不相对等的地域以"均额"营造的平等,则"朴钝少文"的"北方"之能够得以伸展,显然是在对文风占有优势的"南人"施以数量限制中实现的。对于南人来说,便成了一种以此消成就彼长。这个过程由南、北、中分卷取士开始,但以中国之广袤和一方与一方的各不相同,则这个过程一旦开始,地域之间的平衡便不会以南北之分为止境。因此,清代继明代而起之后,沿此更进一程,遂又有"[康熙]五十一年,以各省取中人数多少不均,边省或致遗漏,因废南、北官、民等字号,分省取中。按应试人数多寡,钦定中额"。[2]明代的南、北、中分卷取士因之而变为清代乡试的分省取士。由此实现的显然是一种更大程度的地域之间的平等。然而就"边省"在空间上的远离文化中心而言,其间人物的"朴钝少文",无疑又会比一般而言的北地文风不逮南人更加驽弱。因此以"或致遗漏"为关注,表达的正是一种着力扶持。与之同时而见的,则是在文化绵延厚积中养成了读书人多的"南方大县,挟册操觚之士,少者不下千人",[3]不能不因"均额"而常在进取艰难之中。两相对比,显见得"分省取中",实际上省与省之间的尺度已是宽严相殊而不能一样。一生经历乾、嘉、道、咸四朝的姚元之又说:"新进士殿甲后,朝考最重,盖庶常之得否,只争朝考入选与否耳。其入选有不用庶吉士者,或其省入选人多,不能全用。如甲戌科浙江省入选十二人,用庶常者九人,其三人则一部,两即用。其不入

---

[1] 转引自邓嗣禹:《中国考试制度史》,第188页。
[2] 《清史稿》第12册,第3158页。
[3] 转引自王德昭:《清代科举制度研究》,北京:中华书局,1984年,第61页。

选而得授庶吉士,必其省或有全不入选,或有而太少,故不入选者亦得邀用一二人。"[1]则位居科举制度顶端的翰林院,其选取庶吉士的过程,也是以考试为大法,而兼用截长补短维系不同省份之间的平衡。因此,在这种压抑"势家"的权力优势以成全天下士子之平等,又限制"南人"的文化优势以成全各个地域之平等的过程里,初旨本在文章选才的科举制度,重心越来越明显地移到了平等一面,移到了以局部的不公平构筑整体公平的一面。而就其命意而言,重心移向平等,以及用局部的不公平构筑整体的公平,着力以求的都是在造成一种可能——使科举选官无远弗届地笼罩东西南北之间的所有地方,从而以最大的普遍性直接面对普天之下的一切读书人。因此,这个过程的实际意义,又在于以个体为对象的文章选才,在一千三百多年里日深一日地融入了政治权力的构成和再生之中,并以足够的广泛性使个体都有可能转化而入政治权力的主体之中。与之相对应的,便是以个体为对象的选官取士的科举制度,其更富深度的作用和影响,其实是朝廷以其不断扩展的开放,在向士人之全体展示他们与国家政权之间的联结和贯通。

钱穆事后论史,于此一面所读出来的意思是:"采取分区定额制度,使全国各地优秀人才,永远得平均参加政府。"[2]这是一种历史学家对于科举制度下国家政权的开放,以及开放程度的诠释。而其间由文化选官形成的政治构造,则在科举制度已经远去之后,仍然成为民初中国常常引发后来人思考的历史内容之一。

二 社会之各分等序和个体在等序之间的上下流动

1921年章士钊、陈源"联访英伦",曾记彼邦小说家威尔思"谈

---

〔1〕 姚元之:《竹叶亭杂记》,载赵翼、姚元之:《檐曝杂记 竹叶亭杂记》,北京:中华书局,1982年,第31页。
〔2〕 钱穆:《国史新论》,第278页。

及中国国政"的言之"慨然":

> 民主政治,非万应之药也。世间以吾英有此,群效法之,乃最不幸事。中国向无代议制,人以非民主少之,不知历代相沿之科举制,乃与民主精神,深相契合。盖白屋公卿,人人可致,得非平等之极则。辛亥革命,贸然废之,可谓愚矣。[1]

其时上距科举停置不过十六年。而作为一个具有强烈政治关怀的外国知识人,他的这些话说明,对于已经过去的科举制度,其身后留下的历史痕迹中最易被人注目的正是它的政治一面;与清末的反科举论说之漠视科举制度的政治一面相比,具见眼光不同,则所见不同。英国久被看成民主政治的开先者和示范者,因此,在后科举时代,抉发科举制度中"与民主精神深相契合"的内涵,并为之鼓吹的事实出自英国知识分子,正显示了"吾英"长久的民主经验所养成的对于民主本义的真知,使他们能够比清末那一代知其一不知其二的人物更加切入地看到:与代议制全然不同的科举制度,同时又以其造就的政治权力的开放而和代议制下的民主实际上的"深相契合"。而身为新知识人的章士钊和陈源先后以白话、文言两种文字样式,向中国人转述了这一段西人评述科举的论说,则于着力传播之中,又以其言之津津实际地表达了自己的心同此理。威尔思由当日的"中国国政"而沿及科举制度的政治属性,同此因果,对于那个时候的中国人来说,中国的"国政"与之更近,所以,由政治属性认知科举制度,以及由科举制度的政治属性映照历史中国的本相,便又会因那个时候共和政体下"民治"的名实睽离,一派淆乱成为直接比对而看得更加分明。潘光旦后来说"人才的登进"曰:

> 从民间出来的贤人所造成的贤人的政治,我以为就是民治,我并且以为才是真正的民治。笼统的民治是没有意义的。任何国家的民众在才品上是不齐的,其中一小部分上智,一小部分下愚,和大

---

[1]《章士钊全集》第5卷,第73页。

部分的中材分子,或更简单的可以分成两半,一半是中材以上,一半是中材以下的。掌握政权的人应该从上智的一部分中间出来,或至少从中材以上的一半人中间出来,任意抽调,固然不合,平均公摊,亦未为允当。所以所谓民治,应当就是好民政治,那就是贤人政治。好民是民,也是一般民众的代表。[1]

因此,在二千多年的中国历史里,由于才品不齐,而后孔门有"尊贤"之说;由于尊贤之说,而后"有一产果焉,曰:选举制度";由于立此选举制度,而后有既非"抽调",又非"公摊"的"人才"之"登进"和"好民政治"。然则统而论之,科举制度"以帖括八股取士,法至偏隘,而所务不切实用,我辈无不承认之",但其一以贯之的"公开竞试而加以论次之根本原则,则始终不诬也"。潘光旦也是新知识人,因此不会不知道科举不是没有毛病的,然而通观一千三百多年之间,他又更相信构成了这个制度的"根本原则"并不在"帖括八股",而在以"公开竞试"维系上下的政治开放。因此,以后来看从前,则清末停科举的一派急迫,在其眼中已是"西化东渐,学者骛于新奇,于旧制度之根本利害多未遑深究",即"攻击排斥不遗余力",所见俱是一代人的"鉴别力之缺乏也"。[2]与威尔思所说的"可谓愚矣"意同理同。

科举制度的政治一面,因民初中国共和之名与共和之实不相对称成为一种反向对比而为人认识;也因西学传入引来的民治民主之说化为光芒照射而为人认识。所以,时当20世纪前期,远在欧西的威尔思说科举制度,印象深刻的是"白屋公卿,人人可致";中过举人的梁启超说历史中国的"民权",举为突出的也是"白屋公卿,习以为常"。[3]两者都由科举制度所促成的社会流动,以及这种流动所达到的普遍程度,来说明一千三百余年间中国人曾经有过的以考试为形式

---

[1]《潘光旦文集》第5卷,1997年,第450—451页。
[2]《潘光旦文集》第8卷,第155—156页。
[3]《饮冰室合集》第4册,《文集》之二十九,第98页。

的政治开放。而"白屋"能出"公卿",又尤指其间自下而上的流动能够成为一种历时长久的社会现象。在科举取士的时代里,帝王以护佑"孤寒"为自觉,世间以甄拔"寒畯"为公道,以当日的语意而言,"孤寒"和"寒畯"指的都是贫困。因此论人论世便有"诸生寒士居多"[1]的统括之论,与之相应而见的,又有乾嘉年间曾任湖广总督的毕沅"岁以万金遍惠贫士";[2]同治初期任江苏巡抚的李鸿章因江南乡试大雪,"给士子银每人四元";[3]同光之间任陕甘总督的左宗棠说甘肃乡试,"应试士子半类乞儿,尚多由地方官资遣而来,睹之心恻"[4]的种种事实。达官济士和悯士,显然都是在济贫和悯贫,与之直接对应的则是士人的多数和士人的常态都在与贫相邻之中。由于多数和常态,所以唐代的奏议已说是"选官多京债,到任偿还",宋代的诏书又有过"新及第授官人,无得以富家权钱,倍出息利,到任所偿还"的明令,[5]记录的都是士人得官之初便已不能不借债到职的穷匮困窘,以及朝廷的不得不常常关注及此。奏议和诏书都以此为病,但奏议和诏书都改变不了这种现象。因此直至清代末期,士子的入京会师和及第之后的授官赴任仍然都须依靠重息借债来实现。[6]这些各成一段的历史情节写照了多数和常态,便同时说明了由唐宋到明清,在世人的直观而见里,一茬一茬的"寒士"和"贫士"络绎不绝地"怀牒"而来,其间由科举而进身者,便非常具体地演示了一个一个个体自下而上的社会流动。虽说后来取法于社会科学的历史叙述喜欢由个体追溯祖孙三代,计量统计,注力于区分前代有过功名、职官的士人和前代没有功名、职官的士人,然后以数量论性质,质疑科举

---

[1] 昭梿编:《啸亭杂录》,北京:中华书局,1980年,第343页。
[2] 徐珂编:《清稗类钞》第6册,1984年,第2697页。
[3] 《翁同龢日记》第1册,第363页。
[4] 《左宗棠全集》第11册,长沙:岳麓书社,1996年,第550页。
[5] 周寿昌:《思益堂日札》,长沙:岳麓书社,1985年,第55页。
[6] 日本东亚同文书院编:《中国经济全书》第8册,东京:东亚同文会,1908年,第101页。

制度下社会流动可能达到的广泛程度,[1]然而这种后人通过有限的计量所得到的局部精确,反映的并不是一千三百年间的中国人在这个过程中总体的直观所见,以及由这种直观所见所获得的科举制度下社会流动的实际感受。一则记载说:

> 翁文端公年二十四时,犹一贫诸生也。其祀灶诗有云:"微禄但能邀主簿,浊醪何惜请比邻。"士当困厄无聊,易作短气语,当公为此诗,岂自料两朝宰相,再世帝师,三子公卿,四世翰苑,功名福泽为本朝希有人物哉?[2]

若追溯三代,则被敬称为"文端"的翁心存"父咸封,官海州学正",[3]而在相信计量统计的历史叙述里,有此八品末秩,已不能与平民子弟同归一类而论社会流动。但在这一段记述里,从"贫诸生"到"两朝宰相"和"再世帝师",历史现场里的中国人看到的翁心存只是一个寒士,而关注的全是科举制度大幅度地改变了一个寒士的命运。就自下而上的社会流动而言,这是一种实证而见。以秩级而论,"主簿"不过九品,则举其"微禄但能邀主簿"对比前后,尤其着意的是在说明这种自下而上的过程里寒畯出头所经历的人穷气短。

对于个体士人来说,前一面所显示的是功名之可能,后一面所显示的是功名之不易。身在科举制度之下,两面都是对于科举制度直接形成的感知和认知,但这种个体的感知和认知形成与积累的过程,又始终在以其引导和催化牵动万千人,因此一千三百余年间,这种个体的感知和认知又曾实际地影响了科举的历史。乾隆二十七年(1762)钱大昕奉旨主持湖南乡试,事后奏报说:

> 湖南应举士子四千余人,三场之卷,凡万二千有奇,合经书义论策诗计之,不下五万六千篇。臣等自阅卷之始,至于撤棘,计

---

[1] 这一方面比较典型的是张仲礼所著的《中国绅士》和艾尔曼(Benjamin A. Elman)所著《中华帝国晚期科举文化》。
[2] 陈康祺:《郎潜纪闻初笔 二笔 三笔》上册,第42页。
[3] 《清史稿》第38册,第11679页。

十八昼夜，文卷浩繁，而时日有限，谓所去取者必皆允当而无一遗才，臣诚未敢自信也；然臣之心力，不敢不尽矣。[1]

斯时湖南分省取士以四十余名为定额，并不算文风昌盛之区。而以四十余名比"应举士子四千余人"，则考官阅卷的苦累，正反映了科举所招来的士人数量之多。促成这些人自觉自愿地进入场屋的，只能是他们对于科举之能够造就自下而上的认知和相信。在他之后一百多年，关注一世之文运的翁同龢留意科试且屡掌衡文，其日记中有同治三年（1864）顺天乡试"士子纳卷已有一万六百"、江南乡试"试卷一万八千本"、四川乡试"万五千人"[2]的纪录。虽说彼时绵延了十多年的内战犹未完全停息，但这种分省而见的动辄成千上万，已比乾隆年间的湖南更大范围和更大程度地显示了读书人共有的取向。显见得科举造就了社会流动，对于天下士子，流动便成了眼中可见的上进和心中可能的上进。是以后人叙述历史虽然以计量统计来显其分类的精确，但在实际的历史过程里，始终是这种无从以计量作统计的感知和认知直接生成了，并不断生成着成千上万，而科举制度昭示的政治开放，则正是因此成千上万而具有了真实的意义。然则对于历史来说，这种没有计量统计的感知和认知虽然不算精确，其实更加真实。因此，在中国生活了五十年的赫德（Robert Hart）说："没有一个其他国家对教育会这样地看重、推崇、利用和奖励，沿着下宽上窄的高耸的阶梯，最贫穷的农民的儿子也可以爬到最高处，位居宰辅之列。"[3]他以自己的阅历之知说观感，印象深刻的也是科举造成的大幅度社会流动。

以"白屋公卿"概括而言社会流动，反映的是世人最易注目和最多注目的，大半都在自下而上的流动。因此各色笔记说掌故，便常常见到白屋中人沿读书应试而一步一步走向高处的故事。《履园丛话》

---

[1] 陈文和主编：《嘉定钱大昕全集》第9册，南京：江苏古籍出版社，1997年，第354页。
[2] 《翁同龢日记》第1册，第344、351、409页。
[3] 赫德著，叶凤美译：《这些从秦国来：中国问题论集》，天津古籍出版社，2005年，第98页。

说,元和人姜晟"家赤贫,忍饥励学,中乾隆丙戌进士,除刑部主事,历官刑部尚书、湖广直隶两省总督"。[1]《新世说》说,"陶云汀〔澍〕某年会试落第,无力出都,遂卖卜于市"。纪晓岚见而"亟赏之",以"邸中余屋馆之,并授餐焉。越三年而陶入词林,累官至两江总督"。又说,"袁爽秋〔昶〕少孤贫,随戚北上,流落都门,薛慰农收养之,执杂役焉。后因事对答数语,慰农大奇之,使伴诸子读",遂由科举入仕。庚子年"从容就义"之日已官至太常寺卿。[2]这些人物都出自清代,但像这样朝为田舍郎,暮登天子堂的事则在唐宋以来的科举历史里,久已有之,并常常被编入戏曲唱本,传为民间羡动人心的佳话和美谈。以至于民国初年章士钊与胡适辩论白话文与文言文,犹引申而及这种社会流动,说是"方愚幼时,吾乡之牧童樵子,俱得以时入塾,受《千字课》、四书、《唐诗三百首》,其由是而奋发,入邑庠,为团绅,号一乡之善士者比比也。寒门累代为农,亦至吾祖始读书,求科名,以传其子孙。凡通国情者,莫不知吾国自白丁至宰相,可依人之愿力为之。文字限人之说,未或前闻"。[3]然而就其本来意义而言,流动实质上是一种淘汰。因此流动并不会仅仅只有自下而上,与白屋公卿同时存在的,还有"君子之泽"的数世而斩,以及与之相为表里的自上而下的流动。

清初叶梦珠曾作《阅世编》,概说其积年之所见曰:

> 以予所见,三十余年之间,废兴显晦,如浮云之变幻,俯仰改观,几同隔世。当其盛也,炙手可热,及其衰也,门可张罗。甚者胄、原、栾、郤之族,未几降为皂隶;瓮牖绳枢之子,忽而列戟高门。氓隶之人,幸邀誉命,朱门之鬼,或类若敖。既废而兴,兴而复替,如环无端,天耶?人耶?[4]

---

[1] 钱泳:《履园丛话》上册,北京:中华书局,1979年,第154页。
[2] 易宗夔:《新世说》,上海古籍出版社,1982年,识鉴第七,第25、27页。
[3] 《章士钊全集》第5卷,第365—366页。
[4] 叶梦珠:《阅世编》,上海古籍出版社,1981年,第114页。

他阅世所见的这种一姓之"废兴显晦"的"俯仰改观"未必全属科举家族。但在科举时代而以先秦历史中的"胥、原、栾、郤"之家为比方,显见得比方之所及的,大半都应是科举家族的由盛转衰。虽说他由一姓之家族说盛衰,遂多感慨系之,然而视野转到社会,则容易看到的是,与白屋之能够出公卿一样,公卿之家在变迁中的沦落也出自同一个过程和同一种因果。《道咸以来朝野杂记》说,"德珺如为穆相曾孙,是其长房之裔","早年唱青衣正旦,其音可裂金石,以其面长,人皆以'驴头旦'呼之,一怒改为小生"。[1]穆彰阿在道光一朝位居万人之上,而其曾孙一辈不能读书应试,则已成世人眼中的"驴头旦"。虽然时至清末,戏子中的名角也能自为一时风光,但四民之外,倡优并称,以千年岁月化育而成的社会观念而论,其时的戏子犹是三百六十行里不能入于衣冠的贱业。因此从曾祖的文华殿大学士到曾孙的"驴头旦",其贵贱之太过悬殊,便成了曾祖和曾孙之间的断裂。翁同龢于同治三年(1864)的日记中说:"毛鸿宾、郭嵩焘请以捐项移奖子弟,奉旨申饬,发还银两。"[2]其时毛鸿宾任两广总督,郭嵩焘任广东巡抚,皆因捐银助饷而应得叙奖。而"移奖子弟"则意在科举一途之外化自己的"捐项"为子弟的功名,以事理而论已近乎借己身之贵造后人之贵,因此朝旨以"申饬"和"发还银两"表示了不能许可。之后是一代与一代之间分界厘然。而以清代二百六十余年为时限论此兴废无常"如环无端",则后人与前人之间的悬殊和断裂还有更加言之诧异的。刘成禺说"昆山徐氏三兄弟,长乾学、次秉义、幼元文,系不同科之状元及探花,同胞三鼎甲盛事,为中国科举史上少见。论其官阶,乾学官尚书,秉义官侍郎,元文入阁拜相",俱见一门鼎盛。然后叙亲身之见闻,以今时对比往昔:

> 民初予在北京,八大胡同,灯火繁盛,朝官豪富文人学士,车水马龙,尤以陕西巷醉琼林对门之聚福清吟小班,为首屈一指。班

---

[1] 崇彝:《道咸以来朝野杂记》,第94页。
[2] 《翁同龢日记》第1册,第358页。

主妇徐娘，自称昆山人，为徐健庵［乾学］尚书之后裔；养女凡三人，年龄与徐娘不甚悬殊。[1]

而以艳帜高张耸动一时，杨度、王克敏之类皆曾与之深相往还勾连。[2]然则就同为贱业而言，与德珺如的粉墨生涯相比，其倚门卖笑的北里生意显然又更等而下之。在"既废而兴，兴而复替"的盛衰起伏里，像这样宰相、尚书的后人转入倡优一行的事太过极端，所以不会很多，但科举之家在代相传承中的一代不如一代，以及祖宗声光犹在而子孙已经式微的事则比比而见。于是"门祚之靡常"[3]便成为一种惯见的世相。一千三百年间，科举之家皆因文化和功名而起，因此，"门祚之靡常"正说明文化和功名是一种自求之而自得之的东西，从而是一种及身而得又及身而止，不能由上一代现成地传给下一代的东西。所以家族的延续之中，科名会断，学问也会断。其时的记述说："江慎修名永，婺源大儒也。其居处名江湾，地极秀异，而其裔设豆腐店。焦里堂名循，甘泉［江都］大儒也，其后人亦以卖饼为生。"[4]江永生当康乾之世，焦循生当嘉道之世，两者都不以功名显达，而在一个科名出自文化的社会里，却能名动公卿，久为功名社会中人所尊，与之相比，其卖饼卖豆腐的后人虽然仍未失其清白，但以文化而论，则已不能不算是自上而下的式微。在这个过程里，科举制度限定的文化与功名的自求之而自得之，以及文化与功名的及身而得和及身而止，既造就了自下而上，也促成了自上而下，而淘汰与流动相为表里，其内涵和意义便都见于此。所以，与这个过程相应的，是历史中国社会以贵贱分等为结构，而对个体来说则升降都是流动；以升降为流动，则世间遂无永久的门第；世间无永久的门第，则政治开放才能够成为一种可见的事实。

---

［1］ 刘成禺：《世载堂杂忆》，第 21 页。
［2］ 同上书，第 21 页。
［3］ 叶梦珠：《阅世编》，第 114 页。
［4］ 徐珂编：《清稗类钞》第 5 册，1984 年，第 2128 页。

三　起自民间的自下而上与士人的社会代表性

个体的社会流动因其更多直观的具体性而更容易引人注目。所以生当科举时代，由"甄擢寒畯"而"白屋公卿"，世间人因见闻而生感触，常常都落脚于一身一家的悲欢喜乐。然而在科举制度停置之后，中国人和外国人都指述科举之合乎"民主"和"民治"，则以此通观这种由"甄擢寒畯"而"白屋公卿"的社会流动，其实际意义显然已并不止于一身一家的悲欢喜乐。

在当日的词意里，"白屋"对应的是民间社会，"寒畯"对应的是底层社会。所以白屋入仕途和寒畯得"甄擢"，读书人由此自下而上，其一人一身的流动同时又实际地构成了社会与政府之间直接的绾接。个体的流动是常态，两头的绾接也是常态。本以选官取士为初旨的科举制度，遂因之而更多了一重朝廷连通民间、民间连通朝廷的意义。后来人以"民主"和"民治"相比附，着眼的显然正是这种实现于科举制度的社会与政府之间的绾接，以及朝廷与民间的连通。20世纪40年代，潘光旦作《民主政治与先秦思想》，以中国人的世情和道理说民治，其体会尤在"人民参与政权"的"可以有多种不同的方法，多种直接与间接的程度"：

> 在广土众民的国家，每一个国民直接参与政治，事实上不可能，而势非间接不可，因此，最近情的方式自然是英美等国所实行的代议制度；不过，间接的方式并不限于代议制度一种，只要就一般民众而论，下情可以上达，可以得到充分的反应，而就民众中一部分有聪明才智的人而言，可以有方法直接加入政府，把聪明才智发挥出来，也就差强人意了。[1]

比之引学理深论民主的一层一层探赜索隐，而成其理路繁密而辞旨深

---

[1]《潘光旦文集》第5卷，第434页。

远，他举此两端为"差强人意"，其实更近于政治民主的初始含义和常人意中的常理。而由此两端观照一千三百余年之间，则科举制度下的这种社会与政府的绾接和朝廷与民间的流通，已不能不算是曾为历史中国促成过与之仿佛的"差强人意"。

宋人苏轼曾作《上神宗皇帝书》，由其时的民间之"愁怨"，申说"人主之所恃者，人心而已。人心之于人主也，如木之有根，如灯之有膏，如鱼之有水，如农民之有田，如商贾之有财"，并以"苟非乐祸好亡，狂易丧志，则孰敢肆其胸臆，轻犯人心"为直接的论断；之后又说"臣自幼小所记，及闻长老之谈，皆谓台谏所言，常随天下公议，公议所与，台谏亦与之，公议所击，台谏亦击之"。[1]是以"人心"的背后是万千苍生的哀喜苦乐，"公议"的背后也是万千苍生的哀喜苦乐。因此，前一段话以帝王所恃在"人心"论治乱安危，说的是民意至大而不可轻忽；后一段话以天下之"公议"为台谏的本源和由来，说的是引"公议"入庙堂，便是引民意入庙堂。与西学东渐之后潘光旦所指的"下情可以上达"相比，其间的命意显然既同在一种理想之中，也同在一种愿望之中。而由其"幼小所记，及闻长老之谈"写照的世间之人情和人情之同然，正可以见这种理想和愿望在那个时候的中国为人熟知和为人所信。但他以"人心"和"公议"为要旨作成奏论，与帝王对话的言之直白了然，又说明由万千苍生之苦乐哀喜汇成的民意虽生成于实际社会和存在于实际社会，而能够引之为自觉担当，使这种苦乐哀喜从政府之外进入政府之内的，则大半是科举入仕的读书人。

读书人起自民间，因此读书人本在与民意密迩相接之中。苏轼之后五百多年，清初人于成龙赋诗说："书生终日苦求官，及作官时步步难。窗下许多怀抱事，何曾行得与人看。"[2]句句都在发抒郁积的感慨。而以其总督江南江西之日"革加派，剔积弊，治事尝至达旦"，

---

[1]《苏轼文集》第2册，第730、740页。
[2] 王之春：《椒生随笔》，长沙：岳麓书社，1983年，第30页。

并且"好微行,察知民间疾苦、属吏贤不肖。自奉简陋,日惟以粗粝蔬食自给",以致身死之后"民罢市聚哭,家绘像祀之"[1]为诠释,则他所说的"窗下许多怀抱事",显然与苏轼奏议中指述民意的"人心"和"公议"同在一类之中。因此"及作官时步步难"和"何曾行得与人看",既以他一身之阅历说出了这种怀抱转化为事实的过程常常会苦于扞格窒塞,又以他心长力绌而意有未甘的一为发抒,说明了这种怀抱犹未泯灭而仍在愿想之中。于是而有其生前劳心劳力"察知民间疾苦"与身后"民罢市聚哭"相为感应的纪实。在这些引民意入政治的文字表达和记述里,苏轼所重在阐说理之应然;于成龙所重在力行理之应然,又以其力行的心迹和行迹使人看到了理之应然的不会自然而然,以及理之应然的不得不然。两者相隔辽远的时间和空间,又以彼此的印合显示了士人的共性。虽说以常情常理相度量,一千三百余年间科举入仕的读书人各有面目,不会人人都能掬其一腔赤诚于"人心"、"公议"和"窗下许多怀抱事"。然而就总体而言之,在一个个体士人能够自主选择地由下而上流动的时代里,社会底层的情状既与个体士人的多数根脉相连,便一定会随之而被带入朝廷和官场。由此形成的也是一种自下而上的社会流动。

在二千多年中国人的政治观念中,治天下的要义和归宿都在于安天下,因此科举制度犹未施行之日,引生民之疾苦入庙堂议论的事已常常可见。但两汉四百余年以察举取士,个体的自下而上常在自上而下圈定的范围之内;此后魏晋南北朝的四百余年行九品官人法,积久而成上品与寒门常在隔塞之中,个体的社会对流也常在隔塞之中。八百年岁月里,取士的入门之路本来不宽,后来更加狭仄,与之相为因果的,便是前四百年到后四百年的历史变迁之中,底层的声息与上层政治不能不越来越脱落疏离。迨隋唐继起,立科举制度选官,吕思勉说:

夫士而怀牒自列,州县诚无必举之之责也,然亦既怀牒自列

---

[1]《清史稿》第33册,第10086—10087页。

矣，则终不得不试之；亦既合而试之，则终不得不于其中举出若干人。故就怀牒自列之人言之，诚未必其必获举。然合其全体言之，则长官之选举，遂不能高下从心。此实人人有服官之权之所以克现于实。[1]

由于"人人有服官之权"成为一种实际的可能，之后一千三百余年里自为演化，最终以科举取士一榜一榜的前后相接，连续不断地造就了起于四面八方，由民间走到官场里来的读书人。这些人长成于地方，并因之而熟知地方的利弊和关切地方的利弊。而后是朝廷选官取士的过程，同时又成为四面八方的民意被各个地方的士人带进朝廷的过程。在隋唐宋明之后，有清二百余年不能算是言路发皇的时代，但收录于《皇清奏议》一书之中而占其篇幅之大半的《痛陈民苦疏》《请蠲民租慰民疏》《备述地方残苦疏》《请除积弊疏》《安置流民疏》《特陈江南蠹民之害疏》《因旱陈言》《恤民二要》《敬陈民困疏》《课吏惩贪疏》《安插流移疏》《详陈救荒之政疏》《请开黔蜀屯政疏》《请修江浙水利田圩疏》《请禁无艺之征疏》《敬陈豫省堤工疏》《敬陈江苏四事疏》《敬筹晋省积贮疏》《请开台湾遏米之禁疏》《敬陈东川事宜疏》《安插粤东穷民开垦疏》《请修楚省江岸疏》《谨筹直隶积贮疏》《详议社仓事宜疏》《请清查讼案以省冤累疏》《筹回民垦种安集疏》《筹新疆仓储疏》《议西藏善后事宜疏》《筹时政救荒疏》等，[2] 由此形成立言于帝王之前的不止不息和此落彼起是非常明显的。就其论旨和论域而言，则不止不息和此落彼起之所诉，都与苏轼笔下的民间"愁怨"和于成龙关注的"民间疾苦"同在一脉相承之中。虽说这种陈诉未必总能得到预想中的响应和可以见到的结果，但借助于这种陈诉的直接性、具体性及其汇合而成的广泛性、连续性，天下苍生的生存状态和虬结于民间的种种利弊，才得以沿此上达，常在朝廷的视野之

---

[1] 吕思勉：《论学集林》，上海教育出版社，1987年，第54页。
[2] 罗振玉辑，张小也、苏亦工等点校：《皇清奏议》上册，南京：凤凰出版社，2018年，第8、10、76、124、129、134、145—146、173、186、193、326、373、393、399；下册，第560、562、567、573、577、617、651、676、719、1005、1050、1194、1355、1497页。

中,从而为实际政治所直面相对。一千三百余年里的奏议主要出自功名士人,所以,由始末说因果,显然是读书人既经科举入仕而实现了个体的向上流动,同时又在以其个体的向上流动,促成了社会与政府之间的互相流动。历史中的"下情可以上达"便因之而实现于这种周而复始的流动之中。

四 "选贤与能":科举取士的"出于其类,拔乎其萃"和历史中国的安民治国

在这个过程里,"下情"之可以"上达"和可能"上达",主动者与承当者都是被称作士的读书人。传统中国以士、农、工、商分人口而统谓之四民,但察举选官和科举选官,则始终以士为对象。因此,作为一个社会群类,与农、工、商同在四民之中的士,又非常明白地不同于农、工、商。其间的区别,孟子曾概括言之曰:"无恒产而有恒心者,惟士为能。"后人为《孟子》作注疏,指"恒产"为"民常可以生之业也"和"民所以恃以长养其生者也",[1]说的都是谋生的本业。在这个意义上论四民,则与农工商的各执一业谋生,又各以一业分类相比,士之为士,其本义不在"恃以长养其生",从而并不是一种能够直接赖之以维持生计的职业。所以,士人犹未入仕得俸禄之日,其自谋衣食之资,便多见"训徒乡塾"[2]"躬耕山麓"[3]"卖字以自给",[4]以及"为郡小吏""佣书于外""为人经理商业",佐幕于官家之门下,[5]等等。《明儒学案》说:王艮"七岁受书乡塾,贫不能竟

---

[1] 焦循:《孟子正义》上册,北京:中华书局,1987年,第93—94页。
[2] 黄宗羲:《宋元学案》第4册,北京:中华书局,1986年,第2831页。
[3] 易宗夔:《新世说》,卷四夙慧,第17页。
[4] 陈康祺:《郎潜纪闻初笔 二笔 三笔》下册,第671页。
[5] 支伟成:《清代朴学大师列传》上册,长沙:岳麓书社,1986年,第126页;下册,第424、438、492页。

学。从父商于山东,常携《孝经》《论语》《大学》袖中,逢人质难,久而信口解谈,如或启之"。[1]《清儒学案》说:汪中"少孤,家贫不能就外傅,母邹授以四子书。稍长,就书贾鬻书于市,因遍读经史百家,过目成诵"。[2]《郎潜纪闻》说:凌曙少时孤贫,"十岁就塾,年余,读四子书未毕,即去香作,杂佣保。然停作辄默诵所已读书,苦不明诂解",之后求"旧籍于市,私读之达旦,而日中佣作如故"。[3]《清代朴学大师列传》说:戴震"家极贫,无以为业。年十八随父客南丰,设塾于邵武,课童蒙自给"。之后,"终身在贫困中,年三十时,家中乏食,与面铺相约,日取面屑为饔飧。以其时闭户著《屈原赋注》"。[4]在这些记述里,个体士人倚之以维持生计的设塾、佐幕、力田、佣作以及雇用于商家等,皆各成一类而了无统绪,又以其各成一类的了无统绪,写照了作为社会群类的士虽在四民之中而与农工商同列,却并没有一种整体意义上自为依存的恒业。就恒业之为生业而言,每一种恒业都自成一种经济关系,并派生一种经济利益,人在其中,关系和利益便既是所得,也是限定。因此,自一方面论因果,是没有恒业的士不能不以"寒士居多"为常态;自另一方面论因果,则是没有恒业的士同时又不会为既定的经济关系和经济利益所制囿。与农工商的各守一业又为一业所限定相比较,这是一种群体的超越性。而在二千多年以四民构成的中国社会里,正是以这种不受制囿的超越性为基石,才可能筑成士的理想品格和群类归趋。孔子说"士志于道",因此其自觉境界便不能不立于"君子谋道不谋食"和"君子忧道不忧贫"。曾子谓之:"士不可以不弘毅,任重而道远。仁以为己任,不亦重乎?死而后已,不亦远乎?"[5]这些话以一种理想形态说明了士在四民之中能够自为一类,全在于他们与道相为依存。以

---

[1] 黄宗羲:《明儒学案》下册,北京:中华书局,2008年,第709页。
[2] 徐世昌:《清儒学案》第5册,北京:中华书局,2008年,第4079页。
[3] 陈康祺:《郎潜纪闻初笔 二笔 三笔》下册,第509页。
[4] 支伟成:《清代朴学大师列传》上册,第138、143页。
[5] 程树德:《论语集释》第1册,北京:中华书局,1990年,第246页;第4册,第1119页;第2册,第527页。

农工商的既以一业为归属，便以一业为界限作比衬，则道所对应的是一种周延天下而广罩众生的公共性和普遍性。然则孟子举无恒产而有"恒心"为士之独异与独贵，指的正是不在农工商一业之中寻归依的士，却能够以其循道和守道的公共性和普遍性，代表天下人谋天下之利。其间的区别，王夫之称之为"民志于民而安于利，士志于士而安于义"。[1] 作为一种大体的对称，于是而有二千多年里士林中人以天下为己任的自期和为民请命的种种故事，以及科举选官比察举选官更大地为士人张开入仕之门后的一千三百多年间，起于民间的士人源源不断地进入政府，又源源不断地把生民之苦乐带到政府中来。而后由"士志于道"而造就的超越于一群一类的公共性和普遍性，在科举制度促成的开放和流动里以前所未有的程度影响国家权力，演化出一种后人比类为"民权"的开明官僚政治的主体。因此，以"差强人意"为尺度，则潘光旦所说的"下情可以上达"和"民众中"的"聪明才智"者"可以有方法直接加入政府，把聪明才智发挥出来"，已以一种前现代的方式相互依连地出现于这个过程之中了。这个过程出自中国历史，所以前现代的方式对于中国人来说，便是自然的方式和熟识的方式。[2]

科举制度以"怀牒自列"为起点，论其本义，"怀牒自列"对应的应是无分士农工商的个人。因此沈兼士称之为"一律平等"；吕思勉称之为"人人有服官之权"。然而作为一个实际过程，科举选官始

---

[1] 王夫之：《宋论》，北京：中华书局，1964年，第18页。
[2] 钱穆后来说："中国科学不发达，考试制度亦预有关系。如在金元统治时期，异族君临，政权不开放，考试制度松弛，有名无实。但中国社会其他各专门学术技能，如医药、天算、水利、工程、艺术、制造诸项，反而有起色。"见钱穆：《国史新论》，第280页。他叙述了历史中的事实，又以现代眼光衡量这种事实，指出了其间派生的矛盾。然而作为今人立足于现代返视过去而看见的矛盾，就一面而来说，与现代世界的因果相比，身在历史过程中的中国人便是生在另一重因果之下的中国人，在他们的生存状态和生存方式犹未及此之日，他们不会有这种矛盾和困惑。就另一面而来说，由这种科学发达和政权开放之间的矛盾作引申究诘，则对于科举的追论，实际上已变成面对一个历史造就的既定环境，后人在两者不能兼得之下为前人作选择：应当取政权的"开放"，还是应当取科学的"起色"？这是一个由后人评说科举而生成的问题，也是一个后人难以回答的问题。

于以诗赋经义为试,止于凭文而定取去,能够入场屋求功名的,其实只能是士。两面共存而互相对比,显然是科举制度预设了人人都能够"怀牒自列",但对于农工商中人来说,则一经"怀牒自列",已变其原有的身份属类而自我转化为士了。这种先有人人可以为士的平等,后有人人可以为官的平等,其间的先后次第既说明作为一个社会群类,由文化养成的士与附着于个别的经济关系和经济利益的农工商判然有别,不能等夷;又说明相比于经济关系和经济利益的外在限定,孔子所说的"士志于道"和孟子所说的惟士能有"恒心",都出自内在的自觉选择,是以就个体而言,农工商中的人都可能由自觉选择而自我造就,从士林之外进入士林之中,由此形成的也是一种社会流动。因此,本是书商伙计的汪中,本是"香作"佣工的凌曙,以及本以耕田伐薪为生计的孙嘉淦,[1]都能以读书力学自变气质,列名于《清儒学案》之中。《啸亭杂录》说:

> 程鱼门编修晋芳,新安人。治盐于淮。时两淮殷富,程氏尤豪侈,多畜声伎狗马,先生独惛惛好儒,罄其资购书五万卷,招致多闻博学之士,与共讨论。先生不能无用世心,屡试不售,亡何,盐务日折阅,而君舟车仆邀之费颇不资,家中落,年已四十余。癸未,纯皇帝南巡,先生献赋,授内阁中书,再举辛卯进士,改吏部文选司主事。[2]

之后,又参与纂修《四库全书》,"改翰林院编修",[3]同样成了列名于《清儒学案》中的人物。对于程晋芳来说,由"治盐于淮"到"翰林院编修",正是自觉选择和自我造就下的一种嬗蜕。而以汪中、凌曙、孙嘉淦和程晋芳为实例,通观士与农工商之间的对流和演变,以及士人与士人相比而见的四面八方和各色各样,则身在此中而能够互相认同,并因互相认同而汇为一类,全在于他们共由同一种文化塑造濡

---

[1] 陈康祺:《郎潜纪闻初笔 二笔 三笔》下册,第686页。
[2] 昭梿编:《啸亭杂录》,第295页。
[3] 同上注。

育,又共倚同一种文化立身行事。文化成为他们唯一的共性,他们又因之而成为文化直接的承载者和践行者。士与文化相依以存,而后是本因没有恒业而在农工商界域之外的无可归类,得此文化赋予内涵和指归,已变无可归类为四民之中的因其超越性成其公共性。"惟士为能"划出了士与其他群类的区别,所以,先有人人可以为士的平等,后有人人可以为官的平等,正说明对象的不相对等,平等便不能不施行于区分之中。而后是从群类的区分到个体的区分,科举制度的起点平等和过程平等遂最终实现于以文化为尺度的考试选择。

科举停置十六年之后英国文学家萧伯纳(George Bernard Shaw)与中国学人交谈,曾以科举制度的这种先有人人可以为士的平等,后有人人可以为官的平等与欧西做比较说:

> 能治人者,始可治人。林肯以来,政坛有恒言曰:为民利,由民主之民治。然人民果何足为治乎?如剧,小道也,编剧即非尽人能之。设有人言,为民乐由民编之民剧,语之不词,至为章显。盖剧者人民乐之,而不审其所由然。苟其欲之,不能自制,而必请教于我。惟政府亦然,英美之传统思想,为人人可以治国,中国则反是。中国人而跻于治人之位,必经国定之试程,试法虽未必当,而用意要无可议。[1]

以"人人可以治国"为预设,而后有英美代议制度的选举和被选举。但在这种先期预设的人与人之间没有等差的同构型里,被过滤掉的职业、年龄、阅历、限界、教育程度、知识范围、道德养成、认知能力和判断能力之间的千差万别,则始终真实地存在于这个世界之中,并以其真实的存在显示了人与人之间的不相同一,从而说明太过抽象的"人人可以治国",其实与世间众生的本相相去太远。19世纪70年代法国历史学家伊波利特·泰纳(Hippolyte Taine)说:

> 1849年,21岁的我成为选民,为此我深感困惑,因为我必须

---

[1]《章士钊全集》第5卷,第74页。

选择 15 至 20 名议员,而且,按照法国人的习惯,我需要选择的
不仅是人,还有理论。按照别人的建议,我可以成为君主派或共
和派,民主派或保守派,社会主义者或波拿巴主义者;但所有这
类派别我都不是,甚至我本人也什么都不是,有时候我真羡慕那
些深信自己已然成为某种角色的人。在对各种学说略加了解之后,
我觉得自己的思想中可能有某种空白。在别人看来很有根据的理
由,对我却不是这样;我不能理解,为何人们能在政治中依据自
己的偏好来作决定。[1]

他因"成为选民"而进入人人行使民权的过程,在"我深感困惑"和
"我不能理解"的一派茫然之中,"按照别人的建议",以选择的方式,
对给定的问题做出回答。而由此留下的则是一种深深的疑问:

这是显而易见的表面文章和蒙蔽手法:在这种情形下,答案
始终是由问题决定的,另外,即使答案是非强制的,法国也不会
比我更有能力给出答案,因为 1000 万个无知者依然形成不了一种
认识。[2]

"21 岁的我"之所以能够"成为选民"而获得民权,正是出自预先设
定的人与人之间才智与德性的同一。但"1000 万个无知者依然形成不
了一种认识"则说明,人与人之间德性和才智的不同其实更加明显。
其两面之间的不能贯通,正与五十年以后萧伯纳对"人人可以治国"
的非议相等。

有此积疑而成非议,则时至 20 世纪初年,不相信人人可以治国
的科举制度便在西人眼中成了一种直接的对比。由这种对比倒推"英
美之传统思想"以"人人可以治国"为当然的平等,其前提只能是
人在抽象化中变成了没有具体性的同质同类。中国人的不同在于明知

---

[1] 伊波利特·泰纳:《现代法国的起源》第 1 卷,长春:吉林出版集团,2018 年,《作者序》,
第 1—2 页。
[2] 同上注。

"物之不齐，物之情也"，[1]人与人实际上并不一样。因此治国只能以尚贤为本又守定"立贤无方"，[2]以成就贤能进入政治的平等。由于世间的贤能始终不会是多数，所以合"立贤无方"与"物之不齐，物之情也"为一路，尚贤便只能实现于"选贤与能"[3]的"出于其类，拔乎其萃"[4]之中。这一套道理上溯三代，并经儒学循此立教，阐发弘扬，化为二千多年里中国人的共知共识。因此，自两汉察举以"贤良方正"、"孝廉茂才"为名目选择"宇内之士"，[5]到隋唐之后科举继起，倚"国定之试程"拔取"跻于治人之位"者，都沿此一脉而长在"贤者在位，能者在职"[6]的理路之中。比之欧西深信"人人可以治国"为民治，则"选贤与能"只能算是少数人治国。但以身在民治之中的萧伯纳比较中西的评说为观照，却可以看到：在中国人还不知道民治之名的时代里"选贤与能"，本质上选的是能与天下之公利公义相应接的超越性品格和公共性品格。因此少数始终牵连着多数，构成了那个时候的"能治人者，始可治人"。而借助于这些被选出来的少数以实现"下情可以上达"，从而形成政府与社会之间勾连和对流的事实，被置于20世纪的政治论说以后来看从前的眼光之下，已以这种西人审视中国历史，而以现代诠释前现代的比类而论说明：能够引民情民意入政治以安天下的，其实不仅只有欧西深信"人人可以治国"，而又常与"无知"和"困惑"相伴的民治。与此相应，则是熟识的科举制度又被重新引入思考和解说，成为一种犹在眼前而仍须认知的思想存在。

---

[1]　焦循：《孟子正义》上册，第399页。
[2]　同上书，第569页。
[3]　胡平生、陈美兰译注：《礼记·孝经》，北京：中华书局，2007年，第110页。
[4]　焦循：《孟子正义》上册，第218页。
[5]　转引自沈兼士：《选士与科举》，第18页。
[6]　焦循：《孟子正义》上册，第223页。

第二章

士人政治：
科举制度下的权力与文化

一 文化与君权

士人因文化塑造品格而能别成群类，又经文化甄选拔取而得自下而上地流动。他们所到的地方，便是文化所在的地方，所以，科举选官的过程，一面是士人不断地进入政府，一面是文化深深地融入政治，两者共存于国家权力之中，已使国家权力成为一种与文化合一的权力。16世纪后期来华的意大利传教士利玛窦（Matteo Ricci）曾作《中国札记》，说是："标志着与西方一大差别而值得注意的另一个重大事实是，他们全国都是由知识阶层，即一般叫做哲学家的人来治理的。井然有序地管理整个国家的责任完全交付给他们来掌握。"[1] 他记实地叙述了自己的所见所闻，并以此说明中国人的政治不同于西方人的政治。至19世纪中叶，被称为"英国文坛上，为无上权威"的卡莱尔（Thomas Carlyle）曾论及科举制度形成的这种权力样式，而以"中国人真正企图，在使其文人统治社会"为要义。与20世纪初期威尔思从科举制度中看出和"吾英"之"民主精神，深相契合"的含义，并为其"贸然废之"而扼腕叹息相比，卡莱尔立论的重心则在

---

[1] 何高济等译：《利玛窦中国札记》上册，北京：中华书局，1983年，第59页。

于：这种权力的样式既为欧西的政制所未曾有过，又比欧西的政制更加合理。[1]以这些评说为事实，则对于西方人来说，科举制度的这一面曾不仅引发认同，而且引发向慕。[2]这一面形成于传统中国的历史之中，因此，西方人对此做出的省视和评说，又醒目地以出自一种权力结构里的眼光对于另一种权力结构的推重，显示了科举制度所成就的文化与权力的结合虽然出自立宪政治之外，但在西潮东灌而古今中西交争正岌岌乎迫来的时代里，却能够进入彼邦立宪政治下的思想视野之中，并促成了那个世界里的思考。而科举制度的这一面，则得此反照而有了一种可以直立于古今中西之间的普遍意义。

在中国人的历史里，文化与权力的绾合本是一种源远流长的观念。《尚书》说"天佑下民，作之君，作之师"，[3]其理想中的君师合一，正是文化与权力的合一。而这种道理在实际政治中的演化则经历了一个漫长的过程。钱穆说："总观国史，政制演进，约得三级：由封建而跻统一，一也。由宗室、外戚、军人所组之政府，渐变为士人政府，二也。由士族门第再变为科举竞选，三也。惟其如此，'考试'与'诠选'遂为维持中国历代政府纲纪之两大骨干。"此谓之"政制后面，别自有一种理性精神"。[4]在他所作的历史分段里，同属"士人政府"，而"士族门第"的文化归于一部分人，"科举竞选"的文化则广及天下人。因此，由前者变为后者，之后考试和诠选成为支撑"历代政府纲纪之两大骨干"，文化与权力的合一才能在完全的意义上成为可以感知的事实。而作为一个"每于和平中的伸展"，[5]并结穴于"政制后面，别自有一种理性精神"的自然历史过程，其间的一级"演进"为另一级，显然都是在国家权力的主导下自上而下地实现的。因此，这种逐级"演进"的过程同时又表现了权力的文化自觉。

---

[1] 罗岗、陈春艳编：《梅光迪文录》，第78页。
[2] 邓嗣禹：《中国对西方考试制度的影响》，载邓嗣禹、彭靖编：《家国万里：邓嗣禹的学术与人生》，上海人民出版社，2014年，第78—79页。
[3] 《十三经注疏》上册，北京：中华书局，1980年，第180页。
[4] 钱穆：《国史大纲》上，北京：九州出版社，2011年，《引论》，第13—14页。
[5] 同上书，第14页。

在"六经"留给后世的思想源头里,反复出现而贯穿始终的观念之一是"皇天无亲"和"天命靡常",所以常常会有"皇天上帝,改厥元子"而成人世间的天命转移和朝代更替。[1]而后是身在天命转移之间,每一代君权都不能不以天命所归昭示自己存在的历史理由。但前朝和后朝因此兴彼亡而断续相接,与其各自的有限和无常相比,二千多年来引天道入人事并以人事说天理的文化则今古相承,以其一以贯之的长久和稳定成为天命转移中的常数和常理。因此,在历史中国,君权的天命所归只能是由文化的认同、阐释和融入来表达的。以此为因果,显然是权力的文化自觉正出自这种权力对于文化的深相依傍之中。这种依傍促成了钱穆笔下一级一级的"演进",并在"科举竞选"里筑成了权力与文化合一的固结化和制度化。

《金史》说张浩在世宗一朝作太师、太傅,其间曾有过一段君臣对话:

> 初,近侍有欲罢科举者,上曰:"吾见太师议之。"浩入见,上曰:"自古帝王有不用文学者乎?"浩对曰:"有。"曰:"谁欤?"浩曰:"秦始皇。"上顾左右曰:"岂可使我为始皇乎。"事遂寝。[2]

女真人起于渔猎,半路进入中原,对"政制演进,约得三级"所形成的那个历史过程本非深知而犹在尚未全脱隔膜之中。于是而有内侍"欲罢科举"的念头和金世宗以"不用文学"为问的不识利害。就其要义而言,帝王"不用文学",则君权便成了一种没有文化的权力。所以,张浩举"秦始皇"为回答,示之以秦代不尚文化,二世而灭。自前一面所见,秦代的君权是一种疏离于文化的权力;自后一面所见,秦代的君权是不为天命所归的权力。后来的历史阐说多以两面的相为表里说秦代兴亡的因果,因此,以二世而灭反照不尚文化,已能使不识利害的金世宗切知利害。而后由"岂可使我为始皇乎"而"事遂寝",正说明原本懵懵然视科举的帝王,得此提撕已明白了科举的

---

[1]《十三经注疏》上册,第212、227、505页。
[2]《金史》第6册,北京:中华书局,1975年,第1864页。

不可轻议。与金世宗的这种后知后觉相比，同属半路进入中原的清代君权则自始即以倚重科举为自觉和急切。《清史稿》记述清代选举，说是："世祖统一区夏，顺治元年，定以子午卯酉年乡试，辰戌丑未年会试。"次年，又"颁科场条例"，一循明代"旧例"，[1]着意于明白宣示满人的君权承接的是同样的文化。而后是旧朝既已崩塌、新朝以其重建的文化和权力合一演示天命转移，使有清二百六十余年里，满人的君权成了中国的君权。与之形成直接对比的，是19世纪中叶太平天国起于东南，自立天朝。其间产出的是一种与"天父天兄之教"合一，而不能容纳中国文化的君权。曾国藩举其"窃外夷之绪，崇天主之教"为前所未有，尤以其所到之处"士不能诵孔子之经，而别有所谓耶稣之说，《新约》之书。举中国数千礼义人伦、诗书典则，一旦扫地荡尽"[2]为意不能忍。"天父天兄之教"同二千年来的文化对立，与这种"天父天兄之教"合一的君权便成了不为文化所佑的东西。因此太平天国在十多年里席卷东南，震荡天下，而根脉则无从伸入中国社会，最终以倏起倏落为了局而并不能转移天命。这些不同的事实各成一类，都说明在君权时代的中国，权力的正当性和合理性皆系乎文化之向背与可否，是以权力的存在、维持和行使，便长在既牵动文化，又为文化所牵动之中。而以此观照选官的科举制度，正尤能见其文化属性与权力属性的交叠为一。

由于权力的正当性和合理性系乎文化的向背与可否，因此权力与文化的合一，便不能不自内而生地形成文化对于权力的塑造、规范和制约。明人吕坤说：

> 公卿争议于朝，曰天子有命，则屏然不敢屈直矣。师儒相辩于学，曰孔子有言，则寂然不敢异同矣。故天地间，惟理与势为最尊，虽然，理又尊之尊也。庙堂之上言理，则天子不得以势相夺，即相夺焉，而理则常伸于天下万世。故势者，帝王之权也；理者，

---

[1]《清史稿》第12册，第3147—3148页。
[2]《曾国藩全集·诗文》，1986年，第232页。

圣人之权也。帝王无圣人之理，则其权有时而屈。然则理也者，又势之所恃以为存亡者也。以莫大之权无僭窃之禁，此儒者所以不辞而敢于任斯道之南面也。[1]

帝王南面称尊，则以此为比方而说儒者"任斯道之南面"，是言其据"圣人之理"为师道之所在，而能成"尊之尊也"。若引《孟子》一书中所记述的孟子见梁惠王、齐宣王、滕文公、邹穆公，君臣问答之间，孟子常居调教一方，而人君常在受教一方的"说大人则藐之，勿视其巍巍然"[2]为前路之先例，显然是从先秦以来，这种理与势相比而尊的意识在中国人的政治里久已有之而源远流长。理与势相比而尊，并且"帝王无圣人之理，则其权有时而屈"，都说明在儒学文化立定的准则和范围面前，"帝王之权"是有限度的。宋人的一则记载说：

> 夏竦薨，仁宗赐谥曰"文正"。刘原父判考功，上疏曰："谥者，有司之事。且竦行不应法，今百司各得守其职，而陛下侵臣官。"疏三上。是时，司马温公知礼院，上书曰："谥之美者，极于文正。竦何人？可以当此？"书再上。遂改赐谥"文献"。知制诰王原叔曰："此僖祖皇帝谥也。"封还其目，不为草辞。于是太常更谥竦"文庄"。[3]

"谥"是一种身后的定评，因其出自朝廷，便性属公评而关乎名教，于是而有"仁宗赐谥"，直接引来自下而上的驳诘，而且至再至三。刘原父的"疏三上"，主旨在于说明：谥事之责任归于有司，已非帝王独断之事，因此皇帝不能越过有司而径行一己之意。司马光的"书再上"，主旨在于说明：皇帝的"赐谥"与士议之共识对于夏竦的评断不相对称，因此事关以名立教，皇帝不能置私心之好恶于公评之上。王原的"封还其目"，则对应的偏失虽然非常具体，但以道理而

---

[1] 《吕坤全集》中册，北京：中华书局，2008年，第646页。
[2] 焦循：《孟子正义》下册，第1014页。
[3] 江少虞：《宋朝事实类苑》，上海古籍出版社，1981年，第192页。

论，却是大违礼法。与国计民生相比，"赐谥"不能算是朝政中的大事，因此，这一段由"赐谥"为起因，致臣下前后相接地为皇帝纠偏纠错的史实，便以他们心目中天子一身无小事的态度格外瞩目地使人看到，文化与权力合一，则儒者"任斯道之南面"的"疏三上"、"书再上"和"封还其目"，都是在以公义化解一姓之帝王的私意，着力于使君权成为一种具有公共性和体现公共性的权力。而皇帝的意志在这个过程里随"疏三上"、"书再上"和"封还其目"的一改再改，变其定见，又说明：在历史留下的成败兴亡映照之下，君权"无圣人之理"则既不能行远，又不能长久的因果相连常在帝王的直接认知之中，并不断地促成其自置于儒学义理之内的明切意识。所以，居庙堂之高，而理之所在，臣子可以与帝王争是非。这一类事实常常出现在历史之中，文化之能够规范权力和制约权力正由此而见。

文化能够规范权力和制约权力，而比规范和制约更内在，并且更富深度地影响权力的，是文化绵亘地在以教育塑造帝王。自宋代开"经筵"，沿前朝君主讲论经史的旧迹廓而大之，立为国家要务，此后的八百多年里，帝王之受学便成为奉天承运的大事。至清代康熙一朝，其"经筵日讲"曾迭连行之十五年，日复一日，不怠不懈。当日帝王自述向学之忱和学而有得，说是：

> 朕惟天生圣贤，作君作师，万世道统之传，即万世治统之所系也。自尧、舜、禹、汤、文、武之后，而有孔子、曾子、子思、孟子，自《易》《书》《诗》《礼》《春秋》而外，而有《论语》《大学》《中庸》《孟子》之书，如日月之光昭于天，岳渎之流峙于地，猗欤盛哉！盖有四子，而后二帝、三王之道传。有四子之书，而后五经之道备。四子之书得五经之精意而为言者也，孔子以生民未有之圣，与列国君大夫、及门弟子论政与学，天德、王道之全，修己、治人之要，具在《论语》一书。《学》《庸》皆孔子之传，而曾子、子思独得其宗。明、新、止善，家、国、天下之所以齐、治、平也。性教中和，天地万物之所以位育，九经达道之所以行也。至于《孟子》，继往圣而开来学，辟邪说以正人心，性善、仁义之旨着明

于天下,此圣贤训辞诏后,皆为万世生民而作也。道统在是,治统亦在是矣。历代贤哲之君,创业守成,莫不尊崇表章,讲明斯道。朕绍祖宗丕基,孳孳求治,留心问学,命儒臣撰为讲义,务使阐发义理,裨益政治,同诸经史进讲。历经寒暑,罔敢间辍。[1]

他以"万世道统之传,即万世治统之所系"说四书五经之历久而常新,表达的正是他所认识的文化与权力的合一,以及文化给予权力的内在含义和内在规定。因此,这些话又表达了居"治统"之重心而站在权力顶端的帝王,自觉于不能不先得"道统"之真传的了悟。而后是十五年里"历经寒暑,罔敢间辍",在"儒臣"用心"进讲"下持久延续地学而时习之,最终成就了帝王的儒学化。与之相应的是他所说的"朕企慕至治,深惟天下归仁原于复礼,故法宫之中日陈《礼经》,讲习细绎,盖不敢斯须去也"[2]的依连和亲近。就一面而言,经筵日讲,皇帝是受众,因此,士人虽位居臣下,这个过程却是在指教君主和造就君主;就另一面而言,正因为帝王实现了儒学化,君臣之间才可能在同一种道理下交流、对话和沟通,以成其治统的绵延不绝。

在传统中国,与为官择人的尚贤选能相比,君位的传承以立长立嫡为常理。但长与嫡并不会天然地贤与能,因此,经筵成为一种制度,以及由此促成的帝王的儒学化,正是以道统之所在即治统之所在为"创业守成"的大本,期能日日新,又日新,化立长立嫡而来的帝王为"圣哲之君",其意义不在一时一事,而在天长地久。《国闻备乘》说:

> 文宗大渐,时尚驻跸热河,内外汹汹,讹言蜂起。显皇后进曰:"圣驾脱有不讳,枢府中畸则可[何]倚?"帝引后手,书"文祥"二字示之。后又言:"大阿哥幼冲,当典学,安可无付托

---

[1] 康熙:《御制序》,载喇沙里、陈廷敬等:《日讲四书解义》上册,北京:中国书店,2017年,第1—2页。
[2] 康熙:《圣祖仁皇帝御制日讲礼记解义序》,载张廷玉等:《日讲礼记解义》,北京:中国书店,2017年,第2页。

者。"帝闭目沉吟良久，徐惊寤曰："得之矣。急用倭仁。"时倭仁被放新疆，为叶尔羌帮办大臣。帝崩，即日发急递召之回京，命授读东宫。[1]

咸丰帝临死之日，被看作身后之大事的，一是主持政府的人，一是教育幼帝的人。其极费思虑的"沉吟良久"，又说明在他心目中后者尤关至要，所以尤其慎重。而不以才地见长的倭仁自"被放"中召还"授读东宫"，全在于他是一个"笃守程朱"[2]的理学君子，浸润于"道统"更深一层。此后二十多年，正在为皇帝授读的翁同龢有过一次奉命召对，他在日记里说："[皇太后]首论书房功课宜多讲多温，并诗论当作，亦宜尽心规劝，臣对语切挚；皇太后云书房汝等主之，退后我主之，我亦常恐对不得祖宗也，语次挥泪。"[3]其间的关注都是犹在受学的光绪皇帝。由这种以皇帝教育为主题的对话而引出列祖列宗的托付之重，并"语次挥泪"，正说明立君之后，成就一个能够上接道统的皇帝，既是学而后知以变化气质的过程，又是积久积难、不得不然的过程。若以这两段相隔了二十多年的情节通观当时，显然是近代化剧变已经来临之日，中国最后一个王朝仍然在以道统和治统的印合塑造君权。而以具体的历史过程说始末，则君权的整体延续是在个体君主的代谢和承继中实现的，因此，以道统和治统的印合来塑造君权，便不能不是皇帝受教育，皇子也受教育。赵翼作《檐曝杂记》，曾记述过一个具体的历史场景，以说明清代皇子受学的无怠无逸：

> 本朝家法之严，即皇子读书一事，已迥绝千古。余内直时，届早班之期，率以五鼓入，时部院百官未有至者，惟内府苏喇数人往来。黑暗中残睡未醒，时复倚柱假寐，然已隐隐望见有白纱灯一点入隆宗门，则皇子进书房也。吾辈穷措大专恃读书为衣食者，尚不

---

[1] 荣孟源、章伯锋主编：《近代稗海》第1辑，第210—211页。
[2] 张凌霄校注：《倭仁集注》，呼和浩特：内蒙古人民出版社，1992年，第627页。
[3] 《翁同龢日记》第4册，第2103页。

能早起，而天家金玉之体乃日日如是。[1]

皇子之所以以"金玉之体"而受此早起读书之苦，是因为他们中会产生将来的皇帝。

　　这些出自先后记述的实例都说明：文化与权力的合一既是自觉形成的，又是在不断地再造中延续的，而自经筵立为制度之后，向皇帝进讲，为皇子授读，主体都是出自科举的士人。他们以儒学启沃君心，因此，在帝王面前，他们代表了师道。20世纪初期严复翻译《法意》，曾在《按语》中说"西人所谓法者，实兼中国之礼典"。又说"孟［德斯鸠］氏之所谓法，治国之经制也。其立也，虽不必参用民权。顾既立之余，则上下所为，皆有所束"。然后推论之曰："如孟氏本书所称者言之，则中国之为立宪久矣。"[2]他并不真以为中国和泰西因此而可以对等，但以西人之"法"比中国的"礼典"，则申明的是中国的帝王同样在"治国之经制"的规范和约束之下。"且至本朝祖宗家法，尤为隆重，蚤朝晏罢，名为至尊，谓之最不自由之人可也。夫如是言，则吾国本来其为立宪之国久矣。"[3]以康熙帝所说的"万世道统之传，即万世治统之所系也"为"治国之经制"的要义所在，则与"其为立宪之国久矣"相对应的，正是儒学对于帝王的规范。而历史中国文化与权力的合一，以及文化对于权力的塑造，也因之而成了一种经得起现代诠释的历史内容。

二　文官政治的历史内涵

　　帝王受学，以成其"道统在是，治统亦在是矣"，是本乎以权力接

---

[1] 赵翼：《檐曝杂记》，载赵翼、姚元之：《檐曝杂记　竹叶亭杂记》，第8—9页。
[2] 《严复集》第4册，第936、938、946页。
[3] 《严复集》第2册，第240页。

受文化。同在文化与权力的合一之中，士人经科举入仕，则是先由文化养成，之后进入权力。历史中国的文化以"三才万物之理，生而备之，而古圣贤人所以致知力行以尽其性者，具在遗经。循而达之，其知与力，可以无所不及，然其事不越人伦日用之常"[1]为本义，因此历史中国的文化养成，所重在于读书明理，在于君子人格，在于淑世济时。汪辉祖暮年作《病榻梦痕录》"自述生平"，其中一节追忆幼时受庭训，与他父亲"奉直公"的对话：

> ［奉直公］杂举经书，令辉祖背诵，因问曰："儿以读书何所求？"辉祖对曰："求做官。"奉直公曰："儿误矣。此亦读书中一事，非可求者。求做官未必能做人，求做人即不做官，不失为好人。逢运气当做官，必且做好官，必不受百姓诟骂，不贻毒子孙。儿识之。"后又杂举《论语》《学而》《孝弟》数章，讲说之夜分。[2]

汪辉祖的父亲是个小官，他自己成年之后先为人佐幕，后进士及第做地方官，有循吏之名。这两者都因读书而来，但晚岁自叙之中特为记此一段先人的教诲，则说明其平生读书，未敢轻忘其立足点是在做官之前先做一个好人。士农工商之天下，四民中都会有好人。而民国年间的人回望刚刚过去的历史，注目的仍然是科举士人。于是而有"从前不必说，就说明清两朝以来，由科举进士的人员，不知有多少万了，而大多数都是正人君子"[3]的大体而论，以及"读书识字，最易发生廉耻"[4]的概括而论。士人更多地被关注，因此士人更多地被评说。就"大多数都是正人君子"而言，汪辉祖说的是由读书识字开始，儒学的义理在内化中造就人格。他受之于庭训而一生守定的，是这种人格造就的自觉意识。一百多年后，钱基博说经义取士常能"于吾人不识不知之际，策德术心智以入慎思明辨之境涯，而不堕于卤

---

[1] 刘季高校点：《方苞集》下，上海古籍出版社，1983年，第489页。
[2] 汪辉祖：《病榻梦痕录 双节堂庸训 吴中判牍》，南昌：江西人民出版社，2012年，第7页。
[3] 齐如山：《中国的科名》，沈阳：辽宁教育出版社，2006年，第194页。
[4] 杨荫杭著，杨绛整理：《老圃遗文辑》，武汉：长江文艺出版社，1993年，第66页。

莽灭裂";[1]杨昌济说科举"强迫全国士子以读四书五经,亦未始无其效。彼多数之读经者,固志在科第,非真有取法古人之心,然沉浸于此不识不知之间,自隐受古圣先贤之感化"。[2]他们共以"不识不知"描写了多数人的未必常在自觉意识之中。但"德术心智"在"古圣先贤之感化"下的这种能够趋于上进,又说明不识不知之间,义理的内化同样在造就人格。对于身在其中的万千读书人来说,这是一个漫长的过程。

由个体而及群体,则内化的义理同时又以群议形成清议,外在地罩定每一个人。顾炎武说,两汉"乡举里选,必先考其生平,一玷清议,终身不齿",然后延伸而及"名教"的本义:"名之所在,上之所庸,而忠信廉洁者显荣于世;名之所去,上之所摈,而怙侈贪得者废锢于家。即不无一二矫伪之徒,犹愈于肆然而为利者",并归其根本于范仲淹所说的"夫名教不崇,则为人君者谓尧、舜不足法,桀、纣不足畏;为人臣者谓八元不足尚,四凶不足耻。天下岂复有善人乎?人不爱名,则圣人之权去矣"。[3]然则"圣人之权"所依托的,是一个因清议而有"忠信廉洁"和"怙侈贪得"的是非善恶之分,因是非善恶之分而有"名之所在"和"名之所去"之分,因名之"所在"和"所去"之分而有"显荣"与"废锢"之分的过程。在这个过程里,人人都在评议他人,同时又人人都在被他人评议之中。因此,相比于自内而生的义理自觉,清议是一种以公论为褒贬而外在地实现的义理制约。在由此形成的众议已定高下,则私意难诬曲直的评判里,古圣先贤的道理是与多数人的意志连在一起的,所以,在清议面前,个体都处于既在义理裁断之下,又在多数裁断之下的平等之中,没有人能够自以为是和敢于自以为是。同治朝后期天津发生教案,因民教冲突演为中西对峙。奉旨办理教案的曾国藩身入困局,一身为左支右绌所

---

[1] 钱基博,《现代中国文学史》,第408页。
[2] 王兴国编:《杨昌济文集》,长沙:湖南教育出版社,1983年,第54页。
[3] 顾炎武:《日知录集释》中册,第764、767、769页。

苦，而士林中的"物议沸腾"已蓬蓬然起于朝野。其间有湖南士人致书曾国藩，一则说其"以天下第一人，中外之所畏服者，而犹隐忍若此，夷盖有轻中国心矣"，一则说"吾师倡义旅时，其难百倍于今日，何以百折不回？今权兼将相，以千百年仅见之一人，一中陷阱，而气为之馁，志为之惑，不思所以自振？"，都是在引大义相责备。而"权兼将相"，并被看成是"天下第一人"的曾国藩则以"接手示，义正词严，所以责望于鄙人者，至笃且厚，感惭无已"为回答，[1]并在家书中以"无以谢清议"和"名已裂矣"发为叹息。[2]俱见一个大人物的畏清议和重清议。然而也正因为出自那个时候的大人物，这种畏清议的事实，才更加典型和更加具体地反映了清议对于士人的制束所达到的程度。

清议之可重，是因为士林中的是非善恶之辨，君子小人之分皆由此而出。清议之可畏，是因为其褒贬所及，则无所逃于天地之间。光绪年间身任四川总督的丁宝桢作家书，教训正在山西做地方官的儿子说：

> 节寿、季规，虽饿饭亦饱，不可收分文。如尔在蒲州作知府，果然能作一首阳饿士，即是千秋盛事，千载传人。尔断不可效俗吏所为，贻世人耻骂。[3]

"世人耻骂"正是清议不容。引此为戒而不恤"饿饭"，既显示了清议笼罩之下人生取向的不能自由自在，也显示了人在不能自由自在中的勉为自觉自愿。而心中长存这种"世人耻骂"并以此为群体对个人的裁判，则以清议之可否律己，同时又一定会以清议之可否评人。光绪十六年（1890）张謇参加会试，先被荐而后"被放"。他在日记中说"知堂批出孙毓汶"，然后说彼"素不为清议所齿，得失无伤也"。但

---

[1] 平步青：《霞外捃屑》上，上海古籍出版社，1982年，第156—158页。
[2] 《曾国藩全集·家书》卷二，1985年，第1381—1382页。
[3] 丁宝桢：《丁文诚公家信》，济南：山东画报出版社，2012年，第208页。

以其四年之后中状元而百感交集"不觉大哭"的场面为比照,[1]显见得对他来说,此日的落第不会不是一种重重的伤痛。而能够使他强自慰藉,以平复心头之痛的,正是对主事的孙毓汶"不为清议所齿"的蔑乎视之。在这种蔑乎视之里,"不为清议所齿"由天下共识而来,实际上已成了一种比任何唾骂更强烈的士林异类。在曾国藩、丁宝桢、张謇留下的这些故事里,其各有因果的情节,都说明科举制度之外的清议与科举制度的同时存在和广泛笼罩。科举以经义取士,清议以义理衡人,皆同出一个源头之中。前者的选官以经义为本,能够助成个体向善的内在自觉,但就整体而言,以文字为试,则其限度在于"人之贤愚能否,有非文字所能决定者",[2]两头之间遂以隔了一层为常态。而后者的清议成为制束,本质上已是一种以义理为天下之公器的人人制束人人。从而为清议所不容,便是为人人所不容。因此,比之个体向善的内在自觉,这是一种安身立命的外在压力,顾炎武称之为"君子有怀刑之惧,小人存耻格之风"。[3]这种"怀刑之惧"和"耻格之风",都是以整体为对象而言的人在压力之下的自为收敛而不敢放逸。而后是清议施之于个体的制束,最终都转化为对于士人整体的德性造就。

　　就历史渊源而论,清议早于科举。但隋唐以来的一千三百年里,清议的主体始终是科举的主体,清议的道理始终是科举的道理。因此,对于一千三百年里的万千士人来说,与读书而"发生廉耻"同时存在的这种以群议为可否的四面约束,已是清议和科举深度交融,共在一个过程之中了。而"科举出身"的人多数能够成为世人眼中的"正人君子",则正由此而来,既是内在的义理自觉,又是外在的以约束为造就的结果。"科举出身"多"正人君子",与之对应的是士人由科举入仕,其所得于四书五经的道理,便更容易转化为内有所守的定力。而后是这些东西都融入权力,成为由他们构成的文官政府的一种

---

[1]《张謇全集》第6卷,第309、852页。
[2] 梁章钜:《浪迹丛谈 续谈 三谈》,第86页。
[3] 顾炎武:《日知录集释》中册,第764页。

品格。比较而言，19世纪中叶那一场漫长的内战里，被时势卷入兵事的成群科举士人，常常在世路动荡的反衬之下尤能显出这种得自义理的自觉。郭嵩焘为胡林翼作行状说：

> 家故有田数百亩，自筮仕贵州，誓先人墓，不以官俸自益。至是位巡抚，将兵十年，于家无尺寸之积。[父]詹事公曾著《弟子箴言》行世，公承其志，为箴言书院，规模皆所手定，悉以家所藏书纳其中，使人知务实学，而推见诸行事。然于书院终未逮见也。尝笑曰："吾不幸死，诸君赙吾者，惟助修箴言书院，无赡吾家。"[1]

身任达官而"家无尺寸之积"，是取予之间的守定义利之辨；而兵火不熄之日着力于筹建书院，则立足世运与文运相系，为天下广延学脉以养育后来的士人。在与他同属一代的人里，沈葆桢死于两江总督任上，"平生学在不欺"而"自奉极俭约，廉奉所入，随手散给族戚辄尽。遇地方善举，邻省赈恤，必解囊为之倡，卒之日不名一钱"。丁宝桢死于四川总督任上，而自通籍以来不忘读书自励，"器量恢豁"，而"凡有兴革，不避怨嫌"。身后"家属贫不能举火，成都府供食数月，蜀之旧僚赠赙，始得归"。[2] 都与胡林翼同样显示了积学养而成的守定义利之辨。而《客座偶谈》一书说："同治初年，左文襄克复全浙，移师督闽，下车之始，百废具举。创立正谊书院，以课举贡并选举贡之高才者，住院校刊正谊堂全书。宏开广厦，寒士欢颜。影事今犹在目，记院中撰一联云'青眼高歌，他日谁为天下士；华阴回首，当年共读古人书'。文章经济，名重一时。而大乱之后亟亟修明文事，元老宣猷，其魄力之大，洵不可及。"[3] 左宗棠治闽，使后人印象深刻的是"大乱之后亟亟修明文事"，其关注之所在，显然与胡林翼在干戈四起之日孜孜兴学，以期养成"他日"的"天下士"，立意都同属一路。因此，"修明文事"和孜孜兴学，都说明读书人做官，其怀抱

---

[1]《郭嵩焘诗文集》，长沙：岳麓书社，1984年，第361页。
[2] 朱孔彰：《中兴将帅别传》，长沙：岳麓书社，1989年，第187、190页。
[3] 何刚德：《春明梦录 客座偶谈》，《客座偶谈》卷二，第5页。

所寄的天下之治始终是德治和文治。在这一代人里，曾国藩以百战艰难崛起于内战，当日被目为中兴元勋。但他在家书中说的是："吾所过之处，千里萧条，民不聊生。当乱世处大位而为军民之司命者，殆人生之不幸耳。"在批牍中说的是："吾辈带兵，若不从爱民二字上用功，则造孽大矣。千万凛凛！"[1]前者是对兄弟说的，后者是对下属说的，表达的都是一个以事功致名位者念念不忘的苍生意识。因此，他虽曾节制四省兵事，而平生读书之所得成为一种间隔，使周遭的兵气不致化为内心戾气。

在那个时候的中国，这些人都成了记述中的好官。虽说以胡林翼、沈葆桢、丁宝桢、左宗棠和曾国藩为实例，并不足以统括天下所有出仕的科举士人，但就乱世之尤其容易消磨志节，并唤出人心中的恣纵肆张一面而言，这些人合群地出现于乱世之中，以其各自力行见其学以致用和以学立身，正使人能够具体地看到，经义取士和清议制约之下，义理维持的人格和态度更多一点恒常和稳定。作为比较，同治年间御史王道埔说："今之州县，流品混杂，一曰捐班，其中非无干员也，然多有市井之徒，借报效之美名，售贪婪之巧计。报捐只千余金耳，所捐者少，而所愿者奢，一旦握篆，遂以为商之法为官，侵牟渔夺者有难盈其溪壑者矣。一曰军功，其中非无能吏也，然亦有武健之夫，勇于戎行，未必长于吏治，一旦得缺，遂以治盗之法治民，束缚驰骤，有妄行其严酷者矣。"[2]两者都在文官政治之外别成一副无情无义的面目。至光绪年间，又有通政司副使张绪楷说："[国家]元气未复，正宜休养生息，以培本根，无如捐例顿开，军功辈出，半皆贪墨严酷之徒，久不知抚字为何事。"而"任意妄为，毫无忌惮，一切审讯案件，创立非刑。有以布纸黏贴人身，向日晒干，带肉揭起，片片血淋，名曰剥皮；有以榛荆缚置人背，使芒钻刺，逐条拔出，根根透骨，名曰抽筋；有以锤敲胫，应声粉碎；有以炭炙肤，恶臭腥闻，又

---

[1]《曾国藩全集·家书》卷二，1985年，第1326页；《曾国藩全集·批牍》，1994年，第310页。
[2] 陈弢辑：《同治中兴京外奏议约编》第2卷，第7页。

制有好汉凳、好汉筒、站枷、站笼等具，种种奇异，不可枚举，无非故作威福，残虐为快"。[1]在他们的叙述里，捐班"以为商之法为官"，军功"以治盗之法治民"，说的都是不读书的人在做官。随之而来的"侵牟渔夺"和"残虐为快"便以其内没有义理可守，外不畏清议制约的无拘无束，更容易使吏治成为一种直露的恶，与儒学抚民以安民，安民以安天下的道理全然悖逆。因此，"市井之徒"和"武健之夫"被引入奏议，实际上是在与科举士人做反比，以说明读书的人做官和不读书的人做官总体上的大不相同和事实上的大不相同。

捐班和军功盛于清代的晚期，但由这种比较返视一千三百年间科举制度与官僚制度的交相重叠，则易见本为文化主体的士人同时成为权力的主体，以及由此构成的文官政府之能够长久地维持天下，并不是没有历史理由的。然则瞿兑之后来通论士大夫，而归结于"国本所以不动摇，就靠在此"，对应的正是这种历史理由。

文化和权力合一的文官政府之所以能够维持"国本"，盖在于以天家血脉为谱系的皇帝各有才识情性，各有喜怒好恶，从而一代一代人君之间，常常愚智贤不肖判然有别。与之相比，则文官群体由士大夫群体而来，其文化的同一性造就了整体的稳定性，其整体的稳定性又长久地维持和延续了政治传统中的成规、常理和法度，使之不会随帝王个人的贤明、庸常和暗昧之各不相同而大幅度起落无定。因此，不到天下板荡，而致"时日曷丧，予及汝皆亡"[2]之日，帝王一身的愚智贤不肖对于同一个时间里的社会秩序和地方政事，其直接影响常在限度之内而不会远达千里万里。作为一个极端的实例，明代神宗皇帝君临天下的四十八年里，后期长处深宫，二十多年之间"不视朝，不御讲筵，不亲郊庙，不批答章奏，中外缺官亦不补"。孟森作明史，曾概叙之曰：

三十年十二月，大学士沈一贯奏御史巡差缺员。时天下御史巡

---

[1] 朱寿朋编：《光绪朝东华录》第2册，第（总）1354页。
[2]《十三经注疏》上册，第48页。

行诸差务凡十有三处,至是缺其九。一贯等奏请遣御史分往受事,庶监察有所责成,而纲纪可振。不报。明年正月,复营乾清、坤宁两宫,辅臣入视工程,乃得见帝,因极言巡漕巡仓二差,及河南、陕西巡抚缺应补受遣。三月,吏部奏天下郡守缺员。不报。时郡守缺者几十之五。是时南北六卿正贰亦多缺不补。三十二年三月,阁臣请补司道郡守及遣巡方御史。不报。沈一贯拟各御史敕以上。不省。四月,一贯等上书催补科道,行取考选吴道行等四员,熊鸣夏等三员,散馆题授王元翰等八员。不报。[1]

其间大理评事雒于仁自述"臣备官岁余,仅朝见陛下者三";而奉旨入阁,官拜大学士的王家屏,则"抵任三月未得见[皇帝]"。[2]然则二十多年的漫长岁月里,帝王以"不报"、"不省"和"未得见"为常事,正是在其行之已久和行之已惯中把自己与国家的政事隔离开来了。而后的国家政事,便蹈于一种实际上没有元首的局面。但与此对比而见的"奏请""极言""请补""催补"出自同时的诸臣,又明白地使人看到出仕的士人仍然在这种局面之中,并且仍然以其"士大夫的政治"在重重艰难里竭蹶地提调国家政事。因此,万历后期的中国能够在皇帝"不视朝"的君权悬空之下吏治不致溃散,国计犹可迁延,科举照旧举行,[3]生民尚未河决鱼烂,而且历经"援朝鲜"、"平哱拜"和"平杨应龙"[4]三场武事而得以次第了局,都与士大夫政治相为因果,从而又都实证地说明:由士大夫构成的文官不会随皇帝的出格而整体地失其常度,所以,在科举制度造成的士大夫与帝王共治天下的政体里,作为社会重心和政治重心之所在的"国本",其实是与文官主导的士大夫政治依连程度更深。

与明代的这一段历史相比,咸同之后的晚清中国数十年里,士大

---

[1] 孟森:《明清史讲义》上册,北京:中华书局,1981年,第259、262页。
[2] 同上注。
[3] 杨学为总主编:《中国考试史文献集成》第5卷,北京:高等教育出版社,2003年,第352页。
[4] 谷应泰:《明史纪事本末》第3册,北京:中华书局,1977年,第963—1003页。

夫群体以其直接担当世运的一路负重，承前继后，而更加引人注目。咸丰初年，起于广西的太平天国席卷东南，演化为十多年的漫长内战；与之同属一个时段，又有英法联军从南方打到北方，之后占领京城，致皇帝仓皇北狩，并在第二年死于热河。其身后留下的内忧外患交相缠迫，便成了五岁即位的同治皇帝和两个二十多岁的太后，以孤儿寡母之身直面清代二百多年来未曾有过的深重困局。太平天国催生的是旧式农民战争的高峰；英法联军带来的是中国人的历史经验里从未有过，而被时人称为"智勇俱困之秋"的危难——两者都不是孤儿寡母手中的君权所能应付的。而后是内忧外患交迫之下，文官政治实际上成为这一段历史的中心。一则以王朝为立场的事后论说，曾举太平天国"南据江东，北窥畿辅，捻、回诸匪抵巇踵发，蹂躏遍十八省，天下大势几殆"为反衬，评述当日立起于旋涡之中的人物：

> 自胡文忠公建节鄂中，始陈布方略，调护诸将，屹成荆襄巨镇。曾文正公以儒臣首创湘军，激厉忠义，知人善任，幕府既开，魁桀云集，疆闑名臣多出其间，川、淮诸将投袂继起，威略遐布，遂殄巨憝。[1]

这个过程救平了蔓延十多年之久的内战，但这个过程里"首创湘军"以及"川、淮诸将投袂继起"的效而从之，则都不是出自君权的指授，而是主其事者在战争中以成败得失为取舍而抉破成法、别立新制的结果。因此，事后论说追叙这一段倒转了"天下大势几殆"的历史，主旨便不能不集聚于当日的士大夫政治。然而与太平天国造成的"天下大势几殆"相比较，从鸦片战争到英法联军之役的"道光、咸丰以来，中国再败于泰西"，[2] 则是西方人以暴力先导的源源不绝而来，打破了中国人"从古驭外之道，非扫穴犁庭，我诚有以制彼，即闭关却敌，使彼以乘我"[3]的旧时成法，并给中国人留下了一种前

---

[1] 孙诒让：《咸丰以来将帅别传序》，载朱孔彰：《中兴将帅别传》，第1页。
[2] 中国史学会：《戊戌变法》第1册，上海人民出版社，1957年，第181页。
[3] 中国史学会：《洋务运动》第1册，第104页。

所未有的困厄。当时人称之为"变局""创局""奇局""千古未有之局",写照的都是历史经验与西方人带来的时代内容之间的无从匹比,以及当日的士大夫对于西方人的审视和对于自身的反思。而后是以"中国再败于泰西"为事实,匹比和反思促成的借西法以图自强,便成为中国人对西人逼来的直接响应。[1]借西法以图自强,是在中国人的办法对付不了西方人之后,移用西方人的办法来对付西方人。这个过程始于造船造炮而延及练兵、开矿、铁路、电报、纺织、航运、翻译、遣使、留学、海军等。并由一个历史阶段催生另一个历史阶段,在响应西人冲击的艰难曲折里不断伸展。由此造成的变迁,又使中国社会的近代化获得一种实际的起点。而追溯始末,其间以各自的力行为这个过程作先导的曾国藩、李鸿章、左宗棠、沈葆桢,以及那一代与之声气相应的人物,都是出自科举而身在士大夫政治之中者。他们比深宫里的君权更先识得变局,又更着力于回应变局,从而在古今中西之争中更自觉地表现了历史主动性。因此,后来的历史叙述称同治一朝为"中兴",但对照其起端之日的君权与孤儿寡母相依,自始即重困于内忧外患交迫之下的见不到乾纲独断,则从内忧外患交相逼迫到后来的"中兴",显见得为同治一朝重造世局的正是那个时候的文官政府。

明代的万历一朝和清代的同治一朝,各以不同的样式显示了系于皇帝一人一身的君权曾经有过的悬空,同时又以这种悬空为对比,使人看到了科举制度与官僚制度重叠而成的文官政府之不移不摇和一以贯之。在帝王与士大夫共治天下的时代里,君权与文官政府本在一体之中,但出现于明代和清代的这种君权虚悬于实际政治之外,而天下秩序犹在礼仪人伦、纲纪、法度之中而没有分崩离析的事实,则说明

---

[1] 曾国藩说"师夷智以造船制炮",见《曾国藩全集·奏稿》卷二,第1272页。李鸿章说"中国但有开花大炮,轮船两项,西人即可敛手",见《李文忠公全书·朋僚函稿》卷三,《上曾相》,同治二年(1863)四月初四日。左宗棠以"事在必须"创福州船政局;沈葆桢"以万不得已之苦心,创百世利赖之盛举"主持福州船政局。见《洋务运动》第5册,第25、51页。

在历史中国的社会结构里，文化比政治更内在，与之相对应的，便是由文化主体而成为权力主体的士大夫和士大夫政治居朝野之间，实际上比君权更直接地在以自身的稳定维系了社会的稳定。因此，一姓之天下有盛衰兴亡，但由士大夫构成的文官政府，却能够穿过盛衰兴亡的历史断续而始终长存于旧朝与新朝之中，成为历史断续中的不折不断。

三　搢绅和乡里：礼俗与地方之治

唐宋以来，科举制度以考试定功名，维持了一个稳定的文官政府。而明代以后的五百多年里，原本出自礼部试（会试）的功名延展而及乡试、府县试，于是生员进学、举人中式和进士及第便递相等差地同为一类，以各自的功名为身份而与编户齐民相区别。由此产生的增量所对应的是一个可观的数目。然而功名延展，入仕的资格则并没有延展，因此，除了进士的全部和举人中的少数能够循例得官，大部分秀才（生员）成不了举人，大部分举人成不了进士，拥有功名而区别于编户齐民的士人中多数仍然在官场之外，以绅士为总称而与士大夫政治相望于朝野之间。

溯其原始，搢绅之名派生于职官并附着于职官，"所谓搢绅之士者，搢笏而垂绅带也"，[1]俱见其因官而称，久已有之。但明清五百多年里的不同在于，绅士的主体是直接由科举制度产生出来的，其生生不息从而源源不断，正说明由于功名延展，本以选官为责职的科举制度此日已不仅在一茬一茬地生成官僚，而且在一茬一茬地生成绅士，以规模而言，后者尤远过前者。论其来路，官和绅都出自同一个过

---

[1]《晋书》第3册，北京：中华书局，1974年，第773页。

程,但由科举入仕的职官已归朝廷调度,由此脱出了乡里;而成不了举人的秀才和成不了进士的举人则大半不会远走,仍在地方社会之中,与编户齐民近在咫尺,密迩相接,在文官政府之外形成一种以名望影响乡里的群体。明人吕坤说:

> 吾少时乡居,见闾阎父老,阛阓小民,同席聚饮,恣其谈笑,见一秀才至则敛容息口,唯秀才之容止是观,惟秀才之言语是听;即有狂态邪言,亦相与窃笑而不敢言短长。秀才摇摆行于市,两巷人无不注目视之曰:"此某斋长也。"人情重士如此,岂畏其威力哉! 以为彼读书知礼之人,我辈材粗鄙俗,为其所笑耳。[1]

清人陈庆镛说:"举人、附生之所以贵于世者,谓其以诗书自致。"[2]左宗棠说:"世之所贵读书寒士者,以其用心苦〔读书〕,境遇苦〔寒士〕,可望成材也。"[3]举人、秀才都是功名,而以"用心苦"和"诗书自致"为"举人、附生之所以贵于世者"说来由,正着重于功名之不能侥幸而得,以及功名之为人仰视的理所当然。功名由读书"自致",同时功名又是出自朝廷的名器,两者入于人心,便成为一世共认的标帜与身份。而后标帜与身份等同区分和选择,使获得了功名的士人无须推举,便能够成为地方社会里的中坚人物和主导人物。吕坤所说的"人情重士如此",写照的是一种自然形成的社会心理;而与这种生成于民间的敬重互相对应的,还有出自朝廷的看重和借重。清代的一道上谕说:

> 为士者乃四民之首,一方之望。凡属编氓,皆尊之奉之,以为读圣贤之书,列胶庠之选,其所言所行俱可以为乡人法则也。故必敦品励学,谨言慎行,不愧端人正士,然后以圣贤诗书之道,开示愚民,则民必听从其言,服习其教,相率而归于谨厚。[4]

---

[1] 《吕坤全集》中册,第920页。
[2] 陈庆镛:《籀经堂集》,北京:商务印书馆,2018年,第136页。
[3] 《左宗棠全集》第13册,第68页。
[4] 王炜编校:《〈清实录〉科举史料汇编》,武汉大学出版社,2009年,第165—166、170页。

另一道上谕说:"国家所以重士者,以士之能自重也,故必端其所习,而后乡党视为仪型,风俗资其表率。"[1]朝廷的期望在于这些因功名而成"一方之望"者,能够化学识为德性,以一身之言行示范乡里,使"编氓"知理之所可和理之所否;终成其"仪型"化为"风俗","风俗"等同"法则",人情归于"谨厚"而天下归于太平。朝廷以此为期望,正说明在当日的中国,被称为民间和乡里的地方,社会秩序既与伦理秩序同源而生,又与伦理秩序相依而存。由此形成的两者合一产出于千年历史之中,并在漫长的岁月里逐层累积,遂使历史中国的政治治理不能不实际地依傍于社会教化。梁启超曾通论说:"儒家认教育万能,其政治以教育为基础——谓不经教育之民无政治之可言;又以教育为究竟——谓政治所以可贵者全在其能为教育之工具。"[2]就本义而论,他说的"教育",正是这种社会教化。而上谕指士为"四民之首",重在其能得"乡党视为仪型"而"听从其言,服习其教",以之为归趋,则说明承担这种教化的主体始终是士人。在明清五百多年里,又尤以众多成不了举人的秀才和成不了进士的举人,因其身属在籍而切近"编氓",在朝廷眼中便成为直接关乎教化而影响一地风气的群类。他们虽然不在仕途之内,却始终在社会秩序与伦理秩序的合一之中维系着两头,从而始终是官家"为政端在安民"[3]的一种实际依托。

就朝廷以教化为天下之大事而言,这个以绅立名的群类既已据有"一方之望",并成为"乡人"之"法则",尊为"乡党"之"仪型",则其群体的真实存在,实际上更多的是在拢聚乡里、凝集人群一面。萧公权作《中国乡村》,通论19世纪中国的农村社会,曾大约而言之曰:

> 一个乡村的发展,极大程度取决于绅士——退职官员和拥有头

---

[1] 王炜编校:《〈清实录〉科举史料汇编》,第165—166、170页。
[2] 梁启超:《饮冰室合集》第9册,《专集》之五十,《先秦政治思想史》,第163页。
[3] 聂亦峰:《聂亦峰先生为宰公牍》,南昌:江西人民出版社,2012年,第17页。

衔的士子——为有限的组织和活动提供的领导。经过科举训练、拥有特殊社会地位的人，积极推行小区活动，包括修建灌溉和防洪工程、修路、架桥、摆渡、解决地方争端、创办地方防御组织，等等。毫不夸张地说，绅士是乡村组织的基石。没有绅士，乡村虽然也能生存下去，但很难有任何组织完善的村社生活，以及像样的组织活动。只要绅士有意维持其所在村社的秩序与繁荣，他们的领导和活动就会广泛地为他们的乡邻带来福祉。[1]

本以一家一户为生存状态的小农，正是经由这种绅士主导，而被称为"组织"的拢聚和凝集，才得以实际地合群于伦理秩序和社会秩序之中，成为其中的一部分。而后才可能有整体意义上的乡里社会、公共利益，以及礼俗之下的相互往还，贫富共处，[2]以理息争，以情交孚。正是身在这种熟悉而稳定的人际关联之中，个体的编户齐民既获得了依傍和归属，也找到了自己在群体中的位置和义务，并因之而能够有序地自存于人我之间。而社会秩序与伦理秩序的合一，又正是在这种拢聚、凝集和安顿了万千人的过程中自为演生，自相沿袭，历史地筑成了一种以绅士为重心，并由绅士作骨架的社会结构。居中国五十多年之久的赫德说，"人民的领袖是那些全国竞争性考试中的优胜者"，而"人民的生活已经由责任的模式规范定型"。[3]两者都写照了这种结构之下地方社会的上下相接和自我维持。因此，萧公权所依次列举的"修建灌溉和防洪工程、修路、架桥、摆渡、解决地方争端、创办地方防御组织"，以及他所未及列举而事属同类的赈灾民、[4]置义田、修文庙、[5]建书院、立乡约等广涉经济、文化、一方之安宁、个体之生业的公共事务，都是在地方社会的自行提调和自主施行中实

---

[1] 萧公权著，张皓、张升译：《中国乡村：19世纪的帝国控制》，北京：九州出版社，2018年，第376页。
[2] 张廷骧编：《入幕须知（五种）》，光绪乙酉刻本。其中汪辉祖著的《学治续说》以一个地方官的经验说："富人者，贫人之所仰给也，邑有富户，凡自食其力者皆可借以资生。"
[3] 赫德：《这些从秦国来：中国问题论集》，第97—98页。
[4] 章伯锋、顾亚主编：《近代稗海》第13辑，1989年，第68页。
[5] 汪辉祖：《病榻梦痕录 双节堂庸训 吴中判牍》，第64—65页。

现的。与之相应而见的，则正是官家眼中绅士群体之于地方的不可替代性。

乾隆年间，湖南的一个州县官说其阅历之所得曰：

> 官与民疏，士与民近，民之信官不若信士。朝廷之法纪不能尽喻于民，而士易解析，谕之于士，使转谕于民，则道易明而教易行。境有良士，所以辅官宣化也。且各乡树艺异宜，旱潦异势，淳漓异习，某乡有无地匪，某乡有无盗贼，吏役之言不足为据，博采周咨，惟士是赖，故礼士为行政要务。[1]

咸丰年间，广西一个奉旨办团练的官员说："办理团练，固在乎地方官实力奉行，尤在乎公正绅士认真经理。盖官有更替，不如绅之居处常亲；官有隔阂，不如绅士之见闻切近。"[2] 在当日的官制里，知州知县秩卑而亲民，是国家权力中与地方社会离得最近的朝廷命官。但其"出宰一邑"，便是以一身面对数十、上百平方公里中的数万、数十万人口而"百务萃之"，[3] 显见得从衙门到达民间，常常会是手臂远伸而势不能及和力有未逮。与这种空间上的限度同时存在的，还有地方官各有任期，秩满而迁，由此形成的断续，对于个体官员来说便是一种时间上的限度。前者使派出的国家权力对于地方社会常在隔阂之中。后者使流动的州县官员对于地方社会常在陌生之中。[4] 因此，两重限度之下的官府虽以亲民为职责，其实难以伸展自如，既不容易收拾当下，也不容易谋划长远。然则"礼士为行政要务"和"固在乎地方官实力奉行，尤在乎公正绅士认真经理"，正反映了州县政府面对以绅士为重心，并由绅士作骨架的地方社会结构，其治理地方不能不借力

---

[1] 汪辉祖：《学治臆说·礼士》，载张廷骧编：《入幕须知（五种）》，第12页。
[2] 惠庆：《奏陈粤西团练日坏亟宜挽救疏》，载盛康辑：《皇朝经世文续编》卷八十二，兵政八团练下。嘉道间久作地方官的姚莹说"州县虽日亲民而仁信未孚，愚众岂能尽晓官之贤否"，因此须"搢绅信官"而"民信搢绅"，始能"上下通而政令可行矣"，见严云绶、施立业、江小角主编：《桐城派名家文集（6）：姚莹集》，合肥：安徽教育出版社，2014年，第51页。
[3] 卢锡晋：《吏议》，载贺长龄、魏源：《皇朝经世文编》卷十五，吏政一吏论上。
[4] 俞樾著，徐明霞点校：《右台仙馆笔记》，上海古籍出版社，1986年，第39—41页。

于绅士的事实。而以咸丰年间的时逢战乱比乾隆年间的世局又安，由两段文字中的辞气不同，又具见时势动荡之日官家之倚重绅界的尤其迫切。所以同在咸丰年间，湖北巡抚胡林翼言之更为直白地说："自寇乱以来，地方公事，官不能离绅士而有为。"[1]官所代表的是国家权力，绅所代表的是地方社会，以"官不能离绅士而有为"表达两者之间的关系，既说明了地方社会的绅士群体和国家权力之间与生俱来的共性，会自然地转化为治世里的官绅协济和乱世中的官绅同舟。因此就出自朝廷的国家权力安民以安天下的本旨而言，从官与绅之间的这种关系里可以看到的是，在历史中国，自上而下的国家权力同时会在自上而下的过程里不断弱化；而不断弱化的国家权力仍然能够无远弗届，则是拢聚乡里、凝集人群的在籍绅士以其影响所及和提调所及安民以安地方，做到了守土安民的地方官本分所在而力不能及的事。所以不在国家权力之内的这种绅士主导乡里的事实，又始终切近地与文官政府共生共存而无从剥离，实际上构成了士人政治的另一部分。

科举制度以选官为本义，以此相衡量，则其间源源产出的成不了举人的秀才和成不了进士的举人，都只能算是正果之外的一种派生。然而这些没有进入仕途的士人因国家给予的功名而成为"一方之望"，又因身属本土的内在于地方社会之中而"居处常亲"。前一面与朝廷相接，后一面与地方相连，合两者于一体而各成一种塑造，便使他们既成了没官秩而有声光的人，也成了没有俸禄而有责任的人。就官界和绅界共生于一个源头而共属士人群体而言，其相同的一面和不同的一面俱在于此。搢绅本由科举产生，因此声光是文化给予的，责任是文化赋予的，从而在伦理秩序与社会秩序合一的地方社会，绅士之能够影响乡里和提调乡里，正在于他们拥有更多以人伦为内核的文化，并因之而更多以义理自立和以礼俗化人的自觉。乾隆朝大学士陈宏谋曾编《五种遗规》一书，其中一节收入一个地方绅士所作而名为《乡绅》的大段文字，说的正是这种由文化而礼俗的"以名节立身，以忠

---

[1]《胡林翼集》第2册，长沙：岳麓书社，1999年，第1012页。

孝训俗":

> 倡率义举，正己化俗。有利地方事，尽心告白官长，有害地方事，极力挽回上官。民间大冤抑，公行表白。里邻口角，公道解纷。村众逞凶，危言喝止。不说昧心人情，肯容人过，肯受逆耳之言。不评论女色。受谤不怨嗟。保护善良。公举节孝。戒人忤逆。止人奸谋。扶持风化。主持公论。严禁子弟恃势凌人。不许仆从倚势生事。不偏护子弟，冤苦乡邻。不开害人事端。不以财势，傲慢贫贱宗亲。劝止人刻薄取财，夤缘功名。不侵占人田园。不谋买人产业。不挽搭低银。不薄本族，而妄认同宗。感化人一家好善。不包管户外事。不随淫朋游戏。不借端害人。不循情冤人。不以喜怒作威福。止人不演淫戏。不谋夺风水，暨欺压邻傍风水损人。训子孙甥侄，仁慈一体，不怒不纵。不欺凌幼弟庶弟。乘危下石排挤人。不图方圆适自己意，妨人便利。鼓励人苦志读书。劝人重义轻利。不捐短人价值。不因仆从言，慢侮亲友。谕人和息词讼。为人解冤释结。不强借人财物。不强赊店货。锄强扶弱。敬老恤贫。不多娶姬妾。不畜宠童。不贪重利，将婢配匪类残人。奴婢婚配及时，不压良为贱。[1]

作为绅界中人的自我定规，这种逐条例举的守则周详细密而不避琐碎，要旨都在于说明绅士居乡里的应为和不应为。士为"一方之望"，便是身在众目睽睽之下而举手投足皆已成为观照的对象。因此，其明白列示的种种不可为，都是克己于日行起居之间，而在众目睽睽之下以自身的制行示人以是非之界、善恶之界、义利之界。于是而有"乡党视为仪型，风俗资其表率"的跟从。时论谓之风俗之好坏，"皆视乡先生为转移"。[2]

不在国家权力之内的绅士之能够得民间所信而成为地方领袖，靠的正是这种立足于伦理的"仪型"和"表率"。所以，与克己一面对

---

[1] 陈宏谋：《五种遗规》，北京：线装书局，2015年，第304页。
[2] 陈登原：《国史旧闻》第3册，第613页。

映而见的"戒人""止人""劝人""谕人",以及"保护善良"和"锄强扶弱",就其所"戒"所"止"而言,本义都是天理国法人情交汇之下的伦理约束和伦理制裁。而绅士一身一己的应为和不可为在这个过程中熏染远近而潜移风俗,在"民自观而化之"[1]中使士人先知先觉的是非之界、善恶之界、义利之界融入一乡一里,化为人同此心、心同此理的公共意识和公共守则。其间的因果相承,可以明白地看到,伦理秩序之能够化作社会秩序而笼罩一乡一里,是与一乡一里的绅士相为因依地实现的。因此,《乡绅》一文虽然出自一个地方绅士的地方经验,却具体地诠释了朝廷所期望的教化为治和梁启超所归结的教育为治的实际生成。历史地说,两汉以来牧民的地方官曾是教化的主体,于是而有纪传中一个一个能得美誉的循吏。但以清人论时务所指述的"昔之设官也以抚字,而催科次之,今之课吏也以催科,而抚字不问焉"[2]为景象,显然是二千年变迁之后,所见已是今昔之间并不相同。清代不是没有循吏,然而"课吏"以"催科"为要务,则大体而言,教化的重心便不能不移到常在乡里的绅士一面。所以当日的奏议说地方,以"执法在官,通情在绅"[3]为一般之论和统括之论。而"执法"与"通情"之各成一端,反映的正是这种重心在明清五百多年里随科举的变化而移动。

明清五百多年之间科举产出绅士,之后绅士维系教化,绅士主持乡里,在顾炎武所说的旧时"乡亭之职"[4]解体之后,为地方社会提供了一种不同于"乡亭"的秩序领袖。由此派生的上下相维和各安其分便比州县管地方更深地切入于民间,从而更直接地结成了实际上的乡里之治。但与州县管地方相比,这种乡里之治由礼俗为教久久浸润,既已化育了一乡一里的公共意识和公共守则,而后绅士主持地方事务,其守成应变、取舍兴革,便都以依托于这种公共意识和公共

---

[1] 陈宏谋:《五种遗规》,第374页。
[2] 阎若璩:《守令》,载贺长龄、魏源:《皇朝经世文编》卷十五,吏政一吏论上。
[3] 《郭嵩焘奏稿》,长沙:岳麓书社,1983年,第13页。
[4] 顾炎武:《日知录集释》上册,第470页。

守则为理之应然和势之不得不然。费孝通后来以社会学的眼光看这种乡里之治，说是"积极的和自动的合作需要高度的契合，契合是指行为前提的不谋而合，充分的会意；这却需要有相同的经验，长期的共处，使各人的想法、做法都能心领神会。换一句话说，人和人之间的亲密合作，不能是临时约定，而需要历史养成"。在这个过程中，"依赖着相关各人自动的承认自己的地位，并不是法"，而是儒家的"礼"，是"学而时习之"的"养成"。[1] 以此观照乡里的众民散处，而能各自生息、劳作、繁衍于上下相维、各安其分之中，显然是以绅士为领袖的地方之治更像是一种自治和共治。因此，直到民国初年，广东已骚乱纷纷，而梁启超追叙其父以一个在乡的读书人维持地方，犹曰"盖自先君子既任乡政，先绝赌以清盗源，复办团练以防盗侵。吾乡虽于丁男不满千，然团保之力实足以自固。故三十年来办清乡之军吏，其足迹未尝一履吾茶坑，而吾茶坑亦未尝一度以盗案劳有司之掩护。在乡人固安之若素，而不知皆先君子瘁瘏心血以易之也"。而"茶坑"之"乡治"遂"为最于吾粤"。[2] 他以一个地方在乱世中的自为维持，写照了这种延续了数百年的乡里自治和共治在世路丕变之后的依然一线未绝，展示的正是其来有自和源远流长。

然而以事理而论，则五百多年里世相纷杂，人间多态，若由个体而论人物，则经科举得功名而身列绅衿的秀才举人，未必个个都会有"仪型"和"表率"的自觉，于是在绅士成为"一方之望"的同时，又常有绅界中人被目为"刁衿劣绅"而言之不齿。[3] 比之官场犹有上司下僚、官箴官规的限勒，绅界更少外在的管制，一旦为"刁"为"劣"，遂更易直露其面目之可憎。世情中的这一面说明，人与人不同，绅与绅也不同。因此乡里之治不会没有以放辟邪侈搅动一时，以致四周不宁的人和事。然而在伦理秩序与社会秩序合一而由绅士承当

---

[1]《费孝通全集》第4卷，北京：群言出版社，1999年，第306页。
[2]梁启超：《饮冰室合集》第1册，《文集》之三，第49页；第8册，《专集》之二十三，第128页。
[3]许同莘编：《张文襄公年谱》，第18页。

主干的社会结构之中,承当主干的是绅士的群体与整体。而以"刁"和"劣"为指称,则归入其间人和事实际上被当作绅衿的异类和地方的祸害,不为齐民所喜,也不为朝廷所喜,在"官不能离绅而有为"的关系中已成了剔除出去的东西和着力痛抑的东西。[1]所以,明清五百多年之间"刁衿劣绅"常常有,但所见都是整体之外的个体,各逞其"刁"其"劣"而无从合类集群,其起也无常,其落也无常。而时非天下板荡、天命转移之日,则地方社会里的极大多数人口依然循行于常轨之内,在这种不变的社会结构笼罩之下,大体稳定地维持着一种熟识的生存状态和生活方式,并沿此常轨,在18世纪有过一段被旧史称作"盛世"的时代。

伦理秩序是一种文化秩序,因此伦理秩序转化入社会秩序,其间中国人所指的习俗、礼俗、风俗和来华西人称之为"不成文法"[2]的规矩,对应的都是文化传承过程和文化流布过程。由此形成的社会秩序与之相为因果,则本性上并不是一种完全意义上的制度结构。自一面而言,与制度相比,习俗、礼俗、风俗出自历史深处,并因之而更具根本性和固结性;自另一面而言,不能制度化的习俗、礼俗、风俗无处不在而又弥散无定。所以,以习俗、礼俗、风俗以及"不成文法"为源头而演生为一乡一里的社会秩序,既由根本性和固结性层层累积而来;而其无处不在和弥散无定,又须与对应的社会力量相为依附,合则成体。

唐宋以来的科举制度夷平了曾经各为一方物望之所归的大宗世族,使地方社会本有的中心随之而解体。明清以来的科举制度则以其不止不息生成的功名绅士,为地方社会绵延不绝地造出了另一种中心。相比于昔时大宗世族的各有面目,各分流派,各成一局,五百多年里的功名绅士是在同一种文化、同一种尺度、同一种规则、同一种程序里养成和产出的。由此获得的是与生俱来的同源、同根和同

---

[1] 朱寿朋编:《光绪朝东华录》第1册,第(总)524页。
[2] 赫德:《这些从秦国来:中国问题论集》,第104页。

质。所以身在本籍的地方绅士虽然南北东西之间相隔千里万里,但却同在共有的身份、共有的价值、共有的取向之中,陌路相逢而能陌路相认。而后是由科举得功名的绅士主导乡里和主持乡里,其与生俱来的同源、同根、同质,又会超越南北东西之间的山川风物之异,使每一个地方都形成骨架与内容大致相同的社会常态。对于朝廷来说,由此带来的千里同风和万里共趋便成了真正的天下一统。与官僚治国的自上而下相比,绅士群体身属乡里而领袖乡里,他们都在庙堂之外。但就千里同风和万里共趋所牵连的底层社会万千人口,及其散布的四面八方之间而言,则群体的绅士不能不算是当日中国的一种中坚。然则以天下之广大和苍生之众多为着眼点,显然是绅界之举足轻重不会在官界之下。因此,以历史事实审度因果,本属派生的绅士群体,实际上正成了选官的科举制度对五百多年里的中国社会的另一种重大影响。

四 科举制度:由文化统一而政治统一

隋唐以来的科举制度以文化选官,在漫长的岁月里改变了中国的读书人、中国的政府、中国的社会。而风会所趋,同一个过程又在以科举影响文化,实际地促成了中国文化自身的重心归一。民国初年新文化蓬蓬然而起之日,易白沙作《孔子评议》,总论汉代以后二千多年中国文化的一以贯之:

> 汉武当国,扩充高祖之用心,改良始皇之法术,欲蔽塞天下之聪明才志,不如专崇一说,以灭他说,于是罢黜百家,独尊儒术,利用孔子为傀儡,垄断天下之思想,使失其自由。时则有赵绾、王臧、田蚡、董仲舒、胡毋生、高堂生、韩婴、伏生、辕固生、申培公之徒,为之倡筹安会,中国一切风俗、人心、学问,过去未来之责任,堆积孔子之两肩。全国上下,方且日日败坏风俗,斫丧人

心，腐朽学问。此三项退化，至两汉以后，当叹观止矣。[1]

虽说这种言之简捷明快的一以贯之借助于新文化的声势一路播扬，在此后百年里成为不断沿用的常谈，但其简捷明快本由过滤掉具体和舍弃了复杂而得，因此与二千年史实相对照则未见全能合拢。《文心雕龙》说：

> 魏之初霸，术兼名法，傅嘏、王粲，校练名理。迄至正始，务欲守文；何晏之徒，始盛玄论。于是聃、周当路，与尼父争涂矣。[2]

"聃、周当路，与尼父争涂"，便是玄学（道家）对于名教（儒家）的不肯多让。显见得"两汉"过去未久，孔子"垄断天下之思想"的局面已不复再能维持。而由颜之推所说的"何晏、王弼，祖述玄宗，递相夸尚，景附草靡"[3]作推想，则又见两相对比，当日的一时声光已尽归"玄论""玄宗"一面。之后，与玄学之盛俱起的，还有佛学之盛。《世说新语》说：

> 康僧渊在豫章，去郭数十里，立精舍。旁连岭，带长川，芳林列于轩庭，清流激于堂宇。乃闲居研讲，希心理味，庾公诸人多往看之。观其运用吐纳，风流转佳，加已处之怡然，亦有以自得，声名乃兴。[4]

与之同属一个时代，又有徐陵"少而崇信释教，经论多所精解。［陈］后主在东宫，令陵讲大品经，义学名僧，自远云集，每讲筵商教，四座莫能与抗"。[5]前一个例子说的是士大夫为佛学所吸引，后一个例子是士大夫的佛学化。与之相应，则是梁武帝时代的"都下佛寺五百

---

[1] 易白沙：《孔子评议》，《新青年》第1卷第6号，1916年2月15日。
[2] 刘勰著，周振甫注：《文心雕龙注释》，北京：人民文学出版社，1981年，第200页。
[3] 颜之推：《颜氏家训》，北京：中华书局，1954年，第16页。
[4] 余嘉锡：《世说新语笺疏》，北京：中华书局，1983年，第660页。僧渊后来列名《高僧传》。
[5] 《陈书》第2册，北京：中华书局，1972年，卷二十六，第334页。

余所,穷极宏丽,僧尼十余万,资产丰沃,所在郡县,不可胜言"。[1]然则佛学虽然后于玄学而起,却自能在朝野之间后来居上,并一脉相沿,生生不息,其深度影响又延及隋唐的士人世界和民间社会。遂使时至宋代,大知识分子之间犹有过一段令人印象深刻的对话:

> 荆公王安石问文定张方平曰:"孔子去世百年生孟子,后绝无人,或有之而非醇儒。"方平曰:"岂为无人,亦有过孟子者。"安石曰:"何人?"方平曰:"马祖、汾阳、雪峰、岩头、丹霞、云门。"安石意未解,方平曰:"儒门淡薄,收拾不住,皆归释氏。"安石欣然叹服,后以语张商英,抚几赏之曰:"至哉此论也。"[2]

马祖、汾阳、雪峰、云门都是唐宋之间各立宗派的高僧,张方平以为这些人物的品性皆可以比类儒家的圣贤。因此,"儒门淡薄,收拾不住,皆归释氏",就学理一面而言,是两汉以来儒学之淑世济时,皆重于人伦日常,所贵并不在深究形而上,而佛学则自立胜义,能以玄理摄人,遂使一世之才人因其各求深邃,皆归于释氏。而由此形成的一种局面变成另一种局面里,则是两汉的"独尊儒术"在之后的七百余年里先为玄学所格,后为佛学所格,其"独尊"已经不再成为一种可以目睹的事实。

迨北宋而南宋,汉代以来的儒学积久而变,以学理回应学理,在宋儒手里演化为希圣希贤的性理之学。其间由太极、理、气、性、命串结贯连,于关注人伦日常的同时,更多了一重精研"天人一理""明心见性"的形而上学和个体"主敬""主静","格物穷理"的践履工夫,随之而来的,是儒门义理发皇,不再淡薄。沿此一脉,同一个过程又从《礼记》中辑出《大学》《中庸》与《论语》《孟子》合为一体,遂使"五经"之外,复有"四书"。之后宋代以经义选官取士,元、明、清三代以"四书"选官取士,明、清两代又以八股文代圣贤立言选官取士,于是科举之所到,便是儒学之所罩。

---

[1]《南史》第6册,北京:中华书局,1975年,第1721页。
[2] 志盘撰,释道法校注:《佛祖统纪校注》下册,上海古籍出版社,2012年,第1091页。

章太炎后来说：

> 自明至清末，五百四十年，应试之士，无不读经者。全国为县千四百有余，县有学，府州又有学，为数不下一千六百区，假定每学有生员二百名，以三十年新陈代谢，则此五百四十年中，当有五百四十万读经之人。[1]

而这"五百四十万读经之人"以其所学递相传播，以及由递相传播而入人之脑、入人之心，又会造就儒学更大的普及。所以，比之两汉之后曾经有过的玄学之"景附草靡"和佛学比照之下的"儒门淡薄"，他以明清为例统计科举士人的取向，正说明了科举制度以经义取士，才实际地造就了完全意义上的"独尊儒术"。易白沙看独尊儒术，见到的是"败坏风俗，斫丧人心，腐朽学问"。但章太炎看到的是：

> 儒家之学，不外修己、治人。而经籍所载，无一非修己、治人之事。《论语》："兴于诗，立于礼，成于乐。"又"不学诗，无以言；不学礼，无以立"，皆修己之道也。《周易》爻象，大半言修己之道，故孔子称："五十以学《易》，可以无大过。"夫修己之道，古今无二，经籍载之，儒家阐之，时有不同，理无二致。[2]

两者各是其是，前者以外来的思想为眼光，后者以儒学的本义为眼光，其实无从交集。但章太炎所归结的"古今无二"和"理无二致"，则合乎实际地说明了独尊儒术会自然地造成中国文化的重心归一。而由此更作引申，以政治和文化的关系作观照，又会形成第三种眼光：与"淡薄"时期的"儒门"相比，宋以后科举制度承载儒学，儒学便随科举而周行八方，成为当日所期望的六合之内，可以寄托"忠信廉耻之说"，以之"渐摩天下，使之胥出一途，而风俗亦将因之以厚"[3]的浸润化育，而由此形成的上下共奉和上下同归，便是以文化的一统

---

[1]《章太炎演讲集》，第407、410页。
[2]《章太炎演讲集》，第407、410页。
[3]《严复集》第1册，第41页。

维系了天下的一统。钱穆曾说:"明道之功,四书犹当在五经之上。"[1]四书与五经同出一源,而"明道之功"能在五经"之上",显然是科举重四书,因此天下士子重四书;士子重四书,因此四书的道理能层层灌输,深入于妇孺之间。"胥出一途"正与此相为因果。

　　用文化选官的科举制度以前所未有的深度促成中国文化的重心归一,以及重心归一的中国文化以前所未有的广度纳人于"义理之域"都实现于这个过程之中。溯其由来,这个过程本与功名利禄相因依,但人在其中,则以读圣贤之书、代圣贤立言为常课,从而人在其中,便共守于同一种文化之中,并为同一种文化所化育。[2]而后是以功名利禄为途径,同一种文化造就和不断地再造就了同一种士人、同一种文官、同一种绅士、同一种人间的价值、同一种精神秩序,并随科举制度以及与科举制度相为表里的文化由中原伸入边地,不断促成这种同一性在空间上的层层扩展。《阅世编》里有一段记述说:

> 太宗得明副将何可纲,爱其才气,欲降之,可纲不从,令左右说之百端,终不从。太宗亲问其故,可纲曰"我尝为诸生,读孔子书,知君臣大义。今日惟求速死耳"等语云云。遂死。死后,太宗深叹美之,因曰:"孔子之教,其美如是!"即命立学宫于盛京,亲致祭焉。国家尊圣右文之端,何公一人启之也。[3]

就这一段记述而言,则是何可纲的从容而死,正以一种极端的方式把孔子的道理从汉人一面传到了满人一面。后来沈兼士更朝前推论,说是元代用人"偏于国族勋旧贵游子弟",但科举尚未废弃。而"彼族的习尚,渐渐融于汉化,而中土的经籍,亦借以迻译,是普及文化和同化为一大国族的作用,正借着考试制度为之媒介了"。[4]他相信科

---

[1] 钱穆:《中国学术思想史论丛》第6册,北京:九州出版社,2011年,第57页。
[2] 参阅杨国强:《科举制度的历史思考》,载氏著:《衰世与西法:晚清中国的旧邦新命和社会脱榫》,北京:中华书局,2014年,第422—439页;桂林:广西师范大学出版社,2020年,第718—757页。
[3] 叶梦珠:《阅世编》,第224页。
[4] 沈兼士:《选士与科举》,第156页。

举制度助成了文化上的民族融合。若以清代蒙古人倭仁出自科举而成大儒、回族人马新贻出自科举而成达官、满人盛昱出自科举而成清流为实例,显然是同一种文化之下已无族类之界。因此,孟森于民国初年由当日的边疆危机论及历史中国的文化同一,称"此之谓民族之自决,此之谓外人不敢生心"。然后说科举之为用曰:

> 新疆为蒙、回各半之故地,光绪间设省开科举,不数年而优秀之士已受六书之支配,士首四民,民皆慕士而不欲自外。所谓五族共和,回之一族,乃强作蒙藏之陪客;满则自行消灭,满人略无复识满文者;蒙藏之所以扞格,乃误于清代之自私,欲留作丰镐故家之禁脔。当时若乘科举之热,一举而推行之,安见不与天山南北争烈。[1]

这些话未必全能切中肯綮地解释那个时候边疆"扞格"的始末因果。但由清代广西大规模改土归流,同时又大规模地以科举推行文教,数十年之间"敦诗礼,向王化",而渐消其犷悍好斗之俗的大幅度变迁做比较,[2] 并以更长的时段为眼光看这一节议论,则不能说他所讲的全无道理。若以宋代以来的中国有外患而无分裂为可见事实,其道理尤其显然。

唐宋以来的一千多年和明清之间的五百多年,科举制度以超迈前代的深度和广度造成了中国的文化同一。尔后文化同一成就了政治统一。一千三百多年里,这种同一和统一便成了文化与政治的一体所含结的历史内容之一。

---

[1] 《孟森政论文集刊》下册,第1082页。
[2] 雍正年间《乐平府志》,卷四风俗。

第三章

从合一到断裂：
科举停置之后的政治和文化

一 停科举与文化和政治权力的脱裂

隋唐之后，科举制度的"以试为选"[1]终结了"荐举征辟"和"九品官人法"一脉相承的以人选人；同时一并把选官的权柄从地方移到了朝廷。而作为一个面对天下的过程，以试为选始于怀牒自投而止于凭文取去，两头都在示天下以大公。以一千三百多年为始末概述随之而来的历史影响，则一方面，是由此施行的普遍的对等和公平如同芟除，使形成于旧日历史里的世族和势家难以一传再传，三传四传，而了无波澜地泯灭于后来的历史之中。这些本属私门的权势由衰而竭，与之因果相连，便不能不是君主集权在程度上的伸展和扩张。另一方面，怀牒自投以一种自上而下的大幅度开放换来自下而上的大幅度响应，又以前所未有的广度形成了上下系连的社会基础，从而有个体的对流和民意与政府之间的下情上达。然而在前一面，由选官权柄的上移，以及芟除世族势家而实现的君主集权更深一层，同时是集权的君主实际上已成了"一王孤立于上"[2]的君主。在后一面，由怀牒自投

---

[1] 陈大齐：《陈序》，载邓嗣禹：《中国考试制度史》，第1页。
[2] 钱穆：《中国近三百年学术史》下册，第653页。

而科举入仕，流动的个人不能不依附于君权；但由个人的流动形成的士大夫群体，则整体地长存久立不流不动，以文化的稳定支撑了政治的稳定。因此，集权而又"孤立"的帝王君临天下，面对广土众民而期以四海升平，八方靖宁，便不能不借重和依靠这种出身民间又起于科举的士人。由此形成的依附和依靠相为因缘，遂使帝王与士大夫共治天下成为科举制度下的不得不然。

在这种共治里，帝王集权程度的深化与政治开放程度的扩大是连在一起的。以西方的历史和思想作对比，则与开放之容易推想到"民治"相对应的，是集权更容易被推想为专制。然而西方人历史和思想中截然对立的两种东西，在中国人的真实历史里，却相互缔连牵结，既共生于同一种因果之中，又共存于同一个结构之中。这种相比而见的明显不同便成了中西之间引人注目的现象。而抉其实际内容，中国之不同于西方，其源头在于三代以"先王"之名留下的"以学为政"，[1]成为二千多年政治传统中不移的道理和典则，是以历史中国以道、学、政为序次，学的位置犹自在政之上。士大夫与帝王共治天下生成于这个范围之中，因此，与文化的稳定支撑了政治的稳定相为表里的，是集权的帝王在文化笼罩之下的不容易变成独裁的帝王。所以西方历史里不能兼容的两种东西，在中国人的历史里却能以其彼此相安而共与天下相安。显见得以西方的历史为反衬，传统中国的政体之另成一路，是其政治的重心始终安放在文化筑成的基石上，并且始终立脚于文化限定的范围内。[2]

然则以科举制度下的一千三百多年为中国本来之既有，时至19世纪和20世纪之交剧变起于文化，其掀动所及，便不能不成为一种前所未有的古今之变。

庚子后两年严复论时事，指为要端的是"自甲午中东一役"，继之

---

[1] 辛更儒校注：《张孝祥集编年校注》第2册，北京：中华书局，2016年，第538页。
[2] 白鲁恂（Lucian Pye）、亨廷顿（Samuel Huntington）、基辛格（Henry Kissinger）都曾在自己的著作中以一个外国人的感知叙述过中国文化的恒久共性，以及这种共性的强大政治影响力。

以"庚子内讧",不独"列强之所以待我者,大异乎其初,即神州之民,所以自视其国者亦异昔。于是党论朋兴"而新旧显分。[1]"党论朋兴"和新旧显分成为此日触目而见的世相,都因中国人"自视其国"的今昔殊异而来,而殊异之指归,则大半都集注于文化。黄节说:

> 海波沸腾,宇内士夫,痛时事之日亟,以为中国之变,古未有其变,中国之学,诚不足以救中国。于是醉心欧化,举一事革一弊,至于风俗习惯之各不相侔者,靡不惟东西之学说是依。慨谓吾国固奴隶之国,而学固奴隶之学也。[2]

与二千多年来的文化以六经为源流而不脱不散、不迁不移相比,这个时候的"醉心欧化"而"靡不惟东西之学说是依"是一种正在到来的精神冲击。论其时序,甲午以后的"风气渐通,士知拿陋为耻。西学之事,问涂日多"[3]里,这个过程实际上已经开始。而当科举制度仍然在以六经为源流的文化选官取士之日,则"中国之学"的道理仍然是功名所系的道理,"西学之事"的"问涂日多"犹不足以颠翻一世士人的精神世界。但西学借"海波沸腾"之势后浪逐前浪而来,又一浪高过一浪,而衰世中的科举历经六十年捐纳、保举以"功名多途"为重重挤压之后已奄奄无气,因此两者相逢于"时事之日亟"之秋,中国的自我形象既因"古未有其变"而在人心中破碎,则一千三百多年科举取士的历史同在破碎之中,已无以延命而不得不因此而止。

然而就宋代以来的经义试士所造就的文化统一而言,随科举停置而来的正是"中国之学"不复再能成为当日中国的统一之学。而后的"功令"既变,"海内学子之所骛趋"亦变,其间的因果尤为厘然。曾经力倡废科举的张之洞在科举停置后两年愤诧交集地说,"近来学堂新进之士,蔑先正而喜新奇,急功利而忘道谊,种种怪风恶俗,令人不

---

[1]《严复集》第1册,第115页。
[2] 黄节:《社说·国粹学报叙》,载邓实、黄节主编:《国粹学报》第3册,扬州:广陵书社,2006年,第9页。
[3]《严复集》第3册,第1321页。

忍睹闻。至有议请废罢四书五经者,有中小学堂并无读经、讲经功课者,甚至有师范学堂改订章程,声明不列读经专科者。人心如此,习尚如此",是"自忘其祖","自贱其宗"。[1]他促成了学堂推倒科举,则面对这种四书五经随科举停置而散落的局面,其惊愕之中不会没有内心的一派惘然。在他之后,清末民初之交的时论叙述这种文化的急促嬗递,已说是:

> 方今世变大异,旧学寖微,家肆右行之书,人诩专门之选,新词怪义,柴口耳而滥简编。何所谓圣经贤传,纯粹精深,与夫通人硕儒,穷精敝神,所仅得而幸有者,盖束阁而为鼠蠹之居久矣。今夫文章为物,有为时所宝贵向薪,而不克至者矣,安有为天下所背驰僻趋,尚克有存者乎?[2]

因此,以此日景象推及后来之文运,"三十年以往,吾国之古文辞,殆无嗣音者矣"。[3]由这些文字记录的急促嬗递,可以明白看到,科举停置之后,中国社会已经在一种文化变到另一种文化的大幅度转换之中了。

然而与这种转换共起于同一个过程之中的,则是由"欧化"引来而被称为"东西之学说"的另一种文化,因其出自异域而本属面目陌生,又在传入的过程中一路七颠八倒,弄得谛理破碎,意义模糊。20世纪初年,严复说:"上海所卖新翻东文书,猥聚如粪壤。但立新名于报端,作数行告白,在可解不可解间,便得利市三倍,此支那学界近状也。"[4]之后三年,梁启超由清代理学不振致读书人往往内无定力,说到"及至今日,而翻译不真,首尾不具之新学说搀入之,我辈生此间"的"自立之难"。[5]严复是那个时候中国人中的能识西学者,梁启超是那个时候的中国人中最先以"新学"开风气者。因此出自他

---

[1] 苑书义等主编:《张之洞全集》第3册,第1766页。
[2] 《严复集》第2册,第275页。
[3] 同上注。这是严复收到的"讯"问中的一段话。
[4] 《严复集补编》,第237页。
[5] 梁启超:《饮冰室合集》第7册,《专集》之二十六,第6页。

们笔下的"猥聚如粪壤"和"翻译不真,首尾不具",无疑更富真实性地写照了从清末开始传入的这种"东西之学说"的质地和本相。与之对应的,则一面是"今新学中所最足令人芒背者",莫若种种名词"所译与西文本义,全行乖张";一面是"十数载以还,西人之说,渐行于神州。年少者乐其去束缚而得自主",以"自放于一往而不可收拾之域。揣其所为,但凡与古舛驰,而自出己意者,皆号为西法。然考之事实,西之人固无此,特汝曹自为法耳"。[1]显见得因为"翻译不真"和"首尾不具",传入中国的"新学"大半既没有可以相信的准确性,也没有能够得其要义的完整性。而后是两重缺失之下,这种"渐行于神州"的新学常常会变成随意附会,而各自立说的东西。遂使一种文化变到另一种文化之日,"士大夫舍旧谋新",往往"只获糟粕,未梦神髓"。[2]与这种"糟粕"和"神髓"之不成比例相映而见的,则时至民国,一面是章士钊说"今人喜谈主义,而洞然知其故者殆罕。即愚亦同病焉"的盲目,[3]一面是曹聚仁说从清末到民初"欧人所有学说无不在我国作一度之接触",以描述这种盲目性之下的社会现象:

> 举凡军国主义,社会主义,民治主义,无政府主义皆已移植于吾土;举凡唯心,唯物,实验,实证……之说,皆已交接于吾耳。蒋百里氏曾谓"中国数十年,一个新的去,一个新的又来,来了很快的便已到处传播……"然环顾国内,政局之兀突如故,社会之颠危如故,而人民所受之苦痛,益甚于前。

与二十多年前的时论以"中国之学,诚不足以救中国"为言之断然作对照,则由这种"欧人所有学说"照临中国,而环顾天下,"兀突如故",又"颠危如故"的景象所见,是"西方文化仍不足以拯救国

---

[1]《严复集》第4册,第1009、1055页。
[2]《章士钊全集》第6卷,《丁家光致章士钊函》,第96页。
[3] 同上书,《主义屑》,第375页。

危"。[1]两面相比,正说明随科举停置而大幅度地从一种文化转变为另一种文化,直接带来的首先是一种相伴而来的文化异变与文化危机。

对于中国人来说,在一千三百多年的科举制度维持了文化与政治权力的合一之后,这种与"海波沸腾"相为因果的文化异变与文化危机突兀而起,则文化与政治权力之间的关系已不能不随之而变。

清末最后的一段历史以自上而下的"筹备立宪"为要务。其间奉旨考察各国政治的大臣次第远渡东洋西洋,之后各自奏报所见所闻,把"三权分立论""民约论"一类学理,以及"自孟德斯鸠之书成,而欧洲列国之政体,咸以是为基础。自鲁索之论出,而拉丁民族之国体,咸因此而变更"的"学说之力足以激动人心左右世界者,有如此矣"[2]的西国之成例引入庙堂之中。随后是"权利义务""精神教育""君主立宪""中央集权""帝国主义""合群进化""责任政府""罗马法系""日耳曼法系""拼音字母",以及"人格""法典""组合""科学""竞争""程度""社会""专制""团体""民权""观念""政策"[3]等古所未有,而先见于报纸论说的词汇和名目,都被源源不断地移到了那个时候的奏折和呈文里,汇成了一种以东西洋的制度为时势之共趋,而后又以"时势所趋"说"立宪为中国救时之惟一要政,中外通人已无疑义"[4]的群鸣。这个过程急速地把一种中国之外的文化灌入中国的政治权力之中;而其"事事有尽更其故之思",[5]同时又在使中国政治权力脱出原本与之合一的中国文化。之后朝廷跟着"学说"走的筹备立宪,在当时人眼中便成了"主其事者不过一二人,而主笔起草亦只凭新进日本留学生十数人"的独断包揽,

---

[1] 刘东、文韬编:《审问与明辨:晚清民国的"国学"论争》下册,第645页。
[2] 《清末筹备立宪档案史料》上册,第28页。
[3] 参见《清末筹备立宪档案史料》上册的奏议、呈文。
[4] 同上书,第247、300页。
[5] 同上书,第356页。

一手造出了中国之"大变革"和"大制作"[1]的诧异和愕然。

就结果而论,清代的君权还没有等到立宪就已经土崩瓦解,但由此开始的政治权力与文化之间的关系演化嬗蜕,因这种一面灌入一面脱出而发生的脱胎换骨之变,则在继起的民国历史中一路延伸,一路深化,又一路颠踬摇荡。身历其间的一代人通观前后,曾总论这种没有轨则的一路而来说:从晚清到民国,"异国之学说"成为"先例",遂至"未改革前,蒙于日本之宪法,几欲为异族造万世一系之笑柄。既改革以后,又浮慕美国之政体,谬附于东西两半球之遥遥相契,有每事奉为先进之思,其实无往而不枘凿"。[2]这段评述说的是,当中国的政治权力与另一种文化相附连之后,已是政治在奉外来的"学说"为先导,然而二十年之间,这种先导之下的政治却因此长在跌扑起伏,"无往而不枘凿"的困境之中,其间的国无宁日,又实证地反映了中国的政治与另一种文化实际上的无从附连和不可附连。1917年,章士钊说:

> 记得数年前,蔡孑民先生与友人一信,谓彼在德国所治学问,犹之满屋散钱,不过从中摸得几个,寻不着串子穿起来。此说在蔡先生是谦恭,但是形容一知半解的状态极像。愚读书时,不断的有此感觉。[3]

在清末民初的潮来潮去里,蔡元培和章士钊都曾是仰慕另一种文化,并远赴欧西亲炙这种文化的人;又都是诚心向学,并且一生亲近卷帙而保留了读书人的性气者。因此,其自述累年所学而仅以"一知半解"为写照,以见所得程度之有限,则以此相度量,当日奉派出洋考察政治的大臣、参差不齐的"新进日本留学生",以及在他们之后众多把"浮慕"等同于学理的人物,以其考察的历时之短、新进的浅尝之得和浮慕的隔雾看花而论,显然尚未能及一知半解而更加等而下

---

[1]《清末筹备立宪档案史料》上册,第443—444页。
[2]《孟森政论文集刊》中册,第816页。
[3]《章士钊全集》第4卷,第79页。

之。因此，以这些人为起端，并经这些人之手把另一种文化灌入中国的政治权力之中，则原本自有其出自彼邦历史的因果，从而自有其具体范围和限度的另一种文化，已不能不失其本根而面目大变。而后是失其本根的"异国之学说"虽被当成了天师令符，却始终不能化为中国政治的瑞气祥云。

这个过程里的"无往而不枘凿"，与"异国之学说"的难于"穿"连成整体以见本义既相为因果，又相为表里，因果和表里显现的都是窘迫。但对那个时候的中国人来说，困境犹未止此。一生经历过清末最后十年和民国最初十年的胡思敬曾说：

> 近时士类大败。少年粗解阅报，拾取一二名词，哆然谈经济，一时风气所趋，虽老生宿儒莫敢自坚其说。盖欲避顽固之名，不得不进调停之说，虚声所震，解甲迎降，其情亦可悯矣。扁鹊闻邯郸贵妇人，为带下医；闻洛阳贵老人，为耳目痹医。方士转徙求食，不得不然。一徐邈之身，忽以为介，忽以为通，世变无常而徐公自若。昔时主张新法者若张孝达、盛杏荪、吕镜宇诸人，今日已觉顽固。荡妇无十年不变之色，游士无一年不变之说，异时水潦归壑，知必有慕予辈为开通者。[1]

他由另一种文化灌入政治权力之后的士风大变（"败"）起讲，继而用"带下医"和"耳目痹医""忽以为介"和"忽以为通"作比方，描述中国人随一种"新法"变为另一种"新法"的迁流不息而常在无从一贯和自相抵牾之中，反照了这种文化本身各成流派的多样性，以及由此形成的是非莫定和理无所归；又举曾经先倡"新法"的张之洞、盛宣怀、吕海寰，此日已被"新法"之后来居上者所弃的事实，反照了这种文化自身前后相逐，而潮来潮去的川流不息。而对"靡不惟东西之学说是依"的中国人来说，则是因其各成流派而没有了统一性；因其川流不息而没有了稳定性。与蔡元培和章士钊的曾经为时潮所裹挟

---

［1］　胡思敬：《与李梅庵书》，《退庐笺牍》卷一，载沈云龙编：《近代中国史料丛刊》第45辑，第91页。

相比，胡思敬是个不肯与时俱迁的旧派。但其旁观世相而发为议论，说的都是当日中国的真问题和大问题。

合蔡元培、章士钊和胡思敬笔下之所述，并以此省视20世纪初年"东西之学说"影响下的"每事奉为先进"和"无往而不枘凿"之间相互对比的太过分明，显见得清末以来灌入中国政治权力的另一种文化，因其断续移入而意在应时的既没有整体性，也没有统一性，又没有稳定性，实际上并不能像儒学为主体的中国文化一样与政治权力合为一体。由此形成的自外灌入而不能内在化，依钱基博之说，是"徒见人之有可法，而不知国性之有不可蔑"；[1]依严复之说，是政治历史"二学本互相表里"，所以"读史不归政治，是谓无果；言治不求之历史，是谓无根"。[2]与出自"历史"而蕴集了"国性"的中国文化相比，另一种文化里显然既没有中国的历史，也没有中国的国性。因此，中国政治权力的结构和样式虽在另一种文化的灌入之下已经随立宪、共和而变，但数十年间的"兀突"、"颠危"和"只获糟粕，未梦神髓"都说明：政治权力本身始终与这种文化两相隔阂而没有归属。然则发生于这个过程里的变迁，一面是清末以来一层一层地脱出了中国文化笼罩的政治权力，已无法反归，重新回到旧日与中国文化的合一；一面是政治权力在其结构和样式的改变中形成了对于另一种文化外观上的附连，而就其外观背后的本相和质地言之，则这种附连有如张尔田所说，"实际非西洋文化也，纸上之西洋文化耳"。[3]视之为"纸上"之物，说的正是这种东西近在咫尺却遥不可及。而后是两面交集之下，脱出了中国文化的政治权力实际上又汇融不进"西洋文化"。因此，年复一年地历经"海波沸腾"，以及与之相伴而来的灌入和脱出，中国人曾经与文化合一的政治权力，至20世纪初期已日甚一日地变成了一种不为文化所罩和没有文化内容的权力。而后是这种

---

[1] 刘东、文韬编：《审问与明辨：晚清民国的"国学"论争》下册，第823页。
[2] 《严复集》第5册，第1243页。
[3] 孙文阁编：《张尔田、柳诒徵卷》（中国近代思想家文库），北京：中国人民大学出版社，2014年，第214页。

权力之下的政治遂"漫然如巨人之无脑"。[1]

在漫长的历史中国里，帝王的君权是以天命所归为正当性的，而天命之昭示，则以士心之所归为人心之所归，是以天命的阐释始终出自文化和归于文化。因此，从清末到民初，中国的政治权力一路演化于不为文化所罩和没有文化内容之中，则因果相及，其道义性、代表性、合理性，从而正当性，便都成了没有一种一以贯之的道理能够说明的东西。严复在清末说立宪曰："今日立宪云者，无异云以英、法、德、意之政体，变中国之政体。然而此数国之政体，其所以成于今日之形式精神，非一朝一夕之事。专归于天运，固不可，专归于人治，亦不可；天人交济，各成专规。"显见得这不是一种聚一时群鸣发为呼唤便能招来的东西：

> 今幡然而议立宪，思有以挽国运于衰颓，此岂非黄人之福？顾欲为立宪之国，必先有立宪之君，又必有立宪之民而后可。立宪之君者，知其身为天下之公仆，眼光心计，动及千年，而不计一姓一人之私利。立宪之民者，各有国家思想，知爱国为天职之最隆，又济之以普通之知识，凡此皆非不学未受文明教育者之所能辨明者矣。[2]

他于"立宪之君"和"立宪之民"详为叙述，正说明在其意中，当日的中国既没有这种"立宪之君"，也没有这种"立宪之民"。因此，以此两不齐备，而憨憨然引欧西的政体"变中国之政体"，其一厢情愿所引发的直接的问题和最大的问题，是中国"旧俗"中的"一善制之立，一美俗之成，动千百年而后有"，但这种来之不易的东西却一定不会尽合于"英、法、德、意之政体"，两相对比，则"奈之何弃其所故有"，而"昧昧"寄托于"来者之不可知耶"？[3]他并不反对立宪，但作为一个比其时的当局者更懂立宪学理的人，他又深度怀疑清

---

[1] 《严复集》第4册，第959页。
[2] 《严复集》第2册，第240、245—246页。
[3] 同上注。

末筹备立宪用这种知其然不知其所以然的办法造就的立宪。所以，面对清末筹备立宪，严复追问的是这个过程以懵懂为当然的历史理由，以及这个过程所营造的立宪之历史合理性。严复之后，章士钊在民初说共和曰："今之最时髦之名词，莫共和若；而最烂污者亦莫共和若。"[1]然后由"宪法"为共和之"根本大法"说起，着力抉示当日中国的共和在中国社会和中国人心中的既没有根柢，又无从嫁接：

> 约法者号称有宪法之效能者也，谁见施行约法以来，曾有一事与之相抵，参政院以及各方相关之人出而争之。又谁见举国之内，曾有何人，尚忆约法共为若干条，条为何事？盖天下共忘此物久矣。约法既寖忘之，又起宪法，是诚朝三暮四之术，而谓后者功能必逾前者，谁则信之？故宪法者，纯为异教邪说，吾宗国鲁先君莫之行，吾先君亦莫之行，苟非洋顾问外国公使偶来喧聒，谓尔共和立宪，不立宪法，其名胡张，吾决无取戴此假面具为也。[2]

他曾留学欧洲，熟知列强政治制度，以及构成了这种制度的议会、内阁、总统、联邦等，则此日之通盘否定，正对应地反映了他在"列强"那里看到的这些为西方造"平治而富强"的东西，其间的井井有条本是与其间的自成学理联为一体的；但同样的东西经"实行"[3]而移入中国，则已变得名实迥异，既不能效彼邦的条理立自己的条理，也不能化彼邦的学理为自己的学理。两者相为表里，而常在中国社会的认知之外，以至于世人不识面目，各是其是，又各非其非，"最时髦"和"最烂污"匪夷所思地同归于一体，之后是中国人本有的常情常理至此而穷。

严复追问清末筹备立宪的历史理由，章士钊指述民初共和在中国社会和中国人心中的没有根柢，无从嫁接，其共有的要旨都在于说明：20世纪初年的中国，已在立宪与共和的名义下改变了的政治

---

[1]《章士钊全集》第2卷，第48页。
[2]《章士钊全集》第3卷，第522页。
[3]《章士钊全集》第4卷，第158页。

权力,既是一种不能用渐去渐远的中国文化来说明其道义性、代表性、合理性的东西,也是一种不能用"纸上的西洋文化"来说明其道义性、代表性、合理性的东西。而后,与"前清"的立宪被称为"伪立宪"和"民国"的共和被称为"伪共和"[1]相为因果的,便是二千多年来以天命所归为正当性之后,这种没有了文化的政治权力已经不能为自己找到一种说服天下的正当性了。1923年的一则时论说:"经十二年度之试验,一切伟人名流,皆无摇唇鼓舌之余地,俱吐一词,无人不蚩为鄙倍。"出自其间的"发一高论,献一奇策",大众必报之以"非掩鼻而过,即怒目而视"。遂使十二年岁月留下的,不过是"政府之为政府,深印于国民之脑中,其臭秽至不忍道"。[2]在这种产生于民间的排抵里,"伟人名流"与"政府之为政府",都等义于他们面对的政治权力。因此,"鄙倍"、"掩鼻而过"、"怒目而视"和"臭秽",表达的正是当日社会对这种权力之没有正当性的回应。其中使人印象尤其深刻的并不是排抵本身,而是由排抵宣泄出来,而很少见之于二十四史之所记的民间社会对于"政府之为政府"的整体异视和深度蔑视。

停置科举所造成的政治与文化的断裂,使民国的政治权力没有了可以依傍的道义性、代表性和合理性;连带而来,也在使这种政治权力没有了出自文化的制束、限定和校正。

1912年年初,刚刚就任临时大总统的孙中山说"中华民国建设伊始,宜首重法律",并以这种法的至上性为当然,视之为共和政治所区别于"满清"专制的要义。[3]而同一年岁末黄远生描述共和的天光初照中国之日,其眼中所见的政象波澜起伏,则都在"法律"之外:

> 今吾国内各奋其私,各徇其党,干犯法禁,惟所欲为,欺弱凌寡,惟力是视,更从何处得见有国家之权力者。惟相语曰,袁总统

---

[1]《章士钊全集》第3卷,第597页。
[2]《孟森政论文集刊》中册,第813页。
[3]《孙中山全集》第2卷,北京:中华书局,1982年,第9、14页。

之势力占国内之几分之几；国民党之势力占几分之几；共和党之势力占几分之几，此指国内之形势而言之也。若至一省，则曰某师长旅长之势力，占势力几分之几，某派某派占几分之几而已。此尚指其落落大者而言之也，若至一府一县一乡，则某土豪占势力几分之几，某绅士占势力几分之几而已。[1]

"首重法律"是立宪政治派生出来的观念，但民初政局以"各奋其私，各徇其党"为普遍和当然，则说明了这种观念在当日中国的遥远和空想。比之文化能够内在化，那个时候的法律是一种外在的东西和并无历史根基的东西，[2]因此，在没有文化管束的时代里，法律也管束不了权力。而后，与"法律所赋予的整体的国家之权力"的难以真正形成相对比，是实际上的政治权力在人以群分和人以群聚之下已经变成了大大小小的"势力"。

由帝制而民国，一方面，变君主制度为共和国体和立宪政体，则其时的政治随之而以宪法（约法）、议会、内阁、政党为要件，并周而复始地运行于这些欧西移入的物事之中。另一方面，辛亥年由军队造革命，之后再由地方的军政府催生出中华民国及其议院和政府，这个过程又与欧西非常不同地把武力和军人带到共和立宪的政治中来，使共和政治更多了一重要件。而欧西移入的物事与这种非常不同于欧西的物事之能够共处于一体之中，正说明两头都剥掉了自己的历史文化，因此两头都没有了内在的规定和外在的界限。而后是形成于清末民初而各分群类地存在于辛壬之交的社会力量，合新派、旧派、文人、武人重组于这种欧西移入的要件和与欧西非常不同的要件之中，在共和政治的名义下汇成了黄远生笔下各占"几分之几"，而没有一种共有的文化可以统摄的"势力"。与此前同一种文化笼罩下政治权力的整体性相比，这种由"势力"合成的政治权力显然自始即以破碎

---

[1] 黄远庸：《远生遗著》上册，卷一，第16页。
[2] 章士钊说约法"成于仓卒，又复绝无系统，甲取法宪某条而书焉，乙取美宪某条而书焉，片片而缀之，如布帆然"。见《章士钊全集》第2卷，第602页。

为特征。所以黄远生之后十二年,又有孟森以十二年的岁月留痕为各色"势力"操弄下的政治权力描画面目说:"国会,立法机关也。既以立法为专职,则无论法之良否,多少必列作议案,无论立法之成否,多少必列法案于议程,为粉饰门面计,宁不当尔。"吾国则不然:

> 当临时参院时代,尚有成立之法案,尚有留心法律之议员。自有正式国会,乃全力注于政治,预算既从未编交,立法更非其所眄。第一次被解散以前,有政府党、非政府党之争,此为最盛时代。第二次被解散前,有政府党相互之争,遂开皖直之门户。其时则民党之臭味已少,然犹有意见可言。至三次回复,既无袁世凯之强权,并无段祺瑞之霸气,议员可为所欲为,于是民党、非民党冶为一炉,实行国会职权。斯时可立法矣,而岂知权必与利相须,选举权、同意权为有利之权;查办、弹劾、不信任权为与政府以不利而迫胁使之生利之权;立法则为无利之权。于是择利以行权,取有利之权,而弃无利之法。

遂以其"挟胜清末造钻营奔竞之能,兼国民代表雷霆万钧之力",成了没有伦理、没有价值、没有义理、没有内省的"人类之最劣者矣"。[1]他意在写出国会和议员的恶,而笔锋所罩,同时也现出了政府的恶和政党的恶。之后由文人的"势力"而及武人的"势力",则最容易看到又最使人惊诧的是"古无一种军队,遍驻全国,敲骨吸髓,以肥一系之事"的常理,被民初中国的军队所直接打破:

> 民国以来,以消除种族、同胞互助为标帜。而以实力为领袖者,恒出于北洋军人一系,遂以满洲驻防之制,移植于民国。驻防所不到,若西南数省,则视为化外,而日夜思并吞之。此诸省因亦起与相持,而武力之祸,亦与北洋军相应。

卷入其间的多数同样没有伦理,没有价值,没有义理,没有内省。与这种军队自成权力相为因果的,是"民国用此为根本之症结,财政无

---

[1]《孟森政论文集刊》下册,第1087页。

从而整理,民政无从而划分,教育无从而兴,实业无从而举,一切法律,皆为具文"。[1] 然则合"择利以行权"和"武力之祸"而论之,是文人的"势力"玩弄法,武人的"势力"践踏法。两者同起于一时而以恶相济,是一种前史所未曾有过的现象。孔子说"人无远虑,必有近忧",又说"君子有三畏:畏天命,畏大人,畏圣人之言",[2] 在这种忧和畏的背后,是儒学提撕人心的人禽之辨、义利之辨、君子小人之辨。由此留下的因忧患而生畏惧,遂长久地延伸于后世,成为身在权力之中的人物心头的一点敬畏,当日的州县衙门便常见以"头上有青天,作事须循天理;眼前皆瘠地,存心不刮地皮"一类悬为楹联用以自敬,深怕做官造孽。[3] 而权力之易于制束,大半是这种敬畏的自我制束。以此为对照,则这个时候玩弄和践踏之能够成为常态,显然是与文化不复成为制束而心中已经没有敬畏相为表里的。十二年之间,一种没有历史根基的法律与一种没有文化约束的政治权力相互对应,构成了共和立宪的主干。因此,从"首重法律"到"一切法律,皆为具文",正以共和立宪主干的倒塌,说明了没有历史文化,两头之间其实是连不起来的。因此,与法律成为"具文"相对应的,是政治权力成了一种直接的暴力。

二 "向恃人才以为用者,今惟人才之为患"

科举停置而致文化与政治权力脱裂,与之同在一个因果之中的是科举停置,则政府对社会的开放也随之而止。

---

[1] 《孟森政论文集刊》下册,第1121页。
[2] 程树德:《论语集释》第4册,第1093、1156页。
[3] 旧时官场中人犹引"披毛戴角,前生都是宰官身",见张集馨:《道咸宦海见闻录》,第193页;以及"一代作官,三代打砖"为自警,见丁柔克:《柳弧》;梁章钜:《楹联丛话》,北京:中华书局,1987年,第108页。

一千三百多年来，科举选官以读书人为对象，也以读书人为范围，于是而有选官取士的统而称之。因此，这种政府的开放随科举停置而止，对于本居四民之首的读书人来说，便是上行之路的霎时断绝，由此造成的不能不是一种地动山摇的强烈冲击。然而以"德宗末年，清室不竞"，致士论"归咎科举之足以败坏人才"，并以出自士林的合群而鸣与当道相呼应，最终促成了朝廷下诏"乡、会试及各省岁科生童考试，至是均一体停罢"的历史过程说因果始末，[1]则其间反科举的主体都出自科举士人。而以后来的事实做比较，显见得"德宗末年"这些群议科举的不合时宜和力主弃而去之者，更多的是在以其自负和自信调教天下，并不曾料想科举一旦弃而去之，士人与政事的勾连便随之一同断绝，而不复再有制度可以依托。而后是"败坏人才"的科举制度一朝停置，理想的人才犹未能见，而原本开放的政治权力则已没有了入门的路径。对于力诋科举的士人来说，这显然不会是其筹谋变法图强所预想的结果，但以事实而论，却又是一种最先得到的结果和实际得到的结果。因果之间，遂成了历史对于那一代士人的调侃。

政府对士人的开放随科举停置而止，直接的结果，是本在童试、岁试、科试、乡试、会试编连之下，从而本以朝廷为归属而聚为群体的读书人，因此而失其凭依，四顾茫然。之后是一个以文化秀出庶众的群体，因改变了旧日的生涯而改变了旧日的稳定。通观而论，作为一个久居四民之首的群体，其个体危机和群体危机又一定会牵延而及社会危机。苏轼说：

> 夫智、勇、辩、力此四者，皆天民之秀杰也。类不能恶衣食以养于人，皆役人以自养者也。故先王分天下之富贵，与此四者共之。此四者不失职，则民靖矣。四者虽异，先王因俗设法，使出于一。三代以上，出于学。战国至秦，出于客。汉以后，出于郡县吏。魏、晋以来，出于九品中正。隋、唐至今，出于科举。[2]

---

[1] 钱基博：《后东塾读书杂志》，第242页。
[2] 《苏轼文集》第1册，第140页。

然后比较而论之曰:"六国之君,虐用其民,不减始皇、二世,然当是时,百姓无一人叛者,以凡民之秀杰者,多以客养之,不失职也。其力耕以奉上,皆椎鲁无能为者,虽欲怨叛,而莫为之先。"至始皇"既并天下,则以客为无用,于是任法而不任人",驱"民之秀异者散而归田亩"。漫然无以"处之",犹如"纵百万虎狼于山林而饥渴之,不知其将噬人",遂最终促成了"秦之亡"的"若此之速也"。[1] 在他的历史观察里,尤其关注的是"民之秀杰者"和"秀异者"的所"杰"所"异"一旦因"失职"而脱轨,都能转化为搅动天下的动力和能力。与孔子说的"士志于道"和孟子说的惟士能"有恒心"相比,这种观察之所得的正是一种显然的不同。但就孔子曾指斥"小人儒",孟子曾指斥"小丈夫",荀子曾指斥"陋儒""腐儒""贱儒""小儒"而言,显然是他们本已深知士之为士的理之应然和势之实然并不会自然地等同,因此整体的"士志于道"和惟士能"有恒心",对于个体士人来说,便是一个需要自我养成而又未必人人都能养成的过程。在这个过程里,"秀杰"和"秀异"皆各成路数,而"区处条理,使各安其处"之不得不然也在于此。这种理之应然和势之实然的不相对称,以及个体士人自我养成的不可预知和不可预测是二千多年里的常态,因此二千多年里的士人中常常有"贱"有"小",有"陋"有"腐",而时当世路震荡之日,则又会有苏轼所形容的士人"失职"化为"虎狼"。出自宋人的《燕翼诒谋录》说:

> 唐末,进士不第,如王仙芝辈唱乱,而敬翔、李振之徒,皆进士之不得志者也。盖四海九州岛之广,而岁上第者仅一二十人,苟非才学超出伦辈,必自绝意于功名之途,无复顾藉。故圣朝广开科举之门,俾人人皆有觊觎之心,不忍自弃于盗贼奸宄。[2]

与唐人相比,宋代的"广开科举之门",已是每科"上第"以三百数

---

[1] 《苏轼文集》第1册,第140页。
[2] 王铚:《默记 燕翼诒谋录》,《燕翼诒谋录》,第1页。

第三章 从合一到断裂:科举停置之后的政治和文化 257

十人为常数，[1]两相对照，不能不算是大幅度扩张。而以唐末的"进士不第"所以作乱为因果说其间的前后不同，显然是宋人比唐人更清楚地看到了科举之为用，选官之外，尤在于以功名为招徕，收揽"天民之秀杰"而圈定于范围之内，使之不能变虎，不能变狼。

唐代的历史说明科举曾产生过社会问题，宋代的历史说明科举能够解决社会问题。由产生问题到解决问题，自帝王一面而言，是"御天下之要术"[2]的应势而变；而就实际内容而言，则是政府的开放程度为响应士人的进取而自觉地扩大。以唐末比宋代，可以明白地看到士心随"广开"而变其向背，因此宋代以后，"广开科举之门"便成为一种以天下为视野的常态。《清史列传》说顺治初年，"江南既平"，范文程已上疏陈述"治天下在得民心，士为秀民，士心得则民心得矣，宜广其途以搜之"，并请开乡试、会试。[3]一千三百多年之间，在科举留下的政治叙述和历史记事里，这种由士心而民心、由民心而天下的推演串结只能算是人所熟知的老生常谈，但也因其出自老生常谈，并以此老生常谈直接影响了新朝和旧朝嬗递之日的君权，正更加真实地说明了，在朝廷与士人因科举而结成的关系之中，选官取士的朝廷，同时又是以应和士心和收拾士心为要务的一方。从苏轼的史论到范文程的奏议，并以此比照历史中的人物和情节，则显然而见的是这种曾经属连朝野的要务，在19世纪末期以来的士议、奏疏和诏旨里都已被置之度外。所以，由诋议科举而停置科举，其论说之所及，皆在制度的良窳和存废；而四面八方，满坑满谷的读书人则仍然与一千三百多年的历史惯性相依存。但由此汇成的士心之向背虽然与士议、奏疏和诏旨俱在同一个时间和空间之中，却都成了常被漠然视之而不在关注之内的东西。然而科举停置，因制度的改变而直接改变了人生的，则正是四面八方、满坑满谷的读书人。

---

[1] 马端临：《文献通考》上册，第291页。
[2] 王铚：《默记　燕翼诒谋录》，《燕翼诒谋录》，第2页。
[3] 王钟翰校阅：《清史列传》第2册，北京：中华书局，1987年，第259页。

一个以教读为生涯的乡间士人说:"科考一废,吾辈生路已绝。"[1]这是一种直接发自底层的怨望,而与此遥相感应而成为共鸣的,又有见之于御史奏折的"士为四民之首,近已绝无生路"[2]的概而论之。前者以"吾辈"为说,其言之苦痛已不止于一人一身;后者由庙堂看天下,则直接统括而论读书人的整体。西人李佳白当日旁观这个过程,说是"科举已废,学堂尚未遍立,是不啻有人焉毁其旧屋,露处于野,以待新厦之成也"。[3]其间最进退失据的便是曾经的"士为四民之首"。因此,以"旧屋"已毁,"露处于野"的前所未有之困与"生路已绝"对照而读,其"已绝"的"生路"显然不仅在于读书人的活路,而且在于读书人的出路和尤其在于读书人的出路。所以朝廷停科举之后一年,"出使各国考察政治大臣"戴鸿慈奏议改官制,已以"今者科举已废"而"举国茫然莫知所适"为大患,深忧"有志仕进者不知从何道以求进身之阶,数年之后,必多歧念"。[4]他所说的"歧念",便是士心之向背因士人的失路而逆反。同样的意思,两广总督岑春煊说得更加明白透彻:

> 科第既废,选举又不复行,则彼所谓人才者,挟其聪明才力,安肯寂寂焉以待死牖下,遇有惊异可喜之境,即不啻负之以趋,待其趋焉,始为摧挫剃狝之计,摧挫剃狝之不尽,向恃人才以为用者,今惟人才之为患,是岂亦人才之过哉。[5]

在此前十年排诋科举的朝野议论里,与科举制度相为因果的这一面并不在关注之内,又因其不被关注而不入论列。但科举既停之后,这种因果相连的关系直接演化为因果相及的事实,使变法的主导者事前不曾计及的一面成了事后不得不直接面对而无从收拾的一面。以《燕翼

---

[1] 刘大鹏:《退想斋日记》,第147页。
[2] 《清末筹备立宪档案史料》上册,第448页。
[3] 李天纲编校:《万国公报文选》,第700页。
[4] 《清末筹备立宪档案史料》上册,第381页。
[5] 同上书,第502页。

诒谋录》中宋人评说唐人的文字相比较，则岑春煊陈说此日"人才"之别成归趋而无从收管的这些话，显然是眼中之所见相同，笔下的推论也相同。

自宋代广开科举之门以后，文化主体因政府的开放而以一种前所未有的彻底程度与官僚主体合而为一。之后的九百多年里，这种合而为一便成为人心中恒久的道理和世路上恒久的实事。因此，光绪末年的"科举既废，选举又不复行"随一纸诏书而来，已使九百多年来久在实际政治之中的士人整体地变成了实际政治的局外人。帝王与士大夫共治天下的局面因之而解体，遂使曾经的"举子士人之天下"[1] 重现了苏轼所说的"天民之秀杰"者的各自散归和纷纷"失职"。随之而来的，是曾经依附于君权的士人经此剥离，已无可依附。身在这个过程之中，岑春煊以"向恃人才以为用者，今惟人才之为患"为感慨，看到的正是因朝廷停科举而"生路已绝"的士人，也因朝廷停科举而不复再能罩定于旧日的范围之内。在这种对比里，"向恃人才以为用"的是政府，"今惟人才之为患"的也是政府，因此，从"为用"到"为患"的大幅度逆转，本质上是失路的士人与朝廷的关系正在一路逆转。比之"科举既废"之后，旧日士人中仿效新知识人的"出洋惟取于速成，返国悉趋于奔竞"那一派，"生路已绝"显然是士人中的多数。因此，辛亥革命后一年，严复概括停科举之后的少数与多数说：

> 巧速者咸据丰腴，拙缓者常虞抵滞。爵位差使，未尝不众，顾不足以笼一切干禄之士，使之尽入彀中，于是海内颙颙，而辛壬革命之运，不可挽矣。[2]

他由这种逆转说到世局的大变，而归之于"辛壬革命之运"，以见出自这一段历史的"人才之为患"又在这一段历史中促成了王朝的终结。

---

[1] 钱穆：《中国近三百年学术史》下册，第653页。
[2] 《严复集》第2册，第293页。

作为一个过程,晚清的革命以知识人为先觉和主干,因此身在革命之中的章太炎说"以前的革命,俗称强盗结义,现在的革命,俗称秀才造反",[1]以标示其间的知识人特质。就其历史渊源而论,20世纪初年先倡革命的知识人大半都曾受19世纪末期变法维新的感召而聚拢,并因变法维新的重挫而转向,又在庚子之变后趋于亢激。以这种一脉相延为其来有自,则革命显然并不直接起端于"科举既废",而且革命显然是由少数人开始的。在庚子前后最先以满汉之辨与朝廷对立的知识人中,章太炎曾把孙中山归入于"少通洋务"而"尚知辨别种族"一类,[2]吴稚晖曾把孙中山当成"江洋大盗",[3]秦力山曾把孙中山看作"广州湾一海贼"。[4]具见其时的各成一群犹在不相连横中,以及各成一群之日,造反的士人仍不能放下四民之首的架子。而同在革命之中的彼此不能相识,又说明了当日孙中山的影响有限,知识人的眼界有限。与这一段犹未形成潮头涌起的历史相比,革命之成为一个掀天揭地的过程更明显地起于同盟会成立之后。美国历史学家史扶邻(Harold Zvi Schiffrin)说,"到一九〇六年,将近有一千个新会员在孙中山的誓词上签名",而后是"成百的归国留学生最后把革命的信息传遍全中国,并渗透到政府正在兴建的现代教育和军事机构中",[5]随之是他们带来的影响播及更广的人群和更大的空间。在庚子以来的各成一群,自起自落之后,这是一种因汇聚而来的一时盛涨。1906年是同盟会成立后一年,也是科举停置后一年,对这种一时盛涨中的知识人来说,与同盟会的"誓词"成为吸引同时发生的,应是科举停置成为身后的驱使。马叙伦后来说:

> 余之主撰《新世界学报》也,邻有顺德邓秋枚实所治之《政艺

---

[1]《章太炎演讲集》,第50页。
[2] 汤志钧编:《章太炎年谱长编》上册,北京:中华书局,1979年,第73页。
[3]《吴稚晖全集》第6卷,北京:九州出版社,2013年,第383页。
[4]《章士钊全集》第5卷,第597页。
[5] 史扶邻著,丘权政、符致兴译:《孙中山与中国革命的起源》,北京:中国社会科学出版社,1981年,第316—317页。

通报》,然初不相往还。及《学报》中废,而秋枚时尚为科举之业,欲赴开封应顺天乡试(以庚子义和团故,议和成后,犹不许于京师举试,故权移开封),乃邀余为代,既而乃有《国粹学报》之组织。其始仅秋枚与余及黄晦闻节、陈佩忍去病数人任其事,实阴谋借此以激动排满革命之思潮。[1]

邓实参加的是清末最后一次乡试,两年之后科举即停。与之成为对照的,是同一段时间里,他由本来的主持《政艺通报》以鼓吹新知,一变而为后来的主持《国粹学报》以"激动排满革命之思潮"。以两年之前比两年之后,显见得当其一身尚系于"科举之业"的时候,以文字鼓吹新知虽然已属借"报章论说"以"牵引国民意思"而"易其爱恶之情",[2]但以界限而论,却并没有脱出开民智的范围;迨科举既停,则士人与朝廷之间的一线相连随之而断,之后,由原本的恣议和异议更进一步,遂以"排满革命"而入"秀才造反"之列。

马叙伦记实地叙述了当日的一个人物群,而其间的情态正写照了清末士人中的一种共同的变化和趋向。所以,约略而言,邓实之外,民国初年各立声光而与革命有过渊源的人物里,黄兴、汪精卫、谭人凤、宋教仁、陈炯明、于右任、居正、古应芬、田桐、李根源、蔡锷、曹亚伯、唐继尧、褚辅成、柏文蔚、黄节、黄侃、陈独秀等等,都是出自科举而带着秀才功名卷入其间的。功名之等次更高的,还有曾经应乡试而得举人的胡汉民、吴稚晖、邵力子、蒋智由等等。在他们之外,又有徐锡麟、杨笃生、赵声那样功业未成身先死的举人和秀才。廓而论之,在这些人的背后和四周,还会有更多跌宕起伏于革命之中而一身不显不达的科举士人,他们同样在这种共同的变化和趋向之中,并以自己的存在反照了这种共同的变化和趋向在那个时候所曾达到的广度。与初试革命的孙中山被刚刚转向革命的读书人当成"大盗"和"海贼"的昔日情景相比,已是一种显然的后来不同于从前。

---

[1] 马叙伦:《石屋余沈 石屋续沈》,太原:山西古籍出版社,1995年,第142页。
[2] 《清末筹备立宪档案史料》上册,第210页。

因此，作为一个历史过程，20世纪初年的"秀才造反"虽由少数先觉者作始于庚子前后，而知识人群体意义上的认同和归聚，则出现于同盟会成立之后的1906年。之后归聚造就的众多改变了原本的少数，便在比较完整的含义上，为这个以知识人为先觉者的过程造就了一个知识人的主体。而同此时日，同此境地，在这个主体的边上，还有同以维新变法为源头，而归旨于立宪的另一个知识群体，他们自外于排满革命，但其以文字挞伐朝廷的声势凌厉，又与排满革命形成了实际上的共振和共鸣。其直接的结果，是晚清中国由思想到社会日甚一日的剧烈动荡。而亲身经历了这种动荡岁月的严复以"科举既废"和"海内喁喁"为"辛壬革命之运"说因果，笔下对应的也正是1906年之后的这一段历史。与那个时候鼓荡一时的"排满革命之思潮"相比，他更相信的显然是"思潮"的背后和深处，有着苏轼所说的"天民之秀杰"一旦"失职"，则无异"纵百万虎狼于山林"。由此返视19世纪中叶读书人群起于田间，同造反的太平天国苦相厮杀，百战艰难以守护名教而排拒"天父天兄之教"的激烈场面，正可以见五十年之间已经换了人间。

三 "报馆鼓吹之功"：辛亥革命中的文化与政治

辛亥年武昌起义，壬子年皇帝退位。历时二百六十年的王朝以此为结局，屡仆屡起的排满革命也以此为了局。但对于知识人来说，这个由知识人主导的过程所造就的历史变化，其实际内容并不止于这种结局和了局。

武昌起义之日曾被推为革命军"总指挥"的吴兆麟后来追叙首尾，作《辛亥武昌革命工程第八营首义始末记》。其中以亲历亲知之所得说"武昌革命成功之原因"，列为要端并置于首位的却不是枪炮而是书报：

旋陈天华所著《警世钟》《猛回头》等书秘运到鄂,梁起[启]超之饮冰室及《新民丛报》,孙文、章太炎、汪精卫等之《民报》渐次输入国内,军学界同人阅之极为心服,民智大开。佥谓中国之所以不能图强,实由于满汉界限所致,种族之思油然以兴,排满之风日盛一日。[1]

至"辛亥八月以前",又尤以上海"《民立报》逐日鼓吹",于"促成湖北革命,其影响极大。是年文字之收功,《民立报》之力也"。[2] 他记述了"输入"的书报对湖北"军学界"的思想养成,以及报章"鼓吹"和武昌起义之间可以直观而见的因果。由此展现的是一种文字感染群体的过程。与之相类,赣人邓文翚自述由读书而思想大变;浙人吕公望自述由读报而思想大变;[3] 以及年辈稍后的蒋梦麟自述在学堂里既读《新民丛报》,又读"革命党人"出版的"许多刊物",而后是"我们从梁启超获得精神食粮,孙中山先生以及其他革命志士,则使我们的革命情绪不断增涨"。[4] 他们的自述所记录的则是各自经历的个体心路。群体和个体都在书报的影响下发生变化,而以这些文字留下的思想痕迹作比照,又可见其时的《民报》和《新民丛报》虽各立宗旨,彼此交争,但自受众一面的感知而言,是两者都在以其影响所及,促成了知识人对朝廷的异己,并由异己而对立,由对立而对抗,从而两者实际上已同在一个过程之中,并在同造一种时势。因此,民国初年,章太炎说:"尝观清政府之亡也,非以兵刃,乃自言论意志亡之。"[5] 相近的时间里,梁启超说:"去秋武汉起义,不数月而国体丕变,成功之速,殆为中外古今所未有。南方尚稍烦战事,若北方则更不劳一兵不折一矢矣。问其何以能如是,则报馆鼓吹之功最高,此天

---

[1] 庄建平编:《近代史资料文库》第7卷,第228、233、241页。
[2] 同上书,第228、233、241页。
[3] 同上书,第2、110页。
[4] 蒋梦麟:《西潮》,台北:金枫出版有限公司,1990年,第68页。
[5] 汤志钧编:《章太炎政论选集》下册,第601页。

下公言也。"[1]而与他们立场不同的严复致书莫理循,论说"这场起义的远因和近因",而尤其着力于抉示"心怀不满的新闻记者们给中国老百姓头脑中带来的偏见和误解的反响",[2]注目的也是同一种物事。他们各自为革命说因果,但审视刚刚过去的那一段历史,则皆以"言论意志"、"报馆鼓吹"和"心怀不满的新闻记者们"统括总体而不论派别,显然都相信其间书报造革命的共性更大于曾经的各立宗旨和彼此交争。这些人目睹了清代君权的分崩离析,但其各自评说的重心却不在王朝的倒塌,而在掀翻了王朝的这种书报造革命。

与历史上的士人失路而"唱乱"相比,由此生成的是一种全然不同和前所未有的自下变上。就其可以直观的一面而言,统贯于这个过程之中的共和国体、立宪政体,以及与之交相缠绕的满汉之辨都以当日中国的政事为内容,从而能够附托时事,以文字改变观念,以观念改变人心。共和、立宪、革命排满都是对于现存秩序的颠翻,因此,书报进入了这一段历史并突出于这一段历史之中,而所到之处的观念改变人心,同时便是朝野之间的脱散和断离。之后的"辛壬革命之运"之所以全然不同和前所未有,正在其间重造了乾坤的直接动因和决定力量并不是"兵刃"和"战事",而是思想改造社会。以"今人喜谈主义,而洞然知其故者殆罕"相比量,其时的论说所引用的许多外国道理都应在这个范围之中,但"报馆鼓吹之功最高"又说明,外国道理虽犹未洞知本原而识其"神髓",却已经在感染人心而掀天揭地了。知识人促成了思想的恢张,并牵引了思想改造社会,他们意在自度度人,然而这种自度度人又是在自变变人中实现的。所以,在可以直观的一面之外,知识人以其自身的嬗蜕而日益不同于旧日士人便成为这个过程里更加内在的一面。

一千三百多年来,读书的士人在科举制度之下曾长久地合文化主体和政治主体于一身,至20世纪初年,又因科举停置而致文化主体

---

[1] 梁启超:《饮冰室合集》第4册,《文集》之二十九,第1页。
[2] 莫理循:《清末民初政情内幕》上册,第782页。

不复再能循其旧路进入政治之中。但作为仍然存在的文化主体,他们又仍然背负着一千三百多年科举制度养成的自我意识,并因之而不会心甘情愿地自置于政治之外。两者之间构成的是一种深刻的矛盾和直接的紧张。唐末士人因"进士不第"而"唱乱"发生于科举制度之下,则乱事起和乱事落都犹在文化主体与政治主体同一之下,所以其起落之间,时间上和空间上都是有限的。与之相比,钱穆说是:"自晚清废科举,读书人的政治出路遂告断绝。然读书人当为并世一指导阶层之心理,则依然存在。"因此,在久以"'道统'居于'政统'之上"为当然,而且久以道统的传承在士人一面为当然之后,历经这种文化与政治的裂断,"其内心潜在之不平,自可想象而知"。[1]而后是文化主体虽然"政治出路遂告断绝",却依旧在倾其全力以文化、思想、学理、论说笼罩政治、褒贬政治和引导政治,并合为前所未有的多士亢鸣和各是其是。但本与帝王共治天下的读书人成了被隔绝于政府之外的陌路人,以及由此而来的因失其本位而"不平",因"绝无生路"而愤懑,已使文化主体与承载权力的政治主体从昔日的同一变为此日的相异。所以,这种文化、思想、学理、论说化入多士亢鸣而笼罩政治、褒贬政治和引导政治,便历史地成为文化主体对于权力主体的倾力冲击和公开对抗。当时人说"四民扰扰,惟士难驯,失所依归,必自横决"。[2]失所依归的士同时也在失掉士的本相。作为对比,则是没有了文化支撑的权力主体孤悬于上,在这种冲击和对抗面前全无还手之力。他们在笔锋之下被刮得遍体鳞伤,却发不出一点能够响应冲击、对抗,而言之成理地自我表达和自我维持的声音,遂使文化、思想、学理、论说以其莫之能御成了那个时候一边倒的强音。严复在民初曾以梁启超为典型,非常明白地刻画过这种一方的莫之能御和一方的没有还手之力:

---

[1] 钱穆:《中国学术思想史论丛》第9册,台北:素书楼文教基金会、兰台出版社,2000年,第30页。
[2]《章士钊全集》第5卷,第122页。

> 至于任公,则自窜身海外以来,常以摧剥征伐政府,为唯一之能事。《清议》《新民》《国风》,进而弥厉,至于其极,诋之为穷凶极恶,意若不共戴天。以一己之于新学,略有所知,遂若旧制,一无可恕,其辞具在,吾岂诳哉。一夫作难,九庙遂堕,而天下汹汹,莫谁适主。[1]

就"摧剥征伐政府"为"能事"而言,《清议》《新民》《国风》与《民报》一系的众多刊物本自同属一路,其间的言论造为滔滔然大波便成为那个时候的风会所煽。此前七十年,管同论"风俗",曾经由"今则[读书之士]一使事科举"说到"百数十年,天下纷纷亦多事矣,顾其难皆起于田野之奸,闾巷之侠,而朝廷、学校之间安且静也",[2]以见科举制度之下清代士风的循本分和守规矩。然则与其时的士人面目相比,此日最醒目的正是这种出自士人的"摧剥征伐政府"打破了"安且静也",以另一副面目表现出来的士人自身急剧的嬗蜕和异化。而由表及里,则这种嬗蜕和异化的背后,一面是曾经支撑政治权力的文化主体,因"进身无阶"而自立于政治权力之外,却仍然力能搅动天下;一面是开放的政府变为不开放的政府,遂使没有了文化主体支撑的政治权力已不复再能成为一世共尊和人间独尊的权力。这个过程起于科举停置,而与"辛壬革命之运"相交集,之后,又在革命改变国体和政体的过程中自为演化延伸,把这种生成于晚清的深刻矛盾移入民初的中国社会之中。

严复以"科举既废"和"心怀不满的新闻记者们"说"辛壬革命之运";章太炎以"言论意志"说"清政府之亡";梁启超以"报馆鼓吹"说鼎革之际的"成功之速";吴兆麟以书报的影响说武昌起义的因果。合而论之,则俱见清末最后的一段历史里,被隔绝于政治权力之外的文化主体之所以犹能以文化、思想、学理、论述笼罩政治、褒贬政治和引导政治,都是借助于报刊以及与之相属连的印刷读物实现

---

[1]《严复集》第3册,第632页。
[2] 缪荃孙编:《续碑传集》第9册,上海人民出版社,2018年,第3089页。

的。这是一种此前二千多年里未曾有过的东西。光绪初年,总督陕甘的左宗棠屡次在信中议及上海"新闻报"之论时事,常为西人所左右,而尤其痛恨"江浙文人无赖,以报馆主笔为其末路"。[1]与之对应的事实,是近代中国的报纸始作于西人,发端于口岸,并因此而曾被当日的士大夫看成异端。但二十三年之后,张之洞作《劝学篇》已说是:"乙未以后,志士文人创开报馆,广译洋报,参以博议,始于沪上,流衍于各省,内政、外事、学术皆有焉。虽论说纯驳不一,要可以扩见闻,长志气,涤怀安之酖毒,破扪钥之瞽论,于是一孔之士、山泽之农始知有神州;筐箧之吏、烟雾之儒始知有时局。"[2]其观感与左宗棠已显然不同。以因果说由来,是中日甲午战争以其创深痛巨化为警惧,改变了旧日士大夫的眼光,而后是从乙未到戊戌,"志士文人"以开民智为怀抱而能识报馆之大用,又能据有报馆而施其大用。彼时梁启超主《时务报》笔政,而于友朋书信中言之傲然地说"今日之《时务报》谁敢不阅!"[3]其负手向天的一派顾盼自雄,正折射了乙未之后的中国,报刊影响人心的广泛程度与深入程度,以及"志士文人"借报章"论说"之能够名位不显而势居上游。迨维新变法一时重挫,继之以科举停置,而"向恃人才以为用者,今惟人才之为患",则20世纪最初的十年里,开民智的报馆遂一变而为以文字鼓荡天下,与朝廷为敌为仇。辛壬之后十五年,戈公振作《中国报学史》说此一段文字鼓荡,总论之曰"能于十余年间,颠覆清社,宏我汉京,文学之盛衰,系乎国运之隆替,不其然欤"。[4]与吴兆麟、章太炎、梁启超在辛壬之后论报馆造革命的陈说旨义略同,而引申及于"国运",立意又更见廓大。然则从19世纪90年代中期的乙未到20世纪第二个十年开头的辛壬,十多年之间,由西人先创的报刊移入中国士人之手,又

---

[1]《左宗棠全集》第11册,第562、565、571页;徐珂编:《清稗类钞》第2册,1981年,第535页。
[2]《张之洞全集》第12册,第9745—9746页。
[3] 上海图书馆编:《汪康年师友书札》第3册,第1863页。
[4] 戈公振:《中国报学史》,北京:生活·读书·新知三联书店,1955年,第177页。

经一变再变,已能于"颠覆清社,宏我汉京"的倒海翻江中一展其倾动天下的力量,并实际地成为中国社会里一种后起的重心和重势。

这种重心和重势由文化造就,从而归知识人所有。而其产生、形成和影响四播的过程,以及这个过程的越演越激在时间上与政府由开放变为不开放的过程之大体相重合,又以两头之间的交错与对照,明白地显示了被移出了政治权力的文化主体对于政治权力的响应与反激。因此,这种后起的重心和重势虽由文化造就,并置身于政府之外,但其以文字呼唤风云雷电的着力处,却始终在中国的政治和承载了权力的政治主体。是以中国人的"报馆鼓吹"始于学西人的报纸,但西人的报纸卖的是新闻,所以重头在消息;而中国人的报纸播撒的是观念和道理,所以重头在论说和评议。初起的《时务报》一纸风行之日,受众之推崇已全在于其"文字惊心动魄,足以开守旧之蔽"。[1]相隔数年,后起的《苏报》则特为刊发"告白"说,"本报务以单纯之议论,作时局之机关。所有各省及本埠之琐屑新闻,概不合本报之格,严从沙汰,以一旨归",[2]可谓言之直白明了。而由此形成的共性,便使中国人的报刊从一开始就以直入政治为己任,比之当年左宗棠眼中"江浙文人无赖"倚之为末路所托的"报馆",显然已全不相同而别成一路。这种不同说明,自源头开始,"志士文人"之"创开报馆",已是意在由庙堂之外影响庙堂之内。至科举停置,则庙堂之内与庙堂之外的流通随之隔绝,而后,一面是文化主体与承载了权力的政治主体因断裂而对立,因对立而颃颉,都演化为报刊与朝廷的断裂、对立和颃颉;一面是这种断裂、对立和颃颉又在催生出数量更多的报刊。显见得20世纪初年的中国,正是借助于这种此前所未曾有过的东西,由二千多年历史沿袭而来的"读书人当为并世一指导阶层"的怀抱才能一脉相承于另一个时代,在文化主体已经与政治主体断离之后得以施展和表达。从这个意义上说,是移来的报刊维系了士

---

[1] 上海图书馆编:《汪康年师友书札》第2册,第1310页。
[2] 《章士钊全集》第1卷,第6页。

人传统。马叙伦后来自述当时因卷入学潮而被开除,又因被开除而成了报人:

> 我们被开除学籍后,不但无法投考别的学校,也无力再进学校,尤其是我因家景困难,非谋事不可;幸而这一时期,办报成了风气,如新昌董亦韩先生在上海办了一份《经世报》,诸暨赵彝初先生办《选报》,我被人介绍到《选报》任编校。赵先生对办报很感兴趣,不久,他又找陈黻宸先生来再办一份《新世界学报》,梁启超先生评为第二流。这份刊物,影响了新旧文化人。较后,顺德邓秋枚先生实,在上海办了一份《政艺通报》,我被他邀为编撰;后来他又办了一份《国粹学报》,我又担任了撰述。这些刊物,当然有一定的任务——鼓吹革命。[1]

一面是政府由开放变为不开放,一面是"办报成了风气",两者前后相接于同一个过程之中,遂使昔日的士人在庙堂之内立言,变成了此日的知识人在庙堂之外众声四起。前者面对君主,后者面对社会。其时曾有读报人致书报馆说:"贵报销路甚广,读书之士,人置一编,凡阅报者之心思,盖莫不以贵报之毁誉从而毁者非之,誉者是之。"[2]以此为代表性的趋向,显见得与立言于庙堂之内相比,是庙堂之外的"报馆鼓吹"影响的范围更大,呼应的响声也更大。这个过程把西人的"新闻纸"改造成中国人以"单纯之议论"进入"时局"之中的报纸,随之而起的激荡扞格,遂使本归朝廷所独有的笼罩天下之势,又面对着朝廷之外另一种笼罩天下之势;而承载了权力的政治主体,则因之而面对着一个正在越来越政治化的文化主体。这种因科举停置而发生的政治与文化之间的变迁遂成为历史里从来没有过的人世形相。

与清代相比,继起的民国在代议政治的名目下构成了一种政府、国会、政党互相隔阂的彼此的共生。政府的主体是官僚,国会和政党产出的是政客。虽说后者随宪政而生,但以科举制度下的怀牒自投相

---

[1] 庄建平编:《近代史资料文库》第7卷,第302—303页。
[2] 《章士钊全集》第1卷,第18页。

度量，两者都并非由政治权力开放而来。与之对比而见的，则是代议政治的边界之外，报馆势力沿前清而来的以言论自成一种政治开放之局。之后是不开放的权力政治和开放的舆论政治长在角抵之中。1912年秋，刚刚归国的梁启超在"报界欢迎会"作演说，由"鄙人十八年来经办之报凡七"而及"今国中报馆之发达，一日千里，即以京师论已逾百家"。[1]若加上京师以外的四百来家，[2]则具见其时的报馆连袂而起的密集程度。十八年来，梁启超不仅先作报人生涯，其以身示范影响后来的，尤其在于"报馆有两大天职，一曰对于政府而为其监督者，二曰对于国民而为其向导者"[3]的自许与自负。比之君权之下的政事议定于奏折和诏书之间，立宪政治下的政事群议于国会，并因群议的公开性而与国会之外的舆论呼应和对撞。而后合"监督"与"向导"为一体，当日的报刊论说以恣肆汪洋为声势宏张，交集于政界而逞其笔底锋芒，遂有"无能力之国会""国会浪费时间之弊害""正告国会议员""说党""宪法之三大精神""论统治权总揽者之有无""主权讨论之讨论""余之民权观""大总统之地位及权限""关于总统及国会问题意见书""总统连任问题""元首无责任之释义""政府与国会之权限""关于立法权政府与国会之权限""共和国之行政权""行政权消灭与行政权转移""国务员经国会同意之研究""同意权与解散权""论不信任投票与责任内阁制之关系""弹劾之种类""宪法问题之商榷"等，[4]源头皆出自其时的政争，而事关政体和国体之大计的题目。比之国会中人和政府中人，立论的作者大半对于宪政的学理更内行，遂使其一腔"监督"和"向导"的热忱化入笔下，常常会变成对于局中人的发蒙、调教和抨击、诟詈的纷然交集。所以那个时候的舆论滔滔虽出自实际政治过程之外，而声势所至，则往往更能慑动人心。

---

[1] 梁启超：《饮冰室合集》第4册，《文集》之二十九，第4页。
[2] 戈公振：《中国报学史》，第181页。
[3] 梁启超：《饮冰室合集》第2册，《文集》之十一，第36页。
[4] 《民国经世文编》第2册，《目录》，第1—5页。

四　舆论与政治权力

然而作为舆论滔滔的主体，民初的知识人其实又是一种不对称的社会存在。自一面而言，是科举停置之后，"近代中国此一士阶层，在本质上"已"不断趋于没落"；而从学校中成批产出的学生，则又使之在"数量上"连续地"不断增添"。[1] 于是从清末到民初，见之于记述的有"科举既废，生员四方觅食"，[2] 有积学文士为游戏小报"日撰谐嬉之言数则，以此资生"，[3] 有"留学生之为军阀秘书，中学生之充军队先锋"，[4] 等等。与科举时代相比，"士阶层"已明显地由社会中心散落到社会中心之外。而同样见之于记述的往昔"我国闺秀之争嫁词林也"，一变为"年来曲中名妓争嫁军人"，[5] 则以世情的今昔之异写照了士类的跌落。章士钊后来极而言之，说是"末世文人，贱同丘蚁"。[6] 但自另一面而言，天下的报馆归知识人所有，正是知识人仍然在以言论动天下。而言论之能够动天下，是因为其间的大题目是公共的，大道理是公共的，评判的尺度是公共的，从而四起的回应是公共的。就这一点来说，虽然报馆在传统中国的三百六十行之外，而"末世文人，贱同丘蚁"，但民初中国的知识人犹能借此以自为标格，与此前两千年里士类于四民之中所独有的公共性品格维持了外观上的一线相延，并因此而承当了一个脱出了政治权力的文化主体。而后是文化与权力的扞格便沿清末而来，又显现于民初。1912年3月，"中国报界俱进会"接"南京内务部来电，颁布暂行报律三章"以管

---

[1] 钱穆：《中国学术思想史论丛》第9册，第141—142页。
[2] 朱寿朋编：《光绪朝东华录》第5册，第（总）5625页。
[3] 马叙伦：《石屋余沈　石屋续沈》，第58页。
[4] 《章士钊全集》第6卷，第446页。
[5] 苹梗：《秦淮感旧录》上，载雷瑨辑：《清人说荟》，第3页。
[6] 《章士钊全集》第6卷，第294页。

制报刊，致"同业者群起而抗之"；后一个月，又有"蜀军政府"颁行"报律三十七条"以管制报刊，尤被视为"咄咄怪事"。其要害皆在"政府刻刻假定国民之违法，刻刻而检查之，是直狗马国民也，是直盗贼国民也"，[1] 在时人眼中，其出手压抑显然比旧朝更自觉而且更凌厉。作为本由革命催生的政治权力，刚刚成立的南京临时政府以及"蜀军政府"里，不少人都应有过书报促成革命的直接经验和间接经验。然而革命一经造出了政府，则曾经借助于"报馆鼓吹"的人，便已变成了管制报馆论说的人。在这种前后相悖里，由人物的一时反转所表现出来，而又比人物的一时反转更深一层的，正是科举停置之后，脱出了权力的文化主体与承载了权力的政治主体之间各成一端，无从同一。因此君权之下两者分立，共和之下两者也分立，而权力的管制，其实正反映了权力的无从管制。之后章太炎入北京，受袁世凯羁禁数年，承办其事的陆建章说：太炎先生，"用处甚大，他日太炎一篇文章，可少用数师兵马也"。然则权力之无端羁禁文人，正在于深惧其"文字，可转移天下"。[2] 与之相仿佛的还有梁启超自述洪宪帝制发端之日，"我那文章[《异哉所谓国体问题者》]还没有发表以前"，袁世凯曾"打发人送了十万块钱一张票子和几件礼物来，说是送给我们老太爷的寿礼"。然后慨而论之曰"他太看人不起了，以为什么人都是拿臭铜钱买得来"。[3] 民初的袁世凯和南京临时政府并不同在一路之中，然而前者的羁禁收买以堵截文字之"转移天下"，与后者的颁"报律"以管制报刊论说，其命意则显然相去并不太远，盖源头俱在政治权力对文化主体以论说影响社会的忌与畏交集，而忌与畏交集，又真实地反照了文字和论说以其四面播扬化为人世间的掀动，比政治权力行之更远而且弥散更广。

由于忌与畏交集，时当民国初年的政争激烈和政潮激荡之下，政治权力自身本在不相统一和起伏无定之中。以此为常态，则各成一派

---

[1]《章士钊全集》第2卷，第68、225—226页。
[2] 刘成禺、张伯驹：《洪宪纪事诗三种》，上海古籍出版社，1983年，第180—181页。
[3] 梁启超：《饮冰室合集》第5册，《文集》之三十九，第90页。

而以政争和政潮相互撕斗的政治权力，当其彼此相扼相扑之际，又常常会向政局之外的文化主体陈诉自己的有道和对手的无道，以期能借来一点文字和论说的"转移天下"之力。于是而有20年代前期参议院、众议院通电全国，东三省议会联合会通电全国，"宜昌孙传芳"通电全国，"江西陈光远"通电全国，"北京张耀曾"通电全国，以及冯玉祥通电全国，吴佩孚通电全国，王怀庆、胡景翼通电全国，萧耀南通电全国，"江浙五省等"通电全国等的各自申说，虽多以互相攻评为本色，却无不吁请"各报馆公鉴"、"各报馆均鉴"和"全国报馆转各公团均鉴"，以之为倾听的一方和评判的一方。[1]其中尤其典型的，是被直系军阀拱上台的黎元洪，之后又被直系军阀逼下台，并被拦截于京津途中。仓皇之际，"黎令顾问英人辛博森往电报局发电云：上海报馆转全国报馆鉴：元洪今日乘车来津，车抵杨村，即有直隶王省长上车监视。抵新站，王省长令摘去车头。种种威吓，已失自由。特此奉闻"。[2]他虽属首义元勋而且做过两次总统，但困厄之中与武人相持，能够祈求公道的却只有知识人提调的"全国报馆"。与管制、羁禁、收买相比，这种吁请表现了政治权力面对文化主体的相形技穷。而吁请和管制、羁禁、收买的一时俱见，又反映了知识人从社会中心散落到边缘之日，由他们所维持的文化主体则依然居于社会中心而与政治权力相匹敌。

科举停置后三年朝廷议立宪，开新者以"学堂布满全国，报馆盘踞要津"为一时之盛；守旧者以"报馆、学堂，不农不工不商，但可强名曰士"为今昔变异。[3]两者所注目的，都是后科举时代知识人的集聚以学堂和报馆为大端。而十多年之后胡适追叙自己在光绪末年"从徽州来到上海"入学堂，印象最深的，是"几乎没有一天不看

---

[1] 其间更周详一点的，还有引蔡子民、熊秉三、范静生、康长素、梁任公、章太炎、严范生、张仲仁等出自文化主体的人物为之"均鉴"以申公论。中国史学会主编：《北洋军阀》第4册，上海人民出版社，1993年，第46、54、62、64—65页；庄建平编：《近代史资料文库》第2卷，第643—650页。
[2] 庄建平编：《近代史资料文库》第2卷，第76页。
[3] 《清末筹备立宪档案史料》上册，第336—337页。

《时报》",并为其"明快冷刻"的时事短评所影响,以至于六年之间,"《时报》与学校,几乎成了不可分离的伴侣了"。其间以报刊的臧否为导引,曾有过"我受了《时报》短评的影响,痛恨上海道袁树勋的丧失国权,曾和两个同学写了一封长信去痛骂他"[1]这样直接与官家为敌的事。然则由胡适的自述观照当日,显然是报馆之牵动人心而声响四播,其实影响又远过于学堂。这种牵动人心和声响四播,戈公振谓之"昌言无讳之报馆",谓之"宣诸万众之听闻":

> 自报章之文体行,遇事畅言,意无不尽。因印刷之进化,而传布愈易,因批判之风开,而真理乃愈见。所谓自由博爱平等之学说,乃一一输入我国,而国人知有所谓自由、博爱、平等。[2]

而后是"批判"和"传布"之下的人心渐变和人心大变。[3]虽说以"自由、平等、博爱"总括清末以来的报馆鼓吹未必全能合辙,但由"昌言无讳"与"宣诸万众之听闻"相对举,则真实地写照了一种从来没有过的士议直接震荡天下。"宣诸万众之听闻"写照了立言于报章和立言于庙堂的区别,就其历史内容而言,则一面是梁启超所说的"倡政治改革""倡教育改革""倡实业改革""倡社会改革""言革命""言暗杀",以及"争路权""争矿权""言地方自治"皆出自"少数人";[4]一面是出自少数人的思想、主张、价值、判断经报馆鼓吹而直面多数、影响多数、改变多数和牵引多数,并且在这个过程中源源不断地化为社会思潮,以及思潮催发下人世间的跌宕起伏。二千年来的中国,士居四民之首,同时士又是四民中的少数。当立言由庙堂移到报章之日,知识人仍然是少数。但报章的"宣诸万众"能够变少数人的声音为一世之强音,与此对应,便是多数人为强音所罩,都成了聆听者、接受者、应和者。于是而有少年胡适跟着报馆走的痛骂袁树

---

[1] 季羡林编:《胡适全集》第2卷,合肥:安徽教育出版社,2003年,第403—404页。
[2] 戈公振:《中国报学史》,第173、177页。
[3] 同上注。
[4] 梁启超:《饮冰室合集》第6册,《专集》之四,第157页。

勋。因此,在旧日的士林清议趋于式微之际,士议经报章而恢张,也因报章而嬗蜕,其本义已演化为代表大众、提调大众和裹挟大众的社会舆论。而与大众疏离悬隔的政治权力之所以各有陈诉,共请"报馆公鉴"和"报馆均鉴",正在于报馆能够左右舆论,舆论能够左右人心。两者之间的这种关系,真实地说明,从清末到民初,曾经同生同存的文化主体与政治主体虽因科举停置而被截成两段,其实彼此无从隔离而长在互相交集、互相纠结又互相颉颃、互相影响之中。在这种交集、纠结和颉颃、影响里,两者显然都已自为嬗递而都与过去大不相同了。

居于少数的知识人能够以其立言于报章而造就代表大众、提调大众和裹挟大众的社会舆论,是群体的知识人随开放的政府变为不开放的政府而失其立足之地,从社会中心移向社会边缘的同时,"自报章之文体行,遇事畅言"和"因印刷之进化,而传布愈易",又使知识人中最具活力和最有进取意识者能以言论文字鼓荡"万众之听闻",于古无征地再造一种长存于世间的社会重心,并以此延续了自古而来的以天下为己任。梁启超说是"舆论者,天地间最大之势力,未有能御者也"。[1]因此,以清末的《清议报》《新民丛报》《民报》到民初的《大共和报》《大中华报》《甲寅》《新青年》《新潮》《每周评论》等,大半都曾声光四播,万众注目。作为一种既广且远的支配力,声光四播和万众注目都是政府的臂力所不能及的。

然而作为知识群体的汇聚之所在,科举停置之后的"学堂布满全国"和"报馆盘踞要津",是以学堂群集于城市,报馆也群集于城市为其实际空间的。因此,报馆以言论文字再造的社会重心立足于城市;与之同一个过程的,是学堂周而复始地产出知识人,以及这些知识人一经产出便移入社会边缘的"彷徨歧途,莫知适从",[2]也周而复始地生成于城市和积聚于城市。虽说此日的知识人仍然常常被看成士

---

[1] 梁启超:《饮冰室合集》第3册,《文集》之二十五(上),第145页。
[2] 钱基博:《精忠柏石室教育文选》,第114页。

大夫,并常常自居于士大夫,[1]但在士大夫时代之后,知识人时代其实已另成一种社会景观。

民国初年,杜亚泉说,学堂产出的知识人"除政治生涯以外,不适于他种之职业",遂使其时的"政治风潮"常常因"学校教师"而"波及于学校","政治新闻"常常因"新闻记者"而"弥蔓于城市":

> 其不得职业之高等游民,贫困无聊,对于现政治负怨望,对于现社会抱不平,改革之声,一倡百和,虽以俾士麦之雄,对于大学卒业生之贫民窟,犹惴惴焉。[2]

二十年以后,黄炎培又说学堂产出的知识人"没有正当的事情做,为求生存,恐怕什么越轨的事都会做出来。个人闹乱子,社会也就不安定"。[3]这种观察和评说二十余年间延续不绝,正说明其间的因果始终常存,而不为岁月所移易。作为当日的纪实,"贫困无聊"、"怨望"、"不平"、"政治风潮"、"改革之声"和"闹乱子"里既有"末世文人,贱同丘蚁"的愁苦辛酸;也有"读书人当为并世一指导阶层"之失落的愤郁不平。因此,其滔滔然合流而起,写照的都是置身于城市之中的知识人对自己所在的这个世界不能认同,及其愁苦辛酸和愤郁不平的政治化。

然而就源头和来路而言,在历史变迁中移到了边缘的知识人,本与主持报馆而提调舆论,正以言论文字自立一种社会重心的知识人同属一类。是以杜亚泉笔下的"学校教师""新闻记者"与"不得职业之高等游民"被等而视之和统而论之,正说明了熟视已久之后,在他眼中,同属一群和同在一类之中的知识人,彼此之间的属性相去并不太远。因此,出自其间的对于城市的抵触逆反、对于社会的抵触逆反、对于当局的抵触逆反虽然大半生成于边缘人群,却能够直接进入

---

[1]《章士钊全集》第1卷,第376页;《民国经世文编》第6册,第3750、3809页;《饮冰室合集》第4册,《文集》之三十三,第71页。
[2] 田建业等选编:《杜亚泉文选》,第48页。
[3] 余子侠编:《黄炎培卷》(中国近代思想家文库),北京:中国人民大学出版社,2015年,第307页。

第三章 从合一到断裂:科举停置之后的政治和文化

报馆鼓吹,化为"政治主义"、"政治情感"、"政治新闻"和"一倡百和"的"改革之声",构成了舆论中万人注目的大题目。而后是大大小小的报纸评说时务,遂多见指斥政府的"民国官吏,新旧并进。旧官僚奴根未去,新官僚又大种奴根",以及"中国政治无清明之望,而国病亦几于不起"的深恶痛绝;又多见写照"惨苦社会"中城市贫民"终日穷手足之力,以供社会之牺牲,始赢得数十枚之铜圆"和乡间大众"以血汗滴滴之辛苦"易一年之食的穷愁无告。深恶痛绝出于愤懑,穷愁无告引发悲悯,更激烈一点的,则诉之于"社会不平,谁实平之?宇宙晦盲,谁实朗之?是不得不希望任侠之士,抱定平除强权、为社会平所〔除〕不平唯一宗旨,不惜健儿身手,实行古侠义之所为"。[1] 被指为"政治主义"和"改革之声"的呼唤,其实正是与之同源而生、同路而来的。虽说这种"宗旨"、"主义"和"之声"之间常常各成一路而彼此不在自觉应和之中,但从清末到民初,由此汇合而成的呼声不绝和回声不绝,则共性地显示了后科举时代的知识人因其与生俱来的无从伸展,已群体地不能安于斯世斯时。身在历史变迁之中,本以修已治人为当然的士嬗蜕为边缘化了的知识人;同时是身在历史变迁之中,边缘化了的知识人又能借助于前史所未曾有的报馆立言,以其"政治主义""政治情感""改革之声"发为议论文字与大众相见,往往"一言可轰全国"。[2] 由愁苦辛酸和愤郁不平至"一言可轰全国",是知识人的演变最终促成了文化主体的演变。而后是"政治主义"、"政治情感"和"改革之声"都会以其一派激越促生人心的动荡、世路的动荡和政局的动荡。

在此以前的二千多年里,士人群体曾在一个一个王朝的盛衰兴灭之间不摇不动,持久地维持了人世间的常规和秩序,并因此成为中国社会里最稳定的力量。与之相比较,显然是文化主体与政治主体断裂之后,清末民初的知识人实际上已成为中国社会里常在掀动之中,因

---

[1] 丁守和编:《辛亥革命时期期刊介绍》第4集,1986年,第114、149、610—611、230页。
[2] 《章士钊全集》第2卷,第107页。

此而最不稳定的社会力量了。而随"学堂布满全国"和"报馆盘踞要津"而来的知识人集中于城市,报馆也集中于城市,又前所未有地使那个时候的中国城市丛聚当日的矛盾、问题、异议、主张,[1]成了社会批判的中心和政治批判的中心。与之相为因果的,便是社会风潮和政治风潮起于城市,又传播于城市。

开放的政府变为不开放的政府,庙堂之内的士大夫变为庙堂之外的知识人,与这两种变化同时而见的,是作为文化主体的知识人倡说学理、倡说时务、倡说改革、倡说革命、倡说天下之公义、倡说世间的不平,在后科举时代其个体的脱散之中,这种倡说便成为其整体的存在方式和表达方式。因此,清末民初的报馆曾经汇聚了当时和后来的一时名流。举其大略而言,梁启超、章太炎、章士钊、吴稚晖、蔡元培、狄楚青、于右任、宋教仁、柳亚子、叶楚伧、戴季陶、汪东、黄侃、康有为、杨笃生、熊希龄、张元济、汪康年、黄远生、刘师培、林白水、丁佛言、王国维、杨度、马君武、居正、田桐、马叙伦、薛大可、严复、詹大悲、邵飘萍、邵力子、蒋方震、蒋智由、陈独秀、蓝公武、朱执信、廖仲恺、汪精卫、胡汉民、吴贯因、陈焕章、邓实、黄节、孟森、杜亚泉、徐佛苏、徐勤、麦孟华等,虽面目各不相同而都有过一段以笔墨立主张,并以笔墨得大名的报馆经历或与报章结缘的生涯。这是一个知识人以立言塑造报纸品格的过程,也是一个报纸的品格影响了知识人品格的过程。是以同为文化主体,而相比于旧日士人下笔立言多依傍于可以实证的历史,则此日士人之立言于报章,已常常移到以无从实证的思想为重心了。梁启超说"思想者,事实之母也。欲建造何等之事实,必先养成何等之思想";[2]又说"有新学术,然后有新道德、新政治、新技艺、新器物、有是数者,然后有新国,新世界"。[3]与之相匹配的,是"阅报愈多者,其

---

[1] 民初张东荪作《中国之社会问题》一文申论时弊,而开列的"问题"则都是城市问题。见《民国经世文编》第2册,第666页。
[2] 梁启超:《饮冰室合集》第1册,《文集》之六,第12页。
[3] 梁启超:《饮冰室合集》第2册,《文集》之十三,第1页。

人愈智，报馆愈多者，其国愈强"[1]的言之断然。这种论说和论断，既明白地显示了上一代士大夫借西法练兵制器以响应西潮而一路屡起屡仆之后，这一代知识人深信的是用思想和学理改造中国，又说明了思想改造中国是以报章传播思想为路径的。而以"欧罗巴文明，实为今日全世界一切文明之母"为这一代"有识者所同认也"，[2]则由《时务报》开先，"继轨而作者风起云涌"[3]的源源不绝，已使清末民初的二十多年里，"新学家"引入的"所谓思潮，其奔腾澎湃之势，乃亘欧洲史中上古、中古、近世之三阶级，而毕集于最短之时期"。[4] 在文化主体与朝廷越走越远的过程中，以思想和学理改造中国，与以思想和学理同政府相颉颃是同义的。而"思潮"之"奔腾澎湃"，则正反映了身入其间的知识人在数量上的越来越多，以及由此而来，并与之一路相伴的匆促和急迫。

五　舆论与知识人

这一代人相信学理和思想，然而与这种各色思想和学理在二十多年里的"毕集"不相对称的，是传播思想和学理的报纸，又常常以肆口轻言与信笔游走发为诠释引申。作为二十多年里最负盛名和最具典范性的报人，曾移来过大量"欧罗巴"思想和学理的梁启超后期自我评述说：

> 启超常称佛说，谓"未能自度，而先度人，是为菩萨发心"。故其平生著作极多，皆随有所见，随即发表，彼尝言"我读到'性本善'，则教人以'人之初'而已"。殊不思"性相近"以下尚未读

---

[1] 梁启超：《饮冰室合集》第1册，《文集》之一，第101页。
[2] 梁启超：《饮冰室合集》第1册，《文集》之九，第15页。
[3] 梁启超：《饮冰室合集》第1册，《文集》之六，第53页。
[4] 《孟森政论文集刊》下册，第1143页。

通,恐并"人之初"一句亦不能解,以此教人,安见其不为误人。

　　启超平素主张,谓须将世界学说为无限制的尽量输入。斯固然矣,然必所输入者确为该思想之本来面目,又必具条理本末,始能供国人切实研究之资,此其事非多数人专门分担不能。启超务广而荒,每一学稍涉其樊,便加论列,故其所述著,多模糊影响笼统之谈,甚者纯然错误。及其自发现而自谋矫正,则已前后矛盾矣。[1]

"未能自度,而先度人",是把自己还没有弄明白的外国道理为国人说法;而"务广而荒"则与"见理不定,屡变屡迁"[2]相为表里。因此和"前后矛盾"同样醒目的,又是外国道理各是其是的多样,以及中国人在这种多样之间的立论的多变和无从一贯。这些话以诚实的省思说明,一个促成了思潮"澎湃"的人又会在思潮"澎湃"中失其认知的自主。作为同属这个时代,并同样立意于以文字醒世的人物,章太炎后来说:"法国人有句话,说中国人种,原是从巴比伦来的。又说中国地方,本来都是苗人,后来被汉人驱逐了。以前我也颇信这句话,近来细细考证,晓得实在不然。"[3]章士钊后来说自己十年之前已"滥厕言论之席,实则奚成为言论?特深致恨于政治之不良,感情横决,急无所择之词耳"。[4]前者的"颇信"曾见之于《訄书》的《序种姓》,而这一节文字自叙其由"颇信"到"实在不然"的改变,则真实地记录了他当时一度失掉的认知的自主。后者追溯的是《苏报》时代的言之滔滔,而以当时他笔下的"意大利、匈牙利之轰轰烈烈""历史为进化之义""东西文明程度"以及"文明"与"野蛮"相对待;"自由"与"奴隶"相对待的引彼邦之空泛模糊说中国的时事为比照,则"特深致恨"和"感情横决",显然都是在引陌生的外国观念"未能自度,而先度人"的肆口诠说。与他们相比,19世纪末倡说自由的严复至

---

[1] 梁启超:《饮冰室合集》第8册,《专集》之三十四,第65页。
[2] 梁启超:《饮冰室合集》第2册,《文集》之十一,第47页。
[3] 《章太炎的白话文》,贵阳:贵州教育出版社,2001年,第97页。
[4] 《章士钊全集》第2卷,第96页。

20世纪初已以自由为大戒,[1]则又更加直白明了地表现了思想和学理传播过程中的"前后矛盾"。在这些人的背后,还有梁启超总括而论的留学生取道东洋输入的思想和学理,其"译述之业特盛",尤在规模之大所造就的数量之多:

> 定期出版之杂志不下数十种,日本每一新书出,译者动数家,新思想之输入,如火如荼矣。然皆所谓"梁启超式"的输入,无组织、无选择,本末不具、派别不明,惟以多为贵。而社会亦欢迎之,盖如久处灾区之民,草根木皮、冻雀腐鼠,罔不甘之,朵颐大嚼,其能消化与否不问,能无召病与否更不问也。[2]

以"草根木皮、冻雀腐鼠"为比方,并以"消化与否"和"召病与否"为疑虑,说的正是这种由"无组织、无选择,本末不具、派别不明"作成的"以多为贵"里,"新思想之输入"的各色各样和迷离混沌。而后,在一派朦胧之中自度度人,以"欧洲史中上古、中古、近世之三阶级,而毕集于最短之时期"构成了近代中国"外来思想之吸收"时代。与这个时代共生了二十多年的梁启超后来转入讲学生涯之日,曾经概括地评说之曰:"一时元气虽极旺盛,然而有两种大毛病,一是混杂,二是肤浅,直到现在还是一样。"[3]比较而言,"元气"是"一时"的,"两种大毛病"则是长久的。他所评说的这种"外国思想"的"混杂"和"肤浅"是在传播中生成的,因此,与之同出一源并合二为一地存在于这个时代的,正是主持了报馆,从而主持了传播的那一代知识人自身常常而有的"混杂"和"肤浅"。而就他们承当了与权力脱榫之后的文化主体而言,则他们的"混杂"和"肤浅"又映显了后科举时代文化主体的"混杂"和"肤浅"。

梁启超、章太炎、章士钊的这些自述心路曲折都说明,在经义取士的科举制度停置之后让渡出来的大片思想空间里,后科举时代的知

---

[1] 《严复集》第1册,第23、132—133页。
[2] 梁启超:《饮冰室合集》第8册,《专集》之三十四,第71页。
[3] 梁启超:《饮冰室合集》第10册,《专集》之七十五,第31页。

识人以报馆言论自立了一种社会重心的同时,又一路长在言论出于东西洋学理的步步跟从之中,并因之而与旧日的科举士人越来越不相同。所以,梅光迪在民国初年说,"中国只经过了一代人,便从极端的保守变成了极端的激进,的确令人惊叹":

> 如今在中国的教育、政治和思想领域扮演着主角的知识分子们,他们已经完全西化,对自己的精神家园缺乏起码的理解和热爱,因而在国内,他们反而成了外国人。[1]

他以自己的极而言之峭刻地说明:知识人引"外来思想"以改造中国为愿望,然而由"一代人"的岁月计其实功,则是中国犹未从深处改变,知识人自身先已大变。这种随报章传播"外来思想"而获得的"混杂"、"肤浅",以及与之相伴而生的多变、"抄袭"、"前后矛盾"和失其自主,都是知识人以立言塑造报纸的品格,同时报纸的品格又影响了知识人品格的过程中实现的。但这个过程的影响所及犹远不止此。

20世纪初年,梁启超说:上海租界、香港、澳门,"及密迩内地之南洋、日本",皆"[中国]政府之权不能及",而后是求"新知识于外界"者"复得此诸地为根据,可以大声疾呼而无所忌惮。故纠弹抨击之言,日腾于报章;恢诡畸异之论,数见于新籍。取数千年来思想界之束缚,以极短之日月而破坏之解放之,其食此诸地之赐者,不可谓不多也"。[2]他着眼的是这种"政府之权不能及"的法外之地能够提供立言的庇护,以成其"大声疾呼而无所忌惮"。而40年代瞿兑之论租界,其中举为"不可忽视"的,一是其"西洋文字学术及文化工具之传播,足以影响到中国人全体的生活思想",一是其"包庇煽惑,养成政治上的不统一现象",并由此论说前因后果,深信近代中国"敢于发空论不负责任的心理,都可以说是上海租界所养成"。[3]

---

[1] 罗岗、陈春艳编:《梅光迪文录》,第220页。
[2] 梁启超:《〈饮冰室合集〉集外文》上册,第252页。
[3] 瞿兑之著,虞云国、罗袭校订:《铢庵文存》,第100页。

他更多地看到，并引为大弊的是法外之地"包庇"之下，以言论作鼓吹者的因不受管束而无须负责。两头的各自表达立意虽然并不相同，但又都以观察之所得共同说明了知识人办报馆，其初起之日都托身于这种中国"政府之权不能及"的地方。因此梁启超眼中的"无所忌惮"，实际上是与瞿兑之意中的"不负责任"连为一体而无从分剖的。曾经主持《苏报》的章士钊，六十年之后追忆当日"伪托"电文掀动风潮的旧事，之后说：

> 此外《苏报》登载清廷严拿留学生密谕，清廷知之，曾谴责《苏报》捏造上谕，《苏报》却坚称密谕是真，从江督署借抄得来。要之，当时凡可以挑拨满、汉感情，不择手段，无所不用其极。[1]

"伪托""捏造"都是不上台面的东西，但在不立限制的租界却可以化为报章文字而向外流播。与此可以模拟的，又有梁启超主持《新民丛报》之日，曾作《辨妄广告》一文，具述"香港《中国日报》《世界公益报》等"，把另一个中国人上书"日本伯爵副岛种臣"自求"策用"的文字悬空嫁接，移到"鄙人"名下，并变副岛种臣为"日本伊藤博文"，复借此引申推演"加以种种评论"。然后以"鄙人虽知识暗陋，虽病狂丧心，亦何至作彼等言"诉说心中之愤，而斥其"嫁名以诬人"的"卑劣之手段"。[2]然而此日的受诬者当日也曾"诬人"。在此之前，梁启超曾作《灭国新法论》刊于《清议报》，说庚子辛丑之间"张之洞惧见忌于政府，乃至电乞各国，求保其两湖总督之任"。[3]但以这段记述与张之洞一生的行状作勘合排比，则既没有实证，也没有旁证，显然成了一种不真不实的编造。因此，若自张之洞一面看去，其"卑劣之手段"与梁启超心中的《中国日报》一样，应当同在一类之中。《苏报》的"伪托""捏造"，对付的是朝廷；《中国日报》的"诬人"，对付的是同属新派而政见各异者；《清议报》的

---

[1]《章士钊全集》第8卷，第206页。
[2] 梁启超：《〈饮冰室合集〉集外文》上册，第157页。
[3] 梁启超：《饮冰室合集》第1册，《文集》之六，第43页。

不真不实，对付的是疆吏中的影响朝野者。这些出自不同报刊而施之于不同对象的"无所不用其极"，正反映了"无所不用其极"在那个时候与报馆的声势动人常常相随而见。因果相及，便是以思想改造中国的论说和"敢于发空论不负责任"的肆张共生于"无所忌惮"之中，又在同一个过程里交错重叠而难分难辨。

在此之前的二千多年历史里，"修辞立其诚"曾是士人阐发议论的公共守则，作为一种出自六经的观念，立诚的本旨全在言出于己的真实和言出于己的责任相为表里。因此，报馆托身于法外之地，其"纠弹抨击"中的"恢诡畸异"和"不择手段"一面，正说明法外所提供的庇护，既已使报馆和报人脱出了中国"政府之权"的制束，也已使报馆和报人脱出了"修辞立其诚"留下的公共守则。以后来比从前，显然是与政治主体断裂了的文化主体，其自身又在历经变迁之中化其气质而大不相同。清末民初的中国，一面是知识人因科举停置而处在脱散之中，一面是主导舆论的报馆被看成是知识人整体主张和整体表达的代表。所以，由"修辞立其诚"演变为"敢于发空论不负责任"的过程虽然起端于报章文字，但世人所见，则是知识人群体形象的今时不同于往昔。而当天下鼎革，清末有过报人经历的知识人在民初已纷纷转入政界。自外观而言，便是文化主体因科举停置而断离了政治权力之后，其间的个体人物又带着不同于二千年士人守则的另一种品格而作官僚、作议员、作党人，作"浮浪政客"，[1]之后，则"不负责任"连同"无所忌惮"和"不择手段"，都会随之一同进入政界，成为时人所见于政界的"借端相构""佞人黠术""一切丧其恒信""狐埋狐搰"等。[2]更多的知识人仍然在政治权力之外，而能够一时瞩目的，则大半都是借报馆立言和借报馆立名者。遂使出自少数的形象观外而见地成了知识人的大体形象。求实而论，其时出自报章的声音并不会全属"空论"和"恢诡畸异之论"，但那个时候身在世局之中的

---

[1]《章士钊全集》第6卷，第235页。
[2]《章太炎政论选集》下册，第606、646、714页；《康有为政论集》下册，第881、1060页；《严复集》第3册，第631、672页；《孟森政论文集刊》中册，第773页。

直观所见,更容易看到的却是立言立名的各逐其利和各求一逞。

20年代中期,钱基博说:

> 有宗邸子弟,肄业大学某科,论文未着一字,而毕业得学位者;问其师则皆倬倬负人望。而问师何所为?则文化宣传也,社会运动也,杂志做稿也,好大喜功,放言高论。教室以外天下事罔不任,教室以内之学生不暇教。[1]

同一年张中致书《甲寅周刊》说,"比年以来,国之髦士,竞尚欧化,号召徒党,驰骋寰中。然而立意不诚,志在窃誉:或则剿袭陈言,自矜创见;或则稗贩异说,率夸通博",而后是所到之处的表里相背:

> 其实劳形酬酢,瞀神名利,几席未得暖,心绪未得宁。彼之于学,初未殚精力探,确有所得,而天下之名已归之矣。青年学子,见成名之易也,于是群相慕效,以埋首为耻,以驰逐为能。课室未见其影,而报章时载其文,人亦遂以奇才目之。[2]

在前一段话里,"杂志做稿"已与"文化宣传"和"社会运动"连为一串,成为知识人中力求进取而富有活力者的要务。但以"好大喜功"与"放言高论"对举作总而言之和统而言之,同时也说明,与彼时各成流派而兴衰无常的"文化宣传"和"社会运动"相因依,知识人的能事和长技仍然在以文字作鼓荡一面。而"教室以外天下事罔不任,教室以内之学生不暇教",则以"倬倬负人望"者写照世相,使人看到二十年之间,本在法外之地庇护下发生的立言与立诚断裂为两截,使后科举时代的知识人在脱出权力束缚的同时也脱出了责任束缚。继之而来的岁月里,这种断裂和脱出的递相传接和不断泛溢,形成了一个变化世间趋向而潜移人物气质的过程。"国之髦士"改变了一世风气,而后是身在风气之中,内里没有真意的"放言高论"和心中没有担当的"天下事罔不任"遂滔滔然触目而见,积之既久,便常

---

[1] 钱基博:《潜庐诗文存稿》,武汉:华中师范大学出版社,2016年,第316页。
[2] 《章士钊全集》第5卷,第254页。

常招来那个时候的记述与评说中的讥嘲和厌弃。后一段话以"报章时载其文"与"成名之易也"的相为因果,写照了本以言论自立一种社会重心的报纸杂志,其声光和声势实际上常常被借用和错用,并因之而很容易变成个体文人"志在窃誉"的快捷方式。比之"天下事罔不任"的大言炎炎,"志在窃誉"又更多了一点伧鄙猥琐,但溯其来路,则源头显然同样出自立言与立诚的断为两截。

在这些不同于旧日士人的形象背后,是二十多年之间的文字与报章结缘,既以公共性成全了知识人,也以放达自肆改变了知识人。以之前一千三百多年里科举制度拢聚士人所形成的,并因之而为士人共属的文化主体作对照,后科举时代的知识人由于没有一种可以相为依傍而彼此拢集的东西,实际上久以无从共属为常态。因此,以报馆主持舆论的方式所显现的文化主体的存在,则报馆文人在数量上的有限,已决定了舆论的公共性实际上是由少数知识人来主导的,文化主体的同一性也是由少数知识人来主导的。然而生成于同一段历史里的"敢于发空论不负责任",以及由此派生的各色恣纵自是,则自始即渗入其间,成为一种能够把主持和主导转变为操纵和操弄的东西。与之一路同来的,便一面是报刊以舆论风动天下开先河,造就了这种前史所未有的文化颉颃权力和思想震荡社会的局面;一面是二十多年之间,局中人前后歧出,彼此扞格,又使曾经的"凡阅报者之心思,盖莫不以贵报之毁誉从而毁者非之,誉者是之",因这种论说路数的是非无常和是非不真,而致受众对于论说的观感变,"心思"也变。而后是本来意在影响世人的报刊论说,其自身也会被置于评说之下,在指指点点中一变而为"不根之谈""以快私愤""攻人过恶"。[1]从清末到民初,报馆日多一日,而同时的严复说"北京诸报,实无一佳";章太炎说"古者《诗》亡而《春秋》作,务在持大体;今者《诗》亡而日报作,务在写怨憎,造言腾布,朱紫不分",是"今日报纸,皆

---

[1] 孙宝瑄:《忘山庐日记》上册,第549页;劳祖德整理:《郑孝胥日记》第2册,北京:中华书局,1993年,第1083页;荣孟源、章伯锋主编:《近代稗海》第1辑,第308页。

天师符也";辜鸿铭说"当日秦始皇所焚之书,即今日之烂报纸,始皇所坑之儒,即今日出烂报纸之主笔也";郑孝胥说《晶报》者,"矢尿并载之报也"。[1] 与这些旁观之论相比,彼时为《国报》文字所伤的熊希龄致书其报馆主笔,以"十三年前曾在长沙首创《湘报》,实为湘人办理日报之鼻祖"自述往昔,然后说:"鄙人不敏,窃有一言以规阁下,夫报馆者,国民舆论之利刃也,仁人义士持之,足卫国并以保民,若挟意气报私仇,持此以为凶器,复与独夫民贼何异!"[2] 这些人大半都曾经以文字立论而与报馆一路同行,从而大半都曾经相信报馆能够代表舆论,而舆论能够表达公意。但"实无一佳""天师符也""烂报纸""矢尿并载之报"以及"持此以为凶器",则都说明二十多年里的阅世所见,是报馆曾经为天下造时势,同时报馆自身又会随时势移易而变迁演化。是以报馆和舆论、舆论和公意之间常常名实乖离而不相对等。

然而在一个知识人立言于政府之外的时代里,立言依托于报馆,报馆也依托于立言,因此二十多年里,与这种名实不相对等同时存在于中国社会的,实际上又是报馆在左右舆论和舆论在左右公意。由此形成的矛盾和缠结成为一种限定,而后是那个时候的舆论长在潮来潮去之中,起落之间变动不居,遂使其据有的一时强音虽能耸动人心,却不易说服人心。20年代中期,章士钊说:

> 天下无真是非久矣!凡一时代激急之论,一派独擅之以为名高,因束缚驰骤人,使慑于其势,不显与对抗,一遭反诘,甚且喏嚅无敢自承。于是此一派者,气焰独张,或隐或显,垄断天下之舆论而君之。久之他派尽失其自守之域,轩豁之态,如弹簧然,一唯外力之所施者以为受。[3]

---

[1]《严复集》第3册,第624页;《章太炎政论选集》下册,第601页;马勇编:《章太炎书信集》,石家庄:河北人民出版社,2003年,第486页;辜鸿铭:《张文襄幕府纪闻》下,载雷瑨辑:《清人说荟》,第4卷;《章士钊全集》第6卷,第389页。

[2] 周秋光编:《熊希龄集》上册,长沙:湖南人民出版社,1996年,第427页。

[3]《章士钊全集》第5卷,第310—311页。

在这个过程里,后"论"与前"论"以此长彼消相为嬗递,并因相为嬗递而一种"束缚驰骤"不同于另一种"束缚驰骤",但其间"有一事相同,则持其故者,一切务为劫持。凡异议之生,不察以理而制以势"。[1]然则比之熊希龄笔下"挟意气报私仇"的小伎俩,显见得这种"一时代激急之论"由性属公论的思想和学理作支撑,所以笼罩的范围更广而牵动的程度更深。但舆论为"一派独擅"而能"束缚驰骤人",则又以一方的"制以势"和另一方的"慑于其势"说明,当日"垄断天下之舆论而君之"的声势迫人,正是在"劫持"之下的单面之理转化为独断之势的过程中造就的。章士钊在清末以文字作鼓吹,曾是声势所在的一方,至民初与时潮立异,又备尝"劫持"之下被"束缚驰骤"的滋味,其言理言势都出自阅历之所得。就彼时的文化主体本以思想和学理为撑持的骨架而言,这种理之转化为势和势之"务为劫持",正以思想和学理的失其本义,说明了文化主体倚为撑持的骨架实际上的脆弱。然而时当"不察以理而制以势"常常而见之日,又可以在那一代知识人中,见到各持一种学理而成其自信与自负者。严复于光宣之交"自拟书房联语",说是"有王者兴,必来取法;虽圣人起,不易吾言"。[2]章太炎被拘西牢之日,自谓"上天以国粹付余";并自期"五十年后"的"铜像巍巍立于云表"。[3]梁启超宣统末期身在日本,致书上海报馆"主笔诸君",言之岸然地说,"吾固自信为现在中国不可少之一人",所以"吾之能归国与否,此自关四万万人之福命"。就今日中国的时势而论,"天如不死此四万万人者,终必有令我自效之一日,若此四万万人而应堕永劫者,则吾先化为异域之灰尘,固其宜也"。但"数年以后,无论中国亡与不亡,举国行当思我耳"。[4]比之"束缚驰骤"之下的"慑于其势",这种个人的自我期许和自我恢张都表现了这个过程中文化主体气盛与神旺的一

---

[1]《章士钊全集》第5卷,第310—311页。
[2]《严复集补编》,第83页。
[3] 汤志钧编:《章太炎年谱长编》上册,第172、188页。
[4] 梁启超:《饮冰室合集》第4册,《文集》之二十七,第56页。

面，其各自意中的思想和学理之成为骨架也因之而得以一见。但身在报刊鼓荡助成了理的挟势而行，而且理的挟势而行又依理的前后代谢而常在起落不定之中，则个体的自信和自负又只能是一种有限的存在和不容易持久的存在。时逢一种"激急之论"与另一种"激急之论"此起彼落于后浪推前浪之际，则理变势亦变，于是而有"新文化"卷地而来之日，曾经久执舆论界牛耳的梁启超一变先知先觉面目，"尽附其说以自张，尤加甚焉"。对应而见的"诸少年噪曰：梁任公跟着我们跑也"，正是一种继起的自信与自负已经后来居上。作为对比，则是不肯跟着跑的严复和章太炎已被归到了"落伍"[1]之例。而后是先起的自我恢张为后来的自我恢张所淹没。

二十多年里，报馆以"向导"自居而主持一世之舆论，但知识人的各据一面之理，以及一面之理的挟势而行和前后多变，又使舆论常在不相属连之中支离破碎而无从向导。同在这个过程之中，并于此感受尤其深切的章士钊曾以吴稚晖、梁启超、陈独秀这些一生穿越了清末民初，历时长远而始终言之滔滔，以文字顾盼一世的人物为典型，描述了那个时候的知识人，同时又代表性地写照了那个时候文化主体的迷离和迷惘：

> 之三人者，各有所长，亦各有所短。以物为喻，稚晖自始闻政治以迄今兹，所领盖为游击偏师；己既绝意势位，复无何种作政纲领，惟于意之所欲击者而恣击之尔。盖如盘天之雕，志存击物，始无所不击，终乃一无所击，回旋空中，不肯即下。任公者，知更之鸟也。凡民之欲，有开必先；先之秘息，莫不知之；且凡所知，一一以行，乃致今日之我，纷纷与昨日之我战而无所于恤。独秀则不羁之马，奋力驰去，言语峻利，好为断制；性猖急不能容人，亦辄不见容于人。[2]

他刻画了这些人物的各色各样，然后说："如此等人，岂非世所谓魁异

---

[1] 钱基博：《现代中国文学史》，第478页。
[2] 同上书，第471页。

奇杰之伦？而各各所事之为无裨于国，则如十日并出之共照，无可诋谰。"而推连前后，深而论之，则"之三人者"的背后，又有一个更具广度的历史过程，"庚子而降，凡吾国魁异奇杰者之所为倡，只图倡之之时，快于心而便于口，至为之偏何在而宜补，弊何在而宜救，事前既讲之无素，事至复应之无方"，多归于"鲁莽灭裂"。作为一种知识人对于知识人的自我省思，他把自己也归入了这个过程之中，统谓之"稚晖、任公、独秀及不肖，皆试药医生"一试再试，"犹是一无办法，了无进步"。其意中的"试药"是既不知病，又不知药，以此行医济世，显然等义于不负责任。[1]因此与《苏报》以来其笔下的纵横自如相比，这种以"试药医生"为自责，无疑更多了一点怅然和茫然。

科举停置断离了文化主体与政治主体的绾结，之后是背负二千年士人传统而不能忘情于政治的文化主体以文字掀动舆论，又以舆论评判政治、覆罩政治和牵动政治，在政府之外演化为一种与政府相敌相抗的社会力量。这个过程以报馆为承载，把知识人的不能忘情于政治灌入了舆论之中，遂使舆论自始即站在权力的对面，并自始便以"激急"为自觉而融入了历史变迁和催化了历史变迁。二十多年之间，一面是舆论因进入大众而影响大众，又因影响大众而能够以公意的名义与权势相格相抵。一面是"一时代激急之论"为"一派独擅"而"垄断天下之舆论"，则被"垄断"的舆论自身又成了一种实际上的权势而不复成为道理。是以民初执教于东南大学的顾实引此以为深憾，说是吾国之人"往往自由其名，不自由其实，非政府专制，即舆论专制"。[2]舆论成为权势而被看成"专制"，显然又说明其间的公意非常稀薄。而当这个过程里的一种"激急之论"与另一种"激急之论"新旧代谢于舆论之中，已使理路多变，尺度也多变，而后是"舆论善忘，人无忌惮"[3]和"天下无真是非"。其间的公意无疑更加稀薄。舆

---

[1] 钱基博：《现代中国文学史》，第471—472页。
[2] 刘东、文韬编：《审问与明辨：晚清民国的"国学"论争》下册，第723页。
[3] 《章士钊全集》第4卷，第255页。

论之表达公意和舆论的"专制"、舆论的"善忘"共生共存于这一段历史之中,遂以其互相矛盾而成其互相反照。若与当日梁启超所说的报馆以"监督"政府和"向导"国民为"两大天职"[1]的自许和自期作对比,这种互相矛盾和互相反照显然已经别成一副面目了。

作为一种古今之变,报馆主持舆论产生于科举时代的士人转变为后科举时代知识人的过程之中,而体现的则是与政治权力断裂之后文化主体的存在和影响。"监督"和"向导"对应的正是这一面。因此,二十多年来,报馆主持舆论在一路伸展中一路又常常歧出于"监督"和"向导"之外的了无轨度,其实正反映了这一段历史中,作为文化主体之承载的知识人在一个急剧变化的社会里找不到自身的轨度:一面是科举停置之后士人群体的脱散,一面是科举停置之后士人中个体的亢激;[2]一面是后科举时代知识人聚集于城市社会而被置于边缘化,一面是后科举时代的知识人又在以报章文字掀天揭地,风动天下;一面是传入的思想和学理犹在一知半解之中,一面是这种传入的思想和学理经生吞活剥,发为论说,而自以为持之有故,言之厘然;一面是不在政治权力之中的知识人不能忘情于政治,一面是其不能忘情于政治的怀抱,又常常以敢于发空论而不负责任的方式表达出来;一面是由科举求功名之路已经断绝,一面是报章杂志的一派声势正在为个人直接造名声,间接造地位。在这种丛集的矛盾关系里,知识人既因历史变迁而越来越不同于旧日的士大夫,又因历史变迁而身在古今中西的交争之中和古今中西的断裂之中。遂使其间列身于文化主体之中的"魁异奇杰之伦",由立言于庙堂之内变为立言于庙堂之外,只能产出"盘天之雕"、"知更之鸟"和"不羁之马",以见其"始无所不击,终乃一无所击"的盲目,"今日之我,纷纷与昨日之我战而无所于恤"的多变,"狷急不能容人,亦辄不见容于人"的独断。盲目、多变、

---

[1] 梁启超:《饮冰室合集》第2册,《文集》之十一,第36页。
[2] 何刚德说:"御世之术,饵之而已。乃疏导无方,壅塞之弊,无以宣泄,其尾闾横决,至不可收拾。末季事变之纷歧,何一不因科举直接间接而起。"见何刚德:《春明梦录 客座偶谈》,《客座偶谈》卷二,第1页。

独断,及其"各各所事"的"无裨于国",正以其找不到轨度和定则,写照了这一段历史里知识人的演化和这种演化的曲折艰难。与之既相为因果,又相为表里的,是脱出了政治权力的文化主体之节节演化和演化的艰难。由此而来的,是一个漫长的过程。因此,章士钊之后二十多年,费孝通说:

> 我相信在目前的局面中,大多数的知识分子已经多少觉悟到自己对这局面无能为力的痛苦。我们似乎已被这大社会抛在冷宫里,说的话都是空的,没有人听,更不会转变局面。从客观立场看来,可以说现在中国的知识分子,尤其是学术和文化界的工作者,已失去了领导社会的能力。[1]

以章士钊所说的"无裨于国"相对照,其"失去了领导社会的能力"的叹喟仍然源自"监督"和"向导"的自觉意识,而表达的则是沮折。两相比较,以历时四十多年的岁月为观照,后者的这种整体而论后科举时代承当了文化主体的知识人,显然又更多力所不能和无足轻重的感触和内省。而知识人演化的曲折、艰难,以及其不肯忘情于以文化影响社会的心路徜徨则正因此而见。

---

[1]《费孝通文集》第5卷,北京:群言出版社,1999年,第525页。

第四章

世无规彟：
停科举与清末民初的
朝野否隔和仕途失序

一 科举停置之后社会流动之路的断绝
和民意上达之路的断绝

光绪末期朝廷停科举，则个体士人自下而上的流动已随之而止。但一千三百多年里民间之苦乐随士人的自下而上进入政府行之既久，留为历史惯性，仍然在使最后一代出自科举的士人身居言路而前后相接，力为陈说，以《请罢江苏加赋折》《征漕不得抬价病民折》《请均州县公费折》《近畿水灾恳恩发帑济赈折》《请实行储积直省仓谷以备凶荒折》《滨淮水患请派员查办筹款修浚折》《请缓解广西新案赔款疏》《请减全州平余疏》《请推广农村疏》《请清政源疏》《请罚贪墨疏》《请将内外要政逐年列表刊布折》《论禁烟事宜折》《请拨磅余以赈江北折》《极陈民情困苦请撙节财用禁止私捐折》《请严治赃吏开单汇呈乾隆历办成案折》《请免江西加征并缓办地方自治折》[1]等牵引民

---

[1]《恽毓鼎澄斋奏稿》，杭州：浙江古籍出版社，2007年，第72—74、82、103、114页；赵炳麟：《赵柏岩集》上册，桂林：广西人民出版社，2001年，第416、419、423、449、508页；赵启霖著，施明、刘志盛整理：《赵瀞园集》，长沙：湖南出版社，1992年，第11、17、22页；胡思敬：《退庐疏稿》卷一、卷二。

间困苦的题目,在一个已经没有了科举制度的时代里仍然沿着历史惯性,为一千三百多年间科举制度下的朝廷与民间的连通留下了一点没有回声的余响。而与这种没有回声的余响成为对照的,则是此日正在发生的,个体自下而上的流动因停科举的一纸诏书而止,遂使朝野之间的这种连通已无从附托,实际上不复再能延续。

停科举截断了社会的有序流动,并因之而截断了民意借流动而实现的下情上达。以儒学"民为邦本,本固邦宁"的道理相衡量,这是一种倒转。然而同一个时间里朝廷筹备立宪,引西人之学说为公理,以为经此一变,可以"实行宪法,取决公论,君民一体,呼吸相通",而作成四海之内的"官民交勉,互相匡正"。[1]虽说这种推而论之的预想无从验证,但时当除旧布新蔚为潮流之日,却自能为人心喜闻乐见而倾动一世。因此,之后的革命推翻君权而催生民国,其代议政体又同样为人喜闻乐见和倾动一世,沿着前朝筹备立宪的同一种理路而来。于是20世纪初年的中国,立宪政治便穿越了两段历史而成为一个前后串联的过程。与之对应,则是从清末见于上谕的"君民一体"到民初列入约法的"主权在民",[2]就其字面的法理而论,后科举时代不仅重民情,而且重民权。然而预想中的立宪政治一旦移入预想之外的人世间混沌万象之中,中国人引来造时势的那点一知半解的法理,已成了一种实际上不能周延的东西。

蓝公武说:"议会虽为代表国民意思之机关,然以数万万之国民,而选举数百之议员,此数百之议员,何能周知选举者之利害,而事事代表其意思?"所以代表民意的"议院之所决议者",常常又能够做出"违反国民之利害"而"大拂舆情"的事情来。[3]同样的意思,梁启超谓之"夫国会为国民代表,在法理上固无以为难也,然谓国会即

---

[1] 《清末筹备立宪档案史料》上册,第43、76页。
[2] 罗福惠、萧怡编:《居正文集》上册,武汉:华中师范大学出版社,1989年,第209页;《中华民国临时约法》。
[3] 《民国经世文编》第2册,第1089—1090页。

为民意之缩影,恰吻合而无毫发之忒,无论何国,皆所不能"。[1]而这种国会与国民之间实际上的未必吻合,正决定了国会之主张与国民之所求之间的未必对等与应和。与此前远看彼邦立宪政治的遥遥推想相比,显见得这个时候由近观中国代议制度而获得的认识已非常不同。其间要点在于:代议制度之能够施行立宪政治,其学理前提和实际过程都依托于"代表国民意思之机关"。但一旦置学理前提于实际过程之中,则"代表国民意思之机关"已非常明白地显出了其"代表国民意思"的有限性,以及与"国民意思"相逆反的可能性。

时当初立宪政之日,中国人便已尤其关注代议制度的这一面,是因为民初的代议制度最先直露于众目睽睽之下,而不能为世人所消受的正是这一面。立宪政治里的"国会为国民代表",本自于议员出自民意。但民初中国,议员的生成自始即以"假手于金钱及威力之干涉"[2]为常态,而且行之肆无忌惮。所以时人熟视之后言之忿然。陈焕章说是:"今日之议员,其不从贿赂中来者,有几人哉?既以贿赂出身,复以贿赂卖身,于是全国之中,乃尽为贿赂世界。"[3]杨善德说是:"议员当选之日,强半以金钱运动而来。以数百元而得一票,以千百元而得一票,其心理但知自私自利,遂不计及于国计民生。"[4]前者是倾力于"昌明孔教"的文人,后者是身任"松江镇守使"的武人,两头的差别非常明显,但评说议员则所见相同,所以心同理同。国会而下,又有地方议会。其时身在乡里的绅士刘大鹏旁观世相,曾引所见所闻以记述太原县和山西省因此而起的一派扰攘:"上月选举省议会议员,仍用投票法,而一切奸人宵小,莫不钻营运动,凡多钱之人皆占优胜。"然后以"多钱之人皆占优胜"为颠倒错乱而发问说:"似此选举尚能得贤才乎?"[5]与前两段文字的痛诋之所及相为印合而

---

[1] 梁启超:《饮冰室合集》第2册,《文集》之十三,第4页。
[2] 梁启超:《饮冰室合集》第4册,《文集》之三十一,第10页。
[3] 周军标点:《陈焕章文录》,长沙:岳麓书社,2015年,第64页。
[4] 《民国经世文编》第3册,第1736页。
[5] 刘大鹏:《退想斋日记》,第265页。

汇成的普遍性，指的都是这个过程里的金钱淹没民意。而同在一个过程里，金钱之"干涉"以外，还有派生于代议制度，又直接异化了代议制度的政党"威力"之"干涉"。梁启超说，立宪政治是一种"议院政治""多数政治""政党政治"：

> 夫国会何以能代表国民，以议员为国民所信任故，何以知其为所信任，以国民以自由意志公选故。是故其党得多数议员于国会者，即认为得多数信任于国民。[1]

代议制度的本义和基石，便存在于"多数""政党""议院"之间这种设定的递相串联中。然而民初的中国事随势走，以政党"得多数议员于国会"为党争之重心，则这个过程的主导和指归已变成"为扩张党势计"而施行"威力"之"干涉"以制造多数。在当日的概而论之里，遂多见操弄下的选举，"什而八九"，以及"违法"的选举"十分之六七"的概括而论，其间之大半应当都与这种出自政党而被称为"威力"的东西相为因果。与金钱"贿赂"的古已有之相比，民初中国的政党是被代议制度召唤出来的，然而政党以这种各出手段的操弄从头消解了"国民以自由意志公选"，又自内而起地使代议制度初入中国便已断掉了根基。因此，陈述了这个过程的七颠八倒和名实相歧之后，梁启超以"共和立宪之政"舍"民视民听之实"则无从"表现"为逻辑之应有，对比眼中实际之所见的"共和立宪之政"，慨而言之曰：

> 然以有党之故，而选民自由意志，乃反被束缚斫丧，则自由之敌非他，乃政党也。为欲得自由政治而设政党，以有政党，而自由政治乃不可复见。[2]

作为一个曾经先倡立宪政治的人物，这些话里既有愤然，也有错愕。

民初中国因立宪而有政党。黄远生说："无党之时，尚有是非，有

---

[1] 梁启超：《饮冰室合集》第4册，《文集》之三十一，第10页。
[2] 同上注。《民国经世文编》第8册，第5209页。

党则无是非；无党之时，尚有一致之舆论，有党则必故立异同。此盖非党之罪，乃当时本未有党，吾辈必欲傅虎以翼，指鹿为马之过耳。"[1]因此，对于中国社会来说，这种"本未有党"而无中生有的东西太过隔塞，自始即悬垂在外而与社会不相属连。"指鹿为马"的结果，便是鹿犹是鹿，马犹是马，"今日中国，政党自政党，国民自国民，各不相谋"。[2]由政党之无中生有而及议员之无中生有，黄远生说的是"议员之卖身于甲乙各党，已成公然不掩之事实"；[3]孟森说的是议员作恶，而"以民选为后盾，无黜罚之可加"。[4]后者言其外观，着眼于议员出自选举；前者言其本相，着眼于"金钱及威力之干涉"的揳入选举和摆布选举。两端着眼不同而旨义相同。于是民初的代议政治之下，在议员一面，可用之以"无事抹杀国民，有事则妄相扳引，以图自障"；[5]在大众一面，则身处这种"假民意为号召"之下，"吾民之躬罹其酷，反较专制为甚，未有控诉也"。[6]而后聚议员为"国会及一切地方议会"与政府相对待，在当日的中国，遂"不啻为蠹国殃民之官吏傅之翼"，不啻为"一虎之择肉有所未尽"又以"群狼为扈从"。与君权时代"失职溺政，尚或狼顾而惧清议之随其后"相比，"今乃得明目张胆而号于众曰：吾种种秽德罪业，皆从国民之所欲而行之者也"。[7]政党、议员、国会、政府都在引"国民"为名义，然而其间政党与国民之间的"各不相谋"、议员之"卖身"政党与"抹杀国民"，以及国会傅翼政府的"蠹国殃民"和"吾民"之深受其害而"未由控诉"，则都非常明显地表现出这些构成了立宪政治的权力恣睢肆张，对于"国民"公然的漠视和蔑视。然则与此前一千多年里借助于科举制度犹能有社会对流，以及由此而实现的下情

---

[1] 黄远庸：《远生遗著》上册，卷一，第52页。
[2] 《〈饮冰室合集〉集外文》中册，第574页。
[3] 黄远庸：《远生遗著》下册，卷三，第154页。
[4] 《孟森政论文集刊》中册，第742页。
[5] 《章士钊全集》第4卷，第222页。
[6] 《民国经世文编》第1册，第329页。
[7] 梁启超：《饮冰室合集》第3册，《文集》之二十三，第55页。

上达相对比,显然是立宪名义下的"民权"政治笼罩所及,其实已全无民情与民意可见:

> 国体既定,则争功攘利者盈途,窃位素餐者载道,而议论风起,造作党会者,亦得游手而饱食。独吾伤痍满目,困苦无告之国民,惨为天僇之奴才。临时政府成立以来,政府之教令,议会之法律,报馆之呼号而不平,或为大总统之私,或为政府之私,或为官僚之私,或为党会之私,或为豪强雄杰奸商著猾之私,固有丝毫分厘为民生社会请命者乎?此无他,以其为奴隶非平民也。[1]

辛亥年间的鼎革以共和立宪之名造就了一个古所未有的权力世界,但这些文字记实地说明,占人口多数的"无告之国民"其实与这个世界离得很远。严复在清末作《政治讲义》,说是"立宪义法固繁,而语其大纲,要不过参用民权而已;不过使国中人民,于政府所为之事,皆觉痛痒相关而已"。[2]他显然相信,比之旧日朝野之间的流动,立宪政体之下的民意将能更主动地进入政府和更直接地影响政事。但时至民国初年,世间的景象轻易打碎了其预想中的"痛痒相关",而以此通观前后,则原本相信的东西已变为痛恶的东西:"宣统年间之号呼立宪,辛壬之际,逼取共和",俱是"一时假道,于国利民福,毫不相谋",致今日人在其中,"群然苦之"。[3]他所信为立宪要义的是"国中之人民",则他所恶于"一时假道",正是痛恨其"假道"而得,从本性上与"国中之人民"的异己和隔截。就政治权力的人物构成和人物选择而言,在一千三百多年来科举制度长久地维持了公平性、公开性、公共性之后,这是一个公平性、公开性、公共性被"议院政治""政党政治"急速摧锄的过程。

民初中国的政党、议员、国会、政府都以国民为名义。而梁启超说的是以国民为名义之下,"自由"民意"乃不可复见";严复说的是

---

[1] 黄远庸:《远生遗著》上册,卷一,第3—4页。
[2] 《严复集》第5册,第1268页。
[3] 《严复集》第3册,第713、715页。

以国民为名义之下，一世之人俱"群然苦之"；更多时论说的是以国民为名义之下，国民越见"困苦无告"。这种名实之间的截然背反，正反映了学来的代议制度虽然五官齐全而且声势兼备，但作为一种政体，则不仅是质地夹生的，而且是面目模糊的。辛壬之后的政党、议员、国会，以及与之连为一体的政府，都是借彼邦的学理而从外国人的历史和社会中直接搬过来的，所以，由此形成的国家权力，对于中国社会而言，便成了一种悬空而不能着地的权力。而后是权力与社会之间既无从对应，也无从勾连。由这种上下之间的否塞不通返视前朝的光宣之交，则最后一代科举士人在王气黯然之日犹前后相接地呈诉民情之困苦的事实，正以其起于民间而入仕途所实现的自下而上，与民意因此而得自下而上的同一，说明了社会能够有序流动和社会缺失有序流动的不相同。

20世纪初年，科举促成的社会流动随科举停置而止。之后，共和立宪重造了国体和政体，但共和立宪并没有再造出旧日曾有的社会流动。因果相连，则是没有了社会流动的国体和政体虽然都以"民治"自相标张，其实民间世界里的人自始便走不进这种国体和政体所构成的权力空间之中。康有为说：

> 未有政党之前，凡国之才贤，皆可以任政；既有政党之后，则文学之士，虽有魁硕，止任教习，于政无与焉。[1]

然后评论说：

> 夫以道德文学之人，皆不得任政，而政党惟金钱势力乃得焉。[2]

他不肯认同共和立宪，但陈述的则是当时目中所见的实际情状。就立宪政治以政党政治为重心而言，则由政党政治而及这种"国之才贤"的"于政无与焉"，正以其时的社会没有流动反衬了其时政治权

---

[1]《康有为政论集》下册，第899页。
[2] 同上注。

力实际上的封闭。然则中西之间的相比而不可比,正在于欧西的代议政治以政党政治为骨架,体现的是政治由不开放而开放。但中国的代议政治相对于科举制度下的社会流动而言,则是政治由开放变成了不开放。

作为一个历史过程,朝廷停科举之日,局中的论说和局外的论说曾起而呼应,都主张"非学生不为要路之官"和非出自"学界"(学堂)不能入"政界"。[1]被视为期望之所在的"学堂"便因这种设定的独据"要路"和"政界",而成了一种堵挡社会流动的上下悬隔。所以同一个时间里章太炎在一封信里说"足下又云:学校虽劣,犹愈于科举"是"直不喻今世中国之情耳":

> 今学校为朝廷所设,利禄之途,使人苟偷,何学术之望?且主干学校者,既在官吏,关节盈箧,膏粱之家,终在上第,窭人或不得望其门。此为使学术日衰,乃不逮科举时也。[2]

之后言之怅然地说:"自今以往,上品将无寒门,"[3]已见到学校有如九品中正,而国家权力遂不再开放。以此比彼,显然是他所引为深忧的这一面并不能进入前者的视野之中和论说之中。两头的区别在于章太炎眼中仍有历史,而力主取官于学堂者的眼中已见不到历史。一千三百多年来,以"怀牒自投"为起点的科举制度又尤重"甄擢寒畯"。其间的立意,自一面而言,是"寒畯"出自下层,而下层远离朝廷;"甄擢"以个体为对象,而个体与民情相毗连。自另一面而言,是世间有贫富贵贱之分,则"寒畯"出头更难,因此,"甄擢"之所及,同时又是在社会流动的过程中自觉地扩张其横向的广度和纵向的深度。由此形成的是一段与20世纪相去不远的漫长历史。章太炎并

---

[1] 庄建平编:《近代史资料文库》第7卷,第558页;《清末筹备立宪档案史料》下册,第980页。
[2] 《章太炎书信集》,第165—166页。
[3] 同上注。

不喜欢科举，但又更不喜欢"今学校"。而举"膏粱之家，终在上第，婺人或不得望其门"为学校"不逮科举"，并一路推及国家权力的"上品将无寒门"，则作为一个熟识历史的学人，其意中引为直接对比的，正是这种科举制度下曾经有过的"甄擢寒畯"，以及由"甄擢寒畯"实际促成的下层移近朝廷和朝廷移近民意。因此，以"婺人"与"寒门"为说，指的都是"今学校"的隔绝下层和远离民情，其心中的关注在此，其不相信学校也在此。

然而时当"比年以来，明诏兴学，天下向风"，[1]则掀动所及，是"非学生不为要路之官"和非出自"学界"（学堂）不能入"政界"的主张更醒目，并因其更能代表"向风"之所趋而张扬一时。这种主张由停置科举衍生，而以"要路之官"和直入"政界"为主题，着意于重造国家权力的主体和调度权力主体的构成，又渊源有自地延展了停置科举的内在逻辑。但这是一种没有历史意识的逻辑。比之科举时代的士人本其民间性而成其社会性，则此日"学生"和"学界"的自成一种空间而自相群聚类分，其实是与大众的区隔相为表里的。[2]因此，这种逻辑之没有历史意识，正在于其"非学生不为要路之官"的惟此独尊，眼中之所见俱在科举取士"萃一国之聪明才知，悉心以事帖括无用之学"[3]的不合时宜，却看不到帖括之外，科举取士由"怀牒自投"而"甄擢寒畯"，着意的都是国家权力之自觉地趋近民间世界和接纳民间世界。一千三百多年里，帖括影响了中国的读书人；科举取士又影响和塑成了国家权力与民本、民生的对应和榫接。两者都是与科举相连的真实历史，但在20世纪初年的"明诏兴学，天下向风"之下，显然是风过草偃，后一面历史内容已经被这个"明诏"之下的过程淹没掉了。随之是"要路"和"政界"与民本、民生、民情、民意日去日远。而以共和立宪为名义的政党、议员、国会、政府正是在这种日去日远中继起于中国，并与之沿同一种走向汇入了同一个历史

---

〔1〕《清末筹备立宪档案史料》下册，第961页。
〔2〕 钱穆：《国史新论》，第277—278页；钱穆：《中国学术思想史论丛》第9册，第34页。
〔3〕《钱基博集：序跋合编》，武汉：华中师范大学出版社，2014年，第280页。

过程之中。

辛亥年武昌革命犹未勃然而起之日,梁启超说:

> 不见夫咨议局之初复选举,而放弃选举权者所在多有乎?不见夫选举之际,而弊端屡见告乎?不见夫议决法案,往往不满人望,甚且有以庇赌徇盗贻笑邻邦者乎?不见夫所议决者,什九为行政官所压抑,不生效力,而无道以自卫乎?不见夫各级自治,筹备有年,而成效一无可睹,且常缘此而酿祸乱乎?不见夫以区区调查户口之故,而扰攘日有所闻乎?不见夫私立公司,什九无成绩之可见乎?不见夫教育事业,近数年间,反日形退步乎?[1]

他所罗举的"咨议局"及其"初复选举""法案"及其"议决",连同地方"自治""调查户口""私立公司""教育事业"等,皆立旨于"采列邦之良规"以收"富国强兵之效",[2]并汇为其时朝廷着力展布的要务。但出现在这个过程里的"放弃选举权者所在多有"和"缘此而酿祸乱"、"扰攘日有所闻",则以随之而起和自发而起的抵牾扞格,既表达了民间社会因这种被称为"列邦之良规"的东西而厄苦,又说明了民间社会的厄苦之无从上达天听。"祸乱"和"扰攘"的此起彼落和自起自落,正反映了民间社会的不宁已不在官家的关注之中,从而不在官家的因应之中。

二千多年以前,"滕文公问为国,孟子曰:民事不可缓也"。[3]说的是民事为国事之本,并且民事之外更无国事。由此留下的是一种深度影响了此后中国漫长历史的对于君权的警戒和提撕。《元史·许有壬传》说:"[泰定元年]京畿饥,有壬请赈之。同列让曰:'子言固善,其如亏国何!'有壬曰:'不然。民,本也,不亏民,顾岂亏国邪!'卒白于丞相,发粮四十万斛济之,民赖以活者甚众。"[4]元代不

---

[1] 梁启超:《〈饮冰室合集〉集外文》中册,第562页。
[2] 《清末筹备立宪档案史料》上册,第2、67页。
[3] 焦循:《孟子正义》上册,第332页。
[4] 《元史》第14册,北京:中华书局,1976年,第4200页。

尚文治，但这一段加载了历史记述的对话，以及由此而得的"民赖以活者甚众"正使人看到，"民事不可缓也"仍然是那个时候的大道理。虽说二千多年里南北东西之间有上下交困，有民情憔悴，而不尚文治的元代，其丞相犹不敢逸出道理之外而冒天下之大不韪，又具体地说明，对于治国的君臣而言，这种以民事为主干的道理内在于历史文化之中，始终笼罩着国家权力，而不为朝代兴替所隔断。所以，引此为比较，则清末最后一段历史里，因社会流动随科举停置而止，已使这种"采列邦之良规"在朝野相睽和上下隔绝之中实际上成了一种天下之大不韪。

迨革命推翻君权重造乾坤，随后是共和改变了国体和政体。然而推翻了君权的革命依然循行于"采列邦之良规"的同一种理路之中。一个美国历史学家后来叙述其间的取向，说是主导革命的人物"集中精力注目操心的事情，是国家的现代化和复兴"，而"极少关心中国农村贫困的问题"。[1] 然则对比而论，其"注目操心的事情"与前一段历史相似，其"极少关心"的事情也与前一段历史相似。两个过程之间的这种彼此相敌而又彼此相似，正说明被革命分成两段的历史，其实同在一场急剧的社会变迁之中，并同为这种变迁的时代内容所规定和限定。由此生成的共性不会随鼎革而断裂，所以，民初的代议政治虽然不同于晚清的君主政治，而其实际路径，却沿接了清末最后一段时日里开始的那个别开生面于二千多年历史之外的过程。随后是外来的"良规"犹且一派夹生，还没有内在化，便已汇入了国家制度之中；而作为除旧布新的实际结果，起于旧朝的社会流动随科举制度停置而止，以及与之同步而来的朝野相睽和上下隔绝，则在政党、议员、国会、政府的编连之中成了一种固结化和体制化了的东西。这个过程既在以"列邦之良规"改变中国，也在使"列邦之良规"变得面目可憎。曾经深信代议政治依傍民权的严复、梁启超、黄远生、孟森

---

[1] 韦慕庭著，杨慎之译：《孙中山：壮志未酬的爱国者》，广州：中山大学出版社，1986年，第18页。

一反其曾经之所信而痛诋代议政治之"抹杀"民本、民生、民情、民意,其间的因果全在于此。

二　麻木不仁:清末民初的国家权力和民间社会

民初的国家权力出自立宪政治,但历史中国国家权力的自上而下与民间要求自下而上的两头相维,既已随科举停置一时俱断,则摆脱了两头相维的政治权力自为伸张,在立宪政治名目之下又很容易反立宪地成为一种脱空的权力、独断的权力和被"金钱及威力"所左右的权力。这种矛盾生成于清末,又在后一段历史演化为民初政治的大困。

由于民意不能自下而上,则政府居高临下,其直面相对的民间社会便很容易被看成一种被动的对象,一种可以由国家权力自上而下地摆布的对象。清末筹备立宪,廷议计其利害得失,曾以"立宪之国家,其人民皆有纳税、当兵之义务,以此二义务,易一参政之权利。君主得彼之二义务,则权利可以发展;国民得此一权利,则国家思想可以养成"动君主之心。[1]是以清代立宪犹不得不权衡"权利"与"义务"两头,但时至民初中国,虽同样以立宪为名义,则"义务"之归于人民已无须以"权利"为交易。而时当天下本已多兵,又无须再以当兵为义务,则"义务"之重心已全在"纳税"。1913年陈诜作《吾所告于当道者》说:

今之主张加税者,谓东西各国,其租税之重,视我数倍或数十倍。今即多取之,较彼犹轻,不为厉。顾吾闻法家者言,租税性质,殆为国家一种保险费,必国家能捍卫人民,生息乐利,臻于富

---

[1]《清末筹备立宪档案史料》上册,第30页。

庶，乃取偿焉。民出资以输国，国因资以保民，相需相助，相为维系。今吾国何如乎？入其境焉，田野不辟，污莱不除，农辍于野，商困于市，工疲于肆，士荒于校，凡所以福民利国之事，百不一举；而惟知以头会箕敛，掊克剥削为事。集全国之游资，假行政之名义，以供一二朝市宵小党人朋比营利之挥霍，亦神人之所共愤已。民业既悴，税源亦竭，锥刀之末，何所争之？[1]

主持国家权力的"当道者"提调天下，注目处俱在"租税"之"多取"，而眼中不见民间社会的困苦憔悴，并因不见民间社会的困苦憔悴而肆无忌惮，不愧不怍，以"加税"与重税为事所应有和理无窒碍，其实际结果，便是政党、议员、国会、政府俯视之下的"增税纳捐为新国民应尽之义务"四面伸展和无孔不入，遂成了普天之下的民生之巨痛。

二千多年的中国历史里也有民生之痛，但同样存在于历史之中的，又是当时人说的旧时中国"每数百年或数十年经一度革命以后，开国承家，圣君贤相，必首为蠲免之举"，积久相沿，已成"数千年来遗传习惯"。[2]论其本义，"蠲免"便是哀民生和恤民生，哀和恤都是一种自上而下的感应和回应。而以此"数千年来遗传习惯"比此日"当道者"的"惟知以头会箕敛，掊克剥削为事"，则区别正在于后者对民生之痛的全无感应。由于全无感应，所以"租税"之所重尤在于"旧税有可整顿者，竭力整顿之；新税有可扩充者，竭力扩充之"，[3]以织成一张天罗地网。也由于全无感应，此日又已比"数千年来"更多了一重"东西各国"范式。所以旧法之外，还有新法引来的"国民捐""强迫公债"一类名目，而皆总归于"勒索贫民"。[4]之后是中央的"当道者"和地方的"当道者"各以权力所及，以行其法内攫取和法外劫取，年复一年，了无止境。一则记述陈说民国的前二十年里

---

[1]《民国经世文编》第5册，第2922页。
[2] 同上注。
[3] 同上书，第2996页。
[4] 同上书，第2988、3090页。

行之于四川地方社会的捐税,于"无从计算"之中聊"举其一些名目"曰:

> 统捐、烟酒税、关税附加、中资捐、学务捐、护商费、押租税、典当捐、矿区税、烟窝捐、租稳捐、冬防费、枪弹费、月捐、户口捐、年猪捐、牙捐、斗捐、酒桶捐、验契税、马路捐、瘾民捐、红灯捐、席筵捐、清乡费、警捐、糖捐、纸税、米税、盐税附加、船捐、免役费、票捐、煤铁税、盐户灶捐、卷烟税、煤油特税、印花税、北伐费、市政费、灯油捐、门牌捐、落地捐、毛血捐、秤捐、磅头捐、百货捐[1]

等等。[2] 每一类名目都关乎民间的生计,因此每一类名目的背后都是民间所受的勒剥。另一种出自山西的记述以清末的"闾阎之庶,莫不困穷"而有"日不聊生之势",以此对照"维新之人一意加捐,以期政治之维新",愤而诘问"其亦念及民困否耶"?至民初的1914年,则继"维新之人"而起者又后来居上,出手更加无情,"民困未苏而加捐加税层出不穷",并"勒令民出内国公债,吾晋派一百五十万元,吾邑派二万一千元,近三、二日差役四出,持票拿人,应允者释放,抗违者拘留"。身在重征之下,已是"民之脂膏剥之殆尽矣"。但"剥之殆尽"犹非止境,两年之后举目四顾,所见又是乡间之愁苦更甚于昔日:

---

[1] 庄建平编:《近代史资料文库》第2卷,第482页。
[2] 另一则记述说广东地方社会的捐税,其名目又更见细密:"汕头市郊有猪只捐、女子出阁捐、牛只捐、鹅母捐、番薯捐、青菜捐、丁口捐等之征收。普宁有猪厘捐、糖寮捐、祠堂捐、戏厘捐、嫁女捐、糖沫捐、牛头捐、攔搥捐等之征收。中山有游联队费、联团费、民团费、保卫团费、捕费、附看费、沙骨费、沙夫费、果木费、鸭部费、疯人口费、旧式农会费、中小学附加费等之征收。新会有游击队费、碉楼费、民团费、联团保安费、船卡费(内分上中下三卡)、联航保安队费、勇费、商轮稽所费、团警教练所附加费等之征收。惠阳有牛捐、屠杀牛捐、屠猪捐、花生捐、生油捐、谷捐、米薯捐、盐斤捐、梅菜捐、豆麵捐、米麦捐、生菜捐、糖出口捐、杉木捐、房捐、蚕茧捐、驳艇捐、黄豆捐等之征收。吴川有牛只捐、蒜捐、蒜串捐、麻捐、壳捐等之征收。番禺沙河一带,有过路捐之征收,宝安有人头税之征收,韶关有菓谷捐之征收。诸如此类,不胜枚举。"见章有义编:《中国近代农业史资料》第2辑,北京:生活·读书·新知三联书店,1957年,第584—585页。

民国二三年间，因禁罂粟，大受蹂躏，盗匪乘机抢掠，害民特甚。然较今催征员之敲索，则民视昔盗贼横行为安乐时代也。悲夫！"盗匪如梳，官吏如篦"，今日之通行语言矣。民国三年，地方虽患盗，然至年底，犹可乘债过年，利率亦不昂贵，至去年阴历十二月，利率倍于寻常，亦苦告贷无门，小康之家，金银多为官吏吸去，民处重负之下，方呻吟之不暇。〔1〕

前一种记述罗举名目，总体地写照了其时捐税的密度和广度；后一种记述以其切近的直观，写照了纳税为国民之义务以来，捐税名义和捐税数目不受制束的节节膨胀，以及"小民"在重重勒逼之下的"受无穷之害，而呼吁无门"。〔2〕以两者所说为当日之纪实，则"呼吁无门"与"差役四出，持票拿人"的对映而见，正具体地显示了下情无从上达的时代里，民间社会和国家权力近在咫尺而两相隔绝的程度。

由于两相隔绝，"催征"之下近在咫尺的国家权力，其实又常常是远在天边的东西。20年代中期，章士钊说：

夫昨年水灾，地域之广，难民之众，灾情之惨，自来所希闻也。而幸免之人，熟视无睹。将伯之呼莫应，同情之泪不挥。军阀也者，争城夺地如故；官阀也者，恒舞酣歌如故；学阀也者，甚嚣尘上如故。上海《密勒评论》（一月二日号）有 Impey 者，论次其事，且及前代防潦工事之差完，四方捐输之弥急。有一语曰："中国博施济众之精神，近三十年，已不存矣。"〔3〕

他举灾年中国上下之间的不相问闻为触目伤心，并概而论之，引出一派哀愤交集。在他之前，另有一段出自乡村社会的记述，说天灾之下的上下不相闻问，所见更加切近，因此更多哀愤交集：

吾邑一百余村庄而被水灾者九十余村，其灾尤甚，田庐毁者

---

〔1〕 刘大鹏：《退想斋日记》，第170、196—198、226页。
〔2〕 同上注。
〔3〕 《章士钊全集》第6卷，第55页。

四五十村，人民浮水啼号，无人拯救。知事视之无睹，议会议员均属聋聩，直同傀儡，未曾呈报灾情。而知事让严法追比钱粮于水淹之日，议会亦不闻问。[1]

前者以"军阀也者，争城夺地如故；官阀也者，恒舞酣歌如故"与"难民之众，灾情之惨"相对举；后者以"知事视之无睹，议会议员均属聋聩"与"人民浮水啼号，无人拯救"相对举，就"军阀""官阀""知事""议员"之各自盘踞于国家权力之中，并实际构成了国家权力的主体而言，两者所陈说的都是那个时候国家与社会之间的疏离，以及国家对于社会的异己化。而自旁观的西人看去，则以"三十年"为前后对比，疏离与异己化皆反照了此日中国之不同于旧日中国的古今异变和等而下之。

二千多年以来，小农经济的中国常常面对天灾，并常常困于天灾。而后是下情犹能上达之日，国家权力不得不回应天灾。宋人说地方官员曰："岁获大有，家用平康，不惟民之幸，实令之幸。一罹灾歉，何事不生？若流离，若剽夺，若死者相枕藉，啼饥连阡陌，岂非令之责哉？"因此，"其有水火挺灾，人民离散者，当禀白州郡，借贷钱米。人各以若干米给之，若干钱贷之，使之整理室庐，兴复生业。不赡则咨目遍白不被害上户，量物力借贷，并与贷给齐民"。[2]清人说中央政府曰："圣天子痌瘝民瘼，每遇偏灾，发仓赈济，借巢蠲粮，动辄数十百万。"[3]赈济因天灾而起，与实际历史相比照，其泽被苍生未必都能雨露俱沾而人人受惠，但这种因天灾而起的赈济成为一个自上而下的过程，又真实地说明了那个时候的国家与社会之间还能维持一种恒常的属连，从而国家权力之抵挡"灾歉"以苏民困，在那个时候犹被置于天理国法人情所应有之中。因此，西人评说"中国博施济众之精神"的四十年之前，晋豫亢旱，"被灾至广"，而上下"储积皆空"。[4]

---

[1] 刘大鹏：《退想斋日记》，第186页。
[2] 李元弼等著，闫建飞等点校：《宋代官箴书五种》，北京：中华书局，2019年，第189页。
[3] 李文海、夏明方编：《中国荒政全书》第2辑，北京古籍出版社，2004年，卷一，第667页。
[4] 李文海等：《近代中国灾荒纪年》，长沙：湖南教育出版社，1990年，第371—372页。

朝廷罗掘俱穷于度支竭蹶之日，先移"海防经费"赈灾；又诏令东南十余省"协济"山西、河南，"俾资赈需"；[1]继之，复在"捐输已停"之后重开捐例以集资赈济。[2]虽说这些都可直观地归之于"圣天子疴瘝民瘼"，但影响了"圣天子"，并直接促成了帝王因"民瘼"而"疴瘝"的，则是这个过程里出自地方和起于言路，源源不断地把"道殣相望"和"残喘呼救"引入庙堂的奏议。[3]在奏议的背后，则是成群从民间走出来的科举士人。而同属这个群体又身当赈务、扶辑灾黎的地方官，便成了国家权力的代表，其一身交集于责任和劳瘁两头之间，当日谓之"官、民皆同辙涸之鱼"。[4]以山西一省"统府、厅、州、县各班，本仅二百余人，自遭灾后"更"继以大疫"，致"饥病相侵"之下，其中"不数月间病故者，正佐教职已逾百二十余员，多半殁于差次"[5]为事实，正可以大约地看到，地方社会中的官与民在灾年被卷入旋涡的相牵相系和官民共命。然则相隔不过四十年，而同为天灾所困，由"官、民皆同辙涸之鱼"和赈灾的地方官一个个"殁于差次"，到"军阀""官阀""知事""议员"冷看众生愁苦哀鸣而"视之无睹"，前后之间已显然不同，其内里和深处，则是四十年之间国家权力的主体已经不同。与形成和维持于政府开放和自下而上流动之中的权力主体相比，旧时本有的"四方捐输"和"博施济众"今"已不存"，致西人举"三十年"为时段作今昔之比，正以其局外旁观发为感叹，说明没有了政府开放和社会流动的权力主体不能感知"民瘼"，所以不会"疴瘝民瘼"。

在科举制度促成社会流动的时代里，"朝为田舍郎，暮登天子堂"，常见士人起于乡里而入仕途，因此农村虽属底层，却长在朝廷的观照之中而并不隔塞。但社会流动随科举停置而止，同时是"采列

---

[1] 朱寿朋编：《光绪朝东华录》第4册，第（总）572页。
[2] 梁小进编：《曾国荃全集》第1册，长沙：岳麓书社，2006年，第497页。
[3] 朱寿朋编：《光绪朝东华录》第1册，第（总）453、541页。
[4] 《曾国荃全集》第3册，第492页。
[5] 同上书，第571、582页。

邦之良规"催发的大幅度变迁,已使城乡之间的轻重由大幅度倾斜而演变为两头脱节。《容庵弟子记》说辛丑之后袁世凯驻节天津管北洋,"重谋建设,气象焕然一新,阛阓骈阗,街衢修治,一以文明各国都市规模为法,开全国进化之先基,论维新者,莫不奉天津为臬臲焉",[1]代表性地说明了城市之成为新政中的要目和重地。与之对相应的,是清末十年新政里公司起于城市,新军驻于城市,学堂兴于城市,咨议局开府于城市。其互相交集,已使城市居于天下重心。然而辛亥革命后六年,美国人甘露德(Rodney Gilbert)以其切近的观察概论当时中国的城乡关系说:

> 一切公用事业的改进措施、卫生设施、警察管理,以及诸如此类的支出,都来自农村的土地税和特殊的国家税收,甚或是公众的捐款。农村负担着城市的绝大部分费用,城市管理着农村的事务。

然后评论说:"这种制度下之不公平是任何一个中国人在得知外国的制度之前所看不出来的。为维持学校、街道、警察力量和公共建筑,更不用说为维持政府各个机关,城外的农民要承担费用,而那些碰巧住在城里的人,则将这些受益看做是很自然的事。"[2]由此"农村负担着城市的绝大部分费用,城市管理着农村的事务"所造成的两头偏畸,是自清末新政开始的,而其笔下着力表达的"不公平",则说的是时至民国,这种农村相对于城市的沉降在更加明显地深化和固结化。农村的沉降,正反映了社会流动随科举停置而止的时代里,农村比城市离政治权力更远,因此农村更被政治权力漠视。

在二千多年的历史中国,文化养成于农村,国赋取之于农村,人口之多数生息于农村,是以传统政治以安天下和安苍生为本,重心都在农村。而一千三百多年科举制度促成社会流动,其间产生的"白屋公卿",主体都出自农村社会。迨科举停置,士人起田间而入仕途之路绝,则农村社会以其各自散落的存在状态,已无由进入清末民初

---

[1] 中国史学会主编:《北洋军阀》第4册,第59页。
[2] 莫理循:《清末民初政情内幕》下册,第625页。

的政治之中而成其关注之所在。随后是农村相比而见的沉降不仅在于"农村负担着城市的绝大部分费用,城市管理着农村的事务",而且在于"从农村出来的读书人不肯回到农村去,弄到每个村都出现经济与精神破产底现象"。[1]比之科举制度下社会的流动,是读书人起自农村社会又归于农村社会,则这种"读书人不肯回到农村去",既使农村社会没有了为自己立言的代表,又使地方社会没有了主持礼俗以维持乡里自为治理的群体。对于身在乡里、以力田耕作自活的万千人来说,这种沉降的过程便是生存状态的整体恶化和不断恶化。当时人说:

> "农家破产"四个字是现在之新名词,谓农家颓败不得保守其产也。当此之时,民穷财尽达于极点,农业不振,生路将绝,即欲破产而无人购产,农困可谓甚矣。[2]

在没有了自下而上流动的社会里,"农家破产""农业不振""民穷财尽达于极点"既是一种重困多数中国人的普遍的存在,又是一种上下隔绝而乡间与官家不在一个世界之中的存在。因此"破产""不振""民穷财尽"之下,一面是无告的小农苦于"生计日蹙、田租日贵",因"贫者益贫"而"积债累身",因"衣食断难维持",而"典田鬻子""卖妻""溺女";[3]一面是无告的小农因其困苦莫由上达,既被迫出离于农业生产过程之外,又被迫出离于社会秩序之外,在自发和盲目中一路横决地演变为孙中山所说的"良好之农民,化而为强暴之兵匪"。[4]其时的记述中,便屡见广东雷州"失业的人数,竟至四十余万,几占全人口百分之四十以上,当土匪的人数,竟至三万";湘西、湖南"农民多半入伍为兵,或竟流而为匪";湘滇线云贵段附近各县"昔之雇农,今多迫为土匪";四川西北"为冻馁所迫之饥民,

---

[1] 高巍选辑:《许地山文集》下册,北京:新华出版社,1998年,第706页。
[2] 刘大鹏:《退想斋日记》,第477页。
[3] 章有义编:《中国近代农业史资料》第2辑,第428、433、436、477、626页。
[4] 《孙中山全集》第9卷,第167页。

加入土匪群中，日甚一日"；江苏铜山"农民流而为匪者极多，徐州一带所以成了著名之匪区"；东三省农民"入山为匪"，而时至"匪势猖獗起来，官厅又来招抚他们入伍。你招一旅，我抚一师"，之后"因子月不得一饷"，又会"不得不再去为匪"；[1]等等。当日袁世凯在文告中曾说"凡驻兵之区，逃兵在所不免，一经流落，与匪为伍。又，兵之亲族，往省而无资回籍者，及报效而不得入伍者，皆易流而匪"，之后又以"生匪之路甚多"为总结，以概括民国初年的世情。[2]

这种"生匪之路甚多"，源头显然都在农村，而由此形成的各自群起，正成为一种遍及南北东西之间的社会现象。就其因果而言，本属"良好之农民"的底层人口在民初中国的为兵为匪，其起端和由来都在"农家破产"，而所图和所求则都是眼前之衣食，所以，兵与匪虽然以相互敌对为自古而然，但对于那个时候的农民来说两者已并无区别，在当日的记述和评论中，两者也已并无区别。20年代中期，舒新城论湖南的兵与匪说："人民之良善者，鉴于兵祸之无法救治，转走消极的路子；顽黠者见有强权者之能侥幸一时，即从而效军人之所为：或直接投作军士，或间接依傍军人。"然而与军人之强权相比，土匪的强权往往既悍且戾，驾而上之：

> 军人可以欺乡人，土匪可以制军人——此为湘西实情。溆浦边陲安江有匪，某师驻溆之兵，不敢开驻该处，师长亦无如之何。则更投土匪（湘军称为"反水"）以制军人——土匪常结队劫军队枪械——但无论军人、土匪，均以鱼肉乡民、扰乱社会为目的。[3]

这是一个以强权为共性、兵匪合而为一的过程。比之"良好之农民"为兵为匪以谋衣食的因果显然，他的话又更深一层地说明，在社会自下而上的有序流动停歇之后，底层小农为困苦所逼而化为兵匪，从而由四民之内移到了四民之外，就这个过程中的一种身份变为另一种

---

[1] 章有义编：《中国近代农业史资料》第2辑，第648—649页。
[2] 《民国经世文编》第4册，第2487页。
[3] 吕达、刘立德编：《舒新城教育论著选》上册，第496页。

身份而言，其实同样是在作社会流动。昔日自下而上的有序流动曾成为下情上达的路径，与之相对照，这种不在官家臂力所及范围之内的横向社会流动，则既是无序的，又是发生于政府之外，并与政府相格相抗为当然的。因此从自下而上的有序社会流动变为一路横移的无序社会流动，其起于自发、盲目而走向横决和"强暴"的生生不息，既已一时俱见于南北东西的民间社会，而实际反映的，则正是那个时候上下隔绝之间的一种各自一逞的民意表达。各自一逞并不能算是自觉的表达，但却以真实的表达和事实的表达，既反照了民间之"冤苦莫诉，较之前清末季"的"万万有加"，[1]又说明了持有国家权力的政府因其没有了流动的开放，已成了一种没有社会基础的政府。

在农村之外，同一个时间里聚合于城市之中的新知识人、报章杂志、社团组合、思想潮流、社会运动，以及舆论滔滔、横议杂出，也在上下隔绝之间表达其心目中的是非善恶，与执政的当道一方立异。这些都是历史中国所未曾有过的社会力量，以此为主干，城市成了政治批判和社会批判的中心和重地。作为对比，农村没有新的社会力量，因此"良好之农民，化而为强暴之兵匪"，就其多数而言，虽是身在这一段历史变迁的因果之中而不由自主，但其沿自发、盲目入于"鱼肉乡民、扰乱社会"，则是己身受这个世界之困苦的同时，又在为这个世界再造困苦。

三　选官没有制度而后仕路没有公意

社会流动随科举停置而止，既改变了政府与社会的关系，也改变了官场秩序和吏治守则。

---

[1]《章士钊全集》第3卷，第254页。

一千三百多年里，朝廷主持科举取士，就其广涉天下读书人的历时弥久、伸展弥远而言，科举取士的应召而来和源源不绝，又是在民间社会的普遍认同、主动应和与力为支撑中实现的。而与读书人"寒士居多"[1]相对称的，既有书院的"膏火补助"，[2]又有地方"公益基金"补贴的"赶考的旅费"。[3]在这种出自地方的资助之外，还有来自宗族的奖励和接济。光绪年间的一种族规言之周详地说：

> 幼童初入学，给贺钱一千文。应考，给贺钱二千文。进学，给贺钱五千文。乡试，给川费十千文。会试，给川费三十千文。中举、中贡，给贺钱二十千文。中进士，给贺钱三十千文。鼎甲及第倍贺。出仕则每年计俸所入，捐其二成，充入祠中公项。捐纳入官者不给贺钱。[4]

书院的"膏火补助"生计、地方"公益基金"的补贴赴试路费，以及宗族的奖励接济，对象都是读书应试的士人，因此，"补助""补贴"奖励接济之自然而起，已直接反映了民间社会对于科举制度的信从和拥护。19世纪中叶的一个西方传教士曾概述其直观所见，说是"对于科举制度的任何严重背离，总要引起人民对犯有过失的地方官的强烈不满"。[5]他所看到的这种"强烈不满"，正从反面写照了信从和拥护在那个时候达到的深度和广度。一千三百多年里，科举制度以"怀牒自投"和"以试为选"昭示了朝廷对于士人的公意；又以"分区定额

---

[1] 昭梿编:《啸亭杂录》，第343页。
[2] 杨联陞:《中国语文札记》，第104页。何炳棣说：晚清的"一个小书院能发给学生的奖学金可能只有十名或十多名，但大多数书院能给学生的奖学金可能有四十或四十多名"，而广东更多，"平均约八十名"，见何炳棣:《明清社会史论》，第253页。若以一种历史记述所估计的"十九世纪末有书院两千多处"（费正清、刘广京:《剑桥中国晚清史》下册，北京：中国社会科学出版社，1985年，第630页，注释77）作比照，则具见其在科举停置之前这种"补助"所曾达到的规模。
[3] 何炳棣:《明清社会史论》，第253页。
[4] 庄建平编:《近代史资料文库》第10卷，第99页。
[5] 转引自芮玛丽著，房德邻等译:《同治中兴：中国保守主义的最后抵抗（1862—1874）》，北京：中国社会科学出版社，2002年，第175页。

制度，使全国各地优秀人才，永远得平均参加政府"[1]昭示了朝廷对于地方的公意。则溯其因果，民间社会对于科举制度的信从和拥护，信从和拥护的便是这种公意。而后是以公意回应公意，试士和取士的过程始终在万众注目之下。出榜之日，辄群议四起各作评论褒贬，而一时之公议遂因之而出，其间一旦有"士论哗然"，又常常会上达天听而掀动风波。[2]因此，朝廷主持科举取士，但民间社会的四面围观和一路相随，实际上正说明这个过程在唐宋之后变得越来越公共化了。

积一千三百多年之久，科举选官所体现的这种公意已融入了社会历史，化为人心中的天经地义。是以废科举于一千三百多年之后，则一千三百多年之所积，便自然地成了一种常在的比照。当日朝旨"立停科举"，而仕路仍在"捐例未止，保案尚多"[3]之中，这种显而易见的公意已灭而私意留存，便自始已明白地显示了后科举时代与科举时代的不同。都察院里的刘汝骥说：

> 科举停矣，然束发受书，垂老委贽，何其迂也，则得保者捷。京察保一等，大计保卓异，天恩也，而出自私室；汉员保都统，文员保总兵，异数也，而望若终南。爱我畏我，趑趄嗫嚅，谋保而来也；谄人骄人，眉飞色舞，得保而去也。[4]

之后，又有久作史官的恽毓鼎在一封信里说京师情况，尤指目于邮传部尚书陈璧：

> 渠到邮部，部中之缺皆有定价，凡路电差使无不鬻者，虽闽人[陈璧本闽人]不免。有一书记生，最承宠任，全知其始末。去冬忽发脾气，将其人斥革。其人大怒，遂将买缺买差各数目及借洋款

---

[1] 钱穆：《国史新论》，第278页。
[2] 徐凌霄、徐一士：《凌霄一士随笔》第3册，第955、958页；平步青：《霞外捃屑》上，第30页。
[3] 朱寿朋编：《光绪朝东华录》第5册，第（总）5468、5488页。
[4] 同上书，第（总）5471页。

扣头,详开一单呈监国。[1]

而"璧便衣偷入署中,至庶务处与其心腹三四人关门改造账目,凡三日夜而后成",迨"调取案卷,全非本来面目矣"。[2] 刘汝骥引为不平的,是科举停置之后保举的廓然大张,以及与这种廓然大张俱来的保举一途了无遮拦的私人化。恽毓鼎极尽描画的,是科举停置之后,本由户部提调的捐纳一经演化派生,已变成大吏"鬻官"的私家生意。与陈璧同类而时间更早的,还有《泰晤士报》驻京记者莫理循说唐绍仪:"在海关或铁路或邮传部里的空缺,只要能捞到手的都安插了自己的亲属或姻亲,或是他的广东同乡。他在邮传部任职期间任命的四百个人中,有三百五十个是他安插进来的。"[3] 以其数量之多相推度,"安插"所对应的大半是保举与鬻官兼而有之。由中国人的记述和外国人的记述,所见俱是没有了科举制度的"以试为选"之后,那个时候官场出入的没有制限和职官授受的全无法度。而时逢清末以筹备立宪为要务,"人人皆言变法,自军政、财政、学政,莫不有新设之局司"。由此催生出来的各色"新衙门",又促成了这种应时而生的没有制限和全无法度与之相附相生,随之弥漫而了无际涯:

> 自总署改外部,商部、警部、学部接踵而兴,用人行政本无轨辙之可循,移文提取动辄数十百万,指名奏调动辄数十百人,奔走小吏夤缘辐辏于公卿之门,投其意向所趋,高者擢丞参,次者补郎员,人不能责其徇私。[4]

之后是辛壬之际的鼎革重造国体,同时重造了衙门:

> 当革命初起之时,各种机关破坏几尽,诚有如论者所言矣。然革命以后,更张增设,机关之多,实倍于往昔。譬如有国务院矣,而大总统府复特设诸机关,以与国务院中之诸机关相对立;有农工

---

[1] 庄建平编:《近代史资料文库》第1卷,第40页。
[2] 同上注。
[3] 莫理循:《清末民初政情内幕》上册,第496页。
[4] 《严复集》第4册,第1205页;荣孟源、章伯锋主编:《近代稗海》第1辑,第267页。

商部足矣，而复特设一空无所事之农林部以与［农］工商部相对立；此外如铁路全权，如铁路总公司，如各项顾问，则皆因人而设机关者。若更就各省之行政机关观之，则所谓何司何科，又多至不可胜数。[1]

与这些"机关之多，实倍于往昔"同时产生的，还有民初"各部司员，半经伟人荐拔"的官僚群体，以及当时人统观官僚群体，而统谓之"仕路混淆，吏才消乏"[2]的总而言之和蔑乎视之。以民初比清末，则"仕路混淆"说的仍然是官场出入的没有制限，而"吏才消乏"说的仍然是职官授受的全无法度。清末与民初的衙门机关与人物，遂因之而成了前后相承，可以同归于一类之中的东西。

就历史时序而论，先起于这个过程而为一世所指目的，大半是从外国学堂和中国学堂里走出来的新知识人。1913年春，莫理循在一封信里概述中国的政情，其中一段说：

> 将在参议院和众议院（都在四月份开会）占有席位的议员中有相当一部分是有贺长雄以前的学生。现在，确切地说有多少议员是受过日本训练的，还为时过早。据有贺长雄估计，在日本高等院校念过书的，肯定每五个人中至少有两个。一张曾在日本受过教育的中国中央和省级官吏、国会、省参议会议员的名单，会使你大吃一惊。[3]

以共和为国体，代议为政体，则政府之外有国会，官吏之外有议员，清末的官界遂演化为民初的政界。作为一个外国人，莫理循引为讶异的是，与留学欧美归来的人相比，其眼中所见政界之中"在日本受过教育"者数量之多得异乎寻常。20年代，梁启超追述范源濂在清末先倡"速成师范""速成政法"，说是："他是为新思想普及起见，要想不必学外国语言文字，而得有相当的学识，于是在日本特开师范、政

---

[1]《民国经世文编》第6册，第3682页。
[2]《民国经世文编》第4册，第2478、2623页。
[3] 莫理循：《清末民初政情内幕》下册，第102页。

法两种速成班,最长者二年,最短者六个月毕业。当时趋者若鹜,前后人数以万计。这些人多半年已长大,而且旧学略有根底,所以毕业后最形活动,辛亥革命成功之速,这些人与有力焉。而近十年来,教育界政治界的权力,实大半在这班人手里。"然后以皮里阳秋的笔法对"这班人"一言以蔽之曰"成绩如何,不用我说了"。[1]这两种记述的主体都是同一群人,莫理循看到的是清末的留日学生在民初成群结队地进入政界,梁启超说的是这种成群结队而来者的来路和质地。合而论之,则对于这些"受过日本训练"而"最形活动"的人来说,是旧朝与民国的前后绾连之中,前者的官场没有了门禁,遂使后者的政界可以蜂拥而入。其间的失衡和失常便成了西人旁观的"大吃一惊"。

当初迎合停科举,遂有"非学生不为要路之官"的主张。而以"近十年来,教育界政治界的权力,实大半在这班人手里"相比较,是"要路之官"已归学生。然而就知识和"成绩"而论,则臆想中非常对称的"要路之官"与学生,实际上并不匹配。所以同在这个历史过程里的严复说:"国家于初毕业学生,无论如何优秀,皆不肯即畀重权,常令从最下级做起,此西洋日本所历用之成法也。惟吾国不然,往往于出洋之人,以为新派,视同至宝,立畀重权,故多失败。"虽然他也是"出洋之人",但以"故多失败"为清末以来熟见的事实而发为论说,其主旨则在于证明:没有了"以试为选"立为门禁,政界遂可以"即畀重权"于"出洋之人",但结果则大半是"孔子所谓'贼夫人之子'",[2]而致政事随之七颠八倒。梁启超说的是新人物产出的粗制滥造,严复说的是新人物正在进入官场,而官场已没有了规矩,并因没有了规矩而无从以才具器识作分辨。总体而论,在他们眼中,这些人显然犹不如以试为选产出的人物。自19世纪末期以来,他们都曾经自趋于变法和开新,而这个时候则以其眼中所见的"新

---

[1] 梁启超:《饮冰室合集》第10册,《专集》之七十五,第30—31页。
[2] 《严复集》第3册,第661页。

派"蓬蓬然茁长于政界之中为不能以常理常识相衡量。显见得二十多年之间的推陈出新越走越远,已使先起的新人物不能认识后来的新人物了。从清末"非学生不为要路之官"到民初"出洋之人"的"视同至宝",这个过程中应时而起的,居多是日本留学生,又居多出自于"最长者二年,最短者六个月"的"速成",相比科举制度下的"以试为选",显然是在以径情直遂而成其鱼跃龙门。由此形成的新人物和旧人物的代谢打破成法,初旨是在为统称"学生"的新知识人广开入仕之门。但成法既破之后,官场的出入既已失其制限,则径情直遂便成了一种可以延颈以望的企想。而事可延颈以望,其实已非新知识人所能独占独有。因此,由新知识人开先路的这种官场变迁,遂骎骎乎演为各逐其利的五光十色。1915年,梁启超说:

> 科举废而留学生考试代兴,光宣之交,各种新式考试杂然并陈,其导人以作官之兴者至浓。鼎革之交,万流骈进,其间中央政府、地方政府交叠频数,而大小官吏之旅进旅退,岁且数度。重以各地秩序未复,群盗满山,村落殆不可居,人民轻去其乡,冀就食于都市,他既无所得食,则惟官是望。而留学生于外学成而归者,卒业于本国各种学校者,岁亦以万数千计,其惟一自活之道,则亦曰官。坐此诸因,故官市之供给品,其量乃抱之不竭。[1]

隋唐以来的一千三百多年里,以试为选的科举制度与读书做官相重合,曾被非议为"干禄之具"。[2] 但科举停置不过十年,此日已是想要做官的人更多,并且正在越来越多,而其干禄之岌迫和凌乱又尤过于旧时的以试为选:

> 居京师稍久,试以冷眼观察社会情状,则有一事最足令人瞿然惊者,曰求官之人之多是也。以余所闻,居城厢内外旅馆者恒十数

---

〔1〕 梁启超:《饮冰室合集》第4册,《文集》之三十三,第46页。
〔2〕 蒋伊:《进呈经说:周礼地官至德以为道本,敏德以为行本,孝德以知逆恶》,载贺长龄、魏源:《皇朝经世文编》卷十,治体四政本下。

万,其什之八九皆为求官来也。而其住各会馆及寄食于亲友家者,数且相当。京师既若是矣,各省亦莫不然,大抵以全国计之,其现在日费精神以谋得官者,恐不下数百万人。问其皇皇求官之故,为作官荣耶?为作官乐耶?皆不然,盖大率皆舍作官外更无道以得衣食,质言之,则凡以谋生而已。[1]

这些数目未必具有十足的精确性,但由当时人描画当时的世相,其直接获得的感知无疑是真实的。

以此对比从前,所见到的是"畴昔科举,限以额数,下第者只伤时命,末由干进,久之亦惟求他途以自活"。[2]而人心止乎只伤时命,末有干进,盖在于科举制度下的读书做官实现于以考试定取去,对于个人来说,惟读书始可做官;对于国家来说,官员须出自读书人,而后合两面为一体,则及第便是资格。"末由干进"正写照了资格面对人人而一体同视的不移不摇。《雨窗消意录》曾描述科举制度下场屋中人的良莠不齐说:"小试文谬怪百出,多可喷饭。有引用'昧昧我思之'误作'妹妹'者";"又有'事父母'题文,其承题曰:'夫父母者何物也?'";"又有'鸡'字题文者,中比曰:'其为黑鸡耶?其为白鸡耶?其为不黑不白之鸡耶?'";"对比曰:'其为公鸡耶?其为母鸡耶?其为不公不母之鸡耶?'"[3]所见都是没有头脑和了无意义。小试取的是生员(秀才),而"谬怪百出,多可喷饭",正说明想做生员的人里有不少并不配做生员。以科举的阶梯而论,小试之后有乡试,乡试之后有会试。同光两朝翁同龢屡掌文衡,先主持乡试,后主持会试,其日记中则屡见"一卷福建,一卷广西,而雷同不易一字";"阅二十二本",中有"雷同三卷";"昨日大磨勘,磨勘出第二名查某与第十八名王振铢第三艺雷同";"查落卷,忽见一卷与九房房首雷同",即"易之",等等,间或还有"佳卷不满百。有极不通者,

---

[1] 梁启超:《饮冰室合集》第4册,《文集》之三十三,第45页。
[2] 同上书,第46页。
[3] 朱克敬:《儒林琐记 雨窗消意录》,第95页。

谁云粤东多好手"和"竟日阅二场,无惬意者"的评而论之。[1]然则以乡试和会试中频频而见的"雷同"和"极不通者"、"无惬意者"为考官衡文的科场纪实,又说明想做举人和进士的人里有不少并不配做举人和进士。一千三百多年里,这是一种常态。因此,累积而计,像这样不能明理,才地未济,已急急乎自置于读书做官之途以求取功名的人会有成千上万。而其间的大半之所以未能进入功名社会,则正是资格成为一种拦截,把他们挡在了门外。在这个过程里,以资格定取去,本义在于持同一种尺度衡量每一个人。有此尺度,遂使世间的人之不同,各如其面,都被共置于恒定的规矩之下。而后是资格等同规矩,恒定便是罩定。由此筑成的仕途秩序以公道造就安分,便同时又成了人心中的秩序。所以,西人入华,李提摩太称进士,李佳白（Gilbert Reid）称孝廉,[2]皆意在以彼邦的资格折合为中国的资格,期能对应地进入中国人内心的秩序之中。而时至20世纪初年,仕途的秩序已脱其旧轨而在节节瓦解之中,但人心中的秩序仍然是一种固结的存在。因此,心中的秩序便自然地会反照和颉颃正在分崩离析中的现实秩序。

　　清末先倡国会而民国自居遗老的康有为说:"往者乡、会有试,备历艰难,然后得一第;郎曹累级,几历年劳,而后得一阶,故士自重而人知敬焉。"迨"废弃资格,则人人有非分之想;不用考试,则当官多没字之碑",而后"其得官也易,其超拔也易,故无自重之心,无自爱之意。其视吏道也,等于商贾,人民亦不重之,且多笑之"。他说的是没有资格,则官界既轻且贱。[3]而曾经深信立宪政治而后来又深恶立宪政治的章士钊说:"夫计能授职,本吾古训。特自稗贩外说,创行宪政,以资格为不便,视树党为天经,夸诞为其本能,奔竞乃得美仕。于是一无所知之辈,崇朝而无所不知;一无所能之夫,转

---

[1]《翁同龢日记》第1册,第194—195、226页;第2册,第803页;第5册,第2462、2517页。
[2] 李天纲编校:《万国公报文选》,第586页。
[3]《康有为政论集》下册,第907页。

瞬而无所不能。"[1]他说的是没有资格,则官界良莠淆乱。在他们之后,以法学为专门之学出入于民国司法界的杜保祺说,"吾国自鼎革以还,模仿欧美政制,先后制定法律。治法悉备,而民困未苏",皆由"行法不得其人之故,因是利民之法,变为病民",遂致"民遂不聊生矣"。[2]就官制以资格为内核而言,他说的是因没有资格而无从得人,则治法俱备,官界犹不能治天下,只能乱天下。

康有为由"往者"起讲,章士钊由"古训"起讲,杜保祺由通论"治法悉备"而"行法不得其人"起讲,都是在以过去评判当下。虽说鼎革改变了国体和政体,但过去的政府由官僚制度构成,当下的政府也由官僚制度构成,所以过去需要选官,当下也需要选官。其间的不同在于,官僚制度与科举制度相为依傍之日,科举主持选官,本质上是制度主持选官。资格由制度而生,并始终与制度相连,因此资格能够以天下为范围,面对人人而成为公共的尺度。选官之促成社会流动和选官之造就权力开放,都是在这种制度、天下与人人的串结之间实现的。以此为比较,则停科举之后,"夤缘辐辏于公卿之门",与"非学生不为要路之官"和"速成"成为仕途快捷方式相互交集,遂使此日官僚制度犹在,但选官制度则已经没有了。而后清末造因,民初结果,自内涵而言,没有了制度的选官便产生不出以公意为本义的尺度和资格;自外延而言,没有了制度的选官便不复能以天下为范围和人人为对象。因此,"废弃资格"和"官无定制",写照的都是由制度选人变为以人选人,从而是一千三百多年来的选官于四面八方,变为"鼎革以还"的选官于咫尺之间,遂使人在其中,便在咫尺之中。

1913年,梁启超出任熊希龄内阁的司法部部长,曾作《政府大政方针宣言书》以布告主张,其间举"共和以来,破弃资格,凡得官者,长官延揽什而一二,奔竞自荐什而八九,人怀侥幸,流品猥

---

[1]《章士钊全集》第4卷,第174页。
[2] 孙玉声、杜保祺:《退醒庐笔记 健庐随笔》,太原:山西古籍出版社,1995年,第235页。

芜"[1]为举世共见的大病。但同一个时间里他致书康有为,说是"弟子一面须荐用万木人才,一面须荐用进步人才,数月来所荐用者亦不为少矣"。而"人人皆抱非分之想,以相要求,要求不遂,立即反唇,窃意此等言论,闻于左右者,不知凡几,愿吾师"以此中苦衷"信谅弟子,或可稍免于罪戾耳"。[2]他所说的"万木人才"是指当初康有为开万木草堂讲学拢集起来的人物,"进步人才"是指此日以进步党立名汇聚起来的人物。对于早年出自万木草堂,其时又正在主导进步党的梁启超来说,他们都是旧雨新知,因此都在咫尺之内。然则他自述"荐用"这些人"亦不为少",显示的正是其以"荐用"为一手调度,而运用之妙存乎一心,实际上已与他所谓憎恶的"破弃资格"而"延揽""奔走"同归于一路之中了。而举此陈情于康有为之前,以乞"吾师"之"信谅",则同时说明,作为老师的康有为正寄望于梁启超之"荐用"同门,而且因所望太过殷切而意不能足。若与他痛诋"废弃资格"的论说相对比,则这种着力"荐用"门生故旧的筹谋和行事,显然也与之两相扞格,同样不能算是知行合一。他们都经历过选官须循资格的时代,时至此日,又都在一个但见奔竞而没有资格可依的时代里,所以,他们一面以痛诋表达内心的憎恶,一面是眼界越不出咫尺之间,则手段越不出这种被憎恶而痛诋之的路数。其调度于官界之内和官界之外的自相抵牾,正非常明显地使人看到,选官的资格和资格的公意因科举制度而生,又随科举制度而去。因此,时至清末民初,面对一种不再有选官制度可以依傍的官僚制度,由痛诋"破弃资格""废弃资格"而申说理之应然,其实表达的不过是意中之愿想。旧日的道理已没有了根基而无从责实,是以身在清末造因民初结果的过程里,便是身在理之应然不能敌势之实然的无序之中。而后,以无序应对无序遂成了那个时候官场的常态。

---

[1] 梁启超:《饮冰室合集》第4册,《文集》之二十九,第120页。
[2] 丁文江等:《梁启超年谱长编》,第680—681页。

四 世事悖惑：不开放的政府与无从限勒的"人尽可官"在20世纪初年互相共存和彼此映照

康有为与梁启超的知行不能合一，以其自相扞格抵牾，代表性地表现了其时指斥政界的知识人在理之应然不能敌势之实然之日的不得不然。而时当以无序应对无序，更多的人出入乎无序之中而内里并没有一点自我扞格抵牾。

1928年孟森说，"洎乎共和十余年，政治之与职业相远，乃更甚于清代。盖官治之法度尽扫，而职业政治之意义，领会者无人"，当此"青黄不接之时机"，一面是自下而生的以"贪昧虚荣之心"各出手段"猎官"；一面是居上而驭的高下随心，"一凭主者之爱幸"。上下之间的这种彼此同出于一个过程的相应相和，正概要地描画了以无序应对无序的含义和本相。由此直接促成的，则是"全国之公职，有缺额者，无不什百倍其人数以相争，而无缺额者又可任意安插，以造成无业之业。饭碗只有此数，争者恒什百倍之"。[1] 显见得以无序应对无序，同时又是在以无序催生无序。就"什百倍其人数"相争，而以"主者之爱幸"为取舍言其胜负之数，则"猎官"而能够先人得利者，大半都出自"主者"指掌所及的范围之内。《健庐随笔》一书以当时人记当时事，其中一节说：

> 李某督直时，天津县署某科长之车夫，自言为李表弟。某察之信，乃为置装见李母。李母召李谓之曰："而表弟一寒至此，尔其善为之计。"李问所欲，车夫曰："向挽街车时，受警察殴辱，甚欲得此，一酬夙志。"李斥其自轻，乃委充某县知事。车夫目不识丁，遂请某科长助理，此一怪事也。不图无独有偶，又有理发匠充知事之异闻。余友高君任东明知事九年，每理发，悉由署前某待诏任之，未几该匠他去。数年后，有持前湖南某县知事之名片来谒者，

---

[1]《孟森政论文集刊》中册，第774、773页。

见之,则为他去已久之某待诏也。[1]

在见惯一千三百多年来以读书人为主体的文官政治之后,眼看着车夫和理发匠转身之间已变成了地方官,其诧为"异闻"正因对比太过分明而来。所以,"异闻"之"异",着眼处显然在人物之品类的今昔大殊,全然不同,以及其时职官和品类之间的不相对称常常而有。因此,其笔下既多讥嘲,又多不平。与这种就人物的轮廓作大略的叙述相比,另一则当时人说当时事,则实录历史中的情节和细节,为其时广西因"主者之爱幸"而得官的群类描画了一种具体的面目,以见"怪事"和"异闻"又常常会唤出的人性中的黑暗:

> 陆[荣廷]、谭[浩明]专政,任用私人,创千古之奇闻。其身旁之马弁、差官、教小儿女之塾师,看祖坟风水之堪与[舆]先生,修祖祠之司事,赔[陪]打麻将输钱过多之赔[陪]客等,均委县知事或统税局长。其中任县知事者,既不懂政治法令,也不懂行政手续,只知睡倒要钱,县政之糟糕可以想象。民国五年(1916)昭平县知事陶某,是陆荣廷公馆的教读先生,以昭平县相酬,到任百事不理,只知扒钱。一日见有挑几桶饭走过,问知为囚犯口粮,陶某不知囚粮已是司法经费开支,以为要他掏腰包。次日提出监犯一半计三十余人,喝令拿出枪毙。地方绅士闻知前往阻拦已来不及。[2]

"教读先生"本以能够断文识字而不同于车夫、"理发匠"之辈,但"陶某"既由夤缘得官,则其内里的质地和外在的属类都已同归于"主者之爱幸"一群,而与读书明理那一路自相隔绝。之后是没有理的制束,权力便成了一种恶。与之并列并举的"马弁、差官"之类虽名目各异,其实大半与他同属一类,都是由本供役使奔走,习为谄上骄下那一路出而做官治民的。相比而言,这一类人在彼时官界更易茁

---

[1] 孙玉声、杜保祺:《退醒庐笔记 健庐随笔》,第195页。
[2] 全国政协文史委员会:《文史资料存稿选编(晚清北洋[上])》,北京:中国文史出版社,1990年,第228—229页。

长，因此，其手中的权力之用为"扒钱"和作恶也更易为世人所共见。一则时论称之为"许多掌握权力的马弁、强盗"；[1]另一则时论称之为"生当其间，马弁、小舅子、奴才、亡八皆与士人分百里之寄，为士人者，以口腹之累，不能不降志辱身以与相周旋。甚且摹仿马弁、小舅子、奴才、亡八之伎俩以争位置。则今日之所谓吏道，马弁道、小舅子道、奴才道、亡八道而已"；[2]又一则时论称之为"若行政界流品之杂，匪可言状，牛溲马勃，兼收并容，一人成佛，鸡犬升天"。并引申而论说："往研货币学，有所谓格里森法则，Gresham's Law 谓良劣两种货币，同时流行市场，则劣币必伸张势力，驱逐良币，至净尽而后已。达尔文优胜劣败之公例，于此不适用也。巘观今日中国行政界之现象，实酷似之。"[3]而后是由"流品之杂"而及权力之恶，严复概括为"吏之作奸，如猬毛起，民方狼顾，有朝不及夕之忧"。[4]这些记述和论说交集于民初的政界众生相，注目的都是没有了资格之后的官场因品类变而致吏道变，最终搅动人间，俱成生民之忧。

所见于当时人笔下的车夫、理发匠、马弁、副官、教读塾师、风水先生、修祖祠之司事、小舅子、奴才、亡八，以及比类于"牛溲马勃"的流品之居于下等者，纷纷然腾达而起，以白丁得官，从治于人的一方变成了治人的一方，由此形成的"流品之杂"与倏起倏落和贵贱无常相为表里，自外观而言，其间的个体显然也在流动之中。与农村社会中的人口为生计所迫而逸出生产过程，逸出社会秩序，以"良好之农民，化而为强暴之兵匪"形成的无序流动相比，这一类官场景象是另一种无序流动。造成了这种流动的"主者之爱幸"和"鸡犬"随"一人"而"升天"正说明，在公意随资格的"破弃"而澌灭殆尽之日，这种个体的流动大半都出于私意，又成于私意。相比于此前一千三百多年里科举制度下，开放的政府促成于社会的上下对流，同

---

[1] 梁启超：《饮冰室合集》第12册，《专集》之一百三，第9页。
[2] 《孟森政论文集刊》中册，第776页。
[3] 转引自《章士钊全集》第5卷，第561页。引文中的"巘"是法学家郁巘致章士钊的自称。
[4] 《严复集》第2册，第351页。

时社会的上下对流又维持了政府长久开放的相为依傍,则这个时候的个体流动,既生成于一个不开放的政府之下,又流动于一个不开放的政府之下,两者都决定了这种咫尺之间的上下移动并不足以构成社会流动。而后是中国社会曾经的上下对流,变成了以远近亲疏分范围的横流和乱流。前者的历史内容在于,因开放而有对流,所以对流能够助成政府与社会的绾连;后者的历史内容在于,因不开放而有横流,所以横流所至,便是私意私利所至。由此形成的分化组合遂但见依附和被依附,既无从与社会相绾连,也无从为社会所认同。顾维钧后来说,1923年他"就任摄政内阁的外交总长",曾反对为"筹集总统选举经费"而把"向日本借的参战借款利息转入本金内"。随后归属于直系"保定派"的交通总长吴毓麟与之私下作深谈说:"他能够理解为什么我反对承认借款,因为我已经说明了自己的观点。然而从他的观点来看,这个问题很重要,直接关系到曹锟是否能当选总统。"然后言之更加直白:

> 少川,因为你在国内、国外受过教育,并且已经建立了你现在的声望,无论哪个派系当权,都会邀请你参加政府工作。但对我来说,情况就不同了。如果曹三爷[曹锟]下台,我们就要失业。

"所以他希望我能够理解他们的个人处境。他还强调他不仅仅为他自己说话",同时也"代表"了所有其他的人。这是一种合群的游说和劝说。相比于车夫、理发匠、马弁、小舅子之类的作"县知事"、作"统税局长",交通总长已是高高在上的大官。但就其官场生涯随"曹三爷"的荣枯为荣枯而言,又说明交通总长和县知事、统税局长之类一样,命门都在"主者之爱幸"。因此,出自于"主者"与附从之间以私意感应私意,遂有吴毓麟对于顾维钧的这一段表达,其要旨全在为曹锟筹"总统选举经费"。但以"承认借款"为财路,同时被他们的合群筹划所淹没掉的,正是国家的权利和"舆论的强烈反对"。[1]

---

[1] 中国社会科学院近代史研究所编:《顾维钧回忆录》第1册,北京:中华书局,1983年,第264—265页。

这种身任国家政事，而持一群一己之利害为权衡的操弄政事，并且言之侃侃而了无愧色的人物和理路，非常具体地演示了以私意私利选官，则天下遂无公义的事实，以及这种事实在那个时候的起源和由来。时人统谓之"不知脸面为何物"，[1]则具见当日以官场品类为一世共同的关注，其关注所及的品类淆乱，不仅在于官场中人出身的鄙陋猥琐，尤其在于官场中人立身行事肆无忌惮的放滥恣横。所以，民初人引旧时"部务皆有成例，尚待欲以己意相高下，曹郎得引例争之。曹郎欲出入轻重于其间，胥吏援例以请，亦不能强辞辨也。其处理未协者，虽奏闻请旨，疆臣辄拒不受"[2]的规矩笼罩，用意大半不在叙旧，而在映照当下。若以这种官与官之间无从逾越本分的互相制约和各守定则相比较，则吴毓麟的这种借私谈密议作游说，无所忌惮地挪移公私之界，而行之娴熟自如，正以一种非常具体的方式典型地自为昭示，既使人看到了民初"行政界"与旧时体制对照而见的混乱，也使人看到了民初"行政界"的法度荡然和其时官场中人之放滥恣横的因果相连和因果循环。对比今昔，显然是立于条文的法度要能够成为共同恪守的规矩和定则，实际上不能没有个体内在德性的维系。而清末民初以来，中国选官不由资格而以"主者之爱幸"为准尺，准尺之下，所见俱是支撑个体德性的"宦场风习"节节"流失败坏，视十年前更一落千丈"，[3]以及"今之出而仕者，非痞棍恶徒即无廉无耻之辈"[4]都说明，在一个推倒了"试验官吏之法"[5]的时代里，"流品之杂"应之而起，其个体的类同"牛溲马勃"，已大幅度地改变了曾是"宦场"守则的"风习"与"廉耻"，遂使曾经的法度因为没有了德性维系而成了漠然置之的东西，不复再被当作共守的公义，从而不复再能规范20世纪初期中国以另一种人物品类为主体的政治过程。而后

---

[1]《孟森政论文集刊》中册，第746页。
[2] 荣孟源、章伯锋主编：《近代稗海》第1辑，第257页。
[3] 梁启超：《饮冰室合集》第3册，《文集》之二十三，第67页。
[4] 刘大鹏：《退想斋日记》，第189页。
[5] 梁启超：《饮冰室合集》第3册，《文集》之二十五（上），第89页。

是"托国于政府,而政府非国所能有也,私人权利之目的物而已;以监督政府之权托诸国会,而国会非国所能有也,亦私人权利之目的物而已"。以此为政界熟见的景象,则"一切机关,皆成虚设,而斤斤然商榷于制度之得失者,悉为词费矣"。[1]在这种由资格而品类、由品类而德性、由德性而制度的层层剥落里,其时的选官尺度之辨和官场流品之辨已越出人物褒贬的有限范围,而统归于"吾国有历史来所未有"。[2]

世人由资格而及品类,由品类而及德性,由德性而及制度,注目的是"奔竞"之下官方、官德、官常的弛废。但这个过程以选官不论资格为起点,之后的"既无限制之道,复无甄别之方",同时又在使"民国以来,人尽可官,几于四万万之人民,即为四万万之官吏",[3]则品类和德性之外,这种由"破弃资格"直接召唤出来,又在不断召唤出来的数量之多,同样是一种"吾国有历史来所未有"。随后是成群结队涌向官场的人口与一个法度和官制倾塌了的官场相逢于斯世斯时,同时以前者的膨胀又催发了后者的膨胀,并相沿相继,不断累积,致"民国官缺之额,与官俸之数,增于旧帝国者数十倍而未已"。[4]其间的程程演变,当时人说:鼎革之后"各省都督,苦于军人之无可收拾,群以推之中央。中央又苦于冗员之无可位置,群以委之于干脯。于是中央与各省新立机关局、所,及顾问、属官之流,无虑数十百处,数千百人"。盖"自称革命巨子者满坑满谷,不有每月四五百元以羁縻之,则拔剑击柱,乱方未已也"。而后是"干脯"派生出更多的衙门和更多的官:

> [京中]大部多在二百人以上,少者亦百人,而事务则更简于往日,其从容闲雅可想。京外官衙,其杂出者无论矣,而在行政正系之省行政公署、县知事署,则有可考而知者:省行政公署,分设

---

[1] 梁启超:《饮冰室合集》第4册,《文集》之二十八,第76页。
[2] 《严复集》第3册,第662页。
[3] 《民国经世文编》第1册,第338页。
[4] 《孟森政论文集刊》下册,第1087页。

四司,唯教育、财政两司,稍有建树,余皆坐食耳。然而司之下又分课焉,司长也,课长也,一等课员也,二等课员也,三等课员也,动辄三四十人,甚或五六十人,实则繁者十人可办,简者五六人之事耳,其从容闲雅,必又无以异于京部也。县知事署,直接承省行政公署而来,故亦分设四课,有课长,有课员,少者十余人,多者二三十人。实则县之事务,以司法及经征为主,司法别有审检厅,经征别有经征局,县之事务,已去大半。有课长两人,课员三四人尽足办事,不必求备,惟冲繁疲难之区,或有不及之虞耳。以五六人所能办者,而以十余人或二三十人当之,其从容闲雅,必又无以异于省行政公署也。[1]

此外,还有"托军事秘密之说,而设军事处,军事审查处;托军民分治之说,而设都督;托虚三级之说,而设各道观察使;以防堵要塞为言,而设镇守使;以民心不靖为言,而设宣抚使,则尤重规迭矩,难以法理论矣"。由中央政府而及地方政府,又有"某省地不滨海,仅有一湖,而设船政局,科长、科员若干人,问有商轮行驶湖中与内河否?无有也。不过有小火轮七八艘,窳败陈朽,合其总数,不及千吨"。[2] 循名责实,则更加"难以法理论矣"。而与这种被称作"旧式之禄蠹"的大小官僚同时生成的,则又有以议员之名盘踞于国会、省议会、县议会、市乡议会中的"新式之政客"。[3] 其时的一则统计说:"国会岁费六百万,省会岁费三百万,县会岁费九百万,市乡会岁费需千八百万,合计可三千六百万,皆所谓议会经费也。全国岁入不足三万万,议会经费实占其百分之十二。"其间名之为"岁费""议会经费"的,主要是议员所得的"年俸"和"年俸"之外的"月给"。[4] 以此度量这种用国家财力供养的"新式之政客"数量规模,则其挤挤插插同样是在坑满坑、在谷满谷。当时人统括而论称之为"不务正

---

[1]《民国经世文编》第6册,第3741—3742、3754页。
[2] 同上注。
[3]《孟森政论文集刊》中册,第767页。
[4]《民国经世文编》第6册,第3746、3749页。

业,向政治中讨生活者",并把他们与官僚看成同类。[1]

因此,合"旧式之禄蠹"和"新式之政客"以言,显见得民初中国收纳于官署和议会之中的政界人物因杂而多,因多而冗。而举此日以比旧时,便是一种"吾国有历史来所未有"派生出另一种"吾国有历史来所未有":

> 抑此冗官冗署之所由来,其故亦岂难知,一言以蔽之曰:为人设官而已。有光复有功,运动革命,亲友之情面,选举之助力,党派之关系,皆今日得官之媒介也。其真有服官之学问,之才识,之资格,而无以上五种关系者,或反悯然不能得一饭。求官者之意,若曰吾聊以得啖饭之地而已,不计事也。授以官者亦曰吾聊与以啖饭之地而已,亦不计事也。于是额官不给,乃设冗官,冗官不给,乃设冗署,一国之行政系统,遂无所纠诘矣。[2]

"五种关系"浸没了"学问"、"才识"和"资格",之后是"一国之行政系统"演化为可以"求"、可以"授"的"啖饭之地"。而由民国初元开始的"群以委之于干脯",遂因之而得以绵延不绝。时人目睹寄生于官署和议会里的人头济济,而后有作为一种专门名词而特产于民初中国的"高等无业游民":[3]

> 觇吾国政治之症结,皆以无业之人,用政治为百业以外之专业,立于百业之外,遂与百业相抵触,非但无益百业,恒以妨害百业,压抑百业,朘削百业为政治之原则。乃聚此无数不务正业之人,组成行政之统系,其始果自成一豺虎之群,狐鼠之窟,久之亦互相掊逼,无端而扩张武力以糜饷,无端而援引党徒以糜俸,无业之人,互相侵轧。

于是"总统只有一缺,而争者数人;阁员只有一缺,而争者数十百

---

[1]《孟森政论文集刊》中册,第742—743、787页。
[2]《民国经世文编》第6册,第3743页。
[3] 梁启超:《饮冰室合集》第4册,《文集》之二十九,第74页。

人；全国之公职，有缺额者，无不什百倍其人数以相争，而无缺额者又可任意安插，以造成无业之业"。[1] 显然是官僚和政客等同于"无业游民"，则"一国之行政系统"化为"啖饭之地"的同时，又是"一国之行政系统"因"啖饭"而化为争斗之地。自一面而言，"额官不给，乃设冗官，冗官不给，乃设冗署"和"无缺额者又可任意安插，以造成无业之业"，都说明废弃资格之后，官场可以翻窗越墙而入，相比于前朝，已是政界之外进到政界之内的人已经越来越多，越来越滥。自另一面而言，废弃资格之后，既已人尽可官，则"官市之供给品，其量乃挹之不竭"，更多的人又正源源不断而来，"问其何以然，则亦衣食而已"。[2] 两相对比，前一面由冗而来的多与滥虽然造出了前无古人的规模，但在后一面累积而成的无穷无尽面前，则前无古人的规模仍然是一种有限的规模。而后是有限与无限之间的矛盾长在，群与群之间的"侵轧"和人与人之间的"侵轧"也长在。因此，在此前一千三百多年里，科举制度的资格管制下所未曾有过的这种众目睽睽之下衣食之争起于官界的事，在民初中国便成了常常而有的事和人所熟见的事。

曹锟谋划总统大位之日，依附于"曹三爷"的交通总长吴毓麟直接以其成败卜自己会不会"失业"。移此一段情节于衣食之争，既真实地说明了因衣食之争而争总统、争阁员的信而有征，也真实地说明了出自上层的政派之争其实常常与衣食之争因果相牵和混沌莫辨。世人旁观，谓之"政客今日失位，明日即同饿莩，摧敌只以图存，不关政义，阴攘阳夺，无所不用其极"。[3] 而同是衣食之争，由上层而下，则更容易直接见到的，是地方各立壁垒，"因饭碗问题"而立"省界之说"。[4] 张镇芳举其时选官的以省为界及其杂乱无章说：

> 从前或以正途，或以劳绩，或以行伍，或以河工，博得一官，

---

[1]《孟森政论文集刊》中册，第773页。
[2] 梁启超：《饮冰室合集》第4册，《文集》之三十三，第46—47页。
[3]《章士钊全集》第4卷，第167页。
[4]《孟森政论文集刊》中册，第791页。

筮仕外省。父兄之期望，亲戚之帮助，师友之提携，以有限川资，费多年精力，懔懔孤注，不得不存自爱之心。乃革命以来，本省之人不拘资格，毫无阅历，辄握铜符，绅与民外虽欢迎，中实藐视。本不练习吏治，又引其邻里姻娅，滥竽其间，贻误情形，更仆难数。

遂使上下之间只有私人对私人的亲疏远近既无"功令"，也无"官范"。[1]

民初中国像这样选官以"本省之人"为范围和以"本省之人"为定限的事遍及南北，当时人直谓之"本省人做本省督军，将全省官缺垄断起来，实行饭碗排外主义"。[2] 其时张镇芳以河南人主政河南，对于以省为界应当行之格外便利；但他出身进士，又曾在清末身任疆吏，与鼎革之后一蹴而起地执地方之政者相比，有此旧日的经验作对比，其引为深忧的，则尤其在于这种"饭碗排外主义"的本省人做本省官，一定会导致天下人的互相隔绝和四面离散：

若此省不谙彼省利病，彼省不晓此省舆情，痛痒渐不相关，知识无从互换，几同私推之留后，世袭之土司，不到十年，必至声息不通，自为风气，问以中华大局，且将茫然若异城，遑论外洋。如豆目光，安望与列强相伯仲？

而后是互相隔绝和四面离散之下的国家将无政治秩序，世间将无社会秩序：

且各省画若鸿沟，而中央用人取于何地？势必设二十二部，每省推一总长，方为平匀。即美之联邦，亦无此政体。假使由省而道，而县，而乡，而家，层层区分，驯之父子异门，兄弟析爨，此等景象，何谓共和，而侈谈四万万人为同胞，岂不可笑。

---

[1]《民国经世文编》第4册，第2179页。
[2] 梁启超：《饮冰室合集》第7册，《专集》之二十三，第32页。

显见得在其意中,由以省为界的这种"今日之排外"所衍生的罅裂和分解,其为患之深,犹过于本省人做本省官常常而有的"请托瞻徇,葛藤难断,把持盘踞,枝节横生"[1]那一面。

虽说张镇芳在当时和后来都被归入北洋一系,但他引为深忧的,是自有行省制度以来省与省互相绾连的历史中国,正变为民初中国一地有一地之行政统绪和选官路径的"各省画若鸿沟",就其内容而言,已是一种既与过去脱轨,又与后来脱轨的世局大变。这种世局大变超越了一系一派,因此,人所共见,则心同理同,相近的时间里,章太炎说的用人"注重本省",则"致成涣散之象",[2]表达的是同一意思;梁启超说的"今日中国情形,凡地方官吏,不宜专用本籍人,不宁惟是,且以能多用他籍人为善",否则"内外之维全裂,长属之系尽破,省自为政,道自为政,县自为政,乡自为政,我中国分为百千之土司耳,复何国家之可言",[3]表达的也是同一个意思。他们目睹中国由整体而趋向"鸿沟""涣散""全裂""尽破",都以本省人做本省官为其由来和因果。若就咸同光宣以来的历史过程说来龙去脉,则19世纪后期中国社会的地方意识,因清末立咨议局而聚合为省自为界的地方主义,之后又在一个一个省向朝廷独立的过程中助成了省与省之间的彼此分立,为辛壬以后的政局留下了一种实际上的不统一。而后是纷争动荡而南北不宁,以时势和国运而论,民初的中国已不能不收拾前一段历史延伸而来的这种分立和分裂,以重造天下的统一。引此以为诠说,则此日的时论以地方官吏"专用本籍人"为中国之大患,正因为以地域立界限的本省人做本省官,不仅在延续晚清以来的不统一,而且在延续之中凝结和固化了这种不统一。由此远望来日,便都成为深深的近忧远虑。然而时当选官不由资格之日,天下既已没有了必须共守的取士之准则,便同时没有了可以禁止用人只限本省的法度。因此,张镇芳之后,以武人主政河南的赵倜尤力持"汴人治汴"以立

---

[1]《民国经世文编》第4册,第2179—2180页。
[2]《章太炎演讲集》,第118页。
[3] 梁启超:《饮冰室合集》第4册,《文集》之二十八,第36、38页。

"宗旨",并且"昌言无忌"而视为理所当然。[1] 两面相比,显见得沿张镇芳为"鸿沟"忧,章太炎为"涣散"忧,梁启超为"全裂""尽破"忧而由表及里,深作推论,最终在"鸿沟""涣散""全裂""尽破"的尽头处看到的,正是曾经为科举制度所维系的上下一统和四面一统在这个时候的断裂。钱穆后来概述这种维系说:科举制度"用客观标准,挑选人才,使之参与政治。中国因此制度,政府乃经由全国各地所选拔之贤才共同组织"。一方面:

> 考试内容单纯,可不受私家经济限制。寒苦子弟皆得有应考之可能。又考试内容,全国统一,有助于全国各地文化之融结。按年开科,不断新陈代谢。

另一方面:

> 自宋代规定三岁一贡以来,直到清末,每历三年,必有大批应举人,远从全国各地,集向中央政府一次。

前一面以人为对象,后一面以地域为对象,着意的都是用普遍性成就广泛性。有此普遍和广泛,则朝廷以全国为范围,由下而上地从地方选取士人;又以全国为范围,自上而下地向地方委派官吏的过程,便同时是在由下而上形成"向心力",并自上而下地"促进政治统一"。[2] 历史中国的个体常在地方畛域之中,而这种持久的由下而上和自上而下,则持久地抉破了畛域,科举士人因之而能够最先超越地方之界,前后相接地成为上下一统和四面一统的主体。宋以后科举尤重普遍性和广泛性,宋以后的中国遂不再有南北朝和五代十国。以此作对比省思,则民初本省人做本省官由选官不立资格而来,但与选官不立资格同出于一个源头而同在一种因果之中的,其实是这种由科举制度所营造的"向心力"和"促进政治统一"的推导力与之俱止,随科举的停置而中断于清末民初。对于地方来说,便但见曾经的选官促

---

[1] 庄建平编:《近代史资料文库》第2卷,第261页。
[2] 钱穆:《国史新论》,第277—278页。

进统一，变成了后来的选官助成隔绝和离散。

以此观照清末民初三十多年，则俱见最初的除旧布新演化为世无规蠖的过渡时代，其间的朝野否隔、仕路失序成为一个漫长的过程。而后是清末停科举，民初的中国人常常要回看历史而反思停科举。

第五章

清末停科举与民初的反思停科举

一 世路困顿下的回首返视：
清末停科举与民初反思停科举

清末停科举，随后一路伸展，深度改变了一千三百多年间与科举制度久相缠连的政治构架、社会秩序、知识人的生存状态和人心中久已有之的观念。

由后来说当时，则"立沛纶音，停罢科举"之际，严复已比之为"废封建，开阡陌"的起于一时而牵动后世，并以"造因如此，结果如何"为不敢"妄道"。不敢"妄道"，说的正是停置科举一旦开始，其实际影响便一定会越出"造因"者所设定的范围，在由此及彼的递相属连中形成一个牵汇万端的过程。因此，与同一个时代里怀抱一派憧憬的人物相比，他以不敢"妄道"表达的不可预知和不可预测，显然正预知和预测了这个过程掀动天下的既深且远。之后，由此为启端的"造因"在很短的时间里便已既失其轨度，又失其向度，走到了最初的筹想之外，使民初中国身在骤变之中而两头不到岸。与之相应，则清末停科举以后，继之而起的，又是民初次第而见的反思停科举。

1914年，杨昌济说"吾国自败于日本之后，情见势绌"，而后"皇皇然谋所以自存"：

> 倡议变法者，咸归罪于科举制度之束缚思想，斫丧人才，以为治举业者疲精力于制艺、律赋、试帖、楷书之中，无暇更治实用之学，所用非所学，所学非所用，故万事堕坏于冥昧之中，驯至四海困穷，一筹莫展。[1]

这套推论以其言之成理而曾经为人深信，但历经十年时移势易之后，此日面对眼中所见的事实，却已转信成疑而在深被究诘之中：

> 今者科举之废已久，如问国内之人，有学者较前多乎？抑较前少乎？以言新学，游学海外者虽多，余亦其中之一人，固未敢侈言多才也。以言旧学，则更有风流歇绝之惧。[2]

而"学校之学生"不治"国文、国学"，其"精神思想"之"浅陋，有反不及科举时代之人才者。今日学校所用之国文教员，皆食科举制度之赐"。然后由此推及长远，说是"拥有亚东独一无二之大版图，人数号称四万万，而有学之如此其少，岂非甚可忧惧之现象耶？士大夫不悦学，此闵马父之所以叹周也。孟子曰：'上无礼，下无学，贼民兴，丧无日矣。'吾为此惧"。[3]在他叙述的这个过程里，从科举时代的"无暇更治实用之学"到学堂时代的新学犹未学得而旧学已经"歇绝"，以及整体而见的"士大夫不悦学"，不能不算是今时犹比昔日更加等而下之。就学以成人和"学所以为政"[4]而言，其"惧"之又"惧"，皆来自于此。同样的论题，同样的论域，章太炎说："学校已经办了二十多年了，除出从陆军学校出身的几个所谓伟人英雄，几乎没有人才。"对照而言，"科举还出几个人才"。又说："试观近年来有文才者几人乎？依我观察起来，值得我折服如曾国藩、张之洞等，委实无之。试观民国以来，总统总理，谁足与曾、张比拟？"就曾国藩、张之洞皆出自科举而言，其言中之义仍然是科举还能"出几个人才"。

---

[1] 王兴国编：《杨昌济文集》，第54、198页。
[2] 同上注。
[3] 同上注。
[4] 《张孝祥集编年校注》第2册，第539页。

依其自身的立场，章太炎与科举制度深度疏离，但以那个时候他眼中看到的人物而论，是产出于学堂的个体更不如科举制度下的个体犹能自我养成。同在这种历史变迁和人物代谢之中，严复谓之"吾国今日所最苦者，在于乏才"，以至四顾天下，但见"率皆地丑德齐，莫能相尚，求一盗魁不能"；梁启超谓之"历校前史，乏才之患，未有甚于今日者也"。[1]年辈在他们之后的舒新城又由"十余年来，内乱不已"说到其间的"推波助澜者"，论其养成，则"大部分固曾受学校式的新教育者"，[2]又更具体地说明了"地丑德齐"的由来和因果。以此反观变科举之日信为当然的"科举既改，将来必有才识之士，为中国旋转气运"，[3]则曾经深信的那一套道理俱已变为不可相信的独断臆想和游谈无根。

在19世纪末期以来的社会变迁中，这些人大半都是曾经的新派，从而大半都曾经与除旧布新近，与科举远。因此他们都熟知以人才为大道理，急迫地促成了"立停科举"的那一段历史。时至民国，人才仍然是大道理。然而以他们笔下的"历校前史，乏才之患，未有甚于今日者"与"科举还出几个人才"相互对映而写照世相，则反映了之前的急迫正在转化为此日的省视和重新思考。而后是曾经直接促成了停科举的同一种大道理，随之又转过身来，最先促成了对于停科举的反思。于是视角变，理路亦变，在群起挞伐科举"斫丧人才"的众声喧哗消歇之后，则有20年代中期何刚德追述前朝旧事，以汉人出头须由科举，而"满人出身容易，不必学优而始可仕也，是满族人才缺乏，亦误于何必读书四字"[4]为事实，反照了科举的不尽"斫丧人才"；又有20年代末期潘光旦由人才的等级说到科举制度，以为"第一级的人，不但为数少，而且似乎太少变化。几千年的选举和科举制

---

[1]《章太炎演讲集》，第209—210、276页。《严复集》第3册，第659页。梁启超：《饮冰室合集》第4册，《文集》之二十九，第89页。
[2]《舒新城教育论著选》上册，第499页。
[3] 上海图书馆编：《汪康年师友书札》第2册，第2063页。
[4] 何刚德：《春明梦录 客座偶谈》，《春明梦录》下，第7页。

度替中国保养了不少的人才,这是到了今日谁也不能轻易否认的。现在所有的第一级的人才,怕大部分还是科举制度保障得力的结果",[1]尤其评断直白而言之明了。就思想逻辑与历史逻辑的同一而言,章太炎、严复、梁启超、杨昌济、舒新城的次第论说而人同此理,既已举后科举时代的"乏才"而且"不悦学"为前所未有的"苦"和"忧",则其间的由果溯因,其实都是在反思停科举。而后,以此为开端而沿同一种理路延伸向前,已被推倒的科举制度便成了重新被正视的东西。与晚清末期的"咸归罪于科举制度"相比,何刚德和潘光旦所陈述的都是科举制度在历史上曾经有过的合理一面,而潘光旦下笔之际,显然有更多以学理为尺度评说科举的自觉意识,并因此而更具代表性地使人看到,数十年之间,中国社会的思想趋向先随停科举的倡说而变,之后又随反思停科举的质疑和质问而一变再变,以及在这种急骤转向和大幅度转向的过程之中,与思想之变动不居相比,已经过去的千年历史常常成为一种稳定的东西,所以历史能被引来为各色易起易落的一面之词正误。

民初的中国人由"乏才之患"反思停置科举,对应的是清末的中国人以广造人才为理由停置科举。但作为一种选官制度,科举更直接地牵连官制和吏治,因此停科举,则官制和吏治都随之而变。而后资格废弃致人尽可官、仕途淆乱致流品芜杂,以及衣食之争起于官场,冗官冗署养无业游民,最终都在以吏治大坏造为民生之哀。对于生当其时,熟视这种变化并备尝其间之厄苦的那一代人来说,则对比今昔,对于官制之乱和吏治之坏的訾议和究诘,实际上又都从另外一面表达反思停科举。

20年代的时人论时事,以"晚近以来,士习嚣张,吏治窳败"为"中外古今,殆无伦比",然后说:

> 揆厥所由,则抡才大典,旷废不举,奸佞幸进,贤良敛迹,实

---

[1]《潘光旦文集》第2卷,第378页。

为主因。[1]

并自谓旅京十载,目击其弊,深为太息。[2] 30年代的时人论时事说:

> 官制之于国家,犹规矩之于匠人,官制不善,则治效难睹,故官制者,治之具也。吾国自鼎革以还,变乱频仍,官无定制,民难望治。[3]

然后由"官无定制,民难望治"而及二十多年的"吏治未能澄清",又由"吏治未能澄清"而归及选官取士:

> 澄清吏治之法,首在慎重登庸,庶免仕途淆杂,而欲慎重登庸,则舍考试末由。诚以考试录士,虽不能谓为尽善尽美,然较之漫无标准,以爱恶亲疏为去留者,相去远矣。[4]

"官制""吏治""抡才""登庸"都是千年中国所恒有,而此日中国已经没有了的东西。比之由"破弃资格"推及"流品"、"饭碗"、"冗官冗署"和授官"专用本籍人"的訾议纷纷然而起,大半着眼的都是官场中个体的猥鄙龌龊和一群一类的猥鄙龌龊,则这两段评说以"官无定制,民难望治"统论民初中国的政情和政象,其立意显然更着力于讨问官僚政治整体上的结构断裂脱散。

自封建变郡县,而后官僚治天下。但治天下的官僚又始终在官制之中,由甄选入仕,经积资铨叙,以职责考成;年年岁岁都与言路的监察、长官的督管相伴相随。由此形成的四围和罩定,一面是个体职官各按自己的职分承担对应的责任,一面是个体职官始终在互相牵制和层层管束之下,从而个体始终附着于整体的官僚结构,并作为整体中的部分而获得其存在方式和存在意义。概括而论,历史中国也常常有官僚的贪渎和吏治的败坏,但时当官制笼罩官场而统摄官员之日,

---

[1]《章士钊全集》第5卷,第561页。
[2] 同上注。
[3] 孙玉声、杜保祺:《退醒庐笔记 健庐随笔》,第233、235页。
[4] 同上注。

贪渎和败坏都在督责和制裁之中，因此常常而有的贪渎和败坏又常常被自上而下地追究和惩治。虽说这种事后的纠错并不能禁绝官场中权力的腐化和人的腐化，然而有此制度化了的自我纠错维系于上下之间，其时的吏治败坏便不易动辄溃决弥漫，而多以时间上的局部性和空间上的局部性为限度。于是在这种局部之外的地方，世间犹能维持旧日景象。比之历史中国的这种以官僚治天下，民初中国虽别立"公职"之名，但"公职"所至，仍然是在以官僚治天下。但出自当时人论当时事的"吏治窳败，中外古今，殆无伦比"，以其纵向而看和横向而看的视野做比较，正说明民初中国之不同于历史中国，是其既已"官无定制"，世间遂不再有可以规范官场并统摄官员的东西了。而和这种官僚政治的结构脱散与生俱来的，则是之前散见于一时一地的吏治败坏，这个时候已源源不绝地变为普遍的存在和看不到尽头的存在。没有了官制，官僚治天下遂变成了官僚乱天下，作为直接的结果，便是吏治败坏下民生的深度困苦和无告。民生系于吏治，察吏系于官制，但就甄选入仕、积资铨叙、职责考成，以及言路监察、长官督管之各立章法又次第榫接而言，则隋唐以来，官制的起点便是科举取士。而自清末改官制的"一切更张"[1]大变成法，到民初不立官制而"上以党争，下以乱成"终至"政不及民"[2]的世无定则而言其因果，则梁启超以"科举既废之后，而不别制定试验官吏之法，则仕途之杂，官方之坏，且将江河日下，不知所届"为通贯之论，[3]正意在说明，官制在结构上的解体源起于科举停置。因此，身在"民难望治"之中而苦之已久，则由民生追究吏治，由吏治追究官制，最后都会引向对于停科举的反思。"揆厥所由，则抡才大典，旷废不举"和"澄清吏治之法，首在慎重登庸"皆言乎此，以历史事实对照当下的事实，其注目处又多在反观往昔以作古今之比。

古今之比以刚刚过去的千年历史作对照，但时至民国初年，国人

---

[1]《清末筹备立宪档案史料》上册，第410页。
[2]《康有为政论集》下册，第976、990页。
[3] 梁启超：《饮冰室合集》第3册，《文集》之二十五（上），第89页。

对于欧西的认知,已在视野变得更广的过程之中,所以由官制反思停科举,遂于古今之比以外,又有中西之比。康有为说:

> 唐崔佑甫举八百余吏,不避亲知,世称其得人,而终不可行,盖人人不能无私也;虽士经试攉,而裴光庭为停年格,其法行至于明、清焉。美人以其旧制,吏道不修,近乃师吾考试之法,则吾法胜于美至明矣,何吾有良法而自弃之?吾盖经数千年,因革鉴戒,而后得此良法。彼美立国甚短,法鉴无多,今乃不择而尽师焉,何其愚也。[1]

崔佑甫和裴光庭都是唐人,他举前者的"终不可行"与后者的能够"行至于明、清"作对比,说明了中国人以考试和铨叙立官制的历史过程和历史理由。然后引原本不尚考试的美国学"考试之法"以纠其"吏道不修"的后知后觉,反照这种由历史过程形成的历史理由不仅是一种古今同理,而且是一种中西同理。其言之了然又言之断然,总归于"吾有良法而自弃之"为"何其愚也",正显示了对于停科举的反思已别开了一重境界。康有为深信西方人移入官制的考试之法是在借用中国人的科举制度,梁启超也深信西方人移入官制的考试之法是在借用中国人的科举制度:

> 吾以为中国今日情形,凡官吏必须由考试授职,积资推升,始可以举澄清吏治之实也。敷奏以言,明试以功,三载考绩,黜陟幽明,此种命吏之法,本由吾国首先发明,直至近世,各国乃相仿效。即以最尊选政之美国,自一八九二年改正文官任用令后,亦已变易其一部分矣。[2]

盖"畴昔日耳曼人、条顿人皆起于小部落,积数百年,累部落而成国",其部落虽"渐变为国家权力下之一自治团体"而"旧痕俨然存也。故公举本部落之人,以办本部落之事"为相沿而来之惯性。"然

---

[1] 《康有为政论集》下册,第907页。
[2] 梁启超:《饮冰室合集》第4册,《文集》之二十八,第34页。

此种制度,今惟行之于最低级之自治团体耳,其稍高级之自治团体,已多不复适用此原则。"[1] 欧西的历史产生不出以考试选官的制度,而其历史过程之中自然形成的地方"公举"制度,则已属今日之"最低级"。因此,西人"仿效"中国"考试授职"的"命吏之法",正是在以他们的选择确定地说明,已被中国人停置的科举制度,其实内含着与现代政治深相印合的"高级"性。比之康有为由"立国甚短"着眼,指述彼邦"吏道不修"的直观而论,这种以"低级"和"高级"分等类的推论自为立说,显然更着意于构筑一套附会历史而更见深度的理路。当年奏议停科举,主其事者曾列举"科举夙为外人诟病"以慑服人心;而此日反思停科举,则由民生而及吏治,由吏治而及官制,由官制而重新审知这种"吾国首先发明"的"考试之法",这个过程同样也在举"外人"之实例为说服力,但所见已是欧西"各国"学科举制度,其"仿效"和师从的自觉自愿。十多年之间,时潮中人先引西方人之"诟病"科举,以证成科举制度的不合理,后引西方人的"仿效"科举,以证成科举制度的合理,以此为由来,中国人的停科举与反思停科举便始终和外国人的褒贬深相缠绕,而一千三百多年里深度影响了中国社会的科举制度,则随之一路大落大起,既经历了否定,又经历了否定之否定。

从清末停科举,到民初反思停科举。作为一个过程,20世纪初年的这一段思想历程由知识人开先,以知识人为主体。因此,主张停科举的主要人物、反思停科举的主要人物,以及十多年之间,先主张停科举、后反思停科举的主要人物都出自知识人。其间梁启超以前后反复而成为一种典型,孙中山则以恒定不变而成为一种典型,之后又因其各成典型而成了这个过程中最引人注目的人物。

---

[1] 梁启超:《饮冰室合集》第4册,《文集》之二十八,第34页。

二　梁启超：反科举和复科举的否定之否定

自光绪二十二年（1896）梁启超主《时务报》笔政，由此起家以文字掀动天下，二十多年间，在世路动荡中长久地执言论界牛耳。他后来自叙说，"启超创一旬刊杂志于上海，曰《时务报》，自著《变法通议》，批评秕政，而救弊之法归于废科举、兴学校"，[1]遂在清末中国以此开一时之先声。而后这种一时先声借报刊广为传播，则自始即已左右时论而耸动天下之观听，并演化为后来的层层呼应和鼓荡。因此，就20世纪初年的朝廷停科举，其全套理路皆以19世纪末期"废科举"的一时先声为源头而言，显然是梁启超对这个过程的个人影响曾经无出其右。然而停科举之后五年他作《官制与官规》，"批评秕政"的重心已大幅度转向，移到了"畴昔悬帖括楷法以为资格，诚属可笑，然以视并此资格而豁免之者，抑如何哉"的追问，以及着力指述停科举之后，随"官吏出身之制度不完全"而来的世路纷杂颠倒：

> 欲竞争以求优胜，仍视苞苴奔竞之能力如何，人间能得几屈子，安得不汩泥而啜醨也哉。而笃学守节之士，畴昔遵功令以得一第，释褐阶进，雍容得以自效于国家者，今此途则湮矣。进之既不能逐少年以就塾，退之复不欲为资郎以自污，则惟有槁死岩穴间已耳。[2]

而后是人间无良莠之分、无善恶之辨的一派昏暗。"然则当如之何？曰：法当采各国试验文官之制，举政治、法律、生计诸科学若干种，岁集天下之士而试之于京师。"虽说"政治、法律、生计"之类的名目都在"帖括楷法"之外，但以之前的一千三百多年历史作对照，则"岁集天下之士而试之于京师"，已不能不算是一种没有科举

---

[1] 梁启超：《饮冰室合集》第8册，《专集》之三十四，第60—61页。
[2] 梁启超：《饮冰室合集》第3册，《文集》之二十三，第67—68页。

之名的科举之法。比之《时务报》时代的倡说"废科举",以及朝野之间曾经懵懵然而信的人才出自学校,则这种以试士为当然的主张旨趣大异,显然已是在重新认识科举作为"官吏出身之制度"的可信和可取。因此他自己设问又自己回答说:

> 问者曰:如子所言,是直议复科举耳,甚矣子之顽陋也。应之曰:此诚无以异于复科举。若云顽陋,则未之敢承。夫科举非恶制也。所恶乎畴昔之科举者,徒以其所试之科不足致用耳。昔美国用选举官吏之制不胜其弊,一八九三年,始改用此种试验,美人颂为政治上一新纪元。而德国日本行之大效,抑更章章也。世界万国中行此法最早者莫如我,此法实我先民千年前之一大发明也。自此法行而我国贵族寒门之阶级永消灭;自此法行,我国民不待劝而竞于学,此法之造于我国也大矣。人方拾吾之唾余以自夸耀,我乃惩末流之弊,而因噎以废食,其不智抑甚矣。吾故悍然曰:复科举便。[1]

以"问者曰"为那个时候时论的主流所趋,则梁启超响应的这些话正比别人更早地表达了对于停科举的反思,从而同样是在开一时之先声。十四年之间,从先人而倡"废科举"到先人而倡"复科举",他以这种大变和亟变展示了自己在同一个问题上的全盘倒转。先废科举,是因为深信"诸国竞智"为天下之通理,以此为尺度作衡量,又深信"科举之法"的"愚其民"已为中国之大害。后倡复科举,是因为科举既废,由此引发的连串变化,又以没有了科举之后的种种七颠八倒为反衬和映照,驱使其思想视野越出先前以愚智之辨说强弱之分的推想,并从当日没有历史内容的悬空推想,回到此日以一千三百多年历史为依托之中,重新看到了科举制度曾长久地维系中国人的政治秩序、社会秩序和文化常态的事实,以及这种由千年历史形成的事实里还有着至今犹存的那一面合理性。然则全盘倒转,正反映了思想改

---

[1] 梁启超:《饮冰室合集》第3册,《文集》之二十三,第67—68页。

造实际社会的同时,变化中的实际社会也在以其一路演变越出了预期的四面横决,直接地改造思想和校正思想。而曾被指为"愚其民"的科举制度,则因此而被置于一个更宽的广度之中,随后是观察由一面转到另一面,论说也由一面转到另一面,于是而有"此法之造于我国也大矣"的论断。所以,因事实改变思想而有全盘倒转,正反映了倒转的背后,其实是已被推倒的科举身后留下的空洞太过巨大,以及那一代人面对这种空洞的无从填补。

作为一种选官制度,科举之有"造于我国"最直接的便是选官。所以,在已无"此法"的后科举时代里对比今时往昔,最容易看到,并且最先招来群议纷然的,也是法度脱散之后选官的无序和选官无序派生的淆乱。梁启超身在群议之中,于此尤言之再三再四。但直观彼时世路的上下淆乱而回望一千三百多年之间的尚有条理可言,这段话以科举"造于我国"为"大矣"作通而论之,则所指不仅在选官。"贵族寒门之阶级永消灭"说的是其维持社会;"不待劝而竞于学"说的是其造就个人,在他心目中,这些都是过去曾经有过而眼下随科举停置而正在消失的东西。因此,梁启超注目于科举所"造"之"大",其反思停科举的视域和论域又会周延更广而所及更远。

由清末入民国之后,他说"士大夫的行为,关系全国的安危治乱,及人民的幸福疾苦最大":

> 孟子说得好:"惟仁者宜在高位,不仁而在高位,是播其恶于众也。"今日中国国事之败坏,那一件不是由在高位的少数个人造出来,假如把许多掌握权力的马弁和强盗都换成多读几卷书的士大夫,至少不至闹到这样糟,假使穿长衫的穿洋服的先生们真能如儒家理想所谓"人人有士君子之行",天下事有什么办不好的呢?[1]

在士大夫政治分崩离析之后推重士大夫政治,并以"仁者"在"高位"和"士君子之行"为祈想,直接回应的是"马弁和强盗",以及

---

[1] 梁启超:《饮冰室合集》第12册,《专集》之一百三,第9页。

"穿长衫的穿洋服的先生们"支配权力之日的"国事之败坏",而由"国事之败坏"追索其祸及天下,更深一层的大患犹在"不仁而在高位"而"播其恶于众"所促成的"人心风俗之败坏",已经造成"今日中国社会非巧佞、邪曲、险诈、狠戾不足自存",而致一世良心麻木,"善恶之观念,不复存在"。[1]其间尤其醒目并为前世所未曾有的,是这个过程里的以名乱实:

> 海通日新,而所谓个人道德、社会道德、国家道德之种种新名词,其流转于吾人口耳间者亦日夥。无论何种类之罪恶,皆得缘附一二嘉名以自文饰;无论何方面何种类之人物,皆能撷拾一二嘉名以自捍围以逃人责备。[2]

以这种移来的新名词消解了中国社会旧日本有的道德,以此为实例而论当日的世相,显然是本来期望用之以广开民智的新知识进入中国之后,犹未见其助成民智大进,便已交杂于"善恶之观念不复存在"之中而橘化为枳了。康有为谓之"盖以智为学而不以德为学,故知识虽多,而道德愈衰也",[3]梁启超谓之"政治智识日进而政治道德日退",[4]皆与当年以新知说富强大不相同。

通观清末民初之际,最引人注目的是时人论时务,从19世纪末期以"中国之弱,由于民愚也"[5]为大病,变为20世纪初年以"人心风俗日见败坏"为大病。这种一代人忧时的重心从愚智之辨转化到善恶之辨,正说明了后一面更切近那个时候的社会变迁所带来的世路失衡,以及这种失衡的无可回避和无从绕越。因此,对于曾经深信新知识可以开民智,以为"处今日天下,则必以译书为强国第一义"[6]的

---

[1] 梁启超:《饮冰室合集》第4册,《文集》之三十三,第56、70页;《文集》之三十,第44页。
[2] 梁启超:《饮冰室合集》第4册,《文集》之三十三,第57页。
[3] 《康有为政论集》下册,第903页。
[4] 梁启超:《饮冰室合集》第3册,《文集》之二十三,第53页。
[5] 梁启超:《饮冰室合集》第6册,《专集》之一,第28页。
[6] 梁启超:《饮冰室合集》第1册,《文集》之一,第66页。

梁启超来说，便是旧日宗旨不能不随"智识日进"与"道德日退"的对比而变，移到了"今日所持以维持吾社会于一线者何在乎？亦曰吾祖宗遗传固有之旧道德而已"一面。[1]十多年之间，由新知识至上变为旧道德至上，就维新变法以来思想潮流推陈出新的一路演变而言，显然是一种一往无前之后的掉头返归。一往无前之后的掉头返归，实质上是看到了社会和政治的背后不能没有道德骨架，以及伦理失序之下新知识的无从定性和没有方向。"维持吾社会于一线"之所以危言醒世，皆本自于此。道德因人而生，因人而异，又由人维持，所以，与之相应而见的，是之前因出自"赋诗帖括"而被目为"曲士陋儒"[2]的科举士人，在新知识和旧道德的此消彼长中拭去了"曲"和"陋"，因其曾经拥有更多的伦理自觉，而被放到了历史中国的本来位置里，在重新省视之下成了那个时候社会"中坚"的养成者。[3]引此以面对民国年间的"最下流之人而当一国之中坚"，[4]遂既有士大夫与不读书的"马弁和强盗"之比较，又有士大夫与没士君子之行的"穿长衫的穿洋服的先生们"之比较。以道德为社会和政治的骨架，则由比较所见到的，是这种骨架实际上既塑成了士大夫，又附托于士大夫。

在梁启超的阐说里，旧道德与士君子相连，士君子与社会中坚相连，究其底里，两头皆源于儒学对士人的涵育。比之以流品之淆乱说仕路的混杂，又以仕路的混杂说吏治之败坏，这一面的思考显然因其更多反观历史的追本溯源。以他19世纪末年已直白言之的"今日之天下，幸而犹以经义取士耳，否则读吾教之经者，殆几绝也"[5]为说，则此前的千年岁月里，儒学之涵育士大夫，从而士大夫的伦理自觉化

---

[1] 梁启超：《饮冰室合集》第6册，《专集》之四，第132页。同样的意思，又有"记有之，有可得与民变革命，有不可得与民变革命，窃以为道德者，不可得变革者也"，见梁启超：《饮冰室合集》第7册，《专集》之二十六，《例言》，第1页。
[2] 梁启超：《饮冰室合集》第1册，《文集》之一，第25、47页。
[3] 梁启超：《饮冰室合集》第4册，《文集》之三十，第40—41页。
[4] 同上书，第44页。
[5] 梁启超：《饮冰室合集》第1册，《文集》之一，第18页。

为政治道德,其实都实现和维持于科举制度的"经义取士"之中。所以20世纪初年梁启超作《新民说》于世事蜩螗之日,为中国人阐释新民之要义,但末了倾力推崇的则是曾国藩化其所学以成事功,说是"吾以为使曾文正生今日而犹壮年,则中国必由其手而获救矣"。[1]而同时的给事中李灼华论科举于言路,举"国家取士,只期拔十得五,乡、会两榜能得如曾、胡、左、李者一人,削平大难裕如也"为实例,[2]以见科举之能够出人物,而人物之能够担当世运。前者说人物,后者说人物的由来,对于梁启超来说,李灼华所表达的意思,便成了其题中之义的引申和补足。千年以来,承当一国之"中坚"的士大夫出自科举,则科举"造于我国"之"大"也因此而见。

科举制度造就的读书人从曾经的"曲士陋儒"回到了历史中的社会中坚。而其之前信为"人才之兴在学校"[3]的愿想则随学校与人才的名实两歧而一路直落,在同一个过程里变成了深深的怀疑。

当朝廷停科举之日,君臣交孚,共认"学堂最为新政大端",并先期描画了"开通民智"而"使人人获有普及之教育,且有普通之知能",以成其"无地无学"的一派光明,以及"以此富奚不富,以此图强奚不强"的理所当然。[4]溯其由来,这些言之凿凿的推论,出处俱是梁启超在《时务报》时代的以向往之心作信笔游走。然而曾不数年,梁启超自己已经实际地看到了他曾经向往的学校替代了科举,而意中却已全无向往之心:

> 自科举既废,而教育普及之实不举,人民向学者既已岁减,前此多数人所借以得本国常识之一二者,今则亡矣。即以学校教育论,而学科之编制不完,教科书之系统不立,欲由此以求世界之常识,又不可得。而政治上社会上一切制度,更无足以为浚发之

---

[1] 梁启超:《饮冰室合集》第6册,《专集》之四,第143页。
[2] 《清末筹备立宪档案史料》下册,第994页。
[3] 梁启超:《饮冰室合集》第1册,《文集》之一,第10页。
[4] 朱有瓛主编:《中国近代学制史料》第2辑,上册,第111页。

助者，循此不变，则此四万万人之子孙，虽永远无一人有常识焉可也。[1]

继之又徊望于古今之间，感慨尤深，"科举一废，而举国几无复向学之人"，致"我国数千年来不悦学之风，殆未有甚于今日者。六经束阁，《论语》当薪，循此更阅十年，则千圣百王之学，精华糟粕，举扫地以尽矣"。[2] 这些评述写照了学校与科举相嬗递，并没有带来"使人人获有普及之教育，且有普通之知能"的事实。其中前一段话担忧的是常识的失落，后一段话则系念更广而且更远地在忧及文化的失落。

时当清末民初，时论之非议学堂，多着眼于其弃去有教无类而不利寒门中人。梁启超举"我国旧时寒苦子弟，具有天材，及用苦功者，往往能求得大学问"，对照"近来学制"之"实为贵族的，适以造成"排"寒苦出身"者于门外的"阶级制度"，极言"即孔孟再生，无钱入学，亦恐沦［沦］于厮养"，[3] 说的也是学校教育的不公平。然而以文化的失落为大患，则其引为深忧的，显然又并不仅止于这一端。所以，"阶级制度"之外，他尤其不能承受当日的教与学不复能成为一种本来意义上的文化绾接和化育，直白谓之"现在中国的学校"仿西法而立，"简直可说是贩卖知识的杂货店"。[4] 其"学业之相授受，若以市道交也，学校若百货之廛，教师佣于廛，以司售货者也；学生则挟资适市而有所求者也，交易而退，不复相闻问。学生之与教师，若陌路之偶值，甚者教师视学校如亭舍也"。[5] 教与学是学校的存在方式和存在过程，而文化之传承正系于此。则当日随学校而来的这种知识的授受既实现于市道的买卖之中，对于中国人延续了千年的文化历史传统来说，便是没有了师道，没有了师承，没有了文化形成的人际关系和人际关系维系下的文化周延。是以身在今昔殊异

---

[1] 梁启超：《饮冰室合集》第3册，《文集》之二十三，第5页。
[2] 梁启超：《饮冰室合集》第6册，《专集》之二，第115—116页。
[3] 梁启超：《〈饮冰室合集〉集外文》中册，第953页。
[4] 梁启超：《饮冰室合集》第5册，《文集》之四十，第9页。
[5] 梁启超：《饮冰室合集》第4册，《文集》之三十六，第35页。

之日而思想游走于今昔之间,他在学校林立的时代里作《清代学术概论》,其中尤其着意的仍然是追述旧日的学人养成和学问传衍,言之一派神往:

> 时方以科举笼罩天下,学者自宜什九从兹途出。大抵后辈志学之士未得第者,或新得第而俸入薄者,恒有先辈延主其家为课子弟。此先辈亦以子弟畜之,当奖诱增益其学。此先辈家有藏书,足供其研索。所交游率当代学者,常得陪末座以广其闻见,于是所学渐成矣。官之迁皆以年资,人无干进之心,即干亦无幸获,得第早而享年永者,则驯跻卿相,否则以词馆郎署老,俗既俭朴,事畜易周,而寒士素惯淡泊,故得与世无竞,而终其身于学。京官簿书期会至简,惟日夕闭户亲书卷,得间与同气相过从,则互出所学相质。琉璃厂书贾渐染风气,大可人意,每过一肆,可以永日,不啻为京朝士夫作一公共图书馆。[1]

其间不会没有一点因追怀向往而生的溢美,但大体则出自写实。在这种累世形成的文化景象里,科举与学问曾经共存于同一个过程之中,彼此相安并且互济互成,而后是无分出仕未仕,都会有愿意亲近卷帙而一辈子读书的人。其心中之神往在此,则由民初回望晚清,感触尤深的是"忆昔二十年前,鄙人居京,欲寻朋辈讲学,甚属易事。适用与否不必计,好学之心固甚盛也。今则言旧学者既渺渺难访,而新学亦复无人过问。若谓旧学陈腐,知者寥寥,故主持无人,岂新学号称时流及由外邦归来者,尚无此倡学能力耶? 非不为也,因其昔日在学校中未尝有所磨练"。[2] 由"欲寻朋辈讲学,甚属易事"到"言旧学者既渺渺难访,而新学亦复无人过问",正反映了"向学之人"少,从而愿意亲近卷帙而肯一辈子读书的人少。而统归之于"昔日在学校中未尝有所磨练",则在他眼中,今昔之间的不同,反映了科举时代的读书人与产出于学校的知识人之形神俱变和面目各异,而人物的背

---

[1] 梁启超:《饮冰室合集》第 8 册,《专集》之三十四,第 47 页。
[2] 梁启超:《〈饮冰室合集〉集外文》中册,第 693 页。

后，已是"国家百年养士之泽"和"先民好学之风"[1]的销沉和消散，以及中国人的文化世界正在随之衰落和远去。

以"国家养士"与"先民好学"说文化，要义全在于人的品类由文化育成和文化的根脉之系乎人人。曾经在戊戌前后热心鼓吹新知识的梁启超，至20世纪初年引颜之推在《颜氏家训》里所说的"齐朝一士夫，尝谓吾曰：我有一儿，年已十七，颇晓书疏，教其鲜卑语，及弹琵琶，欲少通解，以此伏事公卿，无不宠爱。时吾俯而不答"，然后比类而引申之曰："今之学英语、法语者，其得毋鲜卑语之类耶？今之学普通学、专门学者，其毋得弹琵琶之类耶？"[2]之后又力持"科学之上，不可不更有身心之学以为之原"，并举王阳明的"良知在人"为要旨，遥想"中国竟亡则已，苟其不亡，则入虞渊而捧日以升者，其必在受先生〔王阳明〕感化之人"。[3]皆所以见学问立身的重心所归。就前一段话而论，则"英语、法语"和"普通学、专门学"当日都属新知识的范围之内；就后一段话而论，则"身心之学"和"良知在人"都是在知识"之上"而居于本原的文化之中。是以对前者的轻易视之和以后者为重心所归，正说明知识未必能以学成人，而文化能够以化育而成人。因此，以学校为"贩卖知识的杂货店"，他心中引为对比而始终不能忘怀的，一直是"原来书院的办法"以及"宋之鹿洞，明之东林"的"一朝之文化系焉"。[4]以至于时至后期，他已躬身出入教育界而讲学于南北之间，但怀念的仍然是二十多年之前沿用书院的成法办时务学堂，以及出身时务学堂的成群志士："回想我在湖南时的时务学堂，以形式与知识而论，远不如现在的学校；但师弟同学间精神结合联成一气，可以养成领袖人才，却比现在的学校强多了。"[5]就学校产出人物和人物影响社会而言，其意中的知识和文

---

[1] 梁启超：《饮冰室合集》第3册，《文集》之二十五（上），第128页。
[2] 梁启超：《饮冰室合集》第6册，《专集》之二，第89页。
[3] 梁启超：《饮冰室合集》第7册，《专集》之二十六，第23、28页。
[4] 梁启超：《饮冰室合集》第5册，《文集》之四十三，第5、10页。
[5] 梁启超：《〈饮冰室合集〉集外文》中册，第920页。

化之分，学校和书院之分，其实最终都是一种人物与人物的匹比。因此，1923年他在东南大学授课既毕，之后作《告别辞》，其言之谆谆而着力提撕，主旨都是由时势说到人物，由人物反观教育，而总归于"中国现今政治上的窳败，何尝不是前二十年教育不良的结果"。[1]作为一个变法之日力倡学堂，又亲手办过学堂的人，此日总归政治窳败于教育不良，正表达了他对后科举时代学校之不出人才的深度失望。

这些论说以其前后递连，说明了现代学制在中国产生和形成的初期过程里，梁启超曾比同时代的人更持久地以这个过程为对象作观察和思考，而以文化历史为视野，又尤其注目于这个过程中曾经失落掉的东西。而后观察化为思考，思考化为表达，便大半都是对眼中所见的直接否定。然而倒推时日，19世纪末年梁启超以"变法之本在育才，人才之兴在开学校，学校之立在变科举"[2]立说，已为20世纪初期的停科举先开端绪，在其设定的"废科举、兴学校"两端并举而因果相连的逻辑里，科举的不可不停，是以学校之不能不兴为直接理由的。现代学制在中国产生和形成的初期过程，正是从这种逻辑中派生出来的。因此，他在此后二十多年里对学校的怀疑和否定，以明显的事实推翻了其先期设定的逻辑，从而实际上已消解了他自己所设定的停科举的直接理由。

由新知识与旧道德在人心中的此落彼起，以重新认识出自科举的士大夫曾经维系了历史中国的社会中坚；由"近来学制"造成的以"市道"相"授受"，以及市道授受之下的见不到文化作育人物，而不再相信学校能够普及新知以广造人才，都以前后之间思想的截然大变为实例，记录了梁启超的先人而倡停科举，又先人而反思停科举，同时是一个内里历经自我逆反、自我扞格和自我纠正的过程。当他由西方世界的"新学新艺"说富强之本原，来对比中国而发为先声以变科

---

[1] 梁启超：《饮冰室合集》第5册，《文集》之四十，第9页。
[2] 梁启超：《饮冰室合集》第1册，《文集》之一，第10页。

举和"废科举"的时候,其实思虑并未计及一千三百多年里科举制度融入中国人的社会、政治、文化的广泛程度和深入程度。因此,科举既停,则这种形成于一千三百多年里的结构化了的关系,不能不一变俱变地牵及社会、政治、文化,在一层一层的递连中化变迁为搅动。而后是自我逆反、自我扞格和自我纠正,都在应对这种搅动中回身翻转,成了以今日之我战昨日之我。

三 孙中山:在潮来潮去之间推重科举而恒定不变

同属这一代人,并且既同样面对着这个时代的种种问题,又同样面对着潮流起伏,孙中山也在论说科举,但从清末到民初,其宗旨所归都在推崇科举,奉之为中国所独有的"优良制度",并始终相信可以把考试制度引入共和政治。与梁启超经历的否定之否定相比,显然是别成一路。

作为一个思想过程,朝廷停科举后一年,科举"斫丧人才"之说仍在余音震荡之际,正倾力于谋革命的孙中山已站在这个过程之外而与之反向立论,非常明白地说:

> 将来中华民国宪法,必要设独立机关,专掌考选权。大小官吏必须考试,定了他的资格,无论那官吏是由选举的抑或由委任的,必须合格之人,方得有效。这法可以除却盲从滥举及任用私人的流弊。中国向来铨选,最重资格,这本是美意,但是君主专制国中,黜陟人才悉凭君主一人的喜怒,所以虽讲资格,也是虚文。至于社会共和的政体,这资格的法子正是合用。因为那官吏不是君主的私人,是国民的公仆,必须十分称职,方可任用。[1]

---

[1]《孙中山全集》第1卷,第320、330—331、444页。

在科举制度正被痛加挞伐的时候,他则敬意明显地称之为"祖宗养成"的"中国民族进化历史之特权",不但依然深信科举选官的清明和合理,而且犹嫌一千三百多年里施行科举铨选的不够绝对和彻底。在别人割断历史的时候他回望历史,其怀抱不仅在"复活"和"增益"这种清明和合理,而且在沿此以"创建破天荒的政体"。[1]因此四年之后,他与刘成禺对话论革命,其中的一个题目便是科举。他说:

> 中国历代考试制度不但合乎平民政治,且突过现代之民主政治。中国自世卿贵族门阀荐举制度推翻,唐宋厉行考试,明清尤峻法执行,无论试诗赋、策论、八股文,人才辈出;虽所试科目不合时用,制度则昭若日月。
>
> 朝为平民,一试得第,暮登台省;世家贵族所不能得,平民一举而得之。谓非民主国之人民极端平等政治,不可得也。[2]

在朝野共以兴学堂停科举为除旧布新之日,他看到的是科举制度与现代之民主政治相通相合的内涵,因此,他后来重说同一种意思,而重心又更多了一重引科举制度以完善民权政治的意思:按"资格"任官,"我们中国有个古法,那个古法就是考试。从前中国的官吏,凡是经过考试出身的人,便算是正途,不是考试出身的人,不能算是正途"。而君权时代的帝王,犹能以其个人之力"在吃饭睡觉的时候亦心心念念,留心全国的人才",但"共和时代",则"人民没有工夫去办这件事",所以"任用官吏","考试制度"更加"万不可少":

> 故兄弟想于三权之外,加多一个考试权。考试本是一个很好的制度,兄弟亡命海外的时候,考察各国的政治宪法,见得考试就是一件补救的好方法,这个方法可算是兄弟个人独创出来的,并不是从外国学者抄袭出来的。宪法中能够有加入这个制度,我想是一定

---

[1]《孙中山全集》第1卷,第320、330—331、444页。
[2] 同上书,第445页。

很完备，可以通行无碍的。[1]

两段话的主旨都是以"君主时代"的考试串联"共和时代"的考试，俱见其年复一年，心中之所思的前后一以贯之。所不同的是后一段话评说科举制度下的帝王，又稍多了一点正面的含义，从而更接近于历史的真实。在清末的新人物中，孙中山是一个先入西人之学后通中国之学的人，[2]又是一个因力倡革命而被目为"乱党"的人；但当曾经浸润于旧学的新人物纷纷反科举之日，他又以自己对这种"祖宗养成"的"中国民族进化之历史特权"的自觉承接，并引之以入"现代政治"，自始至终站在科举制度之既被否定，再被否定之否定的候落候起之外，并因此而非常显目地成了时潮中的独立者。

从清末停科举到民初反思停科举，其间的否定和否定之否定都曾引西洋的道理为道理，从而都在远来斜光的映照之下。同在古今中西交争之间，和梁启超一样，孙中山评说科举也常常引西方世界来观照中国，并因之而有"中国历代考试制度"与"现代之民主政治"的比类而论。但与梁启超不同的是，他不仅看到了西洋的道理，而且看到了西洋的政象和政象中的大弊，并尤其关注这种弊病与道理之间的不能印合。所以，当朝廷停科举，以期"外人"之"刮目相看，推诚相与"的时候，孙中山以推重科举与之反向立论，着力回应的其实不是朝廷，而是欧西政治中的弊端。所以停科举后一年，他与俄国人该鲁学尼（Grigory Gershuni）对话，问答之际，便明言应当"通过考试制度来挑选国家人才"。并对比说：

> 如今天的一般共和民主国家，却将国务当作政党所一手包办的事业，每当更迭国务长官，甚且下至勤杂敲钟之类的小吏也随着全

---

[1]《孙中山选集》下卷，北京：人民出版社，1956年，第574—575页。
[2] 1916年，孙中山自述说"仆乃走海外，虽厄于语言文字之隔阂，而熟察其事事物物，运以自动之灵悟，辄觉心运神悟。继续［读］其历史掌故，与学者研究所得之著作"。又说"我亦尝效村学生，随唱过四书五经者，数年以后，已忘其大半。但念欲改革政治，必先知历史，欲明历史，必通文字，乃取西译之四书五经读之，居然通矣（众大笑）。见《孙中山全集》第3卷，第321页。

部更换,这不仅不胜其烦,而且有很大的流弊。再者,单凭选举来任命国家公仆,从表面看来似乎公平,其实不然。因为单纯通过选举来录用人才而完全不用考试的办法,就往往会使那些有口才的人在选民中间运动,以占有其地位,而那些无口才但有学问思想的人却被闲置。美国国会内有不少蠢货,就足以证明选举的弊病。[1]

他志在追蹑"欧米[美]共和的政治"[2]以造就中国的民主共和,因此取法的范式本在欧西。但直观欧西"一般共和民主国家"以选举为大法而实现的共和民主,切近而见的,则一头是政治人物之擅长以操弄为"运动";一头是选民大众知识程度不齐和判断能力有限,两头之间的这种不相对称,便决定了选举的过程和结局不能不是一种"看来似乎公平,其实不然"的名实无从合一和表里常常不相对等。对于向慕共和民主的孙中山来说,共和民主中的这一面又始终是其熟视久之而不能认同的大病。所以时至1924年,他仍然在说这个题目,而引为对照的仍然是中国人的考试制度:

> 美国的宪法不完全,他们便有人要想方法去补救。不过那种补救的方法,还是不完备。因为在美国各州之内,有许多官吏,都是民选出来的。至于民选是一件很繁难的事,流弊很多。因为要防范那些流弊,便想出限制人民选举的方法,定了选举权的资格,要有若干财产才有选举权,没有财产就没有选举权。这种限制选举,和现代平等自由的潮流是相反的,而且这种选举更是容易作弊,对于被选的人民,也没有方法可以知道谁是适当。所以单是限制选举人,也不是一种补救的好方法。最好的补救方法,只有限制被选举人。

"限制被选举人",其理由在于"当议员或者官吏的人,必定是要有德有才,或者有什么能干,才是胜任愉快的。如果没有才,没有德,又

---

[1] 《孙中山全集》第1卷,第319—320页。
[2] 同上书,第280页。

没有什么能干，单靠有钱来作议员或官吏，那么将来所做的成绩，便不问可知了。但是有这种才德和能干的资格之人，只有五十人，便要照这种资格来选举，我们又是怎样可以去断定他们是合格呢？"，则"我们中国有个古法"，便是"考试"。[1] 显见得以考试定资格，以资格分德、才、能，其意中的民主政治遂同时又成了一种实际地承接了中国人千年理想的贤人政治。

这种十八年之间一脉相承的理路说明，一生致力于为中国营造共和民主的孙中山，同时又始终不肯相信选举政治可以全盘移入中国。在这个观察、探寻、疑虑、思考一路交集的过程中，"美国政治"的"腐败散漫"[2] 和"英国永久官吏制度，近乎中国之衙门书吏制度"都成为反比，使他与同时的新人物相比更多了一层阅历所得的别有会心，以对应地认知，"唐宋以来，官吏均由考试出身，科场条例，任何权力不能干涉。一经派为主考学政，为君主所钦命，独命之权高于一切。官吏非由此出身，不能称正途。士子等莘莘向学，纳人才于兴奋，无奔竞，无缴〔徼〕幸"，正以其能够剔除"蠢货"的实际公平，显现了"单凭选举"所见不到的合理性。而后是以合理纠正不合理，这种反比和对照径直把中国历史里的这一部分引入了他所设想的共和民主之中，于是而有"在中国实施的共和政治"，应是"除立法、司法、行政三权外，还有考选权和纠察权的五权分立"之说，以及以"五权宪法"为名目的政纲。而中国历史引入共和民主，又使之成了一种"各国至今所未有的政治学说"。[3]

他自述曾"与日本、欧美习政治法律之学生谈倡建五权之原则"，但他们中更多人宁肯相信"法儒孟德斯鸠"而不相信中国历史，并常常以"矜奇立异"质疑这种"各国至今所未有的政治学说"。孙中山以"驳之"作回应说：

---

[1]《孙中山选集》下卷，第 574 页。
[2]《孙中山全集》第 1 卷，第 330 页。
[3] 同上书，第 319—320、445 页。

> 宪法者,为中国民族历史风俗习惯所必需之法。三权为欧美所需要,故三权风行欧美;五权为中国所需要,故独有于中国。诸君先当知为中国人,中国人不能为欧美人,犹欧美人不能为中国人,宪法亦犹是也。适于民情国史,适于数千年之国与民,即一国千古不变之宪法。吾不过增益中国数千年来所能、欧美所不能者,为吾国独有之宪法。如诸君言欧美所无,中国即不能损益,中国立宪何不将欧美任一国之宪法抄来一通,曰孟德斯鸠所定,不能增损者也。[1]

他事后追叙这一段情节,言之犹有余憾,以为"欧美、日本留学生如此,其故在不研究中国历史风俗民情,奉欧美为至上",并预言"他日引欧美以乱中国,其此辈贱中国书之人也"。[2]因此,对于孙中山来说,历史中的科举制度之能够演化为共和民主宪法里的"考选权",自始即具有两重内涵:自横向而言,是欧西的"民选"弊端太过明显而不足以效法;自纵向而言,是中国人的共和民主不能不承接中国人的历史文化。20世纪初年的中国,是"辛丑、壬寅之后,无一人敢自命守旧"成为一种社会心理的时代。[3]风会所罩,则急切开新的人物立于潮头远看泰西,所见俱是彼邦的文明和中国的野蛮。身在其间以彼比此,显现的都是自居开新的人物历史意识普遍稀薄。所以朝廷停科举之日,科举制度实际上已成了一种没有历史而一推就倒的东西了。以这种当日的时趋所归为反衬,显然是同属开新人物,曾久处彼邦而近观泰西的孙中山之不为孟德斯鸠所囿,而着力申论科举制度的历史合理性,并十多年以来不动不摇,一以贯之,正在于欧西政象的弊端成为一种比照,使他对一千三百多年的科举制度的认知比别人更多了一重由现代看前现代的视角。而其不同于多数的别竖宗旨,与时潮逆向而立,又为那一段历史留下了可以长久思考的内容。

---

[1]《孙中山全集》第1卷,第444页。
[2] 同上注。
[3] 梁启超:《饮冰室合集》第3册,《文集》之二十五(上),第145页。

先人而倡停科举，又先人而反思停科举的梁启超和同一个时代里别立宗旨，与时潮逆向而立的孙中山由互不相同的心路和理路各是其是，之后交集于以科举精神为后科举时代重建文官考试的构想。对于已经停置的科举制度来说，这是一千三百多年历史的一种回澜和回声。然而同样能够深度理解科举制度历史合理性的潘光旦说：

> 文官考试亦取公开竞试之法，固与科举制相仿，与唐制尤近似，西方学者认此制来源，固亦承认不无取法中国科举之处。然文官考试，不论其为广义的，如英国之制，或狭义的，如中国现行之制［司法考试之类］，其目的几乎完全为政府供给服务人员，在与试者，亦不过以一种普通职业视之，成否之间，无关荣辱，故虽中文译曰文官，然与奖励人才提倡教化之大旨实无直接关系。至文官考试无科举制之差等性质，更不待言。[1]

显见得作为一种职业意义的取去之法，重建的文官考试已不能影响文化、影响价值、影响世风、影响政治、影响社会。他的话更切近事理和事实，因此回澜和回声只能是回澜和回声，已经停置的科举制度实际上已无从再造。

---

[1]《潘光旦文集》第8卷，第155页。

第三编

清末筹备立宪和民初的共和困局

第一章

共和与一个分裂的中国

20世纪的头一年,梁启超说:"中国自数千年来,常立于一定不易之域,寸地不进,跬步不移,未尝知过渡之为何状也。虽然,为五大洋惊涛骇浪之所冲激,为十九世纪狂飙飞沙之所驱突,于是穷古以来,祖宗遗传,深顽厚锢之根据地,遂渐渐摧落失陷,而全国民族,亦遂不得不经营惨淡,跋涉苦辛,相率而就于过渡之道。故今日中国之现状,实如驾一扁舟,初离海岸线而放于中流,即俗语所谓两头不到岸之时也。"[1]其时清末最后十年的新政才刚刚开始。而以此后十年在新政名义下造成的剧烈震荡和世路变迁相对照,他末了引喻的"两头不到岸"不能不算是一种先知和先觉。因此章士钊总论人物,曾比之为"汝南之晨鸡",比之为"知更之鸟"。[2]十四年之后,梁启超又说:

> 我国民积年所希望所梦想,今殆已一空而无复余。惩守旧而谈变法也,而变法之效则既若彼,惩专制而倡立宪也,而立宪之效则既若彼,曰君主为之毒也,君主革矣,而其效不过若彼,曰乱党为

---

[1] 梁启超:《饮冰室合集》第1册,《文集》之六,第29页。
[2] 《章士钊全集》第2卷,第510页;钱基博:《现代中国文学史》,第471页。

之梗也，乱党平矣，而其效不过若彼。二十年来，朝野上下所昌言之新学新政，其结果乃至为全社会所厌倦所疾恶；言练兵耶，而盗贼日益滋，秩序日益扰；言理财耶，而帑藏日益空，破产日益迫；言教育耶，而驯至全国人不复识字；言实业耶，而驯至全国人不复得食。其他百端，则皆若是。[1]

此日他已身在民国，而笔下描述共和困局，写照的依旧是两头不到岸："譬如泛舟，北溯固为断潢，南驶亦成绝港，缘延洄洑，迷复循环，诘其所届，莫之能对。"[2] 由晚清开始的这个过程在民国的一路延伸，既实现于一个一个变革之中，又直接地而且最终地倾翻和湮灭了一个一个变革。而后是"断潢"和"绝港"之间举目四顾的一眼望不到尽头，以及身在此中，扼腕以哀国运的感慨唏嘘。与梁启超的这段话相隔九年，又有孙中山统论辛亥革命之后中国的起落跌扑，而夹叙夹议之间发抒的同样是一派感慨唏嘘：

中国的革命有了十三年，现在得到的结果，只有民国之年号，没有民国之事实。像这样看来，中国革命十三年，一直到今天，只得到一个空名。所以中国十三年的革命完全是失败，就是到今天也还是失败。[3]

革命造就了民国，然则以"中国十三年的革命"为"完全失败"，陈说的也是十三年来的民国始终在两头不到岸之中。生当清末民初之间而际会风云，梁启超是一个与风云相伴的人，孙中山也是一个与风云相伴的人。他们的话都说明，20世纪初年的中国人是在两头不到岸中走向共和的，迨共和一经由理想转变为事实，则共和自身便不能不成为这个过程里的一部分，并因之而四面局蹐，在跋前疐后中失掉了本相，最终异化为"一个空名"。于是追述民初的共和，便常常要深作翻掘而溯其由来，走入那一段两头不到岸的历史之中。

---

[1] 梁启超：《饮冰室合集》第4册，《文集》之三十三，第80页。
[2] 同上注。
[3] 《孙中山全集》第10卷，第290页。

一 地方主义盛涨和旧王朝的土崩瓦解

1911年的辛亥革命由武昌起义开始,然而一场起于武昌的兵变能够演化为孙中山所说的"风云泱动,天下昭苏",[1]则大半是在八方呼应造成的八方坍塌中实现的。张一麐后来说,"辛亥之秋,武昌事起",继而北军入鄂,连战连捷,"汉阳既下,鄂事垂定。而湖南、陕西、云南、山西、贵州、江西、江苏、浙江、广东、广西、安徽、福建、四川、山东各省,皆追逐湖北民军之后,或就其都会,或一郡一邑,或一省而至十数处,宣告独立,纷纷设军政府,人心已去,大势瓦解"。[2]这些"追逐湖北民军"的省份以各标"独立"的方式汇入了辛亥革命,合为梁倾屋倒之势,促成了最后一个王朝的"大势瓦解"。然而省自"独立",同时便是一种纵向的省自分立和横向的省自分立。由此衍生的地方各成一局而各不相下,[3]为革命带来的又是一种内在的阻隔和外在的离散。但就始末溯源头,这种一时俱起的地方权力共趋"独立",又各为自立的取向和走向虽由革命触发,并成为革命过程里的一部分,其间造时势的群类则都生成和养成于清末新政的十年更张之中。

"武昌事起"发难于新军。然而章太炎为黎元洪作传,则举湖北咨议局议长汤化龙辛亥年间以一己之取舍立向背,直接影响了新军协统黎元洪的向背为事实,以说明革命之中的人物牵引人物和人物关乎政局。并而直言"武昌倡义,汤济武乃为元功",以见汤化龙当日的历史作用。[4]后来梁启超祭汤化龙,说其在湖北"主议席,遒人之木铎方循,武汉之义旗首揭",是以"溯维民国肇建,佥曰我公之

---

[1]《孙中山全集》第1卷,第577页。
[2] 中国史学会主编:《北洋军阀》第5册,第100页。
[3] 梁启超:《饮冰室合集》第4册,《文集》之二十七,第28页。
[4] 汤志钧编:《章太炎政论选集》下册,第586、845页。

力",[1]说的也是同一个意思。他们叙述历史,着眼的都是其时被称作"湖北人望"[2]的汤化龙个人。但作为咨议局的议长,汤化龙的向背实际上代表的是咨议局的向背,从而汤化龙的影响实际上代表的是咨议局的影响。在辛亥壬子之交的中国,这种向背起于湖北,而后又越出了湖北,在声气相应里鼓荡蔓延,构成了革命过程中共有的内容和情节。《辛壬春秋》说其时的湖南曰:

> 黎元洪信使日至,不能遽应也,然蓄虑待发甚急。党人陈作新、黄翼球、吴作霖等日赴军营称说革命,军人或信或否,不遽从。咨议局议长谭延闿见事急,亦言于众曰:文明革命与草窃异。当与世家巨族、军界长官谋之。延闿故世家子,物望所归,军人闻其言,则大谨曰:谭翰林且言之,大事可行。交语互勉,不数日,巡防营、新军皆变。[3]

湖南的革命最终实现于巡防营和新军的"皆变"。但在党人"称说革命"之后,"谭翰林且言之"又成为一种直接的动员,正说明湖南咨议局不仅深度介入了这个过程,而且隐隐乎主导了这个过程。在一个"起义伊始,各省率以武力相见"[4]的时代里,汤化龙和谭延闿分别以自己的"人望"和"物望"为顺逆立向度,显示了咨议局在武力造乾坤中被军界倚为凭借的大用。这种两头之间的连手合力由湘鄂开先,又在彼时的土崩瓦解里多见于湘鄂以外的粤、桂、闽、浙、晋、鲁、苏、滇、黔、皖、赣等等省自为界的各谋独立之中。[5]其间虽有过流派纷呈的会党合群结队,趁时而起,但他们野气太重。当日的亲历者说贵州哥老会因光复而成军,之后"各行各业,纷纷开公口,立山堂、头打包巾、身穿短打、背插双刀、额竖英雄结子的人,随处可见",遂使其自身成了地方秩序的"大威胁"。陕西的会党则反正之后

---

[1] 梁启超:《〈饮冰室合集〉集外文》中册,第719页。
[2] 张国淦:《辛亥革命史料》,上海:龙门联合书局,1958年,第83页。
[3] 尚秉和:《辛壬春秋》,甲子初秋辛壬历史编辑社印,湖南第五,第1页。
[4] 《民国经世文编》第4册,第2053页。
[5] 参见张朋园:《立宪派与辛亥革命》,长春:吉林出版集团,2007年,第7章至第10章。

以"广印票布",造出"码头林立,不能悉计"的局面。并一手把持地方,"鱼肉良懦,苛派钱款,乡人恐惶畏惧,直似满人入关"。[1]作为一个社会边缘的群体,此日之会党曾不同程度地出入乎革命。但会党本身内含的反社会性,又使他们既不能聚为中心,也不能进入中心。而后,在一时群起的翻江倒海之后,其中的大半便又在四面星散中回到了旧日的常态。因此,实际上造就独立和左右独立的力量,始终来自以省为界的咨议局和谭延闿所说的"军界长官"。

咨议局的主体是拥有功名的绅士,"军界长官"则分属朝廷命官。两者与朝廷本来都在久相连属之中,但清末新政以其筹备立宪的大幅度除旧布新日复一日地弛脱了这种连属,并使两者日复一日地变得今时不同往昔。

由于明代绅权肆张,导致清初着力抑绅权,[2]遂使此后近二百年间的绅衿大体上皆能以安分为本分。但19世纪50年代开始的内战延续了十多年之久,地方官为筹饷募兵所困,不得不广引绅士相助,从而不得不把绅权扶起来。有此一变,于是而有后来五十余年里地方绅士越来越主动地进入赈济、河工、团练、助饷、民教冲突、设厂开矿、维护利权以及开新守旧之争等等地方事务和国家事务之中,并因之而获得了一种不断伸张的绅权,同时又形成了一个不断积聚活力的绅界。在这个过程里,本与地方官合作的绅权,已常常会因地方利益而自为主张,与代表国家权力的地方官冲突。而这种冲突一旦出现,又会随绅权的不断伸张走向日趋加剧。时至20世纪初年,奏议论时事,总括而言之曰"近年以来,因官绅积不相能,动至生事害公"。[3]作为一种引人注目的现象,其中用为描述的"积不相能"一语,统指的显然不是个体对个体,而是群体对群体。因此,"积不相能"所反映的其实是官与绅之间在五十多年变化之后,可以对比而见的轻重消长

---

[1] 庄建平编:《近代史资料文库》第7卷,第463—464、529页。
[2] 瞿兑之:《杶庐所闻录 养和室随笔》,沈阳:辽宁教育出版社,1997年,第15页。
[3] 《清末筹备立宪档案史料》下册,第726页。

之势。绅权以地方利益为依托，因此，与绅权的伸张相为表里的，同时是自发的地方意识正在演变为自觉的地方意识。而这种由自发到自觉的演变，与那个时候中国社会的新陈代谢同步发生，则又成了新陈代谢中的一种历史内容。迨清末新政为营造富强而筹备立宪，又因筹备立宪而别创行省各立咨议局，官与绅之间的关系遂由此又为之一变。

在朝廷的预想之中，"咨议局之设，为地方自治与中央集权之枢纽，必使下足以衷集一省之舆论，而上仍无妨国家统一之大权"。[1] 显见得朝廷所期望的咨议局之用，是在提供舆论，所以咨议局的本位在舆论，咨议局的本分也在舆论。然而积五十多年伸展扩张之后，臂力茁长的绅权沿"各属合格绅民公举贤能"[2]的朝旨而聚合于咨议局，已使原本分处于"各属"的在籍绅士在观念上由个体连成了集体，并使每一个省都有了自己合法的绅界领袖。两者都会促成绅士依省份为界域的自相认同和以省城为中心的共趋归拢。而后是正在由自发的地方意识转化而来的自觉的地方意识，便成了一种分省而立的地方主义。当日在华的西人论咨议局，遂因此而推论"各省将获得比过去更多的独立性"。[3] 由于这种地方主义，被朝廷一厢情愿地当成"地方自治与中央集权之枢纽"的咨议局，实际上从一开始即自立于"中央集权"的对立面，"有意给朝廷增添麻烦，却无意减少麻烦"。[4] 而代表国家权力的疆吏，则常常在这个过程里成了首当其冲的一方：

> 浙江因浙路公司总理奉旨革职，不准干预路事。咨议局以公司总理，由股东公举，载在商律，请浙抚代奏，收回成命，一面停议待旨。浙抚札令开议，允开议后代奏，咨议局要求先行代奏，然后开议。浙抚不允，札令停会数次，势将解散。后浙抚允代奏，遂开

---

[1] 《清末筹备立宪档案史料》下册，第668页。
[2] 同上书，第667页。
[3] 莫理循著，骆惠敏编，刘桂梁等译：《清末民初政情内幕》上册，第649页。
[4] 同上书，第647页。

议。江西以加增统税，不交局议，系侵夺咨议局权限，呈请资政院核办。广东咨议局，以提议禁赌案，议员有反对者，致不通过。主张禁赌者，以禁赌不定限期为辞职，舆论大哗。反对者亦以此为辞职。全省绅民，要求速行定期禁赌，粤督初以赌饷筹抵无着，未允入奏，后以风潮日甚，奏请定期速禁，议会乃仍开议。广西咨议局以禁烟案公布后，桂抚擅将土膏店应禁之期展限，全体辞职。资政院请旨照原案办理后，始照章议事。此外湖南公债案、广西限制外籍学生案、云南盐斤加价案，由咨议局与督抚之争执，引起资政院与军机处之冲突。[1]

与之同属一类的还有直隶因"盐斤加价"，江苏因"宁属预算"而各自引发过咨议局与地方当局的对抗，又在未遂所愿之后越过地方当局，把这种矛盾直接送到了朝廷面前。[2] 就人情物理而论，这一类冲突和对抗里的咨议局未必事事都据有十足的合理性，但他们以地方主义为共性的"日与疆吏为难"，[3] 既显示了地方主义凝集人心的程度，又使地方主义自身在"日与疆吏为难"中一路发皇张大，不断地延展其深度，也不断地延展其广度。朝廷筹备立宪，以中央集权为本意；而绅界经由咨议局而搜入筹备立宪，则以地方主义为本位。两面都在规划立宪，但由此形成的却是地方主义与中央集权的直面相对，以及两头之间节节扩大的裂罅。

从奏议中的"官绅积不相能"到奏议中的"日与疆吏为难"，庙堂议论里的这种前后变化，正说明为"裒集一省之舆论"而生的咨议局，实际上已助成了绅界化舆论为权力，并且使绅权越来越直露锋芒地表现出主动性和进取性。这个过程与输入的新学相缠连，又使产自本土而非常古老的绅权获得了一种与东西洋学理相契合，从而与当日

---

[1] 伧父（杜亚泉）:《议会及政党》，载中国史学会主编：《辛亥革命》第4册，上海人民出版社，1957年，第70页。
[2] 同上注。
[3] 《清末筹备立宪档案史料》上册，第356页。

之时潮相契合的外观。一个西方人曾访问山西的咨议局局长,然后转述他的话说:

> 议会制的发源地英国给我们上了一课,即先伸冤,后给钱。几年前我们并不明白这个道理,现在才懂得。我们习惯于认为无论朝廷向人民索取什么,他们都应当予取予求,而今除非朝廷听从人民的要求,否则我们将拒绝向朝廷提供任何钱财。他说:这种威胁尚未付诸实施,但是我们已准备这样做。[1]

这些话借西国事例所表达的,仍然是被称为"朝廷"的中央政府与地方社会之间的利益之争,但其尺度已越出一时一事,放大到以"人民"为名义重造朝廷与地方之间行之已久的权力关系和权力规则,并以地方"威胁"朝廷为理所当然。时逢朝野各倡立宪又互争立宪之日,省与省之间虽因不同的地方利益而彼此界分厘然,而且越来越固化,但同属久在朝廷"予取予求"之下的一方,则借彼邦国会抵拒政府的成法以抵拒筹划之中的"中央集权",[2] 便很容易成为其间共有的徵求之所归和理据之所在,并因此而使分省的绅权得以沟通交汇,形成资政院与咨议局之间的纵向呼应和咨议局与咨议局之间的横向呼应。这个过程使本自地方利益的取向与时势、国运、公理、富强以及世界潮流羼杂在一起,成为面对朝廷的一派大义。于是而有宣统年间以咨议局为主体集群而起的赴京请愿"速开"国会,及其一起之后的再起和三起。时人撮叙始末说:

> 初定筹备立宪,以九年为期。各省议员,要求速开国会,始命缩改于宣统五年,开设议院,而将各省代表,解送回籍,违者拿办。[3]

自朝廷一头言之,在三次请愿之后"缩改于宣统五年",已是一种后

---

[1] 莫理循:《清末民初政情内幕》上册,第651页。
[2] 同上书,第650页。
[3] 金梁:《光宣小纪》,载章伯锋、顾亚主编:《近代稗海》第11辑,第314页。

退一步的迁就。但请愿一头犹以"千气万力,得国会期限缩短三年"为"言之痛心"的失败。[1]而"解送回籍,违者拿办",又非常容易地使不肯退让的一方由沮丧转化为愤怒。而后是本以速开国会为题目的朝野之争便随之而由浮面论说转向更深一层。曾在立宪名义下一时聚合,并把请愿当成合作的绅界中人既放弃了向朝廷请愿,同时便已放弃了与朝廷的合作。随之而来的是各省咨议局在离心离德中调头转身,以其各自改弦易辙与朝廷越行越远。而在这一番起落之中冒出头来,并因此而形成了个人影响的绅界人物,则大半都挟一腔愤郁不平之气先后走到了政府的对立一面。作为这个群体的代表,当日为国会请愿倾力呼号的梁启超,在请愿一挫再挫之后痛诋说:

> 夫孰使我百业俱失,无所得衣食者,政府也;夫孰使百物腾踊,致我终岁勤动而不得养其父母者,政府也;夫孰使我一粟一缕之蓄积皆供吏胥之婪索者,政府也;夫孰使盗贼充斥,致我晷刻不能即安者,政府也;夫孰使我祖宗丘墓之墟为他国宰割分崩者,政府也。政府日紾吾臂而夺吾食,日要于路而劫吾货,吾呼号颠沛而政府不我救,我宛转就死而政府不我怜。[2]

这些话以一种脱跳的笔法归天下之黑暗于政府,用意不在实证而在詈诟。与那个时候的革命论说相比,他的立足点归于咨议局一面,表达的也是咨议局一面的亢激忿切。但由此造成的直接结果,却是在革命论说之外,实际上与革命论说桴鼓相应地形成了另一种与朝廷对敌的论说。在这种各有怀抱的纷争不息里,朝廷推行新政,为筹备立宪而立咨议局以期收纳绅界和绅权;绅界和绅权则因筹备立宪而得借咨议局以伸展恢张和顾盼自雄。由此催发的朝野冲突以其了无结果演化为朝野之间的撕裂和脱辐,并使两面互争立宪的言说都成了浮沫。而对于根脉系于地方的咨议局来说,在撕裂和脱辐中与朝廷自觉悬隔的过程,同时又一定会是在撤去浮沫的返璞归真里不断深化和固化其地方

---

[1] 《中国大事记》,《东方杂志》第 7 年第 12 期,第 157 页。
[2] 梁启超:《饮冰室合集》第 3 册,《文集》之二十三,第 21 页。

主义的过程。稍后"武昌事起",则因清末新政而获得深化、固化和组织化了的这种依省而分的地方主义,便无须过度地合流于其时"亡国之速,未有如是之奇"[1]的土崩瓦解之中,在革命、光复、反正的种种名目下,以各自的次第"独立"助成了最后一个王朝在碎裂中的倾覆。[2]

与代表绅界的咨议局相比,当日一同造独立的军界虽因其以武力筑成的强势而拥有更多直观可见的万丈光焰,但在辛亥革命前夕,他们已同样是一种以省划界的地方性存在,并因此而同样附着于地方主义。对于本应以一统为归属的国家军队来说,这是一种不在常理和常例之内的显然异态。

当朝廷谋划立宪之日,出自庙堂的议论大半愿意取法中央集权的日本。其预想中的要端之一,便是借立宪以改造那个时候的兵制。其中考察宪政大臣达寿的一折由日本"军队统帅之权,全握于天皇一人之手"起讲,而后由远及近,言之尤其直白:

> 日本之所以克强者,全在乎是矣。夫我朝兵制,超越前古,统帅之权,本在皇帝,而军队行政,分寄之部臣疆臣,不独前代藩镇之弊可以扫除,即日本宪法所谓天皇有统帅海陆军大权者,我列圣天锡智勇,固已开之先例矣。自咸、同军兴,曾、左、胡、岑诸臣,督师剿匪,而疆臣间掣其肘,遂以兵权委之督抚,其后遂成惯例。循此以往,则统帅权与行政,必致两相混淆。[3]

因此,"今若采邻邦之新制,复列圣之成规,收此统帅之大权,载诸钦定宪法,则机关敏捷,既足征武备之修,帷幄运筹,实可卜国防之固"。[4]在"咸、同军兴"的十多年内战里,由团练蜕生的勇营在敉平太平天国的过程中取代了绿营,而这个过程造成的时势牵挽,同时

---

[1] 庄建平编:《近代史资料文库》第9卷,第490页。
[2] 丁文江等:《梁启超年谱长编》,第607页。
[3] 《清末筹备立宪档案史料》上册,第39—40页。
[4] 同上注。

又使本属朝廷所有的提调和指挥军队的权力移到了疆吏的手中,遂使"累代经武之规,所箫勺张皇,以为一朝堂堂王者之师者,不复见矣"。[1]就清代的祖宗家法而言,这是一种从内重外轻变为外重内轻的颠倒,但经五十年积久之后却已成了一世惯见熟识的常态。所以,此日用宪法的新道理对应中国的老问题,则日本之可取,全在于"采邻邦之新制"能够借新道理从督抚手里"收此统帅之大权",以重建朝廷和地方之间的内重外轻。而"武备之修"和"国防之固"之被引来助成论说,其实自身犹在一派憧憬而不知其所以然的推想之中。

这一套道理虽因筹划立宪而形成言之侃侃的阐述,其实际的存在和运用则更早地见之于此前刚刚成立的练兵处。曾任军咨副使的哈汉章说:由于袁世凯从小站练兵开始已"取材于武备学堂",致"北方军队的武备派成了一种势力,不能插进"。有此势力,则日本士官学校留学归来者遂只能以"分散各省"为出路。而同一个时间里满人中后起的良弼以强横露头角,常以"打破北洋武备势力"为怀抱,并以此陈说枢要。"所以练兵处成立就调在湖北的士官第一期吴禄贞,第二期哈汉章、易乃谦、沈尚濂等;又向各省增调第一期卢静远、章遹骏、陈其采,第二期冯耿光等数十人来京",各任"重要职务。于是练兵处就成为士官派的大本营,良弼即暗中作为士官派与北洋派争夺军权的领导者"。[2]这些叙述说明:自"兵权委之督抚"以来,经五十年的代谢和起落之后,此日已是北洋居于其中之独大,又因独大而被志在集权的练兵处最先当成对头和对手。而在两者之外别归一类的留日回国士官生,则既在这个过程中"分散各省",便从一开始就形成了一种与地方相属连的广度。虽说练兵处曾经调用,但散布于行省之中的数量还有更多,而且犹在陆续地增多。[3]在奉旨编练新军之际,他们很容易进入各省主持新军事务的督练公所那一脉里。其中相当一部分人已既从日本带回了革命的意识,也从日本带回了革命的身

---

[1] 王栻编:《严复集》第4册,第959页。
[2] 杜春和等编:《北洋军阀史料选辑》上册,北京:中国社会科学出版社,1981年,第41页。
[3] 罗尔纲:《晚清兵志》第5—6卷,北京:中华书局,1999年,第134—136页。

份。例如入京的吴禄贞,以及在湖北的蓝天蔚、在江西的李烈钧、在山西的阎锡山、在云南的唐继尧等等。因此,当朝廷中的主兵事者正为"争夺军权"而借重士官生的时候,士官生容易伸展,革命也容易伸展。

迨筹备立宪而改官制,练兵处遂变为陆军部而取代了旧日的兵部,之后由陆军部派生的军咨处(府)又后来居上,手臂远伸四面八方。在这种兵政的一变再变里,以北洋为对手而开始的自上而下"争夺兵权",已一路广罩南北,演变为朝廷与各地督抚之间的重重牴牾。蒋方震后来概而论之曰:光绪之间,可谓"练兵狂热时代。在朝则曰练兵,在野则曰尚武,而官民并进,新旧杂糅。而从旁赞助之者,则有短小精悍之芳邻,更继之以趾高气扬之学生,天下纷纷多故矣"。然后综论其中之因果说:

> 庚子以后,革命排满之说,稍稍闻于朝,而东人又艳称其废藩置县之盛业,于是中央集权之说大盛。自练兵处创办,以迄军咨府之成立,乃日日与地方争军权,名则挟"国家军队"四字为标帜,而隐则挟亲贵以遂其渊滕之私,各督抚益骄蹇不之从,故虽日日以中央集权相号召,实则系统已乱,除绝对私人军队而外,其余皆上不在天,下不在田也。[1]

当咸同年间因军兴而致"兵权委之督抚"之日,军队虽脱出了朝廷的直接指挥,却始终在疆吏的统辖和管束之中。这是一个由一种系统进入另一种系统的过程,因此兵事虽上不在天,而下犹在地,非能自外于章法之层层限勒也。但从练兵处到军咨处(府),始终都以中央集权为宗旨而一以贯之,并因之而着力于撕破五十年间疆吏统辖和管束军队的那个系统,而卷入其中的留学生则常常被当成要角:

> 光宣之交,各省督练公所,均受命于中央,公所总办一员,例

---

[1] 谭徐锋主编:《蒋百里全集》第1卷,北京工业大学出版社,2015年,第332—333页。

由中央简放，出身十有九系留学生。[1]

这里所说的"留学生"，显然是指彼时正一批一批学成回来的士官生。于是督练公所主持编练新军，士官生主持督练公所，遂使形成中的新军与疆吏越来越远，而与士官生一面越来越近。但朝廷为撕破既有的系统而给予这些"受命于中央"者的权力虽大，实际上却并不完整：

> 是时中央与地方，各以巧智相博；中央不能自筹款，势必仰诸督抚，乃欲令督抚筹款练兵，然后以中央集权之名义，一一收归自己支配；而督抚岂其愚也，故一面以筹款为言，故迟迟其进行，而一面则以维持地方治安为言，竭力保留巡防营。[2]

在这种"各以巧智相博"里，从各省产出并驻扎于各省的新军，便一面"受命于中央"，一面又须"仰诸督抚"。

由于"受命于中央"，新军已不在疆吏行之久矣的系统之内。而后有"1910年9月，两江总督解除驻南京第九镇部分军官的职务。镇统制徐绍桢表示反对，认为此类事情只能由他本人单独处置。两江总督向陆军部告发徐绍桢，但陆军部支持徐绍桢。于是，两江总督上奏朝廷，然而其奏折却被转到陆军部。该总督再次被告知，军务只能由军事当局处理，陆军部绝对信任徐绍桢"。[3] 这一段历史情节非常典型地说明：兵政的中央集权，要义是割断疆吏与军队之间的关系，以改变五十年来的权力结构。然而不受疆吏管束的新军又因地方供饷需为之豢养，而仍须"仰诸督抚"，并以其所在的地方为利益之归属。由此生成的是一种自然而然的地方性。而构成了各省新军主体的士兵以土生土长为征召之要件，[4] 则为这种地方性提供了不绝的源头和广袤的基础。于是不能"自筹款"以供饷需的中央集权虽高悬于上，但他

---

[1] 中国史学会主编：《北洋军阀》第1册，第965页。
[2] 《蒋百里全集》第1卷，第335页。
[3] 转引自冯绍基著，郭太风译：《军事近代化与中国革命》，上海人民出版社，1994年，第76页，注释65。
[4] 同上书，第28页。

们在养兵一面的这种力有未逮又成为对于集权直接的限制,使"受命于中央"的构想一经化为事实,其造就的系统只能算是半截。而对远离京城又散于各省的新军来说,半截的系统显然是一种没有足够笼罩力的东西,从而是一种没有实际管制力的东西。而后的朝廷和地方之间,遂成为既有的制度已被打碎之日,同时又是新立的制度无从成形之日。两者虽然含义不同,却共处于一种因果之中,并一同导致了蒋方震所说的"系统已乱",以及由此而来,为清代二百六十年里前所未有过的军队之"上不在天,下不在田"。而悬浮于上下之间,军队所获得的则是一种前所未有过的自主。与自主相因依的,又是已经渗入的革命意识在军中的散布和播染,获得了一种本来不可能有的自由空间。这个过程里的一个代表性实例,是曾被陆军部庇护而脱出了两江总督制束的徐绍桢及其第九镇新军,一年以后"响应鄂军,起义于南京",并以此"挽武汉垂危之局",以至于时论"谓共和政体之立,实权舆乎是,非奢言也"。[1]全军转向于一夜之间,正说明脱出了两江总督制束的第九镇,又不在陆军部的臂力所及之中。而由此助成江苏的独立,则以其自觉地和最终地归宿于江苏,显示了系统已乱的时势里,比系统更稳定的还是因土生土长而根脉相接的地方性。而后是军界的地方性融入了绅界源远流长,并正在因时盛涨的地方主义之中。在这种曲折里,革命实现于独立,而与之俱来的却是每个省份都以自己的独立呼应其他省份的独立,同时又因其他省份的独立所映照出来的彼己之界而各自自立主体,并以地方之间的互相区分而各成一派统绪。

二 共和与一个分裂的中国

清末最后十年的新政以筹备立宪的大幅度变法催化了剧烈的震荡,

---

〔1〕 庄建平编:《近代史资料文库》第7卷,第323页。

又在剧烈的震荡里走向了自己的了局。然而这个过程中造就的社会变迁和社会力量，作为一种事实上的存在和改变了历史的存在，则仍然在把这个过程中形成的走向与关系带入后起的历史过程之中，并且以此深入地影响了后来的历史。因此，身当鼎革之际，时人直观鼎革，注目的地方正是前一个时代造成的土崩瓦解，以及土崩瓦解留给后一个时代的因果。一则政论说："民国草创，肇自地方，当夫南北未合，统一政府未定之前，天下无一尊之号，其时即省自为政。都督挟一时威望，兼领军民重寄，以图维持本来秩序。"[1] 这段文字以"民国草创，肇自地方"为总括，纪实地说明，"省自为政"是在前一段历史留下的既成之局里，由时势造人和人造时势产生出来的，而作为"一尊"的民国又是由"省自为政"派生出来的。因此，"民国草创"的过程不会没有众声喧哗，以及众声喧哗里的彼此异同和前后曲折。武昌起义之后北军南下讨伐，之后又息战议和。同年十二月，严复奉派列名于朝廷"代表"之间，遂成为亲历亲知的局中人。当月中旬他在给陈宝琛的信中说，此行曾在武昌青山与"党人有名望者"约二三十人对话，"谈次极论彼此主旨"。然后"约而言之"曰：

一、党人亦知至今势穷力屈，非早了结，中华必以不国。故谈论虽有争辩，却无骄矜之气，而有忧深远虑之机。

一、党人虽未明认君主立宪，然察其语气，固亦可商。惟用君主立宪而辅以项城为内阁，则极端反对。

一、党人以共和民主为主旨，告以国民程度不合，则极口不承。问其总统何人为各省党人所同意者，则以项城对，盖彼宁以共和而立项成为伯理玺得，以民主党纲箝制之，不愿以君主而用项城为内阁，后将坐大，而至于必不可制。此中之秘，极耐思索也。

一、无论如何下台，党人有两要点所必争者：一是事平日久，复成专制，此时虽有信条誓庙，彼皆不信，须有实地箝制；二是党

---

[1]《民国经世文编》第1册，第174页。

人有的确可以保全性命之方法,以谓朝廷累次失大信于民,此次非有实权自保,不能轻易息事。

　　一、若用君主,则冲人教育必用新法,海陆兵权必在汉人之手,满人须规定一改籍之制。

这些表述虽然出自武昌的"党人",但各省的"党人代表始皆已至武昌",由于北军在龟山炮击而刚刚转赴上海,盖"彼等在此之议已有眉目也"。所以"以意测之",其他"党人代表"的取向应与此间二三十人的主张"大抵相合"。[1]在南北直面相对之间作这种"极论彼此主旨"的对话,无疑既是在表达认真的态度,也是在表达真实的立场。然而认真和真实都说明:即使是"以共和民主为主旨"的党人,其时也曾为君主立宪留下过一种不得已而求其次的可能。若就严复记述之篇幅和内容而言,他们对后一面的思考其实更多而且更具体。[2]由此形成的是一种明显的游移。而与这种游移相比,他们对袁世凯个人的猜度和提防则表现得尤其全神贯注并言之直白明了。

与这种革命党人曾经有过的游移相对比而格外引人注目的,是相近的时间里程德全、汤寿潜以江苏都督和浙江都督的名义倡说"自武汉起义,各省响应,共和政治,已为全国舆论所公认。然事必有所取,则功乃易于观成。美利坚合众国之制,当为吾国他日之模范",并请"各省举派代表,迅即莅沪集议"。[3]程德全曾是旧朝的江苏巡抚,汤寿潜则归属于咨议局一脉,本来的立足点都在革命之外。因此他们此日之直取共和而不为君主立宪所游移,便以其借用美利坚"之制"以提调大局的主动和急切,显出了一种不容易用常理推度的促迫。后来张一麟作《五十年来国事丛谈》,其中一段说:

　　辛亥江苏独立时,作者正从程都督于南京,一日某国领事来

---

[1]《严复集》第3册,第502—503页。
[2] 武昌受炮击之日,黎元洪曾告诉英国总领事,"愿意接受袁世凯不久前向他提出的条件",即"君主立宪",见莫理循:《清末民初政情内幕》上册,第803页。亦见严复的记述并非一面之词。
[3] 庄建平编:《近代史资料文库》第2卷,第87页。

谒,程屏左右言。是夕都督密语余明日将经沪请黄大元帅,余曰:"何也?"答曰:"今日某国领事以某公使密电示余,谓南方非另立政府不能推倒满清,故余必自往促克强来沪。"次日都督即行。[1]

程德全与"某国公使"之间的这种交往,显示了辛亥年间中国时事在外来影响下更多一层的曲折。而引此以作对读,则由他领衔的倡说虽以"共和"为主张,但其意中的共和,内容和指向其实已与革命党人的初想并不会全然相同。与这种出自南方的同其名而未必同其义相比,北方之言及共和,旨义常常更悖。赵秉钧曾说,清末唐绍仪奉派使美,回京之后洪述祖"力劝其不就邮传大臣职务,乘此机会,仿照美、法,将中国帝制,改造民主":

> 其进行,一方面挟北方势力,与南方接洽;一方面借南方势力,以胁制北方。其对于宫廷、亲贵、军队、外交、党人,都有运用方法,照此做去,能使清帝退位。清廷无人,推倒并不甚难,可与宫保[袁]详密商定,创建共和局面。宫保为第一任大总统,公为新国内阁总理。[2]

后来北方的一路逆取大抵与之相仿佛,因此赵秉钧在民国初年口述旧事,为的是"称赞洪述祖之才"。[3]但这种对于"民主"和"共和"的随意挪用和信口曲解,反映的却正是其群体意识与"民主""共和"之间不相沟通的深深隔阂。出现在南方的这种实例和出现在北方的这种实例,以其主体人物各自不同的代表性,信而有征地说明:辛亥壬子之际,"共和政治"虽回声四起而成为一时政见中的共鸣,然而其各自立说的取义和着眼点却又并不相同,并常常很不相同。与严复所记述的革命一方之曾经游移相映照,正可以见当日志在重造乾坤的一方之各有怀抱,以及"民主""共和"的各有理路。由此汇成的,遂只能是一种可呼应而不可对应的共鸣。而其时在华的外国人旁观中国

---

[1] 张一麟:《古红梅阁笔记》,上海书店出版社,1998年,第56—57页。
[2] 张国淦:《辛亥革命史料》,第289页。
[3] 同上注。

社会在土崩瓦解里的众生相，曾统而言之曰："目前，中国舆论总的趋势是赞成革命党人，因为他们相信在国民政府之下，他们赋税的沉重负担和其他国民义务会减轻。"[1]这种概括以更大的范围和更多的人口为对象，而描画的则同样是一种表象的共鸣和内里的缺乏同一性。

这种缺乏同一性的共鸣形成于辛亥革命之后，与"民国草创，肇自地方"同起于一个历史过程之中，并因同归于一个问题而相互牵结勾连。所以，以那一代人的思想观照历史，显然是其表象的共鸣为"民国草创"提供了一种解释，而由思想而及群类，则其内里的缺乏同一性又为"民国草创"提供了另一种解释。前一面说明了为什么严复笔下武昌的党人犹未全脱游移，而二十天之后民国政府已在南京成立；后一面则说明共和虽然立于学理，而时当"省自为政"之日，造共和的局中人之所以选择了共和，并非全在学理的说服力。辛亥革命后二十多年，章太炎曾说：

> 所谓辛亥革命者，其主义有二：一、排斥满洲；二、改革政治。前者已达目的，后者至今未成。
>
> 当时之改革政治，亦只欲纲纪不乱，人民乐生耳，若夫以共和改帝制，却非始有之主义，乃事势之宜然也。
>
> 武昌立政府后，黎元洪为首，同盟会则以孙文为首，国之元首有相争之局，故行共和制以均衡权力，乃举孙大总统，黎副之，此固不得不然之势，而事前筹备实未尝周密也。[2]

就同盟会誓词中已经列有"建立民国"的事实而言，章太炎追溯革命"始有之主义"的论说显然不能算是全部合乎当日的本相。但就卷入革命的党人在各自为战中往往以自行取舍为常态而言，则作为愿景的"民国"又很容易被置于度外，并在实际上常常被置于度外。一个当年身在广西的党人回忆说：广西同盟会最初用"驱逐鞑虏，恢复中华，建立民国，平均地权"为誓词，后来主事者"说这是在外国提出

---

[1] 莫理循：《清末民初政情内幕》上册，第808页。
[2] 《章太炎政论选集》下册，第839—842页。

的，不合中国人的口味，改为'誓同生死，志共恢复，此心可表，天实鉴之'"。[1] 民国一节，遂被归入"不合中国人的口味"而成了可以漠然置之的东西。若以孙中山后来所说的初创改革之议，"亦有慨然赞同者，但改革是一事，改革后之政体是一事。当时同志，但知政治之当改革，尚未尽知政体改革之根本大计，则所谓改革者，仍属易代之常轨"，以及"不图革命初成，党人即起异议，谓予所主张者理想太高，不适中国之用，众口铄金，一时风靡，同志之士亦悉惑焉"[2] 相比较，则党人中类同广西同盟会之自为取舍的情状应当不在少数。以历史中的这一面为事实，则俱见清末革命此起彼落于人自为战，与"志共恢复"相比，自觉的共和意识其实常在稀薄模糊之中而未能厚积。因此革命之后由"省自为政"而走向共和，比共和意识更直接地影响和促成了这个过程的，其实正是章太炎所说的"事势之宜然也"。

作为一种比照和印证，是武昌起义后一个月，梁启超在日本远望中国，已切论"今既有各省独立之事实，人人忧将来统一之艰"。[3] 他注目的是同一种"事势"。而"各省独立之事实"之所以会化为他意中的"统一之艰"，本自于"各省独立"已经生成了一种相互颉颃而各立主体的对等和平等。因此，以梁启超的深忧为眼光看这一段历史，则共和之能够成为"事势之宜然也"，在章太炎所说的"国之元首有相争之局"之外，其更深一层的含义还在于各省同造的共和仍然维持和保全了这种随独立而来的对等和平等，并因对等和平等而得以延续其各为自立，以地方为本位的相互对待。在这种变迁里，清末茁长的地方主义沿"事势之宜然也"进入了共和，又因进入共和而获得了一种合法性，而"事势之宜然也"本身的权宜一面也由此而见。因此，民国政府成立之日，其宣言虽以"今者各省联合，互谋自治，此后行政期于中央政府与各省之关系，调剂得宜，大纲既挈，条目自

---

[1] 庄建平编:《近代史资料文库》第7卷，第488页。
[2] 《孙中山全集》第3卷，第321页；第6卷，第158页。
[3] 梁启超:《饮冰室合集》第4册，《文集》之二十七，第30页。

举"为"是曰内治之统一",[1]但以"各省联合"共造出来的"内治之统一",实际上只能是一种与"省自为政"和"互谋自治"同存于民国政治之中的"统一",从而是一种悬空的"统一"。时论谓之"中央当纲维解弛之余,威信不能行于各省。各省以政教自专之故,号令不复秉于中央"。[2]作为一个历史过程,这种上下之间的倾倒发端于清末中国而为民初中国所承接。虽说革命已把帝制与共和截为两段,但历史过程的连续性又以两者的前后相接,显示了这一场革命所改变不了的东西,并比文字的宣述更真实地说明,梁启超所说的"统一之艰"其实刚刚开始。

作为一种曾经的事实,革命自始即实现于地方对于朝廷的独立之中。而在时序交迭之中,民国政府成立之日,犹是革命震荡的余波未歇之时。因此,民初中国面对的深刻矛盾,便是前一段历史里脱出旧朝的地方独立,在后一段历史里已实际地成为共和之下的地方分裂。对于一个国家来说,这是一种显然的脱轨,但对于一个生成于这个过程之中,并自始已在悬空当中的中央政府来说,这又是一种无从罩定和制约不了的状态。是以"民国草创",与之俱来,并为一世所目睹而成其触目惊心的,正是由"二十余省之瓦解"演化而成的"情如胡越"和"势同割据"。[3]时当"义师大起,全国景从"[4]之日,这种演化常常已以革命为名义而视彼省为异己。辛亥年江西光复,随后出兵安徽。皖人的记述说:

> 九江驻安庆之一军,在我会场宣言来此攻南京之师也,杯酒相逢,殷勤握手,而一切东征款项,以皖库之枯穷,已允担任。乃该军自九月二十五日狂突以来,至今凶焰未熄,驱我都督,屠我人民,劫我军械,夺我库储,搜括商户,更及民家。破宅焚巢,城空市断,一言不合,瞬刻命尽,同胞之绝吭洞腹,日有所闻。咨议局

---

[1] 《孙中山全集》第2卷,第2页。
[2] 《民国经世文编》第1册,第336页。
[3] 《民国经世文编》第1册,第2098页。
[4] 《孙中山全集》第2卷,第84页。

> 议长窦以珏为吾三千万人之代表,因之欲杀者至再至三。吴春阳者,有力于恢复者也,身被七枪而殒。天昏地黑,人道何存。[1]

彼时的江西和安徽同在反正之列,但赣省与皖省的界限则越益分明。赣军之能够借"攻南京"之名入皖地杀人劫财,正非常具体地说明,在一个分省独立的时代里,革命的大义是很容易被利益之伸展淹没掉的。同属一类的还有光复之后的云南。与赣军之伸手劫掠的漫无章法相比,辛壬之际,滇军的云南意识则更能规划长远而言之井井有条。其间尤其使人印象深刻的,是云南与四川比邻,因此以云南经营四川为理势兼备而天经地义:

> 故欲固滇藩,维大局,非速平川乱不可。然川政府无力维持,非我军监督改造催促进行不可。欲达此目的,又非据自贡两井财源,打通江路不为功。[2]

之后滇军以"援蜀"为名目入川,于纵横川南之日一面剿"会匪",一面占自流井,并杀"重庆军政府所派之川南总司令黄方",又辱巡按使郭璨,致"川人群怨",聚"蜀军数万"与滇军"开衅"。[3] 遂使这种以反满为理由的"援蜀",在清室退位之后演变为云南军队与四川军队的武装对峙。虽说后来以文字追叙其事常常会牵出种种是非曲直,而当日真正能成为道理而支配一方的,其实不过是"欲固滇藩"的云南意识和"川人群怨"的四川意识。两者虽各成一面,却既相对称又相对应。这种因"二十余省之瓦解"而互相扞格的地方主义,以省与省之间的界域辨汝我,并因此而以锋芒向外为当然。但时当"二十余省"次第"瓦解"之日,光复之名既成天下之公器,则独立往往自发而起,之后是同属一省,又人以群分而各自开府。《辛壬春秋》叙述这一段历史,举江苏为例说:

---

[1] 中国史学会主编:《辛亥革命》第7册,第176—177页。
[2] 庄建平编:《近代史资料文库》第7卷,第403、423—424、427页。
[3] 庄建平编:《近代史资料文库》第7卷,第403、423—424、427页。

> 江苏一省，有军政府三，苏州、上海、清江是也；有分府二，扬州、常州是也；有留守府一，南京是也。论阶级，则以留守为最尊，然号令行于军队，而不及省（城）外。论名分，则以江苏都督为最正，然权限且不能及于分府，遑论清江与上海乎。

与之俱来的，便不能不是"统系不明，政令歧出"。之后由江苏广推而论之曰"一省如此，全国可知"，[1]以明言这种景象在那个时候的普遍性。

对于一省而言，由此形成的已是一种向内而生的各立界域和各逞锋芒，其实际上的扩展之势又常常不会到"分府"而止："各省自举都督，又复互争都督，又复军政分府，其下群吏互争，其属府县又互争，甚或一省而有数督，一县而有数长，又下之地方乡长之自举而内争，骄将拥兵而桀颉，豪猾乘时而盘据。"[2]于是在国家因"二十余省之瓦解"而形成重重间隔的同时，一省的界域之内也在这种"互争""又争"和"内争"中形成重重间隔。曾经造就了光复和反正的地方独立，在光复和反正实现之后已成了一种沿"人自为政，地自为域"而自发生长和无度生长的东西。梁启超说：

> 夫人情对于全国之利害关系，不如一地方之利害关系为密切也。欲在全国争权利，又不如在一地方争权利之较容易也。于是而省而府而县而乡，各自为界，豆剖瓜分，至于不可纪极，而各皆以排外为唯一之能事，遂以二千年大一统之国，几复返于土司政治。[3]

把"一地方之利害关系"看得比全国之利害关系更"密切"，以及由"一地方之利害关系"而"以排外为唯一之能事"，仍然是在地方主义之中。但比之晚清的地方主义犹能以省城立聚合之重心，则这个时候的"豆剖瓜分"至于"不可纪极"，显然是正以其四分五裂走向极端，

---

[1] 尚秉和：《辛壬春秋》，江苏第十三，第7页。
[2] 汤志钧编：《康有为政论集》下册，第714页。
[3] 梁启超：《饮冰室合集》第4册，《文集》之三十，第17页。

而使地方几乎不复成为可以生息的空间。因此，虽说就总体论时事，其时易见的是"今危亡中国之患，尤在各省自立也"，[1]但从各省朝下看，又易见各省之"自立"，其实底基各布裂孔而脚下并不牢靠。

地方在分合之中，便是人物在分合之中。时人说"民国肇兴，事事尽翻前局，昔之以一姓而扫荡群雄者，今则合群雄而掊抶一姓"。[2]这种"尽翻前局"的革命方式既促成了"嬗代之速，为旷古所未有"，[3]也使"群雄"变成了"嬗代"之际的实际主体和实际主导。与"一姓"相比，"群雄"以不能归一为存在状态，是以曾经起于地方而合力推倒君权之制束的"群雄"，在地方各得自主之后又很容易地由相分而相争相敌。当这个过程开始于南方之日，与之相对应的犹是"袁[世凯]以一身总北方之全局"。[4]所以，在时间上南方的脱散和割据出现得更早。然而北方的瓦解虽然在后，却自瓦解一开始即以其大规模的群相厮斗把中国急速地推向了全面分裂和彻底分裂。袁世凯死后，康有为曾说："袁世凯虽篡盗称帝，然北洋军队，皆由其卵育，故犹能统一之，故中国不致分裂。及袁世凯死，则张勋、段祺瑞、冯国璋、王士珍各比肩并立，已无能统一北军之人。"今冯、段二人"资格较高出于诸将之上，尚可暂领之，若冯、段二人而去也，则北军诸将，人人平等"已无可统驭，"于是远结南方，近结同盟，各谋自立，北洋军派，分为十余国可也"。[5]同一个意思，严复说：袁世凯经营多年，而"中道即世，而藩镇之祸遂成"。[6]其间的由合而分虽然发生在袁世凯的身后，但追溯由来，则被视为祸首的显然仍旧是袁世凯。在这种因果里，相比于南方的分立大半沿各自独立而来，则北方的由合而分更明显地以个人依附的存亡为转移。是以论其由来，后者既很少有前者那种与光复一役的历史关联，也很少有前

---

[1]《民国经世文编》第4册，第2111页。
[2] 张彝鼎：《点评辛壬春秋序》，载尚秉和：《辛壬春秋》。
[3] 吴闿生：《序》，载尚秉和：《辛壬春秋》。
[4] 庄建平编：《近代史资料文库》第7卷，第283页。
[5]《康有为政论集》下册，第1033页。
[6]《严复集》第3册，第676页。

者那种与地方主义的历史关联。但以"藩镇"比北方的分裂，又说明在辛壬之后的中国，随个人依附的消亡，"各谋自立"的实现又只能立足于地方和附着于地方，于是而有直派的八省同盟和皖派的十一省同盟。与南方自然形成的地方主义相比，北方以军人为主干，"八省"和"十一省"都是用武力造出的地方主义。而后是地方主义与政潮起伏作应和鼓荡，形成了南北之间由地方而派系的既支离破碎又各相缠绕的莫可名状。熟知当时政事和人物的张一麐曾通论南北，举其大要说：

> 直皖相峙，本为北派内部之争，然与南方政局亦暗相牵连，即于地盘之伸缩尤有密切之关系也。盖自直皖对峙，其对南态度显有不同。直派趋向桂派及政学系，皖派接近滇派及国民系，早经表露，多庸讳饰。迨国民系与政学系屡起冲突，李根源与李烈钧为争驻粤滇军管辖问题，几酿战事。由是军府解体，议员四散，南方派系益形分离，而两派附和皖、直之迹象亦益着。皖派督军通电发表新旧国会联合制宪之主张，而直派则反对之。在沪国民系四总裁宣言与北方继续议和，而广州岑系诸总裁则不予承认，并撤唐绍仪总代表职，易以温宗尧。而南北四派离合之实况，不已彰彰可见乎。初为南北之争，形如横线。今则北之两派与南之两派各自接近，仍合为两派，而改成纵线。

然后引种种史事说其间之曲折，归之于："是则南北数派之明争暗斗，怪象百出，皆不过为地盘问题而已。"[1] 曾经身入"南方政局"的孙中山出局之后谓之"南与北如一丘之貉"。[2] 亦见同在乱世之中的心同理同。这种由"横线"而"纵线"的分裂，显示的既是分裂的复杂化，又是分裂的固结化，在那个时候，两者最终反照的都是分裂程度的深化。而"横线"和"纵线"之外，还有源远流长且不息不绝的各

---

[1] 荣孟源、章伯锋主编：《近代稗海》第4辑，1985年，第20—21页。
[2] 《孙中山全集》第4卷，第471页。

色"假地方主义以反抗中央，藉团体名称以驱除异己"[1]的各谋扩张者，以及啸聚一方而"上胁长官，下暴小民，良懦鱼肉"致"民不聊生"[2]的不能入流者。他们更等而下之，却又于民间更切近。而后是举目四顾，从全国范围这种掀动政局的南与北争，同时又南与南争和北与北争，到地方社会更加没有章法的以利相分和以力相争，"一省之内，分数区焉"，[3]遂使一个共和的中国自产生之日开始，便不能不与一个已经分裂并日趋深度分裂的中国相为表里。辛亥年间的革命造就了共和，然而同一个过程里形成的重重分裂，又使共和不能不为这种与革命本身因果相连的震荡所窒塞，长在四围困厄之中而无处落脚生根。

三 用武力表达政治的时代

辛壬之间的独立是由军人实现和支撑的。"革命事业出诸军人之手，故大权悉揽焉，即向无一兵者，亦为尝鼎焉，以为权者力之所表现焉。"[4]因此随独立之演化成为分裂，与之一路相伴而来的世变，便最先见之于武力的膨胀。时人刻画其时群体心理说，当"革命进行中，啸聚裹胁，惟恐不多，恨不得举全国之民，编入革命军中"。[5]与这种刻画相对应而为之提供实证的，便是革命一方的军队在极短的时间里大幅度扩张。丁文江曾作《民国军事近纪》，说宣统元年（1909）陕西新军不过一协，至"辛亥革命，陕西响应，民军纷起，骤增至百余营"。又说"辛亥革命，首事于武昌。民军据汉口与北军

---

[1]《民国经世文编》第4册，第2181页。
[2]《康有为政论集》下册，第714页。
[3] 庄建平编：《近代史资料文库》第2卷，第548页。
[4] 中国史学会主编：《北洋军阀》第1册，第1053页。
[5]《民国经世文编》第4册，第2607页。

抗，仓卒成军者八师二旅"。[1]相比而言，同时的广东反正之后，更多的是自发而起，"各民军名目繁多，有万字营、顺军、福军、领字营、康字营、石字营，兰军敢死队及其他三五营的民军小统领不可胜计，传说有拾余万之众"。[2]

这一类与革命俱来的多兵虽然普遍地出现于革命发生的地方，但造成的其实只能算是一时之声势。附着于"纷起"和"仓卒"的匆促性和脆弱性，都决定了其中的大部分既因革命之起散漫而来，又会因革命之落散漫而去。然而由后来的史事作观照，这种聚兵以革命的历史过程，实际上已经为多兵时代开启了一种先声。在继之而起的天下分裂和世路动荡里，聚兵以革命变为拥兵以自立，遂为中国召来了一个真正多兵的时代。其间的二次革命虽旋起旋灭，却在民军的溃败和北洋势力之"侵入东南"的此进彼退中，直接造成了北洋一面的大幅度扩军。这是因南北之争而多兵。十年之后，"[第二次]奉、直之战，为民国以来最重要之战争，原有之直军，消灭殆尽，然战胜各军，均极力扩充"，以致"北军养兵，反自此愈多。"[3]这是因北与北争而多兵。同时的南方有滇军、桂军、湘军、川军、粤军等等名目而亲疏殊异，遂于合纵连横之中以各增体量为常态和惯态。随后是仅广东"西江五邑"的弹丸之地所供"各军给养"，已"日需九万"。[4]这是因南与南争而多兵。由此形成的拥兵而相争和因相争而扩兵是一种循环：前一场战争催生了更多的兵，而后更多的兵又在为下一场战争催生。于是多兵之世同时便成了多战之世。时人以五十年为期比较晚清与民国的兵祸说：

> 内乱则以等级数而进步焉。最初三十年一次，自回乱迄庚子是也。其次则十年一次，自庚子迄辛亥是也。其次则三年一次，自辛亥迄癸丑、自癸丑迄帝制是也。再其次则一年一度以至二年一度

---

[1] 庄建平编：《近代史资料文库》第2卷，第375、410页。
[2] 庄建平编：《近代史资料文库》第7卷，第312页。
[3] 庄建平编：《近代史资料文库》第2卷，第315、347页。
[4] 同上书，第461页。

矣,有若复辟、有若护法、有若川滇、有若闽粤、有若直皖、有若湘鄂。昔也有乱而后有兵,今也有兵而后有乱。[1]

在这种三十年一次变为二年一次和一年一次里,由独立衍生而来的分裂,已日益变成面目狰狞的武装割据,以"我国积贫甲于世界,兵额之众竟骇听闻",而成其"强者拥以益地,弱者倚以负隅",并"始则强与弱争,继则强与强争,终则合众弱与一强争"。在其所到的地方,一路留下的则是"积骸齐阜,流血成川,断手刖足之惨状,孤儿寡妇之哭声,扶吊未终,死伤又至"。[2]而同时见之于呈告的皖人诉安徽督军倪嗣冲以枪毙、拘囚,"缇骑四出"造为"惨劫";赣人诉江西督军李纯"搜括民财,捕杀无辜";湘人诉湖南督军汤芗铭"滥纵官吏,广蓄鹰犬,良民无辜枉死及破产者,不堪枚举";闽人诉福建督军李厚基"违法滥杀";川人诉四川督军陈宧焚烧"民房二千余家,劫银三十余万";桂人诉广西督军陈炳焜"违法病民",等等,[3]都为"有兵而后有乱"在那个时候所达到程度,提供了一种具体的写照。然则从晚清的"有乱而后有兵"到民初的"有兵而后有乱"是本被驱使的东西变成了主体。作为直接的结果,便是被共和当成主体的民权,连同被儒学当成要旨的民本都因立义与之不同,自始即成了不能与之相容的物事。而随"有兵而后有乱"而来的"地盘"一词虽然仍与具体的地方相对应和相属连,但起于地方的群诉督军,以及这种群诉大半以绅界为代表人物,又说明"地盘"所对应的那个空间范围,已更多地归依于拥有武力者和代表武力者,遂使其含义别成一派,与晚清以来的绅士代表的地方主义明显地不相等同了。就来龙去脉而论,亦见曾经造就了世变的东西自身又不得不常在世变的播弄之中而变得今昔殊异。

自辛亥以后的十多年里,中国因地方的层层分裂而不复能有本来

---

[1] 中国史学会主编:《北洋军阀》第1册,第1041页。
[2] 中国史学会主编:《北洋军阀》第4册,第57—58页。
[3] 同上书,第541—549页。

意义上的国家权力。又因其层层分裂于一个多兵的时代而与武力深度融合，彼此固结。而后是国家之为国家的上下失序和里外交困成为大患。

就政情而论，从南京临时政府到北京政府，民国之异于前清，而最直接地关乎其时国计民生的，是层层分裂之下的上下等威扫地，致"县款不解于省，省款不解于中央"的国赋截留于地方而中央遂无财政可言。[1]同地方与地方之间的互相比肩而立又彼此各分畛域相比较，这是一种上下之间的畛域和地方与中央之间的畛域。1912年熊希龄在参议院陈述政见，曾总论当日之国计，以说明中国的共和是产生于一个国家财政山穷水尽的时代里：

> 中国财政困难，在前清时代已有国家破产之兆。民国初兴，各省独立，财政更形分裂。以今日之中央现状言之，对于财政，一方面可谓违国家之原则，以其仅有支出，并无收入也；以其支出纯恃外债，而国民无负担之能力也。言念前途，危险万状。[2]

"各省独立，财政更形分裂"，正所以言地方与中央之间的难于沟通往来。后一年他出任国务总理兼财政总长，于这一面的竭蹶困窘尤能列举数目而言之详备：

> 以中央言之，约计今年十月至明年六月，须支出之费，除铁道借款须另行设法挪补外，自其余各费尚需二万一千六百余万元，每月平均二千四百余万。其中国债费约占一万五千万元，平均每月一千六百余万元，占三分之二以上。而收入则本年正月至六月，共收五千八百万元，每月平均不过一千万元。其中盐关两税，占五千七百万元，每月平均九百五十万元有余，占百分之九十五以上。此皆担保外债者，以还长期诸债息犹苦不足，更无论行政军事各费也。

然后由中央而及地方说：

---

〔1〕《民国经世文编》第6册，第3690页。
〔2〕周秋光编：《熊希龄集》中册，第531页。

乃今者各省于前清额定应解中央之款，与摊派赔洋各款既已尽停，计自民国纪元以迄今兹，所收齐、豫、湘、粤、赣等解款不过二百六十余万。地方既不负担中央政费，宜若易于自给，而环顾各省，其仰屋兴嗟之状抑有甚焉。计两年以来，中央除代偿各省应摊赔洋债各款七千七百余万元不计外，其特别协助各省之款，已一千四百余万元。又代各省偿还所借地方债一千三百余万元。此皆中央额外支出，为前清所无者。

他所说的"地方既不负担中央政费"，对应的是"省款不解于中央"。而与各省"仰屋兴嗟之状抑有甚焉"相对应的，则显然是"县款不解于省"。这些数字描述的是民初中国的财政困境，却同时又非常明白地说明，二千多年以来久成"天经地义"[1]的地方输送中央和中央调度地方的财政关系，已在民国初年随"各省独立，财政更形分裂"而断裂。而后是一个没有财政来源的中央政府，便不能不成为一个没有行政能力的中央政府。

起于民初的这种地方"不负担中央政费"既由"各省独立"而生，则一定会随各省独立而存。因此，除了袁世凯那一段并不长久的"一人政治"[2]以外，民初开始的这种上下断裂便大体上成为民国历史中地方与中央之间一路相沿的常态。直到1925年，时任财政总长的李思浩统论国家收支，说的仍然是"该年各省收入仅有十分之一缴归中央，其余十分之九自行支配"，[3]与十多年以前熊希龄的陈述犹在同一种境界之中。起家都督，之后既做过副总统，又做过总统的黎元洪置身其间，于此熟视已久而知之甚稔，曾言之痛心疾首地说："度支原则，出入相权。自拥兵为雄，日事聚敛。始挪省税，终截国赋。中央以外债为来源，而典质皆绝；官吏以横征为上选，而罗掘俱穷。弁髦定章，蹂躏预算。"即使是当日被目为强人的段祺瑞做总理，面对的

---

[1]《熊希龄集》中册，第720页。
[2]《严复集》第3册，第631页。
[3] 转引自陆仰渊、方庆秋主编：《民国社会经济史》，北京：中国经济出版社，1991年，第87页。

也是"财政困难已达极点",而"各省应解之款都为地方扣留"。他虽被目为皖系领袖,而皖派"各省"之不肯通财显然并没有两样。[1]而其间以"挪省税""截国赋"和"日事聚敛""官吏以横征为上选"相对举,正说明了民间的搜刮从未止息,而天下之财赋则尽归于兵。作为直接的反照,便是以民初十多年为期,一个"以外债为来源"且"典质皆绝"的"中央",其实已越来越不复成为中央了。费行简说:

> 今国内所有利源,抵押将尽,政府已贫无立椎,端赖亲日系、老交通系,居间向日、美两国揭［借］债。此两系虽不必入政府,而实掌中国财政之生命。

下此一等的,则是:

> ［财政部］总次长手腕少灵敏者,每届月终或年节关,必能预向银行挪借。届时库藏司户限为穿,俨然香港之汇丰银行。

而"苟有一宗外债到手,先尽强有力者提用,然后以之敷衍各部署行政经费"。[2]黎元洪所说的"典质皆绝"和费行简所说的"所有利源"的"抵押将尽",都是以切割主权为外债的代价,在旁观的西人眼里,是"每项中国企业可以开发的资源都抵押给了日本"。[3]这个过程常常会由经济牵到政治,并把此日的财政问题变为后来的外交问题。康有为曾说"晚清以铁路借债,举国人犹知哗争,用以亡清,乃革命后,则改其哗争,而以借债为日用矣,此一怪也"。[4]他引之以为诧异,但写照的却是一种局中人的麻木。而与这种国赋被扼于地方的事实相对应的,则是居中央之名的政府因源头枯竭而累年积贫积弱,以及在累年积贫积弱之后的"号令不出国门"。[5]因此,在袁世凯、冯

---

[1] 中国史学会主编:《北洋军阀》第4册,第58页;杜春和等编:《北洋军阀史料选辑》下册,第204页。
[2] 荣孟源、章伯锋主编:《近代稗海》第8辑,1987年,第16、36页;杜春和等编:《北洋军阀史料选辑》下册,第204页。
[3] 莫理循:《清末民初政情内幕》下册,第746页。
[4] 《康有为政论集》下册,第762页。
[5] 庄建平编:《近代史资料文库》第2卷,第550页。

国璋、黎元洪、徐世昌之后，国会中人曾总括地说："年来政治之大病，曰中央等于守府，曰府自为政。兵多财紊，缘之以生。论者从而名之曰不统一，曰军阀专权。"[1]他由"兵多财紊"之相为因果，推论"中央等于守府"与"军阀专权"。两头的对举，正是用中央政府实际上的无政府状态与地方权力实际上的专制状态作相互映照，来展示那个时候中国异常的政治状态和真实的政治状态。黎元洪说"督军多首创民国"，[2]然而以这种"政治之大病"作对比，显见得"首创民国"的督军，同时又是在以共和为国体和政体的民国里一路倒行逆施，以其放手横行而成了造出这种无政府状态和专制状态的人。而后是民国之名于民国之实的全然相悖。

"军阀专政"一词，特指的是民初中国地方分裂的武装割据性质。由于武装割据，武力便成为民初中国政治表达与利益表达的常用方式和惯用方式。其间以割据的一方对割据的另一方，武力的对撞会很容易地引出连天兵火。而以割据的地方对中央政府，则其驾轻就熟的是仿照辛亥年间以独立脱离旧朝的先例为成例，用武装的独立为方式来表达不同的立场。当日被称为宁赣之役的二次革命既起，蔡锷以反对的态度称之为"于约法规定领土内宣告独立"，称之为"据地称兵"。[3]然而二年之后，他策动的护国之役，却仍然是在借助地方武力"据地称兵"，而"于约法领土之内宣告独立"。[4]护国之役以后又有护法之役，由此形成的，又是一个时间更加漫长的独立过程。在民初的中国，这些"据地称兵"的事因政见而起，因国体而起，因法统而起，所以独立的一方虽以武力作表达，而皆能自信所争者为天下之大是大非。但在更多地方对抗中央的翻脸相向里，用武力宣示独立则并没有这种持之有故，言之成理的内涵，所以常常因其直露悍悖的本色而很少有理路可寻。这一面的典型，是1917年因府院之争而导

---

[1] 中国史学会主编：《北洋军阀》第4册，第79页。
[2] 庄建平编：《近代史资料文库》第2卷，第549页。
[3] 《民国经世文编》第4册，第2628页。
[4] 中国史学会主编：《北洋军阀》第2册，第160页。

致总统罢免总理,又因总统罢免总理而导致"安徽督军倪嗣冲宣告独立",并得"奉天张作霖、陕西陈树藩、河南赵倜、浙江杨善德、山东张怀芝、黑龙江毕桂芳、直隶曹锟、福建李厚基、绥远王丕焕、山西阎锡山"[1]等等起而响应的群相咆哮。其时出自这个武装群体的电文有"若中央不有持平之治,恐问罪之师,联翩而起,祸机一发,糜烂随之"。[2]笔锋之凌厉迫人正有如刀锋。

这种武人以犯上为当然的一派凌厉,背后是此日之武人已把干预国政当作理所当然的自信和自负。所以,相近的时间里,张勋曾致电总统黎元洪,即以自信和自负立论,居然言之侃侃:

> 若规正不从,显违公论,则天下之人方且群起而攻,欲藉武人为之先导,又岂仅干涉巳哉?诚以共和国民,人人有言论自由之权,人人有分任国家之责。武人属国民中之一大部分,岂以置身行伍,遂同剥夺公权?栋折则侨〔桥〕将压,巢覆则卵难完,吴、越同舟,安危与共。其不能以引嫌避怨之故,遂缄默而不言,亦可见矣。[3]

虽说他引"共和国民"为理据,以借来一点共和潮流的皮相,但其通篇论说皆以"武人"为自觉意识和自觉立场,则说明他所自信和自负的,是武力更能代表"公论",从而武力能够高于政府。比之借来的"共和"皮相,这一面无疑更真实。而这种武人以干政为己任的论说虽属诐词,却自能言之堂皇,又具见"据地称兵"的独立习为惯事之后,其怀抱和臂力都已在骎骎乎越出这种辛亥年间开创的范式,而着力于向上伸张。于是而有冯国璋做总统之日南下赴江宁,因直皖分异,中途遭督军倪嗣冲"厉声斥责",竟"赧而北回"。[4]之后又有1921年的直鲁豫巡阅副使吴佩孚通电声讨国务总理梁士诒"卖国媚

---

[1] 庄建平编:《近代史资料文库》第2卷,第33、217页。
[2] 中国史学会主编:《北洋军阀》第3册,第451页。
[3] 同上书,第423页。
[4] 庄建平编:《近代史资料文库》第2卷,第270页。

外",以"公开肆骂,不留余地"为淋漓酣畅。随后是刚刚就任一个月的梁士诒踉跄而去。[1]

相比于独立之取义犹是以地方脱离中央为主旨,像这样地方用通电直接倒阁的事,显然是地方之强有力者已能行废立以处置中央了。就辛亥年以来地方和中央的关系而言,这是另开了一种样式。因此,20年代的中国,徐世昌由武人拥立为总统,又被武人推倒;黎元洪由武人拥立为总统,又被武人推倒;曹锟由武人拥立为总统,又被武人推倒。[2]继之以起,是段祺瑞被武人拥立为元首,而其尊号则因"法统已坏,无可因袭",而于总统、总理之外别立一格,以不见于《临时约法》的"执政"为名目。章士钊说:"此次合肥以此号开府,闻出自广东陈竞存之建议。"[3]北地立元首而南方进尊号,亦见当日之拥立段祺瑞,少有地出自南北合力以成共戴。然而时人直观视之,其本相是"执政府本为一时权宜而设者,故执政府一日而存,则中国亦一日在无正式政府状态之中"。[4]而"无正式政府的状态"是一种不能长久维持的状态。因此,一年又五个月以后,曾经先后驱逐过黎元洪、曹锟的鹿钟麟再度调过头来以兵"围执政府",并"宣布段罪状,恢复曹锟自由"。[5]身为武人而被称为"执政"的段祺瑞,遂同样被拥他上台的这一群武人推倒。因此,章太炎熟视久之,说是"鸟尽弓藏之戒,昔则将帅对于主上之语,今则主上对于将帅之言",[6]以描摹武人对元首的用完即弃。此后的中国,则由"无正式政府"而变成了同时共有五个政府:

> 直系政客,亦有拥曹[锟]护宪两派,吴[佩孚]纳护宪派之说,谓只认回颜惠庆摄阁,而不拥曹复职。从此北京政府,渐不为

---

[1] 庄建平编:《近代史资料文库》第2卷,第60页。
[2] 同上书,第62页;中国史学会主编:《北洋军阀》第4册,第84、89、92、282页。
[3] 中国史学会主编:《北洋军阀》第4册,第349页;《章士钊全集》第5卷,第40页。
[4] 《章士钊全集》第4卷,第402页。
[5] 中国史学会主编:《北洋军阀》第5册,第261页。
[6] 《章太炎政论选集》下册,第766页。

国人所重视。吴派政客,居然提倡"大帅所在,即中央所在"之说。故浙督孙传芳驱杨宇霆而据苏,自称"联帅",吴受湘、鄂、赣拥戴,自称"总司令",苏、皖省长任免,以联帅名义行之,鄂赣省长任免,以总司令名义行之。并密电保荐,由摄阁特令之官样文章,亦嫌其烦琐。

当日全国实际情形,除广东国民政府,自有其新生命外,计在北洋军人支配下者,有四个政府:北京颜政府,江苏孙政府,武汉吴政府,湖南赵政府[自称为省宪法上之自治]。溯自民元开国以来,中国政局之支离破碎,未有甚于此时者也。盖不待北伐军起,北洋军人政府,已自行瓦解矣。[1]

其排比之中尚未计及据有东北又常常手臂伸入关内,并在1926年底占据北京而成了另一个总司令的张作霖。

这种自立政府的局面从辛亥年间的"省自为政"一段一段演变而来,又在十五年里组合分化,以兼弱攻昧,此起彼落而各成一时之雄。由此连成的过程为世路带来不息的兵灾和动荡,而其伎俩则前后相承而且南北相承。当日的报章论时事,比为依样画葫芦:"民国军阀之所作所为,皆画葫芦也。袁世凯留葫芦,段祺瑞又依样画之;段祺瑞留葫芦,今张作霖又依样画之。且北方军阀留葫芦,南方军阀亦依样画之。当其观他人之画亦力诋其所画不良,及身当其境,则除依样而外,竟无他种画法。"[2]作为民国最初的一段历史,这十五年应当已在共和政体之下。然而以其时熟见于舆论之中的"共和精神,首重民治"[3]为尺度,则对于身在其间的一代人来说,共和既在犹不可即之中,又在犹不可望之中。而与共和相比,更加真实的,是"读中国史者,每以民国比之五代"。[4]在中国人的历史里,五代与南北朝同

---

[1] 中国史学会主编:《北洋军阀》第1册,第999页。
[2] 杨荫杭著,杨绛整理:《老圃遗文辑》,第139页。
[3] 中国史学会主编:《北洋军阀》第4册,第58页。
[4] 杨荫杭:《老圃遗文辑》,第203页。

属国家分裂时期,但比之士族政治下的南北朝,五代以军头主宰和兵祸致乱为特色,则同属分裂又尤其黑暗。因此,以"五代"比民国,正是在以中国历史上最黑暗的时期比民国。而以这种黑暗为背景,则"民治"的那一点精神光亮,便全在武人各成一时之雄的依样画葫芦里被轻易地淹没于兵戈之间,始终进不了这一段历史过程之中,成了一种实际上外在于中国社会的东西和留存于论说之中的东西。

四 国体的断裂和历史的延续:晚清留给民国的困厄

十五年里武人之居有强势,为中国社会带来了一个乱世。因此居有强势的武人同时又在舆论的深诋痛诟里成为众恶所归的对象和口诛笔伐的对象。严复曾在一封信里纵论之曰:

> 溯自项城怀抱野心,阻兵安忍,而吾国遂酿成武人世界。夫吾国武人,固与欧美大异,身列行伍,大抵皆下流社会之民,真老泉所谓以不义之徒,执杀人之器者。[1]

中国久处积弱,欲"变而尚武",要端在"先行从事于十年廿年之军官教育,而后置之戎行"。倘中国之军将"尽若春秋之仕官,汉之赵充国、班超,唐之李、郭,宋之韩、岳,明之俞、戚,则所谓重文轻武之说,何从而施"? 显然是以历史为比照,说明聚行伍之众而要成为真正意义上的军队,本根在于带兵的人。但中国从一开始就没有这种本根:

> 乃今反是,不揣其本而齐其末,于是以盗贼无赖之人,处崇大优厚之地,操杀伐驱除之柄,而且兵、饷之权不分,精械美衣,费

---

[1]《严复集》第3册,第675—676页。

> 帮无艺，则由是穷奢极欲，豪暴恣睢，分土据权，宁肯相让。真如来教所云：藩镇之祸，必见今日者也。
>
> 况疆场之事，一彼一此，借款输械，动涉外交，于是密约阴谋，遂启卖国。如今之某总长某次长，华洋各报，坦然攻之，他日事变所趋，真令人不寒而栗耳！[1]

依其观世之际的深作推想，军队之所以成为祸乱之源，是因为由袁世凯开始的清末练兵，已先使中国社会里流品居于下等的群类广被召聚而入。在以尚贤为理想的政治传统里，这种"身列行伍"而被称作"不义之徒"的人都只能算是不肖之尤。但兵锋化为"杀伐驱除之柄"，却使人世间的不肖之尤者成了为人世间司命的人。因此，以二千多年中国人的社会分类和政治等序为常态，此日的"武人世界"正是一种颠翻之后的倒置和倒错。

与严复论世注目于这种群类的质地相比，杨荫杭说世相变迁，更着重的是其间之由来和因果：

> 中国人右文而贱武，故成文弱之国。自与欧人接触，始自觉其文弱；自为日本所败，始欲矫其文弱之弊。于是爱国之士，乃大声疾呼曰："尚武！尚武！"
>
> "共和"为文明之美称。初不料共和之结果，一变而为五代之割据。无端而有督军，无端而有巡阅[使]，使国人恶之如蛇蝎，外人亦匿笑不置。于是爱国之士，又大声疾呼曰："文治！文治！"
>
> 今而知右文之说，尚未可厚非。如今日督军之"武"与巡阅使之"武"，虽欲不贱，恶得而不贱；虽欲不去，恶得而不去。[2]

他同样把那个时候的武人看成是一种可恶而且鄙贱的群类。但他以志士力倡"尚武"为起点来追溯武人跋扈的来路和前史，则说明武人当道之种种可恶，不仅是由武人的性气之贱造出来的，而且是在近代中

---

[1]《严复集》第3册，第675—676页。
[2] 杨荫杭：《老圃遗文辑》，第166页。

国的社会变迁里演化而来的。

以"右文而贱武"为二千年来的常理和常态，则由"文治"而"尚武"，已是一种观念的改变导致了价值的改变。从这个意义上说，由"文治"而"尚武"，本在新陈代谢的一脉之内。然而志士倡说的"尚武"最终变为以武人之治统管天下，[1]并返退到"五代之割据"，又显示了彼时的志士好为单面立论而又太过匆迫，遂常常只见眼前不顾后来。因此他们虽促成了新陈代谢，而由他们肇启的过程一旦开始，却会自生自长于历史变迁的天翻地覆和无从测料之中，未必能够循其预想地产出志存社稷的现代军人。于是继起的立论，便不得不以后来的"大声疾呼"推翻之前的"大声疾呼"，而与这种后来推倒先前相映照的，则是单面立论所不足以应对的世事之一变再变和蜩螗糜沸。所以杨荫杭论当日军阀政治的黑暗，同时又对称地兼及志士一方当初以言论作波澜的因片面而盲目，实际上已更富深刻性地看到了这个过程里的历史性。而由此引申，以历史性作观照，则一世共睹的武人乱国便不仅是一种应被憎恶的现象，而且是一种需要省视和需要认识的现象。

辛亥以来的十五年间，南北皆在"天下纷纷，咸疾首蹙额于兵之苦我民"[2]之中，因此舆论痛詈军阀，是把武人当成一个整体看待的。然而民间之舆论合力痛詈军阀，武人之通电也常常在痛詈军阀，后一面以武人挞伐武人，亦见其整体之中犹有多样。直奉之战前夕，吴佩孚通电告天下曰：

> 慨自军阀肆虐，盗匪横行，殃民乱国，盗名欺世，不曰谋统一，即曰去障碍，究竟统一谁谋，障碍谁属？孰以法律事实为标题？孰据土地人民为私有？弄权者何人？阋墙者安在？中外具瞻，全国共睹，当必有能辨之者。是故道义之言，以盗匪之口发之，则天下见其邪，邪者不见其正，大诰之篇，入于王莽之笔，则为奸

---

[1] 中国史学会主编：《北洋军阀》第3册，第107页。
[2] 中国史学会主编：《北洋军阀》第1册，第1052页。

说;统一之言,出诸盗匪之口,则为欺世。[1]

直奉之战最终以吴佩孚大胜为结局,而其年谱所记,则尤在写其心头的一派苍茫:"先生虽获全胜,而每瞻治变之原,又不觉热泪时挥矣。"[2]这是一个细节,却显示了一种没有办法归类的历史具体性。吴佩孚之后,又有段祺瑞就任执政前夕通电全国说:"共和肇造,十有三年,干戈相寻,迄无宁岁",而致"诛求无厌,户鲜盖藏;水旱交乘,野多饿殍。国脉之雕残极矣,人民之困苦深矣"。之后以武人论武人,而归天下之大害于"征糈则千万一掷,拘役即十室九空,萃久练之兵,为相煎之用"的绵延兵祸。其间又曾自述此日心怀,以"祺瑞历秉大政,无补艰危。息影津门,栖心佛乘,既省愆于往日,冀弭劫于将来"为积年反躬之想。[3]同吴佩孚一样,这些话也是在写照眼前的疮痍和表达意中的怅然。

与同时舆论的集矢于武人相比,他们的通电对军阀和内战的捶击所表达的痛恶,在程度上应当是等量的。然而在同时的舆论里,他们自身又都因以兵对兵的"干戈相寻"而被指为军阀,并都被置于深诋痛诉之列。而后是作为个体的"热泪时挥"和"省愆于往日",便与作为拥兵者的"萃久练之兵,为相煎之用"共存于一人一身,构成了一种深刻而明显的矛盾。若以相近的时间里江苏督军齐燮元通电主张"军人不得与议,预杜干政之渐";江西督军陈光远通电引"非废督不足以铲除内乱,非裁兵不足以整理财源"以陈述"人民心理所欲言"[4]为实例,又具见身在这种矛盾之中的军阀实不止乎一人二人。由此显示的,是作恶的军阀本非全然不知善恶之分,以及作恶的军阀也常常徊徨于善恶之分。因此,这种矛盾的存在,正说明民初中国已成为一种社会现象的"以不义之徒,执杀人之器",不是单单用人性之恶和品类之贱便能够说尽其间之因果的。而用依样画葫芦为比方,

---

[1] 中国史学会主编:《北洋军阀》第4册,第26页。
[2] 中国史学会主编:《北洋军阀》第5册,第241页。
[3] 中国史学会主编:《北洋军阀》第4册,第349页。
[4] 同上书,第53、62页。

以刻画十多年里南北军阀的此起彼落，和此起彼落中的后车之轨辙同于前车，则其前后之间的"竟无他种画法"，又说明军阀虽各操"杀伐驱除之柄"，其自身却都产出于同一个历史过程，并始终只能存在于这个历史过程之中和归属于这个过程之中。所以，不同的军阀用同一种画法画葫芦，反照的正是同一个过程一经形成，便成了既定的社会状态和人力之外的社会状态。辛亥以来的十五年里，军阀成了共和的反面，但以"竟无他种画法"为观照，显然是穿过一个一个盛衰无常地兴灭于乱世之中的军阀，共和所面对的其实是这个产出了"武人世界"，并使之得以不断复制和延续的历史过程。这是一个混沌杂乱的过程，但又真实地制宰了民国的开端。复制、延续和混沌杂乱的背后则都是因果推衍因果。

军阀成为民国的反面，但"督军多首创民国"的概而论之，又明白地指出两者曾经是同源的。当日的一则时论说：

> 军人之责在卫国，而其力足以乱国。故自来军人不能干与政治。自革命军起，南北咸恃军队贯彻其主义，于是军人地位乃一变，遂有挟其武力以左右长官者，而长官亦每姑息宽容，求其欢心，谋保全其地位身家者，此在革命初起时之情形，识者早已为之忧矣。及后军事日急，军人乃日益骄横。[1]

这段文字叙述了革命与各有"其主义"的军队之间从一开始就发生交集，以及军队在交集中的一开始就占有上风。但被革命所"咸恃"的军队并不是由革命自身造就的，它们养成于旧朝，因此军队与革命的这种交集和军队在交集中占有上风虽见之于鼎革之际，而其能够了无窒碍地以此发皇，则渊源在于大力养兵的旧朝，同时又在大力养兵的过程中改变了军队责守和性质。武昌起义之后，严复在给莫理循的信里说：

> 十多年前，先有普鲁士亨利亲王，后有一名日本军官（我想是

---

[1] 中国史学会主编：《北洋军阀》第2册，第257页。

福岛)向满族王公们建议,中华帝国的当务之急和首要任务是要拥有一支现代化的、组织得很好的军队;其次,将权力完全集中于皇室中央政府。满族王公们努力照此行事十二年,除此之外无所作为。

政府以其总收入的三分之一用于改编军队,而摄政王完全凭借这支军队为靠山,以为这样一来他就将壮丽的城堡建筑在盘石之上了。他自封为大元帅,让他一个兄弟统率陆军,让他另一个兄弟统率海军,他认为这样至少不愁没有办法对付那些汉族的叛逆子民了。[1]

由此对比19世纪60年代以来,因英法联军之役而有庚申之变,因庚申之变而有自强之想。其时文祥以"探源之策,在于自强,自强之术,在于练兵"[2]为富有代表性的概括。于是而有自强名义下的造船造炮和中国军队的近代化。此后的每一场民族战争都以其冲击留下伤痛,使中国人四十年之间长在逼迫之中,又长在议兵和筹兵之中,而这种因逼迫而议兵和筹兵,同时便决定了四十年之间中国军队的本分和职责,都应当把御外当作第一义和只能把御外当作第一义。就历史说因果,清末最后十年的大规模"改编军队"发端于庚子辛丑之后,实际上也是起于外力的冲击,但时至清代末期,其重心既已转到对付"叛逆子民",则军队的本分和性质遂不能不由御外变为对内。张之洞暮年居政府,曾以"舆论不属且激变"谏摄政王,而得到的回答是"有兵在"。致其受此一击,"退而叹曰'不意闻亡国之言',咯血而出"。[3]摄政王的话打破了一个儒学士大夫内心守为大义的道理,从而成了催人吐血的话。而后是矛头向内的军队便一变而成为卷入政治和政争的军队。民国六年(1917),时人曾追论辛亥年间的史事和人物,并综贯而平章之曰:

---

〔1〕 莫理循:《清末民初政情内幕》上册,第783页。
〔2〕 中国史学会主编:《洋务运动》第3册,第441页。
〔3〕 许同莘编:《张文襄公年谱》,第220页。

辛亥之秋，武昌起义，国人士莫不以黎宋卿、孙逸仙、黄克强等为缔造共和之元勋。虽然，当时若非项城袁氏主持于上，冯、段二氏主持于下，则清室退位之诏，不能遽下。而汉阳之役，民军已溃败四窜，各省且相率而解体矣，胜负未可即定，雌雄羌难遽决，天下匈匈，正不知鹿死谁手。故共和之成，袁与冯、段，功不在黎、孙、黄等下也。[1]

"袁氏主持于上"和"冯、段二氏主持于下"，说的都是名属朝廷的军队变其向背，因此，这些话意在为人物评功过，但实际上叙述的则正是军队卷入政治和政争，并且直接影响了政治之走向和政争之结局的过程。在这个过程里，养兵的朝廷把军队送到了政治和政争之中，之后是军队对政治和政争的选择，又直接颠覆了朝廷一厢情愿的预期。

在19世纪中叶以来的七十年历史中，这是一种以大变造就大变。而当军队因革命而进入政治之日，同时是积久的地方主义因革命而恢张，为刚刚成立的民国造就了一种"近者河东悖命而缚使，江西据险而阻兵；顷者滇黔川桂四督同电，发南方割据之谋，指犬牙角峙之势"[2]的世相。这种一时俱起的"缚使""阻兵"和"四督同电"都说明，卷入了政治的军队在同一个过程里也正在汇合于地方主义，并直捷地取代已在式微之中的咨议局，在晚清的政治和政争消退之后，成了地方主义的主体和代表。两头的一时并作和交相为用，又使曾经卷入政治的军队在同一个时间里变成了四分五裂的军队，以"民军崛兴，首置都督，北方因之，遂成定制，名号屡易，权力未移"，留下"千夫所指，久为国病"的常态。[3]其间谭延闿以翰林作清末的咨议局议长，又由咨议局议长蜕变为民初的湖南都督，之后复以地方主义为立场，在二次革命的武装冲突中转到了民党一面。[4]迨北伐开始之日，则已身任国民革命军第二军军长并被目为湖南军界的老辈和"首

---

[1] 中国史学会主编：《北洋军阀》第3册，第668页。
[2] 《民国经世文编》第1册，第563页。
[3] 庄建平编：《近代史资料文库》第2卷，第547页。
[4] 同上书，第89页。

领"。[1] 在这种一变再变里,他以自己一身的与时俱迁为实例,演示了一个本以文化起家和文化立身的翰苑中人,是怎么样在武力卷入政治和武力分解地方的过程中为事势所造,不由自主地化成了世人目中的一个武人。辛亥革命后一年,梁启超论其时的世局之纷乱与"国性"之"摇落",曾言之"栗然惧也":

> 一言蔽之,则全国离心力发动太剧,而向心力几不足以相维。夫使徒有离力而无向力,则星系散地球坠而世界或几乎息矣。活火烹泉,超其沸度,益薪不已,势必尽蛰为汽为气,而不复有水性存者。吾国今虽未至此,而其几则既着见矣。[2]

当武力正在恢张之日,以这些话观照世相,则武力所表达的,其实是形成和累积于晚清中国社会变迁中的离心力。这种离心力以其一时勃发助成了革命,并因此而获得了一种与革命同源的外观。但就本性而言,离心力因自发而无定,因无定而盲目,其起端和结果都在革命之外。所以,在辛亥年造成的土崩瓦解四面蔓延之际,革命以共和之宗旨,曾经为没有了"向力"的中国提供了一种向心力,于是而有民国之取代帝制。然而作为一种自彼邦引入的学理,共和所成就的向心力又只能是一种观念上的向心力,从而常常是一种见之于文电和论说之中的向心力。与这种以观念为主体和表现方式的向心力相对比,则是养成于晚清,而且盛涨已久的地方主义和同样养成于晚清,而且正在卷入政治的军队因天下鼎革而一时俱起,并在革命之后合流于土崩瓦解之中,使累积于历史过程中的离心力喷薄而出。而后是在向心力"不足以相维"的时代里,这种根脉虬结于中国社会变迁之中的离心力,便以其更直接和更广泛的影响力与牵动力,实际地主导了民初中国的历史过程。

谭延闿从文人演变为武人的不由自主,正典型地说明身当其时的

---

[1] 李宗仁口述,唐德刚整理:《李宗仁回忆录》上册,第309页。
[2] 梁启超:《饮冰室合集》第4册,《文集》之二十九,第85页。

绅界中人、军界中人、党人、学人其实都在这种因自发而无定，因无定而盲目之中，一面为天下造动荡，一面又为动荡所摆布，承前接后之间遂"竟无他种画法"。而共和面对这个由离心力主导的历史的过程，实际上便是不能不面对一个因四分五裂而无从共和的中国。

第二章

共和与一个社会解体的中国

一　清末新政与中国政治主体的丕变

与共和所面对的这种空间上的四分五裂相为表里并重叠交困的，还在于晚清留给民国的，是一个社会结构正在散落之中的中国。这一面所带来的，则是一种以清末新政的匆促变法为起点，而又以其了无章法而成其搅动更深的四分五裂。就渊源而论，被梁启超称作"离心力"的东西，正直接产生于这个更深一层的过程。

自汉代立文官政府，士人便成为中国政治中的主体，宋人于此尤自觉，因此而有士大夫与君主共天下之说。而以二千年岁月作审视，则士人之能够在王朝来去之间成为中国社会政治中的恒定，正在于作为群类的士人因共奉儒学而能常有整体的统一，并因整体的统一而有自身的恒定。但在19世纪中叶以来的中西交冲里，士人又成为最先响应和自觉响应外力冲击的中国人，由此生成了晚清五十多年之间以士人为主动并由士人作主导的借法自强、变法自强、君主立宪和反满革命次第而起，前后嬗递。这种后浪逐前浪的一浪高过一浪因响应西潮而起，而直接带来的则是中国社会在剧烈震荡中的急迫变迁。其间出现的清流与洋务交争，开新与守旧对立，以及立宪与革命的相互冲突，都在越来越多地引入当日被称为西学的别样道理，并以之与儒学相角抵。因此，交争、对立和冲突，同时也成为一种纪实的写照，展现出主导了这个过程的士人，本身又在这个过程的左右之下，由共奉同一种圣人之教而变为各立宗旨和各持理据，由统一变为分化，由分化变为分裂的剧变，而后是二千多年以来，曾以自身的稳定长久维持了中国社会政治结构的这种社会力量，变成了19世纪与20世纪之交的中国社会里最不稳定，又最不安定的社会力量。王闿运谓之"椎埋暴戾，不害治安，华士辩言，乃移风俗"，[1]正明言士人之搅动天下，程度一定会比民间暴乱更深。而以"华士辩言"为特指，则尤见当时更能搅动的是拥有西学的一方。这个过程在清末最后十年的新政中以前所未有的速度达到了前所未有的广度，与之相为因果的，则是二千年中国政治中恒久不变的主体在十年新政中大幅度的改变。

梁启超说："辛丑、壬寅之后，无一人敢自命守旧。"[2]然则相对于19世纪后四十年里古今中西之间因互争而形成的群争，庚子与辛丑之变的结局以外来的暴力留下长久的震荡，对于20世纪初年的中国来说，则外力的震荡已经直接地压出了一种开新的一边倒。而同这种开新的一边倒相对称的，则是后来居上的新人物与旧人物之间的显然不同：

> 今者国家大事，全败坏于识时务者之手。独赖不识时务者匍匐而救之。救之不获，继之以呼号。岂有他哉，盖人必先有守然后能有为，又必自有所挟持，足乎己无待于外，然后能有守。其所挟持者，不问大小，不问新旧，不问有用无用，要在能自得之。

> 而当世所谓识时务之髦士，其自始未尝学问者，固不待论，即其尝负笈海外，有所稗贩以压归肩者，亦大半借此为终南快捷方式，得一官则弃所学若短檠之灯矣。夫安得不尽丧其所守而汩没于社会也。而国家恃此辈以与立，则岌岌乎殆矣。日本奏维新之功，

---

[1] 钱基博：《现代中国文学史》，第60页。
[2] 梁启超：《饮冰室合集》第3册，《文集》之二十五（上），第145页。

全赖旧学老辈,有以夫。[1]

这些文字清晰地画出了清末新政中两种知识人的不同面目,也折射了"不识时务者"的正在式微和"识时务者"的一时群起。

相比于19世纪后期以来士人自身因新旧之争而发生的分化,这是一种由国家权力造成的新旧之间扶此抑彼。而由此形成知识群类的前后代谢与清末新政中的变法和改制交相倚连,并在"改定官制"的过程里以筹备立宪为名义,显然地促成了官僚群体在构成上的大幅度变化。当日立于言路的赵炳麟说:此次编定官制,"主其事者"不过"新进日本留学生十数人",皆"于本国国体人情及数千年官制因革之故,并我朝开国以来成法精意之存,茫然莫解,即于东西各国官制,亦墨守一孔之言,罔知体要所在"。然后追问:"窃惟我国有大变革,有大制作,岂藉一二部日本搢绅成案与十数名留学生所能订定?"[2]他以一腔不平之心写照了其时正在发生的新旧人物的势位转移。改定官制牵动的是官场整体,而一手调度于其间的,则是被严复称为"鑱锐年少,未成熟之才",[3]被梁启超统归为能识时务而内无所守的那一群"髦士"。这种人事的一边倒出自于开新的一边倒,而有此人事的一边倒,派生的一定会是评断和取向的一边倒。之后的仕途,便不能不成为当时人眼中打破了规矩的地方和放手杂取异类的地方:

> 自新改官制添设各部,而各该堂官误会破格用人之义,流品之杂,名器之滥,亘古未有。夫资格可破,品格不可破,一二人可破格,非尽人可破格也。乃市侩吏胥,弹冠相庆,皮毛新学,一岁三迁。吏部定一酌一叙之章程,新衙门多以为不便己而不行,遂令以运动为美名,以捷足为得计,廉耻道丧之人举,有不酿为风气害及国家者乎?[4]

---

[1] 梁启超:《饮冰室合集》第3册,《文集》之二十五(上),第89—90页。
[2] 《清末筹备立宪档案史料》上册,第443—444页。
[3] 《严复集》第3册,第595页。
[4] 《清末筹备立宪档案史料》上册,第339页。

"格"是一种尺度，从而是一种限制和管束。虽说像龚自珍那样的自负才地者不喜欢"格"的管束，更向往破格而出，[1]但清代以立"格"为祖宗家法，本意全在人才不常有而公平须常有。因此，用同一种尺度笼罩人人，正是在以公平待人人从而使人人都能感知公平。光绪一朝曾任京曹十九年的何刚德后来叙述这种"格"之限人，说是"当年清苦"，感触最深的却是"从前京曹循资按格，毫无假借"，遂使人在其中，"境虽清苦，而心实太平也"。[2]这种因公平而"太平"，正是用为限止和管束的"格"能够应时而生又长久存在的历史理由。但20世纪初的中国由筹备立宪而改官制，由改官制而"添设各部"，这种新衙门既是仿照"东西各国官制"移来于旧法之外，则以新人物为出格人才，引之以破旧格，固不能不算是言之成理。而"流品之杂，名器之滥"的"亘古未有"，又说明言之成理不过是一面之理，因此言之成理常常行之不能成理：

> 资格未破之先，虽枢府大臣敢有安置一私人于司曹者乎？自六官变为十一部，内而丞参，外而提学、提法、巡警、劝业、盐务各官，半由夤缘而得。参事以下，一纸奏调，动辄数十百员，胥吏工贾杂出其中，屡见廷臣参奏。用人如此，行政则又可知。[3]

而其中涉及满汉之间，又有胡思敬说的"资格破而词林衰，吾于丙午裁卿贰见之。保荐开而世族盛，吾于丁未设丞参见之。当丙午厘定官制诏下，汉大臣同时失职者十一人"，皆"翰林也"。而"丞参不分满汉，满员同时用十一人，皆借门望以起"。[4]指陈的都是不公平。破格推倒了旧尺度而又意不在别立新的尺度，之后是"厘定官制"而致官制全无尺度，从而全无制束。在这种没有尺度作裁量的自由自在里，最容易脱颖而出的人显然并不是能以才地自见者，而是内无所守

---

[1] 龚自珍《己亥杂诗》说："我劝天公重抖擞，不拘一格降人才。"
[2] 何刚德：《春明梦录 客座偶谈》，《春明梦录》下，第33页。
[3] 《清末筹备立宪档案史料》上册，第548页。
[4] 荣孟源、章伯锋主编：《近代稗海》第1辑，1985年，第228—229页。

的"廉耻道丧"者。于是官界便惯见"资格一破，人人有侥幸之思，夤缘请托辐辏于公卿之门，君子难进易退，耻于哙伍，举倦思归。只此二三攀附势力之徒，依恋阙下"的滔滔然皆是。[1]有此不立尺度的大规模消长，遂使清末改官制而行破格造出重重波澜，但在当日的直观和后来的回望里，其间都没有见到多少可以正视的人物，于是和重重波澜相对称的，便只剩"夤缘"之下各逞长技的官场百态。

由改官制而衍生的这种以"运动"和"捷足"为长技，反照的是"毫无假借"的公平行之二百数十年之后，已在极短的时间里荡然无存。作为一种直接的结果，便是被世间人指目的"市侩胥吏""皮毛新学""工贾""氂士""纨绔""市井"，以及"游学生之干进者""法所已斥之人""所谓识时俊杰者"[2]等等，成群结队地进入官场并骎骎乎居于上游。同秦汉以来二千多年间士人政治中的主体相比，这些后起者的知识构成、价值取向、人生阅历、生活状态都已非常不同而别成一类。旧时的一则记载说"沈文肃自江西巡抚丁忧归，鬻字为生计。每书一联，仅取润资四百文。及起服后升两江督，始致书友人，谓今日皮衣方稍全备，官至总督，其衣服亦未能绰有余裕也"。[3]另一则当时的记载说"今外务部侍郎唐绍仪，肴馔之丰，每膳必杀双鸡、双鹜，具鲜肉多筋，金华腿一具，取其汁以供烹调，骨肉尽弃去，亦暴殄甚矣"。[4]沈葆桢以功业立身于同光两朝，是中兴名臣中的人物；唐绍仪因缘际会显达于光宣之交，是拔起于清末的新人物。而以儒学自觉于修身成德养育君子人格的道理作对比，显见得前者的克己守贫内含的是一种人生怀抱和人生意义，后者的无端侈靡内含的是另一种人生怀抱和人生意义。若引"清末[人]嘲京僚诗"中所描画吟咏的"六街如砥电灯红，彻夜轮蹄西复东。天乐看完看庆乐，惠丰吃过吃同丰。头衔强半郎[郎中]、员[员外郎]、主[主事]，谈

---

[1]《清末筹备立宪档案史料》上册，第432页。
[2] 同上书，第125、126页；梁启超：《饮冰室合集》第1册，《文集》之九，第48页。
[3] 何刚德：《春明梦录 客座偶谈》，《客座偶谈》卷四，第10页。
[4] 荣孟源、章伯锋主编：《近代稗海》第1辑，第243页。

笑无非发白中。除却早衙签到字，闲来最好逛胡同"[1]看世相，显见得之前的清代二百五十年里京官以清苦为常态之后，[2]此日的京官已在朝廷改官制而"人人争言运动"中历经分化重组，成了一种整体地发生变异和深刻地发生变异的东西。与之相伴随而见的，同时又有梁启超所说的"人人有不慊于其上，不安于其职之心"，从而"人人生非分之求"。[3]他们与何刚德所说的那种"各守本分，安之若素"的京官本来面目日去日远，而以其群体的花天酒地烘托和映衬了唐绍仪无端侈靡之其来有自，并因之而非常具体地显示了随改官制而来的官场新人物和官场新气象。然则以沈葆桢的"鬻字为生计"比唐绍仪的"亦暴殄甚矣"，而以其背后各自所属的群类为观照，显然是两者之间日行起居的种种不同，显示的正是本义的士类和非士类之间属性上的不同。因此，其时御史刘汝骥曾奏疏时事，向庙堂发问说：

> 以临轩策士为不足信，乃取之外国文凭；以吏部官人为不足信，乃托诸自行征辟；共隶版图，东三省乃自为风气；共劳王事，巡警部乃自定养廉。大学士之俸薪不敌一书记，是朔饥侏儒饱；大司农之会计不及一客卿，是郑昭而宋聋。夕微员而旦卿贰者伙矣，问简在帝心者几人乎？朝走卒而暮军符者多矣，问曾经战事者几人乎？地方自治善矣，岂命官皆跖、蹻，乡官皆曾、闵乎？各国游学善矣，岂留学生皆救时之彦，不世出之材，而旧日之举贡生员，皆太仓之蠹，沧海之蜉蝣乎？[4]

他以一腔不平和愤懑痛论其直观所见的世事错乱颠倒，同时又以其痛论使人明白地看到，二千多年来的官僚政治在主体构成上由亘定不变

---

[1] 章伯锋、顾亚主编：《近代稗海》第13辑，1989年，第207页。
[2] 《郎潜忆旧》说："余同年李少林同部锡彬，直隶人也。以直隶印结费之微，每自诉情况曰：'余家平常不举火，上下四人，晨兴，以一钱市开水，盥饮俱备。早晚两餐，四人食馒首四斤，加以葱、酱、小菜，日不过京钱一千有零。每银一两，可易京钱十五六千，印结费一项，作一月伙食足矣。'"见章伯锋、顾亚主编：《近代稗海》第13辑，第154页。
[3] 梁启超：《饮冰室合集》第3册，《文集》之二十六，第41页。
[4] 《清末筹备立宪档案史料》上册，第423页。

而全然大变，正是在这种前所未有的错乱颠倒中实现的。

亲身经历了这个过程的严复在民国初年说：中国"君不能独治，故为之公卿大夫士焉，设之等衰以相维系，为治人之事。其术讲于学校，自小学以至于大学；自礼、乐、射、御、书、数而后本之修身，以至齐家、治国、平天下，其为序至明，其所以自待者至重，能如是者谓之士，谓之君子"。之后又说：

> 《诗》《书》六艺之所载，《论》《孟》四子之所谆谆，何一非取此治人者加教诫以端其本乎！何则？中国至大，而民生多艰，诚欲措一世于治安，而勿至于否塞晦盲，喷喷大乱，是立法揆度、出号施令者，必不可以不学无本之人，操其柄以相与卤莽灭裂故也。
>
> 秦汉以来，号为专制，顾此二千年之中，岂乏英明贤能之君，强盛休明之代！即在叔季，一朝士大夫，亦分清浊。其有志救世者，莫不信言谨行，克己慎仪，一身隐然为苍生所托命。此反正之所以有资，而国种不至于沦散者，正赖此耳。[1]

他概述了中国文化的道学政一体对士之为士的造就和规范，以及由此生成的士的群类属性和文化品格。而尤其推许这种秦汉以来一直成为官僚政治主体的士，身处治世而"立法揆度、出号施令"，皆以一己之所学为本位；身处乱世而守先待后，"隐然为苍生所托命"，也以一己之所学为本位。若以历史本相中士的参次不齐相比较，其描画显然太过完美单一，但在清末的改官制已经引大批"速成者半年，专门者三载"[2] 的稗贩之学淘汰了旧人物之后，这些话正像是在对一个消散中的群体作缅想追怀。对应而见的，显然是成批产出于清末大变旧制的过程之中，而后又留给了民国的这些人物之另成一类，在他心目中的不能入流。

然而政治主体这种构成上的前后不同既是在大变旧制的过程里实现的，则当其"举数百年之官制，凡关于司法、行政者，务尽扫除而

---

〔1〕《严复集》第 2 册，第 324 页。
〔2〕《严复集》第 3 册，第 595 页。

更张之"之际,又会有记述中的"官府上下荡无所守,人心惶惑,纲纪日隳"的从有序演变为无序。以至于"民政部号令不出一城,以亲贵大臣而下侵地方有司之职,已属可笑。农工商部坐食无聊,则设计而谋开赌。邮传部事权尽萃于铁路一局,其余半属闲曹。学部徒核奖励,奖励停而部职废矣。古兵部之职总核天下兵马钱粮,非欲驰之行阵也",而陆军大臣荫昌归自海邦,"变卿贰为统领,全署司将尽成武弁",遂成了"新官制成而官乱于上"[1]的一派以不辨南北的盲动,造为各呈其技的五花八门。这一段文字以六部为代表,从顶端上描述了改官制所带来的政事之梗塞和官守之无常。而以此通观天下,则易见其间新人物因新官制而生,新官制又随新人物走,因此政治主体构成的大变,在人物品类的此消彼长之间,已不能不是既有的政治结构在动荡中舛错颠蹶,层层截断碎裂。然则与明承元制和清承明制相比,后起的民国所承接的,只能是一种因舛错颠蹶而已在解体之中的政治结构了。

二 自上而下的搅动:地方自治与地方溷乱

与这种发生在上层的新人物改变了政治主体,以及新官制瓦解了政治结构互相依存而共生共长的,是同一个过程中的百端更张,又在自上而下地用诏书的力量作推引,急剧地改变地方社会里的中国人相安已久的习俗之治和礼俗之治。

当朝廷群议变官制之日,御史胡思敬说:"会典载,内外官缺凡二万七千余员,合之候选候补当不下二十万人。"[2] 他以自己的估算大

---

[1] 《清末筹备立宪档案史料》上册,第 425、548—549 页。
[2] 同上书,第 433 页。

约地说明了当日官场总体的数目和总体的规模。在旧朝的最后一代京官里,胡思敬是一个留心掌故而周知世情的人,因此,这是一种内行的估算。然而以那个时候中国的四万万人口和二十二个行省形成的广土众民作对照,则除去其中相当一部分的京堂和京曹,再除去大衙门里管官的官之后,这些数量有限的官员分摊到地方,其臂力所及和心力所及实际上达到的程度,在官来官去和年复一年里,便只能以横面的疏漏和纵向的浅表为常态和惯性。其间直接面对民间社会而为国家管地方的州县官,常常因其性属"亲民"而进入诏书和奏议的关注和论说之中。然而这种由臂力和心力的实际限度所造成的以疏漏之治和浅表之治为亲民之治,又说明州县虽然以亲民为职分,但他们手里的国家权力其实与地方的民间社会之间常在相望而不相及的悬隔之中。冯桂芬曾言之明了地说:"县令巍然七尺耳,控一二百里之广,驭千百万户之众,其能家至户到,而周知其循莠勤惰,饱饥甘苦哉?"[1]因此,就管制和治理而言,州县官所代表的政府,相对于"一二百里之广"和"千百万户之众"不仅是一个小政府,而且是一个弱政府。与此相为因果而形成于历史之中的,则是在疏漏和浅表的国家权力直接笼罩不到的地域空间和人口聚落里,民间各依习俗相互交往和自处处人,一代一代地共生共存于熟识的传统和熟识的秩序之中,自成一种既在官家法度之下,又在官家指掌之外的习俗为治的地方社会。

梁启超后来以"自治"为之作统括,并言之津津地描述说:

> 吾中国则数千年来,有自治之特质。其在村落也,一族有一族之自治,一乡有一乡之自治,一堡有一堡之自治;其在市集也,一市有一市之自治,一坊有一坊之自治,一行有一行之自治。乡之中有所谓绅士耆老者焉,有事则聚而议之,即自治之议会也。设族长堡长,凡议定之事,交彼行之,即自治之行政官也。其一族之祖祠,一乡之庙宇,或乡局或社学,即自治之中央政府也。祖祠、庙

---

[1] 冯桂芬:《校邠庐抗议》,第11页。

宇、乡局皆有恒产，其岁入岁出有定额，或有临时需要，则公议税其乡所产之品物，即自治之财政也。岁抄必布告其所出入，即财政之豫算决算也。乡族中有争讼之事，必诉于祖祠，诉于乡局，绅士耆老集议而公决之，非有大事，不告有司，即自治之裁判也。每乡每族，必有义学，即自治之学校也。每乡族必自设巡丁，保里闬，禁盗贼，即自治之警察也。凡此诸端，凡关于自治之体制者，几于具备。人民之居其间者，苟非求富贵利达及犯大罪，则与地方有司，绝无关涉事件，惟每年纳钱粮地丁，即田租，少许而已。[1]

然后说其来由曰：推其所以致此，"非历代君相，乐畀吾民以此特权也，中国之地太大，人太众，历代君相皆苟且小就，无大略，不能尽力民事，其于民仅羁縻勿绝，听其自生自养而已"。[2]虽说他用移来的新知为比附，以描画中国的地方社会，笔下的文字便常会因比附而太过理想，但作为一种历史存在的地方社会，其概述已大体上合其轮廓。然则"惟每年纳钱粮地丁"和"非有大事，不告有司"，正说明官家之于地方社会，其实际的"关涉"和绾连，重心皆在漕粮和刑名两途，遂使常态而言，"乡民除纳税诉讼外，与长吏无关"。[3]因此，对于地方社会来说，"绅士耆老""祖祠""庙宇""乡局""社学"都是更直接地维系公共秩序和守护一方太平的东西，从而是更真实的东西和更根本的东西。而存在于"绅士耆老""祖祠""庙宇""乡局""社学"的背后和深处，并使这些管地方的人物和机构能够与"乡民"互相应和又互相扶持的，则是形成于千年岁月中的习俗，以

---

[1] 梁启超：《饮冰室合集》第1册，《文集》之三，第49页。
[2] 同上书，第49页。钱穆叙述晚清中国地方社会之不同于民国，与梁启超之说大体相同："辛亥革命，余生十七岁，均在清政权统治下。余为江苏无锡人，在此十七年幼稚记忆中，绝未闻两江总督、江苏巡抚有前来无锡之事；亦未闻有常州知府前来无锡事；并不闻有无锡县长前来乡间事。举族长老，毕生未睹县官一面者，至少亦当占百分之九十以上。足迹未履县城者至少亦当在百分之五十以上。无锡城、乡交通甚不便，而居民安居乐业，一若不知尚有一统治阶层之政府在其上。偶有事故争端，则诉之乡间绅士。"见钱穆：《中国学术思想史论丛》第10册，第140页。
[3] 《康有为政论集》下册，第832页。

及由习俗派生的公是公非。严复曾论人在习俗之中便是身在规范之中:"不见夫怖畏清议者乎?刑章国宪,未必惧也,而斤斤然以乡里月旦为怀。美恶毁誉,至无定也,而礼俗既成之后,则通国不敢畔其范围。人宁受饥寒之苦,不忍舍生,而愧情中兴,则计短者至于自杀。"[1]

习俗之所以能够成为规范,就一面而言,是因为共生共存于习俗之中,习俗便是一种以其可否来表达的社会裁判。相比于律法所体现的国家裁判,对于身在其中的人来说,社会裁判无疑更匝密,更切近,并因之而更加没有退路地无所逃于天地之间。与此相应的,便是"通国不敢畔其范围"的笼罩力。就另一面而言,习俗之被名为"礼俗",又说明在千年岁月中,习俗的形成与固化,是在与义理的交融中实现的,因此以习俗为裁判,与之相为表里的,正是以裁判为教化,从而以习俗为教化。而以梁启超所列举的"绅士耆老""祖祠""庙宇""乡局""社学"之各领一面地分管和共管公共事务,实际上都是在用习俗把地方社会中的个体组织起来而言,则习俗又是一种实际的人际连结,而后才可能有真实的乡里社会。这个过程未必做得到把每个个体都圈入规范之内,因此任何一个时代的任何一个地方都会有好人与坏人之分;但这个过程能够合乎天理人情地把多数人圈定于规范之中,从而以个体的共有归属和个体的相互依连,为地方社会营造一种可以"自生自养"的有序和安定。这种有序和安定是有限的,但又是熟悉的和具体的。而后是相对于官家管地方的小政府和弱政府,由"绅士耆老""祖祠""庙宇""乡局""社学"维持的地方自治,便构成了人在此中而世代相接的社会关系和社会结构。这是一种由脉延的习俗派生和支撑的社会结构,从而既是一种由文化派生和支撑的社会结构,也是一种由历史派生和支撑的社会结构。在20世纪开始的时候,中国人口中的绝大多数,都生存和繁衍于这种社会结构之中。

---

[1]《严复集》第5册,第1347页。

迨清末筹备立宪，则由筹备立宪延伸，而搅攘起于地方社会。两江总督端方说："地方自治之制，其名词译自日本，其经画始于欧美。自列强均势，凡政治学家之言，皆曰非立宪无以自存，非地方自治无以植立宪之基本。"直隶总督袁世凯说："比者东西立宪诸国雄长大陆，稽其历史，则地方制度必先乎立宪政治而兴。"[1] 他们既是那个时候管地方的大吏，又是那个时候倡新政的强有力者，因此他们的话都富有代表性地说明，新政时期的地方自治之说本由外国而来，从而新政时期地方自治的施行只能起于移外入内和从上到下。随后是本来远离朝廷的地方社会，就此被拽入了前所未有的变动和翻动之中。

当宪政编查馆奏报"城乡地方自治章程"的时候，说的是"自治者，所以助官治之不足也"。[2] 但以梁启超言之详备的"吾国数千年来，有自治之特质"为对比，则此日被目为"植立宪之基本"的"地方自治"，实际上自始便面对着一种已有的地方自治和自然生成的地方自治。因此，此日的"地方自治章程"立"议事会""董事会""乡董"，以及"城乡地方"的"自治公所"为地方社会的主事者，又划定中小学堂、蒙养院、教育会、劝学所、宣讲所、图书馆、施医药局、医院医学堂、公园、戒烟会、阅报社、道路工程、桥梁、沟渠、公用房屋、路灯、电车、电灯、自来水、种植畜牧及渔业之改良、工艺厂、工业学堂、劝工厂、改良工艺、整理商业、开设市场、防护青苗、筹办水利，以及恤嫠、保节、育婴、施衣、放粥、救荒、义仓积谷、贫民工艺、救生会、救火会等等[3] 为地方自治的要目和范围，便成为一种磅礴而来的冲击。就前一面而言，是后起的"议事会""董事会""乡董""自治公所"掀翻了本来的"绅士耆老""祖祠""庙宇""乡局""社学"，同时也以一种别样的规则掀翻了与"绅士耆老""祖祠""庙宇""乡局""社学"内相连结的习俗之治。就后一面而言，这些被列入地方自治范围之内的要目多出自朝廷办新政

---

[1]《清末筹备立宪档案史料》下册，第720、722页。
[2] 同上书，第725页。
[3] 同上书，第728—730页。

的筹划,大半并不是从彼时地方社会自身的生产过程和生活过程里生成的。与旧日的地方自治始终以地方之人经营地方之事相比,则这种出自诏旨的东西对于身处民间和下层的人来说,不仅大半是不能识其面目的,并且又常常是不容易承受和消受的。而与这两方面所显示出来的后一种地方自治之不同于前一种地方自治相比,其时对民间社会实际冲击更大的,还在于被朝廷划入地方自治的种种物事都须耗费银子,遂使其时自上而下施行地方自治的主事一方因之而廓然恢张,获得了过去的"绅士耆老"从未有过的以民人为对象"筹集款项"的权力。[1]与旧日的公共性权力相比,这是一种很容易把地方自治演变为地方之患的权力。

由于"非立宪无以自存,非地方自治无以植立宪之基本"成为一种移来的逻辑和先定的理路,所以清末虽以诏书推行地方自治以成其声势宏大,但这种自上而下兴造的自治,重心其实已不在自治,而在筹备立宪派生出来的种种新政,于是而有"地方自治章程"里划定的那个空泛的大范围,以及包罗于范围之内的各色各样,而又见所未见闻所未闻的名目。见所未见和闻所未闻都须别开生面,而后是相比于旧日的地方自治不变不移地以维护地方秩序为本分,则清末的地方自治便不能不以改变地方秩序和重造地方构架为题中应有之义。在这个过程里,引人注目的是新政既在不断派生新的权力,同时是新政又附着于新的权力。因此,当新政中的那些落根于地方的事务都成了地方自治中的应有之义,并径直被归属到"议事会""自治公所"一类机构里之后,由新政产生的这种新的权力也会随之而走,其中的相当一部分,便越过了管地方的州县官,直接变成了"议事会"和"自治公所"的权力。而清末的地方自治之能够改变地方秩序,并实际地改变了地方自治,其凭借也在于此。当时的四川总督曾说:

> 四川州县除审判、缉捕、征收钱粮外,其财赋上之征收津捐及三费肉厘烟酒捐、铁路租股各事,行政上之管理学务、劝工、农

---

[1]《清末筹备立宪档案史料》下册,第729页。

>商、团练各事，自来均归绅办，不必设会，已非州县专有其权。[1]

就其所列名目而言，他所说的"自来"显然只能是新政以来。而同时的西人就同一个题目作观察之后的记述说：

>所有的小职位（包括县丞的职位以及一大批胥吏和差役），都被取消了。与此同时，地方自治团体扩大了的权力（包括田赋以及所有地方税的征收权），都转移到了各县绅士的手中。[2]

前一段文字里的"均归绅办"和后一段文字里的权力"转移到了各县绅士的手中"，都说明：以社会身份而论，此日办地方新政和地方自治的主体本是绅士，与梁启超所说的"吾国数千年，有自治之特质"里的"绅士耆老"仍然同属一类。然而就总体而论其质地，则此日群集于"议事会"和"自治公所"里的绅士，其外在的属性和内在的属性实际上都已与"数千年来"非常不同了。

康有为说："昔者乡邑有事，领袖之者，犹公举士夫有物望者为之。"[3] 沿此以论，则由"物望"而生"公举"，显见得这种"公举"本义上只能是"清议"之所举和"乡里月旦"之所举。因此，被举的"绅士耆老"虽尊为"领袖"，而长在"清议"和"月旦"的相伴之中，则就其总体而言，是事前既无从自筹而自谋之，事后又无从自肆而自恣之。所以，当他们以习俗约束乡邑之际，同时是他们自身也在习俗的约束之中。但清末地方自治中被置于"领袖之者"的"议事会""自治公所"一类物事俱以朝廷所立的"章程"为来路，其本源已在地方社会的习俗之外。而与这种新机构相匹配的，则是其间执事的人物又须以"本城镇乡选民互选任之"[4]为新办法。以文义而论，"互选任之"也应该是一种公举，但与文义相扞格的，是现实中的地

---

[1] 庄建平编：《近代史资料文库》第1卷，第400页。
[2] 转引自周锡瑞著，杨慎之译：《改良与革命：辛亥革命在两湖》，北京：中华书局，1982年，第298页。
[3] 《康有为政论集》下册，第899页。
[4] 《清末筹备立宪档案史料》下册，第731页。

方社会里"蚩蚩之氓但听豪右之嗾使,恂恂之士动为黠猾所抵排"[1]的太过背反而不能合乎文义。

19世纪后期以来,中西交冲的重心在城市,而后是城市越来越成为知识人关注的地方。继此而起的十年新政,又在其大幅度效西法的层层展布中,把中国的政治、经济、教育、军队的重心移到了城市之中。与这个过程同时发生的,便是本属在籍的士绅越来越多地迁往省城、府城和县城。这种迁移带走的大半是士绅中最有身价又往往最有声价的人,对于乡里社会来说,这种迁移的结果,便不能不造成本地士绅群体的劣质化,从而不能不造成主持自治的人物劣质化。而后是清末的地方自治既脱出了"清议"和"乡里月旦",也脱出了规范人际的地方之习俗,便很容易衍为旧日秩序的颠覆和倒错。宣统年间,言路奏论"各省办理地方自治流弊滋大",以普遍的归纳作总而言之曰:

> 各省办理地方自治,督抚委其责于州县,州县复委其责于乡绅。乡绅中公正廉明之士,往往视为畏途,而劣监习生,运动投票得为职员及议员与董事者,转居多数。以此多数习生劣监,平日不谙自治章程,不识自治原理,一旦逞其鱼肉乡民之故技,以之办理自治,或急于进行而失之操切,或拘于表面而失之铺张,或假借公威为欺辱私人之计,或巧立名目为侵蚀肥己之谋,甚者勾通衙役胥差,交结地方官长,藉端牟利,朋比为奸。其苛捐扰民也,不思负担若何,惟恐搜括不尽,农出斗粟有捐,女成尺布有捐,家蓄一鸡一犬有捐,市屠一豕一羊有捐,他如背负肩挑瓜果、菜蔬、鱼虾之类,莫不有捐,而牙行之于中取利,小民之生计维艰,概置弗问。其开销经费也,一分区之内坐食者多至一二十人,一年度之间由局支出者耗至二三千元,以一城数区合计之,每年经费不下万金。而问其地方之善堂如何,学校如何,劝业如何,卫生如何,不曰无款兴办,即曰不暇顾及。所谓办有成效者,不过燃路灯、洒街道,或

---

[1] 庄建平编:《近代史资料文库》第1卷,第405页。

设一二阅报社、宣讲所而已。而旧日育婴堂、养老院、义塾、社仓、宾兴、乡约、施药、施茶、积存诸公费,非皆挥霍尽净不休。

然后一言以蔽之说"似此办理地方自治,其人既多败类,其费又多虚糜,苛取民财,无裨民事,怨声载道,流弊靡穷"。[1]显然是自当时人眼中看去,此日由地方自治牵动的社会变迁,其直接的结果之悖于情理,便是使这种"其人既多败类"的本为旧日秩序所抑的质地下流者,藉此日的新办法而得一蹴而起,放开手脚,合法地获得了地方社会的权力和权势。若引此以为对比,则相隔不过数年,光绪朝后期被当作天经地义的"非立宪无以自存,非地方自治无以植立宪之基本"的那一套道理,已成了两脚悬空,文不对题的东西了。

由预想促成的新政带来了不合预想的历史过程。然而作为一个历史过程,这种权力和权势随新政而作移动的事实一旦发生,又会以其自成因果,直接化作那个时候地方社会的乱源。于是权力和权势移动之日,便有多见于疆吏奏报的"刁生劣监"一类"藉自治之名,把持丁漕,蔑视官长,干司法、行政之权";[2]以及多见于言路的"各处士绅不知恪守章程,往往逾越权限,而府厅州县以及督抚又多曲意阿循,自放责任,以致上凌下替,纪纲隳颓"。[3]这种因权力和权势的移动而造成的官权与绅权,旧权力与新权力之间的抵牾和扞格,反映了地方官身当新法和旧法两头交夹之日的"耳目眩惑"和"呼应不灵"。[4]而由此导致的"上凌下替",说的正是官界守不住本位之后的瞀乱和被动。出现于同一过程之中,又比这种绅与官之间的矛盾更富激烈程度的,还有绅权与平民之间的因新政而起冲突。朝廷为立宪而行地方自治,但"自治章程"给予执其事者的"筹集款项"的权力,实际上很容易使这种自治变成民间社会直接遭受的勒取和盘剥。自康熙一朝之后,清代二百数十年间久以"永不加赋"为祖宗家法。即使

---

[1] 《清末筹备立宪档案史料》下册,第757页。
[2] 庄建平编:《近代史资料文库》第1卷,第415页。
[3] 《清末筹备立宪档案史料》上册,第595页。
[4] 庄建平编:《近代史资料文库》第1卷,第421页。

是在 19 世纪中叶那一场漫长的内战造成的财赋枯窘里，家法依旧是对于朝廷的限制。然而时至 20 世纪，则因国计大幅度侵及民生，已一变而为奏议中谓之"取之尽锱铢"[1]的征敛无度。与之相映而见的事实，便是国赋之外以"捐""税"为名目的各色征榷随新政而生，又随新政而长，在广延于四面八方的同时触发四面八方的怨恨。其间比州县之敛聚更加醒目的，则是过去从来没有过名分和权力能够自为主体，自行征榷的绅界中人，因身任地方自治已一变而能够用自治之名直接伸手收捐收税。比之州县，他们熟知地方社会，因此他们在"筹集款项"过程中的攫取，常常会比州县衙门更多就近之便，并常常会更加出格，遂使言路论地方自治，屡屡指目刁生劣监之既得权势，便以"攘据公款"为理所当然，且权势所之处，又往往有"占僧尼庙宇，夺孤寡田产"一类"鱼肉"乡民而不受管束的事横行于光天化日之下。[2]朝廷以筹备立宪为道理，但其自上而下的借绅权之力推而行之，又在实际过程中使之变得面目异样和全无道理。辜鸿铭说："上之人且嗷嗷焉，朝下一令曰：'为尔开学堂'，暮下一令曰：'为尔兴商务'，彼民者未见丝发加益于吾事，而徒见符檄之惊怛，征敛之无已，房捐、米捐、酒捐、糖捐日加月增，而民已无聊生矣。"[3]

地方自治异化为对于民间社会直接的利益剥夺，同时是本来生成于地方的绅权又在这个过程里异化为地方之患，所以地方自治的推而行之，便常常会触发仇绅的民变。宣统年间发生于莱阳的"官绅激变"曾惊动朝廷而发为诘问，事后疆吏奏报其间之始末说：

> 查莱阳肇乱之原，由于已革前县朱槐之颠顸性成，信任劣绅。城内董事如王圻、王墀、王景岳、于赞扬、张相谟、葛桂星、宋维坤本皆不孚乡望，近年新政繁兴，朱槐之系倚诸绅为心腹，诸绅遂出入衙署，甚且藉以牟利，为众所侧目，以此丛为怨府。

---

[1]《清末筹备立宪档案史料》上册，第 178 页。
[2] 同上书，第 355 页。
[3] 黄兴涛等译：《辜鸿铭文集》下卷，海口：海南出版社，1996 年，第 215 页。

而后有"聚众千余人"的一哄而起,将积怨尤多的"王景岳房屋拆平烧毁",继之"以仇绅者仇官",又聚众"进城到县",以合群之势"要求县官革除绅董,免缴捐款,铜元纳粮不加折扣"等等。[1]然则"以仇绅者仇官",显见得这场自发而起的冲突本由仇绅催化和引发,而这种自发而起的"民变"以"革除绅董"为要求,又显见得卷入其中的乡民里,仇绅的程度尤甚于仇官。在疆吏的奏报当中,诸绅之"藉以牟利"与乡民之意在"免缴捐款"其实相为因果,则亦见绅之可仇,本在于绅界得"近年新政繁兴"之便而以婪索为常态。由于婪索成为常态,遂使仇绅也成为常态。因此,在莱阳之外,相近的时间里还有"直隶易州城内乱民因捐事焚毁学堂暨自治局情事";[2]江西宜春"因劝学所绅董卢元弼等恃势横行,逼捐太甚,百货均要抽捐",致乡民"各怀忿恨"而"两次聚众围城",欲杀之以"泄忿";[3]福建省城"轿夫反抗警捐聚众暴动",致城内外"悉罢市",并欲抢绅士之家;[4]河南邓州"纠众闹署并绅董杨兴俭家暨烟叶税局先后烧抢";[5]广东连州绅士"或管仓谷,或充校长,经手款项均有弊混,迭经乡民追控",之后因绅士经手"遍钉门牌"而致"乡愚"疑虑抽税,遂"纠众数千入城",入绅士之家,"暨中、小学堂,总捐、屠捐各公司,肆行毁掠";[6]贵州都匀府属苗民因"团绅"之"苛虐"而"聚众抗捐反教";[7]四川邛州"因抽纸捐作学堂经费"而致"无知愚民纠众打毁收捐纸行",[8]以及陕西扶风"劣绅"惯于"借公苛敛"而肆无忌惮,于"修文庙、修马路、修小学堂,出易仓谷",俱一手包揽,"一切费用皆派民间,又复从中舞弊,私挪里局公款",遂演为"众怨山积,无

---

[1] 中国第一历史档案馆、北京师范大学历史系编:《辛亥革命前十年间民变档案史料》上册,第182页。
[2] 同上书,第63页。
[3] 同上书,第353页。
[4] 同上书,第391页。
[5] 同上书,第224页。
[6] 《辛亥革命前十年间民变档案史料》下册,第480页。
[7] 同上书,第707页。
[8] 同上书,第770页。

不欲得而甘心",并最终酿成抗拒官府而"伤兵役"的民变[1]等等。这一类绅与民之间的对抗和冲突集中发生,并普遍地出现于清末最后几年的新政之中,成为民变的起因和内容之一,非常醒目地显示了中国绝大多数人口所在的地方社会,其延续已久的社会结构已在日趋倒塌之中。

三 "旧政轮廓虽存"与"新政日益支离"之间：历史变迁中的社会脱散

在梁启超所叙述的"吾国数千年来,有自治之特质"里,地方社会的个体虽有贫富之分和贵贱之分,但贫富贵贱同在习俗之中与礼俗之中,并因之同为习俗与礼俗所牵结制约,遂得大体相安地共处于同一个空间之中。其间的"绅士耆老"之所以能领袖地方,是因为在这种既定的社会结构里,绅与民之间有共同的利益,共同的道理,共同的是非善恶之界。但清末地方自治先立"议事会""董事会""自治公所",已是变自然形成和应事而聚的"绅士耆老"为一种常设的机构,遂使执事其中的人物有了一种国家给予的身份。而自治以学堂、工厂、商务、医院、市场、路灯一类物事为大端,对于地方社会而言则都是外来的揳入,而后是这种揳入的过程,又以其一路揳入,直接成为变习俗治理和礼俗治理为权力管理和强力管制的过程。合两者而言之,显然是清末的地方自治虽以自治为名,而其实际的结果则是扩张和延伸国家的管治以进入地方,并以此改变了古已有之的"自治之特质"。因此梁启超在民国初年指"昔前清预备立宪之九年筹办案,命地方官兴办地方自治"为既悖且谬："夫自治本以对于官治而得名,既由官办,何名为自治。"是以"真正之自治,必须不假官力,纯由

---

[1]《辛亥革命前十年间民变档案史料》下册,第827页。

人民自动"。盖自治本在"调和于公益与私益之间,非官之所能代谋也"。[1]他循名责实地指陈了清末地方自治的悖其本义而倒行逆施。但在那个时候的中国,这种官之代谋自治不仅仅是名与实之间的不相对称,而且是在以伸入地方的国家权力作搅动,颠翻和分解了原来由习俗与礼俗维持的地方秩序。当时人总论其时的世局,谓之"旧政轮廓虽存",而"新政日益支离"。[2]地方社会在官办自治之下,又尤其如此。而后是习俗和礼俗交困于"轮廓虽存"与"支离日甚"之间,已不复再能成为一种罩定人心并规范人际关系的力量;从而不复再能成为一种组织和编连个体,以营造与守护地方社会结构的力量。与这种失去了罩定,失去了规范,失去了组织和编连相对应的,正是逸出了习俗和礼俗的绅权以"鱼肉"乡民为当然,同时又是逸出了习俗和礼俗的乡民以"仇绅"和打绅为响应。两头都出自这个过程而成为当日的常态,因此,两头都具体地诠释了"支离"一词的内涵。

地方社会因国家权力的伸入而在搅动之中,然而本来由州县官所承当的管地方的国家权力,却又因新政的肢解而正在成为一种变得越益衰弱的权力。其间尤其大变政体和官规,而致权力移位的,是循三权分立之说而来的司法独立。这种更张虽以新学理为后盾,但实际造成的则是重重抵牾:

> 今各省既有府厅州县之地方官,又设审判厅以治讼狱之事。查亲民之官,听断是其专责。若不听词讼,则州县各官几同虚设。岂不徒糜廉俸。况审判官既不重,易生刁民玩视之心,控告滋繁,良懦受累,其弊有不可胜言者。[3]

州县官管地方,久以钱粮和刑名为本分和本责,而与钱粮之各有定章相比,则刑名执律法以判词讼,正更直接而且更直观地体现了国家权力之所在和国家权力之所用。因此,引司法独立之义以截去本属州县

---

[1] 梁启超:《饮冰室合集》第8册,《专集》之三十二,第7—8页。
[2] 庄建平编:《近代史资料文库》第1卷,第334页。
[3] 《清末筹备立宪档案史料》上册,第349页。

职分中的刑名一面，而别立审判厅，则以事权而论，州县管地方便失掉了本来的重心，以言"亲民"，实已"几同虚设"。而新立的"审判官"虽另开一重衙门，却又"不统辖地方，专以据法判事为职任"，而"凡关于司法上应执行之事务"则皆非其"所能自定自理者"。[1]以事权而论，显然亦在力绌气短之列。[2]然则自外观上看去，州县官署之外又设审判厅，是原本管地方的小政府在规模上的因筹备立宪而变大；但就其把一种完整的权力分解成两种不完整的权力，从而没有一种权力能够成为直接管制的权力来说，这一类由新政带来的变法和更张，又在非常真实地使原本的弱政府变得治理能力更散和更弱。

与司法权力的这种移截相比，更加周延和更加多样化的，是地方自治广立"议事会""董事会"和"自治公所"一类机构，已因诏旨颁定的各色事务，直接使这些机构连带而及地获得了种种本与地方官相关涉的国家权力。朝廷以此为筹备立宪之应有和必有，然而就其当日的影响所及而言，一方面，是由此分流的权力既归绅界所有，则地方政府已在弱化之中的治理能力又不能不更形弱化。作为一种历史结果，便是地方政府既在革命之日易于崩塌，又在革命之后无从重建治理。另一方面，是由此分流而归绅界的权力本是一种因事而生的权力，从而是一种不在二百六十多年来国家既有的权力结构之内的权力；一种上下左右之间不能依章法相连属的权力，这些没有归宿的状态，都会使一种合法的权力因缺乏明确的规定和对应的管束，同时又成为一种散漫的权力、片断的权力和具有极大随意性的权力。而时逢上下俱动，在清末的地方自治中对应地承接这种权力的人物，又大半是绅界中最不安分，而最不为"乡里月旦"所许的一群。而后是这种由筹办立宪派生出来的权力一经施行，便不能不成为一个摧折旧日人

---

[1]《清末筹备立宪档案史料》上册，第392页。
[2] 民初司法部曾呈文说："夫法庭受理之案，其属斗殴盗窃及寻常钱债什而六七。在昔州县审期，遇贤明长官，堂语数语，一日可了数十起，今则数千文之钱债，判牍连篇，一两月之拘留，爰书盈尺，在民间寸阴尺璧，何待法理之推敲。"正以其事后之返视，说明清末以来的司法独立，犹不如旧时州县官管刑名之尚能有实效，见梁启超：《饮冰室合集》第4册，《文集》之三十一，第29页。

际常轨的过程。其时的《湖北地方自治研究会杂志》说:"中选士绅,多半为平日城、镇、乡中最占势力者",平日本以"武断乡曲"为能事。"一旦厕身其间",势必"名为自治,实以自乱"。[1]这些描述以"厕身其间"者的面目可憎为引人注目。但其背后的历史内容,则是伸入了地方社会的国家权力因其缺乏章法的散漫、片断和随意,便很容易在一路游走中直接拆散民间自为维持的社会关系和地方社会本来秩序。"实以自乱"正言乎此。

国家权力在地方自治的名义下深度搅动了地方,而片断的国家权力本源上的散漫及其在施行中的随意,又决定了深度搅动之后,已经伸入地方社会的国家权力,因其自身的没有结构、没有系统、没有义理、没有历史而不能取代习俗和礼俗,为动荡中的地方社会重造一种可以凝聚的社会秩序。所以,对于万千身在乡里的中国人来说,地方自治留给当时,并直接影响后来的,是曾经熟悉的社会结构已在断裂和解体之中,而由新政派生的官家权力则因其没有统绪又不足以形成治理。作为历史变迁所带来的事实,两者的存在和固化,已为地方社会构成了一种全然不同于梁启超笔下"自治之特质"的生存状态。民国初年,袁世凯作《通饬严除地方恶蠹令》,其中列述的"土棍流氓,乘时竞进,把持朋比,遂为蠹民害政之尤,假公益以敛钱,托社团以树党,议会董会,听其指挥,营弁警界,联为羽翼,武断乡曲,鱼肉平民,觖法营私,明目张胆",[2]这些"蠹民害政"的霸权皆由清末地方自治造成的历史变迁产生,而其在此日的越走越远,又说明这个过程犹在生生不息之中。作为对比,是身在这一段历史变迁之中,本来被组织和编连于习俗与礼俗之中的人口,则因习俗和礼俗的式微而无从凝集,已不能不跟着社会结构的断裂和解体而卷入四分五裂之中,日甚一日地成为一种难于连属的个体存在。随之是曾经大体相安于天理国法人情之中的乡里社会,便会因贫富而分,因贵贱而分,因利益

---

[1] 转引自周锡瑞:《改良与革命》,第133页。
[2] 《民国经世文编》第4册,第2407页。

而分，因强弱而分，并在层层分化中形成和积蓄种种无从化解的社会矛盾。因此，在绅董的敛剥和乡民的仇绅之后，接连而来的是一个人与人相逼遏，人与人相对立，人与人相忿争的漫长历史过程。

一则出自浙江的记载说：光宣之交，崇德合境"荒歉"，而"地主仍然十足征收［田租］"，由此激成"佃户围烧地主庄宅的风潮"，并"波及海宁"，引来"千万的农民几次企图围攻海宁县城"。[1]在相近的时间里，还有江苏昭文"因加租起衅"而致"愚佃抗租"；以及松江佃农的"纠众霸租"等等。[2]相比于抗捐抗税，这一类佃农和地主之间的冲突，在更完全的意义上表达了那个时候的阶级矛盾，以及礼俗之治所营造的人情和温情消散之后，阶级矛盾在那个时候走向激化的趋势。这一类冲突并非全然没有出现于过去的历史之中，但此日的纷纷然而起，则更直接地与社会结构的解体既相因果，又相表里。因此由清末而民初，社会解体的程度更深，这种矛盾所达到的程度也更深。20年代的广东，一个地方的"地主对佃丁待遇甚于犬马，如欠租谷一升一合，即将竹烟筒或鞋底打之；若欠未清纳，则请团局兵或警察兵拘押，如土匪提人勒索一般"。另一个地方的地主自立"租馆"，用来"向农民催收租谷"。租馆里"并设有长梯、麻绳、锁链、藤条、木板等刑具"，用来囚禁和吊打农民中的"还租过迟或不清者"，其等威已"不啻为满清一个政府"。同时的"江南各县，佃户交租时，业主之账房高坐堂皇，租价任意规定；交租稍迟，则催租之吏立至；额外之需索，囹圄之风味，均将备尝之"。而"吴江等县"，业主又设"押佃所，可以不经行政官厅寄押，业主向县署领得空白长单（即一种变相之拘票），可以随时拘捕佃户"。[3]广东的地主能够自立"租馆"，并自如地行使与国家机器相仿佛的暴力，正说明清末以来伸入地方的国家权力，因其自身本来并未筑成结构而力有未逮，在它们罩

---

[1] 李文治编：《中国近代农业史资料》第1辑，第973页。
[2] 同上书，第971页。
[3] 章有义编：《中国近代农业史资料》第2辑，第127—128页。

不到的地方，便留下了许多归强者所有的权力空间。而江南的业主之自立"押佃所"而能合法地拘人押人，又说明伸入地方的国家权力因其源头的散漫、片断而本无章法，遂常常附着于"最占势力者"，并常常为"最占势力者"所用。而以梁启超所叙述的"绅士耆老"之治相对照，这种"租馆"和"押佃所"出现于地方社会和横行于地方社会，则俱见二十多年间的一变再变之后地方社会已是洒向人间都是怨。

1926年的《中国农民》杂志记述广东农村说："二十年前自耕农有十户之乡村，最近只有二、三耳。二十年前乡中有许多贡爷、秀才、读书、穿鞋的斯文人，现在不但没有人读书，连穿鞋的人都绝迹了。"1927年的《东方杂志》记述四川农村说："昔日有许多农民不但求生活之继续，还得由节省而积蓄些财物，以图改善家庭状况或备不时之需。"且"由大佃农起而为中等或小地主的，所在多有"。而"现在呢，除了城市附近而外，多是贫农。他们的欲望是只求维持简单的生活——吃点菜根藜藿延长家人的生命罢了。不是他们不求更高于此的，是他们没有这个可能了"。[1] 比之租佃关系里的一派戾气，这些"昔日"和"现在"之间的对照，又更广泛地反映了社会结构解体之后，中国农村的普遍贫困、凋敝和无从安身立命。而后是普遍的贫困之外，当日涉及广东、福建、湖北、山东、湖南、京畿的记述里又多见劳动力的纷纷"离村"。[2] 与这种普遍的贫困、凋敝和"离村"远走相对应的正是当日中国数目庞大的人口，但出现于这个过程之中并汇成了庞大数目的，却又是一个一个不在编连之中的孤单个体。而以二十年之间"读书、穿鞋的斯文人"在农村的减少和消失为眼见的事实，对比章太炎阅世既久，引为感叹的"吾观乡邑子弟，负笈城市，见其物质文明，远胜故乡，归则亲戚故旧，无一可以入目"。[3] 则俱见地方社会结构脱散之日，与之同在一个过程之中而同时发生的，还

---

[1] 章有义编：《中国近代农业史资料》第2辑，第435—436页。
[2] 同上书，第649—650页。
[3] 张昭军编：《章太炎讲国学》，北京：东方出版社，2007年，第144页。

有城市与乡村的脱裂,以及由"贡爷、秀才"转化而来的知识人和大众的脱裂。而梁启超在民初观察同一种社会景象,其"瞿然警者"则尤在"人民轻去其乡,冀就食于都市"[1]的人数之多,与城市社会空间的有限相对比,[2]正说明走向城市的人口虽然成群结队而最终则了无归宿。由此形成的四面脱节于古无征,而又牵汇万端,了无止境。因此,与19世纪相比,20世纪的一个明显特征,是越来越多的外国人和越来越多的中国人都在把中国社会譬为"一盘散沙"。

四 "公共信条"的倾塌和精神世界的秩序解体

清末最后十年的新政大幅度改变了传统中国政治主体的构成,并因此而导致了中国政治结构的内外离散。又由地方开始促成了传统中国社会结构的离散,并因此而造成了众多没有对应的社会关系可供收纳和组织的人口。迨继之而起的革命推翻了满族的君权,同时是天崩地坼之间,二千多年里曾长久地维系了中国人公共信仰的东西无从附着,在这一场鼎革中一朝倾塌。随后是起于清末新政以来的社会震荡和翻搅,大规模地延伸而及中国人的精神世界。

辛亥革命后一年,梁启超说:"今次革命,由表面观之,则政治革命、种族革命而已,若深探其微,则思想革命,实其原动力也。盖数千年公共之信条,将次第破弃,而数千年社会组织之基础,将翻根抵而动摇。"[3]其意中的深度忧虑在于这种"公共之信条"既已维持了"数千年社会组织之基础";而以"我国数千年信仰中心之机关,厥惟君主"为事实,则这种公共信条又是附着于君权的:

---

[1] 梁启超:《饮冰室合集》第4册,《文集》之三十二,第45—46页。
[2] 梁启超:《饮冰室合集》第4册,《文集》之二十九,第120页。
[3] 梁启超:《饮冰室合集》第4册,《文集》之二十八,第50页。

> 我国数千年来之君主也,其尊严敬惮,殆发于人人之先天的感觉,其有冒渎,则必不能见容于社会。所谓冒渎者,非必其显为侵犯也,即研究焉,批评焉,亦几无复余地。此其政象之为泰为否且勿论,要之,政之所以能行,国之所以能立,恒必由是。且夫信仰之为物也,当其既深入于人心,诚有确乎不易拔者存,及其一旦破裂,则倾坠之势,亦莫之能御,倾坠之后而欲求规复,则为事殆绝对不可能。[1]

在中国人的政治观念中,帝王既是一个具体的个人,又是一种至上的象征。就前一面而言,具体的个人都是有局限的人和会犯错误的人,从而都是需要纠正和需要批评的人,因此儒学以"格君"和"正君"[2]为理所当然;就后一面而言,帝王既是五千年山河岁月演化而成的社稷之人格化所寄,又是五千年历史经验累积而成的文物制度的人格化所寄,因此儒学以忠君为理所当然。梁启超持公共信条立论,着眼的无疑正是后一面。而由"数千年信仰中心之机关,厥惟君主"说公共信条,则公共信条之为公共信条,本在于君主因其象征性而获得的至上性,实际上是在聚合社会、纲维社会、统摄社会和规范社会中入人之心,而后"诚有确乎不易拔者存"的。这个过程派生出"尊严敬惮",同时又与"尊严敬惮"始终相伴,遂为一代一代的中国人提供了一种被他称为信条而内在于精神世界的秩序:

> 凡一信条之存于社会也,则全社会之人凛乎莫敢或犯,自能于冥冥无形之中,宰制群众心理,其有犯焉者,则相率骇而哗之,必使其人不能自存于本社会而后已。是故凡活动者,则活动于信条之下而已,凡竞争者,则竞争于信条之下而已。[3]

有此内在秩序之下的上下相安、物我相安和人己相安,才会有"政之

---

[1] 梁启超:《饮冰室合集》第4册,《文集》之三十,第12、15页。
[2] 焦循:《孟子正义》上册,北京:中华书局,1987年,第526页。
[3] 梁启超:《饮冰室合集》第3册,《文集》之二十六,第50—51页。"乡里月旦"之所以有制裁力,本属公共信条之派生。

第二章　共和与一个社会解体的中国

所以能行"和"国之所以能立"。因此，比之君主作为具体个人的一面，君主之人格化象征的一面虽是一种越出了政体范围的抽象存在，却更真实而且更深刻地以其维系"信条"影响和系结着中国社会的常轨与常度。对于20世纪初年的中国人来说，这既是一种历史，也是一种现实。然而当辛亥革命推翻了满族君权的时候，随之而来的已是前一面和后一面都成了仓猝倾覆，一时同去的东西。

革命本以变革国体政体为中心而与前一面直接关涉，但在社会变迁的过程里，前一面与后一面又在难以剥离和来不及剥离之中，并因难以剥离和来不及剥离而不能不一仆俱仆。梁启超说："夫僵腐之信条，与夫不适时势之社会组织，苟长此因而不革，则如污血积于心脏，徒滋病源，革之诚是也。"[1]他是一个能够认知社会变迁中内含着历史合理性的人，然而他又比别人更早地看出，并比别人更先地表达了这种历史合理性同时又带来了不在预想之中的历史困境：

> 若新信条涵养未熟，广被未周，而旧信条先已破弃，则社会泯棼之象立见。夫信条千百而摇动其一二，或未甚为病也，若一切信条所从出之总根本亦率率而摇动，则社会之纽殆溃矣。何也，积久相传之教义既不足以范围乎人心，于是是非无标准，善恶无定名，社会全失其制裁力，分子游离而不相摄，现状之险，胡可思议。

而且"信条之为物，内发于心，而非可以假之于外；为千万人所共同构现，而绝非一二人所咄嗟造成。征引外铄之新说，以欲挽内陷之人心，即云补救，为力已微，而徒煽怀疑之焰，益增歧路之亡"。[2]与这种"现状之险，胡可思议"相对应的，是生成于清末的社会结构解体之后，民初中国又开始了人心中内在的精神秩序的解体。

随君权倒塌而开始的这种内在的精神秩序解体，主要发生于个体的心中，而时当"眼前推倒三千年"之日，与之同出一源，同时发生，并更直接地改变了世局的，还有随公共信条崩溃而来的人和人之

---

[1] 梁启超：《饮冰室合集》第4册，《文集》之二十八，第50页。
[2] 同上书，第14页。

间政治关系与人伦关系中的秩序解体。章太炎说:"清之失道,在乎偏任皇族,贿赂公行,本不以法制不善失之。旧制或有拘牵琐碎,纲纪犹自肃然。"沈同芳说:"前清政治纵极窳败,纪纲固未扫地。"[1]康有为说:"自共和以来,教化衰息,纪纲扫荡,道揆凌夷。"[2]严复说民国世相,以"社会纲纪之灭裂"与"少年心性之浮薄"为对举之辞。[3]梁启超说:"为政有本,曰正纪纲。"而革命之后,则一面是"畴昔所资为上下相维之具者,举深藏不敢复用",一面是"新纪纲无道以骤立",遂至两头交困之下"而求善治,岂直蒸沙求饭之喻而已"。章士钊说:"四五年来,自非无目,莫不见伦纪之凌夷,文事之倾落,如水就下,兽走圹,日蹙千里而未艾也。"[4]吴虬说:"民元清政解组,纲纪未立,全国人士,如朽索失驭,马逸莫止。"[5]冯国璋说:"中枢已渐废纪纲,官吏将不循法度。"[6]冯玉祥说:民国政治"天良丧尽,纲纪荡然,以故革命而乱,复辟而乱,护国护法而乱,制宪亦乱"。[7]这些话出自不同的人物,而共有的主题则都以"纲纪"灭裂为当日之大害,以表达其直观所见的晚清变为民国之后的民国不如晚清。由此留下的一派痛切,既反映了那个时候千夫所指的普遍事实,也反映了那个时候人在其中的普遍无奈:

> 夫晚清政治虽曰腐败乎,然其内外相维,上下相属之形式犹在也。故阁部所欲行者,得以下诸督抚;督抚所欲行者,得以下诸州县。其有梗命,得而黜之,其有敂法,得而罚之也。以故政府不得人,斯亦已耳,苟其得人,则据此成规以号令焉,风草之势,抑至顺也。今也不然,属吏非长官所能黜陟也,各省非中央所能指挥也。政府之令,不出于国门,方伯之威,不行于属郡,守令之命,

---

[1] 《章太炎讲国学》,第363页;《民国经世文编》第4册,第2585页。
[2] 《康有为政论集》下册,第797页。
[3] 转引自钱穆:《中国学术思想史论丛》第9册,第179页。
[4] 《民国经世文编》第4册,第2609页;《章士钊全集》第5卷,第311页。
[5] 中国史学会主编:《北洋军阀》第1册,第1014页。
[6] 中国史学会主编:《北洋军阀》第2册,第170页。
[7] 中国史学会主编:《北洋军阀》第4册,第339页。

不逮于吏胥。且勿论今之尸各种机关者,其人才为何如,就令得一二贤者居高明之地,而行政系统,破坏既尽,虽有良法美意,亦孰与举之,而孰令推行之者。[1]

这段话举晚清与民国两面为对比,以"内外相维,上下相属"与"政府之令,不出于国门,方伯之威,不行于属郡,守令之命,不逮于吏胥"的不同,说明了纲纪是一种制束和定规。而由表入里,则内在于制束和定规之中的"纲纪者,序也;序者,礼也",[2] 又说明纲纪是一种伦理和秩序。

制束、定规、伦理、秩序都超越了每一个个体和群体,同时又包容了所有的个体和群体。这种因其超越而能够包容,因其包容而能缩连,便形成了内与外之间,上与下之间的各得其分和各当其责。于是而有"若夫纲纪者,天下之公也",[3] 以及"天演之事,进化日新,然其中亦自有其不变者",尤其"治制虽变,纲纪则同"。[4] 因此,政治之不能没有纲纪,本在于纲纪以自己的公共性造就和维系了政治的公共性,有此公共性,而后一个时代的政治才能够成为罩得住四面八方的人和事。然则民初的中国人返视前朝,以"纲纪犹自肃然"和"纲纪固未扫地"为盖棺之论,正可以见清代虽属君权政治,其本身却又是在一种公共政治的形态中实现和持续的。这种君权政治之同时又成为公共政治的事实,说明君主的人格化象征一面,正以其面对天下公共性的总缩纲纪,为天下提供了一种"所资为上下相维之具"。而革命既已造成民国与帝制的嬗递,则旧朝"所资为上下相维之具"便无所依傍,不复再能沿用旧日的至上性而为后来的政治作准则。继起的共和政治以国家为至上,"必使中华民国之基础确定于大地",[5] 则纲纪理应由国家而生。

---

[1] 梁启超:《饮冰室合集》第4册,《文集》之二十八,第23页。
[2] 章士钊:《章士钊全集》第4卷,第313页。
[3] 同上注。
[4] 《严复集》第2册,第332页。
[5] 《孙中山全集》第2卷,第3页。

然而民初的国家观念沿晚清而来，自始即起端于外力的冲击，并大半是在回应冲击的过程中构筑起来的。冲击和回应，都在中国人的历史文化之外。严复说："夫今人所日日揭橥以号于众者，莫若爱国，爱国者转译西文 Patriotic 之名词也。其本义原于拉体诺之 Pater，译言祖父，然则爱国云者，爱其祖父之所自生，而以自爱其祖父始明矣。夫爱祖父，非仅以其生我已也。质文递嬗，创制显庸，聚无数人之心力，勤苦为之礼乐文章焉，至于吾侪，乃得于民种之中，而犹有当前之地位，如是之阶级。则推原还本，非席吾古人之遗泽，又何从而得之。呜呼，蔑古之徒，可以返矣。"[1] 同样的意思，康有为说是"今中国人所自以为中国者，岂徒谓禹域之山川，羲、轩之遗胄哉，岂非以中国有数千年之文明教化，有无量数之圣哲精英，融之化之，孕之育之，可歌可泣，可乐可观，此乃中国之魂，而令人缠绵爱慕于中国者哉"。[2] 这些话说的是国家观念之不能没有历史文化，以及当日在西方映照和比照之下构筑起来的国家观念之缺乏历史文化。所以章太炎直谓之"今人之病根，即在不读史"。[3] 而后是看不到历史文化渊源的国家观念便很容易成为一种没有具体性，没有恒定性，没有对应性，没有统一性的抽象观念。与之相表里的，则是共和政治设定的国家的至上性常常会变得模糊、遥远而且空洞。孙中山曾举其见闻说：

> 前几天我到乡下进了一所祠堂，走到最后进的一间厅堂去休息，看右边有一个"孝"字，左边一无所有，我想从前一定有个"忠"字。像这些景象，我看见了的不止一次，有许多祠堂或家庙都是一样的。不过我前几天所看见的"孝"字是特别的大，左边所拆去的痕迹还是很新鲜。推究那个拆去的行为，不知道是乡下人自己做的，或者是我们所驻的兵士做的，但是我从前看到许多祠堂庙宇没有驻过兵，都把"忠"字拆去了。由此便可见现在一般人民的

---

[1]《严复集》第 2 册，第 323 页。
[2]《康有为政论集》下册，第 733 页。
[3] 章念驰编：《章太炎演讲集》，第 433 页。

思想,以为到了民国,便可以不讲忠字;以为从前讲忠字是对于君的,所谓忠君;现在民国没有君主,忠字便可以不用,所以便把它拆去。

然后切论之曰:"这种理论,实在是误解。"共和虽已不同于帝制,而"我们在民国之内,照道理上说,还是要尽忠,不忠于君,要忠于国,要忠于民"。[1]

在他叙述的民国世景里,这种民间社会因对象的缺失而疏离了"忠"的场面一见再见,反映的正是民间社会之不能感知国家的至上性和国家的切己性。因此国家虽被奉为至上,而其观念的抽象性则决定了至上的国家常会被自为阐释,并因自为阐释而各成一说,又因各成一说而相异相歧,莫衷一是。与之相应的,便是"新纲纪无道以骤立"。而由此形成的明显而又深刻的历史矛盾是:清代的君权政治虽以天泽分严立界,但其"纲纪犹自肃然"却使之能够获得和保有一种公共政治的形态,并因之而表现为一种有秩序可循的政治;而民国政治虽以共和为宗旨,但其"纲纪未立"却使之一开始便成了一种难以形成公共性的政治,并因之而表现为一种"上无道揆,下无法守"[2]的没有秩序的政治。而就其本性来说,则没有公共性的政治和没有秩序的政治,不仅是与共和政治彼此相歧的,而且是与共和政治互不相容的。

与这种矛盾相为因果,则在这个世局大变的过程里,因公共信条的崩溃而造成的内在秩序的解体,便对称地面对着因政治之缺乏公共性而造成的政治秩序的解体,而与这种缺乏公共性和没有秩序可循的政治相为匹配的,是人无宗旨的皈依和人无立身的守则。当日的舆论所说的"我国今日,固未尝无所谓上流社会者",其"能崭然现头角者,皆其最工于迎合恶社会而扬其波者也。故名则上流社会,而实

---

[1]《孙中山全集》第9卷,第243—244页。
[2]《康有为政论集》下册,第713页。

下流莫此为甚"。[1]这些话描画的是民初中国的政治主体,而以"下流"为统括之词和总评之词,正说明民初中国的政治主体之被人普遍鄙夷和整体疏离。与二千年中国士人政治的历史相比,已不能不算是前所未有。但作为一个历史过程,这种"名则上流社会,而实下流莫此为甚"的事实虽然醒目地出现于民国,溯其由来,却是以清末新政大幅度地改变了中国政治的主体构成为起端的。清末新政留下了一种不同于前代的人物起落和荣枯的走向,也留下了一种被改变了的政治主体。而后帝制变为民国,沿着这一走向一群一群地进入政治主流之中的,还有阅历各异,怀抱各异而被世人分别指为党人、武人、官僚、政客的一时之雄。一则记载说:朱家宝辛亥之役"任皖抚,反抗义师"。后"见民军势盛",知不能敌,"遂向人曰'我本明唐王八世孙,满清入关,倾覆大明社稷,卧薪尝胆,思雪会稽之耻者,匪一日矣,特未得其当耳',并自出宗谱相示",民军受骗,奉之为都督。而相隔不过一日,"复与张勋暗通声气",遂被驱逐。迨民国初年至北京,曾"入国民党籍",而当"袁氏僭登九五"之日,即以"首先称臣为天下率";之后又于丁巳年身入局中,"运动复辟",并授为"民政部尚书"。[2]论其身世,但见一路留下的都是反复。另一则出自外国人的记载说:"陈其美现在是沪军都督,他的职业是新闻记者,现在成了将军,不久前又当上了商业总长,对这样的职位,他和你的仆人一样不能胜任。为什么他能如此,原因是上海有一万五千人的部队给他撑腰。"[3]与之相类似而气焰稍逊的,又有何海鸣自述"予生二十余年,曾为孤儿,为学生,为军人,为报馆记者,为假名士,为鸭屎臭之文豪,为半通之政客,为二十余日之都督及总司令,为远走高飞之亡命客"。[4]以何海鸣比陈其美,则两者都起自乱世,而其先后附着的社会身份虽然杂多,却各成一类而了无统绪,由此反照的应是人在

───────────

[1] 梁启超:《饮冰室合集》第4册,《文集》之三十,第44页。
[2] 中国史学会主编:《北洋军阀》第3册,第656—657页。
[3] 莫理循:《清末民初政情内幕》上册,第933页。
[4] 何海鸣:《求幸福斋随笔》,上海书店出版社,1997年,第13页。

乱世中的政见化为活力四射，以及活力四射背后个体不止不息的进取心和进攻性。还有一则记载说：林长民"能文章，善议论，书法《瘗鹤铭》，佳士也。而思以政治家见长"，于"洪宪建号"之日"出力最多"，尤善用谀媚为功夫。其间曾有过"一日朝见项城曰：臣长民民国元年，曾生一子，一月即殇，足见共和制度，不适宜于人民。今上元旦登极，圣主当阳，春和四被，长民竟诞生一子，伏呈皇上，肇锡嘉名，他日长成，永为帝国良好臣民"[1]的情节。相比于以"政治家见长"的自期，这些话更像是游士心声。因此洪宪一局既了，他又能了无窒碍地重回"共和制度"之下，深度卷入当日的政争，并蔚为研究系的要角。十年之间，林长民惯以纵横捭阖为长技，[2]虽久在政治之中而始终不能成为政治家。末了则沿其纵横捭阖一路卷入郭松龄倒戈，而以死于兵中为结局。所以陈宝琛爱其才，而挽联以"丧身乱世非关命"[3]为定评，说的正是其取死于太不安分的政客本性。

这些人各有一副面目，但又富有代表性地汇成了那个时候中国社会政治主体中的多数共相。在他们之外，更等而下之的，还有以"李鸿章侍童"起家的段芝贵，以"云南蒙自土司"起家的龙济光，以及晚清为吏因"贪劣"被"褫职讯办"，而民初治皖复"贿赂公行"[4]的倪嗣冲等等一茬一茬的武人。数千年历史中国以政治与伦理的合一为人世间的理所应然，但这些人物的合群之共性，却都在于手中操弄政治而心中全无对应的伦理，随之而来的，便是这些人物熏化所至，政界遂别成一重世界：

> 昔之争富贵利达也，贿赂之无耻，机诈之相谋而已。今乃至以手枪相劫制也，以谩骂相诟辱也，以仇恨相杀戮也。昔之贪官污吏也，择肥而噬，积以岁月。今则朝不及夕，席卷而逃。昔之士大夫虽无政无学，然或谨守自好，或以诗文金石古董为娱乐。今则消昼

---

[1] 刘成禺、张伯驹：《洪宪纪事诗三种》，第 183 页。
[2] 中国史学会主编：《北洋军阀》第 1 册，第 973 页。
[3] 刘成禺、张伯驹：《洪宪纪事诗三种》，第 183 页。
[4] 庄建平编：《近代史资料文库》第 2 卷，第 268—270 页。

夜于麻雀，合官僚以狎邪。耳不闻道德之经，口不讲政治之学，情类乞丐，行同劫盗。[1]

作者夹一派忿郁说彼时之世相，笔底便多意气流泻。但其间层层对举的今昔之比，则记实地写出了世人目中所看见和意中所感知的今时与往昔的大不相同。

五 民初中国：共和国体与反共和的政治

从清末到民初，在社会结构分解过程中出现的这种脱出了伦理的政治主体，以及这种主体提调之下的丧失了公共性的无序政治，其一路施展既是在以打碎格局为自己的格局，便一定会使以共和立政体的中国名与实无从对称，不得不在这种没有格局的格局里困于反共和的政象之中。

由于纲纪维持的公共性随纲纪荡然而在政治中消失，没有纲纪的政治遂很容易地在"情类乞丐，行同劫盗"的政治主体手中变其质地，演化成以帮派为分化组合，以集团为分化组合，以利益为分化组合的私人政治。洪宪帝制掀动天下之日，云南通电起兵，曾以"首祸之人，皆大总统之股肱心膂"为讨伐之辞。[2] 同一个时间里康有为致书袁世凯，也说他"为左右所误，谬受大位"。[3] 而章太炎事后总论，同样说是"袁氏晚节，匿深宫、设周卫而不敢出，所任用者皆蒙蔽为奸，神怪之说始兴"。[4] 其间的"股肱心膂""左右""所任用者"，指代的都是不在官僚体制设定的内外关系、上下关系的等序之中，而因

---

[1]《民国经世文编》第 8 册，第 5077 页。
[2] 中国史学会主编：《北洋军阀》第 2 册，第 151 页。
[3]《康有为政论集》下册，第 940 页。
[4]《章太炎政论选集》下册，第 749 页。

袁世凯一己之赏识和信用而围在他周边，从而能够进入、又长久盘踞于政治上层的人物。其时在袁世凯身旁管事的唐在礼后来说：谋划帝制和筹办帝制之日，"在袁周围主要有三个包围圈：一是朱启钤、梁士诒、杨度、顾鳌、夏寿田等；二是袁克定、段芝贵、袁乃宽、张士钰等；三是官邸中袁的妻妾及儿女等"。[1] 与后一群人相比，前两群人更主动和更得力，并因其更主动和更得力，正非常具体地说明了彼时政治的私人化，以及私人化政治的实际模样。当这些人物围绕袁世凯而形成一圈一圈的时候，他们便同处于袁世凯个人意志的影响之下和左右之下，以此为中心，也以此为归宿。但私人化的政治本无纲纪而以各利其利为聚合，因此，在袁世凯影响其周边人物的同时，围绕于其周边的人物也会以各自谋一己之利的筹算切近地影响他和引导他。而后是惯于以私人政治驾驭别人的袁世凯，也在这种相互影响里不知不觉地成了私人政治里的被驾驭者。时人记述洪宪帝制史事，其中一节说护国军起于西南以后，"二十五日国务会议，项城云：'云南自称政府，照会英、法领事，脱离中央。此事余本不主张，尔等逼予为之。'众默然"。[2] 至其临死之际，又召来袁克定，告之以"这个事我做错了，你以后不要再上那几个人的当"。[3] 若以此比照他在筹安会宣言发表之日所说的"舆论是空气作用，已早有布置，外交有英美箝制日本，军事我有把握"，[4] 则其间的错判显然不少正是来自于那些圈子之中。他在此日意识到的被驾驭，对于康有为所说的"为左右所误"，章太炎所说的"所任用者皆蒙蔽为奸"，都成为直接的映照和实证。而梁启超当时引为诧异的"此人［袁世凯］比来不解何故，百凡举措，皆失其常"，至有"此次僭号之举"的"生吞活剥，倒行逆施。以彼巧人，有此笨笔，非天夺魂，何以及兹"；[5] 以及徐世昌事后

---

[1] 吴长翼：《八十三天皇帝梦》，第157页。
[2] 庄建平编：《近代史资料文库》第2卷，第142—143页。
[3] 吴长翼：《八十三天皇帝梦》，第83页。
[4] 杜春和等编：《北洋军阀史料选辑》上册，第171页。
[5] 梁启超：《饮冰室合集》第8册，《专集》之三十三，第28页。

引为诧异的"项城一生走稳着,独帝制一幕趋于险着,此余之所不解者",[1]则他们都在以他们眼见袁世凯之前后殊异,而不能用常理相推度的不可知论,说明了没有纲纪的民国政治,比犹有纲纪的晚清政治,其君臣之间以奏折、诏书、觐见、召对相往来,以及聚朝臣为廷议和合疆臣为共议的昭然和厘然更不可测,也说明了人在私人化的政治中,便是人在彼此操纵之中,并因之而不能不颠倒于予智自雄和身不由己之间,遂成其既没有政治的常态可寻,也没有个体的常态可寻。

与这种缺乏公共性的主从关系以利相聚,利尽人散相比,民初政治中更容易见到的,是私人化对私人化所触发的政争和政潮。袁世凯时代过去之后,政事的重心移到了总统黎元洪和总理段祺瑞的手中,而政事的冲突也起于黎元洪和段祺瑞之间。时人旁观两头之间的相斗相克,曾言之感慨地评而论之曰:"以宋卿之宽和,以芝泉之清严,在吾国显者中,实不易得,以二人之贤,相争相厄,犹至此也。"[2]比之袁世凯的累受道德抨击,黎元洪之被称为"宽和",段祺瑞之被称为"清严",都说明他们在世人心目中的个体道德形象犹在可观可取之列。但总统有僚属,总理也有僚属,在没有纲纪的私人化政治既已成为一种实际政治之后,总统与总理之间的关系,便很容易变成僚属与僚属之间的关系,并且由僚属与僚属之间的关系倒过来牵动并摆布于总统和总理之间。局中人后来追叙说:"黎段本可合作。黎为段拥戴而出,双方原具好感",而其时徐树铮"为陆次[陆军部次长]兼国务院秘书长,务争公府权。黎左右积不能平,颇劝元洪独断,自是判牍多所批削,树铮坚执不可,府院之争益烈。内务总长孙洪伊素恶树铮,则助黎以抑段",遂至"朝列水火"。[3]而后是"宽和"与"清严"皆不能敌徐树铮的跋扈和孙洪伊的自负。这一场冲突起于僚属之间的各逞手段,演为总统府与国务院的势不两立,而由此搅动内政外

---

[1] 吴长翼:《八十三天皇帝梦》,第299页。
[2] 《康有为政论集》下册,第997页。
[3] 庄建平编:《近代史资料文库》第2卷,第24、267页。

交,并引来督军以武力各示向背的合群跳踉。之后的因果递连,又最终导致了张勋积久而发的丁巳复辟。这个过程里不会没有利益之争,但溯其原始,直接引发了府院之争的对撞则大半起于可以目睹的个人意气。之后的意气因权力而横行,遂带来这种既无政见可言,又无是非可分的互相对峙和冲突不息,以权力人物的缺失理性导致当日政局的无可收拾。随后是两头都成了混乱时势中的不能自主者。其间因果相承,显示的正是政治私人化中所内含的更加杂乱无章的一面。

以更长的时段和更宽的视野着眼通观民国初年,则所见更多的尤是一种政治私人化的普遍性:

> 官僚政客结合之派系,亦各有附丽,冀凭借武人,扩张其势力,而为政界之活动。彼武人每为各派利用而不自知也。如安福系、新交通系之属皖派,研究系、旧交通系之属直派,各派人物辄于暗幕中,怂恿武人,引起政潮。武人赋性戆直,遇事不知揣度,宜堕其奸佞之计矣。故就近年政潮而论,虽多为武人之激成,而作祟其间之官僚政客,其祸国殃民之罪,尤擢发难数也。[1]

这些事实反映了民初的中国政治因丧失了公共性而私人化,以及人在私人化的权力关系之中的随时而变和随势而变。然而作为旧日秩序解体的结果,这种因丧失了公共性而私人化了的政治歧变,同时又会越出权力关系的范围而化为一种笼罩四边的影响,并且以自己的影响营造出一种不同于往昔的政治环境,使更多的人身在这种环境之中随之而变和不得不变。章太炎后来说:"综观开国以来十余年中,赞帝制,背民国,延外患,参贿选,及诸背义卖友之事,革命党之不肖者皆优为之。"[2] 他陈述了那个时候的人事和世情,而写照的则是党人与武人和官僚同在没有公共性的政治之中,其中之"不肖者"遂以私人化对应私人化为跟着走。以党人的本来面目做比较,由此生成的实际上是一种没有了面目。

---

[1] 庄建平编:《近代史资料文库》第 2 卷,第 255 页。
[2] 《章太炎政论选集》下册,第 823 页。

由于这种丧失了公共性的私人化政治实际地支配了民初中国的政局，与之相应而随之而生的，便是政治中的以私人本位，又以私利为导引，使人性中的恶得以四面游走而化为政治中的恶。当日陈焕章身在这个过程之中，惯见其间之情状，然后概括言之曰：

> 现在之政局，果何局耶？以国内言之，则造谣之局也，诟詈之局也，斗殴之局也，棍骗之局也，贿赂之局也，暴乱之局也，暗杀之局也，分裂之局也。[1]

一旦入其间，则别成一副肝肠：

> 不知有国，不知有民，惟一己之知。即其对于一己，亦一切不顾，而惟知有面前最短促时间之权利。呜呼！今日政界之中，无上无下，无大无小，其普通之心理，如是而已矣。生于其心，害于其政，发于其政，害于其事，夫是以有现在之政局。[2]

在这种"现在之政局"里，没有共信，没有互信，没有守则，没有常理，没有轨辙，没有限度，"政界"之为"政界"，便只剩下了武人、官僚、党人、政界之各成派别的起落无定和分合无常。起落和分合都在不断地造就政局，而一路带来的则是倒戈、阴谋、暗杀在这个过程里前所未有的节节茁长，并以此为特色，非常显目地造就了民初中国不同于前朝的政治现象，由此得到的却始终是一局不如一局和只能是一局不如一局。

1922年，黎元洪作长篇通电，言之沉痛地切论民国十年以来的政象败坏致"国家危亡"，其中由政事而及人事，尤感慨叹息于权势环绕里的武人和文人之反复无常：

> 军位既尊，争端遂起。下放其上，时有所闻，婚媾凶终，师友义绝，翻云覆雨，人道荡然。或乃暗煽他人，先行内乱，此希后

---

[1] 周军标点：《陈焕章文录》，第62页。
[2] 同上注。

利,彼背前盟,始基不端,部属离贰。各为雄长,瓜剖豆分。失势之人,又图报复,阴结仇敌,济其欲心。祸乱循环,党仇百变。[1]

"下放其上"是倒戈和克上;"此希后利,彼背前盟"是收买和叛卖;而"婚媾凶终,师友义绝"一类,则都是与那个时候政事的反复无常相连而存的人伦的反复无常。在这种反复无常里,最需要稳定的政治关系便成了一种最难以稳定的东西。因此30年代吴虬作《北洋派之起源及其崩溃》,也以此为论史的瞩目之所在,统而言之曰:"纲纪二字,已不复为军人所重",而后"倒戈"成为以兵事变政局和以兵事谋势位的惯态,"例如吴对段倒戈,冯对曹倒戈,孙对吴倒戈,刘、周对吴、孙倒戈,郭对张倒戈。凡位至师长者,即希冀督军,欲得督军,必以倒戈为快捷方式"。其"相忌相胁"[2]遂生生不息而常在一触即发之中。他所列举的这些倒戈,以前所未有的密度接连地发生于民初中国,时当道、咸、同、光数十年前朝旧事犹在去此未远之际,则"清末之兵,上下相维,指臂相使,士皆畏威,将犹用命,虽于国防之大,不足当列强精练之兵,然等威节制,犹复能军"[3]的事实便不能不成为人心中的对照。

章士钊说:"自共和之兴,吾国忠义故事,化为国家主义。故于裨将倒戈之举,论者所执准绳,不必一致。"[4]比之黎元洪以当时人评说当时事和吴虬由后来观照之前的刻画描画,他显然更着意于说明民国倒戈之多的由来和理路。"国家主义"是一种新道理,但在那个时候的中国又是一种模糊而且悬空的道理。因此"论者所执准绳"的"不必一致",其实是模糊和悬空照临之下的无从一致,并因无从一致而能够各自立论。以"共和之兴"为前提,则"忠义故事"化为"国家主义",本旨自应是人间的忠义从上下之间移到了个体与国家之间。与之相对称的,便是引国家主义来推倒上下之间旧日伦理的事已既可

---

[1] 荣孟源、章伯锋主编:《近代稗海》第5辑,1985年,第163页。
[2] 中国史学会主编:《北洋军阀》第1册,第1023页。
[3] 《康有为政论集》下集,第1034页。
[4] 《章士钊全集》第6卷,第3页。

做得,又可讲得,滔滔然言之成理。本属奉系的郭松龄发动兵变讨伐奉系首领张作霖之日曾通电天下,以阐说自己的"突起义师,为民请命":

> 正如留学生欲革前清之命而除其压迫,卒致武汉起义,民国以成,中外称曰志士伟人,岂得谓之叛逆也哉?且方今国号共和,所谓忠之界说,应以国家、社会、人民为主体。似张氏专恣跋扈,穷兵黩武,横征暴敛,实为国家、社会、人民大害,此等叛逆,驱而除之。[1]

这段话用国家(以及社会、人民)的名义消解了他与张作霖之间本来应有的"忠义故事"。但国家主义在观念上的模糊和悬空,又使不可具体而见的国家意志同他以一面之词所表达的一己之好恶、恩怨、评断和取舍无法剖分地合为一体,并因之而使他的个人意志实际上承当了国家意志的传达者和代表者。比之"忠义故事"里的大义不可僭越,显见得这里的"国家、社会、人民"都已成了被僭用者。此前多年,已曾有过张作霖通电责备"军阀弄权",而自述"一秉至诚,惟国家人民是念";[2] 臧致平一面领兵入侵浙江,一面通电说"共和国家,民意至尊";[3] 尤其可观的,则是直奉战争前夕,直省议会"代表三千万人,九顿首",请"双方消除成见,免启衅端",而吴佩孚以正邪之不能两立为回复,末了且针锋相对而言之明了地说:"诸君代表直省三千万人民请命,佩孚窃愿代表全国四万万人民请命也。"[4] 他们都以国家人民为至上,又非常直白地表达了自己不仅与国家人民为一体,而且正在代表国家人民。但由此形成的强有力者各自挟国家以自重,已不能不使民初中国的国家观念越来越无从指述,从而越来越缺乏实际上的确定性和对应性。其直接的结果,便是本应由上下之间移

---

[1] 中国史学会主编:《北洋军阀》第 4 册,第 429 页。
[2] 同上书,第 23 页。
[3] 同上书,第 221 页。
[4] 同上书,第 25 页。

到个人与国家之间的人世忠义,都在这个过程中消失掉了,倒戈之事常常而见,因此而了无窒碍。

这些事实为一时所共见,它们都说明:"吾国忠义故事,化为国家主义"实际上并没有得到真正的国家主义。因此人间的忠义虽然消失于倒戈之中,但舆论评判倒戈,却大半仍然在沿用"忠义故事"的道理为绳尺。1917年皖系师长王汝贤奉派讨伐湘南而半途倒戈息兵,致北军失败。严复举其事而论之曰:"王汝贤为合肥廿年师弟,信任至深,此次入湘,竟有为陈复初以五十万买走之事,赃未入手(闻取实行过手者,不过五万),已亦为人所逐。此种人尚有面目复出见人,此真吾国之垢。"[1]在这段历史情节里,北军将领王汝贤本出段祺瑞门下,而以五十万卖掉了老师;湘军将领陈复初善用金钱收买对手,而一旦遂愿,则食言而肥,使被收买者两头落空。而由此引出的严复的这一段话,用意并不在为南北之间分是非曲直,其言之耿耿,着力的全是北方军人的没有忠义和南方军人对应而见的没有信义。他指王汝贤为"真吾国之垢",注目的显然是个体,但在一个"忠义故事化为国家主义"与"纲纪荡然"相为表里的时代里,王汝贤的被收买和陈复初的收买其实都不是一种个体现象。因此比严复更早,二次革命旋起旋落之后,已有过张东荪的所见略同:

> 上自政府,下至军官,均提倡金钱主义。一般军人,只知金钱,不知纪律,不知服从,但得金钱一到,无事不肯为也。所以此次内乱,军队居多。当其造乱之时,乃为伟人所买收,及其反正之后,复因政府所买收。是故忽起忽落,均在数日间耳。此风一开,军界前途不堪问矣。[2]

被他称为"内乱"的二次革命是一场借军队而实现的政治争斗,但"伟人"用收买为手段,"政府"也用收买为手段,俱见对立的双方同在一个时代之中而都没有自相维系的纲纪,则各自皆只能以以利驱人

---

[1]《严复集》第3册,第677页。
[2]《民国经世文编》第4册,第2633页。

为长技,本领相去并不太过悬殊。

稍后康有为又曾由二次革命说到护国之役,合南北而统论之曰:"袁世凯善用金钱,专行收买,无论何人,抗而不顺者,一挥金钱,无不俯首受抚,累试累效,习而成风,其收买海军,费六十万,乃至每卒三百。民军亦复仿而效之,倒袁之役,以三十万买海军,亦复翻然独立。盖上既不能令下而指挥之,且畏其哗变逐已也,除以金钱买外,更有何术?"[1]由此派生的因果,便是战场之胜负,常会在不断的倒戈之中随利益之大小而走。所以,二次革命后四年,孙中山以"护法"为名义在南方立军政府之日得德国人资助,又曾沿此旧辙,"以五十万元送给海军",换来"七艘海军舰艇"的倒戈南下。[2]对于一个以共和为理想的人来说,这不会是一种自愿的选择,但身在政局之中,却又是一种实际的选择和有效的选择。而当一个共和主义者也不能不取这种与共和主义相反的手段为方法,用之以实现自己政治理想的时候,其知行之间自相扞格的矛盾和抵牾,又比严复和张东荪的局外疵议更加深刻地反映了民初中国的政治困境。

知与行相扞格,正说明共和初立的中国同时又是一个社会结构正在解体之中的中国,因此心中之所知无法施为以实事程实功。而后是知与行两不相及之下,本来各有法则以维系于人际的公私关系,在社会结构解体的过程中四分五裂之后,已一变而为"不但国家无可信之爪牙,即私人亦无不渝之徒党",遂至"横览宇内,率皆地丑德齐,莫能相尚"。[3]国家与个人之间的政治关系既已脱落,个人与个人之间的人伦关系也已脱落,而后是收买和倒戈便成了真实的政治和常态的政治。

章士钊说:"十余年间,国内差有历史约略可数之各派势力,有若七巧板然,变乱一次,新拼合一次,攻守无定策,友仇无定位,分合

---

[1]《康有为政论集》下册,第1035页。
[2] 韦慕庭著,杨慎之译:《孙中山:壮志未酬的爱国者》,第102页。
[3]《严复集》第3册,第678页。

变换，为时之适。"其间起落无定，而"凡可以倾敌自申"，以"布其权势者"，必"机变百端，阳排阴挤，无所不用其极"。[1]他既与党人一面有渊源，还与西南一面有渊源，因此熟识当日的政派，遂能总体而论地评说之。然而"各派势力"俱以既"无定策"又"无定位"的政争为政治，则其"机变百端，阳排阴挤，无所不用其极"之下，收买倒戈显然都不能算是止境。民国政治以党人、军阀、官僚、政客为主体，四者同在一个无序的政治过程之中，而各自的路数则并不完全相同。严复笔下的王汝贤，张东荪笔下的"一般军人"，以及因"五十万元"的收获而归附南方的海军，都出自军界之中。由此形成的共相，已实证地说明，其时的政潮起伏里，最容易被当作收买对象并最容易因收买而倒戈的大半都是武人。与之相比，则政客和党人多自负韬略，以合纵连横倒海翻江的阴谋政治为长技，时人谓之"拍卖风云雷雨"，[2]以言其翻来覆去于手掌之间的声势可观。然而合纵连横倒海翻江之后，多见的又往往是起于筹算谋划而止于不可收场。

洪宪帝制了局之后天下重归民国，随之而来的则是各以天下为怀抱的国民党和进步党交斗于国会之中。由于"民党在国会势力颇厚"，遂使进步党以势相较而力有未逮，而后是"汤化龙与梁启超密谋"，借"制宪之争"，从国会之内筹划到国会之外，"乃星夜派林长民南下，促各省督军通电指摘民党阻挠制宪"，并经"林长民承意捉刀"，而有"倪嗣冲等请解散国会之电"。其间又有汤化龙"亲赴蚌埠游说"。曾经近距离地旁观了这一场合纵连横倒海翻江的吴虬事后记叙说：

> 汤由蚌返津，余适由北平至津，相值于车站，执询时局如何收拾。汤以得意态度，耳语余曰"不日即见分晓，不如此，不能斩草除根也"。余以诤友意味，反诘曰"何苦作此大孽，这是政治罪恶"。汤曰"君何胆怯？"余曰"解散国会，是以革命造革命，十年大乱，未可知也"。汤曰"理论诚然，但事实上我有补救方法，

---

[1]《章士钊全集》第4卷，第173页。
[2] 中国史学会主编：《北洋军阀》第4册，第215页。

请稍待"。余即一笑而别。

盖"汤意在铲除民党在国会根据,另谋改选,造成进步党为多数党之国会,再以国会之法定职权"更图远大。这个过程不能不借助于北洋军人的协力合作,但与之合作的武人一面,则自始即以"梁、汤辈只能利用其虚声,点缀北洋门面,实在事,还要我们自家有办法"为彼己之界和基本立场。因此,此后的段祺瑞内阁与"梁、汤辈"之间,便各逞算计而越走越远。迨安福国会成立,"梁、汤辈"实际上已被放置于门外,遂使其施权术为能事的苦心经营化为全盘落空,化为心头大患。作为回应,继之又有"进步党衔前次被屏之憾,密谋倒段,派汤化龙游欧,从外交上挑拨英美恶感,以制段死命"。于是前一段合纵连横倒海翻江的结局,复引出了后一段再起的合纵连横倒海翻江,而能事犹是一派权术。其间尤其能影响当时,并以此构成了五四运动历史过程中另外一个侧面的,是林长民淋漓尽致地显示出来的策士的能力:

> 其时巴黎和会条约甫成,山东问题,仍虚悬未决,国人痛心失望,拒绝签字,全权代表陆徵祥慑于民气,正苦两难。林长民利用学生爱国热诚,将各项借款,与巴黎和约,揉杂牵连,以乱学生耳目,日以徐树铮勾结曹汝霖卖国之说,聒于众耳。学生激昂万分,结队游行,拟赴赵家楼曹宅示威,诘外交颠末,曹适外出,其父在宅会客,章宗祥在座,学生误认为曹,痛殴几死。

抉其因果,则"曹为段系",而"林意在对段泄愤"。[1] 这一节记叙着

---

[1] 中国史学会主编:《北洋军阀》第1册,第976—978、983页。林长民在五四前夕之鼓动学生,参见曹汝霖:《曹汝霖一生之回忆》(台北:传记文学出版社,1980年,第155—156页):"有友人来告,学潮又起来了。这次似有背景,且像有组织,有名人在街头演说,不是学生,历数你们种种罪恶,中有一人,你亦相识(姑隐其名),竟异了棺木在旁,大骂你为亲日派,甚至说你不但想出卖山东,连中国都要给你卖掉了。说你签了廿一条还不够,将来必将与日本签中日合并条约呢,你们学生,怕还不知道。还说他有权力,可能杀我,我拼了一条命,跟他斗到底,故将棺木预备此。此人演说即在北大近处,顿时学生来听数百人,学生大声说道,我们也非跟他拚命不可。"其中的"姑隐其名",所指即林长民。

眼于以林长民对学生的个人影响说五四运动，显然不能算是全面之论和深刻之论。但由此描画的政客之善于挟私意以立公论，及其善用鼓荡言论来掀动政潮，无疑皆能以政客的没有真意写出政客之作用于政治的历史真相。从倾力"铲除民党在国会根据"到"密谋倒段"，主导这个过程的都是看不到政见的权术和诈术，而用之以为政争中的常法和大法，则政争所起之处，政治便很容易蜕变为阴谋，并因之而既不能以人世间的情理相推度，又不能以人世间的情理相对应。

进步党以其合纵连横倒海翻江演示了政治阴谋化的一个实例，但在人以群分，而各以小智小慧对小智小慧的民初中国，又远不是只有进步党一家独擅此技。二次革命失败之后，袁世凯曾公布过他所起获的"该国民党党员与国民党议员计划"的"种种隐谋"。就文义而论，用"隐谋"为指述，实已等同于阴谋：

> 议员朱念祖致李逆烈钧号电，内称黎氏悍然请兵中央，近调李军扼武穴，我公联合七省先发制人，机不可失。谨遵来示，秘密进行等语。又徐秀钧致李逆烈钧个电，内称黎藉鄂乱，急电进兵，闻已派六师先发，二师继之，明为镇鄂，恐侵及赣。望速防要塞，以备对待等语。又江电内称孙、黄二先生大计已定，公宜速图筹洋五十万元，届期接济等语。又文电内称倡七省联合，攻守同盟。皖浙尤关紧要。皖赣唇齿，赣若以全力攻鄂，皖必出师豫鲁，攻其必救。又沪上英士力薄，必得浙助，可策万全。常恒芳、凌毅等十二人公电柏公，得覆如约。褚辅成等十人曾致电杭垣，浙之同志来电云，朱督模棱两方，恐败吾事，并闻其告密袁氏。必不得已，以猛烈除之，毋人负我。又冬电内称，近来内讧迭起，作速进行，机不可失。黄联宁皖，孙联桂粤，宁为根据，速立政治，外人一出调停，南北分据，指日可定等语。

在这些引自电报的文字以外，又有"天津警察于十月六日搜得人力车上皮包内，何海鸣与其党首函中，有'假托贼政府军队，肇衅英俄，使外人从而干涉'等语"的建议,而"意在挑战强邻,激成分裂"。[1]

虽说党人之间的这一类筹划都属不宜放到台面上来公示的密谋,但其中大半犹是政派之间的各逞手段和智术的互相算计,在当日的一派纷争里并不足以引出特别的讶异。但其间的"冬电"以"外人一出调停"为谋想和预期,显然已越出了政争的本义和范围,走到了常人所知的规矩和道理之外,而何海鸣之蓄谋用嫁祸对手的办法引来外人的"从而干涉",则不仅出格,而且更多了一层匪夷所思的狙诈和不计后果的险厄。袁世凯称为"言之令人不寒而栗",[2]就其积数十年明争暗斗之后的手段老辣,此日发为一叹,亦见政治阴谋化之漫无边际在当日曾经达到的恣睢程度。而以何海鸣分属民党,本在首创共和之列的事实为对比,又俱见时当民初中国,名实相孚的共和犹在遥远而不可即之日,则人在政争的漩涡里弄潮,其实是以小智小慧响应小智小慧的阴谋政治更直接,更顺手,从而更易见事功和更有吸引力。此中未必没有人随势走得身不由己,但共和之为共和,也因之而越去越远。

阴谋政治能够倒海翻江,能够"令人不寒而栗"。而由此走向极端,则还会唤出杀机,并引此以入政治,用暗中消灭对手为直截了当的办法。因此,与之相应相生的,便是民初中国的政治暗杀之多,尤其前所未有,触目惊心。其中因一人身死而动天下之兵戈的宋教仁案,在当时的舆论里和后来的叙述中都以其影响之大而成为典型。但以民国为限而按之历史,则宋案之前一年,已有光复会领袖陶成章在上海广慈医院被"刺客二人"枪击,"不明不白而死"。[3]在宋案之后的十多年里,又有上海镇守使郑汝成在虹口被"数匪铳击"而死;[4]有议论为时所重的记者黄远生只身赴美后两个月,"在旧金山被人暗

---

[1]《民国经世文编》第4册,第2650—2651、2655页。
[2] 同上书,第2649页。
[3] 汤志钧编:《陶成章集》,北京:中华书局,1986年,第436页。
[4] 钟碧容、孙彩霞编:《民国人物碑传集》,成都:四川人民出版社,1997年,第589页。

杀";[1]有一手谋划调度暗杀了陶成章和郑汝成的陈其美，在上海法租界被"突入二人"用勃朗宁枪"狂击"，遂在他人的谋划调度之下无地可逃，同样以死于暗杀为其一生之结局；[2]有研究系（进步党）领袖汤化龙远走加拿大，而于"携步华街"之际，遭"贼从群人中以手枪迎击"，致"中两弹，立仆地死"；[3]有广州军政府的海军总长程璧光"乘小艇渡江，及岸，贼突至，举铳击之，中肋穿胸，遂卒"；[4]有广州军政府的第一师师长邓铿自香港"返粤垣，甫出广九车站，突遭凶徒以手枪阻击，中两弹而死"；[5]有广州国民政府财政部长廖仲恺"赴中央执行委员会议"，至会场门口而遇"凶徒五六人突起狙击，遽卒"[6]等等。而与这一类枪声与血光相为映对的，还有章太炎《与黄季刚书》里所说的"昨闻述黄克强语云：章太炎反对同盟会，同盟会人欲暗杀焉。以其所反对者，乃国利民福也，赖我抑止之耳"的用之以为"恫疑虚猲"，[7]以及戴季陶署名"天仇"在《民权报》上列指"熊希龄卖国，杀！唐绍仪愚民，杀！袁世凯专横，杀！章炳麟阿权，杀！"并以"此四人者，中华民国国民之公敌也。欲救中华民国之亡，非杀此四人不可"[8]为不得不然的鼓吹。

这种对于影响一时的人物前后相接地施之以暗杀和胁之以暗杀成为一时惯性，是二千多年中国历史留下的政治伦理和政治传统所无从识得和没有先例的，但在民初中国又真实地成为一种不息不止的政治现象。宋案之后，梁启超说：

> 暗杀为天下莫大之罪恶，且为最可羞之罪恶，此不烦言而可识也。然而愈近世，而此风乃愈盛者，则偏颇之舆论实有以奖之。故

---

[1] 黄远庸：《远生遗著》上册，第1页。
[2] 钟碧容、孙彩霞编：《民国人物碑传集》，第430页。
[3] 同上书，第196页。
[4] 同上书，第842页。
[5] 同上书，第86页。
[6] 同上书，第903页。
[7] 《章太炎政论选集》下册，第596页。
[8] 唐文权、桑兵编：《戴季陶集》，武昌：华中师范大学出版社，1990年，第389页。

其毒乃深中于人心而不易澌被,所谓生于其心害于其事也。[1]

相比于"暗杀为天下莫大之罪恶",他更关注和着力的显然是追究"偏颇之舆论",以说明"此风乃愈盛者"的源头和来路。然而此前九年他作《俄国芬兰总督之遇害》一文,叙述俄国驻芬兰总督被芬兰元老院议员之子"以短铳暗杀",而后大赞曰"呜呼！壮哉此男子,壮哉此男子";复大赞曰"呜呼！天下淋漓痛快之事,孰有过此者耶？孰有过此者耶？"并以"即使无成,而博浪之椎,亦足使民贼惊心动魄"写照其精神不灭,而总归之于"快哉虚无党",[2]表达了一派言之慷慨激昂。以此对照前后,则既可以看到其时的梁启超不仅曾深信"偏颇之舆论",而且曾鼓荡"偏颇之舆论",也可以看到他指为"偏颇之舆论"的东西大半不是土生的,而是传入的。与当日的梁启超立论相近,并且比梁启超讲得更加明了的,还有吴樾名之为"暗杀时代"的一套道理:

> 予于是西验欧洲,东观日本,而见其革命之先,未有不由于暗杀以布其种子者。俄之虚无党,其近事矣。今日大地之上,轰轰烈烈,倾人耳目者,莫若虚无党之名。夫亦知虚无党之于今日,为何时代乎？于昔日又为何时代乎？吾敢断言曰:"十九世纪下半期,为虚无党之暗杀时代;二十世纪上半期,则为虚无党之革命时代。"不有昔日之因,焉得今日之果？[3]

之后又推而论之曰:"我汉族何为乎？我同志诸君何为乎？吾有敢断言曰:'今日为我同志诸君之暗杀时代,他年则为我汉族之革命时代'。欲得他年之果,必种今日之因。"[4]

这一套由"西验欧洲,东观日本"而来的道理进入中国之后,又

---

[1]《民国经世文编》第4册,第2560页。
[2] 梁启超:《〈饮冰室合集〉集外文》上册,第167—169页。
[3] 张枬、王忍之:《辛亥革命前十年间时论选集》第2卷,下册,第718页。
[4] 同上注。

促成中国的志士以之重释久被湮没于古史之中的刺客精神，并以"崇侠"[1]相为呼应，直接造就了虚无党的中国化。于是而有"我国当清之季，暗杀案屡起，吴樾之于五大臣，徐锡麟之于恩铭，汪兆铭之于载沣，熊成基之于载洵，某某之于孚琦、凤山，国人莫不敬其志"。[2]以这些论说和事实作观照，显见得没有暗杀传统的中国政治至20世纪初年而暗杀"屡起"，本是随同东西洋学理一路俱来的外国范式影响的结果，从而是由近代化历史变迁所催生，并被当作新事物的一种政争的异态。之后由清末的暗杀到民初的暗杀，则一面是"此风乃愈盛"，一面是当初从虚无党那里借来的那层意义已经全幅剥落，本被志士用之以寄托革命的轰然一击，正随阴谋政治之恣肆横决而既改变了暗杀的主体，又改变了暗杀的对象，纯然化为"如训狐如鬼蜮，乘人不备而逞其凶"的人世之大患。因此昔日歌颂过虚无党的梁启超此时言之切切，为"偏颇之舆论"纠错，而末了概论之说："暗杀之动机，出于义愤者，最上已，然君子固已怜其愚；出于沽名者，亦其次也，然斫国家之元气以成一己之名，居心既不可问矣；若乃自挟宿怨，蓄志欲死其人，又惮法纲不敢躬亲，而贿嗾人以行之，则是合蛇蝎鬼蜮而为一，不足复齿于人类。而彼之受贿嗾而代人犯科者，则操业更与娼优无异，斯益不足责矣。"[3]虽说他各分类别而各作评说，但就他行文以"暗杀之罪恶"立名，以见其论述的主题之所在而言，则其意中所对应的显然是曾经有过的"出于义愤"已经全不可见，起而代之的大半都属"合蛇蝎鬼蜮而为一"。

把暗杀比为"合蛇蝎鬼蜮而为一"，表达的是直接的善恶评判和强烈的道德谴责。多数人之憎恶暗杀，其共有的尺度其实也在于此。但作为一种具体的政治行为，民初中国的暗杀直接影响于当日政治的，犹不全在道德一面，其真正可畏的地方更在于这种"蛇蝎鬼蜮"的行为事前不可测，而尤其在于事后的不可知。洪宪帝制失败之后，严复

---

[1] 张枬、王忍之：《辛亥革命前十年间时论选集》第3卷，第82页。
[2] 《民国经世文编》第4册，第2563页。
[3] 同上书，第2560、2564页。

在一封信里说:"盖项城之反对众矣,而最制其死命者,莫如日本;洹上之危机夥矣,而莫厉于暗杀之传言。"然后就后一面详论之曰:

> 自辛亥改步以来,洹上之得有首位者,无他,旧握兵权,而羽翼为尽死力故也。生性好用诡谋,以锄异己,往者勿论,乃革命军动,再行出山,至今若吴禄贞,若宋教仁,若赵秉钧,若应桂馨,最后若郑汝成,若张思仁,若黄远庸,海宇哗然,皆以为洹上之所主使,夫杀吴、宋,虽公孙子阳而外之所不为,然犹有说,至于赵秉钧、郑汝成,皆平日所谓心腹股肱,徒以泄密灭口之故,忍于出此,则群下几何其不解体乎?事极冥昧,非经正式裁判,吾曹固不敢遽以为真,然即此谣传,已足致众叛亲离之恶果。[1]

在他所列举的这些被挂到了袁世凯名下的"暗杀之传言"里,大半在当时都属各有多种可能,从而可以生成多种解释的疑案。此后历经百年,至今日读史,这一类"暗杀之传言"大半仍然是无从用实证来全盘描画真相的疑案。而与"海宇哗然"相比较而见的,又有当时人的另一段别样记述,说是"民国四年,上海镇守使郑汝成被狙击死,世亦诬项城遣人杀之。余尝读郑崇采书知端委,语人弗信。及陈其美亦被人击死,同党布哀启,言其美遣人杀郑,事乃得白。孔子曰:'君子恶居下流,天下之恶皆归焉',岂不信哉?"[2]与之相仿佛的,还有阎锡山多年之后为吴禄贞撰碑文,叙其死于暗杀之情节,以"清军咨使良弼与公相善也,然内实忌公甚"[3]为推测之词而无涉于袁世凯。当时阎锡山正与吴禄贞合谋革命,有此切近之知,事后说其间之曲折,自然更靠得住一点。而由武人而及文人,则黄远生死后二十五年,其遗文辑为《远生遗著》,张君劢为之作序说:"反袁之同志如远生者,竟死于非命。盖民元以来,政党间之误会,实有以致之也。政治上之动作,一正一反之间,最易引起恶感,济武先生以反对复辟之人,且

---

[1] 《严复集》第3册,第637—638页。
[2] 周肇祥:《琉璃厂杂记》下册,北京联合出版公司,2016年,第394页。
[3] 钟碧容、孙彩霞编:《民国人物碑传集》,第322—323页。

以不得志于段内阁,乃出国远游,而海外同胞视为袒护北洋派而置之于死地,非事同一辙者乎？"[1]他以委婉的修辞说出了黄远生反洪宪帝制,却死于反洪宪帝制的党人之手的事实,顺便又说出了此后汤化龙与北洋派不协,却同样也死于反北洋派的党人之手的事实。此中的因果离奇,显然更过于郑汝成之死和吴禄贞之死。同他们比,宋教仁案、赵秉钧案、应桂馨案自始皆已各有异辞,[2]且以异辞对异辞,都是既做不到足够的证实,也做不到足够的证伪,遂使异辞各附臆测猜想,并因其有声有色,又更容易感染人心和引发回响。而后来渐知本相的吴禄贞案、郑汝成案、黄远生案,此时犹在一派朦胧之中,从而同样在各附臆测猜想之中和同样在以此感染人心之中。由这个过程所汇成的"海宇哗然",便成了那个时候的一边倒。

　　严复描述了这种一边倒,而其矛盾则在于,作为一个富有思想能力的知识人,他并不全信这种陈说于口耳之间的"事极冥昧";但作为一个身当其时而日在"海宇哗然"之中的局外旁观者,他又并非全然不信这种"暗杀之传言",于是而有引"传言"作评说,举其"忍于出此"为深度非议的那些推论。这种由一个本来并不轻信的人表现出来的既信且疑,则以严复一人一身为实例,说明了暗杀作为一种政治行为真正可怕的地方,正在于其事前的不可测和事后的不可知所留下的一片混沌迷离,以及因混沌迷离而产出的漫无边际的"暗杀之传言"。时当民国初年,在不可测和不可知罩没真相的地方,"暗杀之传言"便非常容易地替代了真相,又因之而非常真实地成了一种影响政局的力量。洪宪末期袁世凯内外交困而且众叛亲离,严复以"洹上之危机夥矣,而莫厉于暗杀之传言"为之说由来,指的正是这种起于混沌迷离的力量由影响了人心向背,而影响了当日的政局,从而为袁世凯的一朝倾覆造就了重要的因果。作为一个曾经无出其右的政治强人,袁世凯此日之困于"暗杀之传言"而无以挣脱,是其数十年一路

---

[1] 黄远庸:《远生遗著》上册,序二,第21页。
[2] 宋案之后,章太炎说:"迩来宋案、借款二端,人皆激昂,要皆未有事实。"见《章太炎政论选集》下册,第646页。

崛起的同时，已先期自造了一种"生性好用诡谋，以锄异己"的人格形象。而后用为对比，以此律彼于臆测与猜想之间，便化成了"皆以为洹上之所主使"的腹诽私议和众声喧哗，遂使"天下之恶皆归焉"。因此用孔门弟子所说的道理作评判度量，则袁世凯的大病本在他已久居"下流"之中，而"暗杀之传言"虽出自混沌迷离并以影影绰绰为本来面目，却正因其混沌迷离影影绰绰而能够构成一种既没有确定性又没有具体性的对应，由此造为莫大的"危机"，对于袁世凯一面来说，显然已不能全然算是无妄之灾。然而"天下之恶皆归焉"的过程则同时成了一个没有真相的政治过程。

当袁世凯身死之后，不再有一个人所共识的政治主体来承当这种"天下之恶皆归焉"，则此后的暗杀所留下的不可测和不可知，虽然依旧在产出臆测猜想，却只能以无从归属为常态。陈其美死，凶手皆"承受指使"，又因"语多涉权要，谳至今未定"。[1] 程璧光死，"军府及广东将吏以令购贼，竟不能得主名"。[2] 邓铿死，"咸疑为（陈）炯明所嗾使"，而一个月之后蒋介石致书陈炯明，犹以"播弄是非，幸灾乐祸者，四放谣言"为陈炯明陈说广州之政象和自己对这种政象心有不直，俱见当时的各疑其疑和因疑致昧。[3] 而廖仲恺死，其《传略》追论因果，指为"骄兵悍将，贪官污吏，皆以先生所为不便于己私，遂勾结帝国主义为之鹰犬，以谋不利于先生矣"，[4] 显见得尤其空泛，又尤其模糊。在这种未能定案，不得主名，各疑其疑和空泛模糊里，一次次枪声留下的一处处血迹便都同样地笼罩于一片混沌迷离之中了。与这种无从追索相比，黄兴任南京留守之日，办公室曾遭枪击，副官死，而查问追究，至事出粤军并词连胡汉民遂中止，[5] 则是黄兴因不愿大起风波而宁肯不知真相，其用心尤苦。比之清末志士慷

---

[1] 钟碧容、孙彩霞编：《民国人物碑传集》，第430页。
[2] 同上书，第842页。
[3] 沈云龙：《民国史事与人物》，北京：中国大百科全书出版社，2013年，第181—182页。
[4] 钟碧容、孙彩霞编：《民国人物碑传集》，第903页。
[5] 吴长翼：《八十三天皇帝梦》，第268页。

慨一击的轰轰烈烈和明明白白，民初的暗杀则以不见面目和不识由来为共有的手法和路数。梁启超比为"合蛇蝎鬼蜮而为一"，所指尤在于此。不见面目和不识由来造就的是一种没有真相的事实，而后是结果变为原因和原因又衍生结果，暗杀之影响所及，没有真相的政治便成了"积疑蓄难"[1]的政治和黑暗弥漫的政治。由此留下的一个一个疑案，又成了后人论史不得不面对的重重迷雾。

自清末开始的中国社会结构解体的过程，留给民初中国的是因公共信条倾塌而内在于人心的秩序碎裂；因纲纪荡然而外在的社会秩序溃散，以及一个流品不同于士人的政治主体。因此共和取代帝制，同时是历史的前后相接已使共和政治既定地成了一种没有秩序的政治和没有公共性的政治。随后的十多年之间，政治的私人化、政治的阴谋化，以及与之俱来的叛卖、倒戈、暗杀此起彼伏于南北之间，便都在使这一段历史别入一路，成为一种不断地展示共和政治之名与共和政治之实无从同一的历史。

---

[1]《康有为政论集》下册，第872页。

第三章

移入的代议制度走到山穷水尽

一 晚清七十年之间中国人对代议制度的长久远望和心向慕之

1911年的革命推翻了帝制，随后是新造的共和为中国移来了彼邦的代议制度和代议政治。

中国人因共和而得真实地亲炙代议政治，但置身于中西交冲的历史过程之中，中国人对代议政治的观察和认知则从上个世纪的中叶实际上已经开始了。魏源作《海国图志》，说"英吉利国"之政事曰："国中有大事，王及官民俱至巴厘满衙门，公议乃行。大事则三年始一会议，设有用兵和战之事，虽国王裁夺，亦必由巴厘满议允。国王行事有失，将承行之人交巴厘满议罚。"说"弥利坚国"之政事曰："二十七部酋分东西二路，而公举一大酋总摄之，匪惟不世及，且不四载即受代，一变古今官家之局，而人心翕然，可不谓公乎！议事听讼，选官举贤，皆自下始，众可可之，众否否之，众好好之，众恶恶之，三占从二，舍独徇同，即在下预议之人，亦先由公举，可不谓周乎！"[1]他在一个由夷夏分中西的时代里，以越出了夷夏之界的态

---

[1] 魏源:《海国图志》中册，长沙：岳麓书社，1998年，第1382页；下册，第1611页。

度记实地叙述了一种不同于中国的政治制度。而称之为"公议",并叹之为"可不谓公乎"和"可不谓周乎",则都明白地表达了其意中的推许和赞赏。稍后,同样在用心远看海国的梁廷枏、徐继畬先后作《合省国说》《兰仑偶说》《瀛寰志略》,于"英吉利国"的"巴厘满""米利坚合众国"的"议事阁"一类物事又更多了一点记述的详备,而其间为人注目并容易引出心头回响的,则大半也俱在"视听自民"[1]和"聚众公议"[2]一面。之后,随光绪初年开始使节奉派出洋,原本的远看遂变成了近观。在这些出使者留下的以实录写见闻的文字里,常常都会提到"巴厘满",又常常都会议论"巴厘满",而皆能从中见到可观、可取和可思。即使是曾经引"夷狄之道未可施诸中国"[3]为古今之理以论说时务的刘锡鸿,出使英国之日不由自主地为彼邦的议会政治所吸引,而于其所作的《英轺私记》一书中言之津津:

> 凡开会堂,官绅士庶各出所见,以议时政。辩论之久,常自昼达夜,自夜达旦,务适于理、当于事而后已。官政乖错,则舍之以从绅民,故其处事恒力据上游,不稍假人以践踏。而举办一切,莫不上下同心,以善成之。盖合众论以择其长,斯美无不备;顺众志以行其令,斯力无不殚也。[4]

与这种"会堂"议政的场面相匹配的,是朝野之间的层层绾连和层层贯通:

> 城乡镇埠,各举议院绅一、二人,随时以民情达诸官。远商于外者,于伦敦立总商会,亦以议政院绅主之,为上下枢纽。民之所欲,官或不以为便,则据事理相诘驳,必至众情胥洽,然后见诸施

---

[1] 梁廷枏:《海国四说》,北京:中华书局,1993年,第50页。
[2] 徐继畬:《瀛寰志略》,上海书店出版社,2001年,第235页。
[3] 中国史学会主编:《洋务运动》第1册,第296页。
[4] 刘锡鸿:《英轺私记》,长沙:湖南人民出版社,1981年,第62、89页。

行,是谓无隔阂之情。[1]

以"夷狄之道未可施诸中国"为对照,这些夹叙夹议评说议会政治的文字里不仅有称赞,而且有心仪。作为一个以儒学为归依的士大夫,他未必已经轻易地接受了"夷狄之道",但在其意中,西人的"议院"则显然是一种能够与中国人的道理相对应的东西,并因之而是一种可以比较,可以判断和可以亲近的东西。

欧西的议会政治产生于欧西的历史过程之中,因此自有其形成于欧西历史的因果、法则和学理。然而从魏源、梁廷枏、徐继畲到刘锡鸿,其共同的瞩目处无疑都在议会政治所造就,而可以用中国人的文化来诠释的"视听自民""上下同心"以及"无隔阂之情"。中国人以这种选定的视野看欧西的"巴厘满",而视野背后的关注和关怀则出自中国社会自身的问题。明清之交,顾炎武说:今日朝廷治天下,"守、令之不足任也,而多设之监司;监司之不足任也,而重立之牧伯。积尊累重,以居乎其上,而下无与分其职者"。[2] 他陈述了郡县制度在一千八百多年演变之后,明代中国的吏治已是管官的官多而管民的官少。而"积尊累重"之下,便不能不是底层社会与朝廷之间的层层阻隔。迨清承明制以别开一代,同时是清代又承接了明代的这种积弊。随后的二百年间,由事实而催生思考,这种积弊便常常进入说时务的议论之中,成为一代一代人都要面对的题目。道光初年贺长龄辑成《皇朝经世文编》,在"吏政"一目下收录了两百多篇条陈当世利病的文字,而其中居于重心的论说,便是上下之间的否隔和官民之间的否隔:"昔之设官也以抚字,而催科次之。今之课吏也以催科,而抚字不问焉。夫府曰知府,县曰知县,谓其于一府之事与一县之事无所不当知也,今则谓之知一府之钱谷而已矣,知一县之钱谷而已矣。"地方之治以管官的官"课吏",管民的官"催科"为一世之吏治,则"上下衙门终日忙迫,究竟实在及民者甚少。官有事于民而民反不之

---

[1] 刘锡鸿:《英轺私记》,第62、89页。
[2] 顾炎武著,黄汝成集释:《日知录集释》上册,第471页。

知,民所切望于官而官又不之知",遂使官与民同归于"上下之情隔阂不通",而致"奸宄所以易生而民之多辟也"。[1]"奸宄"和"多辟"都是天下不太平,以儒学的道理来相度便都是大病。因此二百多年之间,从顾炎武的《郡县论》到冯桂芬的《复乡职议》,都反照了一代一代士人生当"方今郡县之弊已极"[2]之中,而后一腔经世济时之志与之深相纠结而不能去怀。而由眼前转入心头,便始终会以"真能亲民,真能治民,大小相维,远近相连"[3]为不止不息的谋想和愿想。

以此为二百多年来一遍一遍陈说的时弊,则同在这个历史过程中,并同样感知"上下之情隔阂不通"的魏源、梁廷枏、徐继畬和刘锡鸿之所以被欧西的"巴厘满"所吸引,正在于二百多年之间中国社会的积弊成为关注之所在,决定了中国人的关怀之所在和视野之所在。因此,以"上下同心"和"无隔阂之情"通论欧西的议会政治,本是久以"上下之情隔阂不通"为弊病的中国人以自己的眼光陈说自己之所见。就欧西的议会政治自有其出自于欧西历史的因果、法则和学理而言,中国人的通论并不能算是得其本相和真义,然而借助于这种眼光以及眼光背后的关怀,君权社会的士大夫却能够了无窒碍地走近民权政治的"巴厘满",并且了无窒碍地心同此理。他们留下的文字构成了近代中国人认识议会制度的开端,而此后的数十年里,沿此一路延伸一路诠释,又更有"西人之上下议院,即《洪范》谋及卿士庶民;《王制》爵人刑人与众议之;《孟子》'国人皆曰贤'"[4]一模拟附而贯通之的言之凿凿,以及这种言之凿凿的能懂能信,遂使本来容易亲近的东西越近一层地变成了仿佛熟知的东西。

中国人称说欧西"巴厘满"之"上下同心",而尤以"随时以民情达诸官"为印象深刻。显见得对于中国人来说,"巴厘满"的吸引力自始即在民本一面。但甲午中日战争以割地赔款为结局而留下创巨痛

---

[1] 贺长龄、魏源:《皇朝经世文编》,第567、603、605页。
[2] 顾炎武:《顾亭林诗文集》,第12页。
[3] 冯桂芬:《校邠庐抗议》,第13页。
[4] 庄建平编:《近代史资料文库》第1卷,第126页。

深，使创巨痛深里的中国人举目东望之际，又会在欧西的议会政治之外，看到日本学欧西而自造的议会制度。随后是以刚刚过去的那一场战争为映衬，来省视这种欧西与东邻之共有，议会制度又别经推导而衍生出另一种理路：

> 窃闻东西各国之强，皆以立宪法开国会之故，国会者，君与国民共议一国之政法也。盖自三权鼎立之说出，以国会立法，以法官司法，以政府行政，而人主总之，立定宪法，同受治焉。人主尊为神圣，不受责任，而政府代之，东西各国，皆行此政体，故人君与千百万之国民，合为一体，国安得不强？吾国行专制政体，一君与大臣数人共治其国，国安得不弱？盖千百万之人，胜于数人者，自然之数矣。

比之此前远看近观的闻见之知，在这些论说里，国会已是一种与"立定宪法"相为表里的东西，因此，彼邦的国会政治，本质上是立宪政治。以此作对照，于是而知"吾国行专制政体"的不同，又由"吾国"之不同于东西洋而催生出"采东西强国，立行宪法，大开国会"[1]的变法之想。这些论说仍然以上下同心为议会政治之大用，但其着眼处显然已不在立足于苍生的民本，而在立足于国家的图强了。由此形成的是一种不同的视野，这种视野罩定了"东西各国"与中国之间"安得不强"和"安得不弱"的对比，而后是"东西各国"的立宪政治和议会政治，便成了"安得不弱"的中国不得不变法的理由、动力和范式。

以欧西议会政治的由来和归旨为其本来面目，则中国人的这种"人君与千百万之国民，合为一体，国安得不强"的理路，实际上依然是在对议会政治作臆释和别解。但甲午中日战争留下的剧烈震荡一经推演，便会非常轻易地转化为说服力，使这种理路能够入人之心。严复说"居今之日"而欲"同力合志，联一气而御外仇"，则必"设

---

[1]《康有为政论集》上册，第338—339页。

议院于京师，而令天下郡县各公举其守宰"，期以人人"各私中国"而能"合天下之私以为公"。[1]梁启超说中国人所希望于国会之理由，"图治尚其第二义，而救亡乃其第一义"。[2]就议会政治本乎民权至上而言，这些以国家为至上的道理应该都在正解之外而别成一路，但在那个时候的中国，多数人最容易共鸣和最能够接受的，却正是这种以国家为至上的议会政治。所以，这一套道理既因甲午战争的冲击而起于庙堂之外，十年之后又借日俄战争重为演绎，并声势恢宏地灌入了庙堂之内。其时张謇致书袁世凯，断言之曰"日俄之胜负，立宪专制之胜负也"，然后以此比对中国，发为追诘说："今全球完全专制之国谁乎？一专制当众立宪，倘可幸乎？"稍后奉旨考察宪政的达寿回国之后作奏议，于日俄战争一节，说的也是"非小国能战胜于大国，实立宪能战胜于专制也"，并以"非立宪而谋国民之发达，则不足以图存"为"大势所趋"。[3]这种以立宪专制相对举来为日俄战争说因果的统括而论之，本与十年之前中国人对甲午战争作事后推度的路数一脉相沿，而相隔十年，由中日之比到日俄之比，其言之切切显然又越进一层，既有了更多的脱跳独断，也有了更多的深信不疑。但脱跳独断和深信不疑的归旨都在中国的图存和图强，所以脱跳独断和深信不疑都成了那个时候的强音。而当朝野俱为这种强音所罩之日，已使君权也不能不跟着走，其时诏书告国人，谓之"现值国势积弱，事变纷乘，非朝野同心，不足以图存立，非纪纲整肃，不足以保治安，非官民交勉，互相匡正，不足以促进步而收实效"，此中之寄托则皆在"采列邦之良规"的议院和宪法。[4]有此时势逼成的转折，清末的中国便进入了一个自上而下地变法以筹备立宪的过程。在二千多年君权政治之后，君权认同了立宪，同时是二千多年君权政治之后，立宪使君

---

[1] 《严复集》第1册，第31—32页。
[2] 梁启超：《饮冰室合集》第3册，《文集》之二十五（上），第112页。
[3] 转引自李剑农：《最近三十年中国政治史》，台北：学生书局，1974年，第98页；《清末筹备立宪档案史料》上册，第29、31页。
[4] 《清末筹备立宪档案史料》上册，第67页。

权成了被改造的东西。

从上个世纪40年代开始的中西交冲发端于民族战争,并且与民族战争常常相伴随,与之一路俱来的,便是这个过程里的中国人,常常会疑忌和排拒种种出自西方世界的形而下和形而上。因此,以历史中的这一面作比衬,则自魏源以来的六十多年之间,几代中国人对欧西议会政治的用心关注和易于亲近,遂成了一种明显的异乎寻常。这是一种中国问题和中国意识投射到西方政体而生成的异乎寻常,所以作为一个认识过程,由此形成的论说、推演和判断里,中国人对代议政治始终在只见其一不见其二而不能得其真知之中;然而作为一个阐释过程而言,则经此推演引申,代议政治已与中国人的意识变得越来越切近,越来越对称,越来越会融。其间未必有足够的真理性,但对那个时候的中国人来说,却已自信其具备了足够的真实性。因此,在六十多年中西之争、古今之争、新旧之争以后,相比于这个过程里移入中国的种种外来之物,常会因其夹生而不能为人消受的抵牾阻隔,则时至20世纪初年,本属异路的立宪政体能够为中国社会的朝野所共同接受,而没有引发断断相争和激烈冲突,显然是它们从彼邦带来的异己性已在这种历时五十多年的认识过程和阐释过程里被洗淡了。然则审度而论,这种没有引发断断相争和激烈冲突的事实,同时也正说明此日接受立宪政治的中国人其实犹未全脱懵懂。但当立宪政治随清末的筹备立宪而更富深度地进入中国人的认知世界之后,则原本以中国问题和中国意识为主体和本旨的悬想、解析以及定向择取,便不能不因见识了更多的真实性和具体性而面对着更多的复杂性。一个曾在驻外使馆里当差多年的外交官上书说:

> 职于役欧、美两洲前后十有一年,详考彼国设立议院之初,大抵由于国家苛政,民不聊生,上下乖离,祸变之极,迫而出此,所以削政府专制之权,求民间自由之福,积之既久,遂成风尚,然且不免各有流弊,中国情形实异于此。[1]

---

[1] 《清末筹备立宪档案史料》上册,第409页。

他以欧西的历史为因果，叙述了欧西议院的由来。而尤其明了地说明，从这种历史因果里形成的议院其实是一种起于民间与政府相争持，并"所以削政府专制之权"的东西。

六十多年以来，中国人看西方的议会制度，久以"上下同心"为其一片光亮之所在。以至于后起的筹备立宪虽由大臣奉派考察宪政为起点，而其"采列邦之良规"以为路径，则仍然是在依欧西的"上下同心"而预想中国的"朝野同心"和"官民交勉"。以"同心"说"朝野"，则其意中的立宪政治所期望的，是"野"的一方协力以扶"朝"的一方；以"交勉"说"官民"，则其意中的立宪政治所期望的，是"民"的一方协力以扶"官"的一方，合此两者，于是而有"人君与千百万之国民，合为一体"和国家的"安得不强"。在这种被当成愿景的立宪政治里，议院之为议院，实际上应是一种聚力襄助政府，以使之更加强大和日益强大的东西。中国人是在这种预想和愿想的导引下开始预备立宪的，然而这一段出自"于役欧、美两洲前后十有一年"者的文字，却在一批一批考察宪政大臣的奏报之外，说明了欧西的"上下同心"之前曾有过长久的"上下乖离"。而后者之能够变为前者，正是欧西的历史赋予议院的"所以削政府专制之权"造出来的。因此欧西的历史从一开始就决定了立宪政治中的议院，其生来的本分并不是襄助政府，而是限制政府。对于中国人预想之中的立宪和寄托于立宪的愿景来说，这不仅是一种显然的校正，并且是一种大幅度的校正。

与当日"上下同心"之合为一时群鸣相比，这一面的道理说明欧西的立宪政治实现于权力的消长和权力的重组之中。因此，清末的筹备立宪虽然以"救亡"为举世共识，蓬蓬然起于朝野之间的相互呼应，但当这种筹备立宪一旦行之于中国，则国会犹不可见，而其本性中的权力消长和权力重组，已牵引这个过程的重心由"救亡"移到内政中的权力变动，并在未入宪政轨道之前，已先入放手角逐之中，使开始于朝野之间相互呼应的筹备立宪过程无从同心协力，反而轻易地变成了朝野之间各是其是的相互争斗，并一路角抵而越走越远。胡思

敬曾统论宣统初年的朝局说:

> 其时亲贵尽出专政,收蓄猖狂少年,造谋生事,内外声气大通。于是洵贝勒总持海军,兼办陵工,与毓朗合为一党。涛贝勒统军咨府,侵夺陆军部权,收用良弼等为一党。肃亲王好结纳勾通报馆,据民政部,领天下警政为一党。溥伦为宣宗长孙,同治初本有青宫之望,阴结议员为一党。隆裕以母后之尊,宠任太监张德为一党。泽公于隆裕为姻亲,又曾经出洋,握财政全权,创设监理财政官盐务处为一党。监国福晋雅有才能,颇通贿赂,联络母族为一党。[1]

这种"亲贵尽出专政"的局面打破了清代二百六十年里的祖宗家法,以其显目地出现于世路动荡之中而自成一种变迁。就一方面而言,则权力之聚于亲贵,是在权力消长和权力重组中实现的,从而是以筹备立宪为名目而在筹备立宪的过程中实现的。因此,当日旁观这个过程者后来追论清末史事,曾非常明白地说:"满人敢于为此,实归国留学生之为朝官者有以教之耳。"[2] 留学生所教的是新知,而时当筹备立宪通行天下之日,尤其更多以立宪为大道理的新知。而"满人"之"敢于为此",说的正是筹备立宪通行天下之日,这种此党与彼党的一时俱起能够自附于筹备立宪而行之自如。是以亲贵掌权虽为千夫所指,其时却与筹备立宪分剥不开来。就另一方面而言,消长和重组之中的权力之所以会聚于亲贵,本在于当日的庙堂已没有了政治中心和政治重心。辛丑年李鸿章死;次年刘坤一死;相隔六年光绪帝、西太后接连死;此后一年张之洞死。这些人从19世纪一路走过来,在四十多年的漫长岁月里身当重寄,既颠连竭蹶于内忧外患之间,又惨淡经营于内忧外患之间,并以其身当重寄而实际上成为中国政治的重心之所在。因此,他们在八年之间次第谢世,消失于中国政治之中,留下的便是一种没有了重心的巨大真空。若加上其间因奉旨开缺回籍而消失

---

[1] 荣孟源、章伯锋主编:《近代稗海》第1辑,第299页。
[2] 刘成禺:《世载堂杂忆》,第144页。

的袁世凯,则这种突然出现的政治真空又会变得更大。在他们之后继起主国政的载沣虽贵为监国摄政王,而性属暗昧软弱一流。[1]时当天下滔滔之日,他并不具备调度筹备立宪的足够心力和臂力,但又承当着调度筹备立宪的责任。而后是身处一片政治真空之中,近在咫尺的亲贵各自手臂远伸,在权力的消长和重组里各自成一局。显见得就事理而论其本义,清末的这种亲贵专政所表达的其实并不是君权的强大,而是君权的衰弱和破碎。然则原本不在筹备立宪预计之内的亲贵专政,既为时势所造地起于庙堂之内,便又为时势所造地成了筹备立宪过程中的一部分,对于以图存图强为初心的筹备立宪来说,不能不算是一种历史的舛错。之后朝廷循"逐年筹备事宜清单"以行其意想中的立宪,并在辛亥年春立责任内阁而大变旧法,自以为"参考各国之制,折衷我国政治之宜",已能"用符立宪政体"。[2]但同在一个过程之中的亲贵专政,则又随大变旧法以成其一路伸展和腾达发皇,最终使诏书中"用符立宪政体"的责任内阁异化为实际上的"皇族内阁",与之相为对应的,便是天下的普遍失望和普遍共愤。

在朝廷之外并和朝廷形成对比的,是同在筹备立宪过程中的地方群体之聚众而谋与聚众而啸,其用心用力则尤在召唤国会。从这里汇积而成的澎湃心潮,曾直捷地促成了光宣之交蓬蓬然而起的三次"诣阙上书"的国会请愿运动,为自上而下的筹备立宪带来自下而上的冲击和余波不绝的震荡。这个过程发端于东南而集结了十六个省的咨议局;又以其九个月之间前后相接的迭连请愿为感召,延展而及"各省政团商会"和"外洋侨民商会",并得正为亲贵集权所扼苦的多省疆吏与之相为呼应,[3]最终演为朝野之间的对峙和对抗。而与此相伴而来的则是中国人对国会的认知在这个过程里发生的深化和变化。

"诣阙上书"虽以国会请愿为题目,但对于深入其间的人物来说,这个题目一开始其实犹在并不清晰之中。此前一年,郑孝胥、张謇、

---

〔1〕 荣孟源、章伯锋主编:《近代稗海》第1辑,第294页。
〔2〕 《清末筹备立宪档案史料》上册,第559、565页。
〔3〕 杜亚泉:《辛亥前十年中国政治通览》,北京:中华书局,2012年,第28—29页。

汤寿潜曾联名电请朝廷"奋其毅力，一鼓作气，决开国会，以二年为限"，而陈说之中则只有意愿而全无理路：

> 开国会者，特利用国民之策而已。中国之国会，与万国不同。无论何国之政治家，究其学识，无足以裁决中国国会适当之办法者。何则？以我之国大俗殊，为历史所无故也。今欲集中国之学者，裁决此事，虽虚拟年限，要皆随意揣测，不足以为定论。但问朝廷欲开国会否耳，果欲为之，则宜决然为之，直以最捷之法，选举召集，固非甚难。骨等所谓二年即立与施行之谓，如以二年为简率，则虽五六年至七八年，亦与二年略等，未见其遂为完密也。[1]

他们并不知道在中国开国会的"适当之办法"，但他们又都是当时先倡国会请愿的人。因此，作为一个过程，国会请愿运动匆匆而起之日，其声势和内涵曾是不相对称的。但由此形成的合群共鸣和四面呼应，既已把刚刚从彼邦移入中国政治的国会推到了举世瞩目的高处，以此与朝廷相争，则被指为应当"速开"的国会，便同时成了一种不能不以其自身的内涵、本义、属性为道理，向天下人说明应当速开和必须速开之理由的东西。而后是本来没有清晰理路的国会请愿运动因之而有了清晰的理路。

梁启超说："荀子有言：'致乱而恶人之非己也，致不肖而欲人之贤己也，心如虎狼，行如禽兽而又恶人之贼己也'，今之从政者当之矣。"因此，"夫监察彼辈，使稍动其天良而思其所职者，夫乌可以无独立之一机关？吾侪小民所以求国会若饥渴者，徒以此耳。"因此此时所以求"速开国会云者，非谓宪政以有国会而即为告成，正谓宪政必赖国会而始能预备耳"。[2] 他引荀子的话以刻画"今之从政者"，显然是已经把政府当成了一种恶。而国会的内涵、本义、属性则正是在对这种恶的抑制和规束中产生和形成的，其合理在于此，其合情也在于此。相比于筹备立宪之前和筹备立宪以来的朝野议论，这种用政府

---

[1]《孟森政论文集刊》上册，第74页。
[2] 梁启超：《饮冰室合集》第3册，《文集》之二十五（上），第75—76页。

的恶来反衬国会的善,并以国会监管政府为当然的阐释,显然更近于此前"于役欧、美两洲前后十有一年"者上书献议,引西国事例说"议院"之"削政府专制之权"的那些话。但后者的结论归于"中国情形实异于此",而梁启超则以"议院最重要之职务在于代表民意,监督政府",为中国立宪政治的应有之义:

> 夫当顺民所欲而防政府之专横者,岂惟在立宪而已;大而政治之方针,小而行政之成绩,苟非立监置史,以坚明责任,未有不积久而生弊者。故就政治上以论议院之地位,则议院之所以能安社稷、利国家者,不徒在其有参预立法之权,而尤在其有主持财政,监督行政之权。[1]

比之先倡国会请愿者的不能以理路见长,梁启超的凌厉笔锋和他论说的那一套道理,在那个时候因请愿一方与政府之间形成的实际上的颉颃,已更能影响舆论和人人之心。因此,在相近的时间里,"国会请愿同志会"作《意见书》陈述宗旨,重心也在详说国会之至高无上:"夫立宪国之所谓责任内阁者,指内阁对国会负责任而言。"是以"其官僚若不得国会之拥护,即无组织内阁之资格",而"若果有失败,又不能不受议院之弹劾;甚或因不能得议院多数人之信用,一议案之不能通过,一责任之不能解除,其内阁即动摇,或竟须辞职让贤"。盖与旧法相比,是"有此强大之监督机关",始有"立宪政体晶莹坚粹之特质也"。[2]

这些道理中不再讲"朝野同心",不再讲"官民交勉",其着力伸张的都是国会之代表民意和政府的本性"专横",以及两者之间的不能不相抗衡。在19世纪中叶以来中国人认识代议制度的漫长过程里,这是一种显然的转变和根本性的转变;而作为国会请愿运动引发的滔滔论说和独面论说,这种大幅度转变又会与国会请愿运动桴鼓相应,一路远播,并广罩于清末中国的舆论界,蔚为一世之共论,非常自然

---

[1] 梁启超:《饮冰室合集》第3册,《文集》之二十五(上),第111页。
[2] 张枬、王忍之:《辛亥革命前十年间时论选集》第3卷,第608—609页。

地为那个时候的群体思想造就了既定的取向。因此，当滦州兵变之后朝廷挟一派仓皇匆匆颁布"宪法十九条"，其中国家政治的重心已在一夜之间全归于国会。而严复当年目睹了这种自下而上地逼成的独面倾倒，曾非常怀疑地说：

> 所谓的宪法十九项条款在我看来根本不是宪法。它不过将专制政权从皇帝转移到未来的国会或现在的议会。这种事决不会持久、稳固，因而不是进步的。[1]

他不相信"宪法十九项条款"，实际上是不相信那个时候引西学以大伸国会的一套道理在当日中国的实际可行，从而不相信这套道理具有足够可以造就宪政的真实性。因此虽然他比多数中国人更懂西学，但在那个时候却置身局外，成了不合潮流的少数。而以后来的历史作对比，其不肯轻信之中自有一种先期预见。

清末的筹备立宪起于自上而下的提调，而出自这个过程的国会请愿运动又为这个过程引入了一种自下而上的震荡。提调和震荡最终都没有完成筹备立宪的展布，但两者之间的相持，以及由此促成的以文字激扬作咄咄进取，却在中国人还没有真识国会之日，已使中国人把国会当成了一种至上的东西、独大的东西和无所不罩的东西了。就其由来而言，清末最后几年里产出的这种以国会为主体的理想和悬想、学理和演绎、信仰和期望之交错羼杂，不能不算是匆迫地形成的，但它们在舆论中的拢聚和固化，却已为尚未实现的中国宪政构成了理路和定势。因此，当清代的君权坍塌之后，这种形成于清代的理路和定势便留给了后来的时势和世运，成了民初中国营造宪政的路向和范式。

---

[1]《严复集补编》，第302页。

二 议会与政府相敌:
民初代议政治的内在矛盾和外在困局

辛壬之交,革命推翻了帝制,而论其宣示于世人的理路,则继起的民国是由"法"促生的。武昌起义后一个月,反正的一方已共立"各省都督府代表联合会",以显示民意之所在。随之,是同一群人在数十天时间里川流不息地移动于上海、汉口和南京之间,一路不停地由"都督府代表联合会"生成《临时政府组织大纲》;又按《临时政府组织大纲》产出临时政府。有此生成和产出,于是中华民国之名遂有了对应和匹配的实体。同各有来路,汇集而成的"各省都督府代表联合会"相比,《临时政府组织大纲》更自觉地代表了其意中的公理和公意,也更直接地导引和规范了这个过程。是以后来的立法史著述称之为"中华民国宪法之权舆也"。[1] 而以国体和政体的嬗递而言,则正是借助于这种"宪法之权舆",中华民国的历史才有了一个实际的起端。因此,造民国的一代人大半都擅长于从道理上弘法,既以"中华民国建设伊始,宜首重法律"[2] 为天经地义,又以"宪法者,共和政体之保障也"[3] 为邦国之大本和是非之大原,以说明法之为法的笼罩天下而无远弗届。

他们有心要用这些道理为一个没有权威的时代重造出一种权威,然而作为清末与民初之交的那段历史过程的亲历者和造就者,其一身一群又已深度缠绕于这个过程所形成的历史因果、历史渊源和历史关系之中而无从脱解。与这些尚法的道理相比,因果、渊源、关系都更内在,而由此构成的则是与这些道理不同的另外一面取向。其时黄远生曾综贯前后而总述之曰:

---

[1] 杨幼炯:《近代中国立法史》,上海:商务印书馆,1936年,第77页。
[2] 《孙中山全集》第2卷,第14页。
[3] 陈旭麓编:《宋教仁集》下册,北京:中华书局,1981年,第460页。

> 满室不纲,革新之说,倡于戊戌而大盛于庚子以还。潮流既盛,派别遂分,其最著者,乃为革命与立宪二派。斯二者,自其主义言之,虽有急进与渐进之别,而爱国之本义则同。然略知二派之内幕者,则因其持论之异同不相下,运动进行之各相防碍,在国体未改以前,此二派者已有互相水火不共戴天之势。顾当此之时,彼此之合群聚党,所筹改进之法虽不同,而其对于国家之政治,进行之径路,尚昭然有方略之可言。天厌满德,义师蹶起,人心翕然奔赴,宪政与革命二派,盖尝一时相与翕合,以求合于国民心理之同符。及南京政府既建,旧日两派之恶感,隐然勃发,而革命中之不平分子,复凑合以与标榜,党争之烈,已萌芽矣。顾最后政治之胜利,乃既不在宪政派,亦不在革命派,而落于袁大总统之手者,其最大原因,则不外势力之莫与敌而已。[1]

这些历史因果、历史渊源和历史关系起于清末而延伸到民初,并为民初政治筑成了一种既定的态势。同在这一态势之中的"宪政与革命二派"虽久相扞格,但武昌起义用革命方式推翻帝制的事实,已使革命一派更容易地居有了南京政府的主导地位。因此,南北议和既已了事,继孙中山之后任临时大总统,而又"势力之莫与敌"的袁世凯遂成了南京政府时代革命派直接的对手和主要的对手。在以革命造共和那一方的眼中,袁世凯由清代最后一个总理大臣转身而来,其握有的"势力"都是在君权制度下营造和获取的,以民国为立场,便不能不是一种异己。

戴季陶说:"袁世凯之为大总统,并非国民公意,而自始至终,其行为亦未有能满人意者。夫事势虽不可挽,公理自在人心。"[2]这些话表达的是革命一方共有的疑虑和猜忌。而时当南京参议院改《临时政府组织大纲》为《临时约法》之际,这种疑虑和猜忌都不会不被引入其中,后来的一种记叙遂径以"总理(孙中山)向参议院辞临时大

---

[1] 黄远庸:《远生遗著》上册,卷一,第81页。
[2] 《戴季陶集》,第340页。

总统，举袁世凯自代，约法问题，因之而生"[1]为当时的缘起和由来。然而"约法问题"之所以"因之而生"，又正说明那个时候《临时约法》被当成国之大法，在革命一方心目中的至高至重，以及因为这种至高至重而信其能够衔勒"势力之莫与敌"者。所以参议院中人造法之日"讨论磋商，为时甚久"[2]不能不算是各用心力以尽其诚。而孙中山辞职之文告则尤其明列"临时政府约法为参议院所制定，新总统必须遵守颁布之一切法制章程"为"办法条件"，[3]用之以罩定继任的袁世凯。

在这种纠葛里形成的两重意义在于，一方面，由于他们把《临时约法》看成是构筑中华民国的大法，因此约法以七章篇幅对应宪政中国的种种政治机构和政治法则，其命意大半都在借取欧西的代议制度仿造出本土的代议制度，以期实现中国的民主共和。但出自参议院的这种以借取为仿造的脱空而生，同时也决定了《临时约法》之为大法，实际上只能为那个时候的中国宪政提供一个模糊而并不周密的大体轮廓，其整体上实际影响社会的程度其实是非常有限的。

另一方面，作为《临时政府组织大纲》的延续和沿革，《临时约法》在"美国制"和"法国制"之间的取去，[4]又以其既取一种准则之后复别立一种准则而表现了后法与前法之间的明显不同。《临时政府组织大纲》归"统治全国之权"于总统，[5]彼时任总统的孙中山言之明了地说：

> 内阁制乃平时不使元首当政治之冲，故以总理对国会负责，断非此非常时代所宜。吾人不能对于惟一置信推举之人，而复设防制之法度。余亦不肯询诸人之意见，自居于神圣赘疣，以误革

---

[1] 存萃学社编集：《胡汉民事迹资料汇辑》第1册，香港：大东图书公司，1980年，第373页。
[2] 吴叔班记录，张树勇整理：《吴景濂自述年谱》上，载中国社会科学院近代史研究所近代史资料编辑部编：《近代史资料》总91号，北京：中国社会科学出版社，1997年。
[3] 《孙中山全集》第2卷，第84页。
[4] 吴叔班记录，张树勇整理：《吴景濂自述年谱》上。
[5] 杨幼炯：《近代中国立法史》，第77页。

命大计。

与这种总统集权的政治取向同属一种旨趣的,还有他就职之日力为标张的"统一各省军事、民政、财政、以及汉、满、蒙、回、藏五族统一而为共和国家"的中央集权。[1]对于孙中山来说,这些都曾是他为南京政府一方所立的定规。但《临时约法》虽然也出自南京政府一方,却非常醒目地变总统制为内阁制,从而直接把孙中山作临时大总统之日所说的那一番道理颠翻掉了。同样脱出了本来的定规,并且同样醒目的,是约法以七章为范围,于"总纲"和"附则"之外分列"人民""参议院""临时大总统及副总统""国务员""法院",其间不及省制,因之而不及中央政府与地方的关系。作为那个时候的国之大法,约法本不同于之前组织政府的大纲,因此,由此为地方所留下的没有章法而可以自由伸展的空间,显然已对正在互相分立之中的地方那一面施为实际上的放纵,使之能够获得一种自置于中央政府管束之外的自主和自由。而当初孙中山以中央集权为理所当然的一套立国之主张则被舍弃掉了。

与《临时约法》和《临时政府组织大纲》之显然不同的这一面相应和的,是同一个时间里革命人物之间的论争所表达的思考,它们更具体地写照了这一段历史中的思想起伏。胡汉民说:"今革命之势力在各省,而专制之余毒,积于中央,此进则彼退,其势力消长,即为专制与共和之倚伏,倘使自为削弱,噬脐之悔,后将无及。"其意中的民国其实与晚清并没有什么大的差别,所以,他用共和对抗专制来诠释地方颉颃中央之合情合理,主旨仍然是一种革命意识。

宋教仁比他更多一点宪政意识,也由此而更相信"纯恃国会"的内阁制,并以这一面道理与胡汉民立异说:"君不过怀疑于袁氏耳。改总统制为内阁制,则总统政治上之权力至微,虽有野心者,亦不得不就范,无须以各省监制之。"[2]他也深疑袁世凯的专制和"野心",但

---

[1] 存萃学社编集:《胡汉民事迹资料汇辑》第1册,第132—133页。
[2] 同上书,第140页。

其筹想的路径则是用国会制束总统来实现共和压倒专制。他深度参与了制定《临时约法》的群议，并成为实际上的主稿人，[1]因此，内阁制既"纯恃国会"，则《临时约法》之变总统制为内阁制，与政治权力的重心由总统移到内阁同时发生的，便是国会扼制政府，以及国会权力的驾于政府之上。若就法之为法是一种规定而言，在《临时约法》为中国人铸造的政治结构里，后人论史所共见的，是法的规定"能限制行政、司法两机关，而不能限制立法机关"。在这种"能限制"和"不能限制"之间，是政府与国会之间明显的不相对等和不相对称。与此同归一路的，还有"《临时约法》虽具有责任内阁制精神，但国会监督内阁之不信任案通过权，与内阁抵抗国会之解散国会权"都"无所规定所生成"的另一种不相对等和不相对称。[2]西人的三权分立因之而变成了中国人的国会高高在上，而后是"国务员之人选，须得参议院之同意，其受弹劾者，总统应免其职"。这种政治结构既已置政府于受调度和受摆布的一方，遂不仅仅会使"总统将无实权"，而且会使"内阁总理亦不能指挥阁员"。所以陈恭禄称之为"参议院跃为太上政府"；[3]杨幼炯称之为"实开各国未有之例"；[4]李剑农称之为"拘于一时环境"而成其"对人立法"。[5]三者指述的都是国会一权独张之下实际政治的无从平衡和难于展布。

其时梁启超身在这种国会一权独张的倾欹之下，曾为之溯由来，说是"此制本万国所无。有之，则自晚清之十九条宪法信条始。彼时义军既起，军人以此示威要挟，实非希其能实行。后此南京参议［院］对于唐氏内阁袭用此法，实为无谓"。[6]他正确地抉示了《临时约法》据为根本精神的那些道理之历史源头，并后知后觉地对清末"十九条宪法信条"表达了与当日严复相近的看法，但他以十九信条

---

[1] 杨幼炯：《近代中国立法史》，第91—92页。
[2] 同上书，第96页。
[3] 陈恭禄：《中国近代史》下册，上海：商务印书馆，1935年，第708页。
[4] 杨幼炯：《近代中国立法史》，第96页。
[5] 李剑农：《最近三十年中国政治史》，第235页。
[6] 梁启超：《饮冰室合集》第4册，《文集》之二十八，第62页。

为约法说源头,则又只能算是仅得事理之半。就历史事实以论因果,十九信条的取向应是在国会请愿运动的影响下形成的,尤其是在这一运动催生的弘张国会权力的舆论影响之下形成的。造就了这个运动和这种舆论的主体,在黄远生为民初人物群所作的分类中便以名责实,被对应地指为"立宪派"或"宪政派"。而梁启超彼时以文字输入种种吹涨国会的道理,正成其以文字左右舆论和文字鼓荡人心,以影响而论,不能不算是这一群里的重要人物。因此由《临时约法》持为主要精神的那些道理上溯源头,应该是梁启超的贡献比十九信条更大而且更深。

在那一段刚刚过去的历史里,与国会请愿运动成为对比的,是革命一方的反对国会请愿而别张一种逻辑:"盖有一番之和平之要求,则愈增其恶劣政府之势力,愈增我平民心态之堕落,此万不可出此者。"因此"欲大告成功、完全以达其要求之目的者,则舍革命军而外更无他道以处此也"。[1]他们以革命为一以贯之,所以他们既反对国会请愿,也反对筹备立宪。与之相为因果的,便是他们中的多数人更多关注革命而更少关注宪政。然而在后来的历史里造化随时势而走,最先为中国造宪政和直接为中国造宪政的却并不是曾经热心于宪政,被黄远生称作"立宪派"的一方,而是对宪政用功不多,被黄远生称作"革命派"的一方。但当初梁启超言之滔滔的那些道理,以及与之同属一类的那一派论说,则因其曾经造就的左右舆论和鼓荡人心,遂非常自然地会成为此日参议院中多数对宪政用功不多的人相当重要的知识来源。与立宪一派相比,这是一种补习。章士钊晚年追忆民初人物,其中一节说:

> 吾留英五年,所学几何,伊谁知之。顾吾赴游府西街,谒宋遁初,寒暄乍已,主人捧剪报巨册见示。则数年间,吾所寄京沪诸报论政文字咸在,质不可晓,而量殊可观。吾笑谓遁初:"江左夷吾偌大本领,原来孕育于故纸堆中,亦自可喜"。遁初以一笑见报,

---

[1] 张枬、王忍之:《辛亥革命前十年间时论选集》第3卷,第284页。

两俱莫逆。吾思之，吾重思之，遁初后来见毁，终为此类断烂朝报所误。[1]

章士钊在英国读法学，由此坐而论道，数年之间出自他笔下而见诸报章的文字遂大半以"政党""内阁""国会""总统""政体""国体"为题目，所以这些文字都成了宋教仁用心收用的东西。但报章论说在深度上的有限性和学理上的片断性又成为一种镜像，具体地映照了宋教仁在西法一面的程度并不具足。章太炎后来也描述过宋教仁的宪政知识，说是"革命党人忠实者固多"，而"于政治往往隔膜"。然后引涉而论之曰"当革命未成时，群目宋教仁为将来之政治家，然宋氏仅知日本之政治，处处以日本之政为准，如内阁副署命令，两院决可否，矜为奇异。不知此二制度，中国已行于唐、宋"。[2]这些情节所映照的，则是宋教仁因不知历史而在国情一面的程度并不具足。西法一面的不具足，容易造成的是中国人择取彼邦成例的没有定见和不能前后连贯；国情一面的不具足，容易造成的是中国人移接西法的没有本原和不能自立主体。作为那个时候革命一方中最富宪政理想和宪政抱负的人物，这两种不具足对于宋教仁来说都是深刻的局限和矛盾。而身当立法之重，宋教仁所具有的典型性和代表性，又说明中国的宪政正是从这种局限和矛盾中开始的。局限和矛盾移入立法过程，便是没有定见和没有本原移入立法过程，主导参议院里多数人的，便仍然是清末国会请愿运动以来的走向和路径。于是而有《临时约法》的"本万国所无"和"实开各国未有之例"。以民初被立于约法中的国会对比清末请愿舆论中的国会，正像是前者在努力实现后者的主张。

与《临时政府组织大纲》之以公意为本意相比，在南京政府向袁世凯渡让权力之前议定《临时约法》，则《临时约法》显然更多的是把北京政府当作对手而设定的。时人说："当时立法者之意，其求适应于当时事势之要求者半，其凭主观的理想，欲恃法律条文以矫遏事

---

[1]《章士钊全集》第8卷，第315页。
[2]《章太炎政论选集》下册，第842页。

势者亦半。当时勾心斗角以争辩于一条一句一字之间,以为将来一切政象,皆为此区区数十条之所支配。"[1]其中的"适应"时势和"矫遏"事势虽顺逆不同,要旨则都在为后来的政府划定范围之内和范围之外。而贯穿于这个过程之中的立法者共信"将来一切政象,皆为此区区数十条之所支配",正说明民初的立法者共信约法的至上性和神圣性,从而共信他们能够制造出至上性和神圣性。以体用本末而论,其筹想中的约法之能够"适应"和能够"矫遏",本根和依傍全都在这种对约法的至上性和神圣性的共信和自信。因此李剑农后来说:"当时的参议员"都以为"只要是黑字写在白纸上,经过议会多数通过的法律,便是神圣,可以压制一切恶魔;便如铁笼,可以防闲一切猛兽"。[2]然而以其预想中的"神圣"镇压"恶魔"和以其预想中的"铁笼"防闲"猛兽",又合乎历史事实地说明:这些共信和自信为民国造出了神圣性的人,其实自身则并不太信约法的至上性和神圣性。他们是那个时候的立法者,同时又是政争中的一方。两头的矛盾在于立法需要超然和超越,政争则显分彼我而长在利害竞逐之中,其间既不会有超然,也不会有超越。因此当行政权力已经跟着总统一职渡让而去之后,他们手中的立法权力便在为国家造大法的同时,又会被引入政争,成为自己一方所拥有的重器。从这一段历史里走过来的张国淦后来总括这一段历史说:"其实孙为总统,统治权非属孙不可,故用总统制。袁为总统,群思抑制袁,故改用内阁制。因人立法,无可讳言。"[3]若以其正在努力制造的法的神圣性为对比,则这种法随人走的随意操弄,显然正是作为重器的立法权对于法的神圣性的摧折。由此形成的两头之间的彼此抵牾和相歧相悖,使民初的立法过程无从归纳,成了内里还没有养成神圣性的人着力于为世人立神圣性的过程。而作为实际开端,中国宪政的构架却又正是由他们筑成的。

由于法随人走是一种直观可见的事实,因此当时人和后来人评

---

[1] 梁启超:《饮冰室合集》第4册,《文集》之三十,第57页。
[2] 李剑农:《最近三十年中国政治史》,第236页。
[3] 庄建平编:《近代史资料文库》第2卷,第96页。

说《临时约法》，都以因人立法为大病。但由"群思抑制袁"而变总统制为内阁制，犹是从取法美国变为取法法国，虽然自相翻覆于转身之间，而以西国的宪政范式相对照尚属各有来路。比这种美国变为法国更具深度又更具烈度的，其实是沿此更进一步的置内阁于国会的全盘监管之下。有此全盘监管，革命一方的"群思抑制袁"遂一变而演化为国会一方的压制政府，对于正在开始的立宪政治来说，其要害则全在于立法权压倒行政权。而能够被用来压倒行政权的立法权，实际上已经因其成为归一方所有的重器而轶出了宪政的范围，不复再能合其本义了。当时梁启超以"万国所无"说《临时约法》，后来杨幼炯以"开各国未有之例"说《临时约法》，其共以为谬的，正是这种西国行宪政的成法里没有见到过的局面。而以旧朝"国会请愿同志会"的《意见书》作对比，则其国会独尊和国会独大的路数显然与之更加能够印合，从而与之更能形成一种历史的前后承接。但昔日的朝野之争，舆论播扬道理，本以大而化之和人人得而言之为止境。而此时的国会独尊和国会独大，却已被带入南北之间的对峙里，并以政争中一方的立场为共和名义下的国家立场了。

由于南北政争以共和专制之辨立大义，因此国会压抑政府便等同于共和对抗专制。以此为导引而使立法跟着政争走，遂使立宪政体中原本以其各有本分，又各有界限，因之而能为公共政治构筑平衡与稳定的立法权和行政权，已在共和对抗专制的理路之下失其轻重之比，由共和之不能为专制留一点余地，演化为立法权不肯为行政权留一点余地。当参议院群议约法之日，孙中山曾以"中华民国临时政府组织法草案"请议，而未为所纳。在他为宪政所作的构想里，继他之后的临时大总统犹能有权"于紧急时，得以命令代替法律，并得单独宣告大赦及与外国宣战媾和，不必经参议院之同意"，以及"临时大总统除典试院、察吏院、审计院、平政院之官职及考试惩戒事项外，得制定文武官职官规"。[1]这些都是其意中信为不可缺少的权力。但他想

---

[1] 杨幼炯：《近代中国立法史》，第92页。

要为后来的政府留下的这些行政权力,在议定《临时约法》的过程里却都被立法权抹掉了。对比而言,显见得那个时候的参议院群体具有更强烈的政派意识,并更加执着于守定政派意识。然而立法过程与政派意识交相盘绕于共和初立之日,则由此产出的《临时约法》,便不能不以其内含的深刻矛盾为宪政中国带来重重危机和震荡。

立法过程与政派意识交相盘绕,与之相为因果的悖反在于,《临时约法》虽被当作国宪,但自始已使约法规范之下的国会有了一种不能包容的排他性质。梁启超说:

> 西哲有言:国会者,社会之缩影。盖谓社会有若干之势力,国会即代表有若干之势力。以国会原在收纳社会各种之势力,成为一国政治之中心。若减去社会上一种之势力于国会之中,即国会减少一种表现之势力于社会之上。是以各国咸设两院,以上院代表一部分特别势力,以下院代表一般普通势力。比如欧洲各国,其上院代表学问界或工商界等等,姑不多论。即宗教界亦复如此。如奉旧教国,而仍使新教有所代表;奉新教国亦然。何以故?即国会一物,非融纳全国所有人各方势力,即不足成为一国之重心。

他以西国为范式,明了地解说了立宪政治中的国会因其整体的包容性而有全面的代表性,又因其全面的代表性而能居"一国之重心"的本来面目。而用意则在引此本来面目以观照中国,发为"今吾国各种势力是否尽在国会,而国会外可谓无旁溢不轨之势力否"的明知故问,然后指陈中国宪政的全然不同:"吾国国会本未尽纳各种之势[力]于其内",则"又何怪国会外之势力时时影响及于国会?"而由于不在"轨物之中",这种"影响"便常常成为"捣乱"。[1]

就民初的中国来说,参议院中人之"群思抑制袁"既以共和专制分顺逆,则袁之为袁,已不是一种个人对象了。而"群思抑制袁"演为《临时约法》中的立法权抑行政权,则袁之为袁,也同样不是一种

---

[1] 梁启超:《〈饮冰室合集〉集外文》中册,第680页。

个人对象了。在这两重意义里，"抑制袁"的参议会和《临时约法》所面对的，其实都是存在于袁世凯周边和身后，并以袁世凯为代表的政治力量和军事力量。比照梁启超以"势力"称之，则其间汇集而成的正是当日中国举足轻重的势力。然而作为国会的参议院自始即既以异己视之，又以异己置之，遂使他们自始即不在"轨物之中"，实际上成了国会以外的势力。而《临时约法》以"国会万能"居高临下，"视政府亦若虎兕，必柙之然后即安"，[1] 又使这种本来已经久据于政治之中的势力一旦为立法所限定，实际上已成了权力结构中不能自立而跌落为附从的一方。对于袁世凯来说，由此造成的是国会扼制下的强人居于弱势；对于国会来说，由此造成的是失其"一国之重心"的本义而自降为政治争斗中的一方。由两者作省视，既可以见到此日参议院中人不能真知宪政的天真，也可以见到此日参议院中人没有远见的自利。而与这个过程相为映照的，则是"约法之产生，国民并未与闻，国人自始未尝认约法为必需品，如饥渴之于食饮也。约法中所含意义，国民未或理解焉，其视约法与己身之利害关系，若秦人视越人肥瘠也"。[2] 国人之多数都不在这个过程之中，其局外远看的茫然和漠然，又说明：对于国人之多数来说，彼时的国会和约法都还是陌生的东西，遥远的东西和本性上外在的东西。

出自南京参议院的《临时约法》使国会成了政治结构里的中心，迨政府北迁之后，国会又成了持《临时约法》以自成意志和伸张意志的一方。作为结果，则是身任总统的袁世凯最直接地面对这种意志，并因之而最直接地为这种与国之大法连同一体的意志所困。宁赣之役后，他曾累举"昨今两年"以来，"政府左支右绌"于约法的束缚之下而承当"任用国务员"之困难；"任用外交公使"之困难；"制定官制官规"之困难；"缔结条约"之困难；"发布保持公安防御灾患各命令"之困难；"有紧急需用而欲为临时财政处分"之困难，以及身在困

---

[1] 梁启超:《饮冰室合集》第4册,《文集》之二十九, 第107页。
[2] 梁启超:《饮冰室合集》第4册,《文集》之三十五, 第32页。

难之中的"百方隐忍"。[1]其中尤其引为深憾的是人事之不能自主：

> 夫用人为行政之本，而国务院为大政所从出。本大总统为国择才，尤深兢业，遵据约法，必须求同意于议院，乃提出否认，至再至三。夫贤才之士，孰不爱惜羽毛，未受任而已见摈，则延揽益难，降格以求，实势所逼，踌躇满志，事安可期。且施政成功，在明黜陟，一度政府成立，疏通动需数月，求才几如熏穴，共事则若抚骄儿，稍相责难，动言引退，别提以图补缺，通过艰于登天，挽留且难，遑论罢黜。[2]

其间的积郁和积怨都是非常明显的。这些虽是他的一面之词，但读史于清末民初之间，则易见其"所述情节，多为事实"。[3]后来刘成禺追记过张一麟同他的一段对话，以当日的周边人和旁观者为立场，写照了那一段历史里，《临时约法》之于袁世凯有如符咒敕令的情状：

> 项城民元事事依照约法。君尚记临时参议院各部总长三次全案不能通过之事乎？一日君与张伯烈、时功玖谒项城，项城召予同席，共议解决之策。项城曰：约法将政府捆死，如第四次全体不通过，我只有对全国人民辞大总统职。君与时、张谓项城曰：大总统当细看约法，自有办法。项城乃取约法从头至尾朗诵一遍，曰无办法，无办法。君与时、张曰，请大总统再研究，项城乃召法律顾问施愚、李景和列席商约法中提阁员一条，皆曰无办法。君与时、张谓约法所附但书，无不得如何之条，即可出入办理。今有内阁总理赵秉钧在，各部总长或派人代理，或次长护理，并不违背约法。项城曰：善，约法中尚如此之微妙乎。乃大喜宴君等于内室，予亦陪宴。此时项城尚知在约法中讨生活，无违背民国意也。[4]

这个故事以具体的情节说明：由于总统依约法而产生，并且因约法而

---

[1]《民国经世文编》第3册，第1747页。
[2] 转引自陈恭禄：《中国近代史》下册，第712页。
[3] 同上注。
[4] 刘成禺、张伯驹：《洪宪纪事诗三种》，第91页。

合法，所以袁世凯不能不自守于约法之内。然而悬为文字的约法，又常常是在国会用自己的意志所作的诠释和表达，而得以具体地和对应地进入政治过程的。相比于约法之悬为文字，这种意志化了的东西无疑更多主观性，也更容易以其主观性催生出对抗性，是以"约法将政府捆死"都是通过参议院的否决实现的。然则总统与国会同在约法之中，国会自始即已居于上游，而作为一个合法的总统，袁世凯又是一个对宪政和约法隔膜而且外行的总统。因此，出现在刘成禺记述里的这种借一时之智巧以别开曲径于约法之外的做法，其实更加明显地反映了"尚知在约法中讨生活"的袁世凯，同时身在约法之内的束手无策。

就南京参议院造《临时约法》之日"群思抑制袁"的初心而言，此日的这种"防政府如盗贼"[1]的局面，本是共和"箝制专擅"的题中应有之义。[2]而国会从南京迁到北京，于人事大幅度更代之后犹能一以贯之，则是自清末国会请愿运动以来，国会的合理性和正义性都是以政府之恶为对比而映衬出来的。这一段前史形成的思想定势和一面之理积留于国会之中，已使政府在立宪政治中天然成为一种不可信任的东西了。然而与这一面对照而见的，则是政府困于约法，"惟取无咎无誉之下驷，滥竽以求容悦"，[3]而"一切内政外交，头痛则顾头，脚痛则顾脚，枝枝节节而为之。更不复知大政方针为何物矣"。并且"一行问责，则相辞职"。[4]由此形成的国之政象只能是天下一派散乱，舆论比为"惶惶然不知所归"；[5]比为"犹在惶恐滩中"。[6]

---

[1] 梁启超：《饮冰室合集》第4册，《文集》之三十，第4页。
[2] 黄远庸：《远生遗著》上册，卷一，第6页。
[3] 梁启超：《饮冰室合集》第4册，《文集》之三十，第2页。
[4] 《民国经世文编》第1册，第344页；丁文江等：《梁启超年谱长编》，第645页。
[5] 黄远庸：《远生遗著》上册，卷一，第89页。
[6] 《李大钊全集》第1卷，第1页。

三　人以群分：代议政治中的政派和政争

经历了上个世纪中叶以来的中西交冲，以及一代一代中国人对欧西议会制度累积的认知和与时俱迁的认知之后，民初的中国人怀心悦诚服之心拱手相迎，全无阻力地接受了这种与立宪政治合为一体的代议制度。但当这种制度移入实际政治，并全幅展布于世人眼前的时候，由其中内含的道理演化出来的矛盾，又常常在打破心悦诚服，使之成了中国人不能受用的东西。民国政府北迁以后先由唐绍仪组阁，后由陆徵祥组阁。以那个时候的政治关系为尺度，国会对两个人的评判和观感并不相同，张国淦说："自唐阁改组，议会党见更形激昂，此次提出阁员，一时喧传，议会以投不同意票为威胁，俾内阁不得成立，与府方以重大打击。乃不意不同意票投后，各方议论汹汹，全集矢于参议院，谓其不顾大局，陷国家于无政府之状态。"[1]这一段简括的叙述说明：自始即居于上游的国会，又自始即以票决否定内阁之组成为霹雳手段，以显示自己在立宪政治中的存在。而由此造成的中国社会在一段时间里的实际上没有政府，则以一种具体可见的国家危机慑动人心，使曾经久在中国人理想政治之中的国会一时光华全失，成了立宪政治中最先被"集矢"而攻的东西。其时黎元洪以首义元勋兼民国副总统身份通电天下，所说尤其富有代表性：

> 六部改组，竟成泡幻，谁为厉阶？遂使莽莽神州陷于无政府地位。国之不存，党于何丽？筹思及此，五内如焚。推厥原愆，皆因误解共和，漫无界说，宪章不振，秩序纷如，内讧不已，外患斯乘，不有法律，其何能国。[2]

国会行使了载于约法的权力，但黎元洪以国家立场作判断，则直指为

---

[1]　杜春和等编：《北洋军阀史料选辑》上册，第186页。
[2]　同上注。

肇造祸端的"厉阶"。前者着力于"箝制专擅"而以袁世凯为对手，但其太多的政派意识所面对的，却又是一个因身任总统已与国家深度关联的袁世凯。由此形成的矛盾在于："既以大势上戴一人以为主权之代表者，则于此等遗大投艰之时，当然予以莫大之信任，决不当一方面以民国南北统一第一次之伟人，而戴之为代表；一面又相疑以专制之魔王、拿破仑之苗裔，而以仇敌防之。"[1]有此明显的矛盾，遂使黎元洪眼里，这种载于约法的权力正被用为以政见动摇国本，实际上已成了"漫无界说"的权力。而后是作为立宪政治主体的国会，被他移到了被限制和被纠正的一面：

> 惟有诉请各都督共扶纲维，以救危局。自兹以往，大总统主持于上，各都督维持于下，并请参议院诸君速为赞同，俾国务员即日表决，政府早日稳固，勿启外人以无政府之腾诮，而生其觊觎。[2]

"大总统主持于上，各都督维持于下"虽是一派大而化之的臆说，却明白表达了对于国会督管政府这种政治结构的否定。同时的章太炎在一封信里说："阁员提出两次，初次不得同意，第二次所提出者，皆三等人材。项城满拟其不通过，然后天下痛心疾首于参议院同意权。不意事前先有军警起而恫喝，遂致一一承认，殊为非计。"[3]比之黎元洪通电以述政见的犹在立宪政治之内，这种"军警起而恫喝"已越出界限而走到了立宪政治之外。章太炎谓之"不意"，则具见其一时突起本为对立的双方筹算所未及。

在民初国会因包容性不足而代表性有限的范围里，这些被称作"军警"的团体及其所代表的社会群类并不在范围之内。但这种在国会之内没有代表的"社会势力"，又以其自发而见的"起而恫喝"为长技，直接地表达了自己的真实存在和自我主张，并使国会"殊为非计"地屈服于"恫喝"之下，则既显示了国会倾力营造的那种法的神

---

[1] 黄远庸：《远生遗著》上册，卷一，第82页。
[2] 杜春和等编：《北洋军阀史料选辑》上册，第186页。
[3] 汤志钧：《章太炎年谱长编》上册，第415页。

圣性观念，其实在那个时候的中国因其无根而非常脆弱，一触即碎；又说明了被国会视为异己的"社会势力"既不能在国会之内自申其说，便一定会在国会之外与国会相争相持，并引来回声四起。随之是学理上本应超越于政派和政争的国会，在实际政治中已一路直落地被当成了四面夹攻的对象。但就立宪政治以国会为重心而言，与这种国会的一路直落相为表里的，显然是民初中国的立宪政治并没有一种立宪政治的基石。

以当日的史事作通观而论，是武昌起义经南京临时政府到南北统一，而后才能够在比较完全的意义上把共和立宪从纸面上移到现实政治之中，不能不算是曲折重重。然而黎元洪的通电和"军警"之"起而恫喝"，却以他们之间各不相同的历史连属和政派类别各自立论，又以其各自立论而同归一路，使世人明白地看到了刚刚开始的立宪政治已在引来政局的动荡。于是国会以霹雳手段否决内阁初露强悍面目，也以霹雳手段使自己直接成为舆论"集矢"的东西。当时人说是"吾国当革命以前，举国上下，翘首企踵，深盼国会之成立，一若国会一开，则危亡之祸，即可免除，富强之效，即可立致者。迨乎今岁，国会居然开幕矣，然数月以来，人民对于国会之观念，较之从前，适得其反。二三人士相聚语，苟有谈地〔及〕国会之现象者，则强者必怒于言，弱者必怒于色"。[1]与清末论说之盛倡国会政治的一边倒相对照，这种随国会进入中国政治而几乎同时出现的对于国会的厌薄，本是一种初想所未料及的东西，却又是更真实地反映了那个时候中国历史的东西。此后的国会，则既是民初政治中引人注目的部分，又是民初政论中常被訾议诟谇的题目。

国会居于上游，也因此为万众所环视。严复说："国既为民主矣，则主权诚在民。民众而不可以尽合也，于是乎有代议焉，而为国会。是故国会者，合数百千人之民献，名曰法人，有君象焉。"[2]他表述的

---

[1]《民国经世文编》第 2 册，第 736 页。
[2]《严复集》第 2 册，第 325 页。

是理之所在和事之应有。而吴贯因曾积其日复一日的见闻之知为"今之国会"作描画，则既看不到"法人"，也看不到"君象"：

> 自两院开会以来，五阅月矣。语其成绩，但闻灌夫骂座，角力屡行，以破坏议场之秩序；私改记事，捏电各省，以颠倒事情之是非。而于国家之大本大计，则未闻有所建白。其能踊跃议定者，则在于索取六千元之岁费。而匠心独运于岁费之外，发明万国所无之出席费，以为朘削民脂民膏之口实。国会之为害于政治上既如此其烈矣，而且投票视金钱为从违，卖身等牛羊之论价，狗苟蝇营，以破坏天下之廉耻也。掷千金以戏樗蒲，食万钱嫌难下箸，穷奢极侈，以败坏社会之风俗也。

与黎元洪和章太炎所表达的国会挟太多的政派意识扼制政府而致动摇国本不同，这段文字刻画的是国会中个体面目的鄙陋蓑猥以及这种鄙陋蓑猥群聚一堂，比政派意识更容易为人直观而见，而由这种个体的"秽德"观照国会，又会比政派意识更普遍地触发一世之憎恶："数月来自各省都督、民政长、自治团体以至政党、学会、新闻杂志，对于议员，或严词训饬，或声罪致讨，皆冀其痛改前非，得以维持立宪政体。而无奈彼昏之终不悟也。"吴贯因是一个深知"立宪政治之根本，在使国会能监督政府"[1]的宪政主义者，而以宪政主义为立场施痛詈于国会，其意中所不能忍的，全在于议员之不成模样而致国会之不成国会。因此，以"破坏议场之秩序""破坏天下之廉耻""败坏社会之风俗"整体地统括议员的群像，皆极言其立身行事之逆反于社会的公共性，以及这种逆反于社会公共性的群类与国会所代表的社会公共性之间的矛盾。而后是这种矛盾派生的立宪政治的困境，已使立宪政治赋予国会的公共权力，实际上成了这个逆反于社会公共性的群体手中的权力。其时的另一则时论记述议场景象说：

> 一官吏之任免，一校长之得失，一学校之风潮，一犯人之逮

---

[1]《民国经世文编》第1册，第147页。

> 捕，皆有质问。且以文书答复为未足，又必使政府出席，而加指斥以为快。夫以政府之腐败，群相督责，畴曰不宜，然推诸公之本心，非果能监督政府也，不过欲表示议会之权力，高于政府而已。故一次质问之后，遂已烟消火灭，不复问其效果之如何。

这个过程"民生国计，百不一问"，而"政府屡受质问，有用之精力，既疲于应付答复之中；且质问至于再三"，遂使"政府已成朝夕打骂之顽童，议会等于三木不停之暴吏"。[1] 所以其时严复冷眼旁观，又曾引"往者法兰西初次革命，杜摩利埃骂其国会曰：是中舍三百无赖，四百愚夫，更无余物"，来状写中国的国会人物，以为"可以鉴己"。[2] 比之清末资政院"开会仅三月，而所议决之议案皆秩然有序"的犹能有家国天下之怀抱，[3] 则此日国会的公共权力已成了一种不知来路，没有归宿，无从收管的东西了。

由这种诟谇痛诋化为思考，遂有"国会既等于虚设，又安有立宪之可言"的疑问和诘问。当南京参议院为民国设计政治结构的时候，这种国会被舆论目为"秽德"的群鸣四起，显然不会是他们能够想象得到的。但他们以自觉的政派意识为国会所营造的太过偏斜的单面权力，则既以其太过偏斜而使"秽德"的产出成为可能，又使产出的"秽德"，实际上会很容易地以其丑陋淹没了政派意识的尚有理致。而后是社会心理大幅度转向，径直走到了他们以国会管束政府的那一派耿耿此心的反面，"国民既已绝望于国会，于是对于议员，但视之如禽兽，听其自生自灭。而国家一切之责任，则不得不全以属望于政府"。[4] 而作为历史的调侃，这个过程又常常会使袁世凯更容易地成

---

[1]《民国经世文编》第 2 册，第 739 页；第 1 册，第 328 页；朱宗震、杨光辉编：《民初政争与二次革命》上册，上海人民出版社，1983 年，第 381 页。
[2]《严复集》第 2 册，第 326 页。
[3]《民国经世文编》第 1 册，第 148 页。
[4] 同上书，第 147—148 页。

了被同情和被信任的一方。[1]

议员因国会和政府的相互对待而现显为群体。但"在共和国体立宪政体之下而言政治，舍政党则岂更有他道焉"[2]的政治结构里，议员同时又各属一党而不会形成一个统一的整体。康有为说："夫国会政党，立宪之二巨物也。"[3]比之国会与政府的相为对待，国会与政党则长在彼此重叠和牵连之间，并使同在国会之中的议员随不同的政党而各自归属，以成其显分群类。因此，当日的时论由议员之恶劣评说国会之黑暗，便一定会从国会这个"巨物"延及政党这个"巨物"。就清末民初的历史叙先后次第，政派意识是更早于政党而出现的东西；而作为立宪政治的派生物，政党是一种在中国古所未闻的东西。合两面而总论之，显然是政党在中国的形成产出是一种无中生有。所以与欧西政治中党之为党的本来含义相比，其没有根基而各立声势，自民初中国人的眼中所见，其实更像是旧日熟识的朋党，而不像是借取西法的政党。

南北统一后一年，其时的政论说，西国之党员"必有政见"，于是而能聚"如是之党员组织一定党义之政党"，以成其"立国之方针"，所以，国会之主张随多数党员的倾向而转移，具见"政党之效用亦大矣"。然后以这种对于彼邦政党的理想主义描述为典范，"反之而观诸我国之政党"说：

> 一年以来，高树标帜，广集同气，忽生忽灭，更仆难数。灶下养，中郎将；烂羊头，骑都尉，昔之所以讥任官之滥者，今则可以贻赠政党党员矣。于是满街皆党员，人人言政见，取精多而用物宏。宜乎国会之议案，皆政党之政见耶；宜乎国务院之请愿，皆政党之政见耶？然而各党之政见，除关于本党自身之行动外，问有关

---

[1] 梁启超：《饮冰室合集》第4册，《文集》之三十，第2—3页；《康有为政论集》下册，第720页；《章太炎政论选集》下册，第620页；《民国经世文编》第2册，第1084、1209页。
[2] 《民国经世文编》第2册，第885页。
[3] 《康有为政论集》下册，第882页。

于郡国之利病乎？无有也；问有关于民生之疾苦乎？无有也；问有关于因时制宜为国家谋幸福乎？无有也。亦仅高标其名，以号召天下曰某党某党而已；亦仅网罗士类，广树声援，曰某党若干人，某党若干人而已；亦仅构成广厦，集所谓理事、部长、主任于一党而已。呜呼！是何足以言政党哉。[1]

依西方的立宪政治为样式，则中国的代议政治只能是政党政治。而在实际的历史过程里，则民初政党的一时群起，犹在《临时约法》为中国构筑了国体与政体之后。因此，这种"高树标帜"而"广集同气"在短时间内的大规模出现，正说明此日中国的政党不是历史地生成和养成的，而是作为宪政的配置被赶造出来的。而其"忽生忽灭，更仆难数"则又说明，由于这种不自然的赶造，它们在中国社会里实际上既是一种浮游的东西，也是一种歧出的东西。就立宪政党的内涵和本分来说，这些都是不合尺寸的畸态。然而立党本属分群，就这一面而言，则清末中国的政潮起伏已先期造成了人在时势之中的各分一群，及其界限分明的以群相聚和以群相争。而后是前史造就的界限成为后史既有的类别，自会驱使一时群起的"高树标帜"经"忽生忽灭，更仆难数"的分分合合和收编拢集，最后大体演化为进步党与国民党各成一方的互相对峙。前者以清末的"立宪派"为本色，后者以清末的同盟会为源头。而由此形成的依旧日之群立今日之党，显然会使这个过程里的历史因果，成为一种比宪政意识更直接的影响和更富力度的影响。因此，其间的因政争而党争和因党争而政争虽然不会全无是非曲直之分，但他们彼此所共有的以群类意识为政党意识，又会成为身在其中而无从摆脱的狭隘偏斜。与此相匹配的，便是时人远看国会之中的政党起伏腾越，多见其不涉"郡国之利病"，不涉"民生之疾苦"，不涉"为国家谋幸福"，遂使其"本党自身之行动"越不出"本党自身"之利害，而与万千人处动荡之世的期望、忧虑、思考、关切、好恶都离得非常遥远。然则中国因立宪政治而有政党，本自"国

---

[1]《民国经世文编》第2册，第892页。

民不能人人参预政治，故以政党为之代表"。[1]但以立宪政治的含义相度量，则对那个时候的中国人来说，这种以政党自立声势而未脱群类意识的政治群体，"虽标政党之名，终不能脱朋党之实"。[2]其间之名不副实，"是何足以言政党哉"。

由于未脱群类意识，以及群类意识之迭合于朋党意识，民初的政党从产出之日开始，遂以其大群小群之分，使移自西法的立宪政治结构尚未成形，便已在既散且碎而不见整体之中。1912年秋，黄远生论当时之政象说"今者党之问题，可谓波靡全国矣。一般之贤愚不肖，既尽驱率人于此围幕之中，旗帜分张，天地异色"：

> 党人之视己党，则神圣之；相互相视，则仇仇之；无党人之视党也，则蟊贼之。攘往熙来于通衢大道之中，指天画地于密室之内，目有视视党；耳有闻闻党；手有指指党。既已聚千奇百怪之人而相率为党，遂即铸为千奇百怪之党，蔓延于中国。乃复演为千奇百怪之崇拜政党论或毁谤政党论，以相攻于一隅。于是乃有党与党之争，有党与非党之争，更有一党之中一部分与一部分之争。无以喻之，喻之如往古部落人争据城堡，人自为战；无以喻之，喻之如灞上棘门，斩木揭竿，竟为儿戏；无以喻之，喻之如如毛之盗，黄巾白眉，各有帜态，某山某寨，不得越雷池一步。

而后慨言之曰："呜呼！儿戏犹可，奈何于此水深火热危机一发之秋，驱全国之聪明才杰者而相战相盗于一国。"[3]他极尽刻画地叙述了民初中国的因党而分，因分而争，及其相分相争的一路蔓延，四通八达而了无底止。也说明了这种党与党争，党与非党争，党的一部分与另一部分争虽附生于立宪政治而来，但其间的群起一哄和彼此厮斗则既看不到始终固守的立场，也看不到可以辨识的义理。因此以"千奇百怪"和"无以喻之"作总而言之和统而言之，正是指这种因党而分和

---

[1] 黄远庸：《远生遗著》上册，卷二，第99页。
[2] 《民国经世文编》第2册，第825页。
[3] 黄远庸：《远生遗著》上册，卷二，第93—94页。

因党而争的取向盲目和内容空洞。

然而在国体和政体一路丕变,犹困于两头不到岸之间的中国,与盲目和空洞具来的那种没有边界的可容性,又使政党可以非常容易地广泛吸纳,以成其扩张和壮大,同时是民间的矛盾、恩怨、冲突则常常会随这种扩张和壮大进入政党之内,获得了一种组织化。在黄远生的这段议论半年之后,梁启超作《敬告政党及政党员》,说是:"同一地方之人士,平昔以薄物细故,积不相能,各树私援,互争意气。及政党既立,此诸人士者,不问党义政见之何如,惟某甲既隶某党籍者,则与甲不相容之某乙,必隶他党籍以与之抗。"在这种不以"主义"而以"意见"为政党之"分野"的同时,是政党本身已成了人与人集群相斗的"轧轹之具"。他指此为民主政治的大弊,又统而归之于"我国政党恒坐斯弊",[1] 以展示其时的普遍性和共同性。而后是政党所到之处便是"人自为战"和群自为战的尘土飞扬。与其时因武力割据而造成的分裂相比,这是一种因政党之争所造成的分裂。前者造成的是空间和地域的脱裂,后者造成的则是常态政治过程的脱散,以及赖以共存的政治法则的撕裂。比之晚清,这种出现于民初的因政党之争而造成的分裂是国人见所未见,闻所未闻的景观,从而不能不归入中国社会的近代化变迁之中,具见近代化过程的复杂和错综。

以因果而论,这种和政党相连的历史变迁本与立宪政治俱来,并由立宪政治所派生,但产出于中国的政党之被比为"往古部落人争据城堡",比为"斩木揭竿,竟为儿戏",比为"黄巾白眉"的"如毛之盗",则又以其政派意识的日渐淹没于蓬勃苗长的帮派色彩之中,说明了这种个体聚为群体的过程虽以政党之名"高树标帜",而时当中国社会正处于解体之日,是社会因无序而失范,这个过程也在因无序而失范。由此形成的深刻矛盾说明:立宪政治为中国所催生的,是一种近代化变迁深化的过程,而近代化变迁深化的过程所造就的,则是立宪政治在中国的扭曲和异化。1913年,康有为说:

---

[1] 梁启超:《饮冰室合集》第4册,《文集》之三十一,第12页。

今之大党何如者？今若某省某党，非其党不官，入其党则可无法，籍其党以遍握权要，鱼肉良善，出入罪恶，吞踞财产，杀戮人民，禁锢异党，封禁报馆，强占选举，万恶皆着矣。盖未有政党之前，中国有法律；既有政党之后，中国无法律。未有政党之前，人民财产得保全；既有政党之后，人民财产不保全。未有政党之前，人民生命得保全；既有政党之后，人民生命不保全。未有政党之前，人民言论身体得自由；既有政党之后，人民言论身体不自由。〔1〕

之后深致感慨说："吾夙昔仰欧慕美，首创政党，曾不意政党之害至是也。"〔2〕

比之黄远生和梁启超的下笔犹自从容，其文字显然更多既愤且激；比之黄远生和梁启超的泛而论之，其意中的"万恶皆着"虽总而论之，而意中又更多地指目于据有南省的民党。虽说他以"某省某党"为例作引申推论，未必尽能统括当时的普遍和一般，但他描述的党与党相争之日，政党和党人既惯于"神圣之"与"仇仇之"，一旦与权力结合，则非常容易走向肆无忌惮，却是意在写照世相。南京临时政府成立之后，曾有中国银行经理"在曹家渡被沪军都督逮捕"。司法总长伍廷芳移文捕人的陈其美，责其"妄事逮捕"，并为之列述立宪政治之下司法的范围、程序和权限，以说明这些都"非军政府所能越法干涉"。迨陈其美复书以"强词夺理"为辩，且以"曲学阿世"和"老妪腐儒"作反唇相讥，遂往复至再至三，最终引出伍廷芳痛斥陈其美"手段"之"横暴"，并由今日对比往昔说："清之末造，立宪虽假，而司法成立所在，行政有司，未敢妄为侵越横恣如贵都督所为。今日人民捐糜顶踵，推倒满清，以争自由，贵都督乃为满清行政官吏所不敢为之事。"其间的言之愤怒和言之痛心，皆归结为"约法时期"之内犹欲施行此等手段，则祸害所及，"民国约法之信用，必因之而

---

〔1〕《康有为政论集》下册，第812页。
〔2〕 同上注。

立隳"。[1]其时国民党还没有立名,而同盟会这个群体则存在已久。虽然身处南北分立之间,南京政府时代的伍廷芳是与之同处于一个阵营之中的,但以历史渊源和行事风格而论,则更能代表同盟会的传统和惯性的,无疑还是陈其美。因此,以陈其美的"越法"和"横暴",以及他对伍廷芳宣述立宪政治之法理而报以蔑乎视之的事实为比衬,则康有为的话显然不能算是无根之词。同盟会中人主导以定《临时约法》,同盟会中人又置自身于《临时约法》之外。这种对于约法的漠漠然视之所直接反照的,显然是对于立宪政治的漠漠然视之。

四 愿望与现实之间:
二次革命的倏起倏落和大众社会的淡然视之

国会限勒政府以约法为依据。但国会以议员为主体,议员以政党为来路。在立宪政治的这种"有宪法即有国会,有国会即有政党"[2]的结构里,国会与政府相颉颃,最终不能不是政党与政府相颉颃。当一时群起的"各树标帜"经收编拢集而成两党共处之后,拥有更多主动性和进攻性的历史,同时又拥有更大规模和更广声势的国民党,便成为国会政党中扼制政府的最有其心,又最有其力者。而在一种时间和空间里被漠漠然视之的约法,在另一种时间和空间里,则又被当成了拒敌和制敌的法宝。当时人说:

> 当清帝退位,南北统一时,南部诸省均在民党掌握,如李烈钧之为赣督、柏文蔚之为皖督、胡汉民之为粤督、谭延闿之为湘督、胡景伊之为川督,声势均极煊赫,而鄂督之黎元洪、苏督之程德全、浙督之朱瑞、闽督之孙道仁,虽非属民党,亦与民党接近。故

---

[1]《民国经世文编》第3册,第1992—1998页。
[2]《民国经世文编》第1册,第592页。

> 袁世凯虽为临时总统，高掌远跖，一若可以指挥全国者，实则对于南方诸督，未免时怀戒心也。迨国会开会，其中议员半属民党分子，遂依仗南方诸督势力，频向袁氏挑拨恶感。[1]

这段话陈述了一种由清末民初的历史嬗蜕造成的实际对比和对峙，以及身在这种对比和对峙之中民党一方的一意进取。

作为一种对应的诠说，是并不喜欢"民党"的严复曾总评之曰："民党分子，诚不乏精白乃心、一意爱国之士，然自改革以还，两番举会，虚縻帑禄，于国事进行，毫无裨补，则虽有仪、秦之舌，不能为之置辞，而转为所反对之腐败官僚，阴猾进步之所借口，则无他，坐少不更事，徒为锐进，于国情民俗，毫不加察故也。"[2] 这种以"精白乃心，一意爱国"与"少不更事，徒为锐进"的对举而论不能算是满腔恶意。而由"国情民俗"反照其"徒为锐进"，说的正是一意进取于当日的国会政治之中，其实只能成为一种一意孤行。而以"阴猾"称进步党，并以之与"腐败官僚"并举，则既是用进步党来对比国民党，也是概括进步党的一贯性而为之作刻划和评断，其同样的不喜欢里显然又更多带了一点个人的鄙夷。然则由"徒为锐进"发为不停的跃动，便成了时人眼中所见的"民党不能容忍，专与袁世凯对抗"。[3]

作为其时的实例，章士钊后来追述清末民初的人事和政事，其中一节说南北议和之后，张继"意谓革命仅供袁世凯驱除，党人谬以天下让之国贼，国贼居高临下，而天下顾莫之御也"。因之而曾有过民元之际的一段出格谋想：

> 溥泉密陈孙、黄，非扑杀此僚，吾党无中兴之日；倘吾以北人而膺参议院议长之职，世凯以便于诱惑，或者喜与吾接。即不然，议长入府计事，无见拒理，吾不难手揕其胸，为吾党了此残贼，从

---

[1] 中国史学会主编：《北洋军阀》第3册，第17页。
[2] 《严复集》第3册，第672页。
[3] 庄建平编：《近代史资料文库》第7卷，第245页。

而四督举兵，天下指挥可定。孙、黄壮其言，如计而行。不谓溥泉获居高位，而世凯木然不加礼接，溥泉亦无法强近其身。癸丑一役之后，一切付之泡影。[1]

章士钊与黄兴、张继都是熟识已久的旧交，因此能够知道这种不为人知的事。而这种谋想虽然构思离奇，却正以其离奇而具体地说明了党人之于袁世凯无可化解的疑忌和敌意。之后，以张继为议长，则这种疑忌和敌意都会成为民党在国会中的自觉意识。由此聚而"专与袁世凯对抗"，便成了民党在国会议场中相比于他党而见的尤为擅长，又尤为用心的功夫。其间最明显地以一党之政见分敌我，从而以一党之立场分是非的，是1913年春，政府与五国银行团立借款约议，引出黄兴阻止大借款通电，参议院正副议长张继、王正廷反对大借款通电，孙中山为大借款致各国通电，国民党参众议员宣布众议院否决大借款通电，以及湘赣皖粤四都督联名反对大借款通电等等，在短时间内全盘掀动了中国的政局。

民党反借款，理据在于"借款必由参议院议决，载在约法，今国会承受参议院职权"，而"国会成立，乃政府竟与五国银行订约借债二千五百万镑，不交国会通过"，是"破坏约法"且"蹂躏立法机关"。[2] 由于这些话都是论断，因此见不到因果。而其时财政部作响应，则从头讲起，说明借款虽订约于此日，而议约则开始于南京政府主政的"上年"。其间曾历经"出席参议院得其同意"；"出席参议院报告合同全文"，之后"奉大总统令，国务总理、外交总长、财政总长会同签字"。然后反诘说："必以前经参议院通过之条件而指政府履行为违法，则必认前参议院为非代表民意之机关而后可。否则，新国会成立，所有前参议院议决之案全失效力而后可。"[3] 显然引已经实际发生的过程为对比，则以理论理，民党的论断更容易被当时人看成是

---

[1]《章士钊全集》第8卷，第206页。
[2] 朱宗震、杨光辉编：《民初政争与二次革命》上册，第246、248—249页。
[3] 同上书，第254—255页。

一种前后不能相顾的独断。于是而有"两院议员同志会"以国会中人的身份排挤民党，指斥其"既督促借款于未成立之先，复阻难借款于已成立之后，朝三暮四，戕害国家"；又有"国事维持会"自居于中立，而笔锋直指民党的"或前反对而后赞成，或前赞成而后反对，有党见而无是非，有感情而无宗旨"。[1]而同时的报章文字则越益锋厉尖刻，在这种法理之争以外更深剥一层，说是"国民党以推翻袁总统为惟一目的"，并且"又以袁之所恃者为北方军队，军队所恃全在饷需"说此中之利害所及，以推论其"反对借款之根本理由"。[2]这些出自各色社会团体的评说和判断，以其就事论事和就事论理的向背表达态度，反照了民党在当时的社会里得不到回响的独进和独亢。而后是起于国会的大借款一案成为民初中国立宪政治的一种危机，明白地显示了南北议和以来国会与政府之间的颉颃，此日已变成国民党与政府之间的对抗了。

　　从清末到民初，被称为民党的政治群体怀抱理想为中国造共和，同时又在具体的历史过程中为具体的历史关系所牵拽和制约，始终把袁世凯当成对头和对手。把袁世凯当成对头和对手，是因为自革命一面而言，袁世凯从晚清带入民国的军事权力和政治权力被看成是胁迫共和的不祥之物，从而是不可信任和需要力为抑制之物。但南北议和之后袁世凯既被举为共和中国的国家元首，则以约法所赋予的意义而言，其一身已关乎中国的统一与分裂、国权与民权、中央和地方，有序与无序。由此形成的已是民党在共和之内，袁世凯也在共和之内。然而产出于那一段政治过程里的时和势，却使民初中国的立宪政治自一开始便脱不出生成于晚清而延伸入民国的矛盾，从而使身处矛盾之中的民党和袁世凯共处于同一个政治空间之中，却仍然在各有怀抱地互相对视和互相对峙，此后的政局遂不能不沿着这种历史影响当下和当下汲引历史走向节节演化。

---

〔1〕《民国经世文编》第4册，第2568、2574页。
〔2〕朱宗震、杨光辉编：《民初政争与二次革命》上册，第250—251页。

一方面，立宪政治之不同于旧日熟知熟见的政治，是古已有之的政府之外，其结构之中又更多了古所未有的宪法（约法）、国会、议员、政党。而后是古所未有的约法、国会、议员、政党借立宪政治的学理为封神的法旨，岸然自居于立论代表"民意"的高处。然而世人不见安宁，徒见腾越，大半都不肯真信其来路出自民意。于是以事实论事实，便有"南京临时宪法，不过十数都督所举一二私人为之耳，与全国四万万之民意无与也"的究诘约法；有"参议院，自表面视之，固近世之新式政治也，然窃尝取参议院议案而考之，每日议事日表中，其无关宏旨者十而八九，其系乎国家之大本者，不获二三焉"的讨问国会；有"以新造之国，其中侥幸功名之士，多与政治之意味不兼容，而忽纳之于言论讽议之场，则积其暴戾恣睢之气，吐发为叫嚣隳突之词，其弊则野"的鄙视议员；有"各党之帜志虽不同，选举运动，金钱号召则异轨同趋，无分党派，谁可信者"的通论政党。[1]由此所表达的怀疑、排拒和不肯认同是非常明白的。

合此怀疑、排拒和不肯认同，又有彼时的一则长篇政论曾指陈时弊，而归结之大意则是中国的政党坏，所以国会坏；国会坏，所以政府坏；政府坏，所以国事坏。[2]其中以因果分主次，更不喜欢的，显然都是这种古所未有的东西。民党为中国造共和，便成为这个过程里主导议定约法的一方、着力构筑议会的一方；之后既以人多势众蔚为第一大党，又成了产出议员最多的一方和直露地以一党之政见震动政局的一方。因此，时人之究诘约法，讨问国会，鄙视议员和通论政党，最终都会在一路倒推里归国事之坏于政府，归政府之坏于国会，归国会之坏于政党，归政党之坏于民党。

严复说："夫以满清末造之不可救药"，致"志士鸿生起于爱国之义，出为革命，吾岂曰无精神贯日月、浩气塞天地也者？而无如其居最少之数也；无如其蹈机赴火往往赍志而前死也；无如其掉头不往，

---

[1]《民国经世文编》第1册，第567页；第2册，第741、876页；第4册，第2586页。
[2]《民国经世文编》第1册，第594页。

冥鸿一逝而不可追也。于是贤者发其难而不肖者居其成功。民国既建,又托于政党之诐辞,所争者存乎门户,门户所以为声利也",以人物代谢而致面目全非论革命前后的民党。康有为说,"抑千数百之暴民,昔者日以民权平等自由鼓励吾民,而今者彼千数百之暴民,大收其民权平等自由,而吾民大失其民权平等自由",则以集群而成强势说民国初年的民党。[1]表述的都是这种一路倒推。

另一方面,作为一个政治群体的民党合约法、国会、议员、政党之力以"专与袁世凯对抗",初旨本在用宪政罩定出身旧朝的强人,及其手中与共和没有渊源的强权。然而袁世凯之能够在南北议和以后接管南京临时政府渡让的权力,靠的正是他一时无出其右的强人形象和手中不可匹敌的强权。章太炎说:"夫国人所以推袁项城者,岂以为空前绝后之英乎?亦曰国家多难,强敌乘之,非一时之雄骏,弗能安耳。"后来又说过:"俄、日协商已急,项城在或可保长城以内,易以孙、黄,则黄河以北皆失矣。"[2]他并不喜欢袁世凯,但又认为处外患四围的艰难时世之中,中国需要一个能够提调国事的强有力者。这种国权至上的观念自始即与立宪政治以民权为至上的观念相对冲,而以当时中国人深忧"散乱将亡",深忧"存亡绝续",深忧"土崩瓦解",深忧"不能对抗外国"[3]的论说四面俱起和八方回响为比照,则国权之成为大道理,正是中国社会在重重困扼里的一种普遍意识。因此章太炎所说的以"一时之雄骏"为"国人之所以推袁项城者"的原因,远不是仅止一家之言。与之相近似,又有梁启超说的:"中国今日固俨然共和矣,民权之论洋洋盈耳,诚不忧其夭阏。所患者,甚嚣尘上,钝国权之作用,不获整齐于内,竞胜于外耳。"是以今日理应"稍畸重国权主义,以济民权主义之穷",[4]则直指时潮之偏,表述的也是同一种理路。而"整齐于内"与"竞胜于外"的一体同举,对于鼎革之

---

[1]《严复集补编》,第126页;《康有为政论集》下册,第887页。
[2]《章太炎政论选集》上册,第570—571、650页。
[3]《民国经世文编》第1册,第615页;第2册,第799、898、1092页。
[4]《民国经世文编》第1册,第921页。

后的中国而言，便是当"邦家新造，扰乱孔多"之日需要重建社会秩序；当"各省以政教自专之故，号令不复秉于中央"[1]之日需要重建国家统一。由此层层推演，则"不能不望之强力之政府矣"：

> 挈裘者举领而振之，筑室者绘图而程工焉。一家一肆，必有主权者以指挥之，事乃克举。所以易君主者，为其专制而世袭，其有不善，须大流血以危国家，故害大而去之耳。若夫修举百政，黜陟群司，兴利除害，以为国利民福者，不能不付权于政府以行之。故国无论君主民主，未有不中央集权也。[2]

同样的意思，吴贯因以"国苟不保，民安有权"起讲，而归结于"欲求振国权，与其得一强有力之国会，不如得一强有力之政府"，[3]显然说得尤为直截了当。这些评说既以地方割据为非，又以国会压迫政府为非，指向都在民党。若以稍后蔡锷提案力主国权，视之为人同此心，心同此理，[4]则越见一时之取向的重心所在。这一类论述说明，以其时的轻重缓急而论，民权对应的犹是学理，而国权对应的则是时势。有此对比，则民党聚约法、国会、议员、政党之力，合成其以民意伸民权的独门理路，遂自始便不能所向无敌。而袁世凯既已身任总统，则本与袁世凯个人并无因果关系的时势需要一个强政府和国人期望一个强政府，便都因其托附于总统一职而成为附着于袁世凯一身的东西了。由此构成的舛错正是"共和"一词所涵盖不了的矛盾。

民国初年的共和立宪与民国初年的社会困境并存共生于同一段历史里，已使那个时候的中国政治有了两种道理，中国社会有了两种是非。因此，民党"专与袁世凯对抗"于这个过程之中，虽以共和与专制的对举为旨义，在彼时的人心中和舆论里却都不足以成为说服力。持论于两种道理和两种是非之间，其集矢于袁世凯的力相抗持更容易

---

[1]《民国经世文编》第1册，第335—336页。
[2] 同上书，第467页。
[3]《民国经世文编》第2册，第1115页。
[4]《民国经世文编》第3册，第1715页。

被看成是"惟昌破坏,求逞其一党之私"。[1]然而民党既以共和专制不能两立为党义,则这种矛盾虽时有起伏而终在不可化解之中。所以南北议和之后,两头的对抗一经开始,便长在不止不息之中,造为政局中的风波和震荡。其时的"北京某报"曾有一段议论说:"枭獍之徒,目光如炬,知议会横暴,政客专横之事,可以移植于中国也。于是雄心忽起,狡谋迭出,招募天下之金壬,而自谥曰政党,诱惑青年之子弟,而爵之为政客。一年以来,其成绩昭然在人耳目,而未来之祸,犹有百十倍于此者。然彼辈犹嚣嚣然告于人曰:吾所以代表民意也。"而究不知其"代何民,表何意"。[2]此中的戟指谩骂虽未指名,而形容刻薄,对应的却都是民党,因此当时已为进步党一脉的论客所乐用,引来以助辞气。就其历史内容而言,这些文字是在以一种极端的方式作表达,说明了民党的政治活动与世人看民党政治活动之间的差异。当民党以袁世凯为对头和对手之日,世人之关注时务者大半都在以袁世凯为元首,则当日大半时务论说中的袁世凯已代表了国家、代表了国权,从而代表了中央、代表了统一、代表了秩序。在这些牵动世局的东西面前,民党的"专与袁世凯对抗"虽自成主张而自有立场,但自外观所见,便更容易被归于以地方对抗中央,以分裂对抗统一,以无序对抗秩序。而久苦乱世板荡的中国社会正"莫不翘首企踵以渴望太平之隆盛",[3]则这种用政见造震荡的事显然不会为人喜闻乐见,于是而有以另一种道理和另一种是非为立场的戟指谩骂。然则世人看民党与民党看政治之间的差异,同样是一种不可化解的矛盾。

因此,自民国肇端之后一年多的政潮起伏里,民党"专与袁世凯对抗"越趋越激烈,同时是民党与多数人之间的疏离也越来越明显。

章太炎说民党,谓之"人材乏绝,清流不归",而"常见诮于舆论"。[4]张謇说孙中山和黄兴,以"今日中外之人情对于二君,诚问

---

[1]《民国经世文编》第2册,第735页。
[2] 同上书,第1210页。
[3] 朱宗震、杨光辉编:《民初政争与二次革命》上册,第373页。
[4]《章太炎政论选集》下册,第612页。

比之二年以前，一年以前，半年以前，等级如何"为问，[1]显然是明言他们在世人心目中一程落于一程的今不如昔。迨宋教仁被刺，以及与宋案同时发生的大借款案演为激烈冲突俱起于国会之内和国会之外，民党与袁世凯之间的对抗已在激化中达到了顶点。而从其三月间"吾党健儿为驱除共和魔魇，保障民国前途，计当发挥吾党固有之侠烈精神，出最后之手腕，鞭巨石以入海，遏长江使断流"[2]的摩拳擦掌，到七月间"东南人民迫不得已以武力济法律之穷"[3]的宁赣之役，曾经为中国先创立宪政治的民党，已在"专与袁世凯对抗"中一时横决，沿其积久之势而走到了立宪政治之外。党人称宁赣之役为"二次革命"，但时人则视之为"衅自南开"。[4]因此二次革命倏起倏落之前和之后，上海总商会通电要求"维持秩序"说："近日纷纷争议，宋案也，借款也，选举总统也。窃谓宋案审判于法庭，借款、选举取决于议院，自有法律为范围，岂尚血气为胜负。商人在商言商，不知附和，若有破坏而无建设，乱靡有定，胡所底止。"[5]进步党公告天下"主张戡乱"，说"李烈钧首据湖口，欧阳武通电自称赣督，安徽亦有宣告独立之耗。外患方亟，内乱益炽，此等举动，实欲亡我民国，以逞其私。乱党所执以为口实者，政府违法，总统专制，逼而出此。即曰违法，有议会在，国务员当负其责。日来院中不论何党，皆有弹劾之案，业经议会审查，何事违法，如何处置，自有正当解决之道。议会有解决之道，无论何人何所容其专制。"因此，"称戈倡乱，托为声讨，同人等认为叛徒"。而"中央政府为举国所公立，临时大总统为人民所公举，□徒之反抗，非反抗一二私人，乃反抗我中华民国"。陈说既毕，又"促令政府迅速戡乱，以保统一而遏祸机"。[6]

商会的通电虽出自工商一群，但反映的则是曾经支持和助成过辛

---

[1]《民国经世文编》第4册，第2591页。
[2] 朱宗震、杨光辉编：《民初政争与二次革命》上册，第270页。
[3]《孙中山全集》第3卷，第67页。
[4]《民国经世文编》第4册，第2586页。
[5] 朱宗震、杨光辉编：《民初政争与二次革命》上册，第333页。
[6] 朱宗震、杨光辉编：《民初政争与二次革命》下册，第504页。

亥革命的城市社会,其时已站到了二次革命的反面。城市更需要秩序,是以时当干戈起于咫尺之间,"识时务者鉴于前辙,惴惴焉怀生命财产之忧,孰肯以汗血所得之金钱,供二次三次革命不已之挥霍,而自买今年明年纠缠不了之苦痛"。[1]而就同盟会以来的党人革命之不同于农民战争的城市性而言,这种城市社会的由向而背,无疑是脚下的摇动和后路的逆转。进步党的自为宣述则高居于立宪政治的立场以文字发扬蹈厉,斥责民党为反立宪政治。他们仍然守在约法、国会、议员、政党筑成的政治结构之内,以此为自觉,也与此相依傍。而由这种自觉和依傍发为"戡乱"的主张,则已急急乎把最先为民初中国筑成立宪政治结构的民党逐出了这个结构。

同国民党相比,此日的进步党刚刚由共和党、统一党、民主党合并而成。但三党之能够合成一党,用意本在立"健全之大党",与"纯属感情用事"的"旧革命派"争一日之长短。与之渊源相承的,是此前梁启超为共和党立宗旨,已以"官僚"之"腐败势力"和"莠民"之"暴乱势力"同为大敌。而二者先取其一,则尤重于打倒"暴民政治"。[2]因此,相比于城市社会的向背,政党用"戡乱"为名目以造成此长彼消,其间显然又有着一党克制一党的意愿。因此,作为对于民党"以武力济法律之穷"的回应,商会的通电"维持秩序"和进步党的主张"迅速戡乱",正非常典型地说明,不同的社会群体和政治群体出于各自目的以反对二次革命,而由此形成的表象,却是民意归于袁世凯。其时张謇曾概叙宋案之后几个月里的人心起伏变化,然后归结说:

> 综诸现象,皆政府之利。试问举国之人,何所私于政府?则以政府者,人民所赖以托命之地。西哲所谓恶政府犹愈于无政府也。然若无国民党之狂激大嚣,拂戾极多数乐生安业之众情,政府岂易

---

[1]《民国经世文编》第4册,第2590—2591页。
[2] 丁文江等:《梁启超年谱长编》,第617页;《民国经世文编》第2册,第798—800页。

> 受此举国之倾向？则政府实受国民党非常之赐。[1]

他由旁观的立场作评述，说明了国民党因"狂激"而失败，又以其失败为反推，助成了袁世凯"受此举国之倾向"，而声望犹优于从前。对于国民党既以袁世凯为对头，又以袁世凯为对手的激越贲张而言，这种结局显然已沿其一往无前而走到了初想的反面。

"狂激大器"的结果，是国民党因二次革命的一败涂地而致领袖逃亡，同志四散，偃旗息鼓。然而由二次革命发端的政治过程则并未了结。在武力判定了胜负之后，本为临时大总统的袁世凯以"公民团"包围国会，又以议员在包围之下投票选举的方式成了民国的正式大总统。[2]之后，一面由总统用诉诸"文武长官"的办法，推倒了国会主持之下议定的天坛宪法草案；继而下令解散国民党，并剥夺国民党员的议员资格，一时广涉四百三十多人，"遂过议员总额之半，两院均不能开会"。[3]而后是"不能开会"即已无复国会。另一面又自上而下地召聚政治会议，以遣散残余议员；召聚约法会议，注力于改内阁制的《临时约法》为总统制的《中华民国约法》。新的约法以集权于总统为要旨，比之旧时约法，其一番重造之后的十章六十八条之总汇，已使袁世凯事实上成了中国独裁的元首，因此随后新立的参政院虽属代行立法机构，而其中的人物则皆须总统简任。

与二次革命之前的政象相比，这是一种乾坤颠倒和天翻地覆。对于失败了的国民党而言，这个过程无疑证成了他们对袁世凯性本专擅，又力能独擅的预测和预判。对于不久之前犹在通电主张"戡乱"，并且以"临时大总统"等同于"我中华民国"的进步党而言，则其初想所未及的是"戡乱"之一路径情直行，在扫掉了民党之后又湮灭了国会，从而使其自身作为一个政党由此一朝悬空，在这种失所依傍的丕变中成了无地立足的东西。其局促窘迫与民党相比，已如同五十

---

〔1〕《张謇全集》第1卷，第255页。
〔2〕 荣孟源、章伯锋主编：《近代稗海》第3辑，1985年，第53页。
〔3〕 同上书，第67页。

步与一百步之间。梁启超稍后说此一段历史,以扞格写照扞格地谓之"在共和国体之下暂行专制"。[1]然而袁世凯在共和国体之下"行专制",其废置国会、取消政党、大变约法,已使立宪政治之所以为立宪政治的内容和旨义都已不复存在。所以,就历史事实辨历史的段落,显然是始于南京临时政府的立宪政治历经政潮重重震荡之后,作为一个前所未有的过程已至此而断。对于立宪政治来说,这是一种因强力的碾压而不得不断。

同一个时间里,政局之外的中国人看世变,引为感慨的是:"比者国民党人已为政府所遣散,如此大事,而全国阒如,此上可以征中央之能力,下可以窥民情之伏流。顾三年以来,国民党势如园中牵牛,缠树弥墙,滋蔓遍地,一旦芟夷,全体遂呈荒象,共和政体,名存而已。"[2]而使旁观的外国人印象深刻,并以为"真正值得注意的",也是这种"击溃国民党一事似乎没有引起任何见得到的愤激,甚至没有听到一声抗议"。[3]他们惊讶于国民党被"遣散"被"击溃",而"如此大事"举国"阒如",不见"愤激"。盖就民国历史而言,人所共见的,是先创共和国体的国民党本与立宪政体连为一体,所以国民党的被"遣散"和"击溃",自源头而论,实已等同于立宪政治的被"遣散"和"击溃"。严复记述当日世情,而以"共和政体,名存而已"为结论,正明了地言其名犹共和而内里并无其实。他们为多数中国人口对立宪政治解体的平静和冷漠而诧异,然而作为眼见的事实,这种"全国阒如"和没有"任何见得到的愤激",又真实地反照了自民国元年开始的立宪政治实际上与多数中国人口之间的生疏、隔阂、遥远,如同两个世界,以及两个世界之间的利害不能相及和彼此无从感应。因此,就共和中国的立宪政治本应是民主政治而言,则当其被碾压而裂断之日,直面相对的却是这种出自大众的平静和冷漠,又以前一面和后一面之间的反差过大,明白地昭示了立宪政治在中国的这一段历

---

[1] 梁启超:《饮冰室合集》第8册,《文集》之三十三,第90页。
[2] 《严复集》第3册,第613页。
[3] 莫理循:《清末民初政情内幕》下册,第258页。

史,同时是立宪政治内在地造就了自己失败的历史。

自19世纪中叶以来,中国人对欧西的立宪政治从远看到近观,从比附到认知,从评说、向慕到效法,七十多年之间,以积之既久的亲近和信从,使辛亥革命之后的民国政治全无窒碍地移来了立宪政治,与之同来的,还有那一代中国人的希望和憧憬。然而从1912年初到1913年的夏秋之交,前后不过一年有半,作为一个实际过程的立宪政治已在民初中国走到了尽头,而与其尽头之日的风雨苍黄相伴的,却是身历其境之后的中国人一片了无声息的沉寂。然则以一年有半比七十多年,其间的重重矛盾翻云覆雨,便都成了具体的历史过程对于学理和愿想的讨问;成了一年有半对于七十多年的否定。而作为"全国阒如"的对比,则是直接断送了立宪政治的袁世凯,犹不肯止于"共和国体之下暂行专制",于是而有相隔两年的"洪宪帝制",及其在八十三天之后以袁世凯的身死为结局。

严复事后通论这一段史事说:

> 夫中国自前清之帝制而革命,革命而共和,共和而一人政治,一人政治而帝制复萌,谁实为之,至于此极?彼项城固不得为无咎,而所以使项城日趋于专,驯至握此大权者,夫非辛壬党人?参众两院之捣乱,靡所不为,致国民寒心,以为宁设强硬中央,驱除洪猛,而后元元有息肩喘喙之地故耶?不幸项城不悟,以为天下戴己,遂占亢龙,遽取大物,一着既差,威信扫地。呜呼,亦可谓大哀也已。[1]

虽说他论人论事的褒贬好恶未必俱能当当时人和后来人之意,但他把"革命""共和""一人政治""帝制复萌"用因果连为一个自成一段的历史过程,以见其脉络之起伏,则比之纯然着眼于人物的心术好坏来叙述历史和解说历史,无疑更切入地写照了那一段历史中的前后牵连,也更富深度地触及了那一段历史内里的种种情状。

---

[1]《严复集》第3册,第631页。

五　立宪政治在实际中走到尽头和立宪之理在人心中的影响未歇

袁世凯既死，则国体回归共和而恢复《临时约法》。曾被废止的国会，也得以重聚当时被比作"八佰圆颅"的参议员和众议员，使之欣欣然再起于中国政坛。但在由此开始的另一个历史段落里，因袁世凯身死而分化的北洋军人，已从原来尚且伏处于强人的背后，一变而伸展手脚，直接走到台前，构成了一种武夫当国的局面。与之前的国会面对政府相比，此日的国会遂自始即在与武人相对之中。以政治结构而论，显然更下一等。所以，当再起的国会挟其旧日惯性与执政的军界人物相争相抵，并沿此傍涉府院之争，便直接招来迎头一掴，重聚不过十月，又成了被解散的东西。随之发生的丁巳复辟起，丁巳复辟灭，虽是一段插入的历史，而起灭之际已剧烈地牵拽南北政局。其间南方以"护法"为名义立军政府，并就两院南下的议员一百数十人"在粤召集国会"；[1] 北方则另选议员别立国会，而世人以派系相辨识，但目之为"安福国会"。

与这种两个政府和两个国会的局面相随而来的，是此后北方的连年战争和南方的连年战争，以及北方的"大开门户卖官鬻爵"和南方的"明目张胆开赌贩烟"。[2] 彼时的政治依战争为起落，所以武人在这个过程中既是战争的主体，又因此而日益恢张地成了政治的主体。与旧日的约法、国会、议员、政党，皆各据立宪政治的一部分，而并因之皆能自主自立于政治过程之中的事实相对照，则此日以武人为主体的政治之下，四者面目都已全不相同。

梁启超说："不见夫《临时约法》乎？约法诚不免有疵类，然果能举国人而信守之，其足以为人民保障者已自不少。今则非惟政府心

---

[1] 汤志钧：《章太炎年谱长编》上册，第 568 页。
[2] 梁启超：《饮冰室合集》第 4 册，《文集》之三十七，第 50 页。

目中未尝有约法",即"高谈护法之人,其心目中亦未尝有约法存也。以故约法虽有如无"。[1]比之袁世凯当政之日约法之足以勒制政府,南北对峙之下的这种"虽有如无",说的显然是约法已不成其为一种物事了。吴景濂说:"护法数年,国会颠沛播迁,由粤而滇而蜀,到处俱托庇军阀之下。现在国中军阀,无论南北,俱是一丘之貉。"[2]这是阅历之后的言之感慨。南方的国会"托庇军阀之下",北方的国会之被称为"安福",则更明白地直指其产出于皖系军阀的全程操弄。

与南方的托庇和北方的产出相对称的,便是南方国会和北方国会里的议员名目虽殊,而同归于一流,都成了"国中军阀"豢养之下的群类。而同一个时间里进步党中的活跃者衍化为研究系,国民党中的活跃者蘖分出政学系、国民系,北方一群则从无到有,以安福系为结党之名目,此外还有"某社、某庐、某俱乐部"的一时"迭出不穷"。[3]其间的纷纷然推陈出新都在表现政党的变迁和变异。但自昔日之党变为今日之"系",所见的显然不是伸张而是萎缩。十多年之前党人胡瑛曾说:"今日中国政党自政党,国民自国民,各不相谋。问政党之所代表者为何?则政党无以答焉。问国民之利益以何党为能代表?则国民无以应焉。"[4]他说的是彼时政党的不能合格。若引之以度量这个时候南北之间的此系与彼系,是曾以政党立名的政治群体已变成越来越小的集团了。而政党之化为小集团的过程,同时又一定会是其关涉的利益越来越狭,从而关注的利害越来越狭的过程。前一种越来越狭和后一种越来越狭都出自私欲和归于私欲,因此都不会助长人性的光明。于是而有孟森所说的"昔时言党派,犹必借一门面语,为作党纲",而今但用"人类之污点作结合党徒之快捷方式"。[5]然则昔时虽不称意,而以今比昔,尤见今不如昔。

---

[1] 梁启超:《饮冰室合集》第4册,《文集》之三十五,第32页。
[2] 中国史学会主编:《北洋军阀》第4册,第124页。
[3] 杜春和等编:《北洋军阀史料选辑》下册,第59—64页;刘以芬:《民国政史拾遗》,上海书店出版社,1998年,第43页。
[4] 梁启超:《〈饮冰室合集〉集外文》中册,第574页。
[5] 《孟森政论文集刊》中册,第771页。

以约法、国会、政党，以及因国会而派生的议员为立宪政治的旨义所托和实际构成，则四者生成于前一个历史段落，又形神俱变于后一个历史段落，两头对比的因果厘然，正说明了前一个历史段落中走到尽头的立宪政治，其残留的构架又在后一个历史段落里的层层脱落和节节碎裂。等到本来托庇于南方的"众院议长吴景濂等，因孙文为非常总统，与之积有意见"，就此转头朝向北方，"以恢复法统之计划进之曹锟、吴佩孚"，之后以直系军阀之力"逐徐世昌，请黎元洪复位"，并在安福国会随徐世昌俱去之后迎旧国会重回北京，而令西南护法组织"于此终结"。[1]继之又逐黎元洪，由吴景濂以国会之名"包办"[2]贿选，为曹锟买来了一个总统。其一手网罗所及，计有四百八十名议员各以五千元为标价卖掉了自己，以当日总数作比量，已占百分之八十一以上。[3]这个过程使国会与曹锟合成了一体，时人统谓之"秽德腥闻，腾播宇内"。[4]这种本已不在立宪政治之内的国会沿用立宪政治的程序作恶，既使国会之名成了国人心中的祸端，[5]复使已经走到尽头的立宪政治又在身后留下了一片唾骂。

民初的十多年历史，实证地记录了立宪政治在中国的其兴也勃焉，其亡也忽焉。这是一个失败的过程，但就中国社会的新陈代谢而言，其兴与亡之间却并不是一个全然没有留下历史痕迹的过程。与立宪政治作为一种制度的起于急迫匆促而终于一路颠蹶相比，其间随急迫匆促和一路颠蹶而来，又在时论、文告、政令、演讲、宣言、课本中被四面播扬的种种派生于共和的观念，则挟其世界潮流的本色而进入彼时的社会思想，为中国人构成了一套前代所未有的区分政治之有道和无道的形而上。这是一种抽象的东西，又是一种富有支配力和笼罩力的东西。

---

[1] 中国史学会主编：《北洋军阀》第4册，第46—47页。
[2] 刘以芬：《民国政史拾遗》，第42页。
[3] 庄建平编：《近代史资料文库》第2卷，第595页。
[4] 中国史学会主编：《北洋军阀》第4册，第125页。
[5] 《孟森政论文集刊》中册，第828页。

梁启超说:"汝不见袁世凯之偷作皇帝乎?其所弄手法,则固曰经国民之投票不愿意要共和也,经国民之投票推他做皇帝也。"[1]袁世凯"所弄手法"之特别,是此前二千余年里,旧朝与新朝之间的君权转移以天命所归为合法,而其"偷作皇帝",则以"国民之投票"为合法。这种后来之不同于从前,具体地演示了一个断送掉立宪政治的人物,又不能不借用附生于立宪政治的观念"弄手法",以期为自己营造一种政治上的有道。

而观念虽属形而上,但它们在中国的实际存在和影响程度也因之而见。所以,此后北方敉平丁巳复辟而重造国会,徐树铮说:"自民元以来,政府为国会操纵,闹得天翻地覆,曷若自个组织,简直和编练军队一样,我有子弟兵,则操纵在我。"于是经一番"编练",遂有了安福国会。[2]他意本痛恶国会,而又不得不自造一个国会,其两头的矛盾与袁世凯一样,也在越不出立宪政治留下的观念。

在他们之后,又有曹锟因贿选而为天下笑。但以当日其势位已在虎踞龙盘之间相比照,则为之经手的银行经理后来说"曹本人为了贿选总统,花费了约350余万元",不能不算是以割肉出血为代价。而其意中的道理则在于"我竞选总统是根据约法,受各界所推,谁捧我都由他自愿,但我也不叫朋友们白效力,人要讲情分重道义"。[3]他用金钱作"情分"和"道义",购买的也是约法给予的合法。然则其起伏盘旋之间,同样也在以立宪政治留下的那一套观念为范围。袁世凯、徐树铮、曹锟都是手中有枪又惯于以力服人的人,但在这些历史场面里,他们又都自置于新造未久的政治名分制约之下,以期获得一种有道的外观。

与这些历史场面足以匹比的,还有见之于其时军阀通电里的种种修辞。齐燮元说"中华民国者,乃四万万人之公物";孙传芳说"法律神圣,不容假借";卢永祥说"我中华民国之诞造,胎原于民意,

---

[1] 梁启超:《饮冰室合集》第8册,《专集》之三十二,第6页。
[2] 庄建平编:《近代史资料文库》第2卷,第42页。
[3] 王毓超:《北洋人士话沧桑》,北京:中国文史出版社,1993年,第90、92页。

第三章 移入的代议制度走到山穷水尽 513

形成于法，与帝王根本不同"；郭松龄说"共和国家，民为主体"；冯玉祥说"夫民国之缔造，原以人民为之"；孙岳说"立根本之大法，树民治之先声"；吴佩孚说"以民意为从违，纳群伦于轨道"；张作霖说"共和国家，主权在民，神器之尊，惟德能守"等等。而其间的相互诟谇詈骂，则又有"不尊民意，一意孤行"；"于国为罪人，于民为公敌"，以及"独夫"和"旧时代之枭雄"等等。[1]这是一种武人讲道理的出口成章，虽说其中少有修辞立其诚的意思，而文电交驰之顷，则皆能取义于民权、法意、共和，而言之侃侃。

在一个乱世板荡的时代里，这些人拥兵万千而标张"法律神圣"和"主权在民"，显见得他们所表达的东西未必都是他们真懂和真信的东西。然而他们又共同用这种东西来伸张大义和克制对手，并演为十多年里的此起彼落和接连不断。由此形成的离奇，就一面而言，并不真懂和并不真信的东西之所以成为他们必须借用的东西，正在于斯时斯世的公是公非出自此中。就另一面而言，这些为公是公非所系结的东西，因其归属于形而上的抽象性和悬空性，便又成了他们能够借用和容易借用的东西。以民国年间的武人在本性上的悖乎民国相观照，则他们附从时趋的这些情节，正更多一重出自历史而反映历史的典型性。

因此，自武人之必须借用"法律神圣"和"主权在民"溯由来，可以见到的是，作为一个失败的过程而并没有改变中国社会的立宪政治，却以其一路翻耕中撒下的义理歆动人心，把与之依连的各色观念灌入中国人的意识世界，形成了一种不同于前代话语、诠说、意义和价值的思想取向，并以此改变了民初的中国和中国人。一则观世的时论谓之"新胜于旧，非必其理之果直，持之果正也，无以风气所濡，潮流所荡，彼多数之人心，则既好民权，喜新政矣，斯即起秦皇、汉高、项王、武帝，亦莫能与之逆也"。[2]而自武人之能够借用又容易

---

[1] 中国史学会主编：《北洋军阀》第 4 册，第 53—54、188、376、390、394、412、421、438—439 页；第 5 册，第 209 页。
[2] 中国史学会主编：《北洋军阀》第 3 册，第 755 页。

借用"法律神圣"和"主权在民"作省视,又可以见到:与这种思想取向的抽象和悬空相伴而生的,则是这种取向注定会既多见其缺乏深度的广度;也多见其本来意义的易被引申,又易被衍生,以及在引申和衍生中形成别解与歧义。对于后来的历史,这两面已都成了既有的前提。

第四章

代议政治和中国人的困而后知

一 "洪宪帝制"和"丁巳复辟":
历史惯性和民初中国重重困蹶的交相感应

自1912年中华民国成立之后,先有1915年岁末开始的洪宪帝制在八十三天里中断了共和的历史;又有1917年夏季突起的丁巳复辟冲击京师而震撼远近,其间连头带尾十余日里的摇动和搅动虽未能中断共和历史,却因果相寻地促成了北洋一系的直皖分化和南北之间的长久分裂。前者的八十三天和后者的十余日,都以其由起到落的短促说明了重造帝制的失败之快。随之而来的,是这种失败之快便很容易由事及人,在当时和后来的评说里与洪宪帝制的中心人物袁世凯,丁巳复辟的中心人物张勋连为一体,并集矢于袁世凯的"更怀野心,妄觊神器"[1]和张勋的挟"凶狡之资,乘时盗柄"。[2]用其间人性之恶的种种事实和情节来编连其间的事状之由来与始末,以诠释前一段倒行逆施和后一段倒行逆施的历史因果。这些论说大半都能因具体而见真实,因褒贬而分是非,由此画出来的是一种可以直接阅读的清晰脉

---
[1] 梁启超:《饮冰室合集》第8册,《专集》之三十三,第71页。
[2] 存萃学社编集:《1917年丁巳清帝复辟史料汇辑》,香港:大东图书公司,1977年,第20页。

络。然而当洪宪帝制已经失败，丁巳复辟尚未发生之间，陈独秀说同一个问题，则思虑所及和关注所及，尤其在历史过程中更深地存在，而又不易清晰直观的一面：

> 此时我们中国多数国民口里虽然是不反对共和，脑子里实在装满了帝制时代的旧思想，欧美社会国家的文明制度，连影儿也没有，所以口一张，手一伸，不知不觉都带君主专制臭味。不过胆儿小，不敢像筹安会的人，堂堂正正的说将出来。其实心中见解，都是一样。
>
> 袁世凯要做皇帝，也不是妄想；他实在见得多数民意相信帝制，不相信共和。就是反对帝制的人，大半是反对袁世凯做皇帝，不是真心从根本上反对帝制。[1]

比之由袁世凯着眼阐说洪宪帝制和由张勋着眼阐说丁巳复辟，则陈独秀之注目于"多数国民"的精神世界，其着眼处已移到了五年之前刚刚被推翻的帝制在中国社会积留的历史影响。它们在洪宪帝制和丁巳复辟的背后，以一种无从描画脉络的模糊混沌为存在方式，又因势居多数而易成八方弥漫。对于共和中国来说，混沌和弥漫便都成了世道人心的一部分。以此为对照，立足于个人褒贬的记事和评说的脉络明晰，则大半都是在过滤掉这种模糊里实现的，但在民初中国，内含于这种混沌模糊之中的舛错、纷呈，虽然缺乏直观而见的厘然分明，却常常包裹着更多全面性、丰富性、复杂性、矛盾性和实在性，从而更切近于历史的本来面目。因此，当一世时论多以袁世凯一人一身为视野与视角，来归纳和演绎民初帝制的时候，陈独秀之用心于个体与群体的相互映照，由省察民初社会来省察民初帝制，其见事和见理无疑都更深刻一些。

"多数国民"之"不知不觉都带君主专制臭味"，是在二千多年岁月的代相承接里濡育而成的，并因之是内在化的和无需外铄的。当时

---

[1]《陈独秀文章选编》上册，第205页。

人说杨度办筹安会之日曾过闹市,"见乞丐者二人口角,一乞厉声曰:今日尚有王法耶,都由共和民国成此大害,假令皇帝复生,必不容若辈如此横行。吾惟旦夕祷祈老天,复生一皇帝也"。而后是从这种一时发抒里读出言为心声,遂催生了洪宪帝制中的"乞丐情愿团"。[1] 存在于底层社会的"帝制时代的旧思想",也因之而被引入了重造皇帝的过程之中。乞丐虽是小人物,但折射的则是其时实在的社会心理。与之相类似的,还有亲历过丁巳复辟的老革命党眼中所见的另一个小人物:

> 张勋复辟之日,我正在骡马市大街广东七号会馆。天将破晓,忽闻鞭炮声四起,隔壁为张敬尧所住。屋内人声嘈杂,我感到非常惊奇,披衣起床,探视究竟。这时茶房王麻子推门进来,先向我作揖,说:"恭喜!恭喜!"我问他什么事,他说:"张大帅来了,宣统皇帝已经复位。我们要太平了,从今天起,会有廉价米面吃。"他说话时,满脸骄傲,神气活现的样子,使我感到变故重大,就跑出大门探望,发现北京城内确乎与平常不同,大街小巷,都挂满了黄龙旗。[2]

"茶房王麻子"的话表达的是其个体意中的向背,而"鞭炮声四起"和"大街小巷,都挂满了黄龙旗",又成为一种合众的群鸣和烘托,说明了他所表达的向背其实并不止乎一个人的向背。因此,《泰晤士报》驻北京的记者莫理循当日在信中间及这一段时事,说的是"我的老佣人告诉我,人民欢迎这次变革,张勋干得好"。[3] 前一则叙述里的"茶房"在丁巳复辟的局外,后一则叙述的"老佣人"也在丁巳复辟的局外,但就精神而言,他们显然已立在了"张大帅"那一边。而这些小人物的存在又成为一种实证,显示了当日被看成是"既类疯

---

[1] 荣孟源、章伯锋主编:《近代稗海》第3辑,第393页。
[2] 刘凤翰主编:《民初纪元》,北京:中国大百科全书出版社,2010年,第126—127页。
[3] 莫理循:《清末民初政情内幕》下册,第655页。

狂，又同儿戏"的张勋"倡逆"，[1]实际上绾连社会而摄动人心的程度。作为与"倡逆"俱来的事实，这一面所反映的历史内容显然既不能用"疯狂"来解释，又不能用"儿戏"来解释。丁巳复辟后六年张勋死，"送葬的队伍长达4公里，有4000多人参加"。[2]对于一个失败者来说，这是一种足以引发思索的身后余波。

与洪宪帝制和丁巳复辟之有组织地重造皇帝相比，陈独秀所说的"多数民意"的"相信帝制，不相信共和"是以个体为状态的散漫的存在。然而与前者的有组织而起，又非常容易地被另一种有组织的力量推倒相比，则后一面以散漫为状态，却因其散漫而成了长久存在、一路绵延的东西。1921年《京津泰晤士报》（*Peking and Tientsin Times*）说："不偏不倚的估计表明，赞成恢复帝制的人大概占人口的百分之九十"，并概而论之曰：

> 他们欢迎君主制，更多地也并非出于这类［忠于皇室］感情，而是因为从君主制向共和制的转变，遭到了灾难性的失败。人民大众所渴望的，是一个象样的政府。如果他们在内心深处赞成君主制，那主要地是因为他们感到，他们全都了解传统的政府体制，与他们已经历过的所谓共和制相比，在传统的政府体制之下，他们可能更有希望得到一个象样的政府。[3]

同一年，在后来的历史叙述里被归类于"进步刊物"的《曙光》杂志说：

> 中国农民十之八九不识字，愚蠢得和鹿豕一样，真是可怜。什么自由、权利、政治，他们哪里懂得？他们就晓得把钱粮纳上，一边过他的苟且日子罢了。有时遇见城市中人还要问问："宣统皇帝如何？""现在是哪一个坐在皇宫里？"往往也叹息痛恨的说："这

---

[1] 存萃学社编集：《1917年丁巳清帝复辟史料汇辑》，第22页。
[2] 庄士敦著，陈实伟等译：《紫禁城的黄昏》，第114页。
[3] 转引自庄士敦：《紫禁城的黄昏》，第193—194、205—206页。

样年头怎么得了！等着出了真龙天子就好了！"[1]

所以，在"这种情况下，只有张勋复辟，才能得农民们的心"。[2] 比之西人看大众，彼时的中国知识人看大众显然更多一点俯视的意识。但就写照多数而言，西方人眼中的"百分之九十"和中国人眼中的"十之八九"则相去并不太远。

后一段话里说的"中国农民"，使人看到的是二千多年君主制度积留的历史影响，已化成了落根于万千人内心的固性和惯性，以及人在惯性之中的身不由己。以已经过去的二千多年比共和以来的十余年，以时间之长短衡量沉积之厚薄，不能说其中全无历史理由。前一段话里说的中国"人民大众"，使人看到的是多数人口之"欢迎君主制"，立意并不系乎"君主制"本身，而是身在一个没有秩序的世界里向往重见秩序。闹市乞丐因"若辈如此横行"而缅怀"王法"；会馆茶房因期盼"太平"而庆祝皇帝"复位"，都源出于此。《京津泰晤士报》和《曙光》杂志的观察越过了袁世凯、张勋，而不为个人所范围，他们笔下的"百分之九十"和"十之八九"，遂能够为洪宪帝制和丁巳复辟画出一种存在于它们背后的真实底色。这是一种广袤的底色，因此，直到1923年，孙中山仍以为："我们的招牌算是挂起来了，但是十二年来变乱不止，人民痛苦甚于在清朝为奴为仆的时候。现在的政治、教育、实业，多半不及清朝的好。因此多数人民都以为在清朝可享太平之福，现在的民国不如从前了。既是多数的人民想念清朝，以后再发生复辟，也说不定。"[3] 在洪宪帝制失败七年，丁巳复辟失败六年之后，他清醒地看到，推演出帝制和复辟的那些社会问题和社会矛盾其实依然如旧。

与底层大众这种出自历史沉积和历史惯性的"旧思想"相对而见的，是知识人自立理路以应世变的帝制意识。当日被看成是为洪宪改

---

〔1〕 转引自庄士敦：《紫禁城的黄昏》，第193—194、205—206页。
〔2〕 同上注。
〔3〕 《孙中山全集》第8卷，第114页。

元作先声的筹安会,其"发起之宣言"说:

> 我国辛亥革命之时,国中人民激于情感,但除种族之障碍,未计政治之进行,仓卒之中,制定共和国体,于国情之适否,不及三思,一议既倡,莫敢非难,深识之士,虽明知隐患方长,而不得不委屈附从,以免一时危亡之祸。[1]

然后累举"自清室逊位"以来的"国家所历之危险,人民所感之痛苦",以此"国势之危"与"共和之利害"相对映,而反证中国国情的"尤不能不用君主国体"。迨筹安会之名改为宪政协进会,又有"结束之通电"曰:

> 非立宪不能救国,非君主不能立宪,是所希望者,在君主国体,并在立宪政体。盖国体必为君主,始有一定之元首,政体必为立宪,始有一定之法制。无一定之元首,何以拨乱?无一定之法制,何以致治?[2]

筹安会的六个发起人中三个是辛亥年间的革命党人,一个是当时的西学泰斗,一个是君宪主义者兼"旷世逸才",还有一个有过半截反满历史的学人,总体而论,这些人大半与袁世凯并无深度渊源,因此其论说不会全然出自阿附而没有一点个人的自主意识。在晚清以来新知识人久以彼邦学理规划中国政治为常态之后,这些本属知识群体的人物共以"国情"为立足点颉颃共和,明显地表现了一种认知重心和论说重心的迁移。然而以共和为比对重造帝制,则"国体必为君主"和"政体必为立宪"中的皇帝又别成一类,在其预想中其实不再等同于二千年历史中的旧时人主了。显见得前一面的排拒共和与后一面的排拒回归之间,已构成了其内里的紧张和徊徨。虽说以洪宪帝制各怀私心和野心的实际过程相比照,这种由文字作表达的理路只能算是外在的东西和隔阂的东西,但它们已从思想上为民初知识人的帝制意识留

---

[1] 中国史学会主编:《北洋军阀》第2册,第35—36、38页。
[2] 同上注。

下了一种可以释读的样本。

在他们之后又有丁巳复辟，其间以康有为的论说为独多。时当19世纪90年代，他曾深信"果能四万万人人热愤，则无不可为者，奚患于〔国之〕不能救"，但此日却全不相信"四万万人"能自成政治主体，而期期以为"民主政体只能攘乱，不能为治，不适于中国"。在二十年阅世之后，其意中已是"为治"比变法更重要，从而国情比学说更真实。因此，虽然他痛斥袁世凯"窥窃神器，毒痡四海"，而立论的起点则与筹安会大体相同。但他以国情为起点立论，而构想中的国体和政体则以"虚君之共和"为名目，又不同于筹安会各分一段的了然分明：

> 今上年方冲幼，未能亲政，自经革命，君臣之义已斁，已经排满，汉〔满〕人之力已微，虚君之制无权而有礼，则让帝之礼尚存，寿诞吉辰，大僚仍有觐贺，隆裕大丧，国民多为致哀行礼，则与各国虚君已无别，不过国会及人事多几次敕谕，四方称其虚君名耳。称为中华共和帝国而去清朝，议定宪政，行之十年，风俗习成，政体坚固，皇上长大，已习而安之，前朝之君权尽改，委裘之虚傀仅存，拱手受成，南面无异。无可争权之患，直成虚君之共和耳。[1]

在见惯了"五年三乱，不绝如线"的"民主日争"之后，他论说中的"虚君"之更"适合于中国"，全在于"虚君"可以息争。[2]然而由此杜撰的"虚君之共和"及"中华共和帝国"之类名词，则以其反民主而不反共和的合成一体为别开生面，表述了一种为困厄所逼成，而常人不容易索解的说国体的理路和说政体的理路。当时的一则评论说："绅康所主张虚君共和也，政府组织与民国无异，只民国为总统，帝国为君主，为其差贰，政权掌诸内阁，君主拱手仰成，恰如木偶土梗享香火耳，受虚礼耳。所谓君人之道，其犹零星之尸也，俨然玄默而

---

〔1〕《康有为政论集》上册，241页；下册，第990—994页。
〔2〕同上注。

吉祥受福者近是。此其主张，较之寡识顽固辈，不得不谓之铁中铮铮，庸中佼佼者。惜其理如共和，然国人知者如凤毛也。"[1]作者以反复辟为立场，然而评论"康所主张"则并未全以大谬视之。他把康有为的一套构想与"寡识顽固辈"区别开来。正是以其不同的政见作省视，看到了康有为的帝制意识里，根本的旨义并不在为没有皇帝的中国重造一个皇帝，而是在为没有秩序的中国重造一种秩序。也正因为如此，在张勋用武力"奉还大政"以倾力回到旧日王朝的过程里，康有为的构想同样只能算是外在的东西和隔阂的东西。之后是洪宪帝制和丁巳复辟次第而起，又次第而败，但附着于这两个过程的知识人的帝制意识则并没有与之俱去。

章士钊曾记筹安会人物孙毓筠说：

> 曩孙少侯毓筠善于语言，以阿项城称帝，为世大僇。凡有言无不得咎。一日佐人为会，少侯慨然前席致词曰："民五以还，苟政治有一线清明之望者，即百孙毓筠之头不足戮。今吾仍戴头来，以敬候诸君之裁判，亦以政治愈变换愈不清明，吾因得苟活至今，且冀矫为一切以自赎耳。"人以其言隽妙，哄然和之，少侯由是自由论政如初。[2]

当初筹安会中人发宣言和通电倡言帝制，都以变政治不清明为己任，从而把"废除共和改立君主"当成是为中国"救亡"的政治主张。[3]与康有为一样，这一面所显示的正是民初知识人的帝制意识不同于大众之想望"真龙天子"的地方。因此，在洪宪帝制既被推翻又历有年头之后，孙毓筠作此"前席致词"，既是在举眼前的"政治愈变换愈不清明"为可见的事实，来反证自己当初的政治主张之自有出处；也是在引今昔对比发为振振有词，以说明"民五"的洪宪帝制虽然已成旧事，但促成自己在"民五"从革命党变到帝制派的社会原因，则今

---

[1] 中国史学会主编：《北洋军阀》第3册，第710页。
[2] 《章士钊全集》第6卷，第142页。
[3] 中国史学会主编：《北洋军阀》第2册，第38页。

时犹在,且甚于往昔。而后收获的"哄然和之",又俱见其打破后壁的言之成理在人心中引出的深度感应。

与知识人的帝制意识对立而见的,是既参与了丙辰年"护国",又参与了丁巳年"讨逆"的梁启超,以其《异哉所谓国体问题者》为大块文章,最自觉地表达了同一个时间里知识人的反帝制意识。然而其间的自述心路,却是从帝制更适合中国起讲的。筹安会甫起之际曾引美国人古德诺(Frank Goodnow)之说为助,梁启超回应说:

> 若论国体须与国情相适,若历举中美、南美、墨、葡之覆辙,凡此诸义,本极普通,非有甚深微妙,何以中国政客如林,学士如鲫,数年之间,并此浅近之理论事实而无所觉识,而至今乃忽借一外国人之口以为重,吾实惑之。若曰此义非外国博士不能发明耶,则其他勿论,即如鄙人者,虽学识谫陋不逮古博士万一,然博士今兹大著,直可谓无意中与我十年旧论同其牙慧,特其透辟精悍尚不及我什分之一,百分之一耳。[1]

他直言古德诺以"国体须与国情相适"为大道理推演出来的那些话,是自己在以前的十年间都已说过的。"坊间所行《新民丛报》《饮冰室文集》"以及"立宪论与革命论之激战、新中国建设问题等",皆"可复按也"。然后挟一腔忿郁和辛酸倒叙"辛亥革命初起"之日说:

> 当彼之时,公等皆安在?当彼之时,世界学者比较国体得失之理论,岂无一著述足供参考?当彼之时,美墨各国岂皆太平宴乐,绝无惨状呈现,以资我高抬贵手?当彼之时,迂拙愚戆如鄙人者,以羁泊海外之身,忧共和之不适,著论腾书,泪枯血尽;而识时务之俊杰,方日日以促进共和为事,谓共和为万国治安之极轨,谓共和为中国历史所固有也。[2]

然则"共和而诚足以亡国也,则须知当公等兴高采烈以提倡共和,促

---

[1] 梁启超:《饮冰室合集》第 8 册,《专集》之三十三,第 87—98 页。
[2] 同上注。

进共和之日,即为陷中国于万劫不复之时"。这一段说往事的文字追咎"识时务之俊杰",显然言之犹有余悸。然而带着"泪枯血尽"以抗"日日以促进共和为事"的经历进入民国,与共和已经成为一种事实相因应,则不能不同在迁化之中,遂成其"鄙人原非如新进耳食家之心醉共和,故于共和国体,非有所偏爱,而于其他国体,非有所偏恶"的应时而变。但已经过去的历史显然还依旧留痕于后来的心路,因此,对于梁启超个人来说,共和仍然不是一种非常亲近的东西。但时当筹安会指共和为中国之"隐患方长",而倡为"非君主不能立宪"之际,最先起而守护共和的,却又是"非有所偏爱"于共和的梁启超。由此自然而生的,是一种慨乎言之:"夫共和之建,曾几何时,而谋推翻共和者,乃以共和元勋为之主动,而其不识时务,犹稍致留恋于共和者,乃反在畴昔反对共和之人,天下之怪事,盖莫过是,天下之可哀,又莫过是也。"

他笔下的这种"怪事"和"可哀",内里所含的其实都是民初中国政象的复杂和矛盾,以及与之相为因果的中国人认知的复杂和矛盾。因此"谋推翻共和"的一方在复杂和矛盾之中,"稍致留恋于共和"的一方也在复杂和矛盾之中。梁启超与筹安会立异,虽间涉学理,但重心却不是在学理,而是在中国所处的时势和革命以来的经验。他说:"夫变更政体则进化的现象也,而变革国体则革命的现象也。进化之轨道恒继之以进化;而革命之轨道恒继之以革命。此征诸学理有然,征诸各国前事亦什九皆然也。"是以"谋国者必惮言革命"。与进化相对举以言革命之一发而不可制束,则他所说的"革命"实际所指,已是一种颠翻,而他对筹安会的回应实际上正是对这种颠翻的回应:

> 鄙人则无论何时皆反对革命。今日反对公等之君主革命论,与前此反对公等之共和革命论同斯职志也。良以中国今日当元气雕散,汲汲顾影之时,竭力栽之,犹惧不培,并日理之,犹惧不给,岂可复将人才日力耗诸无用之地,日扰扰于无足轻重之国体,而阻滞政体改革之进行。徒阻滞进行犹可言也,乃使举国人心,皇皇共

疑骇于此种翻云覆雨之局，不知何时焉而始能税驾，则其无形中之斲丧所损失云何能量。[1]

因此，他不是在为共和而护持共和，而是在为国体而护持共和；又不是在为国体而守定国体，而是在为堵挡"翻云覆雨之局"而守定国体，护持共和。由此留下的则是一种无可言述的心头曲折。

与这一面内相关联，并对比而见的，是作为最先反对重造帝制的人物，梁启超在回应筹安会的过程中从不挞伐君主制度本身。他自谓"数年来独居深念"，亦曾私以为比之"国体与国情不相应"，则"中国若能复返于帝政，庶易以图存而致强"，并承认因此而与筹安会中的"公等有同情也"。但与筹安会中人显然不同的是，他同时又于此熟思久想，深知"君主国体之难以规复"：

> 自古君主国体之国，其人民之对于君主，恒视为一种神圣，于其地位不敢妄生言思拟议。若经一度共和之后，此种观念遂如断者之不可复续。试观并世之共和国，其不患苦共和者有几？而遂无一国焉能有术以脱共和之轭。就中惟法国共和以后帝政两见，王政一见，然皆不转瞬而覆也。则由共和复返于君主，其难可想也。[2]

帝制之君主不同于共和的元首，全在于其拥有积久而成的神圣性。但营造共和的过程却正是一个摧锄神圣性的过程：

> 我国共和之日，虽曰尚浅乎，然酝酿之则既十余年，实行之亦既四年。当其酝酿也，革命家丑诋君主，比诸恶魔，务以减杀人民之信仰。其尊严渐衰，然后革命之功乃克集也。而当国体骤变之际，与既变之后，官府之文告，政党之宣言，报章之言论，街巷之谈论，道及君主，恒必以恶语冠之随之。盖尊神而入溷牏之日久矣，今微论规复之不易也，强为规复，欲求畴昔尊严之效

---

〔1〕梁启超：《饮冰室合集》第8册，《专集》之三十三，第87—98页。
〔2〕同上注。

岂可更得。[1]

二千多年中国历经改朝换代，因此皇帝是可以被推翻的。但这是一个天命转移和天命所归的过程，从而是一个神圣性转移和神圣性所归的过程。在这种转移和所归里，一个王朝丧失了神圣性的同时，必定是另一个王朝获得了神圣性。与之相应的，是君权的神圣在延续不断中成为一种长久的存在和真实的存在。而革命造共和之不同于改朝换代，则在于其推"尊神"入"溷牏"，整体地铲掉了君权的神圣。与革命之后犹可"强为规复"的帝制相比，神圣性是一种灵光消散之后无从再造的东西。然而帝制"强为规复"而没有了神圣性，实际上已经失其本真，不再能算是一种与国情相应的东西，并因之而不再能算是他"独居深念"中追怀的那种东西了。

在他之后，又与他同在一个时局之中，从而面对同一个题目的章士钊说："夫君主立宪，义原不恶。但立宪之事，求之于累叶相承之君主可得，求之于狄克铁特之君主则不可得。此非意有所不欲，实乃势有所不能。盖当其为狄克铁特时，所得维秩序者暴力耳。及为皇帝，所须暴力之量尤大。一旦去其暴力，即失其所以自存之方，计惟继续保之，以待天下之变。谚所谓骑虎之势是也。而真正之宪政，与暴力相反者也。"[2]他以另一种理路说明了梁启超阐述的同一个问题。"狄克铁特"与"累叶相承"之间的区别，正是有没有神圣性。而四顾天下，则"强为复制"于此日中国"大难甫平，喘息未定，强邻胁迫，吞声定盟，水旱疠蝗，灾区遍国，嗷鸿在泽，伏莽在林"的动荡不宁之中，直接导致和最先导致的，只能是为生民造祸乱，"贻国家以无穷之戚"；只能是"中国前途一线之希望"分崩离析于"从兹一蹶"。[3]因此，梁启超由"数年来独居深念"而变为此日的反对重造皇帝，是切知共和以后的中国已经剧变和大变，从而生当此日，不能

---

[1] 梁启超：《饮冰室合集》第8册，《专集》之三十三，第87—98页。
[2] 《章士钊全集》第3卷，第567页。
[3] 梁启超：《饮冰室合集》第8册，《专集》之三十三，第87—98页。

不以一个剧变和大变的中国为真实的中国。

当初列名筹安会的严复在事过之后说,其时议变国体,"反对者以汪荃台、梁任甫最为有力,然两家宗旨,皆非绝对主张共和,反对君宪"。[1]而梁启超节节铺叙的论说中常常可以见到的心底苍茫,则说明他们的"皆非绝对",是因为他们无法绝对。同时的章士钊说:"有在前清极力主张君主立宪者矣,而此时羌无意识之君主论,则反对之。吾友徐佛苏,即其一人也"。而同此一人,"语其固有之意,则以君主立宪为优,语其时中之德,则以民主立宪为当"。盖"国体者国本之所托命",命之所托,则"无论何人,对此国体",皆"不可侵犯"。[2]但以"固有之意"的"优"比"时中之德"的"当",则两头之间所存在的不同,显然不会因之而全然泯灭,从而"优"与"当"之间也无从促生出"绝对"的"主张"。筹安会为洪宪帝制倡说的"君主立宪"内含着紧张和徊徨,康有为为丁巳复辟构想的"虚君之共和"也内含着"共和"与"帝国"之间的悖反。而与这种帝制意识里各成流派的矛盾相比,则以梁启超论国体的文字所表达的旨义为当日反帝制意识的代表,其"皆非绝对"的矛盾中内含的其实是一种更深的困境。他们以反帝制为立场,但由"皆非绝对"而探其根本,其实是他们既没有选择帝制,也没有选择共和,而是选择了经不起搅动的现状。然而生当斯世斯时,他们所面对的又是一种并不美好的现状。

在其下笔论国体的二年之前,梁启超已说:"夫十年以来,忧国之士,以政治革命号于天下,清命既讫,天下嗃嗃想慕,谓新政象将自兹睹焉。徐究其实,所革者除清命外,则革道德之命耳,革礼俗之命耳,革小民生计之命耳,革贤者自存之命耳,革郡县相维之命耳,革藩属面内之命耳,甚则革数千年国家所以与立之大命耳,若夫志士仁人所欲革之恶政治,则何有焉。"[3]这些广涉政治、生计、国性、伦理

---

[1]《严复集》第3册,第6271页。
[2]《章士钊全集》第3卷,第562—563页。
[3] 梁启超:《饮冰室合集》第4册,《文集》之三十,第45页。

的枚举而论之，以一种普遍性刻画了民初中国可以目睹的一片破碎。然则守护国体以守护现状，实际上便不能不面对这种国体之下的破碎，而后是事理和事实之间便不能不构成近在咫尺的对立。同样以反帝制为立场的章士钊在同一年里说：

> 今共和之无似，岂待讲明，而饩羊犹存，礼终可复。并其名而去之，则大乱从此始矣。

又说：

> 今者政象之不可以久长，非绝无识，或其智已昏者，必能认明而无翳。夫政治变迁之最合于理想者，亦设其新之必要，而存其旧之不必改作者耳。若彻底推翻之，则非常之原，其不太伤国本甚且亡国者几希。此政家之所万不可忽也。故共和虽失其实，而尚能保存中华民国之名义，则他日革新，其因或出于今之政局中人，或有异军苍头特起，亦就源体而损益之已耳。即需诉之激烈手段，其功可不大杀人流血而可几也。不然，彻底推翻之事无可免，而祸不可胜言矣。[1]

前一段话说的是维持国体以维持破败的现状，正为了不至于招来更深程度的破败。后一段话说的是此日的共和国体未有共和之实，因此，此日的共和国体是一种还没有完工的东西。以这种判断为前提，一方面，他相信共和之名犹存，则"他日革新"可以致共和之实；另一方面，其意中的"他日革新"，又是一种以现存的共和"政象"为对象的改作和再造，从而是对已经化为制度的共和自身的改作和再造。然而与其心中之所信和意中之所想相比，他对这种以共和自身为对象的"革新"将何以能生和从何而起，其实犹在并不能知之中。其层层深思，便成了一种深思和困惑的同时俱存。但深思和困惑，都以一种前所未有的深入程度触到了民初中国因共和而生的真问题和大问题。

这些论说因回应帝制意识而起，而其论说的关注之所及，则同样

---

[1]《章士钊全集》第3卷，第460、474页。

在于民初中国的共和以及共和的历史过程。因此,其间的深思和困惑,连同它们所对应的广大范围和揳入程度,正说明沿反帝制意识而进入了这个思想过程的知识人,其实同样已经在对共和之于中国的真正意义,以及共和在中国实现的实际路径和具体过程,开始作从头反思和再思。这种身在共和的中国,并以守护共和为起点而反思和再思共和,昭示的是那一代人的困而后思和困而后知。与此相应的,便是民初以来一路产出的种种以共和与中国为题目而各成流派的议论、诘问、疑虑和推想,都因之而得以前后串连,汇为中国人困而后思和困而后知的思想背景和思想路迹。他们反对帝制,但"今者政象之不可以久长",又说明他们同样身在共和困局之中。因此,反帝制的同时,他们又不得不究诘共和和重新认识共和。

二 纵不成系统,横不相连贯:
移来的共和与人世间的权力在各自作恶中化为碎片

梁启超说:"吾国之由专制而共和,谓非思潮之产物焉不得也。"[1]瞿富文说:"欧洲各国,其革命之动机,在苦暴君之专制而已",而"中国则异是,自西力东渐以来,领土丧失,国权旁落,茫茫禹域,大局有累卵之危。识微之士,皆知其长此不变,则瓜分之祸,必无可逃矣。故我国民之奋起而革清室之命,非仅恶其专制,实又恶其腐败"之足以"亡国"。[2]在前者眼中,中国的共和起自于思潮的影响,在后者的眼中,中国的共和起自于亡国之危惧。他们以各自的经历和感受说明了中国人进入共和的原因和理由。而新思潮的影响因灌溉而发生,亡国之危惧因冲击而发生,灌溉和冲击皆自外而来,论其原

---

[1] 梁启超:《饮冰室合集》第4册,《文集》之三十一,第27页。
[2] 《民国经世文编》第2册,第1091页。

由，则他们同时又说明了与中国的历史过程相比，共和之于中国的起于被动和外铄。因此，共和与国情之间的关系，从一开始便先成为实际过程中已经发生的问题，之后又因共和之困局而成为认识过程中的问题。1915年倡帝制的筹安会说共和不合国情，立论在于国情大于学理；同一年反帝制的章士钊说："学理与国情，本有不必相融之处。惟主张学理而忽于国情，实学理之蟊贼"，[1]立论也在国情大于学理。其间论说的宗旨不同，而面对的问题和思考的重心显然是一样的。这种共有的重心通贯于民初中国，则那一代人对共和的认识着力于此，他们对共和的反思和再思也着力于此。

当中国人接受共和的时候，作为一种政体的共和，其内涵和意义最初都是由与之对立的，并为之取代的"专制政体"[2]作对比来界定和说明的。由此口耳相传，遂使"共和之成立也，扫除数千年水深火热专制之遗毒"成为一时的共识和共鸣。[3]而以此为阐释，同时是以此为论断，当专制被用来反比共和的时候，实际上专制也倒过来塑造和定性了中国的二千年历史。但时至民初，熟知历史的章太炎说："中国惟汉可称专制，三国以降，名为专制，实则放任。一般盲从之人，顾名不顾实。"[4]同样用心读过历史的梁启超说："吾国政治之弊，不在烦苛而在废弛。夫烦苛者，专制之结果，而废弛者，放任之结果也。"[5]在他们之外，清末曾下笔纵论"专制君祸"的章士钊，这个时候则转而陈说"吾国之封建制度，二千年前即已铲除，公卿成于白丁，考试出于竞争，贫富之度亦复相去不远"，谓之"已获平民政治也亦宜"，[6]以此概述传统的中国社会，其立意显然与章太炎和梁启超的旨义略同。相比于晚清以来志士议论漫无边际，动辄借用日本人

---

[1]《章士钊全集》第3卷，第495页。
[2]《宋教仁集》下册，第459页。
[3] 中国社会科学院近代史研究所近代史资料编辑组：《辛亥革命资料类编》，北京：中国社会科学出版社，1981年，第347页。
[4]《章太炎演讲集》，第117页。
[5] 梁启超：《饮冰室合集》第4册，《专集》之二十八，第49页。
[6]《章士钊全集》第1卷，第68页；第2卷，第83页。

引欧西历史观念说中国史的别有怀抱和信口开河,好以"奴隶性之牢不可破"[1]一类大而化之之词为创说,对历史中国作随意附会和深文周纳,则这些话都在使中国历史比较近实地重归自己不同于中世纪欧西的本相。就个人而论,章太炎、梁启超、章士钊当年都曾是志士群里的卓然出众者,并因此而对深文周纳本已熟识久之。所以,他们此日移重心于中国历史的本相,反映的正是鼎革之后,知识人的志士意识在明显地转向国情意识。而着力于论辩历史中国的"专制"和"放任",大半在于以今日比旧时,是旧时因"放任"成"废弛",今日之病仍同于旧时,而"废弛"之程度且又远远过之。

章太炎说:

> 光复以来,号称平等,而得志者,惟在巨豪、无赖。人民无告,转甚于前,茹痛含辛,若在囹圄。杀一游匪,群以残害志士相冤,日朘民脂民膏,令万千穷黎,转于沟壑而无控诉,事之不平,乃至于是。[2]

而"曩者,京朝官失职不平,则为声律燕乐以自伤悼,而阴以诋所怨,不逞成群,号为名士。今声律燕乐既息,日报继之,形式有殊,匈府乃未有大异"。其"造言腾布,朱紫不分,一市之言,远于千里,名为舆论,其中篝丑言,哲妇所以倾城也"。[3]前一段话说的是天下没有公道,后一段话说的是天下没有公论。而作为一种社会现象,"巨豪、无赖"和"诗亡而日报作"在民初中国之纷纷然一时俱起和四面肆张,其产出和养成都只能与民初社会在整体上的失范相为因果。论其本义,则失范正等同于"放任"。与之所见相同,因此立论相同的,又有康有为的言之忿忿:

> 今以前清为失政,而后发愤革之。虽然,昔者虽专制失道,而不闻悍将骄兵之日争变也;不至人民身家产业不保也;不至全国士

---

[1] 《章士钊全集》第1卷,第52页。
[2] 《章太炎政论选集》下册,第595、600页。
[3] 同上注。

农工商失业也；不至蒙、回、藏不统一而图自立也。

恶前朝而罢弃旧制，新法律又未定也。人民既无律可守，是益令强猾纵横、良善受害而已。故不独掳杀劫掠，平民无所控诉，乃至昔之贵位，今之长官，亦随意攻杀囚执劫掠抄封焉。甚至就车门而胁长官，挟手枪而乱议院，绝无法纪，有若无政府者。[1]

他不喜欢革命，因此他笔下所列述的革命之后中国的社会情状，便常常被拿来与前朝对照，以见其越益支离破碎和更加无法无天。然而其叙述出自闻见，因此又真实地写照了那代人所面对的一种没有整体性的社会、一种没有维系力的社会、一种没有主体的社会、一种没有规则的社会，对于身在其中的个体来说，便是一种没有常态的社会和普遍痛苦的社会。其意中对于社会的批判显然是和对革命的评判绕在一起的。与反革命的康有为相比，孙中山是造革命的人，但他既与康有为共处于同一个时间和空间之中，其观察之所得，又常常会与康有为相似和相近：

满清是个专制国，皇帝以下有文官、武官。文、武官是皇帝的奴隶，他们是替［皇帝］管理人民的。人民有不能解决的事情，还可以依靠他们解决。人民怕官，官怕皇帝，所以那时他们还能维持现状。

继而引一个"朋友"的话说："北方有个督军，他天天忙碌治钱，现在已摸上六七千万了，他还想摸到一万万。他样样事情都不管，就是天天愁苦着说：'到什么时［候］才能够一万万？'"然后归结说：

我们照这个朋友的话上想想，从前专制时代，能够有这样的官么？那时做官的，虽说也有有钱的，可是有过这样多的么？实在是有史以来所未有的。为什么呢？因为从前的官，还怕皇帝，他不敢那样放肆。现在是民国了，而人民有［又］没有力量去管他们，他

---

[1]《康有为政论集》下册，第705、718页。

怎能不为所欲为？[1]

"专制时代"犹有国家治理，则是梁启超所说的由"放任"演化为"废弛"的犹有限度。但推倒了专制以后的这个时代，却已变为实际上的没有了国家治理。而这个过程里"有史以来所未有"的"官"之"为所欲为"，则尤以其放手作恶而无拘无束的"有史以来所未有"，说明了民初政治"放任"和"废弛"的没有限度。是以孙中山以民初比晚清，统括而论之说，革命"推翻了清朝的大皇帝"之后，"便生出无数小皇帝"，而这些小皇帝"比较从前的大皇帝还要暴虐无道"。[2]而与康有为所说的"有若无政府者"相对称和对应的，其实大半都是这种后来居上的"还要暴虐无道"。在他们的文字里，章太炎、康有为、孙中山各自描述和评述了其眼中看到的中国社会和中国政治。依这些人共有的用世济时之心，以及他们在彼时中国所分别据有的地位和拥有的影响作度量，这些描述和评述都言之愤愤，既具有足够的真实性，又具有足够的代表性。而对于刚刚移接而入中国的共和学理来说，这种真实性和代表性所映照的，则都成了其必须直接面对的中国的世相和中国的国情。与欧西相比，其间的殊异是非常明显的。

章太炎以"巨豪、无赖"和造作"中篝丑言"的"日报"之肆意"腾布"为恶；康有为以"悍将骄兵"和"强猾纵横"为恶；孙中山以"没有力量去管他们"的"官"和"无数小皇帝"为恶。在民初中国，这些群类既是分散的存在，又是普遍的存在；其间的"暴虐无道"既为一世所熟见，又以各立个体和各逞个性为其本来的存在状态，既不足以构成系统的权力，又不足以构成连贯的权力。相比于晚清君权的犹有"旧制"自为维持，以成其"放任"之下的疏而不漏，则这种以分散性为普遍性，而又纵不成系统，横不相连贯地蓬勃茁生的恶，霸蛮强横近在咫尺而无从收管，便成了一种显然的畸生和畸

---

[1]《孙中山全集》第5卷，第174页。
[2]《孙中山全集》第9卷，第97页。

态。瞿秋白称之"非集权的暴政"。[1]然而作为一时遍布的共相,这种畸生和畸态又是在清末民初之交的历史变迁中形成的,从而是古所未有的。武昌起义后一年,康有为总述当时的中国社会说:

> 民无所从,教无所依,上无所畏于天神,中无所尊夫教主,下无所敬夫长上,纪纲扫地,礼教土苴。夫云上无道揆,下无法守,犹有礼俗存焉;今乃至无以为教俗,则惟有暴戾肆睢,荡廉扫耻,穷凶极恶,夺攘矫虔,以肆其争欲而已。

又说:

> 法典皆无,长吏豪猾,土匪强盗,各自横行,相望成风。搜刮则择肥搏噬,仇害则焚杀盈村,暗杀则伏血截途,明乱则连城陈战,抢掠于白昼,勒索于大都,胁击于公会,骚扰于城市。以至私抽赋税,妄刑无辜,兵变相望,叛立日闻,莫之过问也。[2]

以"莫之过问也"为归束之辞,则尤其无奈而沉痛。他目睹此日的世变之烈,以及由此带来的一派颠倒错乱和内无归依,外无法守,由此激生的一腔不平化作文字讨伐,便常常要以道德为立场,对革命本身和主导了革命的党人作诘问和追究。在那个时候的中国,这是一种富有代表性的归纳和推论,以至于辛亥革命后十二年孙中山作演讲,犹自直白谓之"你不承认十二年的祸乱是革命党造成的么?民意大多数却承认是这样的"。[3]作为一个革命党,其中不会没有重挫之后的省思。然而以前后说因果,这又是一种缺乏足够深度的归纳和推论。

就康有为指述的民初社会相而言之,出现在君权终结之后的颠倒错乱和内无归依,外无法守,其喧豗枪攘虽然触目惊心,但喧豗枪攘背后,其深层的内涵则是传统中国的政治秩序、社会秩序和精神秩序在这个时候的通盘解体和彻底解体。因此,与这种颠倒错乱的外观相

---

[1]《饿乡纪程》,《瞿秋白文集》第1册,北京:人民文学出版社,1957年,第25页。
[2]《康有为政论集》下册,第703、713页。
[3]《孙中山全集》第8卷,第114页。

为表里的，其实是不能纯用道德评判作解释的历史变迁，以及这种变迁中前一段历史留给后一段历史的既定的内容和既定的走向。这个过程自19世纪60年代移西法入衰世的师夷智以图自强之日即已发其端绪。之后的三十余年里，移来的西法促成了中国社会累积地脱榫。经90年代的变法翻动政局，及其失败之后的余响不绝和亢激不绝，至庚子与辛丑之后开始的清末最后十年新政，遂演化为新法扫荡旧法和新法铲除旧法。与之相为因果的，便是历经四十年脱榫和开裂之后的传统社会结构因之而被置于四面撞击之中，在这个过程里由脱榫走向脱散。迨武昌起义继之而起，打断了清末新政，又承接了一个结构已在脱散之中的中国社会。

作为一种近代化的变迁，这个过程不仅脱出了清代二百六十年历史，而且脱出了此前的二千年历史，而古老的中国则因此而在四顾茫然中，进入了一个孙中山比为"旧屋已拆，新屋未成的时期"。[1] 章太炎说的"事之不平，乃至于此"，康有为说的"绝无法纪"，孙中山说的"为所欲为"，写照的都是社会结构解体之后人世间的"废弛"散乱景象。然则其间以一地碎片为常态的种种作恶虽与国体的鼎革前后相接而来，但作为历史的延续，这种自生自灭，而又生生不息地茁长于一地碎片之中的恶，正是前一段历史造就的社会脱散，在其一路演化中留给后一段历史的结果。但见恶之纵不成系统，横不相连贯地蓬勃茁生而"莫之过问也"正沿此而来，因此而生。

身在废弛散乱之中而熟视天下的"有若无政府"，这一代曾惯于以诟詈专制为一世之通论的人物蒿目时艰，此日又常常会去自觉地辨识专制之于政治的合理一面。章太炎说："民主立宪、君主立宪、君主专制，此为政体高下之分，而非政事美恶之别。专制非无良规，共和非无秕政"，并依次举"汉孝文皇帝"和"光武皇帝"，以及"魏、宋"为"前世善专制者"，继而又连类而及曾国藩、左宗棠为代表的近时"湘中诸雄"，和清末疆吏里的张之洞、刘坤一，称其犹"足以

---

[1]《孙中山全集》第11卷，第115页。

惬人心",而"行事曷尝不由专制,而能宛转上遂,未尝牵帷墙之制,畏仓卒之变,局蹐无处,而示其威重也"。[1]同样的意思,章士钊则就学理而作论述,说是"国家者,皆多少含有专制之性者也。国体尽属共和,而一言国权,则非专制不立"。[2]他所申明的是共和与专制实际上无从分为悬隔的两截。同他们相比,19世纪后期曾着力倡"自由"的严复,这个时候却已深信"居今而言救亡,学惟申韩,庶几可用"。[3]以申韩比称法家,指喻的显然都是专制主义。其前后之间的不一样,正可以见时势不一样之后认识的不一样。而事理既同,则人心亦同,所以,即使是孙中山,彼时也曾言之明了地以"实行自己的宗旨,不要处处迁就民意,甚至于〔与〕民意相反,也是势所不恤的"[4]为理之应有。就其含义而论其含义,这种与民意相悖的"势所不恤",其实与专制的意思已不容易区别开来。

相比于清末志士群起反专制的合众而鸣,像这样公然以专制立主题的阐说明白了然,先后出现于民初中国,已是社会思想和政治思想的一种明显变化和深刻变化;而原本各有政治主张的人物一时目光交集,都在这个过程里看到了专制之能够助成政治和政治之可以善用专制,则尤其具体地反映了革命之后,处在四面散乱之中的中国人忧患之所在和思虑之所集。这些论说在专制的可恶中辨识出专制的可取,其意中的专制实际上已剥离了二千多年之间附着于君主的旧义,而还原为一种以自上而下集中的权力为本来意义的政治样式。当时的舆论直捷谓之"君主虽不适于今日之国体,而专制实有益于今日之政治"。[5]在十数年饫闻专制之恶以后倡说专制的"有益于今日之政治",显然不会出自于对专制的厚爱,而是对映于革命之后的中国社会"纪纲扫地"而"暴戾肆睢","人民无告"而"莫之过问也"的一派乱

---

[1]《章太炎政论选集》下册,第537、717—719、721页。
[2]《章士钊全集》第2卷,第624页。
[3]《严复集》第1册,第32页;第3册,第620页。
[4]《孙中山全集》第8卷,第114页。
[5]《民国经世文编》第1册,第146页。

象和满眼动荡,以及与之相为因果的整体的权力在"废弛"中化为碎片,而后是碎片化的权力成为一种前所未有的破坏性权力和无孔不入,作恶多端的权力。因此,相信"专制"之"有益"于今日,正表达了身在碎片化权力的四围之中而为其破坏性所苦之日,这一代人对自上而下集中的权力和高度集中的权力之重估和认同。他们困处于一个社会结构解体的过程之中,但身在这个过程里而与之俱化,他们未必都能脱出直观而见的一派乱象和满眼动荡,由举目远眺成其自为洞察,以识得后人读史所见到的这个过程的真实内容和实际意义。然而就整体的权力只能依托于整体的社会结构而言,他们这种对于自上而下集中的权力和高度集中的权力切入认知和深作期盼,其实已以其各自的阐述合为共识,不自觉地感应了历史变迁中解体的中国社会,又不能在历史变迁中重筑骨架,为自己再造出一个社会结构的必然之势和内在逻辑。在那个时候的中国,这是一种不在共和学理之内的历史内容。但它生成于中国社会,从而更深厚地存在于中国社会之中并支配着中国社会。因此,在共和影响中国的过程里,同时是共和又不能不在这种历史内容的影响之下。是以对于共和的反思和再思,便常常因此而起,并沿此深入。久被视为反共和的专制之所以能够在共和中国获得一种新义,并视为"代表大多数国民之心理",[1]其因缘盖源自于此。而洪宪帝制之日乞丐的怒骂和丁巳复辟之日茶房的兴奋,也由此而获得了一种超越了帝制而更富广度的说明和理解。

三 共和国体与"一片散沙"而不识共和的多数人口

共和以民权立国,则政治主体本在人民。但就中国而言,在学理中设定的与共和相关联的中国人,实际上又都是具体的中国人,从而

---

〔1〕《民国经世文编》第1册,第146页。

都是历史文化里的中国人。所以,对于移入的共和来说,与历史文化解脱不开的人民本身,便自始已是学理所不能全然统括的另一种国情。梁启超说:

> 我国二千年来,法理上久采四民平等主义,个人私权,比较的尚互见尊重。欧西所流血百年以争者,夫我则既固有之矣。其在参政权,则白屋公卿,习以为常。士苟稍自树立,固无往而不可以得与闻政事之机会。故其于民权说,不如欧西百年前相需之殷,有固然也。[1]

是以"自由平等之大义,在百年前欧洲,洵为起死圣药,而在我国,实不甚应于病源。何则?此既我所固有,不待今兹之革命而始能得也"。[2]虽说在晚清中国,他曾是先倡民权、自由、平等的呐喊者之一,但时至民初,则比之好以西学为尺度丈量中国的时趋中人,显然是这个时候其意中已更懂得须以中国自身来说明中国了。而沿此推而论之,由于"实不甚应于病源",则对于多数中国人来说,作为一种观念的共和便不仅是夹生的而且是不相勾连的:

> 今吾侪俨然共和国民矣,然诚执途人而问之曰:何谓共和?恐能置对者千万人而不得一也。岂惟齐民,即号称通学解事之士君子,其有真知灼见者,虑亦罕耳。其大多数乡曲之民,视之若一姓之鼎革,群雄力征,一切与己无与。其稍耳食一二者,则谓共和既建,无复官吏可以临我,无复法纪可以范我。即进而观首事戮力诸贤,亦率谓行共和之政,得绝对的自由平等,而后此幸福遂无涯涘矣。[3]

他概述了中国的各色人等之臆想共和,而其间看不到一个共和的知音。因此,以二千年历史文化为根脉的多数中国人与共和之间的深度

---

[1] 梁启超:《饮冰室合集》第4册,《文集》之二十八,第49页;《文集》之二十九,第98页。
[2] 同上注。
[3] 梁启超:《饮冰室合集》第4册,《文集》之二十八,第74页。

隔阂，遂成了共和在中国最明显的窒碍和最直接的窒碍。而国情之为国情也因之而获得了一种具体性。但共和既以人民为主体，则多数中国人在理论上和实践上又都应是决定共和本身的力量。由此形成的事实对于道理的深刻矛盾，使原本熟识惯见的群体中国人在当日的时论和政论中被一时放大，在共和学理的衬比之下成为一种重新认知的对象和论说的对象。而这种认知和论说在展开中的深入，同时又会使其时反思和再思共和的过程面对更多的问题，催生更多的思考，因之而得以由此及彼和由表及里。

在梁启超之后，孙中山说：

> 中国人对于古德诺氏劝袁帝制一事，颇为诧异，以为彼乃共和国之一学者，何以不右共和而扬帝制？多有不明其故者。予廉得其情，惟彼为共和国人，斯有共和国之经验，而美国人尤饱尝知识程度不足之人民之害也。美国之外来人民，一入美境数年，即享民权；美国之黑奴，一释放后，立享民权。而美国政客，利用此两种人之民权而搗出滔天之乱，为正人佳士所恼煞者。不知若干年，始定有不识字之人不得享国民权利之禁例，以防止此等搗乱。是以彼中学者，一闻知识程度不足之人民欲建共和，则几有痛心疾首，期期以为不可者，此亦古德诺氏之心理也。

而以彼律此，"中国人民知识程度之不足，故无可隐讳者也。且加以数千年专制之毒深中乎人心，诚有比于美国之黑奴及外来人民知识尤为低下也"。[1]洪宪帝制以后，古德诺久已被看成是外国人里面的反派。因此孙中山为古德诺辨述其主张中的合理性，实际上也说明了：作为一种历史过程的洪宪帝制虽是对于共和的反动，但自共和本身的立场审视"中国人民知识程度"，则其异路突起又并不是全然没有理由的。

梁启超以群体中国人为认知对象和论说对象，关注的是历史中国

---

[1]《孙中山全集》第6卷，第209页。

相比于欧西而见的并不太过专制，以及由历史中国造就的民初中国人因此而不能入时流，遂成其对于反专制的共和之普遍无知和普遍疏离。其持论的本位大半犹在中国的历史文化，而明显地把共和当成是一种外来的东西和悬空的东西。因此，"试执途人而问之曰：何为共和？恐能置对者千万人而不得一也"的无知和疏离虽然被看成是一派蒙昧，其实是由历史文化之外的共和以其自上而下的斜照所反射出来的。由此推而论之，则"自民权说之倡，而欧西政治日以改良。论者辄以此为民权易于致治之显证，殊不知政治无绝对之美，政在一人者，遇尧舜则治，遇桀纣则乱；政在民众者，遇好善之民则治，遇好暴之民则乱，其理正同"。[1]他接受了移来的共和，但又深信，与群体中国人的实际状态相比，前者影响后者的程度实远不及后者影响前者的程度。同他对照，孙中山以群体中国人为认知对象和论说对象，显然更自觉地立足于彼邦的共和范式，并用历史中国留下的"数千年专制之毒深中乎人心"来衡量当日中国。因此，他陈说"中国人民知识程度之不足"和"尤为低下"，立意都是在指述已经身在共和之中的中国人全不合于共和的尺寸。就本义而言，"知识程度不足"其实也是一种无知和疏离，但孙中山之不同于梁启超的是，在他那里，移来的共和已是既定的规范和代表了历史进化的规范，则民初的中国人便不能不成为被规范的一方。他更相信前者应当影响后者和前者能够影响后者。在那个时候的中国，梁启超具有代表性，孙中山也具有代表性。

群体中国人因不识共和而表现出来的这种无知、疏离和"知识程度"之"尤为低下"出自真实的中国社会，但以共和一面立论，他们又都应是中国的民权之所寄和民权之所归。而相比于"知识程度"大半见之主体反映客体的认识程度，与民权之所寄和民权之所归直接相因依的，则已是群体中国人本身实际的存在状态与民权之间的适应程度。就梁启超所断言的自由平等之大义"不甚应于病源"而言，其意

---

[1] 梁启超：《饮冰室合集》第4册，《文集》之二十九，第98页。

中的中国社会之大病,真正的"病源"全在于晚清以来中国人真实的生存状态。他说:"我国之弊,乃缘当政治之冲者懵然不知国家目的为何物,国家固有之职务,不能假手于其机关以实践之。"由于国家放任,而后形成的上下相对,便是:

> 人民进无所怙恃,则不得不退而各自为谋。各自为谋而无董率之者,则步伐势不能齐整,散漫无纪,终不能吻合以成一体,公共心日以消乏,而公共事业遂无一能举。其对于国家也,觉其所能翼覆我者至有限,坐是国家与身家之联锁至弱。[1]

他由"当政治之冲者"说到个体"人民",而由此观照当时,则自清末而民初,作为群体存在的中国人,是以个体与个体之间的不相勾连和个体与国家之间的不相勾连为日常状态的。其间既没有公共意识,也无从形成相互感应。以欧西的共和作对照,显然不在一类之内,然而"今日我国以时势所播荡,共和之局,则既定矣,虽有俊杰,又安能于共和制之外而别得活国之途"?两头之间相互矛盾而又相互交集,遂使其心目中的共和中国不能不先"藉政治之力,将国民打成一丸,以竞于外"。他称这个过程为政府对于国民的"保育"。[2] 然则群体中国人既被置于自上而下的"保育"之中,同时也正说明了此日的群体中国人犹不能自主和民主。对于共和中国来说,这种解说和推论所写照的,是中国虽已实现共和,但共和的主体则仍须育造和仍在育造之中的名实不相对应。依历史本相说人物,在帝制中国走向共和的过程里,梁启超是一个跟从者。然而他所说的中国虽已实现共和,而共和的主体仍在育造之中的一派道理,则与倾力推翻帝制并亲身造就共和的孙中山所见正在伯仲之间。后者说:

> 中国四万万之人民,由远祖初生以来,素为专制君主之奴隶,向来多有不识为主人、不敢为主人、不能为主人者,而今皆当为

---

[1] 梁启超:《饮冰室合集》第4册,《文集》之二十八,第49页。
[2] 同上书,第50页。

主人矣。其忽而跻于此地位者，谁为为之？孰令致之？是革命成功而破坏专制之结果也。此为我国有史以来所未有之变局，吾民破天荒之创举也。是故民国之主人者，实等于初生之婴儿耳，革命党者即产此婴儿之母也。既产之矣，则当保养之，教育之，方尽革命之责也。[1]

与梁启超指历史中国"放任"为病相比，他仍然沿用"专制"陈述历史中国之病。而以"婴儿"为比，说的是幼稚一面。而其构想之中的人民需要"保养"和"教育"，又尤在于"人心涣散，民力不凝结"，而致"中国四万万之众等于一盘散沙"：[2]

> 究竟说一片散沙的意思是什么呢？就是个个有自由和人人有自由。人人把自己的自由扩充到很大，所以成了一片散沙。什么是一片散沙呢？如果我们拿一手沙起来，无论多少，各颗沙都是很活动的，没有束缚的，这便是一片散沙。如果在散沙内参加士敏土，便结成石头，变为一个坚固的团体。变成了石头，团体很坚固，散沙便没有自由。[3]

他所说的"一盘散沙"和梁启超所说的"散漫无纪"显然是一种对等的东西，指的都是民初中国人的普遍存在状态。但以太过自由说"一盘散沙"，显然与他用"专制"统括历史的论断不甚相合，而与梁启超的"放任"之说更能形成对应。在那个时候，两者都指陈了一种人所共见的状态，是以同一个时间里又有陈独秀所说的"中国人民简直是一盘散沙，一堆蠢物"[4]的譬比，以及同样的譬比又多见于当日的时论与口谈之中。

然而由此前推，则20世纪以前的中国虽然常被置于强弱之比、贫富之比、开新守旧之比、文明野蛮之比当中，并且常被归于弱、归于

---

[1]《孙中山全集》第6卷，第211页。
[2] 同上书，第421页。
[3]《孙中山全集》第9卷，第272页。
[4]《陈独秀文章选编》中册，第132页。

贫、归于守旧、归于野蛮，却罕见有以"散沙"相比拟者。因此，就观念的变迁出自于历史变迁和反映了历史变迁而言，孙中山以"一盘散沙"为中国之大患，梁启超以"散漫无纪"为中国之大患，两者对应的，其实都是仓促造就的共和与解体的中国社会直面相遇于历史的狭路之中，遂使本来应当成为共和主体的群体中国人，又为20世纪初年开始的中国社会解体过程所裹挟，脱出了依傍，脱出了制约，脱出了久有的联结，脱出了旧日的规范，在层层分解中彼此断裂而不相黏连。随后是群体的中国人越来越难以构成整体意义的中国人。因此，就其历史内容而论，孙中山以"保养"和"教育"为民国塑造"主人"的筹想，实际上又会为没有了整体性的中国人带来一种重造的整体性。在这一点上，梁启超尤更多期望和寄托，所以其"保育政策"的理想境界，是"将使全国民如一军队之军士，如一学校之学生，夫然后国家之形成，而国际上乃得占一位置"。[1]但变"一盘散沙"为民国的"主人"；变"散漫无纪"为"军队之军士"和"学校之学生"，两者所设为手段的，显然同是一种自上而下的权力和高度集中的权力。

由于为民国育造"主人"和为中国人重造整体性相互交叠而合成了一途，因此，共和来到中国，其真实内容与实际过程，便自始已不能等同于欧西。1919年孙中山说："予之定名中华民国者，盖欲于革命之际，在破坏时则行军政，在建设时则行训政。所谓训政者，即训练清朝之遗民，而成为民国之主人翁，以行此直接民权也。有训政为过渡时期，则人民无程度不足之忧也。"[2]这种构想以"革命方略"之名出生于同盟会时期，又于民国成立多年之后再被倾力重申。他引为比照的，是因"辛亥革命之役"的"忽视革命方略"，而致"军政时期一蹴而至宪政时期，绝不予革命政府以训练人民之时间"，随后满目俱见"粉饰旧污，以为新治"和"发扬旧污，压制新治"，[3]遂使民国不复成为民国。他以此说明了共和不能没有训政，也以此说明了共

---

[1] 梁启超：《饮冰室合集》第4册，《文集》之二十八，第50页。
[2] 《孙中山全集》第5卷，第189页。
[3] 《孙中山全集》第7卷，第66页。

和之于中国,是能够在时间上和空间上同宪政分开来的。与彼邦既有的范式相比,训政是一种中国土生土长的东西;而与共和之本义在于民权相比,训政的要义又全在于自上而下的权力和高度集中的权力:

> 本来政治主权是在人民,我们怎么好包揽去作呢?其实我们革命就是要将政治揽在我们手里来作。这种办法,事实上不得不然。试看民国已经成立了九年,一般人民还是不懂共和的真趣,所以迫得我们再要革命。现在我不单是用革命去扫除那恶劣政治,还要用革命的手段去建设,所以叫做"训政",这"训政",好像就是帝制时代用的名词,但是与帝制实在绝不相同。须知共和国,皇帝就是人民,以五千年来被压作奴隶的人民,一旦抬他起来作皇帝,定然是不会作。所以我们革命党人应该来教训他,如伊尹训太甲样。

此谓之"用些强迫的手段,迫着他来做主人"。[1] 作为一种比较,清末的梁启超于孙中山虽为论敌,但他在论辩过程中创为"开明专制"之说,称此为"以发达人民为目的"的"最良之速成教法",[2] 其实旨义已同于这种"用些强迫的手段,迫着他来做主人"。对比孙中山的"革命方略",其所见既同,所思亦同。虽说孙中山后来以"或又疑训政六年,得毋同于曲学者所倡之开明专制耶?曰:开明专制者,即以专制为目的;而训政者,乃以共和为目的,此所以有天壤之别也"[3] 的问答强为之说,与他划清界限,但以思想历史立论,他们留在晚清的这些思考,都为民初提供了一种理路相同的前史。而就其内涵之与时俱迁而言,则相比于同盟会时代先期设定的宪政之前先以"约法"造就国民的预想和推想,则此日比"训政"为"伊尹训太甲",显然更多了一种历经颠扑之后的见事之明和见事之切。

由清末到民初,以这个过程所得的阅历之知省视"训政"对象,认识的深化,又越多地见到中国之既有和西方之未有的不一样。他

---

[1] 《孙中山全集》第5卷,第400—401页。
[2] 梁启超:《饮冰室合集》第2册,《文集》之十八,第89页;《文集》之十七,第71页。
[3] 《孙中山全集》第6卷,第210页。

说:"欧洲从前因为太没有自由,所以革命要去争自由。我们是因为自由太多,没有团体,没有抵抗力,成一片散沙。因为是一片散沙,所以受外国帝国主义的侵略,受列强经济商战的压迫,我们现在便不能抵抗。要将来能够抵抗外国的压迫,就要打破各人的自由,结成很坚固的团体。"并以此为立场而与彼时的新文化立异说:"中国人用不着自由,但是学生还要宣传自由,真可谓不识时务了。"[1]在数十年西潮浸灌之后,国人久已习知自由与专制相互对立而此消彼长,因此,这种在共和的名义之下"打破各人的自由",并移之以为"训政"的要目,无疑是认知的明显逆转。但这种逆转既生成于一代中国人对民初共和的反思和再思之中,则其间的道理便不会没有出自同时人的因共识而应和。所以相近时间里又有严复说:"自不佞言,今之所急者,非自由也,而在人人减损自由,而以利国善群为职志。"[2]康有为说:"今日少言自由平等,俟吾国既富强后,乃言之,则中华国千秋万年,可与欧美自由平等,而吾国民乃真有民权、民意焉。"[3]章士钊说:"吾国风俗之恶,全球无对,故政治之恶,亦全球无对。试观今之政象,杂出于声色货利赌博无赖之中,即可概见。其所以然,则所得小己之自由过多,而国家制裁力之未至",并因此由衷向往"国家绝对之权"。[4]他们的旨趣都不在"训政"一路,但他们以"减损自由""少言自由",以及扩张国家的"制裁力"限制"小己"自由为主张的种种议论,又与孙中山的"打破各人的自由"合成了显然的共鸣。在这些人当中,严复早年倡说"以自由为体,以民主为用"和"民之自由,天之所畀也";[5]章士钊自谓"少负不羁之名,长习自由之说",[6]皆于自由学理深造有得者。以其旧时面目为比照,则此日前者之重

---

[1]《孙中山全集》第9卷,第280—281页。
[2]《严复集》第2册,第337页。
[3]《康有为政论集》下册,第913页。
[4]《章士钊全集》第3卷,第30页。
[5]《严复集》第1册,第23、35页。
[6]《章士钊全集》第5卷,第105页。

"利国善群"轻"人人自由",后者之重"国家制裁力"轻"小己之自由",并因此而既和康有为的"吾国"之"富强"相应合,又和孙中山的"抵抗外国的压迫"相应合,由此所表达的其实不是单面的否定,而是两头之间的选择。

在那个时候的中国,孙中山、严复、康有为、章士钊各有自己的学理渊源和政治主张。但作为同一代人,他们在历经变帝制为共和的过程中所面对的这个初创共和的中国,同时又是一个久在外患逼拶之下的中国和已经社会解体的中国,因此,前一个中国自始即与后一个中国共生共存于一体之中。在这种共生共存中形成的小己与大己的对待;自由与富强的对待;个体与国家的对待;"散漫无纪"与"坚固"团体的对待,以及"今之所急者"尤其在大己一面,富强一面,国家一面,团体一面的重心所归,原本皆属中国困境中产生的忧患之所在,以及忧患之所在即道理之所在。这是一种中国问题与中国关怀,但在共和进入中国之后,便不能不又都成了共和的问题和共和的关怀。引此诠说当日的政治思想,显见得孙中山置"训政"于宪政之前的别开生面,既反映了共和进入中国,则其民权主义已不能不应对民族主义的事实;也反映了民权主义在应对民族主义的过程中自身之不得不变的事实。因此,在孙中山的预设里,"训政"是造就共和的一个过程,但作为一种以中国为对象的默认,这个立意于以共和为范式来改变中国的过程,其实又非常明显地表现了中国的历史、文化和时势对于共和范式的校订和改塑。而因果相寻之间,共和之于中国的切近、真实和具体,也正在这两面的共生同存和一面影响了另一面之中而成了一种可以期望的东西。

四 由大信而大疑:国情对于学理的反诘

民初中国因共和而有代议制度,又在十多年里毕显了代议制度下的政局,"其败坏之程度,比清季远过之"。[1]因此,国人目睹身受久之,对于共和的反思和再思,便一定会次第而起,交集于代议制度。这个过程常常以抨辟时政为起点,但又常常由事入理,比抨辟时政更多地含有思考所得的深度。而与之同见于这个过程的,还有一个一个曾经深信代议政治的一世之翘楚失落彷徨,在一挫再挫之后由大信变为大疑的怅惘心路。章士钊自谓早年"习律英伦,浮慕政党政治"而"本主三权"。迨"斯制既立十年,捉襟见肘,弊害百出",遂致"从来所持信念,扫地以尽",且"橘移淮南而化为枳,亦渐闻人深致慨叹"。[2]

1923年,他说:

> 反对曹锟,其议决不当与求去一人或求正一事,同其广狭。何也?凡以为去一人而国家可定者,以别有法数在也;以为正一事而人心可安者,亦以别有法数在也。十二年来,无人敢离法数言事,此胶彼漆,纷错不休。今既有人囊括所有胶漆,怀之而走,易而言之,盗尽一切之法数,使天下言法,即当奉我,吾人尚守株一义不去,终冀于法数之中,不出口耳四寸,求所以制其死命,岂非童骏?[3]

他所说的法数,是构成和支撑了民国十二年以来中国政治观念中由代议制度而来的定轨、法则和道理。而积十二年之间实际政治的曲解、割裂和操弄,已破绽百出,顶穿壁漏之后,至此日定轨、法则和道理都已无可收拾和无可弥缝。"然则为之奈何?曰:舍数而言义,毁法以造法。十二年来之所营构,所争执,视为无有,即其所荒耗惭送之日月,亦弃去不以入历。而将今日之日,紧接辛亥八月十九武昌起义之日":

> 假定全国皆在革命状态之中,黄陂初以旅长被举为都督,中山

---

[1]《民国经世文编》第8册,第5108页。
[2]《章士钊全集》第5卷,第51—52页。
[3]《章士钊全集》第4卷,第252页。

滞海外未归，宋遁初之几篇日本讲义尚未公认为共和宝筏，满洲既倒，而吾新造未集，所以谋继满洲而起以治其国者，仍百无一有。吾人于是澄思渺虑，察例通类，誓以全国之公智起百世之宏规，如斯而已矣。[1]

他把中国的出路寄托于这种推倒既往，从头来过。

章士钊自叙十多年时间里由"浮慕"代议政治变为"从来所持信仰，扫地以尽"，代表性地表述了那一代人为中国"营构"了可以寄托将来的期望，之后又眼看这种期望在自己面前节节破裂，终至一朝倾覆的人生经验和心路历程。这是一种事实造成的层层倾覆，因此，与之一路相伴而来的，便是那一代人遭逢的连串困顿，以及困顿之后的连串否定与自我否定。"共和之美，洽于人心者，莫不曰得民意，发民权矣。"是以立宪政治和代议制度之合理和合法，全在于既以民意民权为本源，又以民意民权为指归。但晚清最早倡立宪的康有为，民初又最先深疑代议制度之能够真得民意。他说："夫尊民意民权者，不能直达而以代议名之，苟不能如瑞士之直议，何权之有。"而比之"英国三万人选一议员"和"德、法以十万人举一人，日本以十三万人举一人"的民意，一个地方比一个地方的含量更稀薄，则中国之代议制度已是一种全然无从归纳民意的东西："中国之大，人民之多，今之选举法也，以八十万人选一人。夫八十万人之多数，地兼数县，或则数府，壤隔千里，少亦数百里。吾国道路不通，山川绝限，人民无识，交游未盛，选举不习，则八十万人之中，缈缈茫茫，既为大地选举例之所无，而曾谓八十万人者能知其人而举之，其人又能代达八十万人之意乎？此尤必无之理也。"[2]他言之锐利，而又以其推论之具体而能洞见真实。所以此后八年同在这种真实矛盾之中的孙中山说的也是"谈民权，必须祖瑞士，其与瑞士有同一的具体民权，方能谓之真民权，不能空空洞洞说过"。并直言今日之"所谓选举，适为

---

[1]《章士钊全集》第4卷，第252页。
[2]《康有为政论集》下册，第895页。

劣绅、土豪之求官快捷方式,无怪选举舞弊,所在皆是"。[1]他同样不信代议制度能够真正表达民意。

与他们相比较,梁启超论说同一个题目,已更深一层地思辨于民意与公意之间,从而其推论不仅不信代议制度能够真正表达民意,而且深信因为代议制度的存在,又会使世间之公意更不易见:

> 频年以来,每一大问题发生,有所谓国民公意存耶否耶?曰:何为其无。国民每对于一问题,其公意所趋,未尝不显豁呈露,且其公意恒不谬于判断,而常与国利民福适相应。虽然,欲求法律上之根据以表示此公意,则卒不可得。政府曰:我当局也,法律上授我行政权,汝曹何为者?议员曰:我国民代表也,法律上为一国主人翁焉,汝曹何为者?其怀抱公意之国民,虽复百千万亿,而在法律上不过适为百千万亿之私人,其意则私人之意也,其言则私人之言也。本至公也,而欲证明其为公,则无说以自完,乃不得不忍吞窒结,而一任政府与国会相勾煽相狼狈,盗民意之名以售其奸。[2]

"政府"因代议制度而成政府;"议员"因代议制度而成议员;而"本至公也"的"国民公意",则因代议制度而无从"证明其为公"。当日时论好说"国民全体",而由此形成的"政府与国会相勾煽相狼狈,盗民意之名以售其奸",则已使"国民全体"之实与"国民全体"之名脱裂为二,并使后者异化为前者的对立物和压迫者。时人曾究其底里,之后作探本之论曰:"我民昔时受虐于君,犹有冤抑可诉,今则虐我者用我之名义,则真无呼号之地矣。"[3]虽说晚清以来志士惯于循彼邦之说,以专制统括二千年中国的君主,然而"我民昔时受虐于君,犹有冤抑可诉"则说明,历史中国的君权并非以肆张恣睢全无制束为常态。是以严复举"吾国自唐虞三代以来,人主岂尽自由?历代法

---

[1]《孙中山全集》第5卷,第560页;第7卷,第67页。
[2] 梁启超:《饮冰室合集》第4册,《文集》之三十五,第29—30页。
[3]《孟森政论文集刊》中册,第827页。

律,岂尽凭其喜怒?且本朝祖宗家法,尤为隆重",以比"孟[德斯鸠]氏"之言"专制"的"国无常法"而"一切凭其喜怒",则称旧日的中国帝王为"法度之君主";[1]孟森指述"孔子既没,其道益尊。汉人本以经义决事,春秋之所是非,世主亦不敢不听。有不听者,予以非圣无法之大罪名,孰敢不悚",[2]遂以此启后来的历史而成一代一代的轨路。他们写照的都是不同于彼邦之说,但又见之于历史记述之中的事实。

以此为经验之知,而用之以比较十多年来的闻见之知,则彼时的代议制度为中国带来的,显然是一种前史所未有的肆张恣睢而无以制束的东西:

> 君主国尚有可由国会制宪之理,国会受君政之箝制,用力相抗,以为立法之目标,而国会之不法,君主得而对抗之。民主国则主权在民,民无直接行使主权之方法,则国会代为行使,而又不受真主人之束缚,假其名义,以制政府,又脱其束缚以便身图,自非中材以上之流,孰能皎然不欺。[3]

这个过程自南京临时参议院订立《临时约法》已经开始,而其十多年之间的腾越起伏,最终留给中国社会的,是代议者与被代议者之间陌路相望的上下隔绝和上下对立。比之"法度之君主"和"世主亦不敢不听"的犹在规矩之中,则这种由代议制度造出来而"脱其束缚"的权力既可自立规矩,实际上其自身已经置于规矩之外了。

而与之相为表里的"以便身图",同时又会以其各自逐利的分合无常,使这种不受束缚的权力变成散乱的权力和无常的权力。随后是人在上下隔绝之中和上下对立之中直观散乱无常,积十多年的阅历、经验、困殆、疑惑、思索而作归纳和概括,便成了一种否定:"最高权集中于国会,此英国伯力门之制也。今日议员实有此权力,而断送

---

[1] 《严复集》第2册,第239—240页;第4册,第973页。
[2] 《孟森政论文集刊》中册,第805页。
[3] 《孟森政论文集刊》中册,第815页。

国家，适得其反。"[1]

以英国的"伯力门之制"对照中国学"伯力门之制"的"适得其反"，表达的是那一代中国人因眼前的事实而变其以前的认知，对移入中土的西法深度怀疑。曹锟贿选的同一年，章士钊说："宪法者，十余年来一至不祥之政治散名也。全国人不解此物，全国人不需此物，而全国人又为此物而战，杀人流血，在所不计。骤而视之，天下之怪事不可以常理论者，宜莫逾此。"[2] 当日作为西法的宪法进入中国，以玄之又玄众妙之门的阐敷和论说广布道理，而一时沛然莫之能御。曾经习为玄之又玄众妙之门，并且身列于鼓吹之中的章士钊观世十年，此日转过头来以中国人的常识常理说时务，则具见玄之又玄的套不住常识常理：

> 以愚观之，约法诸条，在五十年前，吾民族思想所绝未及也。其生硬为吾民所不习，远在典谟训诰之上。是约法者，横法也，而吾自有其纵法。约法者，皮傅之法也，而吾自有其立命之法。横而皮傅者，时虽近而实远；纵而立命者，时虽远而实近。
>
> 英史家麦考黎曰：宪法者，纸币也。纸币诚利于商，而无实币以盾其后，纸亦纸耳，何裨于用？惟宪法亦然。宪法之下，别有力焉，此力不行，宪濒于死。此力者何？亦吾民生长歌哭，久久相沿为用之种种法则而已。[3]

然则约法之于中国所以会成为"横法"和"皮傅之法"，本在于其以"稗贩剿袭"为来路，自始即在无物以"盾其后"的脱空之中。而"吾中国之以习惯力统御社会，仿佛似英"，因此，"此习惯力不失，即国家不失。根本法云云，俱全后外铄之词。倘或民元而无所号约法者出世，吾国积极方面，安定决无逊于今日；而消极转可避去约法

---

[1]《孟森政论文集刊》中册，第 753 页。
[2]《章士钊全集》第 4 卷，第 320 页。
[3] 同上注。

之争，生命财产，因得保全无算，未可知也。"[1]把"根本法云云"看成"外铄之词"，正是言其似懂非懂，难以了然而归之于玄之又玄众妙之门。而以此千年岁月养成的"习惯力不失，即国家不失"为理之当然，说的则是中国自有本源，从而中国自有本相。本源和本相皆出自历史而系乎命脉，因此，对于中国来说，其真实性和根本性便都在"五十年前，吾民族思想所绝未及也"的东西之上。由此分轻重，便是以此为取舍，显见得其论说虽起于约法，而折射的已是整个代议制度。

同一年梁启超说："中国人对于代议制度，本来是很冷淡，狠〔很〕怀疑"，而"立法行政司法三机关"，又"合力蹂躏法律"，来"专门与人民为敌"，其倒行逆施的"种种实证"，都在"告诉世界人"，中国"不能行代议政治"。而与这一面相对立并成为对照的，是举目四顾，但见"今日中国人之所渴望者，为恢复其数千年偃武修文之旧主义，以便安居乐业，自由发展"。[2]究其内涵，则他所说的"旧主义"与章士钊笔下的"习惯力"显然是重合的。他们二人都属拥有新知，先入潮流的人物，也都属用心于审量彼己，以成就其深入思考的人物。但事涉历史变迁之中的中国，不断深入的思考又常常会是历经否定和否定之否定，以成其不断批判的思考，因此，在曾经相信中西之间可以同一之后，他们又比别人更富深度地看出了中西之间的并不同一。梁启超说"中国人对于代议制度"自来"冷淡"和"怀疑"，而其背后则有着他对各国行代议制度皆"稍有成功，而中国独否"的历史因果所作的反思和沉思：

> 盖代议制在欧洲确为一种阶级，而在中国则无可能性。盖必有贵族地主，方能立宪，以政权集中于少数贤人之手，先由贵族扩至中产阶级，再扩至平民，以必有阶级始能次第下移，此少数人皆有自任心。日本亦然，以固有阶级之少数优秀代表全体人民。至于中

---

[1]《章士钊全集》第5卷，第21页。
[2] 梁启超：《〈饮冰室合集〉集外文》中册，第800、930页。

国则不然,自秦以来,久无阶级,故欲效法英、日,竟致失败,盖因社会根底完全不同故也。[1]

代议制度产出于等级社会,又借助于等级社会的不平等而获得了可以自上而下,层层展布而从容过渡的历史空间,得以最终形成一种稳定而且平等的政治结构。对于"久无阶级"的中国社会来说,则"久无阶级",已决定了移来的代议制度没有办法获得这种可以从容过渡的历史空间。其推论中的"无可能性",说的正是中国人全盘仿造欧洲以构筑自己的代议制度,实际上是做不到的。以19世纪中叶以来中国人对欧西议会政治的比附、判识、向往和诠释为反照,这是一种迟来的认知和后起的认知。然而其间内含着真实的历史内容,便不会不成为一个真实的题目。因此,此日以中国的"习惯力"说中国之国情的章士钊,又曾比梁启超更早地举"内阁政治,以代议范围言之,实为多数专制政治,苟国中夙无阶级,不重尊卑上下之分,国中一部分人,平起而操政治之大权,议会中之占少数者,易生其不平,而议会外之感情,尤难控御"[2]为道理,以说明代议政治在等级社会和平等社会的全然不同。他们各自论述,而提撕的则都是代议制度中的这一面过去常在视野之外,却又深深地横隔于国情和代议制度之间的内容。而由此上溯源头,章士钊说"代议之设,滥觞英伦,当时英王下令征税,入税者因举代表面王,共订税则,所谓不出代议士不纳租税之名言基于是时。以知代议之为物,其实不能脱离纳税二字别成一议。代表者何?质言之,即代表人税者之荷包也"[3]。而以此欧西"代议之为物"的本来面目,来对比严复从"海禁既开,交通日广,于是欧洲之学说政论,日渐于东瀛,浅者震其富强,不知其原因之别有在也,于是以分党为政治之极规"。至"辛亥武汉造攻",虽"一切外缘内因,举不备具",而"骤用新制"[4]的一路变迁陈说代议政治在中国

---

[1] 丁文江等:《梁启超年谱长编》,第900页。
[2] 《章士钊全集》第2卷,第598页。
[3] 《章士钊全集》第4卷,第166页。
[4] 《严复集》第2册,第299页。

的从无到有，显然是中西之间因果殊异。而以中国人的"震其富强"，观照欧西"代表者何？质言之，即代表入税人之荷包也"，则代议制度在中国，其起始的源头和寄托的命意本已全然不同于欧西，从而其学来的一副面目也不能不全然不同于欧西的本来面目。两头之间的歧异无从弥合而各成一路，在十多年演化之后便成了此日中国的"捉襟见肘，弊害百出"，既不能归入今时的欧西一面，也无法归入本来的中国一面。而后是中西之间的源头不同，命意不同和面目不同都被越来越多的人识得和审知，"代议制之应改造，乃当世仁人志士所一致主张之论"，[1]便成了20年代显目的思想现象。

1925年，章士钊说："曩者，吾兄太炎有'代议然否'之论，其时吾国尚无此制，人亦莫审其言之真解。忽忽十余年，事理渐著，国会为物，亦朽败无以自存。天下之论代议者，不得其然而尽得其否，于是人类之所贵夫有先觉者，乃于吾兄焉寄之。"[2]十七年之前章太炎作《代议然否论》，以"规设议院，未足佐民，而先丧其平夷之美"[3]立论旨，成为新人物群里少见的用平等主义反对代议制度的人。而同十余年之后在反思和再思中形成的识断相比，其重心和内涵实际上并不能全都能够重合。因此，章士钊在20年代重提这一段发生于清末的旧事，并奉章太炎为"先觉"，取用的并不是"代议然否"的论析，而是"建国设官，惟卫之故，期于使民平夷安稳，不期于代议"的论断和了断，[4]以助成其"代议制何以不适于吾国"[5]的一路深思和全盘否定。而时当代议制度被那一代中国人当成反思和再思的对象之日，合流于这种由怀疑而入否定的，又有孙中山的概而论之：

> 照现在世界上民权顶发达的国家讲，人民在政治上是占什么地位呢？得到了多少民权呢？就最近一百多年来所得的结果，不过是

---

[1]《章士钊全集》第4卷，第205页。
[2]《章士钊全集》第5卷，第51页。
[3]《章太炎政论选集》上册，第457页。
[4] 同上书，第470页。
[5]《章士钊全集》第4卷，第169页。

一种选举和被选举权。人民被选成议员之后,在议会中可以管国事。凡是国家的大事,都要由议会通过,才能执行;如果在议会没有通过,便不能行。这种政体叫做"代议政体",所谓"议会政治"。[1]

他由此发问说:"但是成立了这种代议政体以后,民权是否算得充分发达呢?"之后又举"我们中国革命以后"所得的"代议政体"和"民权的利益"为实例以作回答:

> 大家都知道,现在的代议士都变成了"猪仔议员",有钱就卖身,分赃贪利,为全国人民所不齿。各国实行这种代议政体都免不了流弊,不过传到中国,流弊更是不堪问罢了。大家对于这种政体如果不去闻问,不想挽救,把国事都付托一般猪仔议员,让他们去乱作乱为,国家前途是很危险的。所以外国人所希望的代议政体,以为就是人类和国家的长治久安之计,那是不足信的。[2]

章士钊说代议制"不适于吾国";孙中山则更进一层,由不信中国的代议制度而不信欧西的代议制度。彼时两者论政各有宗旨,而这种由不同的理路所显示的共性一面,便越益真实地反映了这一面在中国人心目中的普遍存在和深度思虑。与那个时候的舆论剔发时事,多以深诋痛诟为常态的一派意气相比较,这种产出于反思和再思之中的推想与判断显然更多论理的自觉。

然而在清末民初的新陈代谢里,代议制正是以其否定帝制而获得了取代帝制的历史合理性的,因此,十多年之后,得自于困而后知的代议制"不适于吾国",以及代议制之"不足信",便面对着一种无可回避的深刻矛盾,章士钊当日于此用心尤深,也尤多窒苦,并因此而常常四顾茫然:

> 吾尝谓中国不亡于满洲,则由专制改为君主立宪,如日本与德

---

[1] 《孙中山全集》第9卷,第313—314页。
[2] 同上注。

国然,救国之上乘也。乃不幸满人主我中国,吾人不与共戴一天,辛至以倒满政府者,永倒君主政体。今如议复君主,三尺童子,共知其非,此足以征国是矣。夫共和既非,专制又不许其复活,然则吾国能于二者以外,别创一政体以救国否耶?[1]

比他更早地意识到这种困境的梁启超,则比他更早地说过:"我国则此数年中,此各种政治,已一一经尝试而无所遗,曷为善治终不可得睹?则治本必有存乎政制之外者。"[2] 他们已经越出了代议制度的思维轨度,但同时的"议复君主,三尺童子,共知其非",则其"非"之为非,本在于逆反了合乎人人之所愿的"共和国家,民意至尊"。[3]由此显示的另一重道理又说明,作为一种观念,由共和带来的人民主体之说已在思想上转化为社会意识,并因之而仍然是此日中国人普遍共奉的常理。而后是代议制既不能代表人民主体,共和的主题遂随反思和再思大幅度转向,由"代议"而移到了本被代表的人民自身,期能实现一种无须代表的主体,于是而有力倡大众自发而起,以成其自己代表自己,自己表达自己。陈独秀说:中国的"自治",应取"人人直接的,不是用代表间接的",并且伸张"强力拥护公理,平民征服政府";[4] 章士钊说:"今日之吾国虽曰共和,实质与共和相去,何啻万里。国民之当奋起,求以人民之公意与共和之蟊贼相搏战,以搏最后之胜利,不待言也";[5] 孙中山说:三民主义之"政治革命,谓人民直接参与政权,简言之,即如选举权、罢官权、复决权、创制权等,由人民直接行之";[6] 孟森说:"我循良之主人翁,知政界出头露面之人,无一非魑魅魍魉,一切依赖心、希望心、党派左右之心、臭味离合之心无不死尽,人人知非我心无适莫之主人翁,起而自谋,决不能

---

[1]《章士钊全集》第3卷,第304页。以文义而论,他所说的"共和既非"指的显然是代议制度而不是共和本身。
[2] 梁启超:《饮冰室合集》第4册,《文集》之三十三,第38页。
[3] 中国史学会主编:《北洋军阀》第4册,第221页。
[4]《陈独秀文章选编》上册,第412、433页。
[5]《章士钊全集》第4卷,第117页。
[6]《孙中山全集》第6卷,第11页。

解决此局"。[1]这些人都曾心仪于代议制度，又在世路的迁移中一同成了主张"代议制之应改造"的"当世仁人志士"。他们笔下的"人人直接""国民之当奋起""人民直接行之""起而自谋"，皆着意于把本在政治之外的大众引到政治中来，遂既与梁启超曾经主张的"开明专制"相异，也与孙中山始终主张的"训政"相异，其中的期望和急迫都是非常明显的，其中的空泛和不着边际也是非常明显的。

然而当代议制度成为反思和再思对象的时候，与之联类相及的是，民权也常在那个时候的舆论中成为评说和审视的题目。一则时论说：

> 盖芸芸之众成功不足，偾事有余，建设不足，破坏有余。绳之以法制，教之以安分，使之坐享幸福斯可矣。不察其程度，不审其心理，执途人而与之谋国事，自以为开其知识，增其见解，而不知若辈知识未开，见解未增，而好乱争夺之心已深中而不能释，是之为欲其治而导之以乱，欲其福而陷之以祸也。[2]

这些话所申明的，是引大众直接进入政治，同时会是引破坏入政治和引争夺入政治，就立论的主旨而言，实际上更近于"开明专制"和"训政"一路。其间直露的对于"芸芸之众"的深度不信任中显然含有明显的蔑视，但以民初以来起于中国底层社会的乱象为直观之所见，则这种言之断然的说法又并不能算是全无事实的信口开河。相比而言，西人旁观中国的社会政治，印象更深的是引大众直接地进入政治在实际上的不可能。曾多年居留中国的庄士敦（Reginald Fleming Johnston）以英国人的经验做比较，说"中国大约有百分之九十的人是文盲，要想使大众都像知识分子那样对政治感兴趣，那才是十分可笑的"：

> 如果我们假设，中国能读会写的人中有百分之十积极从事政治活动，那么，即使这个夸大了的比例也不会超过全国总人口的百分

---

[1]《孟森政论文集刊》中册，第810页。
[2] 中国史学会主编：《北洋军阀》第2册，第261页。

之一。这就意味着,在中国,任何处于任何一种议会制度下的政治权力,都将不可避免地转到职业政治家手中。而在这些人中间,只有极少数人是忠心耿耿地谋求国家和人民幸福的无私爱国者。[1]

他所见到的,是大众与政治之间不仅有着距离上的间隔,而且有着越不过去的鸿沟。

孟森也不相信此日的中国能实现民权,他说:"改革"既成,而"以主权予民,民无承受之经验能力,仍循君主政体之余习。有人焉从中窃此主权,而民且拱手相奉,而莫之能抗"。[2]其着眼处在于大众的握不住权力,因此,以"拱手相奉"且"莫之能抗"为刻画,显见得也是在写照大众直接进入政治的不可能。而同在这个历史过程之中的陈独秀虽以力倡"德莫克拉西"得大名,但其笔下的中国大众则常在"虚伪、利己、缺公共心、平等观",以及"无教育、无知识、无团结力"和"不爱国"的一片麻木不仁之中。[3]而就麻木不仁在本性上与公共政治的对立,已决定了此日的中国大众和此日的中国政治犹在两个世界之中。

这些叙述次第列举的"破坏有余""好乱争夺""虚伪""利己"以及普遍的"文盲"和普遍的缺乏"经验能力",各自都在以这一面与那个时候多数人口精神状态作整体对应,由此展示的显然不是民权普照之下的一派阳光灿烂。比之梁启超的"保育"意在"藉政治之力,将人民打成一丸",孙中山的"训政"意在化"一片散沙"为坚固"团体",这些论说则重在说明作为民权主体的人民与民权之间的两不相及。因此1923年,孟森说"民主国之宪法,当限制人民之行使主权,使入正轨而不横决",又说"国民制宪,首收民权。其收民权,正在约束我民之自身,绝无他求之意"。[4]后一年孙中山说:

---

[1] 庄士敦:《紫禁城的黄昏》,第96页。
[2] 《孟森政论文集刊》中册,第821页。
[3] 《陈独秀文章选编》上册,第420、445页。
[4] 《孟森政论文集刊》中册,第809、823页。

> 欧美的民权思想没有传进中国以前,中国人最希望的就是尧舜禹汤文武,以为有了尧舜禹汤文武那些皇帝,人民便可以得安乐,便可以享幸福,这就是中国人向来对于政府的态度。近来经过了革命以后,人民得到了民权思想,对于尧舜禹汤文武那些皇帝便不满意,以为他们都是专制皇帝,虽美亦不足称。由此便知民权发达了以后,人民便有反抗政府的态度,无论如何良善,皆不满意。如果持这种态度,长此以往,不想办法来改变,政治上是很难望进步的。[1]

他更留心的是欧西新思想对大众的影响,以及这种影响造成的人心一路横决。

相比于孟森由历史旧染而不信大众的"经验能力",孙中山显然是因西来的新知而不得不提防大众的纵心所欲。两者之间的着眼点并不尽同,但就其论述中内含的逻辑走向而言,则孙中山的主张同样显然与孟森一样,只能是一种对于民权的限制和约束。由此形成的是一时之共识,然而与这种共识同时存在的,又有他们目睹代议制度的千疮百孔,而以人民主体与"蟊贼相搏战",以直接进入政治为当然的共识,而后是出自同一群人的两种共识自我扞格,互相逆反,则又以其扞格和逆反构成了另一种前所未有的深刻矛盾。

五 历经代议政治之后走出代议政治:
先创共和的孙中山留下的重造共和之想

这一代人在对共和制度反思和再思的过程中日甚一日地切近于中国真实的社会和历史,也在反思和再思的过程中日甚一日地进入了历史与时代的矛盾之中。

---

[1] 《孙中山全集》第9卷,第322页。

1912年初，民国刚刚成立，一个外国人说：正在主导营造民国的中国人，"既不懂得建立一个国家是多么艰巨的任务，也不懂得在面积大致上同整个欧洲一样大小的中国，组成一个切实可行的政府体制需要多少有才智的人"。[1]其眼中所见，中国的共和虽被称作"新纪元"，[2]其实是从未知和无知开始的。

十多年之后，这种"多么艰巨"既在演化为"共和既非，专制又不许其复活，然则吾国能于二者以外，别创一政体以救国否"的深度困局；又在演化为"人人知非我心无适莫之主人翁，起而自谋，决不能解决此局"与"民主国之宪法，当限制人民之行使主权"，以"使入正轨而不横决"之间的深度困局。积十余年而形成的两重困局说明：当日外国人眼中的未知和无知已变成了中国人的困而后知和知而犹困。而与这种认知上的困局对应于彼时中国的，是被称作社会的人世间举目皆是"游民满地，人人悬一不耕而获，不灾而畲之的分驰竞骛，务求一当"：

> 三家之村，粗识之无，习见其村某甲曾充巡丁当扦手而获大利，举不安于村，相与掉臂而集于县；一县之中，诵国民教科书上口，习见其县某甲，曾为知事，升团长，甚且掌省务院一司，或领一师而屯巨镇，子女玉帛，恣所取携，举不安于乡，相与掉臂而集于省。

由此生成的"满城之人举如蚍虱之待乱而食"，是一种下层社会的前所未有。而在远离民间的政界上端，则是年复一年的淆乱之后"坏至无可更坏"：

> 吾国约法，早等空文。宪法属草未成，迄未布达；国会时断时续，续亦未尝畅行职权；总统内阁事实上今乃无有。而四海宴然，并未以此别生滕葛。今天下明明以争总统而乱，未闻以无总统而乱。

---

[1] 莫理循：《清末民初政情内幕》上册，第921页。
[2] 《孙中山全集》第2卷，第15页。

而后是与之相为因果而派生的"截断众流,别开新径,所谓元首制者,只粪弃之,无所顾惜",以废止国家元首为息争之大法的极端主张,[1]又是一种上层社会的前所未有。而身在这种上层社会的前所未有和下层社会的前所未有之间瞻前顾后,与这一代人对于共和作反思和再思的过程相伴相随的,同时是这一代人既切近地感知这个社会重建和再造自身结构的不得不然,又切入地感知重建和再造自身结构而不知路向的四顾茫然。随后是不得不然和四顾茫然化为论说,遂有十多年里先后出现的梁启超的"保育政策"、康有为的"虚君共和"、章太炎以历史立说当下的"专制非无良规,共和非无秕政"、徐佛苏反对重造帝制,而"其固有之意,则以君主立宪为优"、孙中山以共和为标帜,而又力主"打破各人的自由,结成很坚固的团体"、孟森持立宪主义论立宪政治,而置"首收民权"为宪法之要务,以及1924年岁在甲子,章士钊思今怀古,遥想"前甲子同治三年,曾军克江宁",历经百战艰难而使清世得"末运转换"的旧事。并由古及今,以"虽今时变之性不若太平,而须得有如涤生兄弟之异军特起,以安时而戡乱"为"人人之所想望",[2]明示其不再相信为乱世重立秩序可以君子动口不动手。

这些阐说和主张都在反思共和,也都在响应已经解体了的中国社会,而其共有的归旨和期望,则都在重造一种强势而且合道义的政治权力;一种能够代表多数而又须由少数行使的政治权力;一种足以体现"治本必有存乎政制之外者"的政治权力。同欧西的范式相对比,这样的政治权力显然不能算是宪政的题中应有之义。但十多年以来代议制度的错乱颠倒,又以其错乱颠倒作反衬,同样显然地使那一代人大半都已更加相信这种政治权力的合情合理,合时合势。从清末到民初,就各自的思想历史而论,这些人都曾因欧西的范式而受启蒙,并大半都曾以欧西的范式为天经地义,因此,从范式开始的思想过程最

---

[1] 以上引文见《章士钊全集》第4卷,第172、176、182、231页;《孟森政论文集刊》下册,第1111页。
[2]《章士钊全集》第4卷,第383页。

终走到范式的外面和对面，对于他们来说，又会相伴着事与理的深度矛盾和个体心路中的深度矛盾。章士钊说：

> 荀卿曰：治乱在于心之所可。又曰：凡人莫不从其所可而去其所不可。夫共和之理，心之所可也，而今共和，心之所不可也；反共和心所不可也，反乎今日之共和，又若心之所可也。是心之所可所不可混，势竟不得从其所可，亦不得去其所不可。政象至此，可谓奇穷。[1]

这是一种以内在的自觉矛盾反映外在的实际矛盾，而其本源则在于彼邦移来的立宪政治进入正在社会解体的中国之日，同时是立宪政治已进入了这个社会在复归秩序和重建结构过程中的四面寻路和内外交困的"奇穷"之中。两者交集于同一个时间和空间，但两者之间的道理其实并不一致。孙中山曾发问说："我们的革命失败，是被什么东西打破的呢？大家知不知道呢？是不是敌人的大武力打破的呢？是不是旧官僚的阴谋打破的呢？又是不是中国的旧思想打破的呢？"然后自答之曰"都不是的"，并以一言以蔽之为归结，直白地说"就是欧美的新思想打破的"，尤其是"被自由、平等这两个思想打破的"。[2] 问与答之间，既说明了与自由平等同在一脉之中的西国宪政范式，其关注之所在与当日中国社会的关注之所在常常不同，并且常常相左。又说明了以两头相比较，对于当日的中国人来说，后一面尤比前一面更亟迫，因此后一面尤比前一面更重要。这是一种由历史形成的等序，从而是一种无可选择的等序。

在反思和再思共和的过程里形成这种重造强势权力的期望，与同一个时间里代议政治之深被究诘，以其事实上的因果相连，显示了十多年一挫再挫之后，中国人观念上的一变再变。然而中国人的究诘代议政治，多数并不是意在弃去共和。章士钊说："顾宁人之《郡县论》曰：'知封建之所以变而为郡县，则知郡县之弊，而将复变。然则将

---

[1]《章士钊全集》第6卷，第252页。
[2]《孙中山全集》第11卷，第266—267页。

复变而为封建乎？曰：不能。有圣人起，寓封建之意于郡县之中，则天下治矣。'今愚论共和亦然。知君主之所以变而为共和，则知共和之弊，而将复变。然则将复变而为君主乎？曰：不能。有圣人起，寓君主之意于共和之中，而天下治矣。"[1]这是一种打破了常轨的表述，却包含着内容真实的思考。他所说的"共和之弊"，与之直接相应的，其实是代议制之弊；而"复变而为君主"既已"不能"，其笔下的"君主之意"显然也不会是再立一个皇帝。但"君主之意"而没有了皇帝，则余留的含义，便只剩下曾经以帝王为象征，而此日已脱出了这种象征的高度集中的权力和自上而下集中的权力了。其意中之所愿和意中之所信，是引这种权力以入共和之中，可以致"天下治矣"。在他之前，同一种意思已久见于时论的片断阐说之中，但其间的大半都意在发抒，并常常会直接导向反共和和间接导向反共和。而章士钊的立场则在助成共和。因此，在这种理路里，久以帝王为象征而久被归入专制的集中权力，此日则因其被引入共和而得以大变质地，成了一种能在无序的社会中重建秩序以造善因善果的力量，"天下治矣"正言乎此。

　　以十多年共和历史作比衬，其背后有着一个积久而成的过程。但就共和之为共和而言，则这种理路又已非常明了地不再自囿于欧西行之已久的成规和法度。章士钊清醒地意识到这一点，说是："愚既有言，'西土现制之有裨于吾者甚少'。反而抗逆现制若苏、若基、若法之沁第加、若德之鲁特"，皆能"求于资本工业之反而与民更始"。[2]虽说他并不准确地把苏维埃与基尔特、辛迪加（沁第加）之类同归于一群，而立意则都在引之为同道，着意于说明抗逆以代议政治为特征的"西土现制"的合理性。由这种西方与西方的对比反观中国与西方的对比，则相对于"西土现制"之"有裨于吾者甚少"，作为一种构想的"寓君主之意于共和之中"，正像是中土之理对于西土之制的引

---

[1]《章士钊全集》第4卷，第264页。
[2] 同上书，第264—265页。

申和补正。稍后孟森说:"今之政治,举世皆以君主之制为在淘汰之列,无不倾向于民主,而俄则独以抛弃民主之制,为其立国之第一点。"然后引之以论中国说:

> 袁世凯聘古德诺为政体之商榷,将以颠覆民主,因其为退一步之帝制,蔡松坡等数人得起而倒之。列宁附会马克思为政体之创造,居然阁[搁]置民主,因其为进一步之劳农专制,全世界不得不屈己以承认之,此吾国所应加以研究者也。

他并未把"劳农专制"当成信仰。但积十多年直面中国学"西土现制"而一派政象"奇穷"之后,同章士钊一样,他所引为关注的,是苏俄别开一局以脱出"西土现制",并能得全世界的"屈己以承认之"。而这个过程之"居然阁置民主",又居然骎骎乎驾民主而上之的更"进一步",则尤能与其正在发为主张的"首收民权"和"限制人民之行使主权"遥相印合,从而引出"可以令人猛省而深思"的深度感应,并因之而深信这种"阁置民主"而能"进一步"的事实"非惟于我国有大鉴也,全世界之政体,不能无发生影响之处"。[1]

中国人因反思代议政治与民权主体而转向重构一种集中的权力,但在历经二千年帝制之后,这种预想里的集中权力又像是在从十多年回向二千年。于是而有"君主之意"这样夹处十多年和二千年之间,又意在与十多年和二千年区分开来的模棱之词,其立意之深和达意之难都是非常明显的,两者都系乎中国人的经验。而在中国人局限的经验里,只有袁世凯以集权"颠覆民主",之后又在沿旧路的后"退一步"中倒台。这是一种集权的反面经验。因此,苏俄以集权"阁置民主"而能前"进一步"岸然自立,并以其岸然自立影响世界,对于中国人来说,便成了一种能够为高度集中的政治权力提供合理性的实证经验。这是一种能使"全世界不得不屈己以承认之"的集权的正面经验,又是一种出自彼邦而与旧日君主制度不相粘连的现代经

---

[1]《孟森政论文集刊》下册,第 1039、1041 页。

验，孟森之所以为之注目并引而深思，大半正在于这种正面经验和现代经验以其启示化为冲击，使那一代人对代议制度的反思和再思得此别为诠说，已被移到另一重历史逻辑之中，并因之而获得了一种新的理路和意义。作为一个从清末立宪的潮起潮落中一路走过来的宪政主义者，孟森所显示的是其今日之我否定昨日之我，而映照的则是十多年之间一代人所面临的事移而后势移，势移而后理移。

孟森关注苏俄新立的政制，章士钊也留心苏俄新立的政制，并皆曾引之以反观中国人的问题。但他们的关注、留心和反观，思考的重心大半都在这种政制的既成之结果。与他们相比较而显然不同的，是同样因反思代议制度而关注和留心苏俄政制的孙中山，其着眼处则不仅在这种政制的结果，而且在这种政制产生和形成于俄国的实际过程，并能由此深入，从识其外观到知其内里。因此，在孟森和章士钊那里，其引之以为思考，最终只能以"议会制度之必变"[1]的议论为止境，而同时的孙中山由此启引而得以贯通其积年思虑，却已产出了一种由议论移入社会，并因之而能够在实际上全盘改变代议制度的政治学说，以及在这种学说主导之下的政治运动。

自共和移来代议制度，而政党与国会"相依为命"，[2]遂使中国人既因代议制度而知有政党，又因代议制度而痛恶政党。当孙中山犹循代议政治为理路论时务的时候，也曾以"文明各国不能仅有一政党，若仅有一政党，仍是专制政体"，欲"免此弊"，则"政党之必有两党或数党互相监督，互相扶助"，为"政治方有进步"[3]的当然之理。但二次革命失败之后，他已与这一套西来的道理由渐行渐远而走到全盘大变。1914年，他说中华革命党"系秘密结党，非政党性质"；[4]1921年，他说"中国国民党不是政党，是一种纯粹的革命党"。[5]由此划

---

[1]《孟森政论文集刊》下册，第1089页。
[2]《章士钊全集》第2卷，第71页。
[3]《孙中山全集》第2卷，第408页。
[4]《孙中山全集》第3卷，第93页。
[5]《孙中山全集》第5卷，第472页。

分出区别,对应的是政党因代议政治而生,并以代议制度为界限,以自立其存在和活动的范围;而革命党则志在改造现存的制度,所以自始即立于现存制度以外。与之相为表里的,又是"政党之必有两党或数党",但革命党只能有"吾党负完全责任"[1]的一党独立。若以其之前深信"仅有一政党,仍是专制政体"的论断相衡量,显然是此日的革命党之自成质地,一定会比政党更多集权与集中,其间的起点便是"党员能够精神上结合,第一要牺牲自由"。[2]民国的国民党以清末同盟会为来路,但这种"牺牲自由"以造就集中,则是孙中山对同盟会"不计品流之纯粹"而"内部意见分歧,步骤凌乱"的直接否定。[3]对于孙中山来说,在接受了代议制度的政党政治之后又重回革命党立场,"益感救亡之策,必先事吾党之扩张",[4]起因和归旨都在中国本身:

> 窃以中国今日政治不修,经济破产,瓦解土崩之势已兆,贫困剥削之病已深。欲起沉疴,必赖乎有主义、有组织、有训练之政治团体,本其历史的使命,依民众之热望,为之指导奋斗,而达其所抱政治上之目的。否则民众蠕蠕,不知所向,惟有陷为军阀之牛马、外国经济的帝国主义之牺牲而已。[5]

在熟视代议制度下的中国"非患真复辟之众,正患伪共和之多"[6]以后,其意中的代议制度已不能起中国之"沉疴"。因此,被称作"有主义、有组织、有训练"的这种"政治团体"所体现的,是另一种取向和路向。其不同于清末反满革命的同盟会之专注于推倒朝廷的地方,则在于"使命"融入"依民众之热望,为之指导奋斗",无疑是关注之所及和营造之重心已更多地移到了大众一面。而后是代议政治

---

[1]《孙中山全集》第3卷,第113页。
[2]《孙中山全集》第9卷,第98页。
[3]《孙中山全集》第3卷,第92页。
[4]《孙中山全集》第4卷,第499页。
[5]《孙中山全集》第8卷,第429页。
[6]《孙中山全集》第4卷,第118页。

中居于主干的政党与政党的关系，全然别样地变成了革命党和大众的关系，虽说"民众蠕蠕"，然而经"指导奋斗"而可以大变。所以"吾党本身力量者，即人民之心力是也"，而作为民权之主体的大众，也因此而以一种不同于代议制度的方式被编入了这个过程之中。[1]在这种理路里，显然有着军法之治、约法之治、宪法之治和军政、训政、宪政那一套道理推演而来的一以贯之，但这种理路在反思代议制度的困而后知里随时势而延展，又会把革命党所构成的"政治团体"既推到很远，又推到很高，使其在为"依民众之热望，为之指导奋斗"的过程中自身廓然张大，成为一种承载国家权力的政治主干。

1921年，孙中山说："彼英、美政治虽如此发达，却是政权不在普通人民手里。究竟在什么人手里呢？老实说，就是在知识阶级的手里。这就叫政党政治。"然后发为新义说：

> 我们这次刚回广东底时候，香港有一家报纸说我们此番回来，并不是粤人治粤，是"党人治粤"。兄弟想，这句话在彼说的固别有用意，但是我们也甚愿意承认"党人治粤"，因为英、美已有这个先例的。果能实行本党底主义，也是我们粤人莫大之幸。[2]

由此引申概括，遂有"以党治国"之说。

然而以"英国现在的政治制度是国会独裁，行议会政治，就是政党政治，以党治国"为旧日的典型，[3]是国会承载国家权力，而后有派生的"以党治国"。但正在反思代议政治的中国人已经深知，十多年来"惟知袭取欧美三权分立之制，且以为付重权于国会，即符主权在民之旨"是一种"曾不知国会与人民，实非同物"的大错。[4]所以，中国之施行"以党治国"，不会是由国会政治派生而来，只能是对国会政治的直接取代，遂使革命党所构成的"政治团体"，因之而成了

---

[1] 《孙中山全集》第8卷，第30页。
[2] 《孙中山全集》第5卷，第481页。
[3] 同上书，第492页。
[4] 《孙中山全集》第7卷，第67页。

营造权力和行使权力的主体力量。而就那一代人在反思共和的过程里先后以各自的议论表达识见，又先后同归于重建一种集中的权力，并合此而为其共有的思想走向而言，则由革命党所构成的"政治团体"，以及其中内含的集权性质，正为这种存在于讨论之中而无处附着的权力，提供了能够直接附着，从而直接转化为现实的东西。而时当潮流翻转带来中国人眼中"英、美共和国皆旧式的，今日惟俄国为新式的"范式翻转，产生和形成于民初中国共和困局之中的这一派思想走向，便非常自然地会随之翻转，更信"吾人今日当造成一最新式的共和国"，[1]可以为中国人另辟一种走出困局的路径。于是而有"今日革命，非学俄国不可"[2]的取法明了。

就其昔日由仿效法、美起家而论，则"非学俄国不可"，已使革命党所构成的这种"政治团体"大变旧日轨辙。而就其为了凝集整体而以"打破各人的自由"为当然，以及革命党与人民之间的如伊尹之"训太甲"为当然，则又使他们成为那个时候中国人中最能够理解，并最容易接受俄国经验的群体。孙中山说：

> 从前何以不从事于有组织、有系统、有纪律的奋斗？因为未有模范，未有先例之故。现在一位好朋友鲍君，是从俄国来的。俄国革命之发动迟我国六年，而俄国经一度之革命，即能贯彻他等之主义，且自革命以后，革命政府日趋巩固。同是革命，何以俄国能成功，而中国不能成功？盖俄国革命之能成功，全由于党员之奋斗。

"故吾等欲革命成功，要学俄国的方法组织及训练。"[3]

中俄之间的差别，既本自于"党员之奋斗"，则为求"革命之能成功"，不能不先用"组织及训练"重造革命党。而作为营造和行使权力的主干，革命党自身的这种组织和训练，又会使集中的权力随之而走，成了一种自始即先置于组织之中和纪律之中的权力。十多年之

---

[1]《孙中山全集》第7卷，第56页。
[2]《章士钊全集》第8卷，第357页。
[3]《孙中山全集》第8卷，第436—437页。

间,曾经为中国人的代议制度所仿效,又弄得中国政治前颠后蹶的"三权分立",章士钊称之为所到之处"无可自安"的"曲说",[1]严复称之为造"立政机关"之困的"大窒",而在这种组织之中和纪律之中,被"曲说"和"大窒"分开来的三种权力遂自此归而为一。在孙中山的构想里,这种由革命党营造和行使的集中权力之所以能够合而为一,并能够成为一种道义的权力和正当的权力,本在于"要改造国家,非有很大力量的政党,是做不成功的"。有此归结,而着落于"以党治国",其理路最初曾以英美政治为衬比,之后认知随时势而变迁,随时势而深化,至1924年,其立说已更进一层而越出了欧西"以党治国"的旧义:

> 我从前见得中国太纷乱,民智太幼稚,国民没有正确的政治思想,所以便主张"以党治国"。但到今天想想,我觉得这句话还是太早。此刻的国家还是大乱,社会还是退步,所以现在革命党的责任还是要先建国,尚未到治国。

而后是历经十三年民国历史的一路颠沛之后,中国人又不得不回过头来"把国家再造一次"。[2]

然而与十三年之前的纯然效法欧西相比,十三年之后的"再造一次"已多取俄国经验用为比较:

> 俄国完全以党治国,比英、美、法之政党,握权更进一步;我们现在并无国可治,只可以说是以党建国。待国建好,再去治他。当俄国革命时,用独裁政治,诸事均一切不顾,只求革命成功。

而归纳要旨,便是"其能成功,即因其将党放在国上"。而由此取则,则正在革命之中的中国革命党也"应重新组织,把党放在国上"。他说,虽然"此说初听之似甚骇人听闻",但"其实现在我们何常〔尝〕

---

[1]《章士钊全集》第2卷,第30—31页。
[2]《孙中山全集》第9卷,第96—97页。

有国？应该先由党造出一个来，以后再去治之"。[1]

在这些陈述里被列为要目的"独裁政治"和"把党放在国上"，并不能算是俄国经验的全部内容，却是孙中山眼中的俄国经验里使他最受触动和最受吸引的东西。因此，列此以为要目，其实是孙中山的一种选择。而作为一个二十多年之间屡起屡仆又屡仆屡起，一面为改变中国造时势，一面又为中国的时势所改变的人，二十多年时间汇积而成的已是一种"所以动心忍性，增益其所不能"的过程。于是而有身在这个过程之中，由先创民国之日的视野尽在共和，到这个时候以"国家还是大乱，社会还是退步"，以及"中国现在四分五裂，实在不成一个国家"[2]为当世之大患。这个过程以历经挫折造就了视野的变化，又由视野的变化促成了思想和理路的变化。他所指述的"大乱""退步""四分五裂"和"实在不成一个国家"出自内忧外患交相夹绕，都不是共和所能烫平和消弭的，但它们都比理想中的共和更真实地存在于眼前的中国，并正化其真实的存在为重重阻塞，使理想中的共和无从在一个千疮百孔的社会里转变为现实，于是而不能不"以党建国"。所以，作为一个"政治团体"，本来因共和而聚集的革命党便不能不先移其"奋斗"于当世之大患，为"大乱"的中国聚立稳定的社会力量；为"退步"的中国聚立进化的社会力量；为"四分五裂"和"一片散沙"的中国聚立统一的社会力量。这个过程由革命党主导，也由革命党承当，而这个过程与革命党营造和行使集中权力的过程，又在实际上自始即已合为一体，便都使孙中山对俄国经验的深作省视，一定会尤重"独裁政治"和"把党放在国上"。以那个时候久为分裂和动荡所苦的现实中国相比照，则前者以"独裁政治"说"以党建国"，其实说的是建国的主导者和承当者同时又应是国家权力的主导者和承当者；后者以"把党放在国上"说"以党建国"，其实

---

[1]《孙中山全集》第9卷，第103—104页。
[2]《孙中山全集》第8卷，第326页。

说的是以时序论先后，党本在国之前。[1]而此前各自立论的三民主义、五权宪法，以及军政、训政、宪政之说，则都因两者的串结而得以彼此贯通，成为一种可以从思想状态推移于现实之中的道理。

孙中山的这套道理，是在十三年民国历史的重重困厄中形成的，是在先创共和，之后又反思和再思共和的一路曲折中形成的，因此，其背后既有历史过程，也有思想过程。然而与清末以来传入中国，并在十三年里流播的种种派生于立宪政治的观念共处于一个时代之中，这一套道理便不能不与之互相对比而有如异峰突起，成为孙中山自认的"骇人听闻"的东西。所以，章士钊言之讶然地说："孙中山者，号为共和之神"，而"彼堂堂揭发之立国方略初期之目，又为训政"，并抉其文义作层层究诘，追问"其将为帝政乎？抑共和乎？"。[2]在他之后，章太炎说：孙中山"更倡以党治国"而"攘夺国民政权"，并连类而统括言之曰"袁世凯个人要做皇帝，他们是一个党要做皇帝"。[3]章太炎和章士钊都曾深度非议代议政治，又最终走向否定中国的代议政治，并因之而共以重建集中的权力为不得不然。但在他们意中，这种不得不然的集中权力，又是一种模糊的东西，一种悬浮于意识之中而没有具体着落的东西。作为对比，则是秦汉以来的二千多年历史里，留给中国人的实际经验和唯一经验，只有集中的权力等同于皇帝的权力。对于那一代人来说，前一面是正在形成的思想内容，后一面是已经熟知的知识内容。因此，面对孙中山这一套以集权为重心而常常论断多于论证，从而不能以缜密见长的粗糙道理，相比于他们心头犹在悬浮抽象之中的模糊之想，则历史留下的实际经验便因其熟识，而更容易成为一种可以用为直接对照的尺度。然而由此生成的否定性评判，其实又比孙中山的道理论断更多，论证更少。由于论证更少，

---

[1] 孙中山说："今日上海、广州常见之青草地上起洋楼，必先经过一棚寮时代，此棚寮即用以储置建筑材料与工人聚居之所，由此乃可以建筑洋楼。"而"党之于国家，即棚寮之于洋楼。"见《孙中山全集》第9卷，第104页。因此"党放在国上"，指的是党本在国之前和国由党造。

[2] 《章士钊全集》第6卷，第251页。

[3] 《章太炎演讲集》，第296页。

用二千年历史经验比类这种产生于民国的道理，并且直接以之与帝制相对等，便不能不成为一种直观的评判和外观的评判。两者之间的不同，在于他们仍然在"共和既非，专制又不许其复活，然则吾国能于二者以外，别创一政体以救国否耶"的歧路四顾之中，而孙中山已经按自己选定的方向走出了歧路四顾。所以，他们的直观和外观都并没有进入这种道理所包含的历史内容。

　　章太炎和章士钊由集权的革命党直截地想到了集权的皇帝，但在昔日的皇帝和此日的革命党之间，其实已隔了一个解体了的中国社会，两者之不可比类正在于此。孙中山构想的以党训政、以党治国和以党建国，是在反思代议政治的过程中一段一段地形成的，所以常常不足以言道理的缜密和深邃，但其宗旨则一以贯之。在卷入民国政治多年之后转头着力于此，其本意和目的仍然贯注于缔造一个共和立宪的中国。然而以更富广度的视野作观照，则对于已经解体了的中国社会来说，这种构想所要筑成的虽是政治骨架，却同时又是在对应地为重建社会结构营造一种实际的开端。梁启超说："治道无古今中外，一而已。以智治愚，以贤治不肖，则其世治，反是则其世乱。无论何时何国，皆贤智者少而愚不肖者多，此事实之无可逃避也。是故理想上最圆满之多数政治，其实际必归宿于少数主政。然缘是而指其所谓多数者为虚伪得乎？曰：不得也。主持者少数，而信从者多数，谓之多数，名实副也。"因此一国之中"须有中坚之阶级"。[1] 然后论"今日之中国"曰：

> 乃一国之大，而以良心麻木者为之中坚，权力之渊源由兹焉；风气之枢轴由兹焉，其极乃演为社会良心之麻木。社会良心麻木之征象奈何？善与恶之观念已不复存于其社会。即善恶之名目犹存，而善恶之标准，乃与一般人类社会善恶之公准绝殊，而人人之对于善与恶，皆无复责任。[2]

---

[1] 梁启超：《饮冰室合集》第4册，《文集》之三十，第35、37页。
[2] 梁启超：《饮冰室合集》第4册，《文集》之二十九，第85页。

作为实际的结果,便是"今日盈廷盈野",皆"魑魅魍魉",[1]而"国中虽有人亿兆,实则亿兆之独夫偶集于一地耳,问所以纲维是而团结是者,无有也"。[2]他所说的"中坚之阶级",指的是构成了政治主体而"与国同休戚"[3]的社会群类。就"与国同休戚"本质上是与相应的社会结构和社会秩序同休戚而言,则千年岁月里,曾在整体上久居政治主体的士大夫,正是以其自身的存在守护和维持了人间之常理和国家之常规,并以其自身的稳定,长久地维系了传统中国社会结构稳定的"中坚之阶级"。迨清末新政大幅度改变了政治主体的构成,则士大夫承当"中坚之阶级"的时代已一去不再复返。而由"今日之中国"返观传统之中国,显见得继士大夫而起的官僚、政客、武人虽自居于政治之主体,而论其事实,则是当下的社会已没有了政治主体。二十多年之间,中国因社会解体而促成政治主体的断裂,又因政治主体的断裂而促成社会解体。所以,对于社会结构已经脱散的中国来说,不能重新形成政治主体,从而不能重新形成"中坚之阶级",其自我再造便既无从寻找能够筑成结构的真实社会力量,也无从寻找足以支撑结构的真实社会力量。然则以此省视孙中山的以党训政、以党治国和以党建国,可以大约地看到,他所倚为根本的这种由"主义""组织""训练"聚合起来而被称为"党"的"政治团体",在那个被指为一盘散沙和"亿兆之独夫"的时代里,已相比而见地成了一种有"纲维"而能"团结"的社会力量。与传统中国的士大夫相比,这是一种更具统一性的社会力量;与代议制度下与民本悬隔的政党相比,这是一种以"指导"大众为己任的社会力量。孙中山说:"夫吾人之组织革命党也,乃以之为先天之国家者也",[4]又具见这种社会力量自始即以国作为党的起点,也以国作为党的归宿。三者汇成的独特品格,使这一正在形成之中的社会力量因之而在散漫的中国翘出一时,在没有

---

[1] 梁启超:《饮冰室合集》第4册,《文集》之三十三,第56页。
[2] 梁启超:《饮冰室合集》第4册,《文集》之二十九,第85页。
[3] 《民国经世文编》第1册,第68页。
[4] 《孙中山全集》第6卷,第213页。

"中坚之阶级"的中国为历史所导引,实际地为那个时候的社会提供了一种仿佛相似的"中坚之阶级"。而后是面对解体的中国社会,实际承当了"中坚之阶级"的这个政治主体,同时又重合于再造集中权力和行使集中权力的权力主体。本来自有其既定含义的以党训政、以党治国和以党建国,便在事实上演化为为中国重建政治结构的过程。章士钊说:"自共和来,文人虑皆栖息武人之下,转动不得。今党政府反之,前清文人操持武人之局,或且再见。"[1]在长久地历经武人乱世之苦以后,这些话不能不算是一种赞许和期望。历史中国以文官政治为常态,则他虽然反对以党训政,但又清醒地看到了政治结构的因此而变。二十多年之前,清末中国社会结构的解体是从政治结构解体开始的,以此为比照,显然是二十多年之后的这个重建政治结构的过程,已经在为中国社会整体结构的重建开其先路了。因此,孙中山的一套道理虽然不能以缜密见长,却切入地对应了那个时候内在的历史走向。

在共和和推倒帝制十多年之后,孙中山的这一套以重建集中的权力和自上而下的权力为重心的道理之能够缩接历史走向,正说明一个四分五裂的中国,一个一盘散沙的中国和一个动荡不宁的中国与本义的共和其实还相距很远,是以传入的宪法、国会、政党和自由、平等、民权先后异化而面目全非。因此,中国仍然是在走向共和的路上。四分五裂需要统一和纲纪;一盘散沙需要聚合和凝集;动荡不宁需要秩序和稳定,而就统一、纲纪、聚合、稳定之共以集中为本性而言,它们又都只能实现于一个以集中为趋向的历史过程之中。孙中山的道理反映了中国社会内在的矛盾,也反映了中国社会走向共和之日不能不经历的矛盾。两者都出自当日的社会和历史,所以这一套道理后来曾长久地影响了20世纪中国的社会和政治。以至于孙中山之后,蒋廷黻仍以集权为当然,说"各国的政治史都分为两个阶段,第一是建国,第二步才是用国来谋幸福。我们第一步工作还没有做,谈

---

[1]《章士钊全集》第6卷,第500页。

不到第二步";钱端升仍以集权为当然,说"中国需要生产上极敏捷的进步,而要达到这目的,则最好有一有力,而又以全民族的福利为目标的独裁";丁文江仍以集权为当然,说"我们国家正遇着空前外患——不久或者要遇着空前的经济恐慌。在没有渡过这双重国难以前,要讲民主政治,是不切事实的"。[1] 然而作为一种思想过程,存在于理想观念之中的宪法、国会、政党和自由、平等、民权虽然一路跌扑,却在历经跌扑之后依然以其理想观念推演出生生不绝的思想潮流,而由此形成的两头各立异同,以及其间派生的应然对于实然的质疑,又会使这一套道理在影响中国的同时,不能不与广涉现代化、民主、专制的各色论争常在一路相伴又一路相抗之中。

---

[1] 田晓青主编:《民国思潮读本》第3卷,北京:作家出版社,2013年,第525、551、568页。

第四编

新文化运动中的个人主义

引 论

新文化运动后十年，罗家伦曾说：

> 有人以为新文化运动是中国的启明运动，等于欧洲十八世纪的启明运动（Enlightenment Movement）。这是很相似的。也可以说是新文化运动是欧洲文艺复兴（Renaissance）与启明运动合而为一的运动。就人本主义和对古代文化重行［新］评价一方面来说，则新文化运动颇似文艺复兴运动。就披荆斩棘，扫除思想和制度上的障碍，及其政治社会上的影响来说，则颇似启明运动。[1]

他所使用的"启明"一词，更普遍的说法是启蒙。这种以新文化运动与启蒙运动作对应，又以新文化运动与文艺复兴运动作对应的比类，在当时和后来都曾是熟识惯见的推想和解说，常被用来诠释那场思想震荡及其留下的久远影响。而后是这些出自西国不同时期的史事便一面被抽象化，一面被中国化，并以其外来的投影构成了新文化运动的内涵和意义。

然而西国的文艺复兴和启蒙都各自有自己的主题，因此，作为中

---

[1] 罗家伦：《新文化运动的时代和影响》，载杨琥编：《民国时期名人谈五四》，福州：福建教育出版社，2011年，第31页。

国近代思想历史中的一个阶段,以启蒙比新文化,同时又以文艺复兴比新文化,则西国的不同史事能够"合而为一"于这里,其实也明白地反照出新文化运动自身内在地存有不同取向和主题。后来陈伯达说,"中国的启蒙运动开始于戊戌变革运动的时候",而"以《新青年》为首的五四新文化运动"则使启蒙运动"成为文化上的群众运动"。他把新文化运动与维新变法归于同一个思想历史过程,立意在于倡扬。与之成为对比的是冯大麟说:就新文化一面而言,"五四运动恰代表了维新运动以来破坏浪潮的最高峰"。[1]他也把新文化运动与戊戌变法归于同一个过程,而立意则全在抨击。虽说倡扬和抨击各持一端,互相悖反,但两者都非常明白地把罗家伦笔下由"启明"而来的"披荆斩棘,扫除思想和制度上的障碍"看成是一种后来的继起,其间并没有开端的意义。在这种立异的双方形成了交汇的共识里,戊戌后二十年间先后出现于中国的民权观念、科学观念、白话报刊,以及随时论中"世界公理""世运进步"一类滔滔陈说而来的"欧化"之想,[2]便都因置于"德先生"和"赛先生"以后来的声光回照从前之下,被读出了其中所含的启蒙运动前史的本义。与之相为因果的,是以启蒙为比类的新文化运动,则因此而成了此前二十年维新思潮的直接延伸。这种延伸表现了历史的连续性,但作为一场思想运动,其能够自成一个过程以区别于前人和后人的地方,显然并不全在这种延伸之中。

与启蒙运动相比,文艺复兴运动的年代更加古老。而自《新潮》杂志用 Renaissance 为刊名作英文对译之后,新文化中的人物便大半更喜欢引西史中的这一段更加古老的旧事说中国,为新思潮里正在勃

---

[1] 陈伯达:《论新启蒙运动》、冯大麟:《从流忘反——五四新文化运动》,载杨琥编:《民国时期名人谈五四》,第66、215页。犹记三十年前听陈旭麓先生讲近代中国的新陈代谢,至五四新文化运动一节,他曾颇为踌躇地说:戊戌变法是启蒙,新文化运动又是启蒙。中国人老在启蒙之中,也太没有出息了。

[2] 《清末筹备立宪档案史料》下册,北京:中华书局,1979年,第613页;张枬、王忍之:《辛亥革命前十年间时论选集》第2卷,上册,第44页。

勃然而起的以人为对象和主题的省视与思考接入另一重思想渊源。由此形成的阐述积久而成定势，以至于十多年之后蔡元培为《中国新文学大系》作总序，立论之际犹以沿用这种理路为当然。[1]虽说中国一头和欧西一头之间相隔六七百年，其悬隔之中既有中西之别，又有古今之别，两者的可比和不可比曾常被怀疑并深被怀疑，[2]但对新思想一面来说，则其意中所重而引为榜样，全在于文艺复兴运动中已经有过的东西，正是他们此日追寻的东西。傅斯年作《〈新潮〉之回顾与前瞻》，以"人道主义"概括《新潮》的主张。而就他所说的杂志的中文和英文"两个名词恰好可以互译"[3]而言，显然是同时也在概括其心目中文艺复兴运动的主张。比傅斯年更直接一点的，是蔡元培由"欧洲复兴时期以人文主义为标榜，由神的世界而渡到人的世界"说起，随后比照而推演之，以"五四以来"作为分界，为"我国的复兴"划出了开端。[4]同样的意思，在陈独秀那里则简捷地表达为"新文化运动是人的运动"。[5]那一代立在潮头的人物中，胡适比多数人活得都更长久，而晚年追论旧事，对"中西双方［两个文艺复兴运动］"作对比，仍然期期以为两者的"极其相似之点"，正在"对于人类［男人和女人］一种解放的要求"。[6]他以数十年的一以贯之表现了一种固信，固信的背后，应当有着一套同样已历时数十年的理据。在这些各自为说的言论里，欧西文艺复兴运动中许多不可模拟的物事都不在关注之列，它们实际上是被置于视野之外了。因此模拟同时又是在取舍。然而正是这种群体的取舍，又非常明白地说明：相比于启蒙运动之标张理性，更加古老的文艺复兴运动对于新文化的全部意义，都在它留下的人本主义一面。虽说当日"德先生"和"赛先生"常在万人瞩目而回声四起之中，然而同一个时候出现在新思潮里的人

---

[1]《蔡元培全集》第6卷，北京：中华书局，1988年，第568页。
[2] 冯大麟：《五四运动与东方文艺复兴》，载杨琥编：《民国时期名人谈五四》，第432页。
[3]《傅斯年全集》第1卷，长沙：湖南教育出版社，2003年，第296页。
[4]《蔡元培全集》第6卷，第575—576页。
[5]《陈独秀文章选编》上册，第517页。
[6] 胡适口述，唐德刚译注：《胡适口述自传》，北京：华文出版社，1992年，第193页。

道主义、人文主义和对于人的"解放"之向往，则已不能全为启蒙运动一路高扬的理性精神所范围。傅斯年游欧之前对同人作告白，而其间以语重心长自述情怀的一段文字是：

> 我只承认大的方面有人类，小的方面有"我"是真实的。"我"和人类中间的一切阶级，若家族、地方、国家等等，都是偶像。我们要为人类的缘故，培成一个"真我"。[1]

他引"人类"作当头照临，"我"之为"我"，便成了一个实现"真我"的过程。而后是这个过程又在"培成一个'真我'"中分解了作为总体的"人类"，使之还原为一个个以各自独立为存在方式的具体的人。因此，在"人类"的名义下说应然和必然，真正促成的其实是思想的重心移向个体和自我。这些话虽然出自傅斯年的一时发舒，实际上却为新思潮里的人道观念和人文观念阐释了由来与指归。相比于漫无边际的民主和科学，其中的着力点和落脚处显然都在个人主体和个人本位。由此形成的区别，显示的正是新文化运动里自觉与欧洲人本主义作对接的另外一脉，而本来遥远的文艺复兴运动遂因之而能够在论说中变得很近。然而把"'我'和人类中间的一切阶级"都当成应该废而弃之的"偶像"，已使个人主体和个人本位从一开始便不能不自立于现实社会的外面，又自立于现实社会的对面。所以，罗家伦称之为用"新态度促进新社会"的一种起而力争，并预言与之相伴而来的一定会是"破坏性的工作"；[2]陈独秀则直谓之"改造社会"，并且因"已成之社会，惰力极强"，而主张"个人与社会宣战主义"。[3]他们用个人主义重建了个人与社会之间的关系。虽说在初期新文化运动里，"社会"犹是一个模糊的概念，但个人主义之自觉于否定现存的人际关系和人际秩序则是非常明了的。因此，作为彼时磅礴四播的思想潮流而进入近代中国思想的历史变迁之中，这种别立宗旨的个人本位意识既是

---

[1]《傅斯年全集》第1卷，第297页。
[2] 罗家伦：《新文化运动的时代和影响》，第29、31页。
[3]《陈独秀文章选编》上册，第165页。

自成一段的东西，又是脱跳而起的东西，其中的关注和取向显然已不在此前二十年维新思潮的主流之内和轨辙之内了。

然则新文化运动继起于二十年维新思潮绵延不绝之后，而与历史的连续性同时存在的，正是新文化运动里的这一脉，又以其个人主体和个人本位另开一局，为近代中国思想史带来了一个个人主义的时代。而文艺复兴时期的人本主义则在这个过程里被不断地泛溢化和理想化，并因此而衍生出种种本来没有的意义。

第一章

个人主义和新文化运动

一 陈独秀：个人与国家

最先鼓荡新思潮的陈独秀曾是晚清的国家主义者,[1]但当新思潮将起之日，其立场正在激变中转向反国家主义。《(新)青年》创刊前夕，他以长篇文字论"爱国心与自觉心"，而主旨则是对于国家本身的通盘质疑：

> 国家者，保障人民之权利，谋益人民之幸福者也。不此之务，其国家也存之无所荣，亡之无所惜。若中国之为国，外无以御侮，内无以保民，不独无以保民，且适以残民，朝野同科，人民绝望。[2]

因此，"其执爱国之肤见，卫虐民之残体"，实"非愚即狂"。然后由"吾民何辜，遭此荼毒"发为深而论之，其辞辨立说又越走越远：

> 或谓恶国家胜于无国家。予则云，残民之祸，恶国家甚于无国

---

[1]《陈独秀文章选编》上册，第1、11、19页。
[2] 同上书，第71页。

家。失国之民诚苦矣,然其托庇于法治国主权之下,权利虽不与主人等,视彼乱国之孑遗,尚若天上焉。[1]

他把这套与"爱国心"对立的横议名之为"自觉心",并概括而论之曰"呜呼!国家国家,尔行尔法,吾人诚无之不为忧,有之不为喜。吾人非咒尔亡,实不禁以此自觉也"。[2]

近代中国由民族主义而国家主义的思想过程形成于君权之下的晚清,而此日的这种反国家主义的意识则出现于君权被推倒之后。以彼时已为知识界熟悉的国家论和民权论相度量,两头之间所构成的无疑是一种明显的矛盾。陈独秀由前一面转到后一面,其笔锋所向以极端的方式表达了自身的变化,而映照的则是中国人眼中的国家在晚清和民国之间的变化。梁启超在民初作《国性论》,以为二千年以来,"吾国政治之弊,不在烦苛,而在废弛"。而由此造成的"人民与国家关系之薄弱",实际上已使国家与人民之间的遥远和疏离成为国人熟识已久的常态。[3] 但历经清末十年新政的官制改革、法制改革、财政改革以及以预备立宪为名目的筹办地方自治,民国初年的国家已在距离上与人民变得前所未有地接近了。在这种由人力促成的近代化变迁里,国家本被寄以光明的期望,然而以实际论,被接近的一方直接感受到的却不是光明,而是痛楚。当日的时论说共和与帝制既相代谢,以国家之名义加赋税遂成为天经地义。由此"头会箕敛",便不能不使"人民负担,惟见其视前清加重而已":

> 前清宣统豫算,号称二万七千万两,举国已知其不实。今民国官吏所取于民者,其必不下于每岁二万七千万两,至易见也。民国成立一年有半矣,人民所贡献,最少应不下于四万五千万两,折算约七万八千万元内外。合以四五千万元之外债,为八万万二三千

---

[1] 《陈独秀文章选编》上册,第71页。
[2] 同上注。
[3] 《民国经世文编》第4册,第399页。

第一章 个人主义和新文化运动

元，而一年有半，销耗无余。虽偏国皆金穴，何以堪此。[1]

对于民间来说，这个过程遂非常自然地会使变近了的国家化为更重的赋税。而同时的"立宪国以司法独立为第一要件"，既行之经年，"乃颂声不闻，而怨吁纷起。推原其故，第一由于法规之不适；第二由于法官之乏才。坐此二病，故人民不感司法独立之利，而对于从前陋制，或反觉彼善于此"。[2] 对于民间来说，这个过程又非常自然地会使变近了的国家化为不能施行公道的法律。与之相类的，还有变近了的国家化为地方上的军权政治、化为相遇于咫尺之间的警察、化为报律和文禁，以及种种国民之权利尚未得，而国民之义务已不能不尽。之后是晚清以来因其抽象化而在人心中被理想化了的国家主义，便随这种与国家之名连在一起的敛取与压束的逼来而流失了其曾经有过的天然感召力，在舆论的评说中成了常常被质疑的东西。所以，陈独秀之后，又有章士钊作《国家与我》，说是"国中政事，足以使青年之士意志沮丧，莫之所届者日进而未有已。爱国心之为物，不幸卒如独秀君所言，渐次为自觉心所排而去"。并引"最近梁任公先生且以有国不优于无国之例若干事，痛告国人"为例，以说明那个时候的"多数之心理"。[3] 虽说国家本身和以国家为名义所施行的"国中政事"并不等同，但沈定一曾说"中国普通一般人耳官中只听到'国家'两字，立刻就感想到政府，接续感想到政府底人物"。[4] 就当日中国的世相而言，不仅真实，而且具体。因此这一类论说出自具体感受，本意并不在辨析词义，而是在指述曾经被共和理想合为一体的国家与国民，实际上是分成两截并且常在对立之中的。在民权之说已流播多年之后，这种对立和矛盾所直接唤起的，依旧是民权意识和只能是民权意识。因此，自《（新）青年》创刊开始，被陈独秀视为大题目而

---

[1]《民国经世文编》第 5 册，第 2922、2934 页。
[2]《民国经世文编》第 1 册，第 362 页。
[3]《章士钊全集》第 3 卷，上海：文汇出版社，2000 年，第 508 页。
[4] 陶水木编：《沈定一集》下册，北京：国家图书馆出版社，2010 年，第 390 页。

倾力以赴，既之谆谆又言之滔滔的，仍然是人所熟识的那一套以民权（民主）为本源的道理。

然而从清末到民初，原本作为一种学理的民主已经被移入到实际政治里，而后有所谓共和、宪法（《临时约法》）、总统、国会、内阁、司法独立、政党政治，以及通电、文告和政论中以法律、民意、主权为名目的自为宣述和相互攻讦。这个过程从一开始就重在民主的制度一面，但在辛亥革命以省自独立的方式倾覆了清代君权之后，这个过程所造就的已是一个横向和纵向都裂罅四布的中国；一个军人管制取代了文官政治的中国；一个官僚之外又产生了政客的中国；一个旧序崩塌之后四民都在一盘散沙之中的中国，从而是一个无从用一统的制度来笼罩的中国。因此，民主的制度化最终只能整体地成为一种纸面上的东西，而其间既以共和之名而立，又不能循名责实的种种制度，则在碎割零分之中都化作了各自可以取用以图实利的东西。作为民主的实践，这无疑是一个失败的过程。但这种失败留下的痕迹，同时会使目睹了这种失败的中国人引为省悟，并因此而着力于从国会、约法、政党之外另外寻找民主之于中国的取向和取径。而后，在顺次而起的新文化运动中，民主便由一个曾经借共和而制度化过程变成了激昂的思想运动。

若以此立足，追索历史和对比历史，则清末的民主潮流本是由思想开始的，所以，就外观而言之，此日民主的这种由实践重回思想正仿佛在是向后退返。但自外观而入思想本身和内里，则容易看到的又是两头之间的内涵其实已经非常不一样了。19世纪与20世纪之交，严复说："处大通并列之世，吾未见其民之不自由者，其国可以自由也；其民之无权者，其国可以有权也。"[1]他以论断的方式表达了一种清晰的民权立场。然而其间的逻辑则直白地说明：在他的推演里，是为了国权而不能没有民权，所以，以关系而论，民权是与国权同一的；以次第而论，民权实际上是由国权派生出来的。而同时的庙堂

---

[1] 王栻编：《严复集》第4册，第917页。

奏议阐说这种意思，则归纳为"夫立宪之国家"，人民以"纳税、当兵"之"义务，易一参政之权利"，因此其"参政之权利"是与"国家思想"连在一起的。[1] 在这一类规划里，"民"的一方始终是在跟着"国"的一方走。与之相对称，在国权与民权的这种统一之中，作为民权主体的"民"便只能是一种与"国"相为对待的总称，从而是一个聚合为一而没有各自面目的抽象整体。这种抽象性所反映的其实是一种明显的被动性。然而当陈独秀以"自觉心"颉颃"爱国心"之日，前一段历史里持为立论之归宿的国与民之间的同一，已在后起者的观念中被打断了。随之而来的，是原本出自派生的民权（民主）既应归属于民，则其主体已不能不在与国家主义立异的过程中成为重新被诠释的东西。

作为最先以文字表述反国家主义意识的人物，陈独秀用来对"爱国心"作究诘的"自觉心"，其中引为支撑的民情和民意虽生成于对当日中国社会的观察与感受之中，而对这种观察与感受的提炼和引申，却是在中国社会与"西洋民族"的对比里实现的：

> 西洋民族，自古讫今，彻头彻尾个人主义之民族也。英、美如此，法、德亦何独不然？尼采如此，康德亦何独不然？举一切伦理，道德，政治，法律，社会之所向往，国家之所祈求，拥护个人之自由权利与幸福而已。思想言论之自由，谋个性之发展也；法律之前，个人平等也。个人之自由权利，载诸宪章，国法不得而剥夺之，所谓人权是也。[2]

而"国家利益，社会利益，名与个人主义相冲突，实以巩固个人利益为本因也"。这一段用个人主义总括西方世界民权含义的论说，构成的是一种没有解释的判断，其言之滔滔未必具有充足的深刻性和全面性。但对陈独秀而言，引此以为对比，已具有足够的自信把中国人的民权（民主）放到"今日文明社会之组织"的普照之下，而以"个人

---

[1]《清末筹备立宪档案史料》上册，第30页。
[2]《陈独秀文章选编》上册，第98页。

本位主义"为势之所至和理之所归。[1] 由此别开理路，而后"民"的含义随之丕变，其间直接促成和最先产出的，便是晚清以来民权（民主）主体的那种聚合为一而没有各自面目的整体性，在这种变迁里一时俱碎，化作了各有个性、权利、思想，并以分立为基础来造成聚合的个体。而原本抽象的主体，也因之而在同一个过程里变成了具体的主体。与此相为表里的，是个性、幸福、权利、思想既已成为个体存在的内在意义，则这种内在意义同时又在使争取个性、幸福、权利、思想的自由实现逻辑地成了个体存在的外在方式，而后，在两者形成的内外催动之下，原本被动的主体不仅会在这个过程里变成主动的主体，而且会变成进取无疆的主体。

陈独秀用"西洋民族"的"个人本位主义"为中国人重造了一种民权（民主）的主体，遂使此前已经传入了中国的民主易其筋骨，一变而成了新文化运动里能与个人本位合一的"德先生"。作为一种反照和对比，在以往二十年的维新思潮中，从彼邦引入的民主之所以能够去其出自异域的异色异相，由远而近地进入中国人的思想世界，皆因为民主虽是外来之物，却可以助成中国的富强。[2] 这种预设所内含的本质，是既以国家主义定义民主，又由国家主义收纳民主，从而最终使民主成为国家主义叙述的一个部分。其间留下的痕迹，具体地说明了近代中国外来转化为内在的复杂程度，及其不能不经历的一路曲折。然则当陈独秀在这一段已成局面的历史之后别立新解，以其"个人本位主义"另立一种与国家脱榫的民主，其笔锋所及，便在打破已成之局的同时，已使中国人面对着一种比旧义里的民主更加陌生和异己的东西。而陈独秀与前一辈人的不同，又在于其意中的彼邦之外来和中国的内在之间是没有界限，没有窒碍，没有彼己之分，从而是无

---

[1] 《陈独秀文章选编》上册，第98页。
[2] 这方面的代表性论述是戊戌年八月，康有为代阔普通武草奏折，其中说："伏乞上师尧、舜、三代，外采东西强国，立行宪法，大开国会，以庶政与国民共之，行三权鼎立之制，则中国之治强，可计日待也。"见汤志钧编：《康有为政论集》上册，第339页。

须接引便能一路直入的。他执之以为当然和固然,所以四顾世人之多数不识此中之理,曾发为血脉贲张的痛诋:

> 国人进化之迟钝者,正以囿于现象之故。所谓国粹,所谓国情,所谓中西历史不同,所谓人民程度不足,所谓事实上做不到,所谓勿偏于理想,所谓留学生自海外来不识内情,是皆囿于现象者之心理也。一切野蛮风俗,皆为此等心理而淹留;一切文明制度,皆为此等心理所排弃。亡中国者,即怀此等心理之人耳。[1]

他把"国粹""国情""历史""人民程度"悉数归之于"现象"而悉数铲平之。主旨都是在说明:比现象更深一层的,是中国和西方世界在本性上的同一和质地上的同一。虽说自学理而言,这种抹掉了"国粹""国情""历史""人民程度"之后的本性和质地,实际上已是没有真实性的东西;但作为生成于艰难时世中屡挫屡起,并越挫而越激的思想趋向,其间的急迫性和简约化,又真实地反映了用西法为中国造"文明制度"那一方的内心意愿之强烈。虽说这是一种一厢情愿,然而时当新文化洪波涌起之日,意愿的感染力又比学理的说服力更能入人之心,并因之而能更直接、更容易地化为一时声势。但出自"西洋民族"的"个人本位主义"则因其始终无涉于中国人的"国粹""国情""历史""人民程度",遂既不能以中国人已有的思想定义,也不能由中国人已有的文化收纳,并因之而始终没有本土化,并且始终无法本土化。而后是这种东西一面为新思潮的声势所拥,一面却常在无从落地的悬空之中。

然而也正因为"个人本位主义"的没有本土化和无法本土化,陈独秀为之释义,便能够汪洋恣肆地随意引申,由"西洋民族"的道理起讲,而一路推演,又往往比"西洋民族"走得更远:

> 我有手足,自谋温饱;我有口舌,自陈好恶;我有心思,自崇所信;绝不认他人之越俎,亦不应主我而奴他人。盖自认为独立自

---

[1]《陈独秀文章选编》上册,第161页。

主之人格以上，一切操行，一切权利，一切信仰，惟有听命各自固有之智能，断无盲从隶属他人之理。[1]

在这些用一路排比而没有理据的句法构成的推论里，抽象的个人已切近地化为各别的自我和排他的自我，因此，在陈独秀那里，个人本位最终其实是一种自我本位。而时当"生存竞争，势所不免，一息尚存，即无守退安稳之余地"，则个体的"温饱""好恶""权利""信仰"之实现，又实际地成为一种"排万难而前行，乃人生之天职"[2]的过程。然则就因果而言，个人本位落脚于自我，已经使每个人都置身于竞逐和厮斗之中而无所逃于天地之间了。虽然他此日犹知以"亦不应主我而奴他人"为人我相对的道理，但在其整体论说中，这种道理又是外在的。所以几个月之后，他反过来主张青年应"自居征服（To Conquer）地位，勿自居被征服（Be Conquered）地位"。并以"好勇斗狠，不为势屈"刻画征服者的特质。[3]释其词义，则"征服"显然已是一种"主我而奴他人"。而把"好勇斗狠"引到实现自我的过程中来，并由此作层层推衍，又会使个人本位主义接邻于太过极端的非常奇异可怪之论：

> 日本福泽谕吉有言曰：教育儿童，十岁以前，当以兽性主义；十岁以后，方以人性主义。进化论者之言曰：吾人之心，乃动物的感觉之继续。人间道德之活动，乃无道德的冲动之继续。良以人类为他种动物之进化，其本能与他动物无异致。所不同者，吾人独有自动的发展力耳。强大之族，人性，兽性，同时发展。其他或仅保兽性，或独尊人性，而兽性全失，是皆堕落衰弱之民也。[4]

虽说人性、兽性应当并举，而两者之中，其实又以兽性为大：

---

[1] 《陈独秀文章选编》上册，第74—75页。
[2] 同上注。
[3] 同上书，第102页。
[4] 同上书，第88页。

> 兽性之特长谓何？曰意志顽狠，善斗不屈也；曰体魄强健，力抗自然也；曰信赖本能，不依他为活也；曰顺性率真，不饰伪自文也。晳种之人，殖民事业遍于大地，唯此兽性故；日本称霸亚洲，唯此兽性故。[1]

"晳种"和"日本"都是以"兽性主义"成人成事而得明验大效的范式，因此陈独秀申论中国人的"教育方针"，力主取法"兽性主义"以"自觉觉人"。[2]就教育之宗旨在塑以成人而言，"自觉"和"觉人"显然都是要造就个人本位主义中的个体人格。这些话言之侃侃，而其间太多的凌厉悍张固非中国之所有，也并不会全是西洋的本相。但它们都说明：在陈独秀的预想中，民权（民主）所赖以承载和附着的主体，其实是一种具有自我独尊的自由意志，从而很容易走向以他人为对手的群类。因此他虽奉民主为"德先生"，而事涉新文学之争，则以"改良中国文学，当以白话为文学正宗之说，其是非甚明，必不容反对者有讨论之余地，必以吾辈所主张者为绝对之是，而不容他人之匡正也"为理所当然。[3]当日的民主之为民主，也因此而常在言行之间的不能兼顾之中。陈独秀往往因其极端而成其独特，所以，在新文化运动的各色个人主义流派里，这种鲜明的自我意识和高涨的竞斗精神，更多显示的是陈独秀区别于其他人的地方。相比于蔡元培之乐于接受"互助论"、李大钊在世界大战的天翻地覆中怀想以和平为主义的托尔斯泰，[4]两面之间由内而生的差异尤其明了。然而就新文化运动中的个人影响而言，陈独秀的言论显然既拥有更大的实际冲击力，也拥有更大的实际号召力。

---

[1]《陈独秀文章选编》上册，第88页。
[2] 同上注。
[3] 同上书，第208页。
[4]《蔡元培全集》第2卷，第403页；《李大钊全集》第1卷，第254页。

二　胡适：个人与社会

陈独秀之外，胡适的怀抱和立场也在个人主义。五四后二十一年，陈独秀因蔡元培逝世而回溯旧日历史，既以"五四运动，是中国现代社会发展之必然的产物，无论是功是罪，都不应该专归到那几个［人］"为通贯之总论，然后又直言"蔡先生、适之和我，乃是当时在思想言论上负主要责任的人"，以此表达应有的担当。[1]而这种事后追认的责任，无疑正反射了那个时候他们各自曾经达到过的影响程度和支配程度。就其始末而论，陈独秀的个人主义是与反国家主义同起于一个源头的。而当陈独秀直观民初的中国社会，挟一腔愤懑之心由国家主义转向反国家主义之日，远在美国的胡适也在欧战初起的火光斜照之下深思天人之际，疏离了曾被推到了至上的国家：

> 今之大患，在于一种狭义的国家主义，以为我之国须陵驾他人之国，我之种须陵驾他人之种（德意志国歌有曰："德意志，德意志，临御万方"），凡可达此自私自利之目的者，虽灭人之国，歼人之种，非所恤也。凡国中人与人之间所谓道德，法律，公理，是非，慈爱，和平者，至国与国交际，则一律置之脑后，以为国与国之间强权即公理耳，所谓"国际大法"四字，即弱肉强食是也。此真今日之大患。[2]

在其意中，战争已使国家主义一步一步地走到了极端，也使国家主义的偏畸，以及这种偏畸为天下（世界）造祸患的可能性和真实性都直露无遗。于是面对这个世界，人已不能不越过国家再朝高处仰望：

> 爱国是大好事，惟当知国家之上更有一大目的在，更有一更大

---

[1]《陈独秀文章选编》下册，第642页。
[2] 季羡林编：《胡适全集》第27卷，第531页。

之团体在，葛得宏斯密斯（Goldwin Smith）所谓"万国之上犹有人类在"（Above all Nationsis Humanity）是也。[1]

他并没有因此而径直走向反国家主义，但二十年维新思潮所催涨的国家的至上和至尊，则都在这种人类意识的比照之下被融化和消解掉了。而当他带着这种人类意识回到了多难的中国，又带着这种人类意识进入了正在兴起的新文化运动之际，本以普遍性和一般性为特征的人类意识，便在那个时候的历史环境、社会环境和思想环境中直接植入于中国人的问题和话题之中，并无须过渡与转化地自为分蘖，派生出了与个体存在和个体权利相对应的个人意识和个人主义。而人类意识既已越国家意识而上之，则对于胡适来说，这种从人类意识里派生出来的东西，遂既因人类意识而获得了其来有自的深厚渊源，又因人类意识而获得了具足的合理性和正义性。

作为一种因果和逻辑，这种从美国带来的已定的思想走向，使他更容易亲近于以"世界主义"为归宿的易卜生（Henrik Ibsen）。因此，易卜生虽是一个戏剧家，但胡适讲述个人主义则是从"易卜生主义"开始的：

> 易卜生的戏剧中，有一条极显而易见的学说，是说社会与个人互相损害；社会最爱专制，往往用强力摧折个人的个性，压制个人自由独立的精神；等到个人的个性都消灭了，等到自由独立的精神都完了，社会自身也没有生气了，也不会进步了。[2]

陈独秀的个人主义发端于同国家的对立，与之相比，胡适取法易卜生，显然更自觉地关注个人与社会之间的对立。而由此形成的别样眼光里，社会之为社会，其实是由"陈腐的习惯""老朽的思想""极不堪的迷信"，以及从这些东西里衍生出来的"舆论"和"公论"构成的。虽说这个过程是在用抽象推演抽象，但不可名状的社会因之而有

---

[1]《胡适全集》第27卷，第531页。
[2]《胡适全集》第1卷，第607—608、612—614页。

了一种他所名状的样子,而后是人在社会之中,便是人在"陈腐规矩的束缚"和四围之中。借助于这种演绎,本以悲欢喜乐造就了和造就着尘世众生的社会,便成了一种全面的恶:一方面,"社会最大的罪恶莫过于摧折个人的个性,不使他自由发展";另一方面,则"社会如同一个大火炉,什么金银铜铁锡进了炉子,都要熔化",社会的本性就在于"摧折"。因此个人面对社会而求其应得的自由和独立,能够依靠的已只有个人自己。这一层意思,易卜生在一封信里说得尤其直截了当:

> 我所最期望于你的是一种真益纯粹的为我主义。要使你有时觉得天下只有关于我的事最要紧,其余的都算不得什么。[1]
>
> 有的时候我真觉得全世界都像海上撞沉了船,最要紧的还是救出自己。

胡适把这些话引入中国,视之为个人主义的明切表述。并以"社会是个人组成的,多救出一个人便是多备下一个再造新社会的分子"来解说"这种'为我主义',其实是最有价值的利人主义"。其间他还曾少见地援用孟子的"穷则独善其身"来模拟易卜生的"救出自己",对于一个推重打"孔家店"的人物来说,亦可谓穷尽其技。然而以儒学的本义相衡量,两者的寓意其实差得很远而无从匹配。倒是他在同一段文字的末了所举的"娜拉抛了丈夫儿女飘然而去,也只为要'救出自己'",已使娜拉自此长在中国人心中成了易卜生主义的象征。[2] 在这些外国道理的中国阐述里,以"救出自己"为起点,个人主义的实际取向便只能是一种自觉的"为我主义"。而把娜拉"抛了丈夫儿女飘然而去"看作"为我主义"的具体展示,则具见为了"救出自己"而摆脱社会,同时又是在为了"救出自己"而隔绝于他人,其极端已近乎六亲不认。因此胡适虽有心要把"为我主义"与"利人主义"接起来,并曾由此连类而及,引易卜生戏剧中另一个人物的台词"完全

---

[1] 《胡适全集》第1卷,第607—608、612—614页。
[2] 同上注。

自由,还要自己担干系"为由起,衍伸出"个人有自由选择之权,还要个人对自己所行所为都负责任"[1]的命意,立此一层含义以为"利人"的题中应有之义。但作为两种都被各自的本来含义所限定的东西,两者在当日的文化潮流中实际上并无路径可以沟通,它们之间太过遥远的距离里不仅有理的否隔,而且有情的否隔。理和情的沟壑都不是单用笔头可以填平得了的,因此,这种另有一套内在理路的"利人主义"所作成的,只能是一种文字勾连,从而只能是一种非常缥缈而没有说服力的东西。

用"为我主义"说个人主义,其间同样鲜明的个体自我意识以其面目直露,显示了胡适的个人主义与陈独秀相同的一面。但与陈独秀的个人主义好为激烈竞斗的那一面相比,胡适的这种"为我主义"既以"天下只有关于我的事最要紧",又更容易走向不肯兼及远近亲疏的私心自利。两者之间因此而显出了可以区分的不同。就胡适之特为从远处搬来"利人主义"力为陈说而言,他内心并不喜欢这种私心自利,但稍后他作《非个人主义的新生活》,深以当日青年的"避世"自利为非,却又非常明白地说明,以其实际影响而言,是"为我主义"中的这一面恰恰最易动人之心和最先动人之心。然则与陈独秀的个人主义能一以贯之相比,胡适的个人主义自始即因其内在的扞格自为抵牾,其实并不能一以贯之。因此,在他为中国人带来易卜生主义之后不到两年,就已不能不为他人"独善的个人主义"纠偏。而究其来路,这种"独善的个人主义"本与"自救"不仅同源,而且同义,因此纠偏的过程,又会使他向往中的个人主义变得后来不同于以前:

> 杜威博士在天津青年会讲演"真的与假的个人主义",他说个人主义有两种:
>
> 假的个人主义——就是为我主义(Egoism)。他的性质是自私自利:只顾自己的利益,不管群众的利益。
>
> 真的个人主义——就是个性主义(Individuality)。他的特性有

---

[1]《胡适全集》第1卷,第615页。

两种：一是独立思想，不肯把别人的耳朵当耳朵，不肯把别人的眼睛当眼睛，不肯把别人的脑力当自己的脑力；二是个人对于自己思想信仰的结果要负完全责任，不怕权威，不怕监禁杀身，只认得真理，不认得个人利害。[1]

若比较其前后陈述而论之，则以"不管群众的利益"为非，显然是其先期引来的"天下只有关于我的事最要紧"已不能成为一种道理。而后个体要为自己行为的结果"负完全责任"，才能够理路贯通地成为此中之应有和必有。对于当日中国个人主义盛涨的个体自我意识来说，是因此而有了一种理论上的制束和限度。有此制束，原本凌空独步的个人主义与人世间便更近了一点。所以十五年之后胡适作《个人自由与社会进步》，为了替个人主义辩护而论个人主义，引述和守定的依旧是杜威（John Dewey）的这些话。[2]

比之易卜生，杜威更典范地表述了自由主义的个人主义，并因之而在严复所说的"自由为体，民主为用"[3]的意义上显示了个人主义与民主之间的渊源。其"个性主义"的内核仍然是个体的自我意识，但由于与个体责任所对应的那个责任对象的存在，又说明了个体之上犹有更大的本体和更高的意义。两者之间的关系，胡适譬之为"小我"以及由无数"小我"构成的"大我"：

"小我"是会消灭的，"大我"是永远不灭的。"小我"是有死的，"大我"是永远不死，永远不朽的。"小我"虽然会死，但是每一个"小我"的一切作为，一切功德罪恶，一切语言行事，无论大小，无论是非，无论善恶——都永远留存在那个"大我"之中。[4]

因此，

我这个现在的"小我"，对于那永远不朽的"大我"的无穷过

---

[1] 《胡适全集》第1卷，第707—708页。
[2] 《胡适全集》第22卷，第284页。
[3] 《严复集》第1册，第23页。
[4] 《胡适全集》第1卷，第667—668页。

去,须负重大的责任;对于那永远不朽的"大我"的无穷未来,也须负重大责任。我须要时时想着,我应该如何努力利用现在的"小我",方才可以不辜负了那"大我"的无穷过去,方才可以不遗害那"大我"的无穷未来?[1]

在这些议论里,"大我"的源头显然是他心中本来已有的人类意识。由易卜生而杜威,自由主义的个人主义越洋而来,为那个时候的中国以个人立主义的思想潮流助长,提供了一种从不太圆融到大体可以自圆其说的道理。而胡适的人类意识与这种自由主义的个人主义相感应,又使他和陈独秀同有的个体自我意识,因多了一个"大我"而显出了义理一面的深浅广窄之分。

然而从根本上说,个人对于自己行为的结果能否"负完全责任",以及"小我"对"大我"能否"负重大的责任",最终只能取决于个人的道德程度、道德判断和道德自律。因此,欧西的个人主义以权利与责任相对等为要义,则个体的道德自觉便已成为其先期的预设和内在的预设,从而是个人主义的真正实现,不能不依存于规范的社会道德和富有笼罩力的道德秩序。但为中国倡个人主义的人物,对于个人主义的这一面大半都没有足够的深思和切入的认识。所以他们在为中国倡个人主义的同时,又以其激烈的反传统主张催化出呼啸而起的思想潮流,掀翻了二千年来实际上为中国守护道德的儒学。其间因足够典型而常常被后来人引用的,是陈独秀所说的"要拥护那德先生,便不得不反对孔教、礼法、贞节、旧伦理、旧政治。要拥护那赛先生,便不得不反对旧艺术、旧宗教。要拥护德先生又拥护赛先生,便不得不反对国粹和旧文学"。他把这些东西统称为"本是一家眷属",并力持以一种整体性打倒另一种整体性,"固不得不去此而取彼"。[2] 其表达方式的激烈和独断,显示了陈独秀立言之际少作深思熟虑,而多即兴发议和实时发议的特色。与陈独秀相比,胡适的论说更多一点讲道

---

[1]《胡适全集》第1卷,第667—668页。
[2]《陈独秀文章选编》上册,第291、317页。

理的意识。他在《四十自述》里追记早年旧事,以说明后来"做《中国哲学史》"的缘起,其中一节说自己在澄衷学堂之日已不喜欢孟子的性善说,也不喜欢荀子的性恶说,并曾有过一次起而驳难:

> 我那时正读英文的《格致读本》(The Science Readers)懂得了一点点最浅近的科学知识,就搬出来应用了!孟子曾说:人性之善也,犹水之就下也。人无有不善,水无有不下。我说:孟子不懂得科学——我们在那时候还叫做"格致",——不知道水有保持水平的道理,又不知道地心吸力的道理。"水无有不下",并非水性向下,只是地心吸力引他向下。吸力可以引他向下,高地的蓄水塔也可以使自来水管里的水向上。水无上无下,只保持他的水平,却又可上可下,正像人性无善无恶,却又可善可恶![1]

二十多年之后他仍然记得那个时候"这篇性论很受同学的欢迎,我也很得意",[2] 显然是犹在怀念之中,并此日仍引之以为美谈。然而以学理言学理,这种用知识质疑道德的路数,实际上描画的正是一种用知识化解人文的取向。因此,比之陈独秀的由激烈发为独断,胡适的这种以知识论伦理更容易成为一道内在的屏障和固化的屏障,使他对儒学的义理一面因不能沟通而更加疏远和隔绝。后来金岳霖因审查冯友兰的《中国哲学史》而在报告书中兼及胡适,说是"胡适之先生的《中国哲学史大纲》就是根据于一种哲学的主张而写出来的。我们看那本书的时候,难免一种奇怪的印象:有的时候简直觉得那本书的作者是一个研究中国思想的美国人"。[3] 这种中国思想的美国化,毛病同样也在于只讲知识不讲义理,对中国人精神世界中的深层意义因不甚在意而不太能入。所以,他能够热情地称赞吴虞和"我的朋友陈独秀",推崇为"近年来攻击孔教最有力的两位健将",并从两者"精神上"的"相同之点"里提炼出"孔子之道不合现代生活",之后引此

---

[1]《胡适全集》第18卷,第63页。
[2] 同上注。
[3] 金岳霖学术基金会编:《金岳霖全集》第2卷,北京:人民出版社,2013年,第409页。

第一章 个人主义和新文化运动 599

以为命题而作呼应鼓吹,并催波扬焰地统而论之曰:"正因为二千年吃人的礼教法制都挂着孔丘的招牌,故这块孔丘的招牌——无论是老店,是冒牌——不能不拿下来,捶碎、烧去!"[1]他下笔之际,显然不会想到自己倾力弘扬的彼邦个人主义里所内含的道德预设;不会想到二千多年来为中国社会守护道德的儒学被"捶碎、烧去"之后,中国人要到哪里再去找来一个能够为中国社会守护道德的可取之物和可用之物;不会想到前头那一面和后头那一面事实上的关联,以及两头之间正在造成的互歧。

在这种意态漠然的背后,正有着新文化中人所自信可以做到的全盘"排斥社会已成之道德,而尊行真理"。[2]但与之成为对比的,则是时人观世,忧心之最深重处往往正系于社会道德一面。章士钊说:"辛亥以还,风纪之堕坏,人心之腐败,等洪水而烈猛兽,言之可为伤心。"举目四顾,"无上无下,无贵无贱,无男无女,无新无旧,所谓一丘之貉,莫或择焉矣"。梁启超说:"在中国今日之社会,非巧佞邪曲险诈狠戾,不足以自存,其稍稍自好之士,已入于劣败之数。其能崭然现头角者,皆其最工于迎合恶社会而扬其波者也。"[3]杨昌济说:改建共和以来,"人心风俗不见涤荡振刷焕然一新之气象,而转有道德腐败一落千丈之势。盖承积弊之余,纲纪一堕,势难免此"。[4]吴贯因说:居今之世,"苟非丧尽天良,自进而为卑鄙龌龊之运动,则虽道德文章可追孔孟,必无过而问者"。[5]这些人取向不同,学养不同,个人经历不同,知识结构不同,但其各以忧时之心化作文字,却已合为共鸣地写照了民初中国因道德失范而无以维系人心的社会相。然则以这些文字描绘观想当日的人世情状,显见得西方的个人主义虽然正在进入中国,但其内在道德预设,却很难在民初的中国社

---

[1]《胡适全集》第1卷,第763页。
[2]《陈独秀文章选编》上册,第129页。
[3]《章士钊全集》第3卷,第305、464页。
[4] 王兴国编:《杨昌济文集》,长沙:湖南教育出版社,1983年,第45页。
[5]《民国经世文编》第1册,第130—131页。

会里找到能够与自己相对接的东西。而以梁启超所说的"苟欲行道德也,则因于社会性质之不同,而各有所受其先哲之微言,祖宗之芳躅,随此冥然之躯壳,以遗传于我躬,斯乃一社会之所以为养也"[1]为情理之应有,则道德显然不是用抽象的"真理"二字可以取代得了的。而胡适、陈独秀之着力"攻击孔教",其向往中的"现代生活",便不能不成为一种截断了"先哲之微言"和"祖宗之芳躅"的生活,由此造成的无"以为养",又一定会使他们寄以莫大希望的个人主义进入中国之后,很容易缠绕于"巧佞邪曲险诈狠戾"之中而无法催生自觉的责任意识,又因无法催生自觉的责任意识而无从形成权利与责任的对等。因此,胡适虽把杜威的表述当作正宗,用之以说明自己心目中的个人主义,但他身上那种深信知识可以笼罩义理,从而知识可以笼罩道德的思想取向,却使他始终看不到梁启超能够看到的东西。而当人世间的七颠八倒信而有征地说明,以真为境界的知识统括不了以善为境界的道德之后,则作为一种事实出现在中国人面前的个人主义,用杜威的表述来衡量,便只能算是残缺不全的个人主义。

三 鲁迅:个人与大众

与陈独秀和胡适相比,新文化运动中的鲁迅少有个人主义的专门论述。然而他以个人为对象的认真思考则在游学日本之日已经开始,以时间分先后,实际上比陈独秀和胡适都要早。其中尤其能展现出他独有的文化品格而使人印象深刻的,是作于1907年的《文化偏至论》。那个时候的中国,朝野正共裹于"立宪国会之说",而一世之新人物多岌岌乎"思鸠大群",以图维新。但鲁迅更关注的却是个体的

---

[1] 梁启超:《饮冰室合集》第6册,《专集》之四,第131—132页。

人及其精神世界，并因个人而及众人，由精神而及物质，既深疑"理若极于众庶矣，而众庶果足以极是非之端也耶？"又深疑"事若尽于物质矣，而物质果足尽人之本也耶？"[1]对于其时正在"思鸠大群"的潮流来说，这些用疑问句作陈述的表达显然是一种针锋相对。与胡适后来由易卜生而杜威的个人主义心路相比，鲁迅此日奉为前导的是"尼佉（尼采）""斯契纳尔（施蒂纳）""勖宾霍尔（叔本华）""契开迦尔（基尔凯廓尔）"等等，而尤以"尼佉"为"个人主义之雄杰者"。他们共起于"发展个性"而归于"主我扬己而尊天才"；并把天下的"元气"归于"独立自强，去离尘垢，排舆言而弗沦于俗囿"的"勇猛无畏之人"，名之曰"超人"，名之曰"先哲"。而由这种个人主义带来的自我对大众的不信任，以及精神对物质的俯视，便概括地化作了鲁迅笔下的一问再问。在他的自觉意识里，两者所面对和质疑的，都是19世纪"西方文化"中的"偏至"。[2]

清末中国人"思鸠大群"而"托言众治"，以营造民权政治和立宪政治，但自鲁迅看去俱不过是在"拾他人之绪余"：

> 此其为理想诚美矣，顾于个人特殊之性，视之蔑如，既不加之别分，且欲致之灭绝。更举黮暗，则流弊所至，将使文化之纯粹者，精神益陷于固陋，颓波日逝，纤屑靡存焉。[3]

而观诸历史，这种由多数合成的"众治"里还有更"黑暗"的一面：

> 一梭格拉第也，而众希腊人鸩之；一耶稣基督也，而众犹太人磔之。后世论者，孰不云缪，顾其时则从众志耳。设留今之众志，移诸载籍，以俟评骘于来哲，则其是非倒置，或正如今人之视往古，未可知也。故多数相朋，而仁义之涂，是非之端，樊然淆乱；惟常言是解，于奥义也漠然。[4]

---

[1]《鲁迅全集》第1卷，第184页。
[2] 同上书，第181、186—189页。
[3] 同上书，第180—181、186、188页。
[4] 同上注。

所以,"大群"和"众治"之不可信,就一面而言之,是因为"众庶之于知识也,无作始之性质",遂使由"众庶"合成的"人群之内,明哲非多,伧俗横行,浩不可御,风潮剥蚀,全体以沦于凡庸"。与之相伴的遂只能是一种文明日渐退化的大片荒芜。就另一面而言之,是因为社会以"众治"为本性,又一定会"飞扬其性,善能攘扰,见异己者兴,必借众以陵寡,托言众治,压制乃尤烈于暴君",最终"夷峻而不湮卑",使卓而"异"者无地自存。在鲁迅的论述里,这种少数与多数、个体与大众之间的对立既因多数和大众的"同是者是,独是者非"而起,又只能是一种是非善恶决于势而不决于理的对立。合两面而总论之,他统括而归之于"以多数临天下而暴独特者,实十九世纪大潮之一派",指其病在"偏于一极"。[1]之后沿同一个理路以精神与物质相对举,则"若夫非物质主义者,犹个人主义然,亦兴起于抗俗":

> 盖唯物之倾向,固以现实为权舆,浸润人心,久而不止。故在十九世纪爰为大潮,据地极坚;且被来叶,一若生活本根,舍此将莫有在者。[2]

而与这个过程俱来的是"人惟客观之物质世界是趋,而主观之内面精神,乃舍置不之一省":

> 重其外,放其内,取其质,遗其神,林林众生,物欲来蔽,社会憔悴,进步以停,于是一切诈伪罪恶,蔑弗乘之而萌,使性灵之光,愈益就于黯淡。[3]

他把这种物质与精神之间的此长彼消,以及由此造成的"历史精神"之丧失称作是"十九世纪文明一面之通弊"。并在欧西"十九世纪垂终,则理想为之一变"的思潮嬗递之日,为这种"一变"的"理想"

---

[1]《鲁迅全集》第1卷,第180、183—184、186、191页。
[2] 同上书,第189—191页。
[3] 同上注。

所吸引，用心注目于个体内在的"主观""意力"一面，以期"张大个人之人格"而"力抗时俗"。他相信人处世间，若"舍己从人，沉溺逝波，莫知所届，文明真髓，顷刻荡然。惟有刚毅不挠，虽遇外物而弗为移，始足作社会桢干"，而"人类尊严，于此攸赖"。个体因精神而成为能够自立于俗世之中的主体，因此，在他的思考和推想里，精神对于物质的俯视，其最终的意义所在和关怀所归仍然在于自我与大众的关系之中。[1]

鲁迅以"所述止于二事：曰非物质，曰重个人"来总括自己的文化立场，实际上也总括了自己的个人主义。"二事"都由西方文化的导引而得，但"二事"之自为立说，则又是在对西方文化批评和与西方文化立异的过程中实现的：

> 物质也，众数也，十九世纪末叶文明之一面或在兹，而论者不以为有当。盖今所成就，无一不绳前时之遗迹，则文明必日有其迁流，又或抗往代之大潮，则文明亦不能无偏至。诚若为今立计，所当稽求既往，相度方来，掊物质而张灵明，任个人而排众数。[2]

这种用西方文化批评西方文化，以及持西方文化与西方文化立异，把多数中国人惯以同一视之的西方文化明白地拆解开来，呈显了其间内生的互歧和矛盾。比之陈独秀、胡适和附着于新文化中的各色人等十年之后犹好以"西化"或"世界化"为名目，着力于笼而统之地从整体上描画西方文化的一片灿烂阳光，则时当"十九世纪末叶文明"正在影响天下之际，鲁迅向中国人展示的"十九世纪末叶文明"的"偏至""黯暗""固陋"一面，就认知的程度而言无疑要深刻得多。然而19世纪的文明产生于19世纪的历史过程之中，"物质"和"众数"之成为重心，都是在这个过程所营造的现代化走向里形成，并始终与现代化走向相依存的。因此，鲁迅虽指目于"十九世纪末叶"的文明，

---

[1]《鲁迅全集》第1卷，第189—191页。
[2] 同上书，第181、185页。

而他以"人界之荒凉"[1]来省思这种文明所导致的人的被淹没,则其笔底锋芒已由"物质"和"众数"的"偏至"而入,实际上触到了内在于现代化过程本身的偏至和偏失。而后是鲁迅对于"近世文明之伪与偏"的批评和立异,便不能不成为一种对于现代性的逆反,其间的矛头常常要旁及"平等自由之念"和"社会民主之思",[2]并因之而明显地不同于那个时候仍在"向西方寻找真理"的新人物。

中西交冲以来的七十年之间,中国人对这种"近世文明"由排拒而仿效,由仿效而仰慕,由仰慕而出中国之旧轨以"竞趋异途"。[3]以其间由仿效、仰慕和竞趋构成的中国人接受现代化的一路形迹,以及人在此中的节拍越来越急作比衬,则鲁迅之逆反于现代性,实无异于中国近代思想变迁过程中的异峰突起。然而以"掊物质而张灵明,任个人而排众数"立异于"近世文明",又是在用一种缺乏具体主张的意愿为立场,来与出自历史过程的既定之势和已成之局相颉颃,于是以"张灵明"与"掊物质"相对举;以"任个人"与"排众数"相对举,他对"近世文明"所表达的,便只能是一种没有足够内容与之相为匹配的单纯否定。一个日本历史学家曾以章太炎否定"清朝及君主立宪制"、否定"帝国主义"、否定"近代思想"和"西欧近代"、否定"封建制度"为脉络作贯串的叙述,然后直接地称之为"否定的思想家"。[4]其实章太炎的否定也常常涉及"近世文明",而以学理相推度,其间的大半同样是一种没有足够内容与之相匹配的单纯否定,在这一点上,其时与章太炎有师生之谊的鲁迅常在思想上与章太炎有非常相近的地方。对于"近世文明"和"西欧近代"的批评与否定,显示了他们以自己感知的敏悟程度和思维的深入程度为支撑,在群趋时潮之日能够岸然自立一副精神上的骨架而站在时潮之外,并以自己的思考批评时潮本身。在那个时候的中国,这是并不多见的思想景象。

---

[1] 《鲁迅全集》第7卷,第237页。
[2] 《鲁迅全集》第1卷,第183—184页。
[3] 《鲁迅全集》第7卷,第237页。
[4] 章念驰编:《章太炎生平与学术》,北京:生活·读书·新知三联书店,1988年,第488页。

但单纯的否定固能以人类文明的应然之理批评"近世文明"的实然之病,而与之相为表里的,则应然之理本身又是一种以"张""捣""任""排"为表述的抽象之理,从而是一种以否定的表达来预测未来和预言未来的理想之词。因此,就事理和事实而论,单纯的否定已不能不同时成为抽象的否定。其直接的结果,便是最先识得"近世文明"之"偏至"的人,也常最先被困于这种既存的偏至和对偏至的抽象否定之间,既无从化解,又无从脱解。对于从西方文化中取来应然之理,又以之对应和批评西方文化中实然之病的鲁迅来说,由此形成的矛盾不仅尤其深刻,而且会长久相伴不能去怀。而后是同为新文化中人,但在《新青年》杂志共奉"德莫克拉西(Democracy)和赛因斯(Science)两位先生"为普照一世,而以普照之下的"破坏孔教,破坏礼法,破坏国粹,破坏贞节,破坏旧伦理〔忠、孝、节〕,破坏旧艺术〔中国戏〕,破坏宗教〔鬼神〕,破坏旧文学,破坏旧政治〔特权人治〕"为理所当然的一边倒里,[1]鲁迅则因为比别人更多一重思想矛盾给予的思想阅历,自其眼中看去,与中国文化的病象相对映的西方文化其实未必全能普照一世。所以虽然身在一边倒之中,其文字在当时和后来都少有涉及"德先生",而更着意的则是精神一面的中国人的"思想能自由"。他在1918年的一封信里说:

> 吾辈诊同胞病颇得七八,而治之有二难焉:未知下药,一也;牙关紧闭,二也。牙关不开尚能以醋涂其腮,更取铁钳摧而启之,而药方则无以下笔。[2]

"诊同胞病"对应的当然是中国人的传统。因此,他用这种比方为修辞,同样把中国人传统置于否定之中,而且又更多了一点蔑乎视之的意思。但诊病而"未知下药",则否定仍然是一种单纯的否定和抽象的否定。

与同辈中人的深信西化可以全疗中国之病,并因深信而自信者相

---

〔1〕《陈独秀文章选编》上册,第317页。
〔2〕《鲁迅书信集》上卷,第14、20页。

比，[1]他所说的药方"无从下笔"尤难于"牙关紧闭",则显然是心中的前途失路意识要多于深信和自信。在深入思考过19世纪以来西方文化的"偏至"之后，再汇入那个时候反传统的思想潮流之中，他心中其实已没有十足牢靠而可以全心依托的东西了。而后是失路意识和怀疑意识便不能不交夹而俱生于两头之间，成为他在新文化运动中比别人更多经历的一种思想历程。因此，自一面而论，比之彼时的新人物常常附贴于深信和自信的简捷和独断，这种失路意识所内含的意义，是承认对于中国问题的未能真知而犹在寻路之中，他把这种意思称作"连自己也没有指南针";[2]怀疑意识所内含的意义，是身在潮流之中犹以其既不肯轻信，也不肯独断，为自我保留一点不被盲从裹挟的独立。两者都显示了更多的理性，因此就思想程度作判断，两者无疑都更有深度。但自另一面而论，则身在反传统的思想潮流之中，失路意识和怀疑意识同时带来的，又会是一种精神上更多一重的窒碍与窒苦。因此，鲁迅在上个世纪20年代中期出版自己的小说汇集，便一名之曰《呐喊》，再名之曰《彷徨》。前者的自序以"说到希望，却是不能抹杀的，因为希望是在于将来"[3]为远瞻的光明；后者的题记以"路漫漫其修远兮，吾将上下而求索"[4]说眼前的苍茫。若加上与之相互错杂而同时出现的"热风""野草""坟"等等用为书名的词汇，以及他编完《坟》之后自叙"电灯自然是辉煌着，但不知怎地忽有淡淡的哀愁来袭击我的心，我似乎有些后悔印行我的杂文了。我很奇怪我的后悔"的一派寂寞，[5]则写照的俱是此日其心中的复杂、曲折和无从归一。

鲁迅在20世纪最初的十年里获得了一种富有深度的思想经历，之后又带着这种思想经历进入20世纪第二个十年里的新文化运动。在

---

[1] 在这一方面，陈独秀的态度更激烈，胡适的立场更持久。参见林毓生：《中国意识的危机：五四时期激烈的反传统主义》，贵阳：贵州人民出版社，1986年。
[2] 《鲁迅全集》第9卷，第12页。
[3] 《鲁迅全集》第1卷，第7页。
[4] 《鲁迅全集》第2卷，第3页。
[5] 《鲁迅全集》第1卷，第360页。

那个时候的新思潮中，弘扬个人主义的言论最先关注的大半都是个体的权利，但鲁迅既以"非物质"而"重个人"为深思之所得，其关注便非常不同地指向人本身，以及由"内曜""个性""意力""主观""人格""灵明"等等相沿而来的个体的精神一面，并以此构成了一种以精神为内涵，又以精神为归向的个人主义。在他的思想和视野里，早年所思考的"是故将生存两间，角逐列国是务，其首在立人，人立而后凡事举；若其道术，乃必尊个性而张精神"，[1]主题是造就人的内在世界；而20年代所思考的"最要紧的是改革国民性，否则，无论是专制，是共和，是什么什么，招牌虽换，货色照旧，全不行的"，[2]主题也是造就人的内在世界。两者的前后相连，遂成为他绵绵不绝的漫长心路。

由于"尊个性而张精神"，自早年开始，鲁迅的愿望中便有着一种先觉于此道，而能"不和众嚣，独具我见"的"精神界之战士"[3]的形象。但这也是一种由理想营造出来，并存在于理想之中形象，所以举目四顾，同时又常常会引出深度疑问："今索诸中国，为精神界之战士者安在？有作至诚之声，致吾人于善美刚健者乎？有作温煦之声，援吾人出于荒寒者乎？"[4]而与这种先觉者的理想形象既相对待，又相对比地出现于同一个问题之中的，则是以"中国国民性"为对象而不止不息地追索其"病根"。[5]作为一种被赋予的理想，前者的意义是在后者的反衬中显示出来的；而作为一种真实的社会存在，后者的"病根"是在前者的映照下显示出来的。对于此日被移入了新文化运动里的国民性"改革"来说，这些前期付出的思想劳动便成了后来的思想起点。

国民性的主体，是被称作为"庶众"的群体中国人。因此鲁迅全

---

[1]《鲁迅全集》第1卷，第193页。
[2]《鲁迅全集》第9卷，第26页。
[3]《鲁迅全集》第7卷，第237页；第1卷，第233页。
[4]《鲁迅全集》第1卷，第234页。
[5] 许寿裳：《亡友鲁迅印象记》，长沙：岳麓书社，2011年，第18页。

神贯注于国民性，心头所抱持的关怀其实始终在大众本身。然而追索国民性的"病根"以求"改革国民性"，则作为主体的大众同时又自始即被置于审视和诊断之中，成为一种缺乏自主意识的对象；一种没有个体面目的群体聚合；一种有待于再造的东西。而后是其意中的个人主义与国民性"改革"虽同在一个理路之中，但既以"尊个性而张精神"为个人主义之内核，则被称为"盲子"[1]"看客"[2]，并在实际上承载了国民性的大众，已不能不被当成这个理路中的反面意义之所在。由此生成的两者之间的直接对立，一面表现为个体在走向自我升华的过程中要把自己与大众从精神上划分开来，以"个人的自大"和"独异"出乎其类，"对庸众宣战"[3]。一面又表现为着力于从内里剥开大众的群体心理，深究"这样沉默"而且"愚弱"的"国民的灵魂"[4]，期望"引起疗救的注意"[5]。但因此而用心刻画其间的"卑怯""自私""贪婪""自欺""麻木"以及"诈伪无耻"与"猜疑相贼"，则显然都是在自觉地，而且毫无顾忌地用笔锋为利刃剖开和铺陈被深究者的"黑暗"[6]。然则自我与大众，两面之间所构成的矛盾异常尖锐，在可以预见的当下和未来都看不到可以化解的途径。陈独秀的个人主义背后，有他心中的"法兰西文明"作依傍；胡适的个人主义背后，有自杜威那里引来的自由主义作依傍。但鲁迅的"尊个性而张精神"，自始即生成于为"近世文明"纠"偏至"的过程里，因此其背后已不会再有一个完整的西方文化可以用为依傍。与这种四顾孑立同时存在的，则是由掊击国民之"劣根性"一路追及"僵硬的传统"[7]，既促成了他自己的反传统立场，也促成他带着自己的反传统立

---

[1]《鲁迅全集》第1卷，第182页。
[2] 同上书，第274页。
[3] 同上书，第387页。
[4]《鲁迅全集》第1卷，第5页；第7卷，第78页。
[5]《鲁迅全集》第4卷，第393页。
[6] 鲍晶编：《鲁迅国民性思想讨论集》，天津人民出版社，1982年，第94、105页；《鲁迅全集》第4卷，第85页；第9卷，第18页。
[7]《鲁迅全集》第3卷，第35页。

场汇入了新文化合群反传统的走向之中。然而新文化人物大半都自以为能够站在传统以外反传统，和他们相比，鲁迅的不同在于他非常清醒地知道自己本来是从传统里出来的，所以，他从不讳言自己的"灵魂里有毒气和鬼气"，虽"极憎恶他，想除去他，而不能"。[1] 然则其笔下刻画的种种"黑暗"里，一部分无异于是在写照自我。而后是自我常在内在的紧张之中。

他曾在论述陀思妥夫斯基时引申而言之曰：

> 凡是人的灵魂的伟大的审问者，同时也一定是伟大的犯人。审问者在堂上举劾着他的恶，犯人在阶下陈述自己的善；审问者在灵魂中揭发污秽，犯人在所揭发的污秽中阐明那埋藏的光耀。这样，就显出灵魂的深。[2]

从陀思妥夫斯基的作品里抉出这种自己审判自己的意识，无疑是非常个人化的体验。以因果而论，其中不会没有他带着受之于传统的东西反传统的心灵感受。所以与"灵魂的深"相为表里的，其实是同样深的自我扞格。自我扞格是一种内心的扞格；与之相等类的，是因不能深信"近世文明"而致背后无可依傍的四顾孑立，同样也是一种内心的孑立。有此两者并存，遂使同在新文化运动之中，陈独秀的个人主义和胡适的个人主义，都可以构成其自洽于纸面上的体系；而鲁迅的个人主义由于内含太多的洞察力，又楔入了太多的复杂性，却反倒更难形成周延的思想体系。而作为一种对称，在其个人主义所涉及的地方，他既显示了无出其右的深刻性，也显示了无出其右的矛盾性。但其深刻性的底色，又常常是一层厚积的灰暗；而矛盾性的归宿，则大半都见之于以批判表达的否定。因此，自一面而言，被他置于中心的个体对大众，物质对精神，在深刻性和复杂性的聚照之下，能够以一种前所未有的清晰程度显示出自己的内容和意义；同时是这些问题又为灰暗和否定所围而"连自己也没有指南针"，不能不因循旧贯，依

---

[1]《鲁迅全集》第9卷，第312页。
[2]《鲁迅全集》第7卷，第95页。

然是那个时候中国人面对的困局和难题。自另一面而言,虽说他的思考大多数借助于小说而形成了形象思维,但其思考中的深层关切常由个体而及大众,由人道而及人性本身,比之陈独秀和胡适,其实又更深一层地进入了形而上。

第二章

个人主义的内在矛盾和外在矛盾

一 各成流派和自相抵牾：个人主义与反传统

当陈独秀、胡适、鲁迅共聚于《新青年》杂志之日，其各成一派的个人主义遂合汇于新文化运动，在四面呼应里促成了一时骤起的思想潮流。而这个过程最先表现出来，并最容易为人直接感知的是它们之间以个人为至上的共性。

个人主义能够成为一时思潮，最终是为了用来对付那一代人心中的中国问题的。但就陈独秀取则法兰西文明，胡适祖述易卜生、杜威，以及鲁迅渊源于尼采、叔本华的思想路迹而论其由来，则对于那个时候的中国来说，个人主义本性上本是一种外来的主义。而这种外来的个人主义所附托的文化运动自始既以青年为对象，又以青年为范围。《(新)青年》发刊之日，便非常明白地说：

> 新陈代谢，陈腐朽败者无时不在天然淘汰之途，与新鲜活泼者以空间之位置及时间之生命。人身遵新陈代谢之道则健康，陈腐朽败之细胞充塞人身则人身死，社会遵新代谢之道则隆盛，陈腐朽败之分子充塞社会则社会亡。

因此,

> 彼陈腐朽败之分子,一听其天然之淘汰,雅不愿以如流之岁月,与之说短道长,希冀其脱胎换骨也。予所欲涕泣陈词者,惟属望于新鲜活泼之青年,有以自觉而奋斗耳![1]

这段话把中国社会的人口分成两部分,然后取其一部分而舍其一部分,取舍之间,分判厘然。是以个人主义既被用来助成"自觉而奋斗",则在这种以青年为其视野,并以青年为其界限的预设之中,不能不为之牵导,同时又成了一种青年人的主义。而以陈独秀所说的"现代生活,以经济为之命脉,而个人独立主义,乃为经济学生产之大则,其影响遂及于伦理学。故现代伦理学上之个人人格独立,与经济学上之个人财产独立,互相证明,其说遂至不可动摇"[2]为应有的道理,并从中引出个人主义赖以立说的经济尺度,以之测量当日尚以一家一户为单位的小农生产构成了主体的中国社会,显见得能够与之在经济一面和伦理一面相匹配的,也只有那些为数不算太多的城市了。但数量不算太多的城市,又在晚清以来的历史变迁里,既与上流社会的大幅度城市化共生,又与知识人的大幅度城市化共生,此日久已聚集了中国人中制造思想和传播思想的社会群类。他们在自身的城市化中又会使自身成为城市里最不安宁的部分。因此,起于城市的新文化运动以其本有的属性化为思想的向度,则已经成为新文化中的一部分的个人主义,便非常自然地也随之而成了一种城市的主义。

时当20世纪初期,这种外来的主义、青年人的主义和城市的主义,因其与本土相对待、与大众相对待、与乡村相对待,在中国的人口总数里实际上不能算是居有多数。然而它们被新文化赋予的,却是一种以"世界化"和"现代生活"为名义而编织出来的普遍意义和普遍主义,并因之而能够集"独立""自主""平等""自由""权利""进取""实利""文明""进步""抵抗""竞争"等等四通八达的

---

[1]《陈独秀文章选编》上册,第73页。
[2] 同上书,第153页。

观念以相诠释，又能够在引申阐发中走向漫无边际。这种出自于"世界化"和"现代生活"的普遍意义，使并不居有多数的个人主义在论说中获得炎炎声势，成了一种新的天地之常经和人世之通则。自晚清以来，中国人用来与中国相对举的"世界"一词，其常义所指其实都是西方。[1]因此，当日与个人主义论说连在一起的"世界化"和"现代生活"虽各成表述，而意思却并无大异，说的都是"现代"，即西方的此日和当下。对于新文化群体来说，上一代人引入的进化论已经为他们筑成了共有的思想定势，由这种定势派生而最能深入人心的演绎之一，便是在历史进化的等序上，西方之久居前列和中国的常在后面。[2]所以"现代"虽在对应于西方的当下，但对中国而言却是远望中的未来。与之同时存在而相为表里的，则是民初中国的当下既属过去的延续，在进化论的判断里，已不能不一并归入于过去之中。以新文化的眼光作俯察，在这种应当过去而没有过去的社会存在里，蕴积的是"中国政治上、道德上、学术上、思想上一切的黑暗"；[3]是"懒惰不长进民族"的"自安愚昧"。[4]就其本性而言，作为一种弥漫四延的社会力量，"黑暗"和"愚昧"既是对于个人和个性的扼制，也是对于个人和个性的淹没。因此，以"现代"为其属性和归向的个人主义，一定会非常自觉地与"陈陈相因"[5]而来，又在"陈陈相因"之中的中国社会与文化相冲突，并由当下的社会文化倒溯以往，沿波讨源地追究二千年中国的历史文化，用文字掀动人心造出众声喧哗和激越高亢。在后来的历史叙述里，这种群体性的思想趋向便被概括地称作"反传统"。

---

[1] 胡适后来作《充分世界化与全盘西化》，以辨析两者之异同。其实当日在可资取法的意义上所用的"世界"一词并非统括五洲，而所指全是西欧北美。因此世界化的内核犹是西化。

[2] 参阅萧公权著，汪荣祖译：《近代中国与新世界：康有为变法与大同思想研究》，南京：江苏人民出版社，1977年，第68—82页；丁守和编：《辛亥革命时期期刊介绍》第1集，北京：人民出版社，1982年，第6页。

[3] 《陈独秀文章选编》上册，第318页。

[4] 《胡适全集》第3卷，第13页。

[5] 《陈独秀文章选编》上册，第179页。

曾经与中国人相安相濡已数千年之久的传统，这个时候成了应当反对和必须反对的东西，不是因为传统本身发生了变化，而是因为往昔用中国人的眼光看传统已变为现在用西方人的眼光看传统。陈独秀说：

> 举凡残民害理之妖言，率能征之故训，而不可谓诬，谬种流传，岂自今始。固有之伦理，法律，学术，礼俗，无一非封建制度之遗，持较皙种之所为，以并世之人，而思想差迟，几及千载。尊重廿四朝之历史性，而不作改进之图，则驰吾民于二十世纪之世界以外，纳之奴隶牛马黑暗沟中而已，复何说哉！于此而言保守，诚不知为何项制度文物，可以适用生存于今世。吾宁忍过去国粹之消亡，而不忍现在及将来之民族，不适世界之生存而归消灭也。
>
> 呜呼！巴比伦人往矣，其文明尚有何等之效用耶？皮之不存，毛将焉附？世界进化，骎骎未有已焉。其不能善变而与之俱进者，将见其不适环境之争存，而退归天然淘汰已耳。保守云乎哉！[1]

这些话所表达的，是新文化群体反传统的一般理由。传统之不得不反，与其说是本乎传统内含的恶，不如说是本乎传统与"皙种"相比较而见的失时和落时。在他之后，胡适说：

> 现在国中最大的病根，并不是军阀与恶官僚，乃是懒惰的心理，浅薄的思想，靠天吃饭的迷信，隔岸观火的态度。这些东西是我们的真仇敌，他们是政治的祖宗父母。我们现在因为他们的小子孙——恶政治——太坏了，忍不住先打击他。但我们决不可忘记这二千年思想文艺造成的恶果。
>
> 打倒今日之恶政治，固然要大家努力，然而打倒恶政治的祖宗父母——二千年思想文艺里的"群鬼"更要大家努力。[2]

他更着意于由当下的恶直接地绾连历史和直接地等同历史，以追究和

---

[1]《陈独秀文章选编》上册，第75页。
[2]《胡适全集》第2卷，第475页。

判定历史的恶,由此表达的是新文化群体反传统的另一个一般理由。在这种用连串比喻勾连起来的推导里,筑成了传统的历史文化之所以成了恶,与其说是被层层实证的,不如说是被先期设定的。在这两种一般理由里,"哲种"所在的西方被看成是一个整体,中国人的传统也被看成是一个整体。虽说其间的少数,例如鲁迅,以他《文化偏至论》中的洞见,显然不会再愤愤然把西方文明当成整体,但那个时候裹入新文化中的多数人,则都是以这种整体对整体为思维之逻辑的。即使是不把西方文明当成整体的鲁迅,对于中国传统则犹以整体视之为当然,并因此而引出其内心"深广"的"忧愤"。[1]

自从19世纪90年代中日甲午战争以丧师失地造成创深痛巨之后,随中国的自我形象在人心中破碎而出现的,是因创深痛巨而被催发出来的最初的怀疑传统和究诘传统的意识。而20世纪初年剧烈的历史变迁,又使之在动荡时世里借助于文字既传播批判,又传播激亢,使已经破碎的中国形象越益破碎。因此,递相承接之间,新文化运动中的那种以一面的整体对另一面的整体,正是这个过程经二十年累积而达到的高峰。然而陈独秀和胡适的话都说明:形成于新文化论述之中的两种整体性,皆非深入了中国文化与西方文化的内里,劳心费力,经历了从个体到一般,具体到抽象的认识过程之后概括出来的,而是以对立的价值判定为起点,又把对立的价值判定推到极端,以罩定两头和统括两头的结果。因此,与整体性连在一起的,一定会是模糊性、空泛性和随意性。例如陈独秀既已把中国传统的负面统归于"孔子之道",并言之侃侃而且言之凿凿。[2]之后又改口说:"吾人最近之感想,古说最为害于中国者,非儒家乃阴阳家也。"并同样能言之侃侃而且言之凿凿,历数阴阳家"一变而为海上方士,再变而为东汉、北魏之道士,今之风水、算命、卜卦、画符、念咒、扶乩、炼丹、运气、望气、求雨、祈晴、迎神、说鬼,种种邪僻之事,横行中

---

[1]《鲁迅全集》第6卷,第190页。
[2]《陈独秀文章选编》上册,第151页。

国,实学不兴,民智日僿,皆此一系学说之为害也"。[1]而与之同步的胡适虽具有更强烈的思想决定论倾向,但其指论中国传统负面的一段代表性文字,却只能非常形而下地竖看千年历史,在一面过滤一面选择中,罗举出"骈文,律诗,八股,小脚,太监,姨太太,五世同居的大家庭,贞节牌坊,地狱活现的监狱,廷杖,板子夹棍的法庭"等等各成片断的物事,总称之为传统留给后人,而"使我们抬不起头来的文物制度"。[2]然则就他们笔下各自展示的整体性而言,旁观者所直观见到的,显然是前者对传统之为传统并没有形成深思熟虑的定见;后者对传统之为传统虽能知其然,却意不在深知其所以然,是以罗举的物事便内无因果可言,外无类别可归,以体用、道器、本末相度量,仍然只能算是见不到质地和本相的片断。在那个时候的中国,他们是呼风唤雨的人。而这种与模糊性、空泛性、随意性连在一起的整体性观念既已成为新文化的一部分,又会沿着这一路径,培育和产出更极端、更粗糙,并且走得更远的思想和言论,当日钱玄同所主张的"欲废孔学,不可不先废汉文,欲驱除一般人之幼稚的野蛮的顽固的思想,犹不可不先废汉文";以及吴稚晖引为论说的"'放屁!放屁!真正岂有此理!'用这种精神,才能得言论的真自由,享言论的真幸福",[3]皆反传统一派里能以其既偏且激翘出一时,而令人印象尤其深刻者。

模糊是没有确定性,空泛是没有具体性,随意是没有一贯性,所以,新文化运动促成的这一场整体性的反传统,实际上所留下的大半都是一种广度多而深度少的浩大声势。但声势既成,声势本身同时也已成了笼罩八方的强势、趋势和定势。由此造成的新思潮与旧传统之间的此起彼落和此长彼消,都着力于以破为立,在理想中的现代人和不合理想的"并世之人"间操刀一割,划出一个一分为二的世界。因

---

[1]《陈独秀文章选编》上册,第275页。
[2]《胡适全集》第4卷,第502页。
[3]《钱玄同文集》第1卷,北京:中国人民大学出版社,1999年,第162页;第2卷,第200页。

此个人主义虽是外来的主义、青年人的主义、城市的主义，而其中被赋予的要义却为"吾人最后之觉悟"所寄托，[1]遂既成了其间的笼罩力之所在，又成了其间的牵引力之所在。

陈独秀说："使今犹在闭关时代，而无西洋独立平等之人权说以相较，必无人能议孔教之非。"又说自"罢黜百家，独尊孔氏"以后，则"学术思想之专制，其湮塞人智，为祸之烈，远在政界帝王之上"。[2]前者由横看中西而来；后者由竖看古今而来，但宣述的其实都是同一个意思。晚清以来，为对付君权而引入中国的"专制"一词，着眼点本是政治和政体。然而时至此日，其内涵和外延俱已随新文化和新思潮四面扩张，由政治而进入思想，进入学术，进入社会，进入伦理，并在这个过程中一面用自己的反衬烘托，为"独立平等人权之说"作诠释，一面使自己不断地层层泛化，成为无处不在的东西。泛化本身应算作演绎，但就陈独秀的后一段话而论，显然是泛化之所以可能，正在于其同时又是一种自为理路的归纳，一种用"独立平等人权之说"诠释专制的归纳。而后是借助于演绎和归纳的这种改造和创造，人权和专制这两个各有本义的西方概念，遂在新文化为它们所作的相互诠释中实现了自己的中国化。随后是作为一种得其大体的统括，人权与专制的对立，便既成为模糊性、空泛性和随意性里最清晰可辨的中心观念，也成为接受了个人主义的各类知识人用之以横扫传统和别立是非的利器。与之对应的，则是传统中的家族关系以及被称作礼教的人伦秩序，因其关乎每一人，遂因之而具有的普遍性、广泛性和切己性，从而能与人权颉颃专制的本来义与衍生义相对应，并因这种对应而被选定和罩定，成了当时直接受创和深度受创的对象。

当日陈独秀陈说其间之因果和理路，综而论之曰：

忠孝者，宗法社会封建时代之道德，半开化东洋民族一贯之精

---

[1]《陈独秀文章选编》上册，第105页。
[2] 同上书，第145、148页。

神也。自古忠孝美谈，未尝无可歌可泣之事，然律以今日文明社会之组织，宗法制度之恶果，盖有四焉：一曰损坏个人独立自尊之人格；一曰窒碍个人意思之自由；一曰剥夺个人法律上平等之权利（如尊长卑幼同罪异罚之类）；一曰养成依赖性，戕贼个人之生产力。[1]

因此"欲转善因，是在以个人本位主义，易家族本位主义"。[2]他所关注的个人之"人格"，个人之"自由"，个人之"权利"，以及"个人之生产力"，着眼和着力的都是弘张人权，以引导个体从家族关系中解脱出来和挣脱出来。因此他对家族制度本身的否定，犹止于大而化之和概而论之。与他合为共鸣又各成一路的，是同样以宗法和家族为对手的吴虞，其着眼点和着力处已全在深文周纳地搜剔和抉示其间的专制之迹，用来总体概括和通盘论证"家族制度为专制主义之根据"。比之陈独秀把人权当作重心，这种以深咎专制为讨伐的路数，其刀头之所向，已是对宗法和家族本身的凌厉攻击。家族附着于血缘，因此其攻伐便从广引古籍，以排比稽核血缘伦理下手，由"详考孔子之学说，既认孝为百行之本，故其立教，莫不以孝为起点，所以'教'字从孝"，推演到"孝敬忠顺之事，皆利于尊贵长上，而不利于卑贱"；推演到"孝乎惟孝，是亦为政，家与国无分也"；最终推演到"盖孝之范围，无所不包，家族制度之与专制政治，遂胶固而不可以分析"。[3]于是，作为血缘伦理的孝道在久受推崇而被当作百善之先以后，经此一朝颠翻，已成了"国有礼乐孝弟，必削至亡"的东西。而以孝道为中心的家族制度，则为孝道所牵引，在他的单线推演里先与专制政治同源，后与专制政治连体，对于历史中国和当下中国来说，便是时时都在"流毒诚不减于洪水猛兽"[4]的大害。这个过程广延上溯，不仅在表达评判，而且在唤出敌意。其单线推演的尽头既

---

[1]《陈独秀文章选编》上册，第98页。
[2] 同上注。
[3] 田苗苗整理：《吴虞集》，成都：四川人民出版社，1985年，第61—63页。
[4]《吴虞集》，第64—65页。

归于孔子之"妄作孝弟而侥幸于封侯富贵",则思想史上的孔子遂因此而被指为专制政治的祸首:"故余谓盗跖之为害在一时,盗丘之遗祸及万世。"[1]以情见乎辞做比较,显然是吴虞比陈独秀抱有更多对孔子个人的仇视。虽说他既无宋学的家法,也无汉学的家法,但自谓能"以六经,五礼通考,唐律疏义,满清律例,及诸史中议礼议狱之文,与老庄、孟德斯鸠、甄克思、穆勒约翰、斯宾塞尔、远藤隆吉、久保天随诸家之著作,及欧美各国宪法、民、刑法比较对勘",[2]因此立言之际,遂能用自以为非常学术的外观下笔纵论上下古今,用孝道等同于专制,家族制度等同于专制,孔子等同于专制的论断和了断,简捷明快地串通了复杂的中国历史,而后以此提撕中国人中的多数说:

> 是故为共和之国民,而不学无术,不求知识于世界,而甘为孔氏一家之孝子顺孙,挟其游獘怒特蠢悍之气,不辨是非,囿于风俗习惯酿成之道德,奋螳臂以与世界共和国不可背畔之原则相抗拒,斯亦徒为蚍蜉蚁子之不自量而已矣![3]

对于受教的大众来说,这些话里有太多的俯视意态和无端傲慢,无疑都不能算是容易消受的东西。然而他之能够以此得陈独秀、胡适的抬举,由地方的"蜀中名宿"[4]而被引到《新青年》一群里,成为新文化运动中激烈反传统的代表人物,则又说明吴虞把孝道同于专制,家族制度等同于专制和孔子等同于专制的简捷论断,及其稍后又按鲁迅的《狂人日记》来推比历史,而别立孔教吃人的醒目命题,[5]皆因其一路跳踉的简捷醒目而更能以直截了当见长。比之把青年当作对象而出以"涕泣陈词",这种因为简捷而成其简单的笔法尤易动人之心而成就他们的"自度度人"。[6]1917年吴虞自谓"余之非儒及攻家族制

---

[1]《吴虞集》,第65页。
[2] 同上书,第385页。
[3] 同上书,第65页。
[4]《陈独秀文章选编》上册,第169页。
[5]《吴虞集》,第167—171页。
[6]《陈独秀文章选编》上册,第73—74页。

两种学说，今得播于天下，私愿甚慰矣"。[1]然则以思想脉络的承接和衍生而论，"非孝""反孔教"和"反家族制度"之能够成为当日反传统论说中用来编连和表达思想的核心词汇，吴虞的"两种学说"显然是做出过重大贡献的。

《忘山庐日记》曾说：20世纪初年，"东南年少出学西法，数月辄归，而凌其父"。具见世风剧变之下，那个时候中国的家族制度已在驰脱之中了，然而作者录之以为笑谈，并因此而"太息良久"，[2]又说明这一类用游学得来的西法掀动家庭风波的事还不算多见。但时至新文化运动涛声动地而来，则由非孝、反礼教和反家族制度串结而成的，已是一种呼声与回声汇成的群鸣，一种以裹挟为席卷的蔓延。由于群鸣和蔓延都集矢于非常具体的对象，并且以这种对象为入口而沿着人伦、家庭进入到个体中国人的生活世界和精神世界之中。因此，以新文化为范围作总而言之，由此造成的对中国社会的翻搅之广和揳入之深，实际上都远远超过了其他题目，而成为那个时候的无出其右者。而与之相对等的，则是由此引发的反激、排抵和拒斥也因其震荡之烈而为一世注目。这一类翻搅与反激之间的对撞散见于那个时候的记述之中，其间尤其引人注目者，则曾有浙江一师常读《新青年》的学生以《非孝》为题目作短文，致浙省的教育当局撤一师之校长；省议会复延而伸之，以"废孔、非孝、公妻、共产"列罪案弹劾一师。于是又有师生一方的聚而抗之。而与这种来自权势的压力相比，更能反映冲突之实际程度的，是"据最保守的统计"，当日对《非孝》一文作鸣鼓而攻之的文字"总在一千篇以上"。[3]德先生和赛先生虽被奉为新文化的大神，但其高高在上而与大众的精神世界和生活世界太过悬隔，则使由此引出的交争远远逊于这种由家族制度触发的争斗场面。而后是起于地方的风潮在这个过程里扩散到了全国。其时的卷入风潮者，有不少成了后来中国的名人，而这一段人生经历，也一定会

---

[1]《吴虞日记》上册，成都：四川人民出版社，1984年，第295页。
[2] 孙宝瑄：《忘山庐日记》，上海古籍出版社，1983年，第798页。
[3] 曹聚仁著，曹雷编：《听涛室人物谭》，上海人民出版社，1998年，第170页。

在他们的思想形成中留下深度痕迹。

然而作为反家族制度的代表人物，吴虞虽以其广引古籍和东西学理为长技，成为胡适笔下的"老英雄"，[1]并以其"两种学说"影响了成群"新青年"，但其内心其实并不太信自己正在张扬的这种东西。1917年他在日记中说：

> 《新青年》三卷一号将一、二卷目录特列一页，上署大名家数十名执笔。不意成都一布衣预海内大名家之列，惭愧之至。然不经辛亥之事，余学说不成，经辛亥之事而余或不免，四川人亦无预大名家之列者矣，一叹。美人嘉莱儿曰：文人亦英雄之一种。余正不可妄自菲薄，以为逊于世界之伟人也，勉旃。[2]

以其后段的有志于比肩"世界之伟人"作对照，显见得前段里的"惭愧之至"不能算是一种修辞立其诚。比较而言，更真实的是他自述由来，而将其"学说"归本于"辛亥之事"。其间之始末，是辛亥年间因家事交恶而致父子久相撕咬，又因久相撕咬而被他称作"魔鬼"和"老魔"的父亲告到官里，虽说最后吴虞赢了官司，但在成都的学人群体里却因此而成了千夫所指的"士林之耻"和"名教罪人"，随后又被踢出教育界，失掉了啖饭的饭碗。[3]然则他直言非经此节，则"余学说不成"，说的正是对他而言，反家族制度的直接原因和真实动力，更多地来自于对自己父亲的痛恶、对成都士人社会的痛恶以及对两者倚为凭借的儒学的痛恶。这些都决定了他着力于反家族制度，既是起于私怨而无关学理，又是专门用来对付别人的。因此，稍后他女儿向往自由交际，即招来他厉词训诫：

> 汝等不守规矩，不顾名誉，常游于后门，私出于户外，在中华黑暗之社会，[慕]欧美自由之文明，至令浪子小人，敢于侵犯，所谓

---

[1]《胡适全集》第1卷，第763页。
[2]《吴虞日记》上册，第310页。
[3] 同上书，第6页；李璜：《学钝室回忆录》，台北：传记文学出版社，1978年，第12页。

> 人必自侮，而后人侮之，辱没祖宗，辱没父母，更何面目立于人世。
> 　若再不谨慎笔墨，郑重行止，妄与外人通信，若吾知之，断不能堪。置之死地，不能怪我。[1]

他用来管束儿女的这一套东西纯以单面专制为道理，显然都出自被他用文字痛加捂击的孝道、孔教和家族制度。这种集于一身的两头抵牾太过明显，所以钱玄同词锋直露地说他是"自己做儿子的时候，想打老子，便来主张毁弃礼教；一旦自己做了老子，又想剥夺儿子的自由了，便又来阴护礼教了"。并挖苦吴虞之反孔，不过是在"用孔丘杀少正卯的手段来杀孔丘"，而其本性仍是"孔家店里的老伙计"。[2]这些话虽然尖刻，却并不虚假。而由此申论，则吴虞既以反传统成"大名家"，其首尾不能兼顾的自相矛盾便同时又有了一种具有代表性的典型意义。

许德珩后来追忆五四，说是"当时许多人主张打倒旧礼教，但是理论脱离实际，生活很浪漫，如陈独秀就是样"，当日"四川的吴虞也是这样的"。他们的毛病皆在不能"说得到，做得到"。[3]显然是其眼中的陈独秀也因首尾不能兼顾而同在这种典型之中。若加上鲁迅总论钱玄同，而谓之性"好空谈而不做实事，是一个极能取巧的人，他的骂詈，也是空谈，恐怕连他自己也不相信自己的话"，[4]这些文字以熟人刻画熟人，自有足够的深度。然则以首尾不能相顾而论，则当日激烈反传统，并一路走到极端的钱玄同也应被圈到这一类里了。与此相类似的，至少还有渊源出于鸳鸯蝴蝶派的刘半农。[5]由此大略地构写出来的人物群像，为吴虞提供了一种反衬的背景，而后从吴虞的典

---

[1]《吴虞日记》上册，第373—374页。
[2]《钱玄同文集》第2卷，第57、59页。
[3] 中国社会科学院近代史研究所近代史资料编辑组：《五四运动回忆录》续，北京：中国社会科学出版社，1979年，第7、356页。（周作人说当日北京报纸多载陈独秀"不谨细行，常作狭斜［邪］之游"，见周作人：《知堂回想录》，香港：三育图书公司，1980年，第356页。）
[4]《鲁迅书信集》上卷，第247页。
[5]《鲁迅全集》第6卷，第56页。

型意义里可以读出：正是这些表里不一，言行不一，前后不一的人物和情节，以其内里的缺乏一贯性，实际地促成了一场共享一种语言和理路，从而外观上拥有一贯性的反传统思想运动。因此，真实的历史常常是矛盾的历史；也常常是既难以用整体完全概括细节的历史，也难以用细节层层究诘整体的历史。

二 个人主义之悬空推演和个人的失真：人的抽象化与人的至上化

然而作为其时既有的事实，这种从"毁弃礼教"到"阴护礼教"的翻身转向；以及"理论脱离实际"和"自己也不相信自己的话"，又以其代表人物所持宗旨的脱空于个人的心志和践履，说明了这一场在后来的历史叙述中被统名为反传统的思想运动，虽以非孝、反礼教和反家族制度为大题目召集八方而起，但其真实的动因和引力则其实并不全在非孝、反礼教和反家族制度这些题目本身和这些道理本身。一个曾是潮流中人的青年学生后来叙述自己当年从外省到北京，从一开始便已既进入了学生生活，同时也进入了一种"学习革命，学习反抗，学习破坏"和"崇拜革命，崇拜反抗，崇拜破坏"的思想感染和思想传导之中。随之而来又与之对应的，则是轻易的拥护和轻易的推翻：

> 不自然的大家庭制度，不自由的婚姻制度，片面的贞操观念，基于宗法社会的孝的道德，虽在中国社会已拥有数千年深固的威权，只须几篇论文，几场辩论，便顷刻间冰消瓦解。[1]

这种浪漫主义的描写留给历史的思考却是，以"几篇论文，几场辩

---

[1]《苏雪林文集》第2卷，合肥：安徽文艺出版社，1996年，第62页。

论"为武器,与"拥有数千年深固"权威的种种观念相对峙,其间太过悬殊的差异决定了"论文"和"辩论"之能够"顷刻"打倒"大家庭制度""婚姻制度""贞操观念"和"孝的道德",显然不会是全靠其自身那些以人云亦云为单面道理的说服力所能做到的。在这个过程中,被"几篇论文,几场辩论"呼唤出来的逆反里,最深层的内容和最本质的意义,其实应是孝道、礼教和家族制度,与以个体为立场的一个个具体个人,以及个人心中正在被召唤出来的欲望之间的对立。对于后者来说,前者之不可容忍正在于前者是一种管制,因此,当前者被总体地归结为专制和压迫之后,后者的逆反便成了一种以打破管制为个人解放的追求。比之"论文"和"辩论"这是一种更能引导和左右人心之所向的力量。

陈独秀说:

> 等一人也,各有自主之权,绝无奴隶他人之权利,亦绝无以奴隶自处之义务。奴隶云者,古之昏弱对于强暴之横夺,而失其自由权利者之称也。自人权平等之说兴,奴隶之名,非血气所能忍受。[1]

之后,引"近世欧洲"历史为"解放历史",陈说"政治之解放""宗教之解放""经济之解放""男权之解放",并概而论之曰:"解放云者,脱离夫奴隶之羁绊,以完其自主自由之人格之谓也。"[2]

因此,就其所谓产生于"近世欧洲"的人权是在不断"解放"中实现的而言,则解放之于人权本在因果相连之中。而就其概而论之的"脱离夫奴隶之羁绊"与"完其自主自由之人格",两者之既在时间上相同一,又在过程中相同一而言,则无异于人权本身又是与解放重叠在一起的。殷海光后来说:"中国早期的自由主义者多数只能算是'解放者'",自己经历的是解放,向人传播的也是解放。并且一网统罩地

---

[1]《陈独秀文章选编》上册,第74页。
[2] 同上注。

把新文化运动中的胡适、吴虞、吴稚晖都收到了这一类里。[1]他想要说明的是20世纪初期中国自由主义的不够纯粹,而反映的则是那个时候为同一种历史过程所造就的共识和共相。其间胡适引尼采"重新估定一切价值"作准则,为新思潮所立的"评判的态度",[2]就其表达的解放之学理高度而言,尤比陈独秀说解放的浅露质白多了一点精神上的理性意识,也多了一点态度上的自以为是,亦见同样鼓吹解放,而自由主义一脉自有其本色。然则数十年之间,中国人眼中的民主,由比附三代而悬为揣想开始,在晚清表现为可以寄托期望的泰西富强之法;在民初表现为以议会政治和政党政治为重心的宪政制度;至新文化运动,则再变其义,既以个人主义诠释人权,又以人权诠释民主,遂使民主的实际内容和直接指向,在这种层层诠释中都已被归结到了个人本位的解放。而相比于作为富强之法的民主以士人为宣述对象;作为宪政制度的民主把知识人当成实际的主干,则后一种意义上的民主以其鲜明的个人性为标帜,瞩目和灌溉的既是青年读书人,应召而起的大半也是犹在学校和初出学校的读书人。在二十年维新潮流余脉不绝的思想浸润之后,学校所给予的新知已铺就一层特定的知识构造,使他们成为彼时中国最容易接受和最能够演绎这一套心法的社会群类;而后是接受和演绎又使他们成为彼时中国最先发生了变化的社会群类。

曾是《新潮》杂志重要成员的杨振声,三十五年之后以过来人的感受和体验描写当日青年的这种心理变化说:

> 他们首先发现了自己是青年,又粗略地认识了自己的时代,再来看旧道德、旧文学,心中就生出了叛逆的种子。逐渐地以至于突然地,一些青年打碎了身上的枷锁,歌唱着冲出了封建的堡垒,确实感到自己是那时代的新青年了。[3]

---

[1] 姜义华、吴根梁、马学新编:《港台及海外学者论近代中国文化》,重庆出版社,1987年,第107—180页。
[2] 《胡适全集》第1卷,第692页。
[3] 陈平原、夏晓虹编:《北大旧事》,北京:生活·读书·新知三联书店,1998年,第61页。

用"他们"作主语,指代的是合群和多数。而"叛逆的种子"、打碎"枷锁"、冲出"堡垒"虽因个人主义激发而起,但当其汇为一种集体精神,其间最引人注目的东西,则正是美国历史学家史华慈(Benjamin I. Schwartz)所说的,主导了这个过程的"不仅仅是一种功利主义或个人主义,而且是一种心灵的渴求——一种个人从一切社会关系的羁绊中解放出来的要求"。[1]这种向往和追求解放的"心灵的渴求"无可名状,因此无从作深度的析义和通释。但以"一切社会关系的羁绊"来对照并解说那一代人眼中"不自然的大家庭制度"、"不自由的婚姻制度"、"片面的贞操观念"、"基于宗法社会的孝的道德"以及统括更广的"吃人"的礼教,却可以非常明白地看到:一方面,对于这一代人来说,他们的自我解放意识是在反传统的过程中实际产生和具体形成的。因此,比之陈独秀举为榜样的"近世欧洲"种种解放,其"心灵的渴求"更直接的指向和更迫切的意愿,首先都是自身对于传统的解放。一个旁观的外国人说:他们"认为所有的思想和建议都大同小异,只要他[它]们是新的并与旧的习惯和传统相脱离"[2]便都是好的,写照的正是这种直接和迫切。正是以这一面作反照,后人可以清楚地看到的另一面是:造成了他们在这个过程里所经历的那种既改变了自己,也改变了历史的"数千年深固的威权"被一时打倒的动力,其共有的来路和不绝的源头,其实都出自"个人从一切社会关系的羁绊中解放出来的要求"。

与出现在历史现场中的"论文"和"辩论"相对比,这种"要求"更内在,从而更深执。由此形成的不仅是一种共识而且是一种共信。因此,与之相伴而生的判断、选择、取舍虽未必尽属井井有条,却能够因其代表的共识共信的真实性而真实地影响当日的中国社会。随后,是自度和度人两面的交互作用化作精神上的塑造,使这一代人

---

[1] 王跃、高力克选编:《五四:文化的阐释与评价》,太原:山西人民出版社,1989年,第5页。
[2] 转引自周策纵著,周子平等译:《五四运动:现代中国的思想革命》,南京:江苏人民出版社,1996年,第252页。

非常不同地成了"那时代的新青年"。

然而这种通过打倒传统来求取的解放虽然前所未有，但本质上却只是一种摆脱，而不是一种获得。章衣萍后来说：

> 中国青年思想，以五四运动前后变动得最利害。那时的青年，大家嚷着反对家庭，反对宗教，反对旧道德、旧习惯，打破一切旧制度。我在南京暑期学校读书，曾看见一个青年，把自己的名字取消了，唤做"他你我"。后来到北京，在北大第一院门口见一个朋友偕了一个剪发女青年，我问她："你贵姓？"她瞪着眼看了我一会，嚷着说："我是没有姓的！"还有写信否认自己的父亲的，说"从某月某日起，我不认你是父亲了，大家都是朋友，是平等的"。[1]

这些人物分属南北而且兼及男女，因此他的叙述虽出自个人的闻见之知，却为那个时候的世相留下了一种具有代表性的实录。其间的废姓、废家庭、废父子关系一时俱起，说明千年传统成为中国人的常情常理之后，由推翻传统促成的一路否定和层层否定，便一定会走到常情常理之外。而以废姓、废家庭、废父子关系为一己之解放，则同时又说明，对于一个具体的个人来说，从这种以解放为名义的今时异乎往昔里得到的东西，不仅是外在的，而且是虚幻的和空洞的。而外在的、虚幻的、空洞的，都决定了它们实际上只能是无常的。所以章衣萍的叙述里还有另一则与皖籍作家章铁民相关的故事："铁民也是否认过自己父亲的，但是当一九二一那年，铁民的父亲在家乡死了，他在北京，因父死未葬，家人促其归，而铁民竟因贫未而能归。作'孤儿思归引'，情调甚惨。"[2]

一曲"孤儿思归引"显示的是这个世界上的许多东西其实是废不掉的。但当作为一种观念的解放成为思想潮流之日，那一代人为自由、平等、独立、权利编连起来的个人主义所席卷，最难体会的是这

---

[1] 章衣萍：《窗下·枕上·风中随笔》，台北：东方出版社，1994年，第38页。
[2] 同上书，第38页。

一点，最难认知的也是这一点。所以，这种向家庭争解放的事在那个时候不仅多见，而且往往一路横决。以至于曾经力倡反家族专制的陈独秀1920年又要作《新文化运动是什么》，以另一面的道理为之正误："我们不满于旧道德，是因为孝弟底范围太狭了。"而"现代道德底理想，是要把家庭的孝弟扩充到全社会的友爱"。但世之反孝弟者常常不知此意而没有分寸：

> 现在有一班青年却误解了这个意思，他并没有将爱情扩充到社会上，他却打着新思想新家庭的旗帜，抛弃了他的慈爱的、可怜的老母。这种人岂不是误解了新文化运动的意思？因为新文化运动是主张教人把爱情扩充，不主张教人把爱情缩小。[1]

虽说相比于他此前反家族主义的那些文字的一派凌厉峭刻，这些话既太过空洞，又太过肤泛，并不足以构成情理兼备而入人之心。但这些并不足以入人之心的话却又实际地反映了当日向家庭争解放的盲目，以及这种盲目的悍悖和普遍。若以章衣萍记述中的那些以天真为本色的故事作对照，显然是陈独秀笔下的"抛弃了他的慈爱的、可怜的老母"更多了一重麻木和冷酷。而这种麻木和冷酷既与个人权利俱来，则一人的解放，往往要带来他人的痛苦。其时《民国日报》的副刊《觉悟》常常讨论婚姻自由，但起而发议的"都是男子，没有女子"。因此，抗婚、离婚，以及对于既成婚姻的怨恨，申诉的都是男子的自由、平等、独立、权利。其间的一则通信却少有地以女子为立场，说明女子嫁人本来已是被动的一方，而此日又为时潮所劫，跌入了另一种古所未有的困苦被动，并因此而更困苦：

> 不期这位夫婿，猛然觉悟，成了个新思潮人物，嫌伊学问不好呀，见识不高呀，受尽奚落，讨尽没趣。那"离婚""不要"的话，虽没有溢诸言表，而千悔万悔，自怨自艾的态度，煞是难看。不得已，还要强颜为欢，作无谓的周旋。加以伊家里的人，看伊

---

[1]《陈独秀文章选编》上册，第514页。

不如丈夫的意，不问由来，归罪于伊，明讥暗讽，一发弄得薄命人啼笑皆非。无如女人家是不能作为的，只好背着人，用泪珠儿洗面罢了。

然后追问说："照这样看来，究是谁负谁呢？究是谁的罪恶呢？"显见得在这种尚未破裂的婚姻里，男子一方的思想解放已对等地化作了对于女子的精神压迫。而由此走得更远，在那些因追求自由而被拆散的婚姻里，则男女都面对着"须知现社会里，同一离婚之后，女子再嫁比男子再娶难过千百倍"的等差各异。[1]这样的对比说明：男子从离婚中获得的自由和权利，恰恰是以女子所得到的更多的不平等和更多的困苦为代价的。然则以事实而论，与自由和权利附贴在一起的，同样是源于麻木和冷酷。

这一类出现在个人解放过程里的麻木和冷酷与自由、平等、独立、权利相伴而来，又以其预想和实际之间的相歧相悖，说明引入中国的自由、平等、独立、权利向中国人所提供的，其实是一种因其普遍性而成其抽象性的道理。实际上其中既没有真正的主体，也没有真正的客体；从而既没有具体的规定性，也没有具体的社会性。这种没有主体性、没有客体性、没有规定性、没有社会性，决定了它们在那个时候的中国更容易被当作工具而不容易被当成观念和学理。但新思潮既以青年为选定的灌输对象，遂使这些东西既容易为青年所接纳和受用，又容易为青年所据有和独有。因此解放虽由家庭开始，而一经新青年群起发舒，则一定不会止乎家庭。这个过程里尤其触目惊心的是五四运动之后，北京大学里的学生既已借助于新思潮脱颖而出，便直接进入了"从一切社会关系的羁绊中解放出来"的境界。于是而有蒋梦麟多年之后犹言之愤愤的"扰攘不安"：学生"竟然取代了学校当局聘请或解聘教员的权力。如果所求不遂，他们就罢课闹事。教员如果考试严格或者赞成严格一点的纪律，学生就马上要罢课反对他们。

---

[1] 傅学文编：《邵力子文集》上册，北京：中华书局，1985年，第279、285页；下册，第645页。

他们要求学校津贴春假中的旅行费用，要求津贴学生活动的经费，要求免费发给讲义。总之，他们向学校予取予求，但是从来不考虑对学校的义务。他们沉醉于权力，自私到极点"。在当时的人以群分里，蒋梦麟的归属应在新文化一面，但对这种新思潮衍生出来的群体现象，他显然既非常陌生，又非常对立。而起于其间的那一场数百名学生因反对"缴讲义费"而"集合示威"的风波，又把蔡元培直接拽到了这种对立之中："蔡校长赶到现场，告诉他们必须服从学校规则"，但学生一方置若罔闻，犹涌入办公处，"要找主张这条'可恶的'规定的人算账"。之后的场面，对于这个曾以一己之力助成了新文化运动的学人来说，无疑是一种深深的悲哀：

> 蔡校长告诉他们，讲义费的规定应由他单独负责。"你们这班懦夫！"他很气愤地喊道，袖子高高地卷到肘子以上，两只拳头不断在空中摇晃。"有胆的就请站出来与我决斗。如果你们那一个敢碰一碰教员，我就揍他。"
>
> 群众在他面前围了个半圆形。蔡校长向他们逼进几步，他们就往后退几步，始终保持着相当的距离。这位平常驯如绵羊，静如处子的学者，忽然之间变成正义之狮了。[1]

这些文字描述蔡元培异乎寻常的愤怒，实际上记录了新文化运动历史内容中的另外一面。比之新思潮冲击旧伦理、旧文学、旧艺术、旧宗教的开新守旧之争，则曾经同路而行的老师一代和学生一代由合到分，在极短的时间里走向怒目相向，其实更深刻地反映了这段历史中因个人解放而带来的独有的矛盾。

由于蒋梦麟身经"扰攘"，所以，学生一方在他的眼中已类同群氓。但学生的扰攘之不同于群氓，是因为他们有个人主义，有自我本位，有自由、平等、独立、权利，以及在这些观念启导下形成的，把传统归结为礼教，又把礼教归结为专制的思想上的对立面。虽说以源

---

[1] 蒋梦麟：《西潮·新潮》，长沙：岳麓书社，2000年，第131—132页。

头而论，传入中国的个人主义自始即各有流派，然而各有流派的个人主义都共属人本主义，并因此而都把人本身设为这个世界的目的。若以此前二十余年间维新思潮助成国家观念笼罩天下，曾致二千年儒学的民本主义经此一变，随之而衰为既有的事实，则个人主义以人本身为目的，已是近代中国思想在又一变里仿佛回向了对于人的关注。但与民本主义相比，进入中国的个人主义都是一种截来的论断，其间既无来龙去脉，又无表里本末，对于中国人来说，被个人主义推到了高处的人遂同时又成为看不到差别性，也看不到具体性的抽象化了的人，而后是这种个人主义一经汇入了个人解放的潮流，便在这个以青年为主体的激扬过程里被群体地演示和演绎。

一方面，作为高悬的道理，人本身成为目的是与娜拉这一类象征和故事情节联袂而来，一同移入中国的，并且是借助于后者的形象与故事而得以具体化和通俗化的。因此，以学理而论，能够被当作这个世界之目的的，其主体本应是总称的人，但通过这种具体形象和象征性形象而进入其间的中国人，却更容易把总称的人直接当成了个体的人，又把个体的人直接等同于当下的自我。与之相为因果的，则是学理提供的人的至上性，常常会为个体的利益意识、欲望意识和竞逐意识幻化出一种自利的至上性。另一方面，由于被个人主义推到了高处的人同时是一种抽象化了的人，所以接受了个人主义的中国人，便常常会在自我意识中简单而轻易地把自己与国家、社会、家庭、团体断分开来，并驾而上之。这种断分和脱裂的结果，是实际上以社会关系的总和为自己存在状态的人，在观念上却可以是与他人不相对待，不相依存，不相勾连的单独的个体和孤独的个体。对于中国人的历史文化来说，两者都是别解，但两者又在极短的时间里已进入家庭、进入学校、进入团体、进入社会，并以由此引发的群己冲突演示和演绎了这种个人主义，及其在传入中产出的派生意义与中国社会的矛盾。相比于个人解放引导下出现的那种撕裂亲情的家庭冲突，则发生在北京大学里的师生对峙的场面，学生一方的集群而起虽同样由个人解放而来，却又更多了一点进攻性。梁实秋后来说，"我们中国人的生活，最

重礼法",而礼法之为用,其重心本在于理性:

> 到了最近,因了外来的影响而发生所谓"新文学运动",处处要求扩张,要求解放,要求自由,情感就如同铁笼里的猛虎一般,不但把礼教的桎梏重重的打破,把监视情感的理性也扑倒了。

而后是"这不羁的情感在人人心里燃烧着",带来了个体精神世界中的今昔大变。[1]他所说的"情感",背后其实是久在理性管束之下的欲望;他所说的"理性",则主要是指形成于历史之中,又积留于历史之中,并因之而外在于个体的礼制化了的共同守则。因此,他的话又富有深度地说明了,标张自由、平等、独立、权利的个人主义和个人解放在那个时候一面以打倒礼教压倒理性,一面以打倒礼教唤出欲望的两相表里和互为因果,以及由这种脱出了理性的欲望作引导,个人主义所造成的实际上的破坏性。其中尤其引人深思久想的,则是以理性相标榜的新文化运动,在这个过程里又为其自身的逻辑所制约牵引而失其本义,七颠八倒地一步步促成了理性淹没的事实。

然而就其本来面目而言,产生于西方历史中的自由、平等、独立、权利之说既以人作为其主体,则在它们之上和它们之内,实际上都有着西方文化对于人性的思考,以及与这种人性思考相契合的人文意识和人文关怀。因此自由、平等、独立、权利本来都各有其与历史文化连在一起的内在意义和内在约束。但在它们被引入中国并播向人群的过程里,这种本在概念之上和在概念内里的东西,则因在另一种历史文化里找不到可以现成附着的对象而实际上已一层一层地脱落殆尽。因此,这种半路截来的自由、平等、独立、权利移到中国,从一开始就已无窒无碍地进入了上个世纪以来进化论所营造的,以物竞为天演之公理的思想环境和语言环境之中,并在这种环境中被阐发和解释。对于新思潮里的多数中国人来说,这些词汇既以个人为主体,也以个人为立场,其本义和引申义便很容易聚拢于"人间百行,皆以自

---

[1]《梁实秋文集》第1卷,厦门:鹭江出版社,2002年,第42页。

我为中心"的外向伸展，以期最终能"导吾人于主人地位"。[1]而后是自由、平等、独立、权利在失掉了它们本有的内在意义和内在约束之后，遂为天演物竞之公理牵引和笼罩，成了一种单纯向外扩张的东西。与此相接应而成立的，则是这种无涉于个体内在一面和精神一面的向外扩张，其锋芒所向的"反权威，反传统，反偶像，反旧道德",[2]重心都在中国人传统中外在化的、物化的和形而下的一面。即使是彼时目为大恶的"旧道德"，直接被讨伐的对象，也是存在于个体周围而触手可及的那种施为管束的礼制。更加直观和更加外在的，还有钱玄同笔下毫无章法的排比：

> 垂辫；缠脚；吸鸦片烟；叉麻雀、打扑克；磕头，打拱、请安；"夏历壬子年——戊午年"；"上巳修禊"；迎神，赛会；研究"灵学"，研究丹田；做骈文，古文，江西派的诗；临什么"黄太史"、"陆殿撰"的"馆阁体"字；做"卿卿我我"派，或"某生者"派的小说；崇拜"隐寓褒贬"的"脸谱"；想做什么"老谭""梅郎"的"话匣子"；提倡男人纳妾，以符体制；提倡女人贞节，可以猗欤盛矣。[3]

这种见不到理路的片断缀连片断，正反映了那个时代重估传统的眼光之直观、外在无厘。然而以儒学为主流的中国传统并不只有固结化的礼制以及与之相关联的外在一面。

孔子说"古之学者为己，今之学者为人",[4]以其非常明白的可否和取舍申明了儒学本性上是一种"为己之学"。后来王安石积累年力学之心得为之解说曰："为己，学者之本也"；"为人，学者之末也"：

> 是以学者之事必先为己，其为己有余而天下之势可以为人矣，则不可以不为人。故学者之学也，始不在于为人，而卒所以能为人

---

[1]《陈独秀文章选编》上册，第103、164页。
[2] 张斌峰、何卓恩编：《殷海光文集》第4卷，武汉：湖北人民出版社，2001年，第103页。
[3]《钱玄同文集》第2卷，第15页。
[4] 朱熹著，金良年今译：《四书章句集注》上册，上海古籍出版社，2006年，第201页。

也。今夫始学之时，其道未足以为己，而其志已在于为人也，则亦可谓谬用其心也。[1]

"为己之学"是把个人自身当成对象的德性养成。孔子说"我欲仁，斯仁至矣"；孟子说"人之所以异于禽兽者几希"。[2] 前者指的是人有向善和行善的可能，后者指的是人有作恶的可能和作恶的可怕。所以，儒学置修身于齐家之前，又置修己于治人之前，既是在告诉世人，好的社会是好的道德的延伸；又是在告诉世人，好的政治是好的道德的延伸。这些道理的起点都是中国文化对于人性的思考，因此，以此为内核的中国文化所含结的人文精神，便不能不尤重个人依人性而成人格的过程，以及这个过程里个体的自我省察，自我纠错，自我造就，自我完善。省察、纠错、造就和完善都是自己对自己的管束，从而都是个体自己承认自己的有限性和不完善性。相比于外在礼制伦理，这种被称作进德的过程在礼制的背后和深处，构成了儒学伦理中更内在和更本质的东西。二千多年来，儒学在其一路延续中既以仁和礼为出发点，也以仁和礼为归宿处。但反传统的新文化持为思想武器的自由、平等、独立、权利既已脱落了欧洲历史文化所给予它们的深层意义和人文意识，脱落了由这种深层意义和人文意义带来的仰望和关怀，遂使反传统的实际过程虽然掀天揭地，但其关注之所向和评判之所向却为手中的武器所囿，从而为思想和眼界所囿，目力所见和臂力所伸，只能有限地触及礼的外层，而无从深入到仁的深层。之后是性心之学和为己之学都成了由此留下的一片不入视野的空白。这种空白显然不是出于保存，而是出于眼不能到，心不能到和手不能到。因此，这种留下的空白反映的其实是对人之为人的精神一面之陌生和漠然，比之评判和挞伐，漠然在本质上其实是一种更深的隔膜、疏离和精神断裂。

对于这一代努力要从"一切社会关系的羁绊中解放出来"的"新

---

[1] 唐武标校:《王文公文集》上册，上海人民出版社，1974年，第308页。
[2] 朱熹:《四书章句集注》上册，第128页；下册，第372页。

青年"来说，这种隔膜、疏离和断裂的普遍存在，正说明他们在外向挣脱束缚的过程中，虽极度伸张自我意识，但这种自我意识里其实并没有自我审视；没有自我评判；没有对于自我作为个体人类所内含的局限性和不圆满性的自觉认知；没有对于人性的认真思考。于是其间剩下的便只有一个空空洞洞地营造出来的无所不能的自我。因此，相比于"从一切社会关系的羁绊中解放出来"的向外挣脱，则这种一片空洞的自我意识显然更容易催化出内在的自我膨胀和自我独尊。陈独秀说："社会进化，因果万端"，而其"至要"全在"伟大个人为之中枢"。若以当日他眼中所见满目皆是的那些"我们可厌的中国人"[1]为反衬，能够制宰时势而成为一世之"中枢"的"伟大个人"，无疑都应是新文化愿想中的这种无所不能的自我。而比陈独秀的概而论之说得更酣畅淋漓的，是胡适的以诗言志："我笑你绕太阳的地球，一日夜只打得一个回旋；我笑你绕地球的月亮，总不会永远团圆；我笑你千千万万大大小小的星球，总跳不出自己的轨道线；我笑你一秒钟行五十万里的无线电，总比不上我区区的心头一念！"[2]这些话既是以我写我，则直露而见的，正是以人类的至上性表达出来的自我的至上性。在那个时候，鲁迅没有他们两个人那么丰沛的乐观主义和浪漫主义，但事涉自我，却又很容易表现出身在新文化之中的人同此心，心同此理。因此，直面一个看不到光亮的中国，他曾言之明了地说："此后如竟没有炬火，我便是唯一的光。"[3]陈述的同样是一种个体自我独尊和自我恢张的自信。作为新文化运动的代表人物，他们之间的这种共性，反映的是新文化带来的思想趋向，迨其弥漫而成时潮，则一时广披而成了影响过一代人的东西。因此，在他们之后，又有沿着同一条路径接踵而来的郭沫若以"天狗"作自况的吟咏："我是一条狗呀！我把月来吞了，我把日来吞了，我把一切的星球来吞了，我把全宇宙来吞了，我便是我了。我是月底光，我是日底光，我是一切星球底

---

[1]《陈独秀文章选编》上册，第165、221页。
[2]《胡适全集》第10卷，第72页。
[3]《鲁迅全集》第1卷，第400页。

光，我是X光线底光，我便是全宇宙底Energy底总量！"以及"我飞奔，我狂叫，我燃烧"和"我便是我呀！我的我要爆了"，等等。[1]虽说这一段被称作诗的文字里可以读到的诗意非常稀薄，但就其中宣泄的人的膨胀、独尊和无所不能而言，显然已是后来居上。这些人物以他们各自的怀抱发为表述，写照了个体人类的内涵和高度因个人主义而发生的前所未有的变化。在这种前所未有的变化里，致力于打倒偶像之神性的新文化，仿佛同时又在以一种自我中心的宇宙观造出了人本身的神性。

三　科学主义与个人主义的相克：
"宇宙观"反照下人的渺小和人生的"没有意义"

然而这种由新文化造出来的具有至上性和神性的个体人类，却从一开始就面对着同样出自新文化的科学主义的制宰，并没有一点商量余地地被置于这种制宰之下。

陈独秀说："近代欧洲之所以优越他族者，科学之兴，其功不在人权说之下，如舟车之有两轮焉。"[2]这一论断最初被他用来"敬告青年"，随后又在回声四起中成为新文化人物的共识。其间胡适尤能以其一腔信仰之执着化为论说之宏廓：

> 这三十年来，有一个名词在国内几乎做到了无上尊严的地位；无论懂与不懂的人，无论守旧和维新的人，都不敢公然对他表示轻视或戏侮的态度。那名词就是"科学"。[3]

这些话不仅在弘法，而且在护法。虽说三十年来科学已为中国人所识

---

[1]《时事新报·学灯》，1920年2月7日。
[2]《陈独秀文章选编》上册，第78页。
[3]《胡适全集》第2卷，第196页。

得，但新文化运动之不同于"三十年来"，在于科学在他们手里由识得而变成了"万能"。[1]然而以知识和学养的实际构成而言，陈独秀由秀才起家做报人，之后又做了一个从来没有上过课的文科学长，于科学一行只能算是犹在旁观之列。胡适虽因长兄督导，赴美研习农学，但性不能入，遂半路绝尘而去，转为在彼邦以西学解读中国诸子。鲁迅和郭沫若都曾在日本学医，又都脱身而出，折入文学，并各自成一代文豪。五四之后傅斯年留学欧洲，一度有志"专力于心理学，以此终身"，[2]但一圈转下来，回到中国的落脚之处，仍然是旧日相熟的历史语言。此外，还有罗家伦进北京大学，入学考试中数学一门的成绩为零分。然则以群体为对象综贯论之，显然是这些在中国崇奉科学和代表科学的新文化人物，其才识情性、学术志趣和职业取向大半对应的都是人文而不是科学。因此，在他们和科学之间其实尚有一道门墙，只能算从门外看门内。而后是他们笔下的科学虽被尊为"万能"，但科学本身却又常在缺乏固定性和精确度之中。彼时陈独秀由法兰西文明起讲而尤重拉马克（Jean-Baptiste Lamarck），其意中的科学，要义遂全在以进化论笼罩天下；[3]胡适依傍于美国思想而尤重杜威，其意中的科学，要义遂全在以实验主义笼罩天下。同他们比，鲁迅早年其实并不相信科学的"无上尊严的地位"：

> 若夫自谓其言之尤光大者，则有奉科学为圭臬之辈。稍耳物质之说，即曰："磷，元素之一也，不为鬼火。"略翻生理之书，即曰："人体，细胞所合成也，安有灵魂？"知识未能周，而辄欲以所拾质力杂说之至浅而多谬者，解释万事。不思事理神閟变化，决不为理科入门一册之所范围，依此攻彼，不亦傎乎。[4]

他引为痛恶的，正是用科学笼罩天下的思想倾向。然而十一年之后，

---

[1]《陈独秀文章选编》中册，第377页。
[2] 中国社会科学院近代史研究所中华民国史研究室编：《胡适来往书信选》上册，北京：中华书局，1979，第104页。
[3]《陈独秀文章选编》上册，第79页。
[4]《鲁迅全集》第7卷，第240—241页。

他给傅斯年写信，已明白主张《新潮》杂志少刊载"纯粹科学文"，而须以借科学"发议论"为要务，尤须自觉于对"中国的老病刺他几针，譬如说天文忽然骂阴历，讲生理终于打医生之类。现在的老先生听人说'地球椭圆'，'元素七十七种'，是不反对了。《新潮》里装满了这些文章，他们或者还暗地里高兴"。[1] 以其后一段话比前一段话，可谓态度剧变。虽说他后来的主张并不足以说明他自己已经真信科学万能，但他论科学之为用的不重知识只重议论，又注力于把议论当作利器，用来对付"中国的老病"，则非常典型地反映了新文化人的共同旨趣。因此，新文化虽为科学造就了光焰万丈的声势，但就科学知识的实际传播而论，《新青年》一类刊物在知识的具体性、深入性和累积的程度上都远不能及1909年以来即已专设"新知识"一栏，用心为世人说声、光、化、电之学的《东方杂志》。

相比于知识的客观性，由科学发为议论是一种引申的东西，并因之而更多地属主观派生的东西。在这种思想走向里，科学因万能成为利器，同时是本属人类对自然认识的科学被编入新文化之中，又在这个过程里获得了一种意识形态的性质，从而变成了一种当日胡适名为"大法"的主义。[2] "大法"和主义都是为了把科学从自然界引进中国社会，用之以说明中国社会的过去、现在，并规划中国社会的将来。所以科学不仅覆盖了形而下，而且覆盖了形而上。然而把科学当作挞伐中国"老病"的利器，科学的对手犹在新文化之外；但把科学当成"大法"而支配六合之间的一切人和事，则科学的一路铺叙，最终不能不推倒和压碎的，则是作为个人主义的根蒂而内在于新文化之中的人本主义。两者之不能兼容，突出地表现于20年代前期由人生观与科学引发的群起论争之中。

人生观之所以成为一个牵连科学的问题，是因为本与新文化同路的张君劢相信前者是"主观的"，后者是"客观的"，因此前者出自

---

[1]《鲁迅书信集》上卷，第22页。
[2]《胡适全集》第2卷，第214页。

于人的"自由意志",而不在后者的"因果律所支配"之内。[1]若以文艺复兴运动因人性自觉而产出人本主义;因人本主义而产出人的独立的自主意识,以及新文化运动沿着个人主义层层发皇,正在为个体人类造出的那种近乎神性的无所不能作度量,张君劢的立论其实不能算错。但把人生观移到因果律之外,本质上是在以人的精神世界之个别性和或然性为镜光,反照出科学所拥有的自然法则之各有限度。对于重心全在解说中国的社会现象和思想现象,并已主义化了的科学来说,便是一种迎头相撞,新文化人物的群起笔伐遂因之而起。由此积留的文字记录了当时的众论纷杂,但大体而言,其间能够以自己的表述比较完全地代表新文化理想中的科学者,则是胡适,以及为胡适极度推重的吴稚晖。而科学之由学理而变为主义,以及人在其中的定义和定位,亦因人生观引出来的论争而得以详为阐述,并因详为阐述而格外明了。

吴稚晖说:

> 人是活物,有十四种原质,一只苍蝇有若干原质,一棵玫瑰树有若干原质,这都不能去骄傲毛厕里的石头,因为那石头也有若干原质,立于相等的地位。[2]

又说:

> 我以为动植物且本无感觉,皆只有其质力交推,有其辐射反应,如是而已。譬之于人,其质构而为如是之神经系,即其力生如是之反应。所谓情感、思想、意志等等,就种种反应而强为之名,美其名曰心理,神其事曰灵魂,质直言之曰感觉,其实统不过质力之相应。苍蝇之神经系,有如彼之质,生如彼之力,亦即有如彼之反应,成为苍蝇之感觉、苍蝇之心理、苍蝇之灵魂。玫瑰树神经之质大异,力之反应亦大异,遂为玫瑰树之感觉、玫瑰树之心理、玫

---

[1] 张君劢、丁文江等:《科学与人生观》,济南:山东人民出版社,1997年,第35、37页。
[2] 同上书,第341、345、349页。

> 瑰树之灵魂。毛厕里的石头，神经系之组织，绝非吾人所能识别。则其质之构成，我等不能言，而其力之反应，我等亦不能言，遂为石头之感觉、石头之心理、石头之灵魂。其实毛厕里的石头呀、玫瑰树呀、苍蝇呀、人呀，何尝有什么感觉，什么心理，什么灵魂，只质与力之构造及反应，各各不同罢了。[1]

在他的"宇宙观"里，质和力构成了"机械式之生命"。[2]因此共有质和力的人、苍蝇、玫瑰、石头都共有这种"机械式之生命"，彼此之间并没有根本上的不同。其时梁实秋曾说吴稚晖行文特色在于"又长又冗"，常常"令人捉不到他的思想的线索和辩驳的论点"；而且"文法错误欠妥的地方，不可计数"。[3]就这一段话里的没有实证、没有归纳、没有演绎而言，其言之滔滔的臆想臆说正庶几乎近之。然而胡适则因这些话而盛赞吴稚晖，以至于把他抬到了最先向张君劢发难的丁文江一群人的头上。他看中的不是吴稚晖的文章，而是吴稚晖能把人类彻底归为"机械"的本事：

> 就是一班拥护科学的人虽然抽象地承认科学可以解决人生问题，却终不愿公然承认那具体的"纯物质、纯机械的人生观"为科学的人生观。我说他们"不愿"，并不是说他们怯懦不敢，只是说他们对于那科学家的人生观还不能像吴稚晖那样明显坚决的信仰。[4]

因此，"若没有吴老先生把他的'漆黑一团'的宇宙观和'人欲横流'的人生观提出来做个押阵大将，这一场大战争真成了一场混战，只闹得个一哄散场！"吴稚晖所说的"漆黑一团"和"人欲横流"，前者是指宇宙不过是质和力，后者是指人类不过是质和力。胡适之所以激赏之，既在于两者"一笔勾销了上帝，抹煞了灵魂，戳穿了'人为万

---

[1] 张君劢、丁文江等：《科学与人生观》，第341、345、349页。
[2] 同上注。
[3] 《梁实秋文集》第6卷，第286页。
[4] 《胡适全集》第2卷，第208、212—213页。

物之灵'的玄秘"，以此直接促成了迄今为止的精神世界在观念上的碎裂；也在于两者与他名之曰"自然主义的人生观"的自为立说心心相印：

> 在那个自然主义的宇宙里，天行是有常度的，物变是有自然法则的，因果大法支配着他——人——的一切生活，生存竞争的惨剧鞭策着他的一切行为，——这个两手动物的自由真是很有限的了。[1]

比之吴稚晖的臆想之而臆说之，胡适的自为立说开列了天文学、物理学、地质学、生物学、生理学、心理学、人类学、人种学及社会学等等名目以为后援，自谓是"建筑在二三百年的科学常识之上的一个大假设"，[2]以显示他为世人登坛说法的更有根据和更富学理。然而就其间的一脉相承而言，"常度""法则""因果"之对于人类，实无异于吴稚晖的"质"和"力"。在"漆黑一团""人欲横流"和"自然主义的人生观"里，这种"质""力""常度""法则""因果"的含义和意义都在于构造出一个宇宙的本质，以说明人与物共处其间，不仅是可以对比的，而且是可以对等的。有此对比和对等，于是原本以自然为主要对象的科学，便同样可以用来推演社会的情状和预测人类的将来。

科学的主义化所要营造的是一种无远弗届的广泛性和普遍性。但与随之而来科学的全面覆盖社会和全面管制社会相为因果的，是人在本性上被重构的大幅度变化。自一面而言之，由于吴稚晖非常物理地把没有准确含义的"质"和"力"当作法门，用来贯穿和汇通人、苍蝇、玫瑰树和毛厕里的石头，以铲平四者原本在物类上的区别而共归于质地上的同一，然后才可能推导出胡适极为倾倒的勾销上帝，抹杀灵魂，灭裂"人为万物之灵"的"纯机械的人生观"。然而这种贯穿和汇通既以"纯物质"为至上，则本质上已是人在这个思想推演过程里失掉了人的属性而成了物化的东西。虽说科学之化为主义始终以进

---

[1]《胡适全集》第2卷，第208、212—213页。
[2] 同上注。

化论为立场，但由科学的泛化所带来的人与物的等类和等齐显然不能算是一种进化。自另一面而言之，胡适力持"因果大法"罩定天地之间，是为了说明科学可以统括张君劢那一派伸张的形而上的人生观，从而在罩定物质世界的同时又罩定人的心灵世界。由此形成的是人在其中被淹没于无边无际之中。于是，在旧日的天人合一被打破之后，科学主义又造出了一种新的天人合一。然而在旧日的天人合一里，人虽受制束，犹能自立，所以天人之间可以发生感应。其间遂多见人与物相对之际的"万物静观皆自得，四时佳兴与人同"。[1]"自得"与"佳兴"，都在以人的移情和怡然表现出物我共处的从容和宽裕。作为对比，在科学主义的天人合一里"天行"的"常度"，"物变"的"法则"与人类之间，并没有出自两面的互相对应和感应，而只有前一面对后一面的单向"支配"和全盘"支配"。人之由"万物之灵"而变作"两手动物"，正说明身在这种天然合一之中，人已被看成是一种被决定的东西，被摆布的东西，被安顿的东西。所以胡适称之为"自由真是很有限的"。自由之"很有限"，以不算太过绝对的修辞，实际上表达了其题中本有的绝对主义。古人说"天道"，今人说"常度"和"法则"。两头指的都是外在于人而又时时影响于人的力量。若引"天道"之下尚能有子产所说的"天道远，人道迩"[2]之分，以见人心里尚能有远近之间的区别之不同于上下之间的区别，则胡适据为重器的"常度"和"法则"既能够直接限勒人的自由，就自由的本义和范围而论，已是"常度"和"法则"之下，人的本体性、主观性、主动性以及自觉性、自主性，自我意识和自愿选择的可能性，都成了无从发生和无处立脚的东西。而后是"天道"之外不复再有"人道"，天地之间遂只剩下了一种为科学所独有，而以理性为名义的绝对主义。这种绝对主义既是对于世界的概述，也是对于人类的定义。因此人在这个世界之中，只能是身在绝对之中。于是，新文化一面以人权诠释

---

[1] 程颢、程颐著，王孝鱼点校：《二程集》上册，北京：中华书局，1981年，第482页。
[2] 杨伯峻编注：《春秋左传注》第4册，北京：中华书局，2009年，第1395页。

民主，再以个人主义诠释人权，把人的至上性推到了前所未有的高处；一面又借助于主义化了的科学派生出缺乏温情的绝对主义，用之以为人造命和定命，使人跌到了前所未有的低谷。

对于陈独秀言之侃侃的科学与人权"若舟车之有两轮焉"来说，"两轮"之间的这种角抵和扞格所构成的不能不是一种无以自圆的深刻矛盾。科学归属于理性，所以在新文化中被接源于启蒙运动；个人主义归属于人本主义，所以在新文化中被接源于文艺复兴运动。但这两段在西国相隔了数百年的历史一旦同时移入中国而共居于同一个思想空间之中，则其各显神通的结果，便直接导致了新文化中与人相关的观念和论述在这个过程里被撕成了两段。因此个人主义虽出自新文化，并能得一时之声光迫人和远播八方，但在新文化的一重要义和另一重要义的自为阐说之中，又只能算是一种夹处于不同学理之间，还没有弄得十分贯通的东西。

科学主义对于个人主义的这种学理上的扼制，构成了新文化内里的自相矛盾。然而越出新文化的界限，这种因科学的泛化而成为主义的思想形态在那个时候更直接和更实际的影响所及，是在其伸手接管人生观的同时，着力于把"纯物质"和"纯机械"的工具思维和工程思维当成弥天大法，此长彼消之间，实际上已淹没了数千年来人类在以自身为对象的漫长思考中积累起来的价值观念和价值理性。论其本义，人生观的中心问题应是回答人生意义。但相信"'宇宙一切'皆可科学解说"的吴稚晖说"概括起来说，人便是外面只剩两只脚，却得到了两只手，内面有三斤二两脑髓，五千零四十八根脑筋，比较占有多额神经质系的动物"。而所谓"人生"，不过是"两手动物唱戏"。[1] 人类的精神现象依托于大脑的活动，因此，截掉人类大脑的活动过程而将其本质地归为"脑髓""脑筋"和"神经质系"，立意全在于用这种可以称量，可以数清的"三斤二两"和"五千零四十八根"来解释精神并化约精神。所以人生犹如"唱戏"，说的正是人生

---

[1] 张君劢、丁文江等：《科学与人生观》，第354、360、412页。

其实并没有观念上的价值可以提炼和升华。胡适拥护这种"两手动物唱戏"的"人生观"。又更着意于用宇宙上的"无穷之大"和时间上的"无穷之长"作衬托,以说明人不仅归属于一个物质世界,而且只是这个物质世界里"藐乎其小的微生物"。[1]这是一种从西方学来的思维。深研科学史的英国人丹皮尔(William Cecil Dampier)曾为这种思维作解说曰:

> 人类原来仅比天使低一级,现在从自然中心的地球来观察创造,乃仅仅成了有机进化锁链中的一环。在一个小小的,偶然环绕于千万恒星之一的一个行星上——一个不足道的东西,盲目的,不负责的力量的玩意。[2]

作为一个判断,这些都是把人类当作"藐乎其小的微生物"所内含的题中应有之义。然则由此引申以说人生,实际上又比"唱戏"更无厘。同时的陈独秀说人生观,则由科学本乎"根据实际寻求实际"起讲,简捷而且独断地推论出"自然界及人类社会"的真相本来就是"死板板的实际"。然后归结说"世界上那里真有什么良心,什么直觉,什么自由意志",[3]人生中的是非之辨和善恶之辨遂因之而全被消解。

这些论说都在阐述"科学的人生观",但这些论说又在申明,"科学的人生观"是一种人在其中没有地位的人生观,并因之而是一种看不到真实人生的人生观。所以,它们虽然有那个时候以新思潮为名目的强势,却始终面对着梁启超在"试问人生是什么"这个题目下的发问:

> 如达尔文之用生物进化说来讲人生,征考详博,科学亦莫能摇动,总算是壁垒坚固,但是果真要问他人之所以异于禽兽者安在,

---

[1] 《胡适全集》第2卷,第208、214页。
[2] 所引为任鸿隽译文,见任鸿隽著,樊洪业、张久春选编:《科学救国之梦:任鸿隽文存》,上海科技教育出版社、上海科学技术出版社,2002年,第558页。
[3] 《陈独秀文章选编》中册,第350、354页。

人既自猿进化而来，为什么人自人而猿终为猿？恐怕他也不能给我们以很有理由的解答。[1]

"人之所以异于禽兽者安在"是一个与人生俱来并与人生长相伴随的问题，因此又是一个人生无法回避的问题。这个问题注目的是伦理和价值。但就其本义来说，进化论提供不了伦理和价值，所以进化论回答不了这个问题；"科学的人生观"同样提供不了伦理和价值，所以"科学的人生观"也回答不了这个问题。

当科学伸手接管人生观的时候，这种被科学接管了的人生观同时便成了新文化的人生观。十五年之后任鸿隽说："我们对于物质科学"的太过"迷信"，以至于把它们当成"生命的配给者"，实际上已造成了科学与社会相处的一种"困难"：

> 在这科学的时代，我们免不了了解科学的责任，但我们所面对的最高问题，不是化学、物理、工程所能给我们答案的。它们在伦理上是中性的。
>
> 它们能帮助更多的人类得到康健与长寿，但它们很难发现新的人生目的，或人与人关系的艺术，或帮助获得和平与成功的政府所需要的社会道德。[2]

以这种后来的感悟返视当日的独断，则新文化以"科学的人生观"立名目，给中国人带来的"两手动物唱戏"的人生观，"人欲横流"的人生观，"微生物"的人生观，以及没有"良心"、没有"直觉"、没有"自由意志"的人生观，其共有的旨义和趋向都归于扫掉食色之外的人生内容和人生目的。而后形成的是一个没有人文和义理的人生与世界。陈独秀批评梁启超、张君劢之日，说的是"他们对科学的信仰"被"破坏"掉了。然则以彼律此，他之甘心固守"科学之权威是万能的"，显然也是信仰之力多于学而后知。[3] 科学之成为信仰以支撑

---

[1] 梁启超：《饮冰室合集》第5册，《文集》之三十九，第115页。
[2] 任鸿隽：《科学救国之梦》，第614页。
[3] 《陈独秀文章选编》中册，第376—377页。

"科学的人生观",正说明"科学的人生观"之无从实证和不可验测。以此对比胡适倡为天经地义的"拿证据来",构成的正是一种彼此不能相容的背反。因此以科学来到中国的传播过程作对照,陈独秀在这个时候说的"信仰"与任鸿隽后来说的"迷信",两头之间的界限实际上非常模糊而很不容易分得开来。

　　信仰造出了一个没有人文的世界,但作为起家于人文并以文化搅动天下的知识分子,其心中的世界又是不应当没有人文的。因此新文化运动的这一面还引出过陈独秀有触于胸中之所积的批评和自我批评:"现在主张新文化运动的人,既不注意美术、音乐,又要反对宗教,不知道要把人类生活弄成一种什么机械的状况,这是完全不曾了解我们生活活动的本源,这是一桩大错,我就是首先认错的一个人。"[1]与他所"信仰"的科学主义及其人生观相比,这些话表达了一种显然的矛盾。然而两者之间的无从勾连,又说明了这是一种没有同一性的矛盾。因此它们所写照的,其实是科学主义笼罩之下的"科学的人生观"与常理和常识的两头徘徊。胡适也有类似的徘徊,所以在他倾力推举吴稚晖,并把人比作"微生物"之后,又有一段文字例举科学之有助于人的"能力的增加""想象力提高""对于宇宙的美感"以及用因果律"解释过去,预测未来"和"增加他对于同类的同情"等等,最后总归于"这个自然主义的人生观里,未尝没有美,未尝没有诗意,未尝没有道德的责任,未尝没有充分运用'创造的智慧'的机会"。[2]然而这些都不是"科学的人生观"里可以逻辑地延伸出来的东西,虽能说得文情并茂,却太过附会牵强,既不能使人信为言之成理,也不在他自己的内在理路之中。因此,此后五年,有人写信向他请教"人生有何意义",他回答说:

　　　　生命本身不过是一件生物学的事实,有什么意义可说?生一个人与一只猫,一只狗,有什么分别?人生的意义不在于何以有生,

---

[1]《陈独秀文章选编》上册,第514页。
[2]《胡适全集》第2卷,第214页。

而在于自己怎样生活。[1]

然后定论之曰："生命本没有意义，你要能给他什么意义，他就有什么意义。"[2]在这种对话里，问的一方关注的是"人生"，而答的一方响应的是"生命"，两者其实并不等义。所以其间构成的只能算是一种答非所问。然而胡适为自己的"自然主义的人生观"所设置的那些"美感""诗意""想象力""道德责任"等等物事，则在他将"人生"等同于"生命"，又将"生命"，等同于"一件生物学的事实"的知识秩序面前次第碎裂，全都成了无从附贴的东西。然则以科学为启蒙，亦见新文化运动中的启蒙有时候是越启越蒙。

就人生观的中心问题是在回答人生意义而言，胡适用"生命本没有意义"来响应"人生有何价值"，正像是科学和人生观论争之后的一种结论。这种结论出自科学"支配"下的人生观，因此实际上不仅代表胡适，而且代表吴稚晖、陈独秀以及深信"举凡一切精神界物质界，咸支配于科学中"[3]的各色新人物。对于"科学的人生观"来说，由此表达的是一往无前的彻底性。但"人生"之不同"生命"，本在于人在其中，已广涉人己、物我，并既因前后传承而延续，又因古今不同而变迁。所以进入了人生的生命实际上不再仅仅是"一个生物学的事实"，而是一种由层层关系决定，并存在于层层关系之中的事实。古人所说的人伦和今人所说的社会性，都是由此而生的对人的规定性。因此，关系之为关系，正否定了"你要能给他什么意义，他就有什么意义"的可能。而后是身在关系之中，个体人类的人生过程便为关系所牵，常常要在不断面对问题、不断回答问题和不断解决问题中实现。这个过程里问题的绵延和问题的汇积与人相伴相随，最后都会促成对内向自身心灵的追问和对外向人类终极的追问。于是而有儒学关于天人之际的思索，人禽之际的思索，修身与立命的思索，以及

---

[1]《胡适全集》第3卷，第817—818页。
[2] 同上注。
[3] 刘东、文韬编：《审问与明辨：晚清民国的"国学"论争》上册，第323页。

此后继之而起的漫长思想历程。作为一种了无穷期的自我认识和自我关怀,人生意义的寻求正是由此发生,并且由此而成为每一代人的问题。意义的寻求,核心在于价值的寻求。因此,"科学的人生观"沿"科学万能"一路走到极端,用"生命本没有意义"淹掉了人生意义,实际上是在以其本身无法越出的"伦理上"的"中性"为世间立定规,消解了人类社会中的价值。顾颉刚后来说:蔡元培办北大,"最注意的是文科",尤着意于思想。[1]而后是新文化起于北大,借为发端之地的也是文科。然而就文科的重心皆在以人为主体的社会和由社会牵引的人类活动,并最终脱不掉人生意义的寻求而言的。则这种出自新文化的"生命本没有意义",正显示了作为一个过程的新文化运动,其首尾之间不能收束的既悖且诡。而对于那个时候的中国人来说,则是一方面,在二十年维新思潮营造了高高在上、俯视众生的国家观念之后,新文化把人推到了思想潮流的中心,并使之成为这个世界的主体。但与之一路同来的另一方面,是新文化又在引科学为理据,以说明人类自身对于这个世界在本性上的并无意义可言。而扫除了人对于这个世界的意义,实际上已扫除了崇高、神圣、超越;扫除了人对人类命运的关切;也扫除了想象力、理解力,以及已知与未知的区别。剩下来的,便是没有了内在世界的个体与群体面对着一个委琐、细小、均平、破碎而一片混沌的外在世界,既与之同存,也与之同化。因此人的解放便同时面对着人的失路和人的迷茫。

---

[1] 钟叔河、朱纯编:《过去的学校》,长沙:湖南教育出版社,1982年,第12页。

第三章

思潮嬗蜕：
个人与社会之间的此消彼长

一 "五四运动"：
个人主义同国家意识和社会意识的相逢与交冲

1919年的五四运动改变了新文化运动的历史环境，并因此而改变了作为一种思想潮流的新文化运动本身。而后是两者都会影响原本能以一面之理自立其说的个人主义。

五四运动因巴黎和会中国外交失败而起。但这个过程实际上所带来的已是民国历史的一种显然转折。曾经参与过辛亥革命的陈独秀曾追论辛亥革命的"错误"，以及这种错误留给后来的影响，指为大端的尤在于其只求"单调的反满"，而并不顾及中国社会"反抗外国帝国主义收回权利的要求"，遂使"帝国主义之长驱直入，革命后反比前清更甚"：

> 专排满清而放松了帝国主义的侵略，不但放松了，而且满口尊重外人的条约权利，力避排外的恶名，军行所至，皆以冒犯外人为大戒；致使外力因中国革命而大伸，清末权利收回运动，无形消灭，借外债，送权利，成为民国史之特征。同时军人以兵乱政，亦为前清所未有，至如军阀与帝国主义者勾结为患的局面，亦可以说

是辛亥革命方法错误所遗下的恶影响。[1]

这些话说明的是，被称作"帝国主义"的外力在民国年间进入中国的程度明显深于晚清；同时是民国年间的中国人惧外的程度也明显地超过了晚清中国人。虽说五四前八年里有过"二十一条"逼挹下的普遍愤激；有过《中日陆军共同防敌协议》触发的集群抗争，以见郁积于深层之中的人心不死，但其喷薄一发都起于此又止于此，留不下弥久弥远的回声。因此，以八年为整体，更多见的是政府以彼邦脸色之阴晴为忧喜的"根本问题，概未解决，推波助澜，枝节丛生，遂使友邦尊重之念，变为鄙夷"的常在惴惴之中；[2]而后是国人既在这个过程之中，"由惧外而媚外"，相伴而来的便常常是"始则惕亡，终则悲观，而绝望，而厌世，而放恣矣"。[3]比之晚清的处士横议和天下滔滔，其情状尤觉等而下之。时至五四运动前半年，当日的时论刻划世相说：

> 中国人，上自大总统，下至挑粪桶，没有人不怕督军团，这是人人都知道的了，但是外交团比督军团还要厉害。列位看看，前几天督军团在北京何等威风！只因为外交团小小的一个劝告，都吓得各鸟兽散。什么国会的弹劾，什么总统的命令，有这样厉害吗？这就叫"中国之两团政治"！[4]

这段话以"两团"为对待之称，而又实证地写照了最终支配和影响中国内政的实际上是外国人。然则以当时人的表述和观感为立此存照，显然是八年之间的上行下效，已在民初中国积成了一种中西交冲以来罕有其匹的普遍涣散、迷离和麻木，后来的历史学家论史之际遂概言之曰："在中国近代历史上，士大夫最崇洋的一段便是民国初年那一

---

[1]《陈独秀文章选编》中册，第616页。
[2]《民国经世文编》第4册，第2033页。
[3]《民国经世文编》第8册，第5192页。
[4]《陈独秀文章选编》上册，第305页。

段。"[1]因此五四运动以"外争主权,内除国贼"[2]响应强权对于中国的扼迫,蓬蓬然起于一个没有公理的时代,并一路远播南北,催生出中国社会各个阶层的群起回响,这个过程本身已为民国另造了一种世风。瞿秋白总括而论之,说是经此震动,"便把辛亥以来反动派与革命派争相'保障外人的生命财产尊重条约权利',而求帝国主义者之援助的局面更变了,换句话说便是把义和团失败后之'尊洋主义'的天经地义打破了"。[3]与之相随而来的,是曾为"尊洋主义"所抑的民族意识和国家意识重新涨起于社会思潮之中。

张国焘当日身在局中,后来追忆这一段历史,着力描绘的便是其时"成为五四运动的发动者和组织者"的北大学生之"狂热爱国"。[4]同样身在局中的罗家伦曾推重段锡朋为五四"知识青年群中始终其事的实际领导者"和大家心悦诚服的领导者,而以群类作区分,则归其倾向于"国家主义"和"国家民族"一面。[5]两者说的都是一种代表性。五四后三十多年,胡适说:"从我们所说的'中国文艺复兴'这个文化运动的观点来看,那项由北京学生所发动而为全国人民一致支持的,在一九一九年所发生的'五四运动',实是这整个文化运动中的一项历史性的政治干扰。它把一个文化运动转变成一个政治运动。"[6]若以张国焘的话和罗家伦的话与之作对比,则这种"转变"显然是从国家意识和民族意识的重新涨起开始的。在胡适的意中,对于1919年以前的新文化运动所预设的本来意义而言,它们都是一种不在范围之内歧出。其间含结的矛盾,应是他取法"欧洲文艺复兴",以个人"抬起头来,主宰了他自己的独立自由的人格;维护了他自己的权

---

[1] 唐德刚:《杂忆胡适》,北京:华文出版社,1990年,第75页。
[2] 《晨报》,1919年5月5日。
[3] 杨琥编:《民国时期名人谈五四》,第169页。
[4] 张国焘:《我的回忆》第1册,台北:东方出版社,1991年,第46页。
[5] 罗久芳、罗久蓉编:《罗家伦先生文存补遗》,台北:中研院近代史研究所,2009年,第58、68—69、72页。
[6] 胡适口述,唐德刚译注:《胡适口述自传》,第206页。

利和自由"为"大解放"的那种理想的个人主义,[1]同国家意识与民族意识直面相逢,而后两者抵牾于前一面所内含的个人至上和后一面内含的国家至上之间。由此形成的分野,便成为他用"政治"与"文化"来区别五四运动和新文化运动,并视"政治"为"文化"之"干扰"的由来。

在新文化人物中,他是至老犹在用心用力辨析这种区别的人。但以近代中国思想变迁的历史过程说先后,无疑是民族意识和国家意识的出现在时间上更早于个人主义,因此也能够更早地为中国社会熟识和多见。五四运动后一个南方学人说:"自昔闭关一统之世,知有天下,而不知有国家。迨海禁既开,稍知西方,于是有中西对举之名,如中文、西文、中学、西学、中医、西医之类是也。迩来国家观念,普及于人人,于是国民、国文、国语、国乐、国技、国粹、国故、国产种种冠以国字之一类名词,复触目皆是。"[2]虽然他把"海禁既开"之后和"迩来"分作两段来讲,但既以"中西对举"判分彼我,则由其所举而例示,亦见二十年维新思潮涵养出来的国家意识,在民初中国虽然不彰,却并未泯灭。新文化人物大半都经历过这段历史,从而大半都是沿着这条路走过来,并对其间产出的观念稔熟已久。因此,他们中的许多人面对这种个人主义和国家意识两头交集的历史场面,并没有格外用心,去分辨前者附着的新文化运动与后者附着的五四运动之间的异同,而是置于一体,概以同怀视之。罗家伦后来说:"新文化运动所产生的思想变化"是促成五四运动的"原因"之一;而五四运动以其别开生面而后浪高过前浪,又扩大了"新文化运动的势力",使之"普及于青年及一般民众身上去"。[3]虽与胡适的判断不尽相同,却以其更多的模糊性而更真实地代表了当日的多数见识。

罗家伦着眼的,是大体上同属一群的人物在思想运动和政治运动

---

[1] 胡适口述,唐德刚译注:《胡适口述自传》,第193页。
[2] 顾实:《国立东南大学国学院整理国学计划书》,载刘东、文韬编:《审问与明辨:晚清民国的"国学"论争》下册,第595—596页。
[3] 罗久芳、罗久蓉编:《罗家伦先生文存补遗》,第59、67页。

之间的过渡,以及后起的政治运动和先行思想运动为时势所牵引而汇合于同一个历史过程里的事实。但对个人主义来说,新文化由此所得的是一种外来的道理,而在五四运动中蓬勃发抒的国家意识则出自深重的自我忧患,它们代表了另一种道理。胡适为之辨异同,留意处大半应在这些地方。而两者之同时存在于那个时候的中国,便不能不成为两者之间的相互对比和国人对两者的评判和选择,并使出自国家意识的另一种道理一旦立起,最先的影响便是直接堵挡了个人主义。其间非常典型的,是盛赞五四运动之"爱国热忱",并令党人相助,"有一分之力当尽一分之力"[1]的孙中山。他在五四之前对新文化运动以远看旁观为基本态度,之后又力持"天赋人权"不能合于"现在中国革命之需要"为定见:

> 欧洲当时是为个人争自由,到了今天,自由的用法便不同。在今天,自由这个名词究竟要怎么样应用呢?如果用到个人,就成一片散沙。万不可再用到个人上去,要用到国家上去。个人不可太过自由,国家要得到完全自由。到了国家能够行动自由,中国便是强盛的国家。要这样做去,便要大家牺牲自由。[2]

他用国家至上为道理,推翻了新文化引入的各色外来的道理,以及由此孵化派生的道理,遂使个人主义成了一种不能成立和不应成立的东西。就其融为孙文主义的一部分言,孙中山的这些话在20世纪前期的中国不仅具有当下的和实时的代表性,而且具有支配后来的影响力。

作为自成一路的政治人物,孙中山始终在新文化运动之外,与他相比,原本致力于读书修身,以"正风俗为救国惟一要事"[3]的恽代英,五四之后已进入新文化运动的范围之中。因此毛泽东在30年代追述自己在湖南发起新民学会,曾引恽代英为主干的湖北"社会福

---

[1] 陈锡祺编:《孙中山年谱长编》上册,北京:中华书局,1991年,第1172—1174页。
[2] 《孙中山全集》第9卷,北京:中华书局,1986年,第120、282页。
[3] 《恽代英日记》,北京:中共中央党校出版社,1981年,第205页。

利（利群）社"为同类，并皆归于"或多或少地是在《新青年》影响之下组织起来的"。[1] 然而溯其思想来路，则五四之后的"利群"社，其先本已有五四之前的"互助社"，两者的前后传承，都在于"自助助人"[2]的立群和合群。而群之能立能合和应立应合，又源自于他更早对于权利与义务的深思：

> 吾中国数千年圣哲之所传说，每每为义务论。自海禁开，值欧洲大革命，平等自由之学说，随太平洋之潮流而东注，而义务论之樊篱稍稍撤矣。
>
> 今则共和幸告成矣，权利论之势力，日兴而未有已。下者争权利于乡，上者讼权利于国。人事以之而日纷，风俗以之而日坏。茫乎祸海，谁生厉阶？皆权利论之赐也。[3]

因此，他发心劝世，期望的是"天下之人，如真欲治平者，请自今无言权利，无言竞争，举天下之富贵贫贱，皆使服膺于义务之说"。[4]权利的立脚点在个人，义务的立脚点在群体。然则以"无言权利"而"服膺于义务之说"为世人说法，其自觉择定和明白表达的正是一种反个人主义的人生取向，并因此而与前期新文化中的"个人本位主义"与"科学的人生观"之类不在互相感应之中。当他进入新文化运动范围之内的时候，与之相伴的仍然是这种人生取向。所以，1920年他曾以《怎样创造少年中国》为题作长篇论述，其中一段话说："眼前的家庭，固然不能说是满意，但父兄究竟是人，未必便全然没有人性。父兄究竟是有血缘关系的人，未必便全然不顾人情。在一方面，他固然有些死守着谬误的风习道德，为我们进行之累；然而他亦只是社会传统惯习的锢禁者，一切事不出于他自己的意识。所以在别方面，他亦并不致多甚么成心，更不能说是有甚么恶意。"作为对比，

---

[1] 中国社会科学院近代史研究所近代史资料编辑组：《五四运动回忆录》上，第7页。
[2] 《恽代英日记》，第159页。
[3] 《恽代英文集》上卷，北京：人民出版社，1984年，第1—2、5页。
[4] 同上书，第1—2、5页。

他更不喜欢的是子弟那一面以自我为本位的无情无义:

> 但是一般少年耳食了些自由解放的名词,只知看社会黑暗的一部分,全不看他光明的一部分。又只知责备人家,全不知责备自己,于是家庭还没有过分的压抑,自己已经有了过分的怨望。这样的人,简直是假借反抗恶家庭的名,向父母闹少爷公子的阔派。[1]

然后慨而论之曰:"我自命是信得过新文化的人,但是我真不愿看这样不堪的新文化运动。"[2]他不肯把这些裹挟于新文化之中的"一般少年"认作自己的同类,而划分彼己的界限显然也在个人主义。这种思想路迹说明:他在五四之后汇入新文化运动,实际上是以自己的反个人主义跳过了新文化倚为重心的个人主义那一段沟坎。与屡起屡挫又屡挫屡起的孙中山相比,他是另一种典型。而他能够跳过个人主义以汇入新文化,则全在五四以后茁长于新文化运动中的合群以"创造少年中国",[3]以及与之相类的呼声和回声一时群鸣,为新文化本身提供了一种以国家意识为内涵的走势和取向。

在20年代中国多灾多难的时势里,随五四而起的国家意识因其具体而成其真实,又因其真实而成其可信。而后是具体、真实和可信最终都会化为既有事实,又有逻辑的说服力,以至于六七年以来惯用人权反对国家主义,并用个人主义诠释人权的陈独秀,此日亦不再固守旧辙,以往昔之是非为是非了。1921年,他说:

> 罗素离中国最后的演讲《中国人到自由之路》里面说:"中国最要紧的需要是爱国心底发达,而于有高等智识足为民意导师的尤为要紧。"这句话恐怕有许多高论家骂他不彻底,更要责备他和从前热心主张的世界主义反背了。我独以为这正是对中国人很适当的卑之无甚高论。[4]

---

[1]《恽代英文集》上卷,第217页。
[2] 同上书,第217页。
[3] 同上书,第160页。
[4]《陈独秀文章选编》中册,第132页。

并用此以映照世相,引出一派愤激:

> 中国人民简直是一盘散沙,一堆蠢物,人人怀着狭隘的个人主义,完全没有公共心,坏的更是贪贿卖国,盗公肥私,这种人早已实行了不爱国主义。[1]

第一段话为罗素辩护,要旨是为爱国主义辩护。第二段话痛恶中国人的"不爱国主义",要旨是痛恶中国人的"狭隘的个人主义"。合两者通观之,则其立论的重心显然是在伸张国家的至上性。就其个人而言,已更像是回到了十八年前在《苏报》上力倡"合群爱国"的立场了。[2]而与此相关联而形成调侃的,则是被他举而掊击的"狭隘的个人主义",虽然与他曾经力为倡说阐扬的个人主义从字面上划出了一种不同,但在那个时候中国社会的众生相里,这种能在纸上分开的东西,其实际形相本是混沌一片而无从辨别的:

> 你说婚姻要自由,他就专门把写情书、寻异性朋友做日常重要的功课。你说要打破偶像,他就连学行值得崇拜的良师益友也蔑视了。你说学生要有自动的精神,自治的能力,他就不守规律,不受训练了。你说现在的政治、法律不良,他就妄想废弃一切法律、政治。你说要脱离家庭压制,他就抛弃年老无依的母亲。[3]

在他所对举的这些悖反里,都是个人主义提供的学理,直接助成了"狭隘的个人主义"。而其间的相为因依太过信而有征,遂使曾经深信个人主义的陈独秀后来不再相信个人主义。随之是思想的大幅度丕变:

> 我们唯一的希望,只有希望全中国有良心、有知识、有能力的人合拢起来,早日造成一个名称其实的"开明专制"之局面,好将

---

[1]《陈独秀文章选编》中册,第132页。
[2]《陈独秀文章选编》上册,第12页。
[3]《陈独秀文章选编》中册,第121、137页。

我们从人类普通资格之水平线以下救到水平线以上。[1]

时至此日，其意中已是"中国改造非经过开明专制的程叙不可"。所以他认为自己陈述的是一种出自"正当的爱国心"的"实话"。[2]但他由昔日的激烈反专制走向此时的"开明专制"，其转变之际所排除掉正是个人主义赖以立足，并曾经被他看成是天下之事惟此为大的独立、自由、平等、权利。七八年之间，陈独秀由个人至上回到了国家至上，比之孙中山和恽代英，其心路历程无疑又别属一种典型。而作为新文化中先倡个人主义的代表人物，他在思想上的这种转身横跨两端，实际上不仅反映了个体在时潮起落中的内中无定，而且反映了个人主义作为一种外来的主义、城市的主义和青年的主义，在那个时候的中国本以悬空飘浮为一年四季中的常态，能自作声光，而不能落地生根，以入人之脑又入人之心的事实。

这些各成一类的历史人物彼此对比，也相互映衬，以其共处于同一种潮流起落之间而各有理路的迎拒、选择和前后变化为社会思想作写照，说明了个人主义在中国难以径情直遂地一路走到头。然而作为一种广披四方并富有冲击烈度的新思潮，个人主义又一定不会在这种沤浪相逐里与时俱迁而消失于了无痕迹。就近代中国社会的新陈代谢说因果，其中尤其影响了当时的人物和后起之历史的，是个人主义既以个人为本位，则其传播思想的过程，同时又在为思想所到的地方带来一种旧日所未有的视角，使身在这个过程中的一代人眼光改变之后，惯见的东西常常成了被审视、诘问和思考的东西。于是而有五四前后读书人眼中的问题、心中的问题、身边的问题、远处的问题一时涌起，互相争鸣又彼此共鸣。其间胡适笔下的"人力车夫生计问题""女子解放问题""男子解放问题""贞操问题""家庭制度如何救正问题"；[3]毛泽东笔下的"女子教育问题""女子职业问题""恋爱自

---

[1]《陈独秀文章选编》中册，第121、137页。
[2] 同上注。
[3]《胡适全集》第1卷，第327、633页。

由及恋爱事实问题""姑媳同居问题""废娼问题""放足问题""私生儿待遇问题""废妾问题""婚姻制度改良及婚姻制度应否废弃问题""家族制度改良及家族制度应否废弃问题""宗教改良及宗教应否废弃问题""劳动时间问题""劳工教育问题""工价问题""小儿劳作问题""余剩均分问题""遗产归公问题""男女工值平均问题""自杀"问题;[1]邵力子笔下的"生计问题""劳动问题""学徒解放问题""人权问题""调查贫民窟问题""考学问题";[2]李大钊笔下的"学生问题""劳动教育问题""贫民生活"问题;[3]沈定一笔下的"国民工厂设立问题""田赋均一及加征问题";[4]以及陈独秀笔下的"吃饭问题"[5]和恽代英笔下的"个人生活问题"[6]等等。大半都属久已有之的社会现象而又与个体的生存状态尤其切近者。由于这种切近,当个人成为本位和主体之后,它们便因其困苦窘难的近在眼前,而最先从原本的熟视无睹中次第昭显,变得引人注目,并在个人主义的烘托和引申之下,化为一个一个以人为中心和归属的大问题。这些问题都因个人成为主体而起,但就其本性来说,这些问题的归属又都在社会一面。所以,以近代中国思想演变中的这一段历史叙述来龙去脉,则中国社会之能够作为一种认识对象,整体地和深入地进入一代人的思想视野,显然是由这些以人为中心而从现实中翻搅出来的问题开其端绪的。

以先后为序,是此前二十年的维新思潮里已出现过"社会"一词,但那是一种没有个体问题和中国问题的"社会",在多数中国人眼中,便如同隔雾看花,不过是远离自身生活,从而远离个体的日行起居和悲欢喜乐的一个名词,与之相对比,则此日的思想过程里,社会既由问题引入,遂因问题的具体性和切己性,助成了社会的具体性和切

---

[1]《毛泽东早期文稿》,长沙:湖南出版社,1990年,第396—397、429页。
[2]《邵力子文集》,上册,第27、44、252页;下册,第592、811、869页。
[3]《李大钊全集》第2卷,第85、291页;第3卷,第274页。
[4]《沈定一集》上册,第146页。
[5]《陈独秀文章选编》上册,第423页。
[6]《恽代英文集》上卷,第207页。

己性，而后推己及人，又由此及彼，在人与人的连类而及中形成了问题与问题的连类而及。随后是个体的问题和个别的问题演生出群体的"教育普及问题""公共娱乐场建设问题""公共育儿院设置问题""劳工组合问题""劳农干政问题""民族自决问题""勤工俭学如何普及问题""蚕丝改良问题""造林问题""乡村汽车路建筑问题""模范村问题"，[1] 以及"社会心理"问题、"适应社会与改造社会"问题、"破坏与建设"问题、"改造舆论"问题、"民意的权威"[2] 问题、"青年与农村"问题、"我与世界"问题、"物质变动与道德变动"问题、"人治与自治"问题、"自由与秩序"[3] 问题、"言论自由问题""政治与社会问题""个人对于社会的责任问题"[4]"智识阶级之团结"[5] 问题等等，每一个问题都出自当日的中国社会，因此，在这种人的连类而及和问题的连类而及里，已是中国人的问题为中国社会筑成了一种整体的构造和对象化了的构造。近代中国以社会为主题的思想历史因之而走入了一个前所未有的阶段。

　　社会因问题的形成和汇聚而进入中国人的思想视野。论其始末和缘起，个人主义的一面之理曾在这个过程的实际发生中施为催化，唤出了引来后浪的前潮。然而这个过程由问题走向社会的一路推演，同时又会因社会之别成一种意义而促成新思潮与新思潮之间的颉颃，并明显地改变和减杀了个人主义本身对中国人的影响。在那个时候的各色新知里，个人主义以个体为本位，与之对比而见的是，作为认识对象的社会则始终是一种群体的存在和群体的联结，因此，置身于社会之中的个人，显然不同于个人主义阐述里的个人。由这种不同的立论，便会派生出李大钊称作"个人与社会间的权限问题"。在中国的

---

[1]《沈定一集》上册，第 141—147 页。
[2]《邵力子文集》上册，第 384、439 页；下册，第 489、564、597 页。
[3]《李大钊全集》第 2 卷，第 304、360 页；第 3 卷，第 101、214、253 页。
[4] 郭双林、高波编：《高一涵卷》（中国近代思想家文库），北京：中国人民大学出版社，2014年，第 213、266、270 页。
[5] 周月峰编：《杜亚泉卷》（中国近代思想家文库），北京：中国人民大学出版社，2014年，第 504 页。

个人主义论说里，这是一个曾被忽略掉的问题，但社会一旦进入思想视野，则又成了一个已经来到眼前而没有办法回避的问题。而"权限"反映的其实是矛盾：

> 极端主张发展个性权能者，尽量要求自由，减少社会及于个人的限制；极端主张扩张社会权能者，极力重视秩序，限制个人在社会中的自由。"个人主义"（individualism）可以代表前说；"社会主义"（socialism）可以代表后说。

他所说的"社会主义"，显然还没有后来使用这个名词时所表达的那种特定的学理内涵，而是泛指一种把重心置于社会的立场。李大钊列举这两面的"极端"，用意是为了说服这两面的极端：

> 个人与社会，不是不能兼容的二个事实，是同一事实的两方面；不是事实的本身相反，而是为人所观察的方面不同。一云社会，即指由个人集成的群合；一云个人，即指在群合中的分子。离于个人，无所谓社会；离于社会，亦无所谓个人。故个人与社会并不冲突，而个人主义与社会主义亦决非矛盾。[1]

虽说这些话都能言之成理，而以后来的事实作对比，这些话又是在以太过简单的道理统括一种复杂多态的关系。所以身处两头极端的牵引之间，真能听得进而且守得住其中之理的人实际上并不多。但这些话应事而发，其论题和论旨反映的则都是当日真实的思想现象和思想走向。因此，引李大钊的论说以作观照，正可以明白地看到，本以"个人从一切社会关系的羁绊中解放出来"为共识和共趋的个人主义，在这种深化了的思想环境里已不能再维持一种既无须归属于，又无从归属于任何社会关系的抽象个人，并用之以展示自我解放的理想境界。李大钊并不以反对个人主义为立足点，然而其意中的个人，只能是"群合中的分子"。同一个意思，用儒学的老生常谈来表达，便是长

---

[1]《李大钊全集》第3卷，第253页。

在"人伦并处"[1]之中。而以个人为"群合中的分子",则个人不仅是与他人同生同存的,而且是与他人相为因依的。作为对应的事实,是其时一批一批由新文化召唤出来而被目为新青年者,一旦自以为脱出了旧轨,便大半都集群而聚于以思想为标帜的名目之下,少见真有人想只身横行天下的。这个过程中形成的众多以社团为形式的"群合",以及人在"群合"之中用宗旨为名义营造的公共意识和集体意识,反衬的正是新文化所描画的个人主义乌托邦的实际限度和自我限度。

由于把个人看成孤身孑立而没有牵挂的个体,所以,新文化运动一开始便独以青年为希望之所在,置其他群类于论域之外并漠然视之和蔑乎视之。其中最极端地代表了这种排他性的,便是陈独秀创办《(新)青年》杂志之日直白言之的"陈腐朽败之分子",与"新鲜活泼之青年"之间的对立。在他的定见里,中国的青年人群和青年人群之外,而被统括为"彼陈腐朽败之分子"的各色人等,是可以与之截为两段而互不相干地自为演变的。其背后显然还没有两者共处于同一个社会之中的意识。就一场思想运动而论,这种设定的对象其实也同时成了设定的范围;而设定的对象又是排他的对象,则不能不使这种被称作启蒙的思想运动常常会表现出对于大众的俯视和渺视。因此陈独秀既说"吾民之德弊治污",又说"吾苟偷庸懦之国民";[2]胡适也说中国人"这样又愚又懒的民族",是"一分像人九分像鬼的不长进的民族"。[3]即使是不愿自居于高高在上的鲁迅,其笔下的狂人、阿Q、孔乙己以及祥林嫂,大半都是精神上各有病象的人物和先期已被置于救疗之列的人物。而俯视和渺视得尤其自觉的,则要算是钱玄同在给周作人的信中言之自如而说得直截了当的一段话:

> 你译的那些小说,原是给青年学生们看的,不是给"粗识之无"的人和所谓"灶婢厮养"看的。今后正当求学的学生,断断没

---

[1] 梁启雄:《荀子简释》,北京:古籍出版社,1957年,第118页。
[2] 《陈独秀文章选编》上册,第140、172页。
[3] 《胡适全集》第4卷,第666页。

有不认得外国字的，所以老实用了外国字，一定无碍。若是给"粗识之无"的人和所谓"灶婢厮养"看的书，自然不能十分地道。[1]

其傲慢虽然发露于一时一事，而呈现的则是当日多数文化导师的群体气象。前期新文化论域的广度和传播的广度也因此而不能见其大。

然而当社会整体地进入思想视野之后，后起的一代人虽应新文化的召唤而汇入潮流，但以他们为主体的各种社团则明显地表现出一种对于大众的关切和关注，并在一个互为感应的时代里不断伸张，又以此影响了曾经为他们作过启蒙的老师一辈知识人。因此，作为新思潮的个人主义还没有消歇，"民众""劳工""农夫""平民""庶民""公众""国民全体""国民人格""劳动阶级""中国的百姓"以及更深入一点的"工厂调查，农村生活"和更具体一点的"唐山煤厂工人生活"[2]等等都已进入报章论说之中，使知识人的论域明显地下移，又明显地扩大。这些名词所对应的都是这个社会里的多数人和下层人，略同于钱玄同眼中的"粗识之无"和"灶婢厮养"。但当思想路向已由文化转向社会之日，则多数和下层所对应的内在含义与外在尊卑显然已经前后不同。其间直接阐说这种内涵，并为当日留下了一种范式的，是蔡元培以"劳工神圣"为名称所作的演讲：

> 此后的世界，全是劳工的世界呵！我说的劳工，不但是金工、木工等等，凡用自己的劳力作成有益他人的事业，不管他用的是体力、是脑力，都是劳工。所以农是种植的工，商是转运的工，学校职员、著述家、发明家，是教育的工，我们都是劳工。我们要自己认识劳工的价值。劳工神圣！[3]

他以各色人等比附劳工，推论既泛且广，但反映的则是知识人中的先觉者面对这些身处下层而构成了多数的人口，其认识中已经发生和正

---

[1]《钱玄同文集》第1卷，第346页。
[2] 中共中央马克思列宁恩格斯斯大林著作编译局研究室编：《五四时期期刊介绍》第1集，北京：生活·读书·新知三联书店，1959年，上册，第103、271页。
[3]《蔡元培全集》第3卷，第219页。

在发生的大幅度变化。而比之为"神圣",则是既已承认了他们是在"用自己的劳力"成就他人和"有益他人";也已承认了他们实际上是这个社会里真正的主体。百年之后回看当时,蔡元培的话之所以成为一种范式,正在于以此开先的理路后来源源不断地继起于新思潮之中,并一路弥漫扩张,而最终沉积为20世纪中国社会思想里的时代内容。然则以前期新文化独取青年的排他和狭隘为对比,蔡元培的话又写照了新文化运动自身因社会进入思想视野而促成的自我嬗蜕。这是一个思想改变了时势,时势又改变了思想的过程。

二 迂回曲折的思想路径:
由个人主义引渡而来的"多数人的主义"

在这个过程里,社会是由问题为缘起而成为真实观念和具体观念的。但因问题而见社会,同时也说明进入中国人思想视野的社会,其现实存在和直观形象从一开始便是一种与弊象连在一起的东西,一种有毛病的东西。那个时候少年中国学会以"本科学的精神,为社会的活动,以创造'少年中国'"为宗旨,曾聚集了许多后来各自秀出一时,并在20世纪中国的政治、思想、文化、学术历史中留下过自己个人痕迹的人物。而以"科学的精神"之纯属抽象和"少年中国"之犹在以未来相对比,则其宗旨中最实在的,从而最可用心的,其实也只有"社会活动"这一项。所以左舜生说:"我以为诠释学会宗旨,最须注意社会活动四字。"这些人物因社会而"群合",然而在他们的论说里,却常常把社会径直称作"现在的恶生活""这个万恶之社会"[1]以及"旧社会中各方面的生活,都是一样的恶劣而无意义"[2]

---

[1] 张允侯等编:《五四时期的社团》第1册,北京:生活·读书·新知三联书店,1979年,第224、298、300、305、323、357页。
[2] 同上书,第393页。

等等。由于因问题而见社会，遂使问题和社会实际上已在相为表里之中。然则直面世路里种种出自"黑暗"和"万恶"的问题，问题里所含结的"黑暗"和"万恶"，便都在归纳中交集，成了社会的"黑暗"和"万恶"。在那个时候的新人物里，这是一种普遍意识，因此，少年中国学会之外，还有流派纷呈的其他种种团体以"麻木"和"盲目"称社会，以"黑暗、恶浊、悲观、厌烦"称社会，以"压迫"称社会，以"惨待"称社会，[1]都是见不到光明和祥和的否定性评判。这些各有出处而又集为共识的表达，正说明进入了中国人思想视野的社会，从其开始成为认识对象的时候起，其实已同时被当作穷加追究的对象和应该下手收拾的对象了。与之对应而起的，便是这些团体以"帮助社会""评论社会""改造社会""创造一个新中国社会"，以及以社会为对象的"奋斗"[2]作宣述所共同汇成的另一种共识。随之而来的，是关注社会和改造社会合而为一地蓬蓬然起于新思潮中，成为一个虽然后起而已进入了中心的主题。蒋梦麟在回忆录中追叙其间来华的杜威和他在中国引出的反响，印象深刻的也在这一方面：

> 杜威引导中国青年，根据个人和社会的需要，来研究教育和社会问题。无庸讳言的，以这样的方式来考虑问题，自然要引起许多其他的问题。在当时变化比较迟钝的中国实际社会中自然会产生许多纠纷。国民党的一位领袖胡汉民先生有一次对我说，各校风潮迭起，就是受了杜威学说的影响。此可代表一部分人士，对于杜威影响的估计。他的学说使学生对社会问题发生兴趣也是事实。这种情绪对后来的反军阀运动却有很大的贡献。[3]

在他把学生当作主体所描述的这种思想萌动里，最能引人注目的地方显然都出自关注社会的意愿和改造社会的怀抱。然而他和胡汉民虽

---

[1] 张允侯等编：《五四时期的社团》第 1 册，第 71、179 页；第 2 册，第 337 页；第 3 册，第 50 页。
[2] 同上书，第 133、167、251、237、305 页。
[3] 蒋梦麟：《西潮·新潮》，第 127 页。

褒贬不能尽同，却全以为中国新人物的这种思想走向是杜威影响的结果，则其推想又都太过直观从而太过简捷。杜威的女儿在多年以后说：杜威的中国之行，对他的社会和政治观点的发展起了决定性的作用，具有深刻的和持久的影响。[1]她所展示的是中国人和中国社会影响了杜威的一面。然则由后一面映照前一面而通论这一段历史情节的象征意义，显见得其中的内容比胡汉民和蒋梦麟的推度都要复杂。

与个人主义之立脚于个体相比，社会的主体既在多数与大众，则以社会为对象而生成的关注和关怀也在多数与大众。随之而来的，是"从前"和"今日"之间形成了一种自觉的分野："从前之改革家皆从高上做起，吾辈今日则从底下做起。换言之，从前所谓改革家无非轰轰烈烈做几桩事情，而所谓大多数人之幸福，则在所不问。吾辈今日则从底下做起，以求大多数人之幸福。"[2]这一段话里的"大多数人"，在同时的时论里又被称作"我们中国的百姓"、"劳动阶级"以及"男女同胞"[3]等等，所指都是合为一体而不可以个体区分的人群。作为一种直接的关联，其间又有过"所谓文化运动，是专注重于智识阶级方面的多，能顾到劳动阶级的却少"[4]这样身在文化运动之中批评文化运动的表达。由此反映的，是发生在那个时候的因知识人关注对象的改变而改变了知识人自身立场的过程。这个过程曲折而来，并反射了种种中国的现状，因此，这个过程不会是全在杜威的影响之下从无到有地生成的。但杜威来到中国，则又适逢其会地直接面对着这个正在初起的过程。在前期新文化运动已经作了铺垫之后，其学说中的相应内容都会引出新思潮的回响，所以胡汉民和蒋梦麟的直观之见不能算是全无根据的信口而谈。然而比这种直观更富深度的内容，则在于被称作新思潮的东西其内里其实并不一致，而且这种过去犹在朦胧之

---

[1] 简·杜威著，单中惠译：《杜威传》，合肥：安徽教育出版社，1987年，第49、52页。转引自袁刚、孙家祥、任丙强编：《民治主义与现代社会：杜威在华讲演集》，北京大学出版社，2004年，第6页。
[2] 张允侯等编：《五四时期的社团》第1册，第293页。
[3] 同上书，第71页；第3册，第255页；第4册，第21页。
[4] 张允侯等编：《五四时期的社团》第4册，第21页。

中的不相一致此日正变得越来越明显,并在多士群鸣中越来越趋向于各立主张的分化之中。是以杜威的学说虽自有深度和广度,而经其时胡适按照自己的眼光做选择、概括和诠说,又以他自己的这种诠说发为鼓吹之后,则它们在五四以后的中国所能留下的影响和所能得到的回响,实际上大半都是以实验主义和自由主义的个人主义为实际范围的。蔡和森后来称之为"美国思想"。[1]显见得对于内里并不一致的新思潮来说,杜威的影响所产生的回响,其实并不一致。

当日正在主持少年中国学会,并因之而同属新思潮一脉的王光祈说:

> 美国式政治的民本主义,究竟与大多数人的幸福有无关系?我现刻极鄙视政治,凡有朋友谈到"政治"二字,我就联想到"少数人的最大幸福""供野心家的利用""世界扰乱的原因""万恶之原"。美国人因拜金主义,造成一种世界无敌的财阀,一般平民生活在这种财阀之下,与我们生活于军阀之下同是一样苦痛。[2]

他所说的"政治的民本主义"应同义于民主;而"美国式政治的民本主义"则尤近于自由主义的个人主义。与这些道理相关的论说其时本已进入了新文化之中,但当他以"多数人"为对象,以"大多数人的幸福"为立场提出问题的时候,这些已经进入了新文化的论说显然并不再能令人心悦诚服了。曾作《胡适之评传》的美国历史学家格里德(Jerome B. Grieder,亦译贾祖麟),在涉及这一段中国思想历史时说过:"自由主义的内容决定了它不是面向人民大众的理论。"[3]以王光祈的话为实例,可谓极中肯綮。因此,杜威的女儿追忆杜威的中国之行深刻地影响了他后来的政治、社会观点的发展,一方面说的应是杜威来到中国,看到了种种原本没有想到过的问题,一方面说的应是这

---

[1] 中央档案馆编:《中共党史报告选编》,北京:中共中央党校出版社,1982年,第6—7页。
[2] 张允侯等编:《五四时期的社团》第1册,第293页。
[3] 杰罗姆·格里德:《五四知识分子的"政治"观》,载王跃、高力克选编:《五四:文化的阐释与评价》,第166页。

些问题足够重大，所以此后能够长久地影响他的思考。而就杜威来华之日中国新文化运动自身的演变而言，这种以社会为关注对象的思想潮流显然既是最能引人注目的，又是与自由主义深度隔阂的。然则杜威的中国之行之所以具有历史叙述的象征意义，正在于起自当日中国的这个思想过程，以其改造社会的主题为尺度，非常具体地丈量出了自由主义与那个时候的中国人之间太远的距离。因此，在他来华期间二百多场讲演的一派热闹之后，是其去后少有余响的寂然。而与之成为对比的，则是社会进入思想视野之后在层层深翻中不断地派生出问题，也不断地派生出思想。

　　作为思想演化所生成的重心转移，由新文化催生的这种改造社会的走向，与同在新文化之中的自由主义不能互相对接，说明了新文化运动偏倚于个人主义取向来解释民主，又偏倚于科学主义取向来解说科学的路数，已无从延伸而入以多数为对象，并以多数人的幸福为关怀的社会问题之中了。新文化运动起于二十年维新思潮之后，因此，经陈独秀的提炼概括而被目为要义的民主和科学，背后都有着这段历史所给予的进化论的支托。有此"物竞天择，适者生存"作为公理的支托，而后各有学理的民主和科学才能臂力远伸地转化为新旧之争中的武器和工具。然而思想演化所生成的重心迁移，又使这种武器和工具此日已变得非常局限。比之科学主义把人归结为本质上等同于动物、植物和矿物的"质与力"，从而无从回应"人生有何意义"的诘问，则擅长以"物竞"为道理，以证成个体的自由、权利和幸福之理所当然的个人主义，在多数人的幸福面前实际上不仅无以为应，而且两头之间正相悖反。社会进入视野，使新文化运动中已有的观念技穷乎此而不复再能周延八方。随后是上个世纪 90 年代克鲁泡特金（Peter Kropotkin）在英国发表的《互助论》，因其立论异乎"物竞"而成为中国人眼中的新义，并在这个时候被引入了新文化运动之中。当日的时论对比而言之曰："最初所为的个人，是个人的个人，最后所为的个人，是社会中的个人。最初为个人的行为便是竞争，最后为社会的行为，便是互助。"所以"应该了解竞争是旧的，互助是新的。

新是生的,旧是死的"。[1]

在二十年"物竞天择"之理一路弥漫而滔滔然天下皆是之后,这种推重"互助"以排拒"物竞"的论说,非常明白地昭示了思想潮流中基本观念的新陈代谢。同时是时论的言之谆谆,又说明作为一个特定的观念,真正用来与"物竞"相对待的"互助"同样是从外国人那里移接过来的。而以时序之先后论其间的源流,则清末聚于巴黎的中国无政府主义者其实已经沿此理路而别入一种境界。一则记载说:"李煜瀛(石曾)则是最早介绍互助论者,他与吴稚晖是中国最早介绍无政府主义的。蔡[元培]先生本人也是提倡柯鲁泡特金(Kropotkin)互助论的。"[2] 三者皆直接间接地出于当年巴黎那一脉而共奉互助论,并一同由前朝的乱党变为民国初期的文化名人。但清末中国已经开始接受的互助论在很长的时间里找不到本土能够与之对应的群体,因此久在思想潮流的边缘而未曾引发远播的响声和回声。然则这种本在边缘的东西之能够发皇于新文化运动之中,显然并不是因为理论自身的恢扬,而是因为改造社会的思想运动提供了一种足以与之对应的,由多数人构成的社会主体。蔡元培曾推许五四后一年成立的工学互助团可以寄托"大希望",是因为他们自觉自愿地践行"互助"。然后以此发端,申论互助与社会进步之间的关系说:

> 小工业的时代各作各的工,成绩总是有限。后来分工细了,工业大大的进步,这是互助的效果。从前劳工与资本家反对,劳工总是失败,后来同业的劳工联合起来,一国中各业的劳工联合起来,各国各业的劳工联合起来,资本家不能不让步了,这也是互助的效果。但是资本家与劳动还是对峙,还是互竞,所以工业上还免不了苦况。也有人说贫富不平等的原因,就在教育不平等。一部分的人可以受高等教育,在学术上有点儿贡献,但不是独学便能成功,是靠多少师友的助力。况且学术为公,政治上虽有国界,学术研究没

---

[1] 《沈定一集》上册,第94—95页。
[2] 陈平原、夏晓虹编:《北大旧事》,第98页。

有国界,所以能达到现在的程度,这是互助的效果。

而后沿此理路远望将来,期之以"全世界做成一个互助的团体"。[1]一个美国历史学家曾论蔡元培的"世界观在某些重要的观点上和许多同时代的人差距甚大"。相比于其他新人物,他更用心于"伦理生活"和"人道主义"。[2]以其数十年言行的自成一格而一以贯之的立场和怀抱相度量,这个判断大体上是正确的。因此,他之所以主张"互助生存"而"反对达尔文的'竞争生存'的学说",[3]应当有其个人既定的精神性格和人生态度的原因。但以他在新文化运动中不以学说作激扬鼓荡,而自能得众望所归的个人影响[4]言之,则这种取舍之间的言之明了,又会因人格感召而成为思想导向。

同他相比较,后起的一代人倡说"互助",更自觉而且更着力的,已全在于用学理为感召和学理为导向。其时一种以《进化》立名的杂志说:

> 一八七九年,动物学家嘉司黎 Kessler 搜集许多事料,证明物种的向上进化,"互助公例"比那"互竞公例"还重要些。有一位克鲁泡特金,是地理学家,也是著名的无政府党,因此搜集许多动物上的事料和历史上互助的证据,作了一本《互助论》(一九〇七年出版),证明互助在生物社会的利益是很大的。他说:"动物团结而成社会,最弱的虫鸟和哺乳类都可借社会的保护抵拒强权;生产养育不须过劳,并可托庇社会随时安居。故互助不但为反抗天然界的敌力和他种侵害的利器,也可算是向上进化的好工具。"

人类同样由"团结而成社会",因此,就"人类社会发展"须经"较不高尚至于较高尚",才可达到"为全世界人类造幸福的目的"而言,

---

[1] 《蔡元培全集》第3卷,第379页。
[2] 戴维翰:《蔡元培的人文主义与中华民国的教育改革》,载姜义华、吴根梁、马学新编:《港台及海外学者论近代中国文化》,第475—476页。
[3] 陈敬编:《无政府主义在中国》第1辑,长沙:湖南人民出版社,1984年,第537页。
[4] 见罗家伦、傅斯年、陶希圣、毛子水、罗章龙、段锡朋以及许寿裳的回忆,见陈平原、郑勇编:《追忆蔡元培》,北京:中国广播电视出版社,1997年。

与之相匹配的便只能是这种"互助"的"进化"。这种借助学理以作灌输的阐述，在达尔文的进化论之后又另立了一种异乎其趣的进化论，以说明"如今的进化论和从前的创造论是相反的"。其用意显然不仅在作前后对比，而且是在弘扬"如今"的真理性以反衬"从前"的不合理性。所以，之后又曾举达尔文后出的《人种由来论》(《人类的由来及性选择》)已并不全同于其先出的《种源论》(《物种起源》)，并就此作推论，以证成克鲁泡特金所说的"他已将'物竞天择，适者生存'的观念完全改变了"，进而判定斯宾塞一类以"生存竞争"来概括达尔文之不能成立。[1]在以达尔文命名的进化论传入中国二十多年之后，这是中国人第一次合群地表现出来的对于进化论的反思和反诘。虽说像这样以一种进化论究诘另一种进化论的取而代之犹未做到自外及里，不能算是已经有足够的思想深度，但它对上一代人以来天下共信为"天演公理"的"物竞天择"所表达的直接怀疑，则为后来的深思提供了一种起点。而在惯于以新思潮怀疑旧思想的时代里，由此表现出来的以新思潮怀疑新思潮之能够由边缘进入主流，又说明其内中自有顺乎人心和合于时势的一面，所以，在五四前后的中国文化运动里，这种被称作"如今的进化论"的东西曾引发出议论纷纷并造成过广泛的影响。除了名为进化社的团体以旁征博引为长技的这种专论之外，当日还有出自长沙新民学会中人的"诚使人类都能秉'创造'与'互助'的本能，努力向物质与精神两方面的文明上去发展"的展望；有出自少年中国学会中人的以"真自由、真平等的互助主义同新式的社会组织"合一为"世界的新思潮"之认知；有武汉互助社立为宗旨的"自助助人"；有工读互助团立为宗旨的"本互助的精神，实行半工半读"；有北京大学平民教育讲演团用之以向民众宣述的"互助的意义及吾人今后的责任"等等。[2]在此之外，又有以"合作主义"为名称的种种陈说和团体。[3]与"互助"相比较，这一类陈说

---

[1] 张允侯等编：《五四时期的社团》第4册，第184页。
[2] 张允侯等编：《五四时期的社团》第1册，第69、122、252页；第2册，第173、373页。
[3] 张允侯等编：《五四时期的社团》第4册，第1—150页。

和团体虽未必尽属同义，但就其主张而言，则大体都与"物竞"相悖相歧而与"互助"皆在近义之列。

在陈独秀用民主和科学总括新文化的时候，这些不能为民主和科学收归的思想走向显然都不在他的预计之内。而后是这种不在预计之内的思想走向又带来了不在预计之内的思想过程，并最终使预想本身成了被抉破的东西：个人主义助成了社会进入中国人的思想视野；进入了思想视野的社会又因主体归于多数而共立互助主义，以之为群己之间的准则；随之而来的因果所及，则是这种群己之间的互助准则对于"物竞"的全盘否定，同时也间接然而明了地否定了正在把"物竞"用作群己之间的道理和手段，用之以力争个体自由、平等、独立、权利的个人主义。相比于引新文化之外的"吾中国数千年圣哲"之说抵拒个人主义，这个过程的逻辑开展和前后承接，昭示的显然已是另一种别样的理路了。这种由预想开始而突破了预想的过程，只能说是新文化改变了新文化。

然而作为一个观念，互助从一开始就不是一种悬空而来和悬空而立的东西。它出自无政府主义的思想血脉之中，因此以附着于无政府主义思想为常态。与之相应而见的，便是无政府主义在新文化运动中的蓬蓬然而起。虽说论其始末源流，晚清中国已经有人自归于无政府主义，但以世界主义为立场的无政府主义，常常在这些人身上同种族主义为立场的反满意识一体共存而了无抵牾，已反映了本身流派纷呈而内涵复杂的无政府主义，一入中国便又有了更多的复杂性和模糊性。在清末那一段反满的岁月里，无政府主义留给普通中国人的感知中，印象最深刻的，恐怕多半不是学理而是暗杀。是以民国初年的议论犹常常不能忘记"无政府党有主张暗杀者，此其大缺点也"。[1]然而就其实际而论，自辛壬之交天下鼎革以后，无政府主义中的这一面已经在日渐褪去之中了。除了邓中夏在《中国职工运动简史》中提到的，广东无政府主义者曾直接走入下层社会，发起过"机器总工

---

[1] 张允侯等编：《五四时期的社团》第4册，第173页。

会""理发总工会""茶居工会"[1]一类大小不等的劳工团体以外，民国前期的无政府主义主要是一种见之于刊物论说，并存在和传播于知识人之间的思想。而无政府主义学说的本性，则决定了无政府主义者崇尚自由联合而不会有太过严密的组织，与之相对称的，便是无政府主义在中国的思想边界和人物边界常在不甚清晰之中。在当日的无政府主义者眼中和后来研究无政府主义的著述里，除了晚清以来即以无政府命世的吴稚晖、李石曾之类以外，蔡元培、吴玉章、陈延年、汪精卫、陈独秀、李大钊、易白沙、钱玄同、周作人、匡互生等等都曾经对无政府主义有过信仰、倾向或同情。[2]这些人物此日各属一类，后来又各分东西，但也正因为如此，他们之间的这一面共相，又真实地说明了无政府主义的实际传播在那个时候的新人物中所达到过的广泛程度。

然而分别省察，辨而论之，则各人看无政府主义，中意的东西其实并不完全一样，因此取来当作法式的东西也并不完全一样。在蔡元培一生的行状里，常常被人提到的是他在北京大学立"进德会"以造风气。陶希圣说："进德会有三种等第，甲种会员：不嫖、不赌、不娶妾；乙种会员：于前三戒外，加不作官吏、不作议员二戒；丙种会员：于前五戒外，加不吸烟、不喝酒、不食肉三戒。"[3]把这些当作志行和践履，则中国人更容易看到的是他身上与儒学相渊源的一种君子人格。[4]但以无政府主义在中国的传播历史说其间的源流，则"该会的名字来自于1912年成立的一个无政府主义团体，采用了师复'心社'的宗旨"，而且其"宣言"也明白地引之以为前史。[5]因此在君子人格之外，"进德会"之出现于北大，同时又反映了蔡元培的关怀与无政府主义中内含的道德理想主义之深度契合。同他相比，吴稚晖

---

[1] 陈敬编：《无政府主义在中国》第1辑，第508页。
[2] 同上书，第516—517、537页；阿里夫·德里克著，孙宜学译：《中国革命中的无政府主义》，桂林：广西师范大学出版社，2006年，第139、152页。
[3] 陈平原、郑勇编：《追忆蔡元培》，第213页。
[4] 同上书，第37页。
[5] 阿里夫·德里克：《中国革命中的无政府主义》，第162页。

自始便更迷恋和迷信无政府主义中的科学主义倾向,以及由此派生的"机器促进大同",而使"人人高尚纯洁优美"的那一类乌托邦。[1]两者之间的这种差异成为具体的实例,说明了无政府主义在内涵上的广义性。由于这种广义性,包罗一体地统括了自由、平等、博爱、公道、真理、解放和反传统、反国家、反政治、反家庭等等旨趣的无政府主义,便常常能与新文化运动中对应的部分发生共鸣,并在受众一面很容易变成互相混同的东西。以至于当年在北大读书的朱谦之后来说:"在那个时候,所谓新思想,就是指的无政府主义思想。"[2]而同一个时间里也在北大读书的川岛,则以"我的脑子就像一只杂色的染缸"来形容自己在"新思想"交汇之下的感受,而其间名列前茅的色彩之一便来自"可鲁泡特金"。[3]

这个过程使原本算不上显学的无政府主义获得了一种后来的声光,并因新文化运动造成的思想震荡而得以彰显于知识人之中。相隔十多年之后,毛泽东对斯诺(Edgar Snow)追忆五四前一年他在北京的思想经历,说那个时候自己"对政治的兴趣继续增加",而且"头脑越来越激进":

> 我正在寻找一条出路。我读了一些关于无政府主义的小册子。很受了影响。我常常和一个北大的学生,名叫朱谦之的,讨论无政府主义和它在中国的可能性。在那个时候我赞同许多无政府主义的主张。[4]

他所叙述的,显然是一段不容易轻易忘却的思想经历。与他同属一辈的恽代英也受过无政府主义的熏染。他在加入少年中国学会之日曾自述信奉"安那其主义"有年,且"自信懂得安那其的真理,而且曾细心的研究":

---

[1] 阿里夫·德里克:《中国革命中的无政府主义》,第98、107页;罗家伦、黄季陆编:《吴稚晖先生全集》,台北:中国国民党党史史料编纂委员会,1969年,第418页。
[2] 陈敬编:《无政府主义在中国》第1辑,第507页。
[3] 陈平原、夏晓虹编:《北大旧事》,第247页。
[4] 中国社会科学院近代史研究所近代史资料编辑组:《五四运动回忆录》上,第9页。

> 但是，我不同不知安那其的人说安那其，因为说了除挑起辩难同惊疑以外，没有甚么好处。我信只要一个人有了自由、平等、博爱、互助、劳动的精神，他自然有日会懂得安那其的。我亦不同主张安那其的人说安那其，因为他们多半是激烈的、急进的，严格的说起来还怕是空谈的、似是而非的。所以同他们说了，除了惹些批驳同嘲骂以外，亦没有甚么好处。我信只要自己将自由、平等、博爱、劳动、互助的真理一一实践起来，勉强自己莫勉强人家，自然人家要感动的，自然社会要改变的。[1]

这是一种精神上的无政府主义和践行中的无政府主义，论其信仰之诚，其实更深一层。他带着这种无政府主义进入少年中国学会，而目的在于"我们结会以为国家社会"。[2] 然而以学理辨宗旨，无政府主义固以反国家和反政治为本来面目，因此，比之蔡元培和吴稚晖的各成一路，毛泽东一面着意于政治，一面又"赞同许多无政府主义的主张"；恽代英一面立足于国家，一面又"研究""懂得"和接受了无政府主义，则两者在显示无政府主义传播程度的同时，又非常明白地说明，中国人手中的无政府主义不仅能随各人意愿之所向而自为择取，而且能在过滤之后兼容于不同的宗旨之内，以应对中国人的问题。是以在毛泽东那里，无政府主义可以是一种与政治相关的学说；在恽代英那里，无政府主义可以是一种与国家观念共存的学说。他们的代表性在于：就个人而言，这种经由自我主张和自我立场过滤的无政府主义信仰，其实已预伏着在更明晰的学理面前，这种"赞成""研究"和"懂得"都可以被替代，并因之而促成主体大幅度转变信仰的可能。但就当日社会进入了中国人的思想视野，以及由此触发的群议改造社会而言，无政府主义中的相应部分却借助于这种择取和过滤，曾经被当作为社会疗病的药方而成为最先引来济急的东西。

新文化运动由民主和科学发端，也以民主和科学为通体贯连的主

---

[1] 《恽代英文集》上卷，第109页。
[2] 张允侯等编：《五四时期的社团》第1册，第336页。

旨。然而其间惯性地用个人主义阐释民主，又用科学主义阐释科学，前一面和后一面的各自推演走到极端，最后直面的是一种脱出了社会存在的抽象的人，一种无从回答人生意义的空洞的人。因此，当改造社会后浪逐前浪而来，成了新文化运动中的大问题之日，两者都没有办法提供一种可以在总体上与之相应对的解释和回答。作为一个实例，1919年末"《新青年》宣言"说："我们理想的新时代新社会是诚实的、进步的、积极的、自由的、平等的、创造的、美的、善的、和平的、相爱互助的、劳动而愉快的、全社会幸福的。希望那虚伪的、保守的、消极的、束缚的、阶级的、因袭的、丑的、恶的、战争的、轧轹不安的、懒惰而烦闷的、少数幸福的现象，渐渐减少，至于消灭。"[1]这段文字以社会为论说对象，比之1915年的《青年》杂志，主旨已明显不同。但其间的连串堆砌只有修辞没有内容，表达的犹是一派空洞和模糊。而与这种空洞模糊成为反衬和对比的，则是对于未来社会本自有着一种以理想为预设的无政府主义，其学理中所含有的社会批判和社会展望，便成了那个时候能够直接用来回答和响应社会改造的东西，从而成了比民主和科学更切题的东西。20年代初，瞿秋白曾概述新文化运动由"初起时候"的"群流并进，集中于'旧'思想学术制度，作勇猛的攻击"，到社会进入思想视野之后，则其间已是别样景象：

> 根据于中国历史上的无政府状态的统治之意义，与现存的非集权的暴政之反动，又激起一种思想，迎受"社会主义"的学说，其实带着无政府主义的色彩——如托尔斯泰派之宣传等。或者更进一步，简直声言无政府主义。于是，"德莫克拉西"和"社会主义"有时相攻击，有时相调和。实际上这两个字的意义，在现在中国学术界里自有他们特别的解释，并没有与现代术语——欧美思想界之所谓的德莫克拉西，所谓社会主义——相同之点。[2]

---

[1]《陈独秀文章选编》上册，第427页。
[2] 中国社会科学院近代史研究所近代史资料编辑组：《五四运动回忆录》上，第81页。

在他的直观所见里，作为新文化运动里后起的一种思潮，社会主义最初是由无政府主义催生出来的。而"'德莫克拉西'和'社会主义'有时相攻击，有时相调和"，则又写照了新文化运动的后半段和前半段之间的各有追求和各有主张。这种前后不同所映照的历史内容，其实是一场由文化开始的思想运动，重心已在从文化转向社会了。

在瞿秋白所指的这一段"迎受'社会主义'的学说"的时间里，蔡元培说："我们理想的世界，就是全世界的人都能合于'各尽所能，各取所需'的公则。"又由此上溯"我们中国本有一种社会主义的学说"，并全幅引述了孔子所说的"人不独亲其亲，不独子其子。使老有所终，壮有所用，幼有所长，矜寡孤独废疾者皆有所养。男有分，女有归。货恶其弃于地也，不必藏于己；力恶其不出于身也，不必为己"，指之为"就是'各尽所能，各取所需'的意思"。[1]李达论同一个题目，是以"社会主义是什么"设问，然后以破与立的两头对比作回答说："社会主义，是反对个人竞争主义，主张万人协同主义；社会主义，是反对资本万能主义，主张劳动万能主义；社会主义，是反对个人独占主义，主张社会公有主义；社会主义，是打破经济的束缚，恢复群众的自由。"[2]与这种直截了当的论断相比，恽代英更重说道理："我们就生物学理说，社会主义是当然的。因为宇宙的大法是注重大群，不注重小己的；就经济状况说，社会主义是必然的。因为分工的结果，人类生活是互助共存的，不是独立自给的。这样可知所谓社会主义，不仅是劳工的不平之鸣，不仅是被掠夺者的企谋报复的举动。这是在学理上，事实上，有圆满根据的一种人的运动。"[3]在这三个人当中，蔡元培久与无政府主义相渊源，并常常被人划到无政府主义一面，李达已经初知"共产主义"且能识得无政府主义的局限，[4]

---

[1]《蔡元培全集》第3卷，第374、434页。
[2] 林代昭、潘国华编：《马克思主义在中国：从影响的传入到传播》下册，北京：清华大学出版社，1983年，第62—63页。
[3] 同上书，第123页。
[4] 同上书，第63页。

恽代英则此日犹属少年中国学会，应未脱出"安那其主义"而又不全在"安那其"之中。就其既有的思想构成而言，三者之间各自成一类。但就他们对社会主义的表述而言，其最终的关注所及显然皆能由共鸣而互通。蔡元培引述孔子的"人不独亲其亲，不独子其子"；李达伸张"万人协同主义"；恽代英深信"互助共存"之理，都是在以互助论说社会主义。而蔡元培之着眼于"全世界的人"；李达之着眼于"群众"；恽代英之着眼于"大群"，又都是在以人口中的多数说社会主义。

互助论本来附着于无政府主义，但在五四前后的中国，它又实际地承当了思想上的渡引和前导，把原本不足以影响主流的社会主义引到了新思潮之中，并因此而使自己在当日社会主义传播的过程中成为最容易辨识的东西。所以，李达虽站在无政府主义的范围之外，但他用"万人协同"与"个人竞争"相对举来说明"主张"和"反对"，以陈述社会主义的宗旨，则其理路之取义，正明显地类同于彼时无政府主义所力倡的以互助的进化论颉颃物竞的进化论。因此，由李达作观照，可以看到的是，作为一个观念，互助不仅渡引了无政府主义的社会主义，也渡引过无政府主义流派之外的社会主义。而蔡元培、恽代英与李达一样以人口之多数为社会主义的根本，则又可以看到：社会主义在中国虽发始于无政府主义，但对无政府主义团体之外的大部分信众和受众来说，这种学说能够动人之心的地方其实并不在于无政府主义而在社会主义，而社会主义之能够动人之心，则全在于它本质上是一种多数人的主义。1918年，李大钊作《法俄革命之比较观》，把俄国革命归于社会主义，并尤其着重于其中的"人道的精神"和"爱人的精神"。[1]与吸引他的"人道"相对应的显然也是天下的多数人。所以，当后来的唯物史观比无政府主义更有学理，从而比以理想为学理的无政府主义更有说服力地用经济关系解析了社会的深层结构、社会的存在状态和社会的历史变迁，进而论证了由"根本改造经

---

[1]《李大钊全集》第2卷，第226页。

济组织"着手，以"谋社会中最大多数的最大幸福，实行将一切生产机关归为公有，共同生产共同消费"的"社会主义"之后，[1]相当数量由无政府主义入门的社会主义者，都自觉自愿地转向了被称作"劳农主义"的科学社会主义，汇入了中国最早的马克思主义群体之中。这种不同社会主义学说之间的彼此立异和此消彼长，也因此而成了中国近代思想史中引人注目的内容。

然而多数人的主义既因社会进入了中国人的思想视野而来，则由此引发的观念上的起落和变迁，便一定不会仅仅限于因社会主义学说而聚合的人群之内。五四后一年，蒋梦麟说：

> 若新文化运动的唯一成果是提高了知识阶级的权威，那全国民众却没有从中得到什么好处。
>
> 社会进步不是少数知识分子独立完成的事。只有大多数农民获得进步才能完成。若社会中少数人天天讨论文化，大多数人还不知地球是圆的，社会因此而分裂成两个互不相关的世界，它怎么会进步？
>
> 自十八世纪以来，社会进步总是从较低阶层发生的。一旦低层的普通民众掌握了主动，上层贵族会发现不可能维持平衡。[2]

因此，从社会一面着眼，前期新文化运动的走向其实是一种偏向。若这种"少数人"不能顾及"多数人"的现象长此存在，则"你们知识分子，是我们社会的精英，将来农民开始进步时，你们会失去自己的地位"。[3]作为一个自立于新文化人物群中的知识人，蒋梦麟以"多数人"为映照，反思新文化运动性属"知识阶级"的少数性，以及文化无涉于多数的悬空性，皆富有深度地反映了新思潮的重心由文化转向社会之际，时势对知识人的影响程度和知识人的思考所达到的程

---

[1] 蔡尚思编：《中国现代思想史资料简编》第1卷，杭州：浙江人民出版社，1982年，第709页。

[2] 蒋梦麟：《社会运动与教育》，《新教育》，1920年第2号。转引自杰罗姆·B. 格里德尔著，单正平译：《知识分子与现代中国》，天津：南开大学出版社，2002年，第319页。

[3] 蒋梦麟：《社会运动与教育》。

度。而与这种文化转向社会因果相接的另外一面,则同时又会发生身入实际社会的过程对文化和文化人所造成的影响与改变。所以,蒋梦麟之后五年,又有出自同一个过程的郭沫若言之切己的自述:

> 我的思想,我的生活,我的作风,在最近一两年内可以说是完全变了。我从前是尊重个性、景仰自由的人,但在最近一两年之内与水平线下的悲惨社会略略有所接触,觉得在大多数人完全不自主地失掉了自由、失掉了个性的时代,有少数的人要来主张个性、主张自由,未免出于僭妄。[1]

对于一个此前在精神上自比"天狗",志在吞月吞日吞星星宇宙的人来说,这种变化不仅写照了一度亢张的自我意识因个体融入社会而渐次消解,而且反映了往昔鼓荡一时的个人主义,今时已在曾经为之鼓荡的后起者的心中开始退潮。蒋梦麟说的"多数人",对应的是社会;郭沫若说的"大多数人",对应的也是社会。就其各自的思想来路而言,两者显然都产生于社会主义的学理之外,但在那个时候的中国,他们又都能与社会主义学理沿同一个路向而行,并以其各自立说的参差不齐展现出更具普遍性、广泛性和真实性的事实,以说明二十年维新思潮里未曾有过的,这种以多数人为重心而构成的社会观念,在新文化运动之后,已醒目地进入了中国知识人的思考,又深度地影响着中国知识人的思考。

三 社会进入思想视野和中国人思想走向的深度变迁

与个体和社会在观念中的此消彼长同时发生的,是曾经在二十年维新思潮中推到了高处的国家主义意识,先在初起的新文化中被个人

---

[1] 郭沫若著,黄淳浩校:《文艺论集》(汇校本),长沙:湖南人民出版社,1984年,《序》。

主义所附托的人本主义所挞伐，之后又在五四期间随"外争主权"的血脉贲张而重新回到了人心中的高处。然而比之二十年维新思潮一路后浪接前浪而来的层层递进和越演越激，这个时候的国家主义意识，则既是重起于民初中国惧外和崇洋成为一时之世相之后；又是重起于新文化以人权反国家主义和无政府主义以世界主义反国家主义之间。因此，重起又常常是在大幅度思想转折中实现的。五四以后的国家意识之不同于晚清的国家意识，其区别正在于此。五四之后的国家意识之构成了新文化运动的内容之一，也在此。

1920年初，蔡元培"回顾"五四说："自去年五四运动以后，一般青年学生，抱着一种空前的奋斗精神，牺牲他们的可宝贵的光阴，忍受多少的痛苦，作种种警觉国人的功夫。"然后列举各类事实，总归之曰：

> 一年以来，因为学生有了这种运动，各界人士也都渐渐知道注意国家的重要问题，这个影响实在不小。[1]

他尤其推重的显然是学生"运动"以"种种警觉国人的功夫"，催长了国民的国家意识，因此这种推重同时又表达了自己的国家情怀。但许德珩的回忆里另有一段情节说，五四运动前一年，"为了学生救国会和《国民》[杂志]的事，我曾找蔡元培谈过一次话。他当时有些倾向无政府主义，不赞成我们用'爱国'名义，说极端爱国主义不好。我与他辩论，问他：'你为什么以前也办爱国女学呢？'他说：'那是那个时候。'"[2]以后面一节记述比前面一段论说，可以看到的是，处清末民初之间，蔡元培曾由力张"爱国"转变为世界主义，则此日之倡扬中国人的忧国忧时，已是再度转身了。迨七七事变前两年，汪精卫请蔡元培晚餐，席间，蔡元培"苦劝他改变亲日的行为，立定严正的态度，以推进抗战的国策。在座的都看见先生[蔡元培]

---

[1] 《蔡元培全集》第3卷，第384页。
[2] 张允侯等编：《五四时期的社团》第2册，第39页。

的眼泪滴在汤盘里,'和汤一道咽下去'。[1]比之学理,眼泪从内心流淌出来,显然更深一层。

二千多年以来,由于儒学的关怀在天下和万世,其义理所罩,便自始即人类意识重于族类意识。所以,其一路延续一路熏染而成积之既久之后,中国人从人类意识走向世界主义,其实无须太多的说服。[2]因此,作为一种思想现象,清末中国知识人的民族主义时或与世界主义密迩相伴,以及民初中国知识人之容易亲近世界主义,都应以此为其中之内缘。然而蔡元培的转身之后再度转身又说明,世界主义本是一种理想主义,但在一个并不按世界主义行事的世界里,同时又是迫来的逼扼常常在打破理想和校正理想,使向往世界主义的中国人不得不以民族主义自立和以民族主义自守。因此,曾经言之斩绝地说过"我只承认大的方面有人类,小的方面有'我'是真实的",而把两者之间的"家族、地方、国家"都视为"偶像"而一概弃之的傅斯年,不久之后便与时俱变,脱出了这种一厢情愿的独断,而更加相信"几百年或千年后的究竟,或者'世界共和国'的组成,不以民族为单位。但现在还只有以民族为单位的世界运动"。比这种文字表达更加直露的,是北伐胜利之后的一次酒后发抒:"我们国家整理好了,不特要灭了日本小鬼,就是西洋鬼子,也要把他赶出苏伊士运河以西,自北冰洋至南冰洋,除印度、波斯、土耳其以外都要'郡县之'。"[3]虽是一时放言,而内里则自有久蓄于压抑之下的民族愤懑。他们以自己的心路说明:五四以后的国家意识和民族意识常常是由思想主体历经前后相悖的逆转而来的。逆转于两种道理之间,便成为这一段思想历史里的一个特点。于是在世界主义尺度下被看成是"偶像"的国家,又在"以民族为单位"的尺度下成了本位。这一面的理由,余家菊言之明了地表述为"一国本是一集团",而"集团的根基

---

[1] 陈平原、郑勇编:《追忆蔡元培》,第203页。
[2] 余家菊说:"我国民族的根性,确实是最能容受世界主义的。"见余子侠、郑刚编:《余家菊卷》(中国近代思想家文库),北京:中国人民大学出版社,2013年,第156页。
[3]《傅斯年全集》第1卷,第386页;第5卷,第490页。

就在集团意识"。被他当作"根基"的这种"集团意识"只能以附着于国家作为主体,所以,由此引述,便很容易重归国家至上:

> 最近所谓的新思潮风起云涌,夹泥沙而俱下。什么自由恋爱哟,爱情神圣哟,主情主义哟,盛极一时。结果除却为少数无行之徒所利用外,更使全国青年颠倒于男女问题。男女问题,非不可讲,但是硬要把它看作当今青年之最大的唯一问题,实属有点着迷了!

以天下滔滔而"内乱迭生,外侮纷乘"为眼见的事实,并以此与"新思潮"相对比,其意中"第一位"的问题,便非常不同地移到了"充分明了中国今日之国势"。这是中国人的"紧急问题",尤其是青年中国人的"紧急问题":

> 看看人家在我境土内如何竞争,看看人家是如何谋我,看看外人之在我国是如何骄横,看看侨胞之在外国是如何备受欺凌,看看外国不得不谋我的原因,看看我国其所以招人谋害的原因。[1]

其间不仅有真实性,而且有残酷性和痛苦性。因此,自他眼中看去,"新思潮"虽然"风起云涌"而其实殊不足道,正在于"新思潮"里没有国家意识。而起端和归宿皆在于个人和自我的"自由恋爱""爱情神圣""主情主义"一类物事之被他视同"泥沙",又俱见国家意识已置于"第一位"之日,这些曾由个人主义赋予正当性和合理性,并因此而得以张扬的东西,在时潮变迁之中,已经失掉了能够张扬的理由。

比之蔡元培和傅斯年用文字所表达的思想转变,余家菊的话显然持论更激。然而同一个时间里的"外侮纷乘"又在不断地提供实例为之作印证,并因这种印证而使之更能影响那个时候的多数。他的论说因1923年的国庆而起,与之相对称的,是一则综述1923年中国"外交"的时论,非常具体地对来自外力的窒扼以夹叙夹议作层层罗举:

---

[1] 余子侠、郑刚编:《余家菊卷》,第275、279页。

这一年间庚子赔款展缓之期既满,而退还之说总只是口惠而实不至,法意比西甚至要求改以金佛郎支付赔款,意图加增我们几倍负担。关税增加至七五,在华会已有成议,但迄不开会实行。租借之地,日本则于大连旅顺皆不交还;英国交还威海卫,却强迫我们承认有损主权的交还条件。至五月临城案发生,英国利用机会,鼓吹护路案,美国法国亦进行长江联合舰队的组织。最近广东要收回广州关余,不许解交北京,居然英美舰队驶入内河,举行示威运动。

然后概括论之曰:"华会以后,中国的国势更形危险。英美对中国只有比日本更恶辣可怕,现在稍有知识的人亦都承认了。"[1]以1919年的五四运动作对照,这一段综述既说明了四年以来外患不止不息的积重之势;也说明了四年以来中国人对外患的关注越多自觉和警醒。而相比于当日的同仇敌忾集注于"日人",则此日合英美法日意比西为一体而通论之,在这种扩展了的周延里,已不仅有更多认识的广度,而且有更多认识的深度。而后是"帝国主义"一词虽属自外传入,却因其能够归纳、提炼和总括这种周延扩张里所包含的深化了的认知内容,从20年代开始得以大量进入时论,并成为此后百年里中国人用来阐释民族矛盾的一个中心概念。[2]

　　知识人引"国势"以警世,现显的是这个过程所促生理性化的国家意识。而这个过程在人心中的内化,又会促生情感化的国家意识。20年代前期,郁达夫的一篇小说写一个死于异邦的中国青年,而尤为哀怨动人的,是其临命之日"把自己的痛苦,归咎于中国的荏弱":

　　祖国呀祖国!我的死是你害我的!
　　你快富起来,强起来罢!

---

[1] 田晓青编:《民国思潮读本》第3卷,北京:作家出版社,2013年,第18页。
[2] "帝国主义"一词晚清已间或出现于时人笔下,例如陈天华所说的"帝国主义何其雄,欧风美雨驰而东"。但多在含义模糊不清之中,与此日殊异。

你还有许多儿女在那里受苦呢！[1]

用心于这一段文学史的夏志清说现代中国小说"富于写实",20年代和30年代尤其如此。[2]循此以作释读,则郁达夫笔下的这种深深的哀怨虽出自摹拟,实际上正写照了久在民族压迫之下的中国,人心中的种种情感化的国家意识,常常是被苦难浇灌出来的,因此不仅是真实的,而且是长久的和普遍的。蔡元培为五四运动叙述始末次第,说是:"维尔赛对德和约,我国大多数有知识的国民,本来多认为我国不应当屈服,但是因为学生界先有明显的表示,所以各界才继续加入,一直促成拒绝签字的结果。"[3]这种大多数人的不肯屈服既已形成心同此理,则五四运动虽由学生开先,而学生运动真正的历史影响,其实是在把固有而蛰伏的国家意识从人心中唤了出来。这是一个由理性化的国家意识发端的过程,但其间又明显地交缠着情感化的国家意识。而此后的中国之不同于此前的中国,其大端之一,正是这种国家意识从此前的人心中移到了此后的政治潮流和思想潮流里面,并由此自成一个过程。1923年加入国民党的广西青年陈克文后来自叙缘起说:"因为听了孙中山先生三民主义的演讲,再加上当时内忧外患交相煎逼,青年人受了刺激,很自然走上这条路来。"[4]以"内忧外患"相度,则具见这个过程同时又在再生出更多理性的国家意识和情感化的国家意识。由此绵延和积累,至1925年,因"帝国主义的英人,仗着他们在中国领土上占有的特权地位,把他们对待殖民地土人惯用的残杀手段,施之于上海租界内无抵抗的工人与学生们",[5]而致上海震动,中国震动,并逼出了中国人以"帝国主义者八十多年来压迫"[6]为怒火的五卅运动。当时人说:

---

[1]　夏志清著,刘绍铭等译:《中国现代小说史》,上海:复旦大学出版社,2005年,第364页。
[2]　夏志清:《中国现代小说史》,第364页。
[3]　《蔡元培全集》第3卷,第384页。
[4]　陈方正编:《陈克文日记》下册,台北:中研院近代史研究所,第1340页。
[5]　《关于沪案性质的辨正》,载田晓青编:《民国思潮读本》第3卷,第29页。
[6]　上海社会科学院历史研究所:《五卅运动史料》第1卷,上海人民出版社,1981年,第7页。

> 上海此次惨祸，国人无不愤激，年来民气消沉，全国不啻为一墟墓。回顾清末之国会请愿，抵制美货，热心禁烟，恍如隔世。数年来民气不绝如缕者，厥维学界，五四运动，奸人胆裂，全国快心。现在上海学界，受英日之凌虐，较之美禁华工，及二辰丸事件等，重大奚啻倍蓰。我国国势不振，政府又处积岁之下，欲其以外交手腕，达交涉之目的，何异缘木求鱼。吾侪不能不奋起决策，为生死存亡之争。[1]

这一段议论以"民气"串联五卅与五四，并因追怀"民气"而追怀清末中国的群起排外，既说明了中国人的国家意识虽是一种思想形态，而其终极的源头却不在思想而在外患的侵逼；也说明了在源头未绝之日，这种被称作"民气"的东西虽间有起伏，但又一触即发，应事而起，常在生生不息之中。以此作衬比，则倡人权的新文化以人权至上为"近世文明"之要义，[2] 对晚清以来居于至上的国家主义深作质疑，其言之滔滔固能自成理路，然而这种理路以"万国之上犹有人类"所要对付的"狭隘的国家主义"，其实本根并不在学理而全在"国势"。因此，当"近世文明"张人权以訾议国家主义的论说犹在余音未歇之际，从1919年的五四运动到1925年的五卅运动的沤浪相逐之间，熟识的国家意识已与茁长"民气"交相汇融，节节高涨于中国的政治潮流和思想潮流之中。显见得在中国人困于民族矛盾而深受其苦，深受其害的时代里，"国势"陵夷之痛一定会比"近世文明"的道理更亟迫，也因之而一定更能感应人心和掀动人心。两者的消长，以一个民族的历史命运反照了思想面对时势的有时而穷。因此曾经最先笔锋锐利地反国家主义的陈独秀，五四之后已不再高亢：

> 思想高远的人反对爱国，乃是可恶野心家利用他压迫别人。我们中国现在不但不能压迫别人，已经被别人压迫得几乎没有生存的余地了。并非压迫别人，以为抵抗压迫自谋生存而爱国，无论什么

---

[1]《经济绝交》，载田晓青编：《民国思潮读本》第3卷，第24页。
[2]《陈独秀文章选编》上册，第79页。

思想高远的人，也未必反对。[1]

民族矛盾引入论说之中，则人情物理皆不能不变。亦见陈独秀虽以塑造青年的思想而被看作是新文化运动的导师，但生当一个剧变的时代，其自身的思想也常在接受塑造的状态之中而今日之我不同于昨日之我。所以五卅运动前一年，他由评说历史起讲而通论"民族革命"，立意又更深入了一层：

> 义和团诚然不免顽旧迷信而且野蛮，然而全世界（中国当然也在其内）都还在顽旧迷信野蛮的状态中，何能独责义和团，更何能独责含有民族反抗运动意义的义和团！与其憎恶当年排外的义和团之野蛮，我们宁憎恶现在媚外的军阀、官僚、奸商、大学教授、新闻记者之文明！[2]

而后以"全民族的意识与利益"为立场，统括言之曰："我读八十年来中国的外交史、商业史，我终于不能否认义和团事件是中国民族革命史上悲壮的序幕。"[3]对于排外的"野蛮"和"媚外"的文明作这种区分与褒贬，显然已不再把"近代文明"当成真谛。其间显示的变化，应当有着新史观不同于旧史观的影响，但由此表达出来的，则都是"民族革命"诠释之下理性的国家意识和情感化的国家意识。而最先力倡个人主义的陈独秀向爱国主义回归，又正是在以其九年之间思想变迁的心路曲折为实例，说明了近代中国的国家观念既因民族矛盾而生，又随民族矛盾而走，两者都出自历史过程本身之中。所以，一场"输入学理"以"再造文明"[4]的文化运动虽能改变中国，但其自身又不能不同时被这种植根于历史过程的东西所影响而发生改变。

在民国初期的"年来民气消沉"之后，这种重起于五四运动，并在五卅运动中走向高潮的"国人无不愤激"以民气造为震荡，自外观

---

[1]《陈独秀文章选编》上册，第420页。
[2]《陈独秀文章选编》中册，第574—575页。
[3] 同上注。
[4]《胡适全集》第1卷，第699页。

而言，仿佛是再现了此前二十年由维新思潮所催涨的国家主义意识。然而审视而论之，前此二十年里志士群起呐喊，多持"共讲爱国"以"丕兴国家"[1]之理说立宪、说革命、说国民义务，遂使至上的国家常高悬于众生头顶，成为一种独张富强和独取富强的东西。与之相比较，五四之后国家意识重起于时潮之中，本与社会作为认知的对象和改造的对象而进入中国人的思想视野的过程相随而来，又相为因依。两者既发生在同一个时间里，也发生在同一个文化运动里，而引导两者的主体，实际上又大半都同属一个社会群类。因此，与前一段历史中的国家观念因高悬而成孤悬显然不相对等的是，五四之后重起的国家观念既与新思潮相交迭而发为声光，则其背后和四周便已经有了一个立起于新思潮之中的由多数人构成的社会。掺杂于两者之间而且勾连于两者之间的，应当还有远去的世界主义所留下的人道精神。

有此后来的国家观念不同于以前的国家观念，于是而有国家社会之连同一体，成为国家论说中后来不同于以前的含义和旨归。1920年，陈独秀由五年之前的"批评时政，非其旨也"[2]转过身来"谈政治"，笔下累累数千言，末了则归其要义于"用革命手段建设劳动阶级（即生产阶级）的国家，创造那禁止对内对外一切掠夺的政治、法律，为现代社会第一需要"。[3]他叙述的是一种用理论作描画的对于国家的理想，就立意而论，其向往中的国家显然重心全在于社会。1923年陶孟和作文论"平民教育运动"，特别祈祝这一场"伟大的运动"能既广且久地延续于"全国的男女老幼"之中。而念兹在兹，其寄托之所在，正是"从此我们可以一雪以前国民识字程度低下的耻辱。至少在识字程度上也可以与各文明国家相比拟"。[4]当日的平民教育，归属应在改造社会一面，但陶孟和以国家意识为尺度，则具见国家之能够以此自立于世界民族之林，则对于国家来说，这一面所提供的不仅是

---

[1]《陈天华集》，长沙：湖南人民出版社，1958年，第235页。
[2]《陈独秀文章选编》上册，第82页。
[3]《陈独秀文章选编》中册，第1、10页。
[4] 陶孟和：《孟和文存》第3卷，上海：亚东图书馆，1926年，第13页。

一种影响，而且是一种造就。比之陈独秀说理想，他言之以常理，而立论的起点又都非常明白地以国家与社会之间的不可离析为此中之本相和当然。后一年沈定一在上海大学作演讲，着力阐发"民族主义是中国国民革命军的第一支先锋队"，之后说"其次，我们要在民生主义注意"，并举"我在云南四川各偏僻地方，人家橱灶里有两个竹筒，一竹筒装辣椒，一竹筒装盐，一家老少弄点饭菜伴点辣椒或盐，便算生活了"的亲见亲闻为例，期能信而有征地说明"生活低落到这个样子，国际资本侵略又那么样猛烈，民生问题的确是国民革命组党底主要问题"。[1]他以国民党为立场，因此这种"民生主义"与"民族主义"的对举里自有一种出自三民主义的理路。但孙中山初立民生主义之日，用意本在引欧美"社会革命"之"决不能免"为"前车之鉴"，使"虽还没有"这种"社会问题"的中国能够"预筹个防止的法子"。[2]然则与那个时候他心目中的民生主义直接对应的，其实主要是欧美世界里正在导向国内冲突的问题，而不是当时中国人面对的现世中的问题。所以，同这种本来的设定相对照，此日沈定一用云南四川为事例来说民生主义，实际上显示的是民生主义的内涵已切入于此日的中国社会。这种变化随一场文化运动而来，因此这种变化所反映的，正是社会进入中国人的思想视野之后，社会的具体性和当下性构成了民生主义的具体性和当下性。而后直观"生活低落"与"国际资本侵略"的同时共在和相为因果，便使"民生主义"与"民族主义"的对举在新思潮的反照之下，更多了一重国家社会连为一体的自觉意识。在这些产生于20年代的个体表达里，作为一种观念的国家显然不仅是与社会并存的，而且常常是同社会相依连，并由社会来说明的。相比于此前二十年维新思潮以自上而下地灌输"国家思想""国家观念""国家之责任"及"爱国保种""吾国之国魂"[3]等等营造出

---

[1]《沈定一集》下册，第627—628页。
[2]《孙中山全集》第1卷，第327页。
[3] 张枬、王忍之：《辛亥革命前十年间时论选集》第1卷，上册，第173页；第1卷，下册，第731、939页；第2卷，上册，第245、453页。

来的位居至上,却又没有底盘和附托的国家论说,则此日的表达和阐发显然已自成一种义理和别立了一种境界。

随后的20年代末期和30年代,"中国社会性质论战"和"中国农村社会性质论战"沿此源头一路延伸,先后起于动荡时世之中,并在政治和学术的交汇中成为长久存在和不断深入的问题。这个过程以各自论说发为群相交争,陶希圣说:"自帝国主义的经济势力侵入以后"促成变迁,已使中国演化为"金融商业资本之下的地主阶级支配的社会,而不是封建制度的社会";[1]李一氓说:身处帝国主义与民族资本家两重"掠夺关系"之下,中国的劳动问题便因其"殖民地"的"特质"而与"帝国主义国家的劳动问题异其性质";[2]胡秋原说:中国社会是"国际帝国主义殖民地化的先资本主义社会",即"次殖民地的封建社会";[3]《中国农村》发刊词说:"研究农村问题",目的是明了"农村生产关系"及其"在殖民地化过程中的种种变化",来寻找"压迫中国农民的主要因子"。以期这些因子"一经铲除,非但农民可以活命,我们的民族也便有翻身独立的一日",[4]等等。这些各自立说虽因其内含的真理性不相等量而常常各成异同,并因此而被称为"论战",但面对的问题和对于问题的思考则同是帝国主义冲击下中国的现状和中国的将来,从而都是以国家自立和民族解放为立场,对蝉蜕中的中国社会作审视和认知。这个过程既在寻找普遍性,也在寻找特殊性,与20世纪头十年里中国人不知"吾之史性、素养、节度三者,与西方全异厥趣",而"吾尽弃之,以模拟所全异者之形"[5]的盲目相比,无疑是一种深化。这是一种因社会进入视野而使国家意识获得了社会内容的深化。因此,虽然作为一个思想阶段,这个时候的论说已经超过了新文化运动,而作为一个后起的思想阶段,这种深化又是从新文化运动中形成的问题和取向里一路推衍派生而来的。

---

[1] 高军编:《中国社会性质问题论战》上册,北京:人民出版社,1984年,第41、115页。
[2] 同上书,第272页。
[3] 高军编:《中国社会性质问题论战》下册,第664页。
[4] 薛暮桥、冯和法编:《〈中国农村问题〉论文选》上,北京:人民出版社,1983年,第32页。
[5] 《章士钊全集》第6卷,第278—279页。

附 录

蔡元培的文化品格和民初中国的新文化

蔡元培起家翰林,之后又了无牵挂地脱出了这种旧日被称作"游历清华"[1]并为万人仰视的生涯,一变而为牖启民智的新党,再变而为鼓吹革命的乱党;迨民国继起,又以行其所学为抱负,先后做教育部长,做大学校长,做大学院院长,做中央研究院院长。由此留下的一路行迹,多半都在文化一面。沈尹默后来曾概括而论之曰:"综观蔡先生一生,也只有在北大的那几年留下了一点成绩",[2]以说明人生在世的为时势所造就和为时势所限制。但这种事后追论既以历史为尺度来评述作为历史人物的蔡元培,则"留下"的"成绩",指的应是个人对于历史的贡献。因此,19世纪40年代初,梁漱溟说是"中国近二三十年之新机运,蔡先生实开之":

> 蔡先生一生的成就不在学问,不在事功,而只在开出一种风气,酿成一大潮流,影响到全国,收果于后世。这当然非他一人之力,而是运会来临,许多人都参预其间的。然而数起来,却必要以蔡先生居首。[3]

---

[1] 陈立夫:《悼孑民先生》,《中央日报》,1940年3月24日。
[2] 王世儒、闻笛编:《我与北大》,北京大学出版社,1998年,第75页。
[3] 《梁漱溟全集》第6卷,济南:山东人民出版社,1993年,第330页。

他说的也是蔡元培"在北大的那几年",而以"开出一种风气"为其力行之所在,又尤其明切地写出了民初中国的文化潮动,以及蔡元培身在潮动之中而能以自己的识见和取向为士林开先,以影响和促成了潮流走向的立己立人。

一 在文化飘零的时代重筑承载文化的学术中心:蔡元培和北京大学

19世纪90年代之后,中国社会里思潮涌起,又思潮澎湃。由此形成的是一个以思想改造社会的历史过程,而与之俱来的则是思想和学术两头在总体上的此长彼消。人在其中,随涌起和澎湃而走,遂很容易以"于道徒见其一偏,而由言甚易"为理所当然。因此,总体而言,这个过程不断地产生出议论,而在一路澎湃的同时,也不断地积累着肤浅和破碎。时至民国初年,严复统论当日的知识人说:

> 至挽近中国士大夫,其于旧学,除以为门面语外,本无心得,本国伦理政治之根源盛大处,彼亦无有真知,故其对于新说也,不为无理偏执之顽固,则为逢迎变化之随波。何则?以其中本无所主故也。[1]

虽说他以"无理偏执之顽固"与"逢迎变化之随波"相对举,但就民初中国的世相作衡量,后一面无疑更明显。而以这种"旧学"与"新说"应对之间的"本无所主"为大弊,则此中的毛病显然不在思想不够,而在学术不够。然则蔡元培生当斯世斯时,以出长大学而与严复笔下的一世颓波相面对,其文化品格的实现,便不能不以此前的历史变迁所造就的既定文化环境为起点。

---

[1] 《严复集》第3册,第632、648页。

吴稚晖曾作《蔡先生的志愿》，着意于申论"他的唯一志愿，一定要盼望中国出些了不得的大学问家"。并诠释说：

> 我们总是说：我国有五千年历史，四百兆方里土地，是一个文明大国。但仔细想想，我们所以能够称为文明大国，并不完全是因为历史久，土地广的关系。要是我们没有伏羲、神农、尧、舜、禹、汤、文、武、周公、孔子这些人，也要感觉到国家虽大，内部拿不出什么东西来，不免空虚了。我们之所以能够自尊自贵，足以自豪者，因为从前出了伏羲、神农、尧、舜、禹、汤、文、武、周公、孔子这些伟大人物。蔡先生盼望我们能够出一些有学问的大人物，意思也是如此。

他由历史系乎人物而及人物系乎学问，用意在于说明：蔡元培身当一个学术零落的时代而以振起学术为"唯一志愿"，寄托的是怀抱远大。因此，"办大学来造就大人物，他也晓得这不是一时的事，不过是来开一个头。开了头以后，几十年几百年乃至几千年下去，可以继续不断收到效果"。[1] 在吴稚晖为蔡元培概述的这种预想中的"志愿"里，大学因学术而有了一种可以自立的本位；学术因大学而有了一种以学聚人而期人能弘道的生生不息，而后是大学和学术都会变得今时不同往昔。以民初中国的乱世混沌为对照，其间明显地有着学人济时的理想主义。以此为志愿，则梁漱溟所说的"开出一种风气"也应当是以这种理想主义为起端的。

由于学术成为这种理想里的本位，所以本位所在，则汇集于学术之中，并构成了学术本身的各色流派，虽歧义纷呈，却从一开始便应有彼此之间的平等和对等。其间的道理，蔡元培曾统括而论之曰：

> 我对于各家学说，依各国大学通例，循思想自由原则，兼容并包。无论何种学派，苟言之成理，持之有故，尚不达自然淘汰之命运，即使彼此相反，也听由他们自由发展。

---

[1]《吴稚晖先生全集》第3卷，第720页。

并举"陈君介石、陈君汉章一派的文史,与沈君尹默一派不同,黄君季刚一派的文学,又与胡君适之的一派不同,那时候各行其是,并不相妨",以及"对于外国语,也力矫偏重英语的旧习,增设法、德、俄诸国文学系,即世界语亦列为选科"[1]的事实,以陈说他按自己的理想行事所曾经达到的广度。他守定学术本位,而学术本位的实质归根到底是一种真理本位。所以,因"言之有理,持之有故"而成"学派",说的应是学派内里之各有趋近真知的合理性;而不同学派之间的"彼此相反"和互相立异,说的又是每一种学派之各持一端以为常态,同时也决定了它们各自所内含的真理性其实都是有限度的。合两面而通论之,则不同学派之应当对等和能够对等,既在于真理尺度之下的各自据有一面之理,又在于其各自的一面之理皆不足以统括真理。因此,"兼容并包"的要义,正是本其对等而予之以平等,在学派与学派的共存之中造就学派与学派之间的互相比较、互相交汇和互相攻错。而后形成的学派的各自"自由发展",便实际地提供了一种从总体上超越具体学派,以期在层层累积真知的漫长过程中不断地走向真理的可能。虽说学派由人物构成,人物又因其社会性而成其多样性和复杂性,但以"兼容并包"为取则和立场,则学术之外的多样性和复杂性都被有意地挡在了视野之外和范围之外,于是身在"兼容并包"里的人物便仅仅成了学术的人格化。

在数十年中西之争、古今之争、新旧之争,以及十数年政争不断、政朝起伏造成的人以群分之后,这种学术的人格化所致力的,是重造一种"为学问而求学问"的纯粹和明净。1919年蔡元培作《致〈公言报〉函并答林琴南函》,其中一节论"教员"之可否,一"以学诣为主",对于其愿想中的这一面言之尤为详尽明切:

> 其在校外之言动,悉听自由,本校从不过问,亦不能代负责任。例如复辟主义,民国所排斥也,本校教员中,有拖长辫而持复辟论者,以其所授为英国文学,与政治无涉,则听之。筹安会之发

---

[1]《蔡元培全集》第7卷,第200页。

起人,清议所指为罪人也,本校教员中有其人,以其所授为古代文学,与政治无涉,则听之。嫖、赌、娶妾等事,本校进德会所戒也,教员中间有喜作侧艳之诗词,以纳妾、狎妓为韵事,以赌为消遣者,苟其功课不荒,并不诱学生而与之堕落,则姑听之。夫人才至为难得,若求全责备,则学校殆难成立。[1]

作为往昔的志士,蔡元培在晚清已深度地介入过政治,其间的极端,是主持光复会之日曾注力于制造炸弹以图轰然一击。[2]但时至民初,这些话又非常了然地说明,作为一个本性上的学人,用其本来的识度相权衡,其实是学术之于人类社会,犹比政治更深一层,从而又比政治更能触及根本:"政治问题,因缘复杂,今日见一问题,以为至重要矣,进而求之,犹有重要于此者。自甲而乙,又自乙而丙丁,以至癸子等等,互相关联。故政客生涯,死而后已。"然则纯然以政治对付政治,"有见于甲乙之相联,以为毕甲不足,毕乙而后可,岂知乙以下之相联而起者,曾无已时。若与之上下驰逐,则夸父逐日,愚公移山,永无蹰躇满志之一日,可以断言"。以这种了无止境而见不到结果的过程为反照,"则推寻本始,仍不能不以研究学问为第一责任也"。同样的意思,更富信心而言之更加切直的,还有"试问现在一切政治社会的大问题,没有学问,怎样解决?有了学问,还怕解决不了吗?"[3]就思想之前后相接而形成的连续和深化而言,在他所作的这种推比里,应当既有着晚清革命以来自身获得的政治阅历,也有着直面民初政象之潮起潮落而世无宁日的深思。所以,身处南北纷争的天地玄黄之间,蔡元培不会没有自己淑世的政见和归属的政派,然而以学术为本位,则政治取向之异同又不仅是一种外在的东西,而且是一种可以截断的东西。有此绝断,才可能有梁漱溟称为"有容"的器

---

[1] 《蔡元培全集》第3卷,第271页;第4卷,第263页。
[2] 全国政协文史和学习委员会编:《文史资料选辑(合订本)》第26册,北京:中国文史出版社,1986年,第77辑,第10页。
[3] 《蔡元培全集》第3卷,第313、385页。

局和顾颉刚概述为"学术自由,百家争鸣"的宏大场面。[1]在一个知识分子主动或被动地大幅度趋向政治化的时代里,他显示的这种个体的文化品格,既区别于"政客生涯"中的人物,也区别于同时的新文化人物。

1917年陈独秀致书胡适论"文学革命",说是"容纳异议,自由讨论,固为学术发达之原则,独至改良中国文学,当以白话为文学正宗之说,其是非甚明,必不容反对者有讨论之余地,必以吾辈所主张者为绝对之是,而不容他人之匡正也"。[2]在这一场以新文化为名目的思想过程里,他所说的"以白话为文学正宗"曾是一个万众注目的大问题,比之悬在高处的民主和科学,尤能引发关切而生成响应。因此,陈独秀为之明立噤口的界限,以"必不容反对者有讨论之余地"为理所当然,这种不为他人留一点余地的只手独断,正显出了他所说的"自由讨论,固为学术发达之原则"实际上的言不由衷和没有内在的思想根基。梁漱溟后来追忆,说他以"每发一论,辟易千人"[3]为常态,指的无疑也是其惯性地"不容"讨论多于"自由讨论"。以此为事实,则陈独秀的文化品格显然另属一类而全然不同于蔡元培。而胡适五年之后论此一段文学革命的史事,以为"当日若没有陈独秀'必不容反对者有讨论之余地'的精神,文学革命的运动决不能引起那样大的注意",并因之而心悦诚服于"陈独秀的勇气"。[4]其推重之词既已把陈独秀的独断演绎为"精神",又说明同在新文化运动之中,胡适的文化品格中也曾有过与陈独秀相通的一面。而傅斯年当日为《新潮》一群人作自我描画,直谓之"用个不好的典故,便是'爱之欲其生,恶之欲其死';用个好的典故,便是'见善若惊,疾恶如仇'"。[5]他所说的好与坏,显然也都是由这一面衍生而来的。但"爱"与"恶","惊"与"仇"的对立之间,最难以自然

---

〔1〕《梁漱溟全集》第6卷,第336页;陈平原、郑勇编:《追忆蔡元培》,第169页。
〔2〕《陈独秀文章选编》上册,第208页。
〔3〕《梁漱溟全集》第6卷,第332页。
〔4〕《胡适全集》第2卷,第332页。
〔5〕《傅斯年全集》第1卷,第294页。

生成的正是兼容并包。因此,虽然后人回溯当日的北大,名人往往各有故事,而蔡元培与陈独秀、胡适之间的往来又常常成为其中之为人乐道者。[1]但就他们各自的文化品格而论,则与陈独秀、胡适之热心以文字鼓荡天下相对比,蔡元培的心力始终都贯注于北京大学。而后是与贺麟所说的文字鼓荡之下"不惟新与旧不相容,即此派新思想家与彼派新思想家亦互相水火"[2]相对比,又有黄炎培所说的"吾师[蔡元培]之长北京大学也,合新旧思潮而兼容之,绝不禁百家腾跃"[3]的显然不同。此日论史,两者都已被置于新文化运动之中,然则两者之间的差异,同时也正具体地显示了新文化人物群中不同的文化品格施为实际影响之后,最终为新文化运动所带来的不容易概而论之的歧义和多义。在彼时以文字激荡而致天下景从的一派声势里,蔡元培的文化品格只能算是少数,但这种居于少数的文化品格却能以其所拥有的更多的沉潜,为当时和后来造就了富有深度的历史因果。

沈尹默说:"蔡先生曾云'自今以后,须负极重大之责任,使大学为全国文化之中心,立千百年之大计'。"[4]以后来的事实作观照,则蔡元培之不同于同时代的文化人物,正源自于其内心独有的这种自觉。在二十年维新思潮的搅动冲刷,以及清末十年新政以来的大幅度社会变迁之后,民初中国的文化与学术,大半已在潮起潮落中变成了以报章的附庸为存在状态,在"旧宅第已毁而不能复建之"[5]的两头不到岸里,找不到一个可以类聚和托身的地方。于是学术本身连同依傍于学术的人物,皆不能不以飘零为常态。与之对应而见的,便是章太炎笔下的"人心之佹诡,学术之陵替,尤莫甚于今日"。[6]比之严

---

[1]《陈独秀文章选编》下册,第642页;《傅斯年全集》第5卷,第491页;《梁漱溟全集》第7卷,第191页。

[2] 贺麟:《"五四运动"的意义和现阶段的思想》,载杨琥编:《民国时期名人谈五四》,第428页。

[3] 黄炎培:《吾师蔡元培哀悼词》,载陈平原、郑勇编:《追忆蔡元培》,第117页。

[4] 王世儒、闻笛编:《我与北大》,第75页。

[5]《康有为政论集》下册,第714页。

[6] 汤志钧编:《章太炎政论选集》下册,北京:中华书局,1977年,第779页。

复的统括而论,"陵替"所指,已不仅是内在的碎裂,而且是外在的脱散。蔡元培出自这个时代,从而面对着这个时代和困顿于这个时代,因此,"自今之后,须负极重大之责任"所表达的自觉,自始已深度浸渍于沉重的危机意识和忧患意识之中。而以"千百年之大计"为心中之所期,来比照"学术之陵替,尤莫甚于今日"的世情,则其怀抱本在收拾与重造中国的文化重心和中国人的文化归依,就志度而论,显然又大过吴稚晖说的"造就大人物"。但在一个道术已为天下裂的时代里,以"全国文化之中心"营造北京大学,其意中的北京大学便不能不成为一个归拢学术的汇聚之地。他质而言之曰:"夫大学者,囊括大典,网罗众家之学府也,《礼记·中庸》曰:'万物并育而不相害,道并行而不相悖'足以形容之。"[1]由此发端而志在行远的过程本与他个人的文化品格内相感应,而其个人的文化品格进入了这个过程,又成为一种实际的引导和化育。之后是曾经名列于"两院一堂"之中而常常被訾议的北京大学,因蔡元培带来的"学问"与"作官"之间的严分界限和明示取去,已剥掉了京师大学堂以来久积而成的以趋附官场为当然的"衙门"气息。其直接的结果是"当时北大生与政客和军阀,在蔡先生的教导下分家了",[2]遂使原本依附的对象变成了可以审视和评断的对象。北京大学因这种分途而变,使理想中的学术本位获得了转化为现实的可能,又在学术本位从理想转化为现实的过程中,以自己所兼容并包的学术、人物、学风、群体,形成了一种别开生面而自为恢张的既深且大。

蒋梦麟曾事后概叙其间的景象说:

> 为学问而学问的精神蓬勃一时。保守派、维新派和激进派都同样有机会争一日之短长。背后拖着长辫心里眷恋帝制的老先生与思想激进的新人物并坐讨论,同席笑谑。教室里,座谈会上,社交场

---

[1]《蔡元培全集》第3卷,第211页。
[2] 陈平原、夏晓虹编:《北大旧事》,第46—47页;陈平原、郑勇编:《追忆蔡元培》,第170页。

合里，到处讨论着知识、文化、家庭、社会关系，和政治制度等等问题。

继之又以追怀之心作历史模拟说：

> 这情形很像中国先秦时代，或者古希腊苏格拉底和阿里斯多德时代的重演。蔡先生就是中国的老哲人苏格拉底。[1]

他描述了一种可以直观而见的学术平等和学术自由，使人能够仿佛地感知孔子所说的"君子和而不同"。在三十年洋务运动的取新卫旧之后，维新变法以除旧布新为宗旨开启了另一个时代。而后是一路累积而累进，时至民初中国，已使舆论之强音尽归于"新旧之间，绝无调和两存之余地"以及"建设之必先以破坏也"[2]一类单面的激越。然则以此日之世景相比照，显见得蔡元培之能够被蒋梦麟比为"中国的老哲人苏格拉底"，并不是因为他蹑而从之地跟着时趋走，而是因为他身在风会所扇之间的自守定见而不为时趋所夺。在他与时趋之间的这段距离里，为中国人立"全国文化之中心"所怀抱的造就宏大，显然不会仅止于为输入的新学理造沛然莫御之势。因此，单面的激越虽当日已据有炎炎声光，但在北京大学的学术平等和学术自由面前，则同样是只能以其"言之成理，持之有故"而常在蔡元培的包容之中，成为文化的一部分。于是而有林语堂记述中的按人分类而济济一堂：

> 那时的北大前进者有胡适之、陈独秀、钱玄同、刘半农等，复古者有林琴南、辜鸿铭等，而全国思潮的潮流交错，就在北大自身反映出来了。此外三沈两马（士远、兼士、尹默、幼渔、叔本等）主持国学方面，在思想上是前进的，方法上是比较科学的。
>
> 单就刊物而论，《现代评论》《语丝》而外，还有《猛进》，是徐炳昶、李宗侗等所办的。

---

[1] 蒋梦麟：《西潮·新潮》，第121页。
[2] 《陈独秀文章选编》上册，第186、189页。

若加上梁漱溟说的蔡元培"以印度哲学讲席相属"为召请,以及罗章龙说的北大"在蔡先生的支持下成立了马克思学说研究会",[1]则以人物系学术和以学术说史事,后来长久地影响了20世纪中国的自由主义、社会主义和现代意义的文化保守主义,此日皆曾在蔡元培为中国人立"全国文化之中心"的过程里咫尺相聚,并就此留下了它们与北京大学有过的深度渊源。然则百年之后回顾当时,显然是蔡元培的力行兼容并包,其文化品格凿成的历史痕迹之既深且远,已在岁月的反照之下灼然可见。

蔡元培为北京大学造就了一种民初中国无可匹比的文化高度,因此蔡元培时代的北京大学便成了民初中国的一种文化象征。1915年入学的冯友兰曾亲历过这种因造就而变化的过程,在这一方面尤言之明了而能中肯綮:"蔡先生把在当时全国的学术权威都尽可能地集中在北大,合大家的权威为北大的权威,于是北大就成为名副其实的最高学府,其权威就是全国最高的权威。在北大出现了百家争鸣,百花齐放的局面,全国也出现了这种局面。"[2]他由"蔡先生"说到北大,又由北大说到"全国",而其笔意已经触及的,则是近代中国文化的历史嬗蜕至民初而一变的关节之所在。

自有文字记载以来,中国人的文化已在数千年延续不断之中久成其源远流长。与这种源远流长相表里的,是文化本身在每一个时代的中国社会里都能找到和生成对应的社会结构,以承载自己的延续和发展,并得此依托而筑成每一个时代的文化重心。清人赵翼说:

> 汉时,凡受学者皆赴京师。盖遭秦灭学,天下既无书籍,又少师儒。自武帝向用儒学,立五经博士,为之置弟子员。宣帝因之,续有增置。于是,施、孟、梁丘、京氏之《易》,欧阳、大、小夏侯之《书》,齐、鲁、韩之《诗》,普庆[庆普]、大、小戴之

---

[1]《林语堂名著全集》第16卷,长春:东北师范大学出版社,1994年,第375页;陈平原、郑勇编:《追忆蔡元培》,第222页;《梁漱溟全集》第7卷,第186页。
[2] 冯友兰:《三松堂全集》第14卷,郑州:河南人民出版社,2001年,第216页。

《礼》，严氏、颜氏之《公羊春秋》，瑕丘江公之《穀梁春秋》，皆在太学。成帝末，增弟子至三千人。

之后的代相递进由前汉而后汉，又致"游学增盛，至三万余人"。这些实录说明：汉代中国的文化汇聚和文化延续都实现于太学，太学也因之成为当时的文化重心。继之而起又相为嬗递的是"及东汉中叶以后，学成而归者，各教授门徒，每一宿儒门下著录者至千百人，由是学遍天下矣"。[1]而"郑兴父子、贾逵、马融之徒，皆开门讲学，弟子多至万六千人"。[2]与太学相比，由此开始的过程更富广度地传播了文化。但这个过程里有学问之传承却并无典籍之流通，因此师之所在即文化之所在，于是而有四面八方负笈而来者的集为"宿儒"门下的成千上万。其间的丕变，已使中国文化的汇聚、延续，从而中国文化的重心从太学移到了"宿儒"的私门之中。而与这个开始于东汉后期的过程相伴而见的，是出现在同一个时间里的由累世经术致累世公卿，以及从这两头派生出来的一茬一茬门生故吏，遂使文化重心常常会化为政治重心。而后是这两种重心在迭合中的一路演变，最终形成了汉末至魏晋南北朝四百多年里以文化为底色的门阀士族，并且一脉长流，在四百多年之后，其余波仍延及于隋唐。虽说在后来的历史评说里，门阀士族曾是一种久被訾议的东西，但四百多年里士族之能够代相承接于君权起落，王朝来去之间，在没有稳定性的世局里成为一种稳定之所在和物望之所归，支撑了这个过程而成为基石的，是士族中人因文化自觉而着力于化文化为教育的代相塑造。一则记载说："华歆遇子弟甚整，虽闲室之内，严若朝典。陈元方兄弟恣柔爱之道，而二门之里，两不失雍熙之轨焉。"[3]另一则记载说："[何]承天五岁失父，母徐氏，广之姊也，聪明博学，故承天幼渐训义，儒史百家，无

---

[1] 赵翼著，栾保群、吕宗力点校：《陔余丛考》，石家庄：河北人民出版社，1990年，第243—244页。
[2] 刘实：《国学通论》，载刘东、文韬编：《审问与明辨：晚清民国的"国学"论争》上册，第113页。
[3] 余嘉锡：《世说新语笺疏》，北京：中华书局，1983年，第12页。

不该览。"[1]前一面重的是以家风、家范、家教成就其德性，后一面重的是以经训、义理、史事成就其学识。由这一类轶事的累积所催生的《世说新语》一书，把汉末和魏晋人物当作主体，并用"德行""言语""政事""文学"等等名目各归事类，以状写那个时代文化景观的总体面貌和局部细节，而其间的人和事大半都出门阀士族。这种留存于记述之中的历史故事，以其人物的长盛不衰，说明了士族的累世不坠与士族之能够产生出优秀子弟的相为因依；也说明了在一个文化无从拢聚的时代里，中国文化的延续不绝和新机衍生实际上主要是在门阀士族里进行的。若以没有士族的五代比士族影响群伦的南北朝，则后一面的意义尤其明了。迨五代之乱既息，宋初因讲学而聚学人于书院，遂为文化的授受别开一途。此后九百余年之间，书院虽曾历经变迁而有起有伏，但时至清代晚期，时论犹以"各省书院之设，每府州县多或三四所，少亦一二所；其陶成后进为最多，其转移风气亦甚捷"[2]为当时的写照。这种"陶成"和"转移"的过程都以文化为内容，通观而论，说的正是九百余年里文化的聚积和传承主要是依托于书院而得以实现的。

二千多年以来，太学、士族、书院在次第代谢中先后成为各个时代文化所在的地方，于是而有中国文化的绵延不绝和源远流长。概述这个漫长的过程，意在说明清末仿西法，在兴学的宗旨下用学堂取代书院所导致的这个过程的中断。曾经最早倡学堂，并力主废书院以兴学堂的梁启超，民初已深恶"近世学校"的"学业之相授受，若以市道交也。学校若百货之廛，教师佣于廛，以司售货者也，学生则挟资适市而有所求者也。交易而退，不复相闻问，学生之与教师，若陌路之偶值"。[3]由此发生的"交易"里会有各成一段一段的知识，却不会有文化意义上的"陶成"和正面影响世局的"转移"，从而既无从汇集学术和文化；也无从延续学术和文化。这种景况本是中外连属的

---

[1] 沈约：《宋书》第6册，北京：中华书局，1974年，第1701页。
[2] 舒新城：《中国近代教育史资料》上册，北京：人民教育出版社，1962年，第71页。
[3] 梁启超：《饮冰室合集》第4册，《文集》之三十六，第35页。

通病，但对中国人来说，则是十多年之间，已是"中国原有的精神固已荡然，西洋的精神也未取得"，新学问和旧学问都无从托身。而"进学校的人"则大半"除了以得毕业文凭为目的以外，更没有所谓意志"，显见得人物的委琐出自学校的委琐。他因之而深深怀念旧日的书院。[1]在当日的舆论中这一类话远不是仅见的，因此，更锐利一点的，还有直言"今日之教育，操之一二书贾之手"，[2]以见斯文一脉的文不在兹。它们指述的都是本应丛集文化的学校在实际上的不能聚文化，而后是从晚清到民初，中国文化总体上越来越像一池断梗浮萍。与书院时代的地方各有文化中心相比，已显然地异化为一种前所未有的学无所养和学无所归。虽说这一段追溯涉事长远，但正是借助于这种追溯所显示的二千多年里中国文化之自有承载，用之以对比和反照民初中国文化的承载在社会剧变中的断裂，后人读蔡元培，才能更切入地懂得他倾力于为中国人立"全国文化之中心"，同时是在为中国文化再造一种新的承载，以期汇合古今中外而别开一重生面。[3]而蔡元培时代的北京大学在近代中国文化史上的意义也正因此而见。

1919年傅斯年陈说其心目中的北京大学曰：

> 向者吾校作用虽曰培植学业，而所成就者要不过一般社会服务之人，与学问之发展无与；今日幸能正其目的，以大学之正义为心。又向者吾校风气不能自别于一般社会，凡所培植皆适于今日社会之人也；今日幸能渐入世界潮流，欲为未来中国社会作之先导。本此精神，循此途径，期之以十年，则今日之大学固来日中国一切新学术之策源地；而大学之思潮未必不可普遍中国，影响无量。[4]

其间既有着显然的文化自负，也有着显然的文化自觉。两者都出自北大的"今日"不同于"向者"，而展示的则无疑都是梁启超向"近世

---

[1]《饮冰室合集》第5册，《文集》之四十三，第5—6页；《〈饮冰室合集〉集外文》中册，北京大学出版社，2005年，第1034页。
[2]《民国经世文编》第4册，第2637页。
[3] 周作人：《知堂回想录》，第522页。
[4]《傅斯年全集》第1卷，第79页。

学校"追问、求索而不可得的那种他称之为"精神"的东西。精神表达的是内在一面，与之同时发生而相为对映的，还有已经集聚和正在集聚旧学新知的北京大学以其自身的文化感应社会，并直接影响了当日中国万千人的一面。蒋梦麟说：

> 北大是北京知识沙漠上的绿洲。知识革命的种籽在这块小小的绿洲上很快地就发育滋长。三年之中，知识革命的风气已经遍布整个北京大学。
>
> 之后，北大所发生的影响非常深远。北京古都静水中所投下的每一块知识之石，余波都会达到全国的每一角落。甚至各地的中学也沿袭了北大的组织制度，提倡思想自由，开始招收女生。北大发起任何运动，进步的报纸、杂志，和政党无不纷起响应。[1]

民初中国久在因党派立异而政争，因军人干政而战争之中。以至杨荫杭曾以"武人与议员之争"和"武人与武人之争"作统括，指为"民国以来"时局之大端和常态。[2]因此，蒋梦麟所记述的北京大学在彼时以其"非常深远"的"影响"声光远播，程度犹在政争和武力以上，实际上写照的已是一种民国历史中的前此之未有。在这种前此未有里，北大把文化引到了一个本由政客和武人主导的世界之中，同时是北大又在用自己兼容并包和思想自由所造就的知识团体与文化气象，为"大学者，囊括大典，网罗众家之学府也"树立了一种举世共见的范式。由此因果相连，遂使风气所到之处，北京大学的变化又促成了南北大学的变化。于是在宋元明清的书院因清末世变而断截之后，民国大学共性地起而延接二千多年的传统，因汇集学人学派而成为一种重筑的文化载体；又因守护文化而同时为社会守护了出自知识人的清议。若引此以读梁漱溟所说的蔡元培一生的成就"只在开出一种风气"，正因之而能看见其间之一端。

---

[1] 蒋梦麟：《西潮·新潮》，第122、128页。
[2] 杨荫杭著，杨绛整理：《老圃遗文集》，第587页。

二 兼容中西：新文化的护法和儒学造就的君子人格

与这种营造"全国文化之中心"的过程期于层积累进相比，蔡元培长北大之日，以更激烈的思想震荡搅动八方而引来回声不绝的，是起于北大的新文化运动。此后二十年，历史学家萧一山由事及人而总论之说，其间的"胡适、钱玄同、陈独秀、李大钊等都是代表人物，而蔡先生则居于护法地位，也可以说是领袖人物"。[1] 比之"代表人物"，显然是"护法"和"领袖人物"又高了一层。其论说出自对于历史现象的观察，因此当年身在局中的罗家伦后来追叙旧事排比前后，持论亦与之相近似。[2] 然而以新文化运动之内含的多义和前后的互歧为着眼点，则被看作"护法"的蔡元培，同时又在以其并不能与这些"代表人物"完全等同而归于一体的文化品格为立场，实际地显示了彼时共聚于新文化之中的人物在相互应和之外，还会有彼此之间的并不相同。

1934年蔡元培作《我在北京大学的经历》一文，其中一段由《新青年》说到"文学革命"，而自述其当日的主张，则尤以不作一边倒为自觉意识，"我素信学术上的派别，是相对的，不是绝对的。所以每一种学科的教员，即使主张不同"，但能自为立说，即可共生并存，期能以此提供一片广袤，"令学生有自由选择的余地"。继之又举"胡适之君与钱玄同君等绝对的提倡白话文学，而刘申叔、黄季刚诸君仍极端维护文言的文学，那时候就让他们并存"为共知的实例，以说明自己取则的是常理常情，遂既不全在"绝对"一面，也不全在"极端"一面：

> 我信为应用起见，白话文必要盛行，我也常常作白话文，也替白话文鼓吹；然而我也声明：作美术文，用白话文也好，用文言文

---

[1] 杨琥编：《民国时期名人谈五四》，第61—62页。
[2] 罗久芳、罗久蓉编：《罗家伦先生文存补遗》，第57页。

也好。例如我们写字,为应用起见,自然要写行楷,若如江艮庭君的用篆隶写药方,当然不可;若是为人写斗方或屏联,作装饰品,即写篆隶章草,有何不可?[1]

其时倡白话的一方挟进取之势而成进攻之势,以至尤喜咄咄逼人而且出口伤人的钱玄同直接把文言归本于"独夫民贼"和"那些文妖"。[2] 因此,蔡元培虽"也替白话文鼓吹",而以钱玄同为尺度作丈量,则其不肯一意排他地为白话文归除天下,显然是心中另有一种尺度。这种两者之间的不能完全重合虽在蔡元培的叙述中见之于文学革命一端,但就其各有自己对于中国文化认知和判断是非的来龙去脉,从而各有自己对于中国文化的愿景和愿想而言,又不会仅止于文学革命一端。

作为一种醒目的历史现象,当日身在新文化之中的人物大半乐以西国的文艺复兴运动为新文化运动作历史模拟,其自觉自愿的程度犹且过于自比启蒙运动。这一面的意思,傅斯年称之为"人道主义",罗家伦称之为"人本主义",胡适称之为"对人类(男人和女人)一种解放的要求",陈独秀称之为"新文化运动是人的运动"。[3] 在此前二十年间的维新思潮沤浪相逐,以其不止不息的富强意识造就了国家至上的观念以后,斯时一时俱起的"人道主义"、"人本主义"、人的"解放的要求"以及"人的运动",共以人本身为主体和目的,显然是意在为中国人另立一种至上性。而文艺复兴之被用来为新文化作比附,也正在于文艺复兴运动所实现的以神为本位转向以人为本位。有此前后之间的不同,则后起的思想代谢,已在比较完整的意义上催生了近代中国虽由前二十年延续而来,但又不同于前二十年的另一个思想阶段。新文化运动过去十多年之后,蔡元培为《中国新文学大系》

---

[1]《蔡元培全集》第 6 卷,第 351 页。
[2]《钱玄同文集》第 1 卷,第 86 页。
[3]《傅斯年全集》第 1 卷,第 29、291、296 页;张晓京编:《罗家伦卷》(中国近代思想家文库),北京:中国人民大学出版社,2015 年,第 200 页;胡适口述,唐德刚译注:《胡适口述自传》,第 192—193 页;《陈独秀文章选编》上册,第 517 页。

作"总序",由"欧洲近代文化,都从复兴时代演出"起讲,而归旨于"五四运动的新文学运动,就是[中国文化]复兴的开始"。显见得其意中的新文化运动,也是一种能与文艺复兴相模拟,并在这种模拟中获得了可以显示和说明自身意义的东西。而后举"欧洲复兴时期以人文主义为标榜,由神的世界过渡到人的世界"[1]为通论,又尤其说明,其意中的新文化运动能够与文艺复兴相匹配,正在于中国的文化运动所表达的以人为中心的自觉。从晚清到民国,与同属一个时代的人物相比,蔡元培始终以其更多的人道情怀为一己之明显的个性。即使是在反满革命之日,他的论说里也更多地为满汉之间留一点余地和宽厚。[2]因此,新文化运动中的"人道主义"、"人本主义"、人的"解放"和"人的运动"便会非常自然地唤出他本有的胸中之所积。他之被看成"护法"和"领袖",其实大半都是因这种感应而起的。然而陈独秀由人权说人本,归结到"个人本位主义";[3]胡适由"自由发展"说人本,归结到"为我主义"。[4]他们以其各自拥有的代表性,典型地说明了新文化运动中的人本主义自始即已落脚于个人主义。而在19世纪末期以来天演进化已弥漫四布的思想环境里,与这种个人主义一路俱来的自由、平等、独立、权利便非常容易地会与"物竞天择"融为一体,[5]使"个人本位"和"自由发展"都成了只能实现于自我扩张之中的东西。而后是个体的走向解放和个体的自求权利都成为引导潮流的主题。这个过程为个体吹涨了"一种个人从一切社会关系的羁绊中解放出来的要求",[6]同时又使作为个体的人在这种论说中一步一步既失掉了具体性,也失掉了差别性,最终同化为一种以外向求取为法则的抽象存在。当时的一则时论说:

---

[1] 《蔡元培全集》第6卷,第568、575页。
[2] 蔡元培:《蔡孑民先生言行录》,济南:山东人民出版社,1998年,第6页。
[3] 《陈独秀文章选编》上册,第98页。
[4] 《胡适全集》第1卷,第612、614页。
[5] 《陈独秀文章选编》上册,第75页。
[6] 史华慈语。见王跃、高力克选编:《五四:文化的阐释与评价》,第252页。

> 人生在世，究竟是为什么的，这个问题，人人要问，人人都解答不了，胡适之先生也说：这个问题是没有答案的。[1]

"人生在世，究竟是为什么的"，追寻的是人生的意义。在人类的思想历史里，这是一个每一代人都要直面的问题，从而既是一个古老的问题，也是一个恒新的问题。而作为个体人类自己对自己的发问，其间所涉及的实际上是内在于人心之中的精神世界，是人的自我省视和自我超越赖以发生的起点。因此，胡适以"没有答案"为漠漠然置之的了不着意，反映的正是新文化人物之力倡个人主义，但在他们的预设中，这种被置于本位的个体人类，其倾力所注，其实都归向于外在的自由、平等、独立、权利一面，而个体作为人之为人所应有的精神所托和心灵依傍则大半都不在关切之内。[2]有此两头之间的不相对称，遂使个人主义造就的一群一群正在不断进取的人，同时又会因其内在一面的意义缺失而成为一种空洞化的人。对于蔡元培来说，这种两头不相对称，以及由此产出的空洞化了的人物类型，其实已不在喜闻乐见之列。

当个人主义唤起的一代人正在努力于"脱离奴隶之羁绊"而走向"解放"[3]之日，与之同一个时间发生而互相成为对比的，是蔡元培正用心于在北大"推广进德会"。[4]陶希圣后来说："进德会有三种等第，甲种会员：不嫖、不赌、不娶妾；乙种会员：于前三戒外，加不作官吏，不作议员二戒；丙种会员：于前五戒外，加不吸烟、不喝酒、不食肉三戒。"并以其切近而得的感受，把"进德会"对于北大"学风"的影响，列为仅次于"学术自由"的大端。[5]与"个人本位主义"之视"羁绊"为束缚而以"脱离"等同于"解放"相比，"进德会"的

---

[1] 《沈定一集》上册，第126页。
[2] 胡适后来回答"人生有何意义"之问说："生命本身不过是一件生物学的事实，有什么意义可说？生一个人与一只猫，一只狗，有什么分别？"见《胡适全集》第3卷，第817页。
[3] 《陈独秀文章选编》上册，第74页。
[4] 蔡元培：《蔡孑民先生言行录》，第13页。
[5] 陈平原、郑勇编：《追忆蔡元培》，第213页。

三种等第显然都是在自己约束自己,从而都是自己把自己置入束缚之中。前者是一种向外求取,要的是个体应有的权利和常在不断扩张之中的权利;后者是一种向内求取,要的是个体在德性上的自趋圆满和日趋圆满。身在新文化运动之中而被看成"护法",蔡元培不会不知道个体权利的正当性,以及争取个体权利的合理性。然而这种内向求取和外向求取之间的明显区别又说明,同新文化中多数人的执着于关注权利相比,蔡元培更关注的是正在争取权利和已经拥有权利的人本身。就人生的内在限度和外在限度而言,获得权利的实际意义,本质上不过是获得了一种选择的自由,但选择的自由并不等同于选择的结果,所以权利本身不会天然地趋善和成善。而后是作为本与权利主体重叠的选择主体,人本身便不能不同时又成为这个过程里须用文化造就的对象。这一层道理不为当日的高亢论说所涉及,却具足地映照出"进德会"的由来和立意。人在其间的自我约束虽各立条目,而对个体来说,由条目而引入"进德"的过程是在理一分殊中自我引申,区分什么是对的,什么是错的;什么事是可以做的,什么事是不可以做的;什么人是好人,什么人是坏人。由此以约束为进德,开启的是一种以人生意义为指向的人生过程,然则以"进德会"为实例,显然是曾经作为一个问题已被胡适漠漠然置之的"人生在世,究竟是为什么的",同样作为一个问题,却始终是蔡元培常在心中而不能不去怀的东西。两者的背后各有一种对于人本的理解,因此,以内向的求取和外向的求取为分界,则自始即引人本主义自为标榜的新文化运动,实际上已同时有了两种人本主义。

陈独秀的"个人本位主义"和胡适的个人"自由发展"都以自由、平等、独立、权利为支撑。然而这些出自欧西的观念本是从欧西的历史文化中产生和形成的,因此这些以人为主体的观念在自己所属社会里的运用和表达,都脱不出欧西历史文化在它们形成过程中与之俱生,并在后来一直与之俱存的对于人性中光明一面与黑暗一面的审视和思考。[1]随后是在审视和思考留下的思想环境里,彼邦的自由、平等、独立、权利都会各有自己的人文内涵和实际限度。然而这些观念移入中国的过程已截断了它们同自己历史文化的连结,并彻底地脱出了它们在本土的思想环境。于是来到中国的自由、平等、独立、权利,便很容易在一路传播中一路自为演绎,从各有内涵和限度的观念蜕化为流失了本义的词汇,并最终成为一种以"自认为独立自主之人格以上,一切操行,一切权利,一切信仰,唯有听命各自固有之智能,断无盲从隶属他人之理"[2]为至高境界的东西。这些文字描画的是一种自我独尊的人,也是一种孑然孤立的人,两者都以"固有之智能"为唯一的因依,遂使其"独立自主之人格"与个体自身的人性自始即全无一点勾连。然而人格本以人性为起点,并且是在人性的根基中养成的,因此这种人格与人性的两相隔绝,已使个体的人格虽被名为"独立自主",实际上却成了一种没有来路而无从附托的物事了。

与新文化运动中用文字作鼓荡的这一面相比,蔡元培以"进德"立会而着力于知行合一,主旨也在造就人格。但造就人格而以进德为起点,则既说明了他识度中的人格本自人性,又说明了他识度中的人性是不圆满的。因此"进德"之取义,表达的正是一个由不圆满走向圆满的漫长过程。然则自外观而言,显然是在一个群趋权利的时代里,蔡元培对这一面的关注和力行,已以其别成一格于时趋之外,比陈独秀和胡适更切近地对应于欧西历史文化中本来的思维轨路与既有取向。在当日的文化运动里,这是一种奇异。但就个人的文化蕴积和学术思想说渊源,则蔡元培之不同于陈独秀、胡适,却又更能契合欧西历史文化深层内含的那一部分关切所在,其实并不取之于欧西,而是出自于儒学,从而依托的大半是故家旧物。一则记述说,清末"西

---

[1] 汉米尔顿(Alexander Hamilton)说:"我们应该假定每个人都会是拆烂污的瘪三,他的每一个行为,除了私利,别无目的。"见张灏:《幽暗意识与民主传统》,北京:新星出版社,2006年,第30页。他被尊为美国"开国诸父"之一,参与拟定宪法,显然熟知自由、平等、独立、权利。但对作为自由、平等、独立、权利主体的人,同时又抱有很深的人性怀疑。
[2]《陈独秀文章选编》上册,第74页。

洋社会主义家,废财产、废婚姻之说,已流入中国。孑民亦深信之,曾于《警钟》中揭《新年梦》小说以见意"。但这种被称作"西洋社会主义"的无政府学说,其理想的主义又曾在彼时的中国一经操弄而全失理想:

> 尔时中国人持此主义者,已既不名一钱,亦不肯作工,而惟攫他人之财以供其挥霍。曰:"此本公物也。"或常作狭邪游,且诱惑良家女子,而有时且与人妒争,自相矛盾。以是益为人所姗笑。孑民尝慨然曰:"必有一介不苟取之义,而后可以言共产。必有坐怀不乱之操,而后可以言废婚姻。"对于此辈而发也。[1]

这个过程里发生的毛病不是出在主义本身,而是出在附着于主义的人。而由此引出的"必有一介不苟取之义"和"必有坐怀不乱之操",则非常明白地说明,主义之能够在真正意义上的得以实现,本与个体自身的德性完善是相为因果的。这一段历史情节发生于新文化运动十余年之前,但以他身在自由、平等、独立、权利蔚为主义之日而力倡"进德"相度量,则绾连两头而贯穿于前后之间的,始终是同一种理路。这是一种在中国二千多年的历史里久已有之的理路。王安石说:"为己,学者之本也;为人,学者之末也":

> 是以学者之事必先为己,其为己有余而天下之势可以为人矣,则不可以不为人。故学者之学也,始不在于为人,而卒所以能为人也。今夫始学之时,其道未足以为己,而其志已在于为人也,则亦可谓谬用其心矣。[2]

儒学相信人性自有善根,同时又深知个体人类并未已善。自前一面而言,则孔子说"吾欲仁斯仁至矣",孟子说"人皆可以尧舜"。[3] 自后一面而言,则天地之间长有君子小人之分和君子小人之争。两者俱

---

[1] 蔡元培:《蔡孑民先生言行录》,第7页。
[2] 王安石:《王文公文集》上册,第308页。
[3] 朱熹:《四书章句集注》上册,第128页;下册,第425页。

存,便是向善的可能与作恶之可怕的俱存,因此,起源古老的"进德"一词在中国历史中的代相传承,其间之寄托本是以向善的可能抑制作恶的可怕。而蔡元培的关注所及与欧西历史文化之仿佛能够对应,引人深思的其实也在于这些地方。但与欧西相比,王安石的话又说明:在中国人的历史文化里,儒学中的这一部分内容更深远的意义,还在于由此生成的不断面对自我,并把自我当成观照对象和评判对象的自觉。[1]"学者之事必先为己",是因为"人心惟危,道心惟微",[2]个体的"己"是不完善的和不足恃的。与之相为因果,则"为己"的本义正是以克己为"修己",自我省察而自我成全。由此承载的是一个走向君子人格的过程,但这个过程因深入而广延,同时又在引人进入人己之间、天人之间、义理之间,以获得人生价值、获得人生意义、获得人生责任,从而形成一个稳定的精神世界。之后的"卒所以能为人也",则是抱着这种内在的精神世界走到外在世界和应对外在世界。于是而有个体立身的本原和二千多年中国历史里的贤人和仁者。

蔡元培曾是在这种精神世界里长成的,而在同时代人的眼中,即使是在迎受新潮之日,他身上也仍然自觉地保留着这种精神世界所给予的人生取向:

> 蔡先生又以克己为他道德生活的核心。他虽然也和当时的名人一样,醉心于法国革命时代的三个口号"自由、平等、博爱"。可是他解释这三个口号,是从克己方面出发的。博爱是什么?他说博爱就是孔子之所谓仁,"己欲立而立人,己欲达而达人"。平等是什么?就是孔子之所谓恕,"己所不欲,勿施于人"。自由是什么?自由就是义,孟子所谓"富贵不能淫,贫贱不能移,威武不能屈,此之谓大丈夫"。蔡先生就以这仁、义、恕三个字做着日常道德生活

---

[1] 这一面的典型,是孔子自述的"吾日三省吾身"。
[2] 见《尚书·大禹谟》。

的标准。[1]

在这种取新学而"以古义证明之"[2]的阐发里,蔡元培把出自新学的"自由、平等、博爱"看成是一种精神高度,但引"古义"以"证明之",又说明他更相信对于个体来说,这种外在的精神高度之进入身心而化为己有,只能实现于自我的"克己"之中。与同一个时间里的"个人本位主义"和个人"自由发展"一以贯之地把自由、平等、独立、权利看成是一种可以索取而得的东西和一种以物竞天择为法则的东西相对比,两头之间的差别不仅是明显的,而且是内在的。他陈述的是自己的深思自得和有会于心,而二千多年里儒学以克己成就"修己"的道理则因之而与新学有了一种交汇之途。以此观照他在北大以"进德"立会,则就其意中"进德"一词的本来意义和衍生意义而言,已是把自己认知所在和信受所在的精神世界带入了新文化运动之中。而后是同在新文化运动之中,蔡元培以他所认知而信受的道理为主张,回答了胡适认为"没有答案"的人生问题,并在"个人本位主义"催生出来的,因倾力于单面外向进取而失落掉了内在的意义,又因失落掉内在意义而空洞化了的个体人类面前,展现了一种怀抱一己精神世界、心灵世界、意义世界,与众生一同行走于人世漫漫长路里的具体的个人和真实的个人。以前者为主体的人本主义与以后者为主体的人本主义共存于新文化运动之中,但两面之互相对映,显示的则是这一场文化运动本身内含的错杂、扞格和矛盾。然而通观这一段历史,则作为一种引人注目的文化现象,其间最耐后人长思久想的,其实并不是留下了很多文字的陈独秀和胡适,而是没有留下很多文字的蔡元培。

周作人后来说蔡元培以不尚"偏激"为其文化品格,"我故以为是真正儒家,其与前人不同者,只是收容近世的西欧学问,使儒家本有

---

[1] 倪墨炎、陈九英编:《许寿裳文集》下册,上海:百家出版社,2003年,第546页。
[2] 蔡元培:《蔡孑民先生言行录》,第10页。

的常识更益增强,持此以判断事物,以合理为止"。[1]冯友兰后来说"蔡先生是近代确合乎君子的标准的一个人",并说:

> 一个人成为名士英雄,大概由于"才"的成分多。一个人成为君子,大概由于"学"的成分多。君子是儒家教育理想所要养成底理想人格,由此方面说,我们可以说,蔡先生的人格,是儒家教育理想的最高底表现。[2]

前者说的是他的为学,后者说的是他的为人,而在两者的立意中,是为学为人都被归入文化之中,概以儒学为其共有的本相和根底。然而林语堂说:

> 蔡先生是我所敬爱钦佩的一个人。在革命元老中,我认为他比较真正认识西方思想。他书真正看,而思路通达。对西方思想有真认识是不容易的,否则班门弄斧,人云亦云而已。[3]

他印象更深刻的是蔡元培所达到的对西方思想的认识程度。林语堂早年入教会学校,又先后留学美国、德国,是一个熟知西方文化的人。因此他对蔡元培的这一段评说应当是一种出自内行的评说。而以"真正儒家"称蔡元培的周作人,在另一个地方又曾推崇其"独有的自由思想的精神,在他以外没有人赶得上",并具体比较说:"就是现今美国叔叔十分恭维的胡博士,也恐怕还要差一点儿吧。"[4]这种引美国人来衬托胡适,又以胡适作衬托来说蔡元培的"自由思想的精神",主旨无疑也是在写照蔡元培对西方文化之真髓的把握程度高出一时。

周作人、林语堂、冯友兰的这些事后追忆,都刻画了作为一个文化形象而留存在他们心目中的蔡元培。追忆出自历史中的人和事为岁月磨洗之后,自应更加清晰和更加真实。然而以陈独秀说的"固有之

---

[1] 周作人:《知堂回想录》,第332页。
[2] 冯友兰:《三松堂全集》第14卷,第207页。
[3] 《林语堂名著全集》第16卷,第376页。
[4] 钟叔河、鄢琨编:《周作人散文全集》第9卷,桂林:广西师范大学出版社,2009年,第702页。

伦理，法律，学术，礼俗，无一非封建制度之遗，持较皙种之所为，以并世之人，而思想差池，几及千载"；[1]胡适说的"正因为二千年吃人的礼教法制都挂着孔丘的招牌，故这块孔丘的招牌——无论是老店，是冒牌——不能不拿下来，捶碎，烧去"[2]为代表性言论，显然是19世纪末期以来依中西分类别和新旧分类别的思想走向，至新文化运动已达到了极端。则时处此日，一个"真正儒家"的蔡元培和一个"真正认识西方思想"的蔡元培同集于一身，便不能不使蔡元培在新文化运动中非常独特地成了一个不可归类的人。比之各归一类的简单明了，不可归类无疑是一种模糊和复杂。但深而论之，这种对比的背后其实各有其不易直观而见的内容，就一面而言，每一种文化都同时内含着经验、知识、思想的交集；理性与情感的纠葛；诠释与错读的同生；信仰与怀疑的颉颃；共相与殊相的分合；意识与潜意识、个体意识与集体意识的相扶和相歧；等等。而后是作为一种过程的文化，便惯见经验溢出思想和思想溢出语言；以及问题触发纷争和纷争生成派别，并常态地表现为当下对之前的否定和后来对当下的否定之否定，而其间最稳定地维持了一种特定文化之根本的精神性存在，则既是一种深处的存在，又是一种抽象的存在。因此引西人所说的"文明本身是一个混合体"[3]为总而言之，显然是作为整体的文化总是会不同程度地交染于模糊，而处在变迁之中的文化又常常是与模糊相伴而行的。然则真正地进入文化和具体地深入文化，实际上已不能不面对模糊和进入模糊。就另一面而言，时当两种不同的文化交逢之日，纯以各归一类为简单明了，则由此所造就的只能是一种划分壁垒。而以壁垒既成之后的这种以整体性对整体性为起点，被称作文化运动的过程遂只能沿此一路趋进，演化为一种空泛的整体性压倒另一种空泛的整体性的过程，一个既抹掉了本来的模糊性，同时又无从深思于彼

---

[1]《陈独秀文章选编》上册，第75页。
[2]《胡适全集》第1卷，第763页。
[3] 艾恺：《世界范围内的反现代化思潮：论文化守成主义》，贵阳：贵州人民出版社，1991年，第53页。

此之间，以成其用心审量和层层切入的过程。在后起的学者眼里，遂只见其"清浅"而不见其"深挚"，并因之而成为一个"不但对于中国自己的古典文化没有了解，对于西洋的古典文化也没有认识"[1]的过程。其间用"清浅"对比"深挚"，尤其昭然地显示了简单明了之能够形成，本是与人为的选择、过滤和舍弃相为表里的。之后是简单明了得到了易于远播的"清浅"，而同时失落掉的"深挚"里却有着许多更真实的东西和更本质的东西。

生成于新文化运动之中的这两个方面，以及它们之间的相互对照，构成了一种留存于历史之中的反衬，使人在事后省思之际能够更清楚地看出蔡元培的模糊和矛盾，其实比当日一时群趋的简单明了更具深刻性。因此，1940年蔡元培病逝于香港，蒋梦麟为之作论定说：

> 一位在科举时代极负盛名的才子，中年而成为儒家风度的学者。经德、法两国之留学而极力提倡美育与科学。在教育部时主张以美育代宗教，在北京大学时主张一切学问当以科学为基础。
>
> 在中国过渡时代，以一身而兼东西两文化之长，立己立人，一本于此。[2]

傅斯年发抒其"景仰"说：

> 蔡先生实在代表两种伟大的文化，一是中国传统圣贤之修养，一是法兰西革命中标揭自由平等博爱之理想。此两种伟大文化，具其一已难，兼备尤不可觏。先生殁后，此两种伟大文化在中国之气象已亡矣。至于复古之论，欧化之谈，皆皮毛渣滓，不足论也。[3]

他们两人当年都在新文化之中，而傅斯年尤曾迹近各分一类而简单明了那一脉。但二十年之后返视历史，其共有的敬意和钦服则都归于蔡元培，归于其一身汇合了"真正儒家"和"真正认识西方思想"的文

---

[1] 李长之：《五四运动之文化的意义及其评价》，载杨琥编：《民国时期名人谈五四》，第391页。
[2] 陈平原、郑勇编：《追忆蔡元培》，第120页。
[3] 《傅斯年全集》第5卷，第491页。

化取向与文化高度，以及由此派生的人生气象。由这些话引申而思，则其间既可以看到陈独秀因急迫而偏狭与蔡元培阔大而且从容的不同；也可以看到胡适好以知识泯灭义理与蔡元培广求新知而守定义理的不同。因此以二十年之后说二十年之前和二十年以来，他们的话又折射了民国初年中国文化的曲折嬗蜕。

后　记

三十多年前，随陈旭麓先生学史，我是沿着曾（国藩）左（宗棠）李（鸿章）那一代人留下的行迹和心路走入近代中国的历史场景之中的。这些人的人生内容与近代中国的历史变迁深相交融。从19世纪40年代初的中英鸦片战争到50年代末的英法联军之役，"二十年之间，中国再败于泰西"。中国人的办法对付不了西方人，而后是以"借法自强"回应西来的冲击，那一代中国人怀抱"万不得已之苦心"移用西方人的办法来对付西方人。于是从60年代开始，以造船造炮为起点而周延伸展，促成了以洋务为中心的三十年历史过程。读史于此积年，旧作《从庚申到甲午：古今中西之间的冲击与响应》的关注所及，都在此三十年之间。

"从庚申到甲午"，标示的是这个历史过程起端于一场民族战争，又截止于另一场民族战争。但与庚申年的英法联军之役留给中国人的"堂堂天朝，竟任夷队纵横，为之大哭"的"曷胜愤怒"和身当其冲的那一代士大夫背负"卧薪尝胆之志"力图自强而"御外侮"的制夷意识相比，则甲午年的中日战争以割地赔款为了局，而与割地赔款一时俱来，又比割地赔款更深更久地影响了后来的，则是中国的自我形象经此一战而在人心中的破碎。当日的时论对比中国和外国，言之断然地说:"观其宰相之谋成后战,则我之执政可耻;观其士卒之部伍严肃,则我之将帅可耻;观其儒者之钩深索隐,则我之士可耻;观其田夫之蕃育稼畜,则我之农可耻;观其劳工之神明规绳,则我之工可耻;观其公司之操奇计赢,则我之商可耻。"可谓从上到下,人人都因全不如人而被置于"可耻"的一网所罩之中。由此发端,又有追索"中国之所以不振者",推沿而及"二千年来之学""二千年来之政",归咎于"华族之弱,不得不以宋儒为罪首"的深究痛责。之后是"近今风尚,竞谭西学,而有志之士,皆思变法"。

在三十年以洋务为中心的历史过程守定自我以效西法之后,这种否定自我以效西法,是幡然改辙的大变和引人深思穷想的大变。继之而起的已是另一个历史过程。多年读史,随庚申到甲午一路而来,则沿其幡然改辙而入深思穷想,我近十年来的关注所及也更多地移到了这个继起的历史过程之中。以时序说由来,自19世纪中叶到19世纪末期,中国人历经古今中西交冲的起伏不息,由庚申之变而初识变局,由甲午战争而身临危局,由庚子国变而直面残局。之后是19世纪与20世纪之交,变法、革命、立宪、共和次第而起,反照了浸灌而入的西潮催生出人心丕变,演化为剧烈的社会变迁。

20世纪40年代,蒋梦麟概叙这一段历史说:

> 由华东沿海输入的西方文化,却是如潮涌至,奔腾澎湃,声势慑人;而且是在短短五十年之内涌到的。西方文化在法国革命和工业革命之后正是盛极一时,要想吸收这种文化,真像一顿饭要吃下好几天的食物。如果说中国还不至于胀得胃痛难熬,至少已有点感觉不舒服。因此中国一度非常讨厌西方文化,她惧怕它,诅咒它,甚至踢翻饭桌,懊丧万分地离席而去,结果发现饭菜仍从四面八方向她塞过来。

20世纪30年代,梁漱溟指述同一个历史过程,而意在抉其因果:

先是这老社会受新环境包围,感觉得有点应付不了,稍稍变化他自己以求其适应。所谓变化他自己,质言之,就是学一点西洋。不料这变化竟是变不得的。因其文化自身既达于极高度的妥当调和,改变一点,则其所以为妥当调和即不如初,好比配置稳洽,扣搭密合的一件东西,稍一变动,即见欹斜罅漏。所以这变化的结果除了让自身失其原有调和外,不能有何正面的积极的成功。环境仍未能适应,更觉着急,势必有再一度变化,再变的结果更是对内失调,对外不能适应。抑且从其对内失调,而对外更无力。数十年来变化不能自已,每一度变化辄引人更深度的崩溃,要想成功的却一件得不到(民治不成、党治不成、学校制度的失败、工业制度的失败等)。在这过程中,始所面对的原是外围环境,国际问题感触亲切,乃其后来,转成了对内问题。因内部失调严重,矛盾冲突日烈,其刺激自比较更直接,即从内部的矛盾冲突而促其社会构造崩溃,以其崩溃而矛盾冲突益烈,如是辗转无已。

前者说的是"五十年之内"的西潮浸灌而无从消受,外来不能化为内在;后者说的是"数十年来"的变迁剧烈而但见前颠后蹶,层层解体。

西潮浸灌与变迁剧烈的两头交作,推倒了三十年以洋务为中心的历史过程始终恪守,旨在护持自主的"中体西用",而后是20世纪初年中国人所直面相对的人间景象,已是因无体无用而世无定则,人无定见;因"新旧混杂"而"新旧交哄";因"中国之变,古未有其变"而断离自古而来的"中国之学";因四民无从归聚而各在一盘散沙之中;因政治结构的脱散而政潮起伏跌宕;因社会结构的脱散而人无安身立命之地,由此形成的世路无序,史事舛错,人物流变,使这一段历史不仅矛盾,而且杂乱;不仅五光十色,明灭无常,而且漫漶模糊,难识难辨。

因此,以20世纪初年的中国为对象而求切近地认识那个已经远去的时代,则累年用功夫于这种矛盾、杂乱、五光十色和漫漶模糊之间,期能以历史本身来说明历史,我的阅读、思考和撰述常常是与心长力绌之苦相伴相随的。但当此《两头不到岸》成书之日,返视多年付出的心力,因获益较多而印象尤其深刻的,则大半又是困而知之更多于学而知之。治史之苦乐俱在于此。而问题引出问题,就治史的题目来自历史产生的问题而言,我的问题、旨趣和关注仍在20世纪初年的中国,因此我的苦与乐至今仍在过渡时代留下的这段历史中绵绵延续。

杨国强
2022 年 12 月